TODOS OS MONSTROS DA TERRA

Blucher

TODOS OS MONSTROS DA TERRA

Bestiários do cinema e da literatura

Adriano Messias

2ª edição revista e ampliada

Todos os monstros da Terra: bestiários do cinema e da literatura
© 2016 Adriano Messias
1ª edição – EDUC, 2016
2ª edição – Blucher, 2022

Editora Edgard Blucher Ltda.

Publisher Edgard Blücher
Editor Eduardo Blücher
Coordenação editorial Jonatas Eliakim
Produção editorial Lidiane Pedroso Gonçalves
Preparação de texto Ana Maria Fiorini
Diagramação Negrito Produção Editorial
Revisão de texto Évia Yasumaru
Capa Leandro Cunha
Imagem da capa Frederico Moreira

Blucher

Rua Pedroso Alvarenga, 1245, 4º andar
04531-934 – São Paulo – SP – Brasil
Tel.: 55 11 3078-5366
contato@blucher.com.br
www.blucher.com.br

Segundo o Novo Acordo Ortográfico, conforme 6.
ed. do *Vocabulário Ortográfico da Língua Portuguesa*,
Academia Brasileira de Letras, julho de 2021.

Dados Internacionais de Catalogação na Publicação (CIP)
Angélica Ilacqua CRB-8/7057

Messias, Adriano
   Todos os monstros da Terra : bestiários do cinema
e da literatura / Adriano Messias. – 2. ed. – São Paulo :
Blucher, 2022.
   572 p.

   Bibliografia
   ISBN 978-65-5506-477-3 (impresso)
   ISBN 978-65-5506-476-6 (eletrônico)

   1. Psicanálise. 2. Cinema e psicanálise. 3. Cinema –
Aspectos psicológicos. 4. Terror no cinema – Psicanálise.
I. Título.

22-2863   CDD 154.2

Índice para catálogo sistemático:
1. Psicanálise

A meus pais.
A Fred.

Conteúdo

Apresentação

Monstros e bestas juntos... para o bem da humanidade

Adriano Messias é um integrado. Ainda na década de 1960, Umberto Eco definiu esse termo em oposição ao que chamou de "apocalíptico". Enquanto este último só consegue enxergar a decadência da alta cultura, o integrado é atento aos movimentos de massa, à "indústria cultural", e a analisa com o mesmo empenho, sem preconceitos. Assim como Adriano, que, neste texto, mostra como após 11 de setembro de 2001 o cinema tornou as imagens de horror mais realistas ou hiper-realistas.

Como espectadores, muitas pesquisas do campo psicológico mostram que podemos nos tornar mais fortes assistindo a imagens de violência. Isto é, se as suportarmos. O privilégio do cinema de horror tem sido a degradação dos corpos, assim como assistimos (ou deduzimos) nas terríveis imagens de Nova York. E o cinema retorna ao grotesco da Idade Média, satírico, em que a retratação do horror e do declínio do humano também serviam para lembrar o divino.

O monstro dá voz ao mal. Ele não reconhece o humano; assim, re-serva-se o direito de destruí-lo. A psicanálise arrisca que o horror ani-quila a figura narcísica idealizada. Quem não vibra com o assassinato do garoto-valentão-metido-a-besta nos filmes baratos de terror? Como pode ser prazeroso assistir o esfacelamento literal da figura mítica que nos assedia na escola ou no trabalho!

Mais do que nunca, as bestas cinematográficas estão a serviço da catarse. O monstro nos lembra da nossa finitude, mas também aponta para a continuidade. Afinal, ele sempre retorna em sequências infindáveis.

Assim, Adriano Messias não se propõe a respostas definitivas, nem ao exame completo desse segmento fascinante do cinema: o horror. Afinal, prescindindo da solenidade do cinema, filmes são parte contínua de nossa existência: dos enormes televisores domésticos às telas de celular.

E algo é exato no resultado da hercúlea pesquisa do autor: precisamos dos monstros.

Cada vez mais.

Para nos tornarmos humanos.

José Paulo Fiks

Psiquiatra e psicanalista
Doutor em Comunicação, pós-doutor em Ciências da Saúde
Pesquisador do Programa de Atendimento e Pesquisa em Violência (Prove)

Prefácio

O mostruário dos terrores da Terra

No *Halloween*, típica festividade dos países nórdicos implantada no Hemisfério Sul pelo neocolonialismo globalizado, uma boa quantidade de cidadãos das grandes cidades, aproveitando a deixa, vão para as ruas, fantasiados de maneiras esquisitas, curtindo a data. Seria uma orgia do mal – sem anjos nem fadas, em versões da própria imaginação ou dos figurinos *hollywoodianos* dos *famous monsters* do cinema – o nosso pano de fundo mental coletivizado? Em todos os casos, as crianças gostam muito, na domesticação da angústia, de perceber que a nossa espécie e família são mortais, de morte morrida ou matada. Pior ainda: não apenas elas, mas também os pais, tão poderosos quanto frágeis, poderiam ser exterminados por um...

...monstro. Ainda bem que, nos supermercados, ao alcance do preço, existe um novo "suco", lançado há pouco: *Detox Monstro*. Na atualidade, as sociedades de consumo e do espetáculo mudaram completamente a significação de um termo que antes costumava nomear algo horrível, mas que, hoje, é apresentado de formas bem diferentes das anteriores: aquilo que era terrível virou conhecido, familiar, íntimo e êxtimo ao uníssono; dialeticamente, então, até a nossa própria prole poderia ser sinistra (ainda mais se o seu patronímico for *Addams* ou *Munsters!*). Freud já falara disso, muito antes da indústria cultural, destacando o fato de as palavras poderem ter duplos sentidos; inclusive, opostos.

"Mostrar" quer dizer "dar a ver", mas nem tudo deveria ser visto: o limite é a categoria do "obsceno", o que nunca deveria aparecer em cena aberta, seja por motivos morais, estéticos ou ideológicos. Todavia e desde priscas eras, primeiramente como transmissão oral de histórias e lendas; depois, potencializado ao infinito graças às manhas das artes visuais e dos efeitos especiais, os exotismos tomaram conta do palco, da programação da imaginação. Em outras palavras e imagens: Michael Jackson não precisou morrer para ser um *walking dead*; junto com sua música e estilo únicos, merecedores de aplausos póstumos, o segredo do seu sucesso foi "parecer um zumbi" para ser exitoso. Pouco adiantou, mais tarde, se passar a limpo, tentar virar pai e branquear o semblante: quem quer ser visto como um monstro, com certeza o consegue!

Aquilo que era para assustar e desagradar, agora virou campeão de audiência e modelo de identificação. Frankenstein, o proletário mecânico; Drácula, o paradigma do elitismo e do parasitismo social; a Múmia, a realização de desejos pendentes ao longo de milênios; o Lobisomem, um cidadão animal e pulsional, contrário à civilização nas luas cheias: todos eles, marginais e deletérios; fascinantes, porém, perigosos, nítida e notadamente antissociais. Entretanto, todos estes, emblemáticos, aliados a uma legião de réplicas e versões, são coisas de um passado remotamente recente, porque já estamos no amanhã; como dizia Manoel de Barros, "Antes era pior; depois, foi piorando".

Até pouco tempo atrás, havia um cardápio de monstros à disposição do freguês nas videolocadoras (que não existem mais). Doravante, qualquer um pode ser um, já que os clichês, arquétipos e mascaradas estão fartamente disponíveis para o parque humano. Como saber de tudo o que existe por aí, seja nas trevas ou à venda como fantasias inofensivas? Aqui começam os méritos do trabalho de Adriano Messias. Nesses "tempos interessantes", há tantos espantos novos em folha que, em primeiro lugar, devem ser descritos, analisados e recenseados como frutos recentes de produção massiva: feios, sujos e malvados agora povoam nossos sonhos e realidades urbanas, providenciando alguns gozos paradoxais, para além do (politicamente correto) princípio do prazer. Eis a questão: de que maneira os monstros fazem parte da nossa economia libidinal, gostando ou não deles?

Escrevendo este texto, escuto os Ramones cantando *Cretin Hop*, uma ode aos descerebrados; eles próprios e os seus fãs, carinhosamente apelidados de *pinheads*. De onde veio isso? De um filme clássico de... monstros de verdade: *Freaks* (1932). Com efeito, o seu diretor, Tod Browning, também o do primeiro *Drácula* (1931), roteirizou uma história ficcional, usando atores não profissionais; melhor dizendo, atrações circenses. Junto aos caracteres típicos, a Mulher Barbada, o Homem Sem Ossos, os vários tipos de anões de todos os sexos e demais, estavam ainda os oligofrênicos microcéfalos, *cabeças de alfinete*. Todavia, tanto o filme como aquele tipo de rock'n'roll são coisas antigas; precisamente, do século anterior: nossa "antiguidade clássica". No atual, para além da imaginação convencional, há fruições desconhecidas para eternos medos: bizarro prazer em conhecer; e vale a pena analisá-los como verdadeiros sintomas da cultura.

A exaustiva pesquisa aqui presente dá conta da prolífica e fantástica fauna que habita o "imaginário coletivo", vulgo plateia; ou seja, todos os espectadores, a começar pelos mais baixinhos e os adultos que, destemidamente, ainda gostam de levar sustos pasteurizados. E os há para todas as idades, para todas as preferências: nas fábricas de sonhos, a manufatura em série do cinema não para jamais, com novidades e reciclagens de criaturas consagradas. Como se orientar, seja para escolher ou fugir, em meio a tanta oferta e variedade? Bem, do mesmo jeito tradicional: com os *bestiários*, os catálogos de monstruosidades, gênero literário-classificatório existente há muitos séculos, com destaques diferentes em cada época histórica e sociedade. Pode-se dizer, então, que Adriano realizou, com muita competência, duas tarefas simultâneas: nos termos do discurso universitário, seu texto organizou semioticamente o universo desses entes fabulosos que requerem estudo. Em assim fazendo, foi forjado um novo e inédito bestiário; necessário, porque, no século XXI, de fato, os horrores podem ser bem reais, nunca antes vistos. O marco traumático do 11 de setembro inaugurou a centúria com a violência, parteira da história, dando à luz insólitos terrorismos. A partir de então, os pavores noturnos nunca mais seriam os mesmos...

Como retorno do recalcado, muitos medos vêm do passado. O futuro, entretanto, pode assombrar também, quando utopias insatisfatórias dão lugar a distopias ainda "mais piores", como diria o poeta pantaneiro. É o caso paradigmático do zumbi na pós-modernidade. Antes dele, considerava-se, como o único mito original produzido na modernidade, a criatura do barão Victor von Frankenstein, batizada metonimicamente de "o Prometeu Moderno". Mas Ele era um ser sozinho e melancólico, preocupado em encontrar alguma Outra para namorar; frustrado, buscava se vingar do criador da sua solidão. Mal sabia que seria considerado, num tempo ainda para acontecer, como o precursor da condição pós-humana...

Os zumbis, pelo contrário, datam desde sempre, pelo menos antropologicamente, no Haiti. Como o Haiti poderia ser por aqui, em qualquer território do capitalismo, os consumidores serão os candidatos certos para se comportar como mortos-vivos, assolando e azarando *shopping centers*, condomínios, vivos-mortos com cartão de crédito. George Romero, pai de todos, foi interpelado, alguma vez, num *making of*: "quem representaria, nos dias de hoje, o papel do zumbi, como alteridade absoluta?". O diretor, também ideólogo subversivo, respondeu que poderiam ser, por exemplo, os palestinos, os refugiados, os migrantes, tomados como epígonos do que não pode ser assimilado: humanos, demasiado humanos; monstruosos, porque diferentes.

Moral da história, de todas as estórias: monstros são os outros, por serem, mais do que semelhantes, diferentes: por não serem iguais, seriam perigosos, portadores de uma voracidade radical que destruiria o nosso narcisismo, ego e corpo, segundo suas vontades avassaladoras. Em definitivo, os semblantes do Outro, capacitados para se satisfazerem tanaticamente conosco, também podem nos fascinar, no masoquismo gozoso das telas e dos disfarces, no *delivery* das intensidades, nos pesadelos *prêt-à-porter*...

Oscar Cesarotto

Psicanalista

Mais algumas palavras

Este é um livro de interface no qual Adriano Messias se vale da plasticidade do meio cinematográfico, conectado "desde sempre e para sempre" à forma natural e direta de sua linguagem feita de imagem e movimento, a uma estética da "deformidade", seja como componente poético ou como alegoria do que historicamente já foi considerado como "anormalidade" orgânica e psicológica.

Com o passar do tempo, a presença dos monstros não perde vigência na literatura, na pintura e, particularmente, no cinema. Trata-se de seres pertencentes ao gênero fantástico ou à categoria do extraordinário e do sobrenatural. Na maioria dos casos, os monstros são usados como pretexto para se elaborar sistemas alegórico-morais e paradoxos econômicos, sociais, políticos e religiosos.

O que formulam, por exemplo, filmes clássicos como *O golem*, *Drácula*, *Frankenstein*, *O corcunda de Notre-Dame*, *O homem elefante* ou as obras em torno de aliens e zumbis? Levando-se em consideração que há poucos monstros originais, estes se metamorfoseiam ou fusionam com "outros seres".

Em qualquer manual de teratologia – por sinédoque, a "ciência das monstruosidades" –, encontram-se referências diretas à "mitologia clássica". Delas, desprendem-se as figuras de minotauros, sereias, ciclopes, harpias, faunos, esfinges, centauros e gárgulas, entre uma plêiade de outras. A esse respeito, Umberto Eco, em *História da beleza*, formula uma diferença essencial: enquanto o belo aspira a ser sublime e universal, o monstruoso está relacionado ao presente e à reação violenta perante "o outro", o diferente.

Entretanto, a feiura tem deixado de ser, já há bastante tempo, uma categoria estética aplicada à arte, e isso desde o Romantismo, que redimiu o socialmente feio, convertendo-o em artisticamente belo. Isso também foi feito, à sua maneira, pelas vanguardas e movimentos artísticos a partir do século passado, os quais "reeducaram" o "gosto", uma vez que não existiria mais a "feiura artística".

Outra questão importante da interface de Adriano Messias é que os monstros, ao longo da história das artes e, sobretudo, do cinema e da literatura, estabelecem a problemática do "relativismo do olhar". Estaria o monstruoso focalizado naquele que olha ou na existência de um "corpo outro", que nos fascina e nos repugna ao mesmo tempo? Neste sentido, o autor nos convida a degustar uma semiotização com base na psicanálise, entendendo o monstruoso como portento ou prodígio, mas, também, como indício do mal-estar na cultura. Esses significados revelam o alto grau de semioticidade do corpo dos monstros e de sua função essencial e paradoxal, que é sinalizar e mostrar algo, mesmo que a sociedade procure esconder e marginalizar esses seres.

Adriano Messias redime o monstruoso a um corpo que expressa diversidade. Nesse sentido, a problemática do monstro nunca termina: ele aparece, desaparece, volta a aparecer, e, em cada nova metamorfose, mostra-se o melhor e o pior de cada sociedade e época. Assim, o monstruoso não é só produto da imaginação, mas um composto de signos que marcam os distintos momentos críticos do processo social e político das culturas.

Para Michel Foucault, o monstro era aquele que combinava o impossível e o proibido, servindo como grande modelo para todas as diferenças. Assim, aquilo que, no futuro, venha a ser aprovado pela arte e pelo belo, poderia parecer, na atualidade, monstruoso e feio. Afinal de contas, como indica o próprio título da obra – *Todos os monstros da Terra* –, nos bastidores da humanidade, nada é tão conservador e nada se assemelha tanto à mediocridade como a perfeição.

Fica o convite a todos os que que, alguma vez, se assustaram ou que ainda se assustam com os monstros do cinema e da literatura: que possamos exorcizar o olhar moral e intolerante para com o outro, transformando o medo em compaixão e postura ética.

Juan Guillermo Droguett

Professor com pós-doutorado pela Faculdade de
Filosofia, Letras e Ciências Humanas da USP

Trouver ce qu'on ne cherchait pas
est ce qui fait avancer la connaissance.
Claude-Claire Kappler (1999)

("Encontrar o que não procurávamos
é o que faz o conhecimento avançar.")

Nas pegadas do monstro

Os monstros sempre foram, para mim, uma inquietação pessoal, deliciosa e instigante. Como tema de estudo, pediam um debruçar intenso mediante olhares multifacetados que pudessem permear seu exterior e interior. O suporte do cinema tornou-se óbvio para a empreitada; afinal, não há nenhum outro lugar na contemporaneidade em que um monstro se mostre tão bem. Se a literatura forjou seres fantásticos em profusão no século XIX, acredito que, nos séculos XX e XXI, o cinema foi o grande criadouro de bestiários. Sua influência foi tão avassaladora que a literatura dita fantástica é hoje sua enorme devedora. Nessa linha de raciocínio, parece-me possível afirmar que, se a literatura expressou os sintomas da cultura[1] no século XIX, o cinema o fez no século XX e o tem feito no XXI; afinal, seus engenhos são muito mais

---

1 Minha definição de sintoma, com embasamento lacaniano, apoia-se inicialmente na boa discussão que a pesquisadora Lucia Santaella desenvolveu no capítulo "O corpo como sintoma da cultura" (Santaella, 2008, pp. 133-151), no qual ela afirma o sintoma, em Freud, como o retorno do recalcado. Um sintoma é algo que se repete, que "sabe" no sujeito sem que o próprio sujeito dele saiba. Um sintoma vem a ser algo (por exemplo, desde uma característica, um comportamento, uma aparência, até uma confluência de características, comportamentos e aparências) que anuncia e denuncia um certo mal-estar cultural. E, de acordo com Nasio, o sintoma nos interpela de maneira involuntária, como manifestação do inconsciente. Ele é sempre doloroso, solicitante de interpretação (cf. Nasio, 1993, p. 13). Esse tópico será discutido adiante, no subcapítulo "A psicanálise como olho para o fantástico".

próximos do sonho do que os de uma obra literária, se pensarmos que sua matéria-prima é, basicamente, a imagem visual.[2]

Meu objetivo geral neste trabalho foi o de analisar alguns filmes do cinema da primeira década do século XXI – com tolerância de alguns anos para mais – no que dizia respeito à presença das formas monstruosas provenientes da imaginação em torno do fantástico, sempre contundentes e numerosas. Quanto a um objetivo específico, visei entender como o fantástico, na materialidade de seus personagens, foi atualizado, reinventado, fabulado – mediante o suporte de uma compreensão de base semiótico-psicanalítica.

Por meio da apresentação de uma certa "arqueologia" de diversas manifestações culturais de seres fantásticos (desde a Antiguidade, passando pela Idade Média, pelo Renascimento, pelo ultrarromantismo do século XVIII, pela assunção das questões do corpo cambiante no XIX, até nossos dias), estudei a força com que determinadas representações do fantástico ainda se manifestam, presentificadas nos filmes selecionados. Também tentei localizar, delimitar e explicar as manifestações do catastrofismo no vasto panorama do cinema fantástico como uma das tendências dominantes no período selecionado.[3]

Se, em grande parte das ficções fantásticas, o personagem humano se viu ou se sentiu mirado por algum monstro à espreita, aqui tive o empenho de olhar a criatura causadora de pavor, dissecar sua conformação híbrida e, tantas vezes, o aparentemente inominável, tanto sob a instrumentação da semiótica psicanalítica quanto de outros campos do saber, como os estudos cinematográficos, a filosofia e a antropologia.

---

2 Se, para a psicanálise, o texto literário seria como um sonho do autor a produzir sonhos outros em seus leitores, acrescento que o mesmo acontece no cinema, pois a obra permite que o espectador forje suas próprias subnarrativas: "O escritor criativo faz o mesmo que a criança que brinca. Cria um mundo de fantasia que ele leva muito a sério, isto é, no qual investe uma grande quantidade de emoção, enquanto mantém uma separação nítida entre o mesmo e a realidade" (Freud, 1976b, p. 102).

3 Sobre o catastrofismo (o *ciné-catastrophe* dos franceses), Dadoun (cf. 2000, p. 134) afirmava que essa tendência em filmes traria consigo um tipo de fetichismo para com o gigantismo, as maquinarias e os cataclismos, como pode ser percebido nas análises dos filmes escolhidos.

Frame com "beijo" de Drácula (Bela Lugosi) no clássico de 1931.

Cheguei, concomitantemente a leituras diversas e ao conhecimento prévio de muitos filmes, a selecionar um *corpus* de temática fantástica com produção na primeira década do século XXI.[4] Estabeleci, não como critério, mas apenas como uma variável de caráter simbólico para meu recorte, o 11 de setembro de 2001. Essa data se tornou, para toda a cultura mundial, um divisor de águas: aí talvez tenha começado o novo século. O término do recorte temporal se deu em 2011 – dez anos de cinematografia esmiuçada.

A profusão de filmes fantásticos lançados no período escolhido – o que justifica a variada seleção dos materiais estudados – mereceu uma mirada que partisse da localização e detecção dos seres monstruosos que vieram povoar o universo cinematográfico de forma torrencial. Estudei as semelhanças que esses seres mantiveram entre si, as formas pelas quais se apresentaram, os níveis de invencionismo em torno deles, ou, mesmo, seu vínculo a uma certa tradição de configuração no amplo gênero fantástico. Também, sobretudo, busquei ver o que esses filmes, encadeados muitas vezes por séries de vampiros, seres da mitologia antiga e medieval, e zumbis famélicos, por exemplo, puderam dizer sobre o mundo que se descortinava ante o novo século, desde 2001.

---

4 E, como meu propósito foi refletir sobre o "bestiário" do início do século XXI, tratei, em vários momentos, de filmes os mais diversos que, de forma colateral, acompanharam os estudos principais dos filmes eleitos.

Ao estudar os monstros – tanto na cultura, de forma geral, como no cinema e na literatura, baseando-me, para isso, em pesquisadores de relevância –, parti para apontar a existência de um certo bestiário cinematográfico contemporâneo constituído por monstros que, mediante esforços analíticos com respaldo teórico, vim a considerar paradigmáticos. Levantei, desde o início, a hipótese de que as figurações do fantástico refletem e flexionam as peculiaridades da época focada e, por conseguinte, senti-me movido o tempo todo a trabalhar em torno de uma certa sintomatologia da cultura perceptível no cinema, inspirado por análises que partem de ideias discutidas por Lacan e Žižek, por exemplo, precipuamente. No avançar das pesquisas, quando da análise dos filmes, eu já conseguia, pois, encontrar subsídios para a elaboração de um "novo bestiário", que, se bem que com um forte e evidente viés apocalíptico e catastrófico, trouxe igualmente outras conformações que muito dizem sobre a contemporaneidade. Os seres fantásticos – dos mais horrendos aos mais sutis –, reavivados e recriados pela força e engenhosidade das tecnologias do cinema, apresentaram muito sobre o mundo comunicacional de nossos dias, de tal maneira que propus, neste trabalho, a expressão "fantasfera" (a grande esfera do fantástico), cunhada por mim, para nomear o vasto material disponível sobre as criações e criaturas de meu interesse.

Pressuposta a analogia entre o sonho e o cinema, anteriormente assinalada, as análises desenvolvidas foram em grande medida formais e tiveram, como também já ressaltei, o apoio da semiótica psicanalítica, hábil em ajudar a compreender as consequências dos signos culturais para o sujeito – o ser da cultura. Aqui me apoio nas ideias de Žižek (2010b), quando o filósofo escreve:

> *a questão é evitar o fascínio propriamente fetichista do "conteúdo" supostamente oculto por trás da forma: o "segredo" a ser revelado pela análise não é o conteúdo oculto pela forma (a forma da mercadoria, a forma do sonho), mas, ao contrário, o "segredo" dessa própria forma. (p. 297)*

Žižek discorre sobre a forma utilizando Marx e Freud em suas exemplificações, e concorda quando o pai da psicanálise propõe, a respeito da análise dos sonhos, que "temos de nos livrar do fascínio desse núcleo de significação,

do 'sentido' oculto do sonho – isto é, do conteúdo escondido por trás da forma de um sonho – e centrar nossa atenção nessa forma ela mesma" (Žižek,
2010b, p. 300).

Assim, compactuo com a proposta zizekiana-freudiana de que o que
deve interessar é o segredo da própria forma, e não o que supostamente se
oculta por trás dela. Nessa direção, trato das figurações dos sintomas da cultura encarnados nos seres monstruosos – afinal, o monstro é sempre um
outro do humano, assim como os animais[5] e, por que não, também os objetos. Por exemplo: nos anos 1950, o "outro" do americano macarthista se
viu projetado nas formas horripilantes e escarlates dos marcianos da ficção
científica cinematográfica.

Desde o início desta pesquisa, meu foco recaiu sobre os múltiplos seres
aos quais foram atribuídas características monstruosas (cf. Carroll, 1990), e,
nisso, foi deixado de lado o viés das construções que se aproximam mais do
humor e da sátira. Pelo fato de as nomenclaturas que recobrem o fantástico
serem numerosas e contraditórias – posto que, dentre outros fatores,[6] elas se
modificam de acordo com o contexto teórico –, não adentrei o perigoso e
infernal terreno das subcategorizações. Explicito, portanto, meu critério formal em busca das figurações do monstro e, desde já, deixo claro que fugi da
vã ambição de categorizar as diferentes manifestações do inverossímil para
me dedicar ao "protogênero do fantástico", o qual engloba gêneros variados,
como o terror e a ficção científica. Ainda assim, tive o cuidado de apresentar,
à guisa de estado da arte, alguns dos esforços empreendidos por variados
estudiosos no afã de estabelecerem classificações para o fantástico e o monstruoso, todas dotadas, entretanto, de fragilidades.

Este livro divide-se em três partes – cada uma organizada em subcapítulos –, além das considerações finais. A primeira parte tem três tópicos nor-
teadores. O primeiro passeia pela problemática em torno do conceito e da
delimitação do gênero fantástico. Em seguida, investiga-se uma longa tradição em torno dos monstros, começando na Antiguidade clássica e chegando

---

5   E, estes, de maneira tão intensa, que reservei um espaço nesta obra para tratar dos animais
    sob a óptica dos *animal studies*.

6   Afinal, um monstro é uma criação híbrida e, portanto, repelente a qualquer tentativa clas-
    sificatória.

até nossos dias. Entretanto, o avanço textual se faz não apenas de maneira cronológica, mas por meio de comparações com formas e manifestações do monstruoso contemporâneo, além de discussões de cariz psicanalítico e semiótico, o que antecipa, muitas vezes, alguns de meus vieses analíticos. O terceiro tópico envereda pela pertinência dos estudos freudo-lacanianos no âmbito do monstro no cinema e na literatura.

A segunda parte do livro trata especificamente dos percursos do fantástico no cinema, iniciando com os espetáculos de fantasmagorias e os pré-cinemas, e avançando até o cinema atual. Também aqui são discutidas, com mais vigor, as dificuldades classificatórias do fantástico no âmbito cinematográfico. O texto é finalizado com comentários sobre o terrorismo e o 11 de setembro.

A terceira parte apresenta as análises dos filmes estudados no universo da fantasfera. Nela, estão inseridos capítulos que abordam de maneira específica os filmes elencados. É nesse momento que são pensadas, de maneira mais contundente, as formas do monstruoso de acordo com a perspectiva dos sintomas culturais. A seguir, as considerações finais sinalizam o esforço de síntese de todo o estudo desenvolvido em torno do monstro e do monstruoso.

PARTE I
Uma arqueologia dos monstros

Cest la proximité du réel qui engendre la peur.

Jean-Louis Leutrat (1995, p. 29)

("É a proximidade do real que engendra o medo.")

1. Da conceituação

Fantástico, um conceito plural

Neste subcapítulo, trato do conceito de fantástico e apresento definições encontradas em trabalhos de diversos teóricos, no intuito de confrontar suas ideias. Começo com um pesquisador clássico do tema, Louis Vax (1960), quem, na abertura de seu livro *L'art et la littérature fantastiques*, já adverte sobre o risco de se tentar definir o conceito de fantástico. No decorrer de sua escrita, entretanto, ele nos apresenta alguns pontos que podem ser considerados significativos para reflexões. Escreve ele que o fantástico se alimenta dos conflitos entre o real e o possível (Vax, 1960, p. 5), e que a narrativa – seja ela literária, teatral ou cinematográfica – convém melhor ao fantástico do que outros suportes (p. 8). E continua, ao discutir que o fantástico, no sentido restrito, exige a presença do elemento sobrenatural em um mundo atravessado pelo racionalismo (p. 10). Para ele, o mais além do fantástico é, na verdade, um "mais além" bem próximo, uma vez que o monstro e a vítima encarnam duas partes de nós mesmos: nossos desejos inconfessáveis e o horror que esses nos inspiram quando deles tomamos consciência. Vax (p. 51) ainda afirma que o homem tem, antes de tudo, medo de si mesmo e dos seus desejos, e teme a violência do monstro que é ele próprio. Afinal, "o

fantástico não quer apenas o impossível, por ser assustador, ele o quer porque é impossível"[1] (p. 30).

Lembro aqui mais algumas propostas de Vax em torno do tema fantástico: "O monstro atravessa as paredes e nos espera onde quer que estejamos.
Nada mais natural, uma vez que o monstro somos nós mesmos. Ele já pene-
trou em nosso coração no momento em que acreditamos que ele está fora de
nossa casa"[2] (p. 11).[3] E, também: "O fantástico é o equívoco, a presença sur-
da do homem na fera ou da fera no homem"[4] (p. 32). O pesquisador afirma
que essa relação está presente no lobisomem, por exemplo, e que o reino do
equívoco está povoado por uma multidão de híbridos. Homens-cestos ou ho-
mens-cavernas, em Hieronymus Bosch; retratos que ganham vida, em Edgar
Allan Poe;[5] estátuas maléficas, em Prosper Mérimée, são alguns dos exemplos
dados por ele (p. 32).

Ao discutir especificamente a arte fantástica, Vax busca uma definição
de fantástico do século XIX, quando o termo era aplicado com respeito "a
certas obras fantasistas, extravagantes, de efeitos de luz bizarros, imprevistos,
chegando a cenas estranhas em que fantasmas e aparições ganhavam uma
presença importante"[6] (p. 35). O pesquisador também insiste na ideia de que

---

1 "*le fantastique ne veut pas seulement l'impossible parce qu'il est effrayant. Il le veut parce qu'il
   est impossible.*"
2 "*Le monstre traverse les murs et nous atteint où que nous soyons. Rien de plus naturel, puisque
   le monstre, c'est nous. Il s'était déjà glissé dans notre coeur au moment où nous affections de la
   croire hors de notre demeure.*"
3 Todas as traduções que não tiverem o nome do tradutor mencionado foram realizadas pelo
   autor deste livro.
4 "*Le fantastique, c'est l'équivoque, la présence sourde de l'homme dans la bête ou de la bête dans
   l'homme.*"
5 Vale lembrar que, para Pignatari (1987, pp. 76-77), Poe foi "o primeiro *Homo Semioticus*",
   já aos 20 anos, quando percebeu o choque cultural que a ciência e a indústria causavam em
   vários setores da vida humana. Um de seus poemas, "Sonnet – To Science", pode ser entendido como um primeiro lamento pela morte da poesia, ocasionada pelo avanço científico e
   técnico.
6 No original: "*Fantastique, selon le Lexique des termes d'art de J. Adeline (nouv. éd., 1884, sub
   Vº), se dit de certaines oeuvres fantaisistes, extravagantes, d'effets de lumière bizarres, impré-
   vus, de scènes étranges où les fantômes et les apparitions tiennent une large part*" (adaptação
   minha).

o fantástico é alusivo e, por isso, nos remete a outra coisa que não a ele mesmo, tendo, assim, uma grande força metafórica. Em um breve comentário, ele afirma o cinema fantástico como máquina de causar medo, mas também exercício de virtuosidade (p. 70). E menciona personagens fantásticos que adquiriram grande fama, como Frankenstein, recriado em diversas obras.

Em uma abordagem complementar, pode-se também propor que o fantástico não é aquilo que sai do corrente e do cotidiano. É um erro etimológico derivá-lo da imaginação – palavra da qual parecem também provir o "fantasma", a "fantasia" e o "fantoche", segundo Lenne (1970). Para esse autor, o fantástico é, sim, a confusão da imaginação com a realidade: zona de encontro e reencontro e lugar poético entre o imaginário e o real, em que se alicerça um caráter híbrido e inclassificável.

Notei repetidas vezes a dificuldade de alcançar categorizações definidas e definitivas – e tratarei disso ao abordar o cinema fantástico e seus problemas classificatórios. De fato, o fantástico é uma espécie de "poética da incerteza" – ele tem uma instabilidade inerente que gera dúvida, não oferecendo sentido único, conforme explica Magalhães (2003).

Os limites entre o fantástico e o chamado realismo muitas vezes são bem porosos. O cinema moderno nasceu do escândalo, segundo afirma Henry (2009, p. 68). E nasceu também do estranhamento, do heterogêneo, do hiato, da cisão. Como exemplo do que discuto, saliento o filme *Os pássaros* (*The birds*, Alfred Hitchcock, 1963):[7] Mrs. Bundy, a personagem ornitóloga que afirmou que aves não seriam capazes de atacar pessoas, seria, cenas mais tarde, encontrada prostrada e emudecida, vencida pelo "escândalo" do que se passava na localidade de Bodega Bay. Porém, esse escândalo era apenas a superfície de algo ainda mais profundo e avassalador: a chegada da sofisticada Melanie Daniels em um recanto puritano dos Estados Unidos, correndo atrás de um homem que desejava, mas que tinha visto apenas uma vez na vida. O incômodo social causado pela personagem se reflete na tortura de se ver fechada em um celeiro cheio de aves agressivas. Da mesma forma, Ingrid

---

7   Quando coloco entre parênteses as informações básicas de um filme, a ordem é "Título em português/Título original, diretor, ano", a não ser que o título em português já preceda tal ordem fora dos parênteses.

Bergman, anos antes, causara burburinhos ao se unir a Roberto Rossellini:[8] em *Stromboli* (*Stromboli, terra di Dio*, 1950), já era excessivamente escandaloso uma nórdica em uma comunidade de pescadores italianos. "Pois, para eles, ela não passava de um monstro"[9] (Henry, 2009, p. 68).

O fantástico na literatura

Diversos escritores de ficção pensaram também o cinema, como Jorge Luis Borges, cuja obra se apropriou de uma filmografia. Como afirma Cozarinsky (2000, p. 11): "Em 1935, no prólogo à *História universal da infâmia*, Borges reconhecia que seus primeiros exercícios de ficção derivavam do cinema de Von Sternberg". Com isso, o pesquisador demonstrava as incursões labirínticas que o escritor argentino faria pelas produções fílmicas, incursões estas que se deram com ênfase na revista *Sur*, entre 1931 e 1944. Borges reconhecia, já nos fins da década de 1920, o poder comunicacional do cinema para romper fronteiras e enriquecer a vida humana. Em contrapartida, ele desconfiava do romance, cuja "prolixidade" poderia bem caber em uma breve exposição oral. Muitas vezes, ele assumia em seus textos um afã de organização e montagem cinematográficas – continuidade e descontinuidade –, posto que, para ele, alguns procedimentos narrativos eram comuns ao cinema e à literatura, enquanto esta última parecia se servir bem da sintaxe discursiva menos verbal das imagens em movimento. Tamanho foi o diálogo do escritor argentino com o cinema que, em "El Sur", considerado por ele seu melhor conto, a trama – malgrado a aparência realista e de verossimilhança estética – se impregna de fantástico até emborcar num desfecho em aberto, no qual o escritor apresenta ao leitor uma não conclusão, que se traduz formalmente em uma espécie de congelamento cinematográfico. Isso está de acordo com as ideias de Stam, que discorre amplamente sobre as interfaces entre literatura e cinema e sobre a adaptação de gêneros, como é o caso do fantástico: "tanto o romance quanto o filme têm constantemente canibalizado gêneros

---

8 A paixão entre ambos causou muitos escândalos, pois cada um já era casado. Rossellini e Bergman abandonaram suas famílias para ficar juntos, e a atriz foi acusada de adultério.

9 *"Car pour eux, elle n'est rien d'autre qu'un monstre."*

e mídias antecedentes" (Stam, 2008, p. 24). E essa canibalização foi levada ao próprio paroxismo do cinema.

Para Borges, em seu texto "A postulação da realidade" (1985b), a literatura é sempre visitada pela imprecisão, independentemente de se buscar ou não o realismo por meio dela. Ele entendia o impreciso como propensão do homem escritor, uma vez que toda narrativa comporta preferências, por um lado, e omissões, por outro. E tomou como exemplo tanto o movimento do homem romântico em busca da expressão como o do clássico, que pretendia descrever e retratar a natureza. Em ambos, Borges percebia o insucesso. O segundo, na tentativa de registrar e representar, supunha relatar a realidade quando, de fato, estava mergulhado apenas em conceitos. A hipótese do escritor argentino era a de que toda atenção a algum objeto ou tema implicava uma seleção, uma escolha. "Vemos e ouvimos através de recordações, de temores, de previsões" (Borges, 1985a, p. 39). A literatura, para ele, portanto, não tinha como fugir do inverossímil. Lembro que, com sua costumeira ironia, ele criou um título para o pequeno ensaio, buscando já dizer que a literatura produz uma simulação da realidade. Coube a Borges propor que todo realismo era, de fato, irrealista. Isso desconstruía o suposto glorioso passado clássico, que insistia na regra da verossimilhança na literatura, de forma específica, e nas artes, de maneira geral.

Dessa maneira, tomando o raciocínio de Borges, posso entrever que as narrativas são irrealistas, desde sempre. Contra a insistência e a ingenuidade clássicas, aponto as construções do fantástico como opositoras à pretensão de verossimilhança e, no caso específico deste trabalho, reporto-me a um mundo que renunciou a qualquer intenção de dominar a natureza.

Em outro texto (cf. Monegal, 1976), Borges, dezoito anos depois de seu "A postulação da realidade", faz uma defesa belíssima e elegante da literatura fantástica em uma conferência em Montevidéu, em 2 de setembro de 1949, para os *Amigos del Arte*. Alguns de seus comentários trataram da literatura fantástica como uma manifestação muito mais antiga do que a chamada literatura realista, esta última tão jovem, para ele, quanto o próprio século XIX. As obras fundantes da literatura ocidental seriam, segundo o autor, todas de fundamentação fantástica, haja vista os enredos de *Ilíada* e *Odisseia*, apenas tomando duas grandes referências como exemplos – ainda que seja muito difícil se precisar o surgimento desse tipo de narrativas fantásticas. Há quem considere como um dos marcos de suas remotas origens *O asno de ouro*[10] (século II) e, tradicionalmente, a crítica especializada assume que a literatura fantástica ressurgiu em pleno vigor em fins do século XVIII sob as vestes dos enredos góticos, expressando o sentimento de ambivalência e paranoia em relação ao outro em famosas novelas e contos que traziam para um primeiro plano os conflitos entre o bem e o mal e o carnal e o espiritual, por exemplo.

Borges deixa o leitor perceber, em seu texto, que a literatura fantástica não seria menos importante do que a realista – ao contrário do que sempre quiseram boa parte dos críticos e o próprio pensamento popular –, tampouco o fantástico seria desumanizado, irresponsável, gratuito, escapista. A literatura fantástica – ele bem sabia – era capaz de superar o mundo superficial e oferecer metáforas para a realidade, o que só se daria por meio do rigor e da lucidez. O patamar em que Borges enxergava essa literatura, que sobreviveria por muitos séculos ainda, era aquele que atingia a dimensão do transcendente, enquanto a novíssima literatura, a qual almejava coincidir com a chamada realidade, poderia mesmo vir a desaparecer em algum momento.

Bastante preocupado em conceder um lugar de valorização à literatura fantástica – em uma época em que a esquerda argentina voltava os olhos a um endurecido realismo socialista ou à *littérature engagée* dos existencialistas franceses –, Borges chegou a analisar quatro procedimentos dos textos fantásticos, os quais foram posteriormente ampliados por ele: a) a obra dentro da mesma obra, como no caso de *Dom Quixote* e *Hamlet*; b) a introdução de imagens do sonho para alteração da realidade, tópico presente em culturas diversas; c) a viagem no tempo (a exemplo de *A máquina do tempo*, de H. G. Wells); e d) a presença de duplos (como no conto "William Wilson", de Poe).

Trago, além da de Borges, uma contribuição que faz referência ao próprio Machado de Assis, tão insistentemente classificado como escritor "realista" pelos estudiosos mais conservadores. É Pereira (2004, p. 72) quem vai

---

10 *O asno de ouro* foi escrito por Lucius Apuleio e narra as aventuras burlescas de um homem transformado em asno. Ao descobrir que uma bruxa, Panfília, conseguia se transformar em coruja esfregando um unguento no próprio corpo, o protagonista tenta fazer o mesmo, mas, desafortunadamente, acaba por se transformar no animal. Boccaccio, Cervantes e Henry Fielding adaptaram livremente a obra.

lembrar que o "bruxo do Cosme Velho" foi ousadamente considerado, por alguns críticos, bastante próximo da literatura fantástica ao abordar a sociedade de sua época, e acabou por ser identificado mais tarde aos autores latino-americanos dos anos 1960 vinculados ao chamado "realismo mágico".[11] Machado foi tão antirrealista em alguns momentos, que chegou a criticar asperamente Eça de Queirós por seu "realismo implacável" (cf. Pereira, 2004, p. 70), quem muitas vezes buscava, pelo excesso descritivo, uma suposta retratação extremamente fiel do social.[12] O grande escritor brasileiro também mencionou que o próprio Émile Zola, líder da escola naturalista, apontava perigos no realismo. A essa crítica sobre os pendores realistas, acrescento as palavras de Fischer (2007) sobre o "gosto [brasileiro] acentuado pela fotografia do real tal qual ele se apresenta, uma vontade de contar a história verdadeira ou, mais ainda, de revelar a verdade que está escondida em alguma parte" (p. 15). Prossegue Fischer (2007):

> *Vista bem de cima, a uma altura panorâmica, a literatura brasileira se mostra efetivamente como um conjunto de livros dominado por uma vontade de realidade, de um lado, e pelo menosprezo, talvez mesmo pela recusa, a relatos imaginativos, fantasiosos. (p. 16)*

Em meu entendimento, tal assertiva se aplica não só à literatura brasileira, mas também a seu cinema. Em grande parte, e de forma generalizada, essa constatação vale para as expressões artísticas de outros povos.[13]

Na esteira de um pensamento mais tradicional e "escapista" sobre o fantástico, Penteado, no prefácio de uma coletânea de contos, recupera Pierre Castex, que escreveu sobre o conto fantástico na França. Escreve Penteado (1961):

---

11 Ressalto, aqui, alguns textos como *O alienista*, "Conto alexandrino" e *Memórias póstumas de Brás Cubas*.

12 Isso está em seu texto "Eça de Queiroz: *O primo Basílio*", publicado em abril de 1878 em *O Cruzeiro*.

13 Voltarei a comentar os preconceitos em torno do fantástico em outras discussões deste livro.

> *o fantástico, em literatura, é a forma original que assume o mara-*
> *vilhoso, quando a imaginação, ao invés de transformar em mito*
> *um pensamento lógico, evoca fantasmas encontrados no decorrer*
> *de suas solitárias peregrinações. Ele é gerado pelo sonho, pela su-*
> *perstição, pelo medo, pelo remorso, pela superexcitação nervosa*
> *ou mental, pelo álcool e por todos os estados mórbidos. Ele se ali-*
> *menta de ilusões, de terrores, de delírios. (p. 3)*

E, adiante, Penteado (1961) continua, a propósito da proliferação do fantástico em sua época:

> *O homem moderno, quiçá procurando encontrar uma evasão es-*
> *piritual para os problemas cotidianos e insolúveis que o torturam,*
> *farto já da leitura do noticiário comum, em que os seres humanos*
> *dão asas à sua desmedida ambição e egoísmo (...), volta-se (...)*
> *para o clima de mistério, para o irreal, para a fantasia, o que ex-*
> *plica o grande número de escritores e publicações dessa natureza,*
> *surgidos ultimamente. (p. 7)*

O século XIX floresceu em contos fantásticos por toda a França e pela
Europa, em geral. Charles Nodier, em 1830, escrevia seu manifesto *Du fantas-*
tique en littérature e também veio a explorar a figura do vampiro, a alucinação
e a criatura sobrenatural em diversos de seus textos. Tantos outros seguiram
esse caminho nas letras francesas, como Théophile Gautier, Honoré de Balzac, Louis Lambert, Prosper Mérimée, Guy de Maupassant.

A literatura fantástica, apesar do marco estabelecido por *O diabo amoro-*
so, do dijonês Jacques Cazotte (1772) – livro muito importante, sobre o qual
comento no subcapítulo "A sombra do monstro nas Luzes europeias" –, teve
a Alemanha como seu importante centro irradiador, influenciando outras literaturas dos séculos XVIII e XIX. Entretanto, por um bom tempo o texto de
Cazotte foi tido como uma obra original no país de Molière, considerando-se
que o que lá se produzia, até então, em termos de literatura, apelava ou para
uma fantasmagoria irrisível, ou para o satírico próximo ao alegórico. O escritor que de fato é considerado o iniciador da literatura fantástica moderna

é o alemão E. T. A. Hoffmann, e o surgimento da expressão "conto fantástico" foi involuntário: o primeiro tradutor do autor na França, Loève-Veimars, publicou diversos textos hoffmannianos em 1829 com o título de *Contes fantastiques*. Porém, o próprio Hoffmann os tinha agrupado com o nome de *Fantasiestüche*, "obras da imaginação"; foi por homonímia que *Fantasie* se tornou *fantastique*.

Hoffmann apresentou vários elementos temáticos que seriam retrabalhados doravante em literatura fantástica: o duplo, o sobrenatural, o ser humano artificial, a magia e as experiências paracientíficas tão em moda na Europa daqueles tempos, a exemplo da magnetização e do mesmerismo, um derivado desta. E a questão do duplo apareceria tanto na vertente do autômato movido por engrenagens como na dos espectros e das sombras. Perder a própria sombra ou ser perseguido por ela fez parte de diversos textos literários da época.

Todavia, em terras francesas, Charles Baudelaire viria a traduzir um autor que ofuscou o sucesso de Hoffmann, impondo uma nova onda narrativa com suas *Histórias extraordinárias* e *Novas histórias extraordinárias*: Edgar Allan Poe, cujos textos chegaram ao leitor francês em 1856 e 1857, respectivamente. Suas instigantes páginas estavam esvaziadas das conhecidas figuras do terreno sobrenatural mais clássico, como as ondinas, os gnomos, as salamandras, as bruxas e a própria magia, pois seu intuito foi se debruçar mais precisamente sobre os estados de consciência, a angústia metafísica e a loucura.

Se os estudos literários apontam para uma localização do chamado fantástico literário moderno nas letras da Alemanha (e, em segundo plano, da Inglaterra), há quem defenda a França, por sua vez, como a grande nutridora dos romances de vampiros, o que se comprova por meio dos textos de diversos literatos, a exemplo do próprio Baudelaire, além de Alexandre Dumas, Théophile Gautier, Guy de Maupassant, Prosper Mérimée, Charles Nodier e Aloysius Bertrand, por exemplo (cf. Dumas *et al.*, 2005), malgrado uma certa crítica literária preconceituosa, desde então, em torno de seus textos.

Como bem nos lembra Motta (2007), na obra *Proust: a violência sutil do riso*, ainda que Freud tenha exemplificado seu famoso conceito de "estranho familiar" com o conto de Hoffmann,[14] ele bem poderia tê-lo feito a partir de algum texto da literatura inglesa dos Oitocentos. Para a pesquisadora, Baudelaire soube bem repudiar o espírito francês e reivindicar o excesso nórdico em seu conhecido *De l'éssence du rire* (cf. Baudelaire, 1855), verdadeira defesa do grotesco. O escritor maldito afirmava o riso, expressão tantas vezes deflagradora da loucura, como diabólico, por oposição aos comedimentos do bom cristão; e o cômico seria um dos sinais mais claramente satânicos do homem – fenômeno monstruoso que remetemos igualmente à temática da obra *O nome da rosa*, de Umberto Eco.

O autor de *As flores do mal* menciona, em seu breve ensaio, a extravagância e os exageros de uma subdivisão da escola romântica, a escola satânica, para a qual o riso era a expressão de um sentimento dúbio, presente até mesmo na convulsão (Baudelaire, [20--?], p. 9). Ele faz elogios aos autores anglo-germânicos e a Hoffmann, em especial, sem se esquecer dos dois luminares do grotesco e do cômico francês: François Rabelais e Molière. Seu olhar, entretanto, se fixa nas formas fortes da "grandiosidade britânica, plena de sangue coagulado e temperada por alguns danados monstruosos"[15] (Baudelaire, [20--?], p. 6). Sua crítica à pouca abertura cultural dos franceses já se evidenciava no seguinte trecho: "O público francês praticamente não gosta de sair de seu país. Não existe um gosto muito cosmopolita, e os deslocamentos de horizonte lhe perturbam a visão"[16] (p. 12). E, ainda: "Para encontrar o cômico feroz e muito feroz, é preciso atravessar a Mancha e visitar os reinos brumosos do *spleen*"[17] (p. 12).

Ainda no contexto dessa discussão, vale mencionar a opinião da pesquisadora Célia Magalhães (2003), para quem o fantástico é mesmo um gênero que se propõe a uma investigação do oculto para estabelecer uma relação com a verdade, e se apresenta em manifestações diversas da literatura – como o absurdo, o surrealismo, o realismo mágico –, vindo a tornar-se, na literatura

---

14 Referencio mais detalhadamente esse conceito e esse conto nos subcapítulos "A mulher como monstro", "O que so(m)bra de um homem?" e "O estranho familiar".

15 *"énormité britannique, pleine de sang caillé et assaisonée de quelques monstrueux goddam."*

16 *"Le public français n'aime guère être dépaysé. Il n'a pas le goût très cosmopolite, et les déplacements d'horizon lui troublent la vue."*

17 *"Pour trouver du comique féroce et très féroce, il faut passer la Manche et visiter les royaumes brumeux du spleen."*

hispânica, herdeiro do surrealismo. Para a autora, o fantástico vai abraçar a problematização do real por meio do embate entre forças antagônicas.

Fica evidente, por conseguinte, que o grande gênero fantástico, como o conhecemos hoje, sempre se mostrou um forte tributário da literatura romântica europeia dos séculos XVIII e XIX, enquanto esta igualmente se inclinou a ele, de forma que posso dizer que há muito de fantástico no romântico, e vice-versa. Poder-se-ia supor que a origem desse gênero teria ocorrido a partir da rejeição do Iluminismo para com o pensamento teológico medieval e toda a sua metafísica. Dessa maneira, excluído o elemento religioso por ação do pensamento das Luzes, o fantástico teria exercido a função de fraturar um excesso de racionalidade na cultura. Siebers (1989), no prefácio de seu livro sobre o fantástico, explica-nos: "A literatura fantástica consagra as diferenças, pondo em relevo aqueles aspectos da experiência que se aventuram além do estritamente humano, rumo a um âmbito sobrenatural"[18] (p. 9). Para o autor, a literatura fantástica aproximaria o homem romântico isolado e as superstições[19] do homem comum. Ele defende que, paradoxalmente, tanto o Iluminismo (*la Ilustración*) quanto o próprio Romantismo associavam as ideias românticas ao sobrenatural, e, portanto, a ficção romântica se preenchia de horror e de seres fantásticos (Siebers, 1989, p. 11). Pode-se mesmo dizer que o Romantismo colocou o fantástico efetivamente na categoria de gênero literário. Como exemplo, temos sua vertente alemã, portadora de uma alucinante angústia existencial – pertencente ao nebuloso universo do *Unheimliche*, termo discutido no subcapítulo "O estranho familiar". Essa angústia migraria, mais tarde, para o plano corporal, e a perda da identidade do corpo humano atingiria seu auge na arte – talvez no surrealismo –, com as repercussões dos acéfalos descritos por Georges Bataille mediante o antropomorfismo dilacerado presente no pensamento desse pesquisador.

Siebers (1989, p. 14) afirma ainda que a literatura fantástica trata de literatura e superstição, mas igualmente de uma consciência de violência social.

---

18 "*La literatura fantástica consagra las diferencias, poniendo de relieve aquellos aspectos de la experiencia que se aventuran más allá de lo estrictamente humano, hacia un ámbito sobrenatural.*"

19 Termo empregado aqui sem sentido pejorativo, como explica o próprio autor. Trata-se do pensamento mágico (cf. Siebers, 1989, p. 13).

Ele chega a criticar Tzevetan Todorov,[20] autor clássico em torno da problemática do fantástico e que não considerava o sobrenatural um elemento pertinente à literatura fantástica (Siebers, 1989, p. 20). Todorov, como bem se sabe, nem sequer cogitou das possibilidades sociopolíticas e psicanalíticas do fantástico, conforme salientou Magalhães (2003). Essa mesma estudiosa mencionará como "temas" do fantástico a invisibilidade, a transformação, o dualismo, o questionamento da posição bem *versus* mal, os fantasmas, as sombras, os vampiros, os lobisomens, os duplos, os monstros e os canibais – mas reforço que esses itens, por si só, não dão conta da pluralidade de significados que o fantástico deixa transbordar.

Cabe, aqui, também apresentar algumas breves considerações sobre as tentativas de desdobramento do fantástico nas letras. Na tradição dos estudos literários latino-americanos, ficou conhecido um termo bastante problemático a meu ver – o "realismo mágico" –, empregado, de forma mais generalizada, para se referir a obras em cujo enredo um acontecimento ou um ser fantástico se fazia presente sem, todavia, causar o espanto e o incômodo esperados nos personagens, vindo a ser parte de eventos comuns do cotidiano. Vou explicar brevemente o desnecessário que se tornou, em meu entendimento, essa nomenclatura, a qual também tentou categorizar um certo "neofantástico".

Já expus que a literatura brasileira buscou, muitas vezes, o prestígio dos textos realistas e naturalistas, desmerecendo autores que fugiam das tentativas de descrever o "real". Como salientou Magalhães (2003), a repressão à criação de monstros literários foi recorrente, e talvez só tenha começado a arrefecer nos anos 1970 e 1980, quando as temáticas do satanismo e da sexualidade – ainda sob influência baudelairiana – ganharam espaço.[21] Porém, desde décadas antes, o realismo mágico tentou, de alguma forma, "mascarar" um certo aspecto de evasão que caracteriza o fantástico, buscando um recorte

---

20 Todorov, filósofo e linguista búlgaro radicado na França desde 1963, escreveu uma obra que é amplamente referenciada por vários estudiosos do fantástico, *Introdução à literatura fantástica*, a qual consta nesta bibliografia. Reconheço os méritos desse livro, mas acredito que ele representa apenas um dos pontos de partida para estudar as questões que permeiam o fantástico, de forma geral, e a literatura, especificamente.

21 Não só na literatura, mas também no cinema nacional, como eu disse.

que o inserisse em um "real" permeado pela cor local das terras e das gentes americanas. Nesse esforço, ainda que valoroso e bem-intencionado, pode-se considerar que houve um "desvio" em relação às produções de autores que poderiam ter sido inseridos como escritores fantásticos – e, igualmente, um "atraso" na concessão de um lugar adequado para as produções literárias desse cariz. Passou-se a utilizar, igualmente, o termo "maravilhoso" para tentar dar conta dos elementos fantásticos inseridos no mundo "real" retratado nas narrativas. Nota-se, aqui, um esforço paradoxal: por um lado, pretendia-se afugentar o realismo cru e, por outro, romper com o racionalismo pós-iluminista. Um dos primeiros escritores nacionais a serem inseridos pelos estudiosos na esfera do realismo mágico no Brasil foi Mário de Andrade, por conta de sua obra *Macunaíma* (1928), apesar de o termo abranger em especial as obras dos anos 1950, com destaque para os livros de Jorge Amado e do colombiano Gabriel García Márquez. Com a febre dos *best-sellers* desde os anos 1980, e também em parte graças à chamada literatura infantojuvenil – que sempre aceitou melhor o gênero fantástico –, talvez no século XXI se esteja vivendo o fantástico literário no Brasil em seu maior esplendor (sem que isso, entretanto, aponte necessariamente para algum tipo de uniformidade qualitativa).

Como deixei claro no texto inicial deste livro, os séculos XX e XXI assinalam, em grande medida, a primazia dos meios audiovisuais em que, sobretudo o cinema, vem a influenciar a literatura – e isso desde seu surgimento, em finais do século XIX, quando ele passa a oferecer aos escritores sugestões estéticas, formais e temáticas. Ora, não se pode, ainda assim, negar que a literatura fantástica universal tenha tido reflexos no cinema, que absorveu – e continua a fazê-lo – marcantes temáticas, muitas de ambientação gótica, em seus percursos por caminhos expressivos. Se desde os primórdios o cinema abraçou o fantástico – de forma quase vocacional –, ele deixará marcas na literatura, mas dela igualmente receberá contribuições.

2. Uma história de monstros

Uma animália fantástica

Ao mergulhar na origem da relação entre o homem e os outros animais, encontram-se algumas pistas dos caminhos que uniram ambos. O interessado pode se ater a algumas fontes clássicas, entre as quais está Vladimir Propp (1895-1970) como um dos pesquisadores do século XX que mais estudaram a relação totêmica entre as pessoas e os elementos do mundo, como os bichos. Remonto aqui a grupos humanos que pensavam as pessoas, os animais, as plantas e os minerais como constituintes de um universo desprovido das separações modernas, a exemplo de humano e animal, civilização e animalidade, cultura e natureza. Após os atos civilizatórios terem se instalado nas primeiras sociedades humanas, os animais continuaram como referências fundamentais para os ritos e cerimônias mágicas, e indicadores de bons e de maus presságios.

A obra referencial da qual trato neste texto é *As raízes históricas do conto maravilhoso*. Nela, Propp oferece excelentes estudos a respeito dos seres fantásticos, a partir de seus escritos sobre o conto popular – inicialmente o russo – e, posteriormente, fazendo comparações com narrativas de vários povos e épocas, na busca de elementos repetitivos originais e simples, fundando,

assim, uma narratologia própria. O que quero aproveitar de suas pesquisas
– considerando o teor estruturalista russo que não se adequa tão bem à mobilidade das formas contemporâneas do cinema – são referências à origem de
alguns elementos que ainda permanecem nos contos e narrativas fantásticas.[1]
Meu pensamento se coaduna ao de Propp (1997) quando este diz: "Os pesquisadores cometem frequentes erros, porque restringem seu material a um
assunto, a uma cultura ou a outras fronteiras criadas artificialmente. Para nós,
tais fronteiras não existem" (p. 23). Esse ponto de vista tem ressonância em
meus estudos, posto que entendo o mundo contemporâneo como uma cadeia
subterrânea de signos do fantástico, cada vez mais emaranhados e multipli-
cados. De fato, o âmbito de uma análise pode ser "internacional", termo que
o próprio Propp utiliza diversas vezes, demonstrando que as repetições e re-
corrências dos temas do conto dito "maravilhoso"[2] – o objeto de sua obra em
questão – se fazem perceber entre diversos povos, em épocas distintas. Propp
fará, pois, incursões detalhadas por diversos temas, explorando a presença
de seres fantásticos (como o dragão e a Baba-Yagá, a temida e multifacetada
feiticeira russa) e de animais em narrativas populares. São seres que, quase
sempre, pululam nos bosques sombrios que infestam os contos da gente do
povo: "A floresta nunca é descrita com detalhes. Ela é densa, escura, misteriosa, um pouco convencional, não totalmente verossímil" (Propp, 1997, p.
55). Por ela, recorrentemente atravessam os caminhos para o "outro mundo".

---

1 São numerosas as terminologias para se referir às contribuições da oralidade e da cultura
   popular para os contos fantásticos. Em Portugal e também em algumas localidades do Brasil, denomina-se "conto de Trancoso" uma história exagerada, próxima ao âmbito do "maravilhoso", com peripécias impossíveis na vida de seus personagens. O termo, que já caiu no
   uso comum, se deve originalmente a Gonçalo Fernandes Trancoso, que nasceu em Trancoso (1520) e morreu em 1596, considerado por muitos o primeiro contista português. Sua
   obra *Contos e histórias de proveito e exemplo*, de 1575, foi extremamente popular, reimpres-
   sa até o século XVIII, e apresenta semelhanças com livros de Chaucer e Boccaccio. Outros
   termos correntes são "contos da carochinha", desde a época dos Oitocentos, e "contos de
   fadas", tanto em Portugal como no Brasil. Provavelmente, foi a escritora francesa Marie-Ca-
   therine Le Jumel de Barneville, mais conhecida como Baronesa d'Aulnoy (1650/1[?]-1705),
   quem popularizou a expressão "contos de fadas" (*contes de fées*), que passou a ser utilizada
   genericamente para se referir a esse tipo de história.
2 Neste trabalho, não entro nas confusas discussões terminológicas que diferenciam "maravilhoso" e "fantástico", por exemplo.

Depois de discorrer sobre isbás[3] dotadas de pernas zoomórficas, sobre a relação entre mortos e vivos e as configurações plurais da Baba-Yagá e suas curiosas transformações, sempre se reportando a seres de mitologias diversas – por alusão e similaridade –, Propp encontrará um campo igualmente frutuoso ao tratar de animais auxiliares dos heróis. No capítulo V de seu livro, denominado "As dádivas mágicas", a águia e o cavalo ganham relevo. A primeira, por ser um animal que abençoava os campos após o inverno ao ser alimentada com criações das fazendas, as quais lhe eram graciosamente ofertadas por um gentil pastor. O segundo, por sua relação com um mundo já mais civilizado – afinal, os equinos surgem quando o homem já está a desenvolver a pecuária. Propp supõe, assim, o cavalo como representante de uma forma elaborada de "sociedade culta" – substituindo, talvez, a rena e o cachorro. É geralmente após serem alimentados que esses animais – a águia, o cavalo, mas também o dragão – conseguem ser generosos com o seu provedor nas narrativas coletadas. Surgirá, ainda, a figura do cavalo branco – a cor dos seres fantasmáticos que não têm mais corporeidade –, muitas vezes alado, com função de psicopompo, ou seja, de guia do herói pelo mundo do além. Ele também poderá ser vermelho e ígneo, como aquele que São Jorge montou para lutar contra o dragão (Propp, 1997, p. 208), revelando sua natureza ctônica,[4] posteriormente aquática – quando em narrativas de evolução mais tardia (lembro aqui Pégaso, que tinha relação direta com a água). É oportuno, neste ponto, citar Derrida (2011):

> *Pégaso, cavalo arquetípico, filho de Posídon e da Górgona, era pois meio-irmão do próprio Belerofonte que, descendendo assim do mesmo deus que Pégaso, vem a seguir e a domar uma espécie de irmão, um outro ele-mesmo: eu sigo parcialmente meu irmão, diria ele em suma, eu sigo meu outro e o venço, eu o detenho pelo freio. O que se faz quando se detém seu outro pelo freio? Quando se detém seu irmão ou seu meio-irmão pelo freio?[5] (p. 79)*

---

3   Casebre de madeira comum na Rússia e em países do norte da Europa.

4   Ctônico diz respeito àquilo que é subterrâneo, proveniente do interior da crosta, onde reinam os infernos e suas divindades.

5   Derrida se aproveita para ilustrar, com o mito de Pégaso, o fato de o ser humano sempre ter subjugado seus "irmãos", os outros animais. Ele discute isso no imprescindível texto

Em meio a essa pletora de alusões bestiais, deparo-me com as relações totêmicas entre os homens primitivos e os animais: "Durante o rito havia danças nas quais se vestiam as peles de diversos animais: touros, ursos, cisnes, lobos, etc. Suas cabeças serviam de máscara (...). Isso simbolizava a transformação em animal" (Propp, 1997, p. 221). A representação-transformação homem-animal é muito antiga e se soma às buscas das prováveis raízes dos elementos fantásticos que povoam diversas culturas.

Em várias situações, os animais totêmicos – fundadores de clãs – também se tornavam espécies de espíritos guardiães individuais e sociais, desempenhando funções que, em grande medida, nada diziam de suas características de agressividade ou braveza: "O animal não é importante por sua força física, mas por estar ligado, por pertencer ao reino dos animais em geral" (Propp, 1997, p. 222). Portanto, o animal – espírito protetor – muitas vezes vai orientar e inspirar um xamã que, por si só, já representa outra transformação que se deu no decorrer dos séculos: de caçador de presas a caçador de almas e curandeiro.

Nesse percurso, da figura geral do animal chega-se à sua fragmentação em numerosos objetos mágicos que os portadores carregavam consigo, tanto na forma de patuás como de amuletos. Vestir a pele ou portar a garra de um bicho conferia ao usuário um poder mágico. Propp (1997) chegou a afirmar: "a forma mais antiga de objetos mágicos é constituída por partes de animais" (p. 228). E, ainda: "São justamente esses talismãs e amuletos, basicamente ligados aos animais, que constituem o arquétipo de nossas 'dádivas mágicas'" (p. 231).

Além do uso das forças do elemento animal por meio de um utensílio mágico, a transformação do homem em um animal é outro ponto de interesse: a pessoa se transformava em bicho – geralmente naquele que lhe serviu como totem. Em ritos funerários, o morto era envolvido na pele da criatura totêmica, segundo a tradição de alguns povos caçadores (Propp, 1997, p. 244).

L'animal que donc je suis (à suivre), que comento no subcapítulo "Mudança de paradigmas em relação aos animais". Quando Caim mata seu irmão Abel, ele cai na armadilha, segundo o filósofo, de se tornar fugitivo e emboscado, assim como um animal. E Belerofonte, ao vencer seu irmão Pégaso, confirma ser um caçador-domador (cf. Derrida, 2011, p. 84).

Para o pesquisador, um mito, ao perder sua significação social, podia se transformar em conto popular. Este último era capaz de também provir diretamente da religião, sem estagiar por uma fase mitológica (Propp, 1997, p. 320). E, mesmo que um animal viesse – a partir de sua concepção primitiva – a ser substituído por um deus, com o passar do tempo essa divindade seria inicialmente zoomorfizada, conservando traços animais. É o que Propp (1997) exemplifica:

> Com o advento da agricultura e do meio urbano, o policrômico mundo animal de origem totêmica começa a perder sua realidade. Inicia-se um processo de antropomorfização. O animal adquire um corpo humano; em alguns casos, o rosto de animal é o último a desaparecer. Surgem assim deuses como Anúbis com cabeça de lobo,[6] Hórus, com cabeça de esmerilhão,[7] etc. Por outro lado, as almas dos mortos adquirem uma cabeça humana sobre um corpo de pássaro. Assim, pouco a pouco o animal vai se transformando em ser humano. O processo de antropomorfização está quase concluído com deuses como Hermes, que tem apenas pequenas asas nos calcanhares, até que finalmente o animal se transforma em atributo do deus: Zeus é representado como uma águia. (p. 299)

Fora o aspecto fúnebre, há um viés sobrenatural que quero salientar: aquele de quando alguém tinha uma parte do corpo zoomorfizada, geralmente os pés: "Um grau intermediário entre o animal e o ser humano um ser humano com perna ou pata de animal" (Propp, 1997, p. 72).[8] Nesse caso, trata-se da fusão animal-ser humano. Muitas vezes, após a antropomorfização,

---

6 Em algumas tradições, "cabeça de chacal".
7 Espécie de falcão.
8 Essa referência se verifica em diversas narrativas fantásticas, sobretudo quando o ser é de índole maléfica e diabólica. No imaginário medieval – que percorreu a Europa pelos séculos modernos e assustou o caboclo de nosso Brasil colonial com seus reflexos tardios –, vários disfarces do diabo eram descobertos observando-se-lhe os pés, que podiam ser de cabra, de bode, de pato. Trato dessa questão nos subcapítulos "No princípio eram os monstros..." e "A mulher como monstro", ao abordar algumas representações dos seres diabólicos. Resquício certo da mistura de configurações de faunos e silvanos gregos com releituras

restava apenas uma parte anatômica zoomorfizada. Pode-se perceber essa característica – muitas vezes associada à índole demoníaca – em lendas medievais em que o diabo tem um pé de pato ou uma pata de bode. Vale, ainda, recordar a figura de Pã e dos seus numerosos faunos e silvanos que o acompanhavam pelas florestas da Europa, cujas formas foram demonizadas pelo pensamento católico medieval (lembro aqui Santo Agostinho, que associava os pesadelos noturnos aos faunos; e, já no Novo Testamento, os bodes eram igualmente associados com o diabo).[9] Há ainda os diversos anões e elfos com pés de animais, sobretudo de ganso e de pato (cf. Güntert, citado por Propp, 1997, p. 72), além de numerosas figuras femininas com esses aleijumes.

Paralelamente ao aspecto discutido aqui, Propp vai apresentar outro: aquele em que um animal começa a perder tanto a sua significação quanto o seu aspecto externo, e tem-se, assim, uma fusão do tipo animal-animal/ animais: "Surgem então esses seres que ninguém nunca viu, investidos de um poder misterioso, não-terrestres e inusitados. Assim aparecem essas criaturas híbridas, uma das quais é o dragão" (Propp, 1997, p. 300).

Outras vezes, deformações – como a presença de um único olho – podiam ser atributos do diabólico ou do profético – já que a anatomia uniocular costuma ser uma variante da cegueira, muitas vezes presente em seres sábios e prestidigitadores (Propp, 1997, p. 75). Comuns sempre foram as descrições de mulheres-animais, fossem elas deusas ou feiticeiras, como a caçadora Cibele – mãe dos deuses na Frígia e "senhora dos animais" na civilização minoica – e a virgem Ártemis (p. 82), deusa grega da caça e da vida selvagem.

Remontando às origens do conto maravilhoso, não posso deixar de mencionar que o cabedal e a multiplicidade de seres que estão incorporados em diversas culturas provêm mais remotamente das relações entre os chamados homens pré-históricos com os fenômenos e seres do mundo natural em que se inseriam, os quais, em grande parte, lhes causavam grande temor.

---

cristãs, essas imagens, na forma de crendices, figuraram nos sertões mineiros e nas aldeias portuguesas até bem pouco tempo, se é que ainda não são críveis por muitos em diversos rincões.

9   Sobre esses aspectos, cf. Nogueira (2002).

Propp (1997) vai tratar brevemente do medo "perante as forças invisíveis que cercam o ser humano" (p. 40) como o mais antigo arcabouço para os fundamentos religiosos, os quais erigiram uma plêiade de representações zoomórficas e, posteriormente, híbridas e antropomórficas. Para o chamado homem primitivo[10] – e ainda para muitos grupos humanos de nossos dias –, o ar, assim como as águas, o interior da Terra e as florestas estavam cheios de ameaças, sempre prontas a serem desencadeadas sobre o ser humano indefeso. O mundo conhecido era povoado por seres misteriosos e, em sua maior parte, maus. Estes eram nomeados pelos primitivos, que os contextualizavam em seus tabus.

Nas primeiras concepções religiosas – de origem fetichista e animista –, encontravam-se reverências, por exemplo, à pedra, à árvore, ao raio, à lua, à água, ao pássaro, ao lagarto. Posteriormente, também ao cão e ao cavalo. Propp discorre sobre algumas suposições que criaram os seres fantásticos – muitos deles híbridos –, apesar de haver mais lacunas do que completudes nesse incerto campo de pesquisa.

A alguns dos seres fantásticos, como o dragão, Propp (1997) dedica muitas páginas, posto ser esse "um fenômeno extremamente complexo e poli-facético" (p. 341). O pesquisador russo conseguiu perceber versões primevas e outras – posteriores – de um determinado mito, como o do dragão ctônico e telúrico que se transforma, em sociedades mais tardias, em monstro aquático.

Propp vai também estudar o significado desses seres do inventário popular na condução e passagem do herói e do humano morto para "o outro lado", o mundo do além, a terra dos confins. Encontra-se sempre a ideia do surgimento de animais fantásticos auxiliando as pessoas em uma travessia, ou ajudando-as, ou se mostrando como um obstáculo. O dragão híbrido – quase sempre uma mistura de réptil e de pássaro – é um desses animais, junto com os cavalos voadores, ou ainda os grandes peixes e baleias (remontando a mitos como o do bíblico Jonas). Muitos heróis são engolidos e regurgitados para serem transformados, adquirirem nova vida ou virem a oferecer algum

---

10 Aqui, utilizo o termo "primitivo" porque ele também foi usado por Propp. Saliento, entretanto, que não há nenhum julgamento de valor quanto ao emprego dessa palavra. Com "primitivo", quero apenas enfatizar que se trata de um ser humano de eras muito antigas, geralmente pré-históricas, ligadas às primeiras organizações civilizatórias.

benefício à coletividade – trazer o fogo e as primeiras sementes, ou inventar a cerâmica, por exemplo. A relação herói-animal, em sua origem, é sempre totêmica: entra-se em comunhão com o totem, transformando-se nele para, então, fazer parte de um clã. Essa fusão entre o homem e o ser totêmico era evidenciada igualmente após a morte, quando os ritos funerários preconizavam o envolvimento do corpo falecido na pele do animal do clã (Propp, 1997, p. 244). Posteriormente, alguns deuses, como os da Grécia Antiga, aparecerão também envoltos em peles.

Muitas vezes, o animal se presentificava na forma de espírito protetor ao iniciado, que costumava carregar consigo objetos mágicos, como unhas, garras, peles e patuás: "a forma mais antiga de objetos mágicos é constituída por partes de animais" (Propp, 1997, p. 228). Vê-se, assim, que os animais estão na base da iniciação ritualística e, por que não, no esteio da modificação da horda para a estruturação de uma tribo organizada.[11] É por isso que a pesquisadora Jacqueline Held (1980) afirmou que, para uma criança muito nova – cujo pensamento se assemelharia, segundo ela, ao do homem "primitivo" –, todo bicho parecer-lhe-ia, em princípio, um irmão ancestral, uma referência ao animal humanizado, ao animal-irmão, aos quais essa criança pode emprestar seus pensamentos, linguagem e desejos (pp. 107-108). Para ela:

> Se o animismo infantil personifica a pedra, a planta, o astro, o objeto inerte fabricado pelo próprio homem, sua predileção – isso foi dito muitas vezes – é pelo animal: sonho longínquo, sonho ancestral de fundir-se com ele; totens das sociedades ditas primitivas, variantes religiosas ou filosóficas da metempsicose; crenças que impregnam tão profundamente o homem que se encontram muito perto de nós: nas lendas bretãs, por exemplo, que nos são transmitidas por Anatole Le Braz: na sua morte, a alma do defunto sai por sua boca, sob forma de mosca, de mosquito ou de rato branco, saúda todos os objetos da fazenda, passeia sobre os cavalos no

---

11 Propp (1997, p. 295) chega a afirmar: "Quanto mais evoluída é a cultura, mais próximas são suas formas de luta daquelas existentes no conto moderno. Com o sedentarismo, a pecuária e a agricultura, o processo se encerra".

estábulo, sobre as ferramentas no celeiro, dizendo, assim, adeus a tudo o que amou... (p. 105)

Ainda no âmbito dessa discussão, menciono outro pesquisador que se esforçou por entender a questão das relações mágicas entre seres humanos e animais: o astrônomo Carl Sagan. Ele dedicou um livro ao estudo das falácias e manifestações pseudocientíficas de fenômenos e seres fantásticos e assombrosos. Tratando o tema com um tom bastante rígido, ele apresentou sua interpretação para o medo em relação aos monstros, o qual, segundo ele, se fundamenta na relação ancestral entre humanos e animais ferozes:

> *Parte dos motivos para as crianças terem medo do escuro pode ser o fato de que, até há bem pouco, em toda a nossa história evolutiva, elas nunca dormiam sozinhas. Em vez disso, aninhavam-se em segurança, protegidas por um adulto – em geral, a mamãe. No Ocidente esclarecido, nós as enfiamos sozinhas num quarto escuro, damos boa-noite e temos dificuldade em compreender por que elas às vezes ficam perturbadas. Em termos de evolução da espécie, faz sentido que as crianças tenham fantasias de monstros assustadores. Num mundo povoado por leões e hienas, essas fantasias ajudavam a impedir que filhotes indefesos se aventurassem longe demais de seus guardiões (...). Os que não têm medo de monstros tendem a não deixar descendentes. Por fim, assim imagino, com o desenrolar da evolução humana, quase todas as crianças incorporaram o medo de monstros. Porém, se somos capazes de invocar monstros aterrorizantes na infância, por que alguns dentre nós não poderíamos, pelo menos de vez em quando, fantasiar algo semelhante, algo verdadeiramente horripilante mesmo sendo já adultos? (Sagan, 1997, pp. 117-118)*

Já o historiador Robert Darnton escreveu um texto em que menciona a representatividade de alguns animais em diversas culturas humanas, dentre os quais enfatiza o gato. O autor nos lembra que os povos elegem determinadas criaturas para serem portadoras de sentidos ocultos e sobrenaturais – como "porcos, cães, emas, além dos gatos" (Darnton, 2011, p. 122). Por isso, segundo ele, os judeus não comem carne de porco e os ingleses costumam xingar os outros com a expressão "filho de uma cadela" – *son of a bitch*. "Alguns animais se prestam aos xingamentos, da mesma maneira como são 'bons para pensar', na famosa fórmula de Lévi-Strauss" (Darnton, 2011, p. 122). Tomo alguns dos apontamentos do pesquisador americano a respeito dos gatos para discorrer sobre a pluralidade sígnica que um animal pode assumir.

Parece que, desde há muitos séculos, os gatos eram adequados para uma pândega, a que não se prestaria uma vaca, por exemplo, a ponto de a tortura dos felinos ter se tornado popular na Europa no início da era moderna, quando crianças, por exemplo, amarravam-nos em varetas para assá-los em fogueiras. Por séculos afora, gatos sugeriam feitiçaria, e era de grande agouro cruzar com algum deles à noite, em especial se fosse preto ou branco. Afinal, o felino poderia bem ser um representante do diabo ou mesmo uma bruxa metamorfoseada. Para se proteger dos malefícios que esse bicho poderia causar, ele deveria ser aleijado. Se enterrado vivo, um gato exterminaria as ervas daninhas de um dado terreno. O pão não cresceria nas padarias se algum bichano estivesse por perto, e o sangue de sua orelha poderia ser bebido com vinho tinto para curar pneumonia, ou suas fezes ingeridas com vinho para o alívio de cólicas. Comer o cérebro fresco de um gato causaria invisibilidade. Maltratar esse animal significava trazer infortúnios para a casa de seus donos, da mesma forma como um bichano aos pés da cama de um agonizante poderia ser o diabo esperando a nova alma que seria conduzida ao inferno. No âmbito da linguagem, *chatte* e *pussy*, termos para "gata" em francês e inglês, respectivamente, fazem alusão, ainda hoje, aos genitais femininos. E a figura do gato sempre esteve associada à sexualidade "predatória" do homem. Em alguns contos populares, moças que comiam carne de gato geravam uma ninhada de gatinhos, e o dito "à noite todos os gatos são pardos" queria dizer que qualquer mulher era suficientemente voluptuosa para se fazer sexo durante as horas escuras.

Neste subcapítulo, comecei com Propp e termino com Morin (1969, 1997), pesquisador que sempre discutiu com muita propriedade os fenômenos ligados à cultura, em especial a de massa, dando destaque muitas vezes ao cinema, mídia que privilegiou bastante em suas análises.

É inegável a contribuição desse filósofo para o pensamento contemporâneo, ainda que, nesta obra, eu não tenha trabalhado com seus conceitos, como o de imaginário.

No início de seu *Cultura de massas no século XX*, Morin (1969) estabeleceu o que chamou de "segunda industrialização" (p. 15) como um novo momento, o da industrialização do espírito no âmbito da noosfera – a esfera do conhecimento humano (uma terceira esfera após a geo e a biosfera). Ele reconheceu a chamada "terceira cultura" – a cultura de massa – como aquela que melhor representaria os valores da sociedade de massa. E a cultura de massa seria "cosmopolita por vocação e planetária por extensão" (p. 18). É nela que Morin vai localizar o imaginário, que "se estrutura segundo arquétipos" (p. 29), o qual oferece ao homem comum, e toma desse – em movimento de mão dupla – diversas representações que vão forjar os conteúdos da sociedade do consumo. "A cultura de massa seria, para ele [o homem comum], animada por esse duplo movimento do imaginário arremedando o real e do real pegando as cores do imaginário" (p. 39).

Em sua concepção de imaginário, Morin foi localizar mitos e hábitos de um suposto "homem universal" que, se por um lado abdicou, já por séculos, de crenças pagãs, por outro, emergiu em uma sociedade midiatizada. Para ele, esta última foi capaz de colocar novos deuses e astros nos pedestais do cinema, da moda, da mídia impressa e – mais contemporaneamente –, sempre de acordo com seu raciocínio, da internet e de tudo o que diz respeito às tecnologias e mídias virtuais.

Morin chamaria de "homem universal" ou "homem imaginário" – um "*anthropos* universal" – a esse homem curioso e audiovisual, posto que ele "em toda a parte responde às imagens pela identificação ou projeção" (Morin, 1969, p. 46). Nesse homem, estaria o reconhecimento da universalidade e do compartilhamento dos reinos imaginários de diversos povos. "Um homem pode mais facilmente participar das lendas de uma outra civilização do que se adaptar à vida desta civilização" (p. 47). Nessa perspectiva, isso poderia ser ilustrado, por exemplo, com os primeiros anos do cinema, em que a então nova mídia se reapropriava de elementos da cultura popular, transformando-os em temáticas recorrentes nas produções cinematográficas. "Em outras palavras, é por meio do *estético* que se estabelece a relação de consumo

imaginário" (p. 81). Já não mais pelo rito xamânico, mas pela estética do espetáculo, pode-se, para Morin, vivenciar os mesmos processos psicológicos
que o homem primitivo de pensamento mágico experimentava ao encontrar
o fantasmagórico, o sobrenatural e o fantástico. Afinal, segundo os pensamentos do pesquisador, o cinema seria um real do imaginário, cuja reificação
sempre seria contínua, diferente daquela da religião, por exemplo. Em outras
palavras, a perplexidade que paralisava o "homem selvagem" perante uma
visagem ao redor de uma fogueira poderia ser traduzida, segundo o filósofo
francês, no encantamento que o homem imaginário vivenciasse em um filme,
ou, de forma ainda mais geral, em tudo o que passasse pela imagem.

Ainda para Morin (1969): "O imaginário é o além multiforme e multidi-
mensional de nossas vidas, e no qual se banham igualmente nossas vidas" (p.
84). Segundo seu pensamento, o imaginário teria a força de também liberar
os monstros que nos habitam, junto com os sonhos feéricos, e seria capaz
de criar novos mundos em que o fantástico passaria a ser a tônica. Nesse
sentido, teríamos um imaginário espectral, em que o ser humano se veria capaz de vivenciar tanto a projeção quanto a identificação, em um movimento
dialético. Na tônica moriniana, pode-se acreditar ser possível exorcizar o mal
que habita o mundo interno ao apreciar um filme sobre demônios, ou sentir
redenção ao vislumbrar uma cena de sacrifício e expiação – em uma espécie
de catarse purificadora.

Nas mídias da sociedade de massa, segundo Morin discutiu, o homem
comum poderia vivenciar tanto a descarga quanto a recarga de pulsões agressivas, uma vez inserido no estado de hipnose voyeurista que é o próprio ato
de se ver um filme. Sobre esse assunto, ele identifica um duplo aspecto: pode
um espetáculo tanto incitar como apaziguar o sujeito, mas nunca o curar de
sua fúria latente, afinal: "A civilização é uma fina película que pode solidifi-
car-se e conter o fogo central, mas sem apagá-lo" (Morin, 1969, p. 124). O
imaginário, para ele, surge, por conseguinte, repleto de figuras, muitas das
quais renascidas e vivificadas a partir de antigas mitologias, desafiadoras da
morte e aptas a irem até mesmo além desta. Nesse movimento, recalca-se um
dos grandes medos do homem moderno: o do enfrentamento da realidade
da morte – a antagonista da felicidade em muitas mitologias. Nessa abordagem, se nosso mundo real está repleto de riscos, apesar da tecnologia e da

ciência, é possível que queiramos nos refugiar em locais onde o perigo não nos afeta a ponto de nos matar de fato. Afinal, os monstros dos filmes oferecem projeções e, ao mesmo tempo, resguardam identificações dos sujeitos, sem, entretanto, exterminá-los: "De fato, a cultura de massa apela para as disposições afetivas de um homem imaginário universal, próximo da criança e do arcaico, mas sempre presente no *homo faber* moderno" (Morin, 1969, p. 167). Ela é capaz de criar uma mitologia para esse novo homem, já não mais sagrada, mas profundamente profana e realista. Por isso, conforme pensa o filósofo, não se olharia mais para o céu em busca dos deuses, mas, sim, para os cartazes dos filmes e capas das revistas, bem como para os programas de variedades – cada vez mais repetitivos e banais –, para as fotos tiradas pelos *paparazzi*, e, indo além, para os personagens dos *videogames*, para os jogadores do próximo campeonato de futebol, para as imagens que seduzem os navegantes e popularizam diversos *sites* a cada dia. É lá que estão as divindades do complexo panteão laico que se consolidou no século XX e se estende século XXI afora. Como afirmou Magalhães (2003): "Todo esse passado de oralidade povoado por monstros certamente assombraria um dia um presente direcionado pela literatura e particularmente o cinema" (p. 14).

Porém, a meu ver, torna-se difícil pensar contemporaneamente em um "homem universal" e que também se alie a arquétipos. Já se nasce no seio de uma sociedade de múltiplas mídias, com um sutil ou quase inexistente "espírito do tempo", conforme o próprio Morin (1969) defendeu: "A cultura de massa não se apoia no ombro do *Zeitgeist*, está agarrada às suas abas" (p. 186).

Ainda que se reconheça o valor das ideias de Morin, torna-se inevitável, entretanto, considerar a relevância dos estudos do pós-humano para o pensamento em torno do fantástico contemporâneo: afinal, da cultura de massas chega-se à cultura das mídias, e, em seguida, à cibercultura, como tão bem explicou a pesquisadora Lúcia Santaella em um de seus livros (2003a). Segundo o raciocínio da cientista, nos tempos atuais, a massa se multiplica pela velocidade em uma condição absolutamente heterogênea. Por conta disso, meu trabalho enevera igualmente por aportes oriundos dos estudos do campo do pós-humano.

De bestiários e de monstros

Após passear pelos estudos dos teóricos anteriores, chego a uma breve discussão sobre minha escolha do termo "bestiário", central neste livro: ele vem se somar ao meu interesse de, por um lado, estudar, e, por outro, referenciar configurações do passado e de outros povos sobre seres fantásticos, pois, no "mundo da palavra" – a logosfera –, não existem barreiras temporais ou espaciais. Por isso é que me sinto à vontade, em minhas abordagens, para tratar de obras cinematográficas e literárias de várias épocas e países. Junto à esfera abrangente e agremiadora dos bestiários, também me propus discutir sobre os "monstros" e o sentido do "monstruoso".

Etimologicamente, a palavra "monstro" provém do latim *monstrum*, evoluindo para o francês antigo em *monstre* e para o Middle English em *monster*, significando, originariamente, um "presságio divino ruim", um "mau agouro". O termo também se relaciona aos verbos latinos *monstrare*, "mostrar", como um "sinal" ou "mensagem divina", e *monere*, "advertir", "prevenir"; nesta última acepção, geralmente sobre algo desastroso vislumbrado de forma praticamente profética.[12] Como comentou Magalhães (cf. 2003, pp. 24 ss.), um monstro, em várias épocas e lugares, sempre traz algo ou alguém para ser mostrado, servindo para revelar o produto do vício e da desrazão na forma de um aviso (*monere*), uma vez que *monitum* é um aviso oculto da natureza que deve ser adivinhado pelos homens.

O leitor vai perceber, no decorrer deste capítulo, que o monstro assumiu sentidos e formas diversas com o passar dos séculos. Na mitologia clássica, ele era formado por partes ou por seres diversos. Era também fruto da multiplicação desmedida, trazendo já aí um dos princípios da teratologia: um monstro como aquilo que excede (tanto para mais como para menos). No Novo Mundo, os seres monstruosos se somariam a um complexo cultural que uniu a tradição europeia clássica e medieval ao exótico oriental e africano, juntando-os à imaginação autóctone das Américas. E, enquanto na Renascença um monstro era objeto de especulações cósmicas, no XVIII ele

---

12 Cf. o verbete em Neilson (ed.). *Webster's New International Dictionary of the English Language* (1954).

estará vinculado a conflitos religiosos e morais. Já do XIX em diante, virá adjungido ao teratológico da ciência e estenderá seus reflexos amplamente para questões problemáticas ligadas ao corpo humano.

Na contemporaneidade, pode-se considerar que o cinema muito bebeu na fonte fértil do monstruoso e do teratológico, fazendo reviver criaturas que nunca estiveram totalmente adormecidas ou exterminadas, oferecendo a plêiades de espectadores os "divertidos" pavores do oculto: vampiros, lobisomens, seres extraterrestres, *serial killers*, criaturas tectônicas, monstros geradores de catástrofes, epidemias de todas as ordens, zumbis e mortos-vivos em profusão, animais descomunais, mutantes e proteriformes.[13] Esse conjunto, como eu disse, resulta em uma espécie de bestiário, no sentido mais amplo do termo, que se espalha pelas culturas dos povos hodiernos, alimentado pelo cinema e por outras mídias.

A seguir, apresento minha "arqueologia dos monstros", na qual abordo o monstro em diversos períodos históricos e concepções, até chegar à época contemporânea.

Monstros no mundo antigo

A multiplicidade de monstros da Antiguidade mereceria um estudo longo e específico. Pode-se vasculhar desde as civilizações orientais até as margens férteis do Nilo, ou o berço mediterrâneo de vários povos. Seria, ainda assim, uma tarefa hercúlea. Por isso, para adequação ao fôlego deste livro, selecionei algumas criaturas que acredito serem representativas, por um lado, do aterrorizante que povoava o pensamento clássico e, por outro, de sua coincidência com características contemporâneas da monstruosidade. Tais criaturas podem ser consideradas fomentadoras de mitos que completam o rol dos grandes seres primordiais – detentores de uma pluralidade sígnica realmente desafiadora. Entretanto, no decorrer do texto, aponto e referencio criaturas de épocas anteriores, posteriores, e de outras civilizações, sempre que essas se mostram pertinentes à discussão proposta.

---

13 O mesmo vale para a literatura.

Polifemo e Cila: matrizes da monstruosidade clássica

Como matrizes de muitas narrativas, coloco no centro desta explanação a figura masculina de Polifemo e a personagem feminina de Cila, um par medonho que colaborava para os suplícios do corajoso Ulisses (ou Odisseu). Ambos fazem parte da fantasia da devoração e da deglutição, a qual exponho melhor no tópico "Era uma vez um bicho-papão".

A importância dos dois monstros gregos, segundo a pesquisadora Marina Warner (2000, p. 87), está em sua força simbólica, que viria a alimentar a literatura e outras formas artísticas.

Polifemo, em relação a Cila, parece ter tido uma participação mais notável na obra de Homero, porém, ele sofreu reveses que jamais atingiriam sua terrível contraparte feminina. Na condição de um ciclope pastor de ovelhas, filho de Poseidon e da ninfa Teosa, ele assumiu o protótipo do gigante canibal. Vivia solitariamente em uma caverna próxima à Sicília, bem próximo ao Etna, segundo o Livro IX da *Odisseia*. Apesar da existência de outros ciclopes em sua região, ele tinha predileção, ao que tudo indica, em viver como eremita. Sua tranquila existência foi interrompida quando Ulisses e seus navegadores desembarcaram na ilha dos ciclopes em busca de alimentos para continuar a longa viagem de Troia até seus lares. Entraram na caverna de Polifemo sem saber, e ficaram fechados lá dentro quando o monstro lacrou a entrada com uma enorme rocha. A peripécia dos aventureiros trouxe a baixa de vários homens, que, descobertos pelo gigante, eram devorados dois a dois. Ulisses elaborou um plano de fuga e ofereceu vinho à criatura que, ao perguntar quem lhe dava a bebida, teve a resposta: "Ninguém". Embriagado, Polifemo adormeceu, e os homens se aproveitaram para espetar uma vara em seu olho, cegando-o, e, em seguida, fugiram. Polifemo, em desespero, começou a gritar que "Ninguém o tinha cegado", mas, devido a esse mal-entendido linguístico, os outros ciclopes da ilha não lhe deram importância. Depois disso, o monstro pediu ao seu pai, Poseidon, para castigar Ulisses e amaldiçoar os gregos, o que o grande deus dos mares fez por todo o restante da viagem. Na *Eneida*, de Virgílio, Livro III, os troianos chegariam à ilha dos ciclopes poucas semanas após Ulisses e seus homens terem partido, e também experimentariam uma recepção ruim por parte de Polifemo que, mesmo cego, tentaria agarrar os barcos. Houve também as versões de Díctis de Creta e de Ovídio; a deste último consta em seu *Metamorfoses*, Livro XIII.

O que me interessa aqui, mais do que relembrar o enredo das epopeias, é pensar o quanto a famosa passagem de Ulisses dentro da caverna pode se assemelhar às artimanhas, por exemplo, do Pequeno Polegar[14] e de João, de *João e o pé de feijão*,[15] e às de tantos outros heróis emblemáticos dos contos de fadas da era moderna e contemporânea. A figura do gigante se repetirá em muitas outras histórias, e, possivelmente, Polifemo terá pares nas figuras dos ogros das narrativas boreais, ou mesmo no terrível gigante ilhado nas nuvens do conto de João. Enfurnado em seu castelo, o monstro reproduzirá várias vezes seu grito lamuriante por comida e sangue: *"Fee Fie Fo Fum"*, esquisitice verbal que foi adaptada em recontos de fadas contemporâneos.

Os gigantes atraem o interesse humano desde há muito: por exemplo, a maior espécie de primata já encontrada é o *gigantopithecus*, do período Pleistoceno, que habitou quase toda a região oeste do continente asiático. Ele tinha cerca de 3 metros de altura e pesava de 300 a 500 quilos – duas a três vezes mais do que os gorilas de agora. Seus dentes fósseis eram muito comumente usados na medicina tradicional chinesa. Os gigantes também povoam a tradição bíblica, representados por uma estranha raça que existiu antes do suposto dilúvio, enquanto nas culturas árabes encontramos a figura enorme dos gênios denominados *"djins"*. O psicanalista Marcio Peter de Souza Leite (1991) comentou que, segundo o apócrifo *Livro de Enoch*, "os anjos caídos apareceram na Terra e casaram-se com mulheres, de modo a dar início a uma raça de gigantes" (p. 85). E a cidade de Londres traz em sua genealogia a figura mítica de um par de gigantes protetores, Gogue e Magogue, cujas imagens são carregadas em uma data comemorativa. Já São Cristóvão, o popular patrono católico dos viajantes, é representado algumas vezes cinocéfalo e canibal – por influência pagã –, e gigantesco, transportando sobre os próprios ombros uma criança que, simbolicamente, seria o próprio Salvador (de onde vem o nome Cristóvão, "aquele que carrega o Cristo").

---

14 Cuja história é recontada por Charles Perrault, dentre outros.

15 A versão mais antiga desse conto é de origem inglesa, atribuída a Benjamin Tabart, com publicação em 1807.

A atração pelos colossos é, de fato, bastante longa. Por muito tempo, ossadas de animais pré-históricos foram consideradas comprovações da existência de gigantes e ciclopes, os quais igualmente eram associados às raças pré-adâmicas. Em 758, um esqueleto gigantesco foi achado na Boêmia, no coração da Europa, enquanto, no século XIV, acreditou-se ter encontrado, na Sicília, os vestígios do temido Polifemo. Nesse achado, com estimativas baseadas em tíbias de 8 metros, afirmou-se que o gigante sustentado por poderosos ossos teria 34 metros de altura. Em 1342, também na Sicília, alardeou-se novamente o reencontro de Polifemo. Daquela vez, ele teria mais de 100 metros de altura e de fato um só olho, o que foi "deduzido" com base no crânio encontrado. Entretanto, talvez o mais famoso dos gigantes foi o que conquistou olhares curiosos em 1613, na França. Ele foi descoberto em um castelo arruinado, onde jazia um esqueleto com mais de 8 metros de altura. Ao seu lado, estava uma pedra com a inscrição *Teutobochus Rex*, alusiva ao lendário rei Teutoboco, que teria derrotado os romanos na Gália. Depois de causar muita balbúrdia entre os nobres europeus, foi constatado que se tratava apenas da ossada de um elefante e, posteriormente, confirmou-se ser, de forma mais exata, os vestígios de um mastodonte. Como nos paquidermes as aberturas nasais se assemelham a uma cavidade ocular central, isso gerou confusões a respeito de esqueletos de supostos ciclopes.

A "gigantomania" se tornou tão forte a partir da Idade Média que as catedrais do Velho Continente costumavam exibir enormes ossos dependurados, uma vez que a religião se servia muito bem de ideias fundamentadas em relatos do Antigo Testamento sobre homens muito grandes: "Naqueles dias, e mesmo depois, quando os seres malévolos do mundo espiritual se envolviam sexualmente com as mulheres, seus filhos se tornaram gigantes, dos quais muitas lendas são contadas"[16] (Bíblia, 1988, Gn. 6:4). Ou, ainda: "Havia gigantes na Terra naqueles dias"[17] (Bíblia, 1978, Gn. 6:4). O pesquisador Jan Bondeson (2000) escreveu sobre algumas dessas ideias mitológicas:

---

16 *"In those days, and even afterwards, when the evil beings from the spirit world were sexually involved with human women, their children became giants, of whom so many legends are told."*

17 *"There were giants in the earth in those days."*

*Os gigantes vagaram pela Terra até que o Dilúvio os extinguiu.
Teólogos medievais consideravam que o único propósito da inundação universal fora punir esses monstros; para livrar-se deles,
Deus admitiu o extermínio da criação – um preço desmedido,
considerando que o Velho Testamento menciona a existência de
gigantes pós-diluvianos. Moisés os castigou, até só restar o rei Og,
de Basan, enorme, segundo especialistas nos textos sagrados, e
com três mil anos; ele se mantivera de pé, ao lado da Arca de Noé,
com água pelos joelhos, e, quando sentia fome, arpoava uma baleia, assando-a nas chamas do sol. (p. 97)*

Contava uma lenda que o fêmur de Og tinha 80 quilômetros de largura,
e que veio a servir, após sua derrocada, de ponte para o povo de Deus passar.
Comparado a esse colosso, o temido Golias, com 3,22 metros, segundo a Bíblia,[18] oriundo de uma tribo de seres gigantescos e malvados, era muitíssimo
menor. Houve também hipóteses de que Noé e sua prole eram bondosos gigantes. Bondeson lembra que a gigantologia era corrente na Europa de meados do século XVIII graças a um *best-seller* da época, *Mundus subterraneus*,
do padre Athanasius Kircher (cf. Bondeson, 2000, pp. 105 ss.). O livro versava
sobre tudo o que dizia respeito ao interior do solo e continha uma gravura de
vários gigantes. A gigantologia também foi investigada pelo acadêmico francês M. Henrion, que, em suas ideias, discursava sobre o declínio da estatura
humana desde a criação divina: Adão teria mais de 40 metros; Eva, 39, Noé,
quase 34, Abraão, 4,26 metros, enquanto Hércules e Golias tinham a mesma
estatura, ou seja, 3,35 metros. Henrion dizia que antigos escritores rabínicos
defendiam um Adão que era capaz de tocar os céus quando sobre os dois pés
e que, se abrisse os braços, atingiria os dois polos do planeta com os dedos.

*Segundo tais escritos, os anjos teriam se assustado diante desse
monstro e persuadiram Deus a reduzi-lo à altura mais conveniente
de cem metros; ele permaneceu com essa estatura até comer*

---

18 Há também quem considere 2,95 ou 2,98 metros devido às controvérsias quanto à conversão das medidas bíblicas, que muitas vezes se faziam em côvados e palmos. "E saiu do
campo dos filisteus um homem bastardo chamado Golias, de Get, que tinha seis côvados e
um palmo de altura" (cf. Bíblia, 1979, I Sam. 17: 4).

o fruto proibido. Para M. Henrion, esse fato tornou a diminui-
ção da espécie humana inevitável, como uma punição divina, e
acrescentava que, se o progresso do cristianismo entre os pagãos
não houvesse detido o processo, seus contemporâneos seriam tão
pequenos quanto pulgas, e toda a Academia Francesa poderia re-
unir-se numa caixa de rapé. (Bondeson, 2000, p. 110)

Ainda no século XVIII, começa a haver o declínio da atração pela gigantologia, porém, sobretudo religiosos jesuítas continuaram sendo seus defensores, insistindo em vagas afirmações do Velho Testamento sobre criaturas
gigantescas.

Curiosamente, o olho único do ciclope original na *Odisseia* não foi descrito por Homero, mas aparecerá em esculturas gregas do século VI a.C.: sem
pupila ou íris, ele não se assemelha a nada mais do que um grande orifício
entre duas pálpebras que lembram lábios – uma boca famélica, tanto facial
quanto vulvar. Muitos monstros ancestrais trazem, portanto, a força da ameaça da castração, outro tema muito recorrente em mitologias diversas. Vários
deles são sumamente uma polimorfia de orifícios pulsionais, margeados por
suas respectivas bordas.

Quanto à terrível Cila, de onde ela teria surgido? Multifacetada, esquiva e
tenebrosa, quando ela se dá a ver nas narrativas mitológicas traz sempre junto
de si uma pletora de monstruosidades anexadas à sua horripilante anatomia.
Na *Teogonia*, de Hesíodo (séc. VIII a.C.), o primeiro a sistematizar os antigos
mitos da criação, Cila pertence a uma vasta prole de monstros que nasceram da união da Terra (Gaia) com o mar, a água primordial (Ponto). Mas,
em outras teogonias, ela é irmã de Medusa e das demais górgonas (Esteno e
Euríale), ou surge de Fórcis e Ceto, filhos de Gaia e Ponto. Ceto era a representação de todos os perigos do mar, em especial das baleias, dos grandes
tubarões e de toda sorte de monstros marinhos. Fórcis e Ceto também foram
pais das três greias (Ênio, Péfredo e Dino) – as irmãs mais velhas e mais cal-
mas das górgonas, as quais compartilhavam um único dente e um único olho.

De acordo com a mitologia, Cila preferia viver no estreito de Messina,
entre a Sicília e a Itália. Apesar do lindo torso feminino, ao redor de sua cintura se movimentavam seis cabeças de serpente com três fileiras de dentes e

um círculo de doze cães, que alertavam quando um navio estava próximo. De acordo com Homero, na *Odisseia*, Cila – que significa "cadela" – era filha do rio Cráteis, enquanto, em outra tradição grega, ela estava relacionada a Caríbdis, também um monstro marinho, o qual habitava o outro lado do estreito de Messina. Ou poderia ser filha de Fórcis e Hécate ou de Lâmia ou ainda de Tifão e Equidna.

Canina e marinha ao mesmo tempo, Cila possuía cabeças que ganiam como filhotes, e não como o seu irmão mastim, Cérberus. "Cila é, assim, uma fêmea amaldiçoada tanto pelo gênero quanto pela aparência, e infantil em seu discurso sem palavras"[19] (Warner, 2000, p. 83). Com esse seu murmúrio, que talvez reproduza um sentimento do desamparo, ela seduz o incauto e faz relembrar o belo poema de John Keats "La belle dame sans merci" ("A bela dama sem piedade"), escrito em 1819, em que um cavaleiro se apaixona por uma fada e dela se torna um melancólico amante. Em certa parte da balada, o cavaleiro adormece na "gruta encantada" onde habitava sua *Dame* e chega a lhe beijar os olhos tristes, seduzido por um gemido acalentador, um *sweet moan*. Não se deve esquecer, contudo, de que Cila é a própria imagem do feminino insaciável – a "dama abominável" (*Loathly Lady*) da tradição ar-turiana –, amaldiçoada pela feiura animal, mais sutilmente presente em "O conto da mulher de Bath" ("The wife of bath's tale"), de Geoffrey Chaucer, que concede liberdade de escolha à mulher como garantia da felicidade do casal. Ou, ainda, pode estar no nível de outras mulheres amaldiçoadas com a falta de beleza física por alguma fada malvada, como Laideronnette, a heroína do conto de fadas "Serpente verde" ("Serpentin vert"), da escritora francesa Ma-rie-Catherine d'Aulnoy (cf. Warner, 2000).

Para finalizar esse tópico, trato brevemente da amorfa, inconstante e he-terogênica Quimera, descrita tanto por Hesíodo como por Homero, irmã de Cila. A palavra "quimera" passou a significar, da Renascença em diante, tudo aquilo que era de origem ilusória. A residência mítica desse monstro era a re-gião da Lícia, na Turquia, e ele podia ser o resultado da união entre Equidna – metade mulher, metade serpente – com o gigantesco Tífon. Outras vezes, apresentava cabeça e corpo de leão, e mais outras duas cabeças – de cabra e

19 *"Scylla is thus a female accursed by both gender and appearance, and childlike in her wordless utterance."*

dragão, que poderiam ser igualmente de cabra e serpente. Seu destino parece repetir o dos demais monstros míticos: ser morto por um herói; neste caso, Belerofonte, montado em Pégaso. Sobre a Quimera, Jacques Derrida (2011) escreveu:

> Khimaira, nós sabemos, esse nome próprio designou um monstro que cuspia fogo. Sua monstruosidade devia-se à multiplicidade, precisamente, dos animais, do animot nele (cabeça e tórax de leão, vísceras de cabra, cauda de dragão). . . . Equidna, o nome comum [de sua genitora], quer dizer serpente, mais precisamente víbora e por vezes, figurativamente, mulher pérfida, uma serpente que não se poderia encantar e domar tocando flauta. Equidna (...) é também o nome que se dá a um animal muito particular, que só vive na Austrália e na Nova Guiné (...). Eis um mamífero ovíparo, pois, e insetívoro, monotremado, também.[20] (p. 78)

Descartes também se referiu à Quimera, mas se esqueceu de uma parte de sua zoologia híbrida: justo a viperina, aquela do traseiro – vinculada ao mal e ao pudor. O filósofo permaneceu apenas com as contribuições do leão e da cabra. Para Warner (2000):

> *Todos os monstros são, de certa maneira, quimeras, impossíveis na natureza, explicitamente descritos também como inimagináveis, e a exata apresentação destas invenções grotescas inspira fortes emoções de terror – contra as quais a risada pode ser a melhor defesa.*[21] *(p. 241)*

E, ainda:

---

20 *Animot* é uma palavra-valise criada por Jacques Derrida, em alusão ao plural de animais em francês (*animaux*).

21 *"All monsters are to some extent quimerae, impossible in nature, explicitly described yet also unimaginable, and the very display of such outlandish inventions inspires strong emotions of dread – against which laughter can be the best defense."*

Se a Medusa inspirou uma das teorias mais sintomáticas e du-radouras do último século, o complexo de castração, a Quimera continua na raiz de um outro estado mental contemporâneo fun-damental, a fascinação para com o fantástico, a ânsia pela fuga e alívio mediante a presença vívida criada pelo imaginário, ainda que grotesco.[22] (pp. 243-244)

Dessa dupla de monstros gigantes, passo à sutil e engenhosa Circe, que, por séculos, era conhecida devido a seus feitiços zoomorfizantes.

Circe: *a* femme fatale *grega*

Desde a *Odisseia*, a sábia feiticeira Circe, dona dos sons e dos ares e que vivia insulada, é uma personagem de suma importância para uma longa tradição de mulheres monstruosas e sensuais – das quais trato mais longamente no subcapítulo "De melusinas e mães-d'água".

Circe despertou a atenção de muitos homens – de Santo Agostinho a Ja-mes Joyce. Ela tem ligações com as sereias gregas, que não eram visivelmente charmosas como a fantasia moderna configurou: pelo contrário, levavam os incautos à tragédia mediante seu canto desconcertante, um *lullaby* irresistível que, desde então, já concedia aos seres femininos aquáticos – especialmen-te os marinhos – um poder de aniquilação avassalador. Vale lembrar Cila e Grendel, o dragão de *Beowulf*, assim como Melusina e Ipupiara.[23]

Antes de tudo, Circe, essa xamânica senhora das transformações, quando queria zombar da pequenez humana transformava os adversários em animais mediante alguns artifícios: ou se utilizava de poções e envenenamentos na comida, ou empregava seu bastão mágico, antecessor das fálicas "varinhas

---

22 *"If the Medusa inspired one of the last century's most symptomatic and enduring theories, the castration complex, the Chimera stands at the root of another fundamental contemporary mental state, the fascination with the fantastic, the longing for escape and relief in the vivid, created presence of the imaginary, however grotesque."*
23 Monstro aquático cuja lendária existência assustava os colonizadores litorâneos do Brasil.

de condão" que várias bruxas e fadas portariam em contos da era moderna e contemporânea.

Circe era capaz de oferecer uma desordem genérica aos fenômenos do mundo natural (cf. Warner, 2000, p. 268). Junto com outras personalidades antigas – Proteus e Minos, por exemplo –, não ocupava o alto escalão dos deuses olimpianos, mas ficava circunscrita a um grau intermediário, portanto, a um *entre-deux* que a tornava uma personalidade ainda mais interessante: suspeita, imoral, caprichosa, transformava pessoas em bichos a seu belprazer, e não por motivos morais, como aconteceria caso pertencesse ao rol dos deuses do Olimpo. Ela deixou uma lição que merece análise: "A metamorfose é possivelmente a manobra mais inventiva e recompensadora que pode ser feita face ao medo"[24] (Warner, 2000, p. 263). Sim, pois, diferentemente da tradição cristã – que preconizava uma vida única que se findava, e então a alma aguardava um julgamento decisivo –, o conhecimento pagão tratava da metamorfose como rica possibilidade para um ser assumir outras qualidades e formas, apreendendo até mesmo as virtudes de um suposto inimigo.[25] Mais além, a metamorfose talvez atinja uma derivação na metempsicose – a reencarnação de um ser humano em outro envoltório, seja este mineral, animal ou vegetal, como acreditavam vários povos orientais. As metamorfoses têm relação íntima com a teriantropia – termo que diz respeito à afinidade entre humanos e animais em um sentido muitas vezes místico e sobrenatural para muitas crenças. Fazem parte da teriantropia, em meu entendimento, variações como a licantropia e o vampirismo.

Circe, na *Odisseia*, metamorfizava os homens em diversas bestas. Outros escritores e mitógrafos, entretanto, irão além dos animais mencionados na obra de Homero: não somente porcos, lobos da montanha e leões, mas também a girafa, a ostra, o avestruz, a cobra comporão o alegre jardim zoológico[26] da feiticeira. Seus homens enfeitiçados se tornavam, além de emasculados,

---

24 *"Metamorphosis is possibly the most inventive and rewarding manoeuvre that can be made in the face of fear."*

25 De forma ilustrativa, em língua portuguesa, é notório o conto fantástico de Rubião, "Teleco, o coelhinho", que retrata as capacidades metamorfoseantes de um coelho cinzento que surge pedindo um cigarro na praia a um passante (cf. Rubião, 2010, pp. 52-59).

26 Para Ovídio, ela seria a responsável pela "transmogrificação" de Cila. Esse termo, comumente usado em jogos de *videogame*, se refere à metamorfose mágica.

criaturas desprovidas de subjetividade. Ficavam amansados e domesticados pela cruel dama fálica e famélica que se comprazia em ter uma espécie de *freak show* particular[27] e fazer bricolagens com "peças" fornecidas pela natureza. Sua prática vai ao encontro das ideias aristotélicas sobre o monstruoso, uma vez que o resultado híbrido confere uma condição de estranhamento e mesmo maldição.

A tentação de Santo Antônio (*Martin Schongauer, c. 1475*).

Se Circe comandava monstros que eram o resultado de suas magias, pode-se inferir que quem tivesse um tal poder seria igualmente classificado sob o adjetivo "monstruoso".

---

27 Como bem salientou Warner, trata-se mesmo de uma variante dos gabinetes de curiosidades e museus médicos de "monstruosidades biológicas" que – muitos séculos após a escrita de Homero – infestariam o imaginário europeu (nos séculos XVII e XVIII, sobretudo).

Difícil não associar as práticas de Circe à narrativa oitocentista *A ilha do Dr. Moreau*, de H. G. Wells (1896), já levada várias vezes à grande tela, na qual humanos eram também transformados em animais, porém, como resultado de intervenções cirúrgicas. Nesse contexto, menciono o filme *Splice* (*Splice*, Vincenzo Natali, 2009), que combinou, em uma única criatura, uma variedade de partes de animais – produção cinematográfica que comento na Parte III. A fantasia de Circe, dessa forma, se mostra bastante atual: "A metamorfose clássica prefigura, assim, pesadelos contemporâneos sobre possíveis usos perversos do conhecimento científico, a partir do transplante de órgãos até a engenharia genética e a mutação de células por outros meios"[28] (Warner, 2000, p. 267). De fato, a influência dessa bruxa foi vasta: suas ações resultaram em um ponto de partida para se discutir as diferenças entre humanos e animais. Talvez um dos que conseguiram ir mais longe nessa abordagem foi Plutarco (46-126 d.C.), em seu *Moralia*. Ele criou um porco chamado Gryllus que falava grego fluentemente e, ao contrário dos demais enfeitiçados de Circe, não queria retomar a forma humana. Apesar de Plutarco ser a favor do vegetarianismo e dissertar sobre a influência da inteligência e das habilidades dos bichos, seu personagem suíno serve mais como crítica à índole humana do que propriamente para incitar o respeito para com os animais. Para o autor, a condição do animal superava a humanidade em termos de virtudes: o filósofo dizia que os bichos tinham alma (a psiquê) e que a força das fêmeas de várias espécies acabava por nos surpreender.

Circe permanece ainda hoje como figura contemplada em narrativas literárias e cinematográficas. E deve-se reconhecer que – não de todo perversa –, sua voz sedutora acabou por revelar a Ulisses os segredos da sobrevivência em uma ainda longa viagem marítima que estava por ser empreendida.

---

28 *"Classical metamorphosis thus prefigures contemporary nightmares about possible perverse uses of scientific knowledge, from transplantation of organs to genetic engeenering to mutation of cells by other means".*

Os horrores e assombramentos do medievo

Toda a Idade Média é um bom exemplo sobre a capacidade de deslocamento das projeções do monstruoso. Em seus cerca de mil anos de duração, pode-se afirmar que a intolerância para com o diferente provocou ataques a variados grupos que representavam "o monstro da vez": os ciganos e os sarracenos, os cristãos-novos e os judeus, os "turcos" e os negros estão na matriz de muitas concepções do monstruoso ainda hoje. Os judeus – considerados no período medieval os perseguidores implacáveis de Cristo – eram retratados com fisionomias monstruosamente distorcidas (cf. Warner, 2000, p. 163), e muitos bichos-papões de nossos dias são descritos como homens de pele escura, talvez herança daqueles tempos de ignorância em que o inimigo muitas vezes se vestia com turbante, calças fofas e coloridas, e usava cimitarra.[29] Homens altos e mulheres velhas foram igualmente confundidos com monstros diversos.

Monstro era uma palavra que causava aversão entre as pessoas na Idade Média, uma vez que vinha a demonstrar algo que aconteceria por auspício divino, como ficou evidente em uma das acepções do termo que comentei. Os monstros faziam parte, naquele período da história, das chamadas *mirabilia*,[30] as quais se compunham de seres, objetos e monumentos (*mira res* ou *mira admirationis*). Para Santo Agostinho, em *A cidade de Deus*, as obras de *mirabilia* se dividiam em *monstra* (de "mostrar"), *ostenta* (de "ostentar"), *portenta* (de "ostentar" ou "mostrar antecipadamente") e *prodigia* (de "predizer" algum futuro). Fonseca (2011, p. 40) esclarece que as *mirabilia* inspiradas pelo divino ficaram conhecidas como prodígios. Os homens viajantes do medievo localizavam boa parte dessas *mirabilia* em torno do suposto local do Paraíso, próximo ao Horto Sagrado – e, muitas vezes, a referência geográfica era a região mais a leste do Oriente. Magalhães (2003, p. 41) explica que as *mirabilia*, em suma, diziam respeito às coisas admiráveis que apresentavam

---

29 Assim como – em tempos de "terrorismo pós-2001" – muçulmanos barbudos com turbante passaram a ser olhados com mais atenção pelos ocidentais, reforçando posturas de intolerância e xenofobia.

30 Em latim, *mirabilia* é um adjetivo neutro plural que se reporta a elementos, coisas e fatos admiráveis, adjetivo este proveniente do verbo *mirare* (mirar, olhar).

um grau exagerado e não habitual em relação ao humano – talvez estivesse aí a dimensão da beleza ou da força e da riqueza.

Animais domésticos e selvagens

Entendo que a Idade Média foi um longo período da humanidade, esplendoroso e crepuscular muitas vezes, do qual traços culturais ainda estão por ser descobertos e estudados. Dentre eles, a relação do homem medieval com os animais, sejam eles domésticos ou selvagens. Valho-me, aqui, em grande parte, das observações contidas no excelente *Dicionário temático do Ocidente Medieval (I)*, organizado por Le Goff e Schmitt (2002a), no qual o autor do verbete sobre os animais, Delort, salienta a importância de uma zoo-história que aproveite os recursos da genética regressiva, de fatores sorológicos e de comparações entre espécies de ontem e de hoje.

Quando se pensa sobre de onde teriam surgido as trocas milenares entre os homens e os outros animais, é possível supor que, em alguns casos, um filhote desgarrado de sua mãe em uma floresta viesse a se afeiçoar ao primeiro ser que encontrasse em seu caminho, e este poderia muito bem ser um camponês – dando início, dessa forma, a uma relação duradoura que poderia cambiar entre a criação de uma espécie para fins de sobrevivência e uma cordial amizade.

Na Idade Média, eram criados animais reclusos, porém, em regime praticamente selvagem para o devido uso, quando fosse necessário: em viveiros e reservas, eram mantidos aves, veados e lebres, por exemplo. Coelhos chegavam a viver em ambientes cercados, e um furão os colocava para fora de seus túneis sempre que houvesse necessidade de carne ou pele. Essa forma rústica de aprisionamento evoluiu para uma criação que visava à reprodução (*breeding*), chegando-se também ao desenvolvimento da familiarização dos bichos com seus donos (*taming*) – o que antecede o comportamento contemporâneo de ter *pets* em casa. Em resumo, na Idade Média os animais serviam para alimentação e vestuário, mas também ornamentação, tração, comportamentos orientados (cães de caça), extermínio de pestes – como fazia o gato – e companhia pessoal. E há um aspecto que o dicionarista praticamente não comentou e que é valoroso para este trabalho: a profícua presença dos animais na tradição, sobretudo campesina, na forma de crendices, superstições e histórias transmitidas oralmente. Contudo, o dicionário organizado por Le Goff e Schmitt, apesar de não dar muita atenção aos aspectos fantásticos da animália, reservou um pequeno espaço para a convivência entre animais reais e imaginários:

> *O leão, aos pés de São Jerônimo e companheiro de Yvain, o herói romanesco de Chrétien de Troyes, destrona o urso como rei dos animais. O elefante, com um exemplar com o qual o califa Harun al-Rachid presenteou Carlos Magno, assombra a imaginação dos cristãos medievais. O unicórnio, símbolo da virgindade, também parece real nesse mundo que acredita no maravilhoso. (2002a, p. 66)*

Dentre os bichos domésticos, o porco teve relevância no medievo, sobretudo pela sua capacidade de localização de trufas e castanhas nas florestas. No início de sua domesticação, ele era muito pouco diferente do javali: apresentava ampla musculatura, tinha presas e era mais esbelto do que os suínos de criação de hoje. Temia-se esse animal, em especial o bravo macho reprodutor, por ele devorar criancinhas, mas suas parceiras também costumavam angariar fama de infanticidas. Em 1394, em certa localidade da Normandia, um porco foi julgado e enforcado por ter devorado uma pessoa. Fato semelhante ocorreu já na era moderna, em 1547, quando uma porca e seus filhotes foram levados ao tribunal pelo mesmo crime. A mãe foi executada, mas os bacorinhos receberam o direito de continuar vivos, pois, segundo alegaram, a porca é quem tinha dado mau exemplo aos filhos. Esse tipo de incidente era mais ou menos frequente nos vilarejos medievais, quando porcos vagavam em liberdade e costumavam atacar pessoas, sobretudo as crianças.[31]

---

31 Os relatos em torno de bichos "criminosos" são bem pitorescos. Por exemplo, diversos animais foram levados aos tribunais no decorrer da história, dentre eles, cabras, porcos, toupeiras, cães, gatos, caracóis e mesmo insetos, como ocorreu a um enxame de abelhas. Este último foi condenado ao sufocamento por ter matado um homem, por volta do ano 800. Em 1471, um galo foi sentenciado à morte e, em seguida, queimado após ter botado um ovo, o que era considerado uma afronta à criação divina. Em 1519, toupeiras que

Do porco, aproveitava-se, na Idade Média, a carne, a banha, a pele, a crina, e preparava-se o presunto. Do carneiro, obtinha-se a lã, o leite, o queijo, a coalhada, o couro, os chifres, os cascos, os ossos, a carne, as tripas (essas últimas, utilizadas em instrumentos musicais), e até o esterco – que fecundava os pastos. Já o boi europeu era descendente do boi romano que, por sua vez, se ligava ao bovino autóctone das turfeiras. Simbolizava a paixão de Cristo e São Lucas. As aves se disseminaram principalmente do século VIII ao XII, fornecendo carne e ovos por meio da extensa família galinácea, na qual se inseriam também patos, gansos, pombos, galinhas-d'angola. Pavões e cisnes eram tidos para ornamentação, enquanto o peru só chegou no século XVI, vindo da América.

O cavalo era um animal de utilidade bélica, direcionado para o combate, mas havia também o equino robusto de carga e tração – que costumava ser empregado até o seu limite de resistência, por volta dos 13 anos. O de passeio ganhava destaque com a égua – ideal para as damas – e com o popular rocim. Era este o animal dileto de toda a tradição literária cavaleiresca e trovadoresca. Devido ao conhecido tabu hipofágico, dos cavalos mortos só se podia aproveitar o couro.

Os gatos, naqueles idos, viviam no máximo dois anos, e parece que era comum se ajuntarem em bandos semisselvagens, uma vez que eram: "mal cuidados, mal nutridos, mal amados, mantidos em estado famélico que sua função exige: caçar ratos" (Le Goff e Schmitt, 2002a, p. 72). O felino era associado à luxúria feminina, às festas pagãs e aos sabás, às feitiçarias e ao diabo, conforme reforçou o dicionarista. O prestígio ficava para os cães que, desde a Antiguidade, eram classificados em raças (lebréu, spitz, bichon, dogue, molosso, pastor, bassê...). No período medieval, houve o acréscimo de galgos para acompanhar as damas, além de cães de caça, de pastoreio e de guarda para rebanhos, e raças trazidas de povos distantes (foi São Luís, rezava a tradição, quem teria buscado o grifo tártaro diretamente na Terra Santa).

---

arruinaram uma colheita foram condenadas ao exílio, mas as que tinham filhotes receberam uma indulgência de catorze dias a mais, antes de serem banidas. Havia também advogados especializados em defender animais, como um que, em 1499, conseguiu libertar um urso que causou confusão em vários vilarejos. O animal foi solto após seu defensor alegar que um urso somente poderia ser julgado por seus pares, ou seja, por outros ursos!

Darnton (cf. 2011, pp. 122 ss.) faz uma bela antologia da presença dos gatos na cultura:

> *Deveríamos dizer, de saída, que existe um indefinível je ne sas quoi nos gatos, um misterioso quê cujo fascínio a humanidade já sentia nos tempos dos antigos egípcios. Sentimos uma inteligência quase humana por trás dos olhos de um gato. E, às vezes, confundimos o uivo de um gato, à noite, com um grito humano, arrancado de alguma parte profunda, visceral, da natureza animal do homem. (p. 122)*

O coelho se tornou muito popular na Europa medieval. Do litoral mediterrâneo, ele subiu para a Inglaterra (século XII), a Boêmia e a Polônia (século XI ao XIII), e a Hungria (século XV), mas não chegou a terras muito geladas, onde não poderia cavar. Ainda deve-se mencionar a presença do bicho-da-seda da amoreira (cujo uso para confecção de tecidos em seda data de 3000 a.C. na civilização chinesa), que chegou à Ásia Central no século VI – segundo consta a tradição, trazido dentro da bengala oca de dois monges do Monte Atos – e, até por isso, o nome medieval do Peloponeso era Moreia, segundo lembra Delort. Foi a partir do ano 1000 que essa lagarta começou a se difundir pelo restante da Europa via Sicília, e agradou muito a Espanha muçulmana. Do norte da Itália, atingiu a Provença – já no fim do longo período medieval. Outro invertebrado conhecido desde a Antiguidade era a abelha. No medievo, várias árvores eram consideradas sagradas, pois abrigavam colmeias e enxames – os quais costumavam ser registrados em cartório, com direito até mesmo de serem herdados.

Além dos animais considerados de uso doméstico e rural, havia os selvagens que, quase sempre por modismo e luxo, eram adaptados à vida humana. Esse é o caso dos leopardos – que ganharam popularidade na Sicília e na Itália, fosse para apresentações artísticas, para caça de prestígio ou para companhia. Também era comum o emprego de aves de rapina – tanto as de voo alto (falcão) quanto as de voo baixo (açor), adestradas para esportes de caça. E, em muitas situações, animais de grande porte – bestas asiáticas e africanas, como o rinoceronte e o elefante – se tornaram figuras emblemáticas em episódios reais epopeicos, nos quais foram presenteados a reis e papas.

Os animais selvagens também compunham uma rica tradição com fins moralistas: na França, a encarnação da astúcia estava na raposa (Renart),[32] que costumava fazer trio com o texugo (Grimbert) e o gato-selvagem (Tibert). Os terrores dos galinheiros e celeiros eram os mustelídeos (a doninha e a fuinha, por exemplo). A vida silvestre era povoada pela marta, pelo visom e pela fueta (estes últimos dois, malcheirosos), pelos linces e ratos do campo, e pelas lebres, esquilos e cervídeos. O ambiente aquático tinha a presença das lontras, dos castores, da perca, da tenca, do linguado, da truta. Do mar, vinham os arenques, a sardinha, o atum, a baleia e o golfinho. A má reputação caía geralmente sobre os sapos, as rãs, as salamandras e tritões, assim como sobre os répteis – as amaldiçoadas serpentes, cobras e víboras, como nos lembra o texto a seguir: "A serpente, herdeira de répteis benfeitores e malfeitores das culturas tradicionais e da Antiguidade, é diabolizada pelo judeu-cristianismo" (Le Goff e Schmitt, 2002a, p. 64). Temiam-se, ainda, os sáurios e os lagartos crocodilescos que podiam se assemelhar aos enormes dragões que cuspiam fogo.

Os pássaros eram bem presentes na tradição medieval[33] – o melro, a garriça, o pintarroxo, a cotovia, a andorinha, a cegonha, o corvo, a coruja, a garça, a gaivota, o pelicano, dentre outros –, ao passo que os invertebrados nunca tiveram grande repercussão, exceto por invasões esporádicas de gafanhotos e gorgulhos – estes últimos, parasitas de plantas. De *status* superior, porém, foi o grilo: "Um grilo é um inseto, mas ele não se enquadra na condição de bicho-papão de outros insetos devido ao seu canto quase humano"[34] (Warner, 2000, p. 289). Entretanto, na tradição hagiográfica da Baixa Idade Média, a presença dos insetos é notória, e pode-se dizer que influenciaram as criações artísticas que retratavam demônios e diabos. Uma gravura representativa desse aspecto é *A tentação de Santo Antônio*,[35] de Martin Shongauer (*c.* 1475), em que se pode perceber o santo elevado aos ares e puxado por diversos

---

32 Ciclos de contos populares como o da raposa, por exemplo, se tornaram muito apreciados em culturas como a francesa e a portuguesa, com forte respaldo na oralidade brasileira.

33 Os pássaros geralmente eram associados aos anjos e demais criaturas celestes.

34 *"A cricket is a bug, but one that escapes the bogey status of other bugs through its quasi-human song."*

35 Tema que, inclusive, foi representado por outros artistas, como Bosch, Grunewald, Jacques Callot e Dalí. É inegável que vários monstros que hoje habitam as telas do cinema são inspirados em criações como essas.

demônios ao mesmo tempo, em uma confusão de rabos, asas com nervuras, trombócitos, espinhos, chifres, bicos dentados. A contemporaneidade dessas representações é comentada por Warner (2000):

> As características, caráter e gestos de poder e terror são atualmen-te tomados emprestados com frequência do território próximo às antigas moradias ctônicas cavernosas dos dragões primevos e medievais, bem como do reino análogo dos insetos. Os insetos são universalmente considerados os mais adaptados e adaptáveis: por isso, eles são temidos – e provocam pavor. Hieronymus Bosch introduziu mariposas, besouros e joaninhas na paisagem do in-ferno; seus diabos são geralmente miniaturizados como insetos, e usam asas com veias, antenas e cristas frágeis . . . Embora Bosch também povoe seus mundos fantásticos com pássaros e mariscos espantosamente grandes, os insetos sugeriram mundos inferiores ocultos, a busca de submundos secretos de seres normalmente invisíveis aos homens, reinos feéricos escondidos dentro de mon-tanhas, território de duendes. As metamorfoses dos insetos ofere-ceram uma especial conexão ameaçadora para com os processos aberracionais do inferno.[36] (p. 173)

É essa autora quem vai se lembrar da presença de traços e aspectos inse-toides em diversos monstros do cinema, sobretudo em robôs híbridos. Indo um pouco além, pode-se afirmar que boa parte da invencionice em torno de alienígenas, de monstros mutantes e figuras do mundo biotecnogenéti-co se inspira na arquitetura exoesquelética de insetos e na conformação

---

36 "*The features, character and gestures of power and terror are now often borrowed from terri-tory close to the old chthonic cave dwellings of the primeval and medieval dragons as well as from the analogous realm of insects. Insects are universally considered the most adapted and adaptable: for this they are feared – and provoke awe. Hieronymus Bosch introduced moths, beetles and ladybirds into the landscape of hell; his devils are often miniaturized like insects, and wear veined wings, frail antennae and crests (…). Though Bosch also populates his fantas-tic worlds with uncannily large shellfish and birds, insects suggested concealed worlds below, secret underworlds hunts of beings normally invisible to humans, fairy realms hidden inside mountains, goblin territory. Insect metamorphoses offered a special menacing connection with the aberrational processes of hell.*"

ameaçadora e estranha de diversos invertebrados. Não é à toa que seres dia-bolizados tendem a assumir o mimetismo espantoso dos insetos – seres que conseguem, como o diabo, se disfarçar. Toda dissimulação sempre foi motivo de suspeita, uma vez que oferece perigo, como os contemporâneos *serial killers* de mil faces dos filmes, ou personagens camufláveis como o monstro dos filmes *O predador* (*Predator*, John McTiernan, 1987) e *O predador 2 – A caça continua* (*Predator 2*, Stephen Hopkins, 1990), ou, ainda, *Alien vs. Predador* (*Alien vs. Predator*, Paul W. S. Anderson, 2004). O diretor de cinema Tim Burton, obcecado por insetos, chegou a dizer que os adorava:

> *Eles estão à nossa volta . . .. São o nosso cotidiano. Insetos! (...).*
> *Talvez a explicação disso seja eu ter crescido com tantos filmes de*
> *insetos nos anos 1970. Lembra do* A invasão das rãs? *Isso é ecolo-*
> *gia, vamos começar a ver mais esses filmes, eu garanto. Uma nova*
> *tendência horrível, como nos anos 1970. Filmes com a-vingança-*
> *-da-natureza. (Burton citado por Wood, 2011, p. 109)*

Pode-se também salientar que diversos seres fantásticos têm tamanhos diminutos, lembrando insetos e outros bichos pequenos: as fadas, os hobbits, os smurfs e o próprio E.T. de Spielberg, por exemplo.

Dentre os animais selvagens populares na Idade Média, três foram mar-cantes (cf. Le Goff e Schmitt, 2002a, p. 64): o urso, o rato preto e o lobo. O pri-meiro vivia na ponta da corda do bufão para apresentações de cunho circense – integrante do *Romance de Renart*, essa obra tão importante, provavelmente de escrita anônima. O segundo foi pouco presente na literatura medieval e sua fama ficou ligada às pandemias, apesar de ter trazido menos a peste do que o lobo a raiva. Este último, sim, pode ser considerado o grande animal da imaginação camponesa, combatido e diabolizado como representação do homem herege – redimido, entretanto, por São Francisco de Assis.[37] Mas,

---

37 É de amplo conhecimento o episódio do lobo de Gúbio, um vilarejo aterrorizado pelo fa-minto animal. Diz a lenda que, ao ter compaixão pelos habitantes, São Francisco foi ao en-contro da fera, que veio em sua direção com a bocarra bem aberta. Então, o homem santo fez o sinal da cruz e pactuou com o bicho: daquele dia em diante, em vez de ele atacar os camponeses e seus animais, seria alimentado pelos moradores.

diferentemente dos pequenos lobos autóctones, como os que recolheram Rômulo e Remo e estavam presentes nas lupercais, os grandes lobos siberianos das estepes vieram trazidos pelas invasões bárbaras e causaram enorme pavor: "Quando o homem fraqueja, o lobo acorre e devora" (Le Goff e Schmitt, 2002a, p. 65). Por exemplo, na Guerra dos Cem Anos, em Paris, descreveu-se o surgimento de lobos que pareciam especializados em antropofagia. Talvez da presença desses canídeos maiores tenham provindo várias historietas que se tornaram populares na tradição europeia: lobos que raptavam e devoravam crianças, que rondavam os casebres em busca de uma brecha para apanhar sua presa, figuras terríveis transpostas para as canções de ninar, as quais repetiam seu morno "lu... lu... lu...",[38] transpostas para várias línguas – em parte provavelmente por alusão ao *loup* francês e também ao abominável *loup-garou*.[39]

O lobo à espreita ou o lobo à porta (tanto em Esopo como em La Fontaine) também assumia feições mais ousadas no "lobo já dentro de casa", aquele quase insuspeito monstro sob a pele de um parente, que podia ser a vovozinha de Chapeuzinho Vermelho ou o próprio pai que, após a transformação, devorava a filha bebê, como acontece em uma história antiga recontada por mim (cf. Messias, 2005, pp. 59-60). Na ânsia de apreender o animal selvagem e expor ao mundo as curiosidades de um reino muitas vezes pouco acessível, no fim da Idade Média, vê-se a popularização dos parques de animais – antecessores dos zoológicos –, como aquele que ganhou fama na Rue des Lions-Saint-Paul, em Paris, mas do qual nada mais resta. Para o escritor e reverendo Sabine Baring-Gould, o lobo foi o animal por excelência a incorporar o fantástico na Europa. Suas pesquisas sobre narrativas populares destacaram a Escandinávia, com especial valorização à cultura norueguesa, como um espaço em que os lobos migravam para formas humanas com certa facilidade: "*Vargr* tinha seu duplo significado em norueguês. Queria dizer lobo e também homem ímpio. Este *vargr* é o inglês *were* da palavra *were-wolf*, e o *garou* ou *warou* francês. A palavra dinamarquesa para lobisomem é *var--ulf*, a gótica *vaira-ulf*" (Baring-Gould, 2008, p. 50). A associação entre lobo

---

38 Em inglês, canção de ninar é *lullaby*, talvez uma palavra oriunda do som repetitivo da água em língua grega.

39 *Loup*, "lobo", em francês; *loup-garou*, "lobisomem". A pronúncia é "lu". Além dessa fera, existia o *ours—garou* (espécie de "ursosomem") no imaginário dos franceses, o qual parece ter cedido lugar à preferência lupina.

e bandido era tão comum que os proscritos tinham de ser expulsos como "lobos" e perseguidos até onde os homens pudessem caçá-los. Ainda na Noruega, acreditou-se por muito tempo que algumas pessoas poderiam ser encantadas por homens-trolls, transformando-se em lobos ou ursos, mas retornando em seguida à forma humana.[40] Por séculos, bruxas ou pessoas que fizessem pactos com o Diabo conseguiriam realizar várias proezas, como fazer chover granizo, raptar crianças para os sabás ou se transformar em lobos.

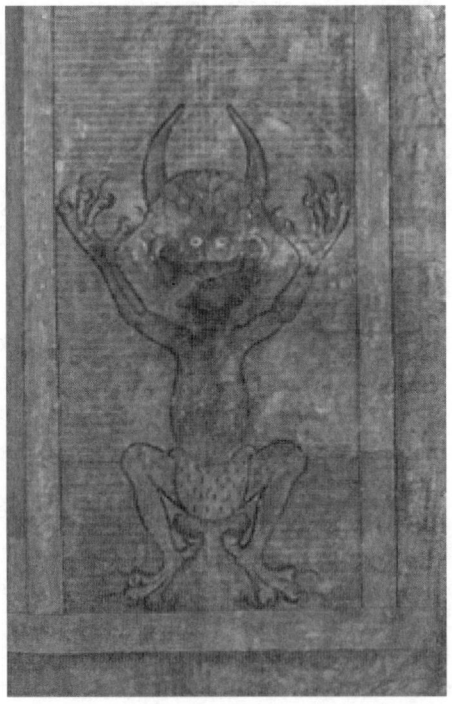

Imagem do Diabo no Codex Gigas, *a chamada* Bíblia do Diabo.

Em suma, a teriantropia – terminologia que diz respeito às transformações parciais ou totais entre homem e animal – tem sido um motivo sempiterno nas narrativas, desde os mais remotos registros, como Anúbis, o deus

---

40 Em diversas culturas africanas, o animal que se tornou emblemático no quesito metamorfose, talvez ocupando a mesma importância do lobo europeu quanto à licantropia, foi a sarcástica hiena.

egípcio com cabeça de chacal. Tem-se, na Antiguidade grega, dois extremos da presença lupina: enquanto Circe transformava os homens que seduzia em animais, dentre eles, o lobo, Zeus amaldiçoou Licaão, por aquele rei ter matado, cozinhado e servido o corpo de um prisioneiro aos seus convidados (outra versão diz que ele sacrificou um bebê ao grande deus do Olimpo). Dessa feita, o mítico soberano da Arcádia foi transformado em lobo por seu ato de impiedade e selvageria. Licaão veio ainda a ser mencionado em *A República*: para Platão, o lobisomem era a metáfora do tirano. A literatura medieval também explorou o apavorante tema: os lobisomens de Ossory, na escrita do galês Giraldus Cambrensis; o lai de Bisclavret, de Marie de France (século XII), ou, ainda, *Li Roumans de Guillaume de Palerne* (*c.* 1200), um poema que apresentava um lobisomem benevolente. No século XVI, o livro *La Démonolâtrie*, de Nicolas Rémy, que veio a substituir o sucesso do *Malleus Maleficarum*, apresentava uma passagem em que dois homens, invejosos dos rebanhos de um vizinho, se jogaram pelo chão e pronunciaram uma fórmula mágica. Esta fez aparecer um lobo demoníaco que atacou uma ovelha, enquanto em *Flagellum Maleficorum* (1462), de Petrus Mamoris, o lobisomem seria um lobo comum possuído pelo Diabo.

De fato, o lobo tem uma relação estreita com o diabólico na cultura de vários povos e em diversas épocas: sua domesticação provavelmente se deu por volta de 15 mil a.C., na Ásia Oriental, mas não foi suficiente para tornar o animal simpatizado: matilhas selvagens sempre causavam terror nos aldeões devido ao roubo e assassinato de filhotes de animais e também de crianças. Associado à lua cheia e à noite, o lobo tornou-se copartícipe de uma divisão maniqueísta do mundo, em que a escuridão se mostrava com atributos opostos aos do dia, e o excesso de exposição ao luar poderia trazer a loucura às pessoas.

No princípio eram os monstros...

Marcio Peter de Souza Leite discute brevemente, em uma de suas obras (cf. 1991), o homem medieval e seus assombros perante o fantástico. Segundo o psicanalista, a lógica do medievo era tal que aquilo que os olhos miravam ao redor, na natureza, não era suficiente para explicar o estranho mundo que parecia o tempo todo se avizinhar dos inseguros vilarejos:

> *Quando o homem da Idade Média se perguntava o que era a natureza, não bastava apenas olhar ao redor; ele tinha os olhos desfocados por antigas imagens, e precisou lutar contra elas para conseguir um conhecimento mais exato do mundo. O que via não era suficiente, pois havia testemunhos de formas humanas estranhas e faunas peculiares, tanto nas obras de escritores fantasiosos como na dos viajantes que se aventuraram por caminhos desconhecidos. Seres fantásticos apareciam em todas as* imagini mundi, *e as listas de monstros produziam um repertório que perdia o seu caráter assombroso pela constante repetição a que foi submetido. (Leite, 1991, p. 61)*

De fato, na Idade Média, nomear já era suficiente para atestar a veracidade.

> *Assim foram imaginados seres como a santícora [ou centícora, do francês* centicore*], com corpo de asno, patas de leão, um chifre na cabeça e voz humana; a mantícora, semelhante ao homem, vermelha, com olhos amarelos, corpo de leão, três pares de dentes e cauda de escorpião, silvando como uma serpente e podendo correr tão rápido como voa o pássaro; o eale, com corpo de cavalo, rabo de elefante e dois grandes chifres, um na frente e outro atrás; a anfimenia, com duas cabeças, uma situada ao rabo; uma besta anfíbia com corpo de cavalo, cabeça de javali, rabo de elefante e dois chifres, um deles móvel; a centícora, com chifres de cervo, peito de leão, pés de cavalo, boca redonda como a abertura de um túnel, voz de homem e olhos muito próximos um do outro. (Leite, 1991, p. 62)*

O historiador Jean Delumeau (2009, pp. 120 ss.) reservou um subcapítulo de sua obra *História do medo no Ocidente* aos fantasmas, um medo não apenas medieval, mas acompanhante de todo o processo civilizatório da humanidade. Os fantasmas, que transitam por um entre-lugar habitado por todo tipo de duplos e visagens, sempre compartilharam do mundo dos vivos, permanecendo nesta espécie de *borderline* entre o mundo material e o chamado mundo espiritual – nem que, para isso, tivessem de competir em popularidade ao lado dos chamados seres enteais ou elementares, nomeados pelo alquimista e ocultista Paracelso (1493-1541).

No caso específico da Idade Média, as almas que assombravam os homens pareciam provir, em sua grande parte, do purgatório (onde se enquadravam como expiatórias ou em purgação), ou mesmo do inferno. Apesar de as almas danadas se instalarem de vez nas províncias infernais, curiosamente elas podiam sair de lá em determinadas situações para aparecer sombriamente aos vivos com a permissão do Diabo. O medo desses seres, conforme nos relembra Delumeau (cf. 2009, p. 128), tornou-se até mesmo epidêmico, sobretudo quando os fantasmas eram associados aos vampiros – entendidos como criaturas nem vivas nem mortas, que vagavam pelas noites se nutrindo do sangue de suas vítimas. Os vampiros foram, durante muitas ocasiões, bodes expiatórios de males que se abateram sobre a humanidade, como a peste negra. O historiador destaca a crença de que seres fantasmagóricos – "fadas ou fantasmas"– eram creditados como pestíferos e manipulados pelo demônio (p. 211). Como exemplos:

> *No Tirol, falava-se de um fantasma de longas pernas e de manto vermelho que deixava a epidemia em seu rastro. Na Transilvânia e na região das Portas de Ferro, esse papel era desempenhado por uma "mãe viajante", misteriosa e eterna feiticeira, velha e gemente, de vestido preto e xale branco. (p. 211)*

Os fantasmas proliferavam em geral ao crepúsculo, à meia-noite, ao nascer do sol e ao meio-dia, mas tinham um gosto especial pelas doze badaladas noturnas, quando deveriam ser exorcizados e esconjurados. Tal era a presença deles entre o homem medieval e moderno que se poderia dizer que as lápides tumulares não eram tão pesadas à toa (cf. Delumeau, 2009, p. 133). Afinal, a convivência – sempre muito presente, segundo relatos históricos de diferentes tradições – com seres que já deixaram o convívio material com os chamados "vivos" não era muito agradável.

O pesquisador Carlos Roberto Nogueira (2002) discorreu sobre o imaginário cristão em uma de suas obras, colocando ênfase especial na Idade

Média: "A cristianização da cultura europeia traz consigo uma viragem decisiva para a história do imaginário" (p. 11). Esteio ideal para o surgimento da tradição dos bestiários e de diversos livros com teor fantástico, o período medieval marcou as criações mentais no Ocidente. Em um mundo sombrio e inseguro, nada mais óbvio do que criar animais monstruosos que dessem conta de explicar parte dos horrores que rodeavam os homens, quando até mesmo a presença de alguns animais, não raro, costumava ser entendida como indícios de incorporações demoníacas. Por exemplo: Cesarius de Heisterbach (1180-1240) foi um monge cisterciense que buscava advertir os jovens sobre as artimanhas do Diabo, o qual podia aparecer metamorfoseado em vários seres: "um urso, um cavalo, um gato, um macaco, um sapo, um corvo, um abutre (...) um dragão" (Nogueira, 2002, p. 53). Complementando, reporto-me aqui, uma vez mais, às palavras de Leite (1991):

> *O diabo é uma das expressões mais conhecidas desse imaginário [medieval] e, talvez, a mais representativa, pois, podendo tomar qualquer forma, mais que ser somente um monstro, ele funcionaria como um condensador de valores, que atribuiria significação moral aos mais variados seres, quer fossem terríveis ou belos. Um e outro, se diabólicos, representariam o mal e passariam a ser indesejáveis. (p. 63)*

É esse autor quem lembra que o período medieval é repleto de diabos os mais variados, e que talvez Dante tenha produzido, literariamente, as representações mais importantes para a época a respeito dos habitantes infernais.

No âmbito das monstruosidades medievais, é fundamental relembrar o lugar de destaque dos bestiários (termo que provém do latim *besta*, "animal"),[41] os quais ficaram conhecidos principalmente pelo trabalho dos monges iluministas da Baixa Idade Média (séculos XII e XIII), os quais compilavam informações – geralmente com um propósito moralizador – sobre animais e seres fantásticos. Seus escritos se tornaram fortes referências que eram levadas muito a sério até o século XV. Um bestiário se constituía, pois,

---

41 A escolha do termo "besta" se deu pelo fato de buscarem retratar animais considerados ferozes e violentos.

em um livro de sistematização e catalogação de uma certa zoologia popular e, em geral, apresentava-se em duas versões: uma em latim, luxuosa, e outra em língua vernácula, bem mais simples.

Aquele que pode ser considerado a matriz dos bestiários conhecidos é *O fisiólogo*[42] (manuscrito grego provavelmente do século II, que apareceu próximo a Alexandria, advindo de um outro anterior, que havia desaparecido), traduzido para vários idiomas, dentre eles o latim. Dessa matriz, ele recebeu novas traduções, séculos mais tarde, para as línguas neolatinas, vindo a adentrar suas respectivas literaturas. Inicialmente, o tomo tinha 49 capítulos, mas esse se desdobrava em bestiários secundários, e alguns apresentavam mais de 150 verbetes.

Em segundo lugar, pode-se mencionar a *Etymologiae*, de Isidoro de Sevilha (século VI), uma grande enciclopédia que tentava explicar a origem do nome dos animais de fato conhecidos e daqueles de cunho fantástico.[43] Em verdade, a diferença entre "animal natural" e "animal imaginário" não se fazia naquela época como se dá em nossos dias. Quase todo bicho tinha propriedades curativas e também peçonhas misteriosas, e era envolvido por superstições que colocavam lado a lado um rinoceronte e um unicórnio. Um lobo voraz não era menos aterrador do que um dragão, e vice-versa. Nesse universo de elementos admiráveis, havia mesmo quem enveredasse por organizar coleções de "maravilhas". O abade Suger de Saint-Denis foi um dos homens

---

42 *O fisiólogo* era uma coletânea sem autoria conhecida, que continha lendas indianas, judaicas e egípcias, além de conhecimentos gregos provenientes de Aristóteles, Heródoto, Plínio e outros, e versava sobre o mundo natural. Inicialmente sem ilustrações, as descrições contidas nessa obra eram, em sua maior parte, de animais, dentre eles numerosas aves, além de criaturas fantásticas e até elementos minerais. Só existe um vegetal citado no manuscrito, o Peridéxion, a árvore da vida indiana (afinal, já existiam os herbários para a catalogação de plantas, e os lapidários para a organização das pedras e fósseis, conhecidos e imaginários). Há quem afirme que *O fisiólogo* e outros bestiários similares só eram comparados em apreço e fama à própria Bíblia.

43 O belo, para os medievais, residia, pois, no maravilhoso e no fantástico. Cito Eco (1989a, p. 28): "A degustação estética do homem medieval não consiste (...) em fixar-se na autonomia do produto artístico ou da realidade da natureza, mas em colher todas as relações sobrenaturais entre o objeto e o cosmo, em perceber na coisa concreta um reflexo ontológico da virtude participante de Deus".

interessados pelo pitoresco e o inusitado. Ele enchia seus baús e salões de tesouros com as mais absurdas curiosidades, segundo informa Eco (1989a):

> *E frente a coleções de três mil objetos, entre os quais setecentos quadros, um elefante embalsamado, uma hidra, um basilisco, um ovo que um abade havia encontrado dentro de um outro ovo, e maná caído durante uma carestia, é mesmo de se duvidar da pureza do gosto medieval e da sua capacidade de distinguir entre belo e curioso, arte e teratologia. (p. 27)*

E o intelectual prossegue: "a sensibilidade medieval unia, no fundo, a consciência crítica do valor do material no contexto da obra de arte, para a qual a escolha da matéria a ser composta já é um primeiro e fundamental ato compositivo" (p. 27).

As diversas versões de bestiários a partir de *O fisiológico* se tornaram populares sobretudo na França e na Inglaterra. Dentre aquelas cuja existência chegaram até nossos dias, pode-se mencionar a de Philippe de Thaon (do ano 1125, escrita em verso), o *Livro das Aves* (datado de 1183, proveniente do Mosteiro de Lorvão,[44] sem autor conhecido, inicialmente escrito em latim e transposto no século XIV para língua vernácula), a de Gervaise e de Guillaume de Le Clerc (século XIII), o *Tractatus de bestiis et aliis rebus* (do século XII, em prosa, provavelmente de autoria Hugues de Saint Victor), a de Pierre de Beauvais, a de Richard de Fournival (o *Bestiário do Amor*, do século XIII, um dos poucos sem ligações teológicas) e a *De Animalibus* (século XIII, provavelmente da verve de Alberto Magno). Em Portugal, encontram-se nos sermões de Santo Antônio[45] referências simbólicas a animais, assim como na obra anônima *Horto do Esposo*, do século XIV. Livros de crônicas de viagens dos séculos XV e XVI também ficariam marcados pela presença de bichos fantásticos.

Seguindo a tradição adâmica da nomeação dos seres, os bestiários – esses manuais de pseudozoologia – tratavam de animais considerados regidos pelos instintos e pela ferocidade, que se defendiam com unhas e dentes dos

---

44 Localizado no distrito de Coimbra, em Portugal.
45 Provavelmente, os *Sermões de Santo Antônio*, de autoria do Padre Antônio Vieira.

inimigos. O teólogo medieval Alberto Magno os designava como quadrúpedes com "baixo calor inato" e inferioridade genésica, porém, paradoxalmente, poderiam servir como seres exemplares, parabólicos e teofânicos, uma vez que também eram enquadrados entre as criaturas de Deus. Os bestiários acompanhavam as tendências de representação de uma zoologia real e imaginária que se prolongava desde a longínqua Antiguidade mediante vertentes mitológicas, legendárias e fabulosas, buscando-se também uma espécie de resgate arqueológico de uma variada animália.

De certa forma, todo bestiário medieval foi "uma espécie de acomodação escolástica de um compósito de conhecimento herdado da cultura da antiguidade", conforme afirmou Pedro Fonseca (2011, p. 35), e que acompanhou uma longa tradição livresca de forma vertical, recebendo influências heteróclitas como de Heródoto, Ctésias (400-300 a.C.), Aristóteles, Plínio, Solino, Aélio (c. 175-235) e Isidoro de Sevilha, por exemplo. Para Fonseca (2011), "com exceção da Bíblia, não existe talvez nenhum outro livro que tenha sido mais amplamente corrente em cada língua cultivada e entre cada classe de pessoas" (p. 46).

O que caracterizava a composição dos bestiários era o fato de o conhecimento utilizado não provir de observações com uma precisão tal que os aproximasse de uma abordagem "pré-científica" – mesmo que ainda tivessem tal objetivo. Os textos surgiam, na verdade, a partir da ebulição do lado fantasioso das mentes dos compiladores de informações.[46] Ao serem retratados em iluminuras, os animais que realmente pertenciam ao mundo natural eram muitas vezes descritos como seres bastante diversos de sua real aparência, e isso devido ao puro desconhecimento dos monges, que ornavam os textos com belas e delicadas imagens, mas sem realizar qualquer averiguação dos dados recebidos. Na Baixa Idade Média, era ainda comum a representação

---

46 *A origem das espécies* (*On the origin of species*, 1859, então denominada *On the origin of species by means of natural selection, or the preservation of favoured races in the struggle for life* – *Sobre a Origem das Espécies por Meio da Seleção Natural ou a Preservação de Raças Favorecidas na Luta pela Vida*), de Charles Darwin, é uma das obras mais importantes da história da ciência e apresentou a teoria da evolução, revolucionando a biologia moderna e colocando de lado, definitivamente, pelo menos em meios mais urbanizados e científicos, qualquer traço da pseudociência dos bestiários que porventura ainda viesse a receber alguma consideração.

dos seres sobrenaturais de forma monstruosa, quase sempre reunindo elementos diferentes em uma única criatura, como resquício de visões presentes nas tradições pagãs que sobreviviam daqui e dali:

> *O mundo antigo possuía grande quantidade de seres fantásticos, reduzidos pelo Cristianismo à condição de demônios inferiores, e é precisamente nessa arte do Paganismo que a fantasia dos cronistas e artistas vai buscar inspiração para descrever e retratar os agentes do Mal. (Nogueira, 2002, pp. 66-67)*

Um bestiário, por conseguinte, era uma obra em aberto, em permanente acréscimo e revisão, obra esta que tinha o propósito de apresentar diversos seres ao leitor curioso, mas que não buscava defini-los em profundidade ou explicar seu comportamento, sua forma de vida e sua fisiologia profunda. Em geral, cada animal terrestre costumava ter seu representante no ar e no mar, uma espécie de duplo equivalente, como é o caso do cavalo, que se desdobrava em cavalo-marinho e em unicórnio. Outra característica era a presença de seres mitológicos da Antiguidade adaptados aos bestiários (como o minotauro, da cultura cretense, por exemplo). E, como afirmei, junto aos animais do mundo natural, eram igualmente colocados os fantásticos, como a fênix, o unicórnio e a sereia. Por trás da intenção catalográfica e do mapeamento de criaturas, havia também uma apropriação zoológica por parte de escritores católicos, que tentavam atribuir características boas ou malignas a cada ser, na expectativa de despertarem a consciência pia do cristão pecador. Foram os teólogos da Igreja que fizeram as transposições entre o pagão e o sacro, com o objetivo de tornar os seres fantásticos dos bestiários exemplos para os homens, os quais deveriam, sempre humildes, esforçarem-se na virtuosidade. Pode-se até afirmar que havia uma espécie de manipulação que impunha, aos seres descritos, conveniências no âmbito do didatismo religioso, tornando os verbetes dos bestiários propícios à retórica litúrgica. E na natureza – uma infinita teofania – é que podiam ser encontrados os maiores exemplos a serem seguidos pelos cristãos. É possível, portanto, dizer que se tentava colocar as bestas do pensamento medieval em diálogo com os valores dos textos bíblicos.

Também destaco, nesse contexto, uma obra intitulada *Codex Gigas*, ou *Códice Giga*,[47] ou, como ficou mais conhecida, *A Bíblia do Diabo*, considerada ainda hoje um dos livros mais misteriosos que já existiram, pelo fato de sua autoria ter sido atribuída lendariamente ao próprio senhor dos infernos. Trata-se de um calhamaço de cerca de 75 quilos – o maior já escrito –, cuja escritura terminou por volta de 1230. Atualmente, ele se encontra guardado na Biblioteca Nacional da Suécia, em Estocolmo. Além de diversos textos sagrados (ele contém em si uma Bíblia inteira) e apócrifos, bem como feitiçarias, medicinas da época, conjurações e exorcismos para maus espíritos, tudo ao gosto medieval, esse livro guarda, em seu miolo, a imagem gigantesca de um diabo aprisionado. Dentre as diversas lendas em torno do grandioso tomo, que mede 89,5 cm × 49 cm, está a de um monge beneditino da região da Boêmia, na Europa Central, que, tendo cometido um pecado imperdoável, se comprometeu a escrever o maior livro jamais feito em apenas uma noite, na busca de evitar a sentença de morte que lhe fora imputada por sua ordem religiosa: ser emparedado vivo. Porém, à meia-noite, vendo-se incapaz de terminar o prometido, fez um pacto com o Diabo. No dia seguinte, o manuscrito estava pronto.

Cientistas estimaram que tal livro fora escrito por um único homem que utilizou tinta feita à base de ninhos de insetos, e que o compilador deve ter levado cerca de trinta anos para concluí-lo. Mesmo tendo permanecido em posse de nobres, sempre oculto aos olhos do vulgo no decorrer de séculos, é inegável o poder de tal obra sobre o pensamento medieval e moderno. A figura satânica que se vê em uma das grandes páginas é reproduzida livremente pela internet e exibe um diabo com os tradicionais chifres e pés herdados da tradição pagã dos faunos gregos, bem como uma assustadora língua bifurcada, como a das serpentes, além de olhos esbugalhados, uma pele escamosa e garras ameaçadoras. Também está vestido com um saiote, que simbolizava alta hierarquia, afirmando seu lugar de príncipe das trevas a quem quer que ousasse visualizá-lo. É esse ser diabólico que conferiu o nome popular do livro. O Diabo era um ser comumente retratado na arte medieval, mas este,

---

47 A palavra códice faz referência aos livros escritos em formas semelhantes às atuais, em oposição aos pergaminhos, que tinham de ser desenrolados para serem lidos.

de maneira específica, é considerado provavelmente o único a ter tido um destaque tão grande e a aparecer sozinho em uma única página.[48]

Situado entre os mais sombrios seres das coletâneas dos bestiários, estava também o lobo, animal temido e admirado, conforme comentei. Habitante dos bosques, ele estava presente na civilização feudal rural, matando ovelhas e assustando andarilhos. Delumeau (2009, p. 102) relembrou Lévi-Strauss, quem associou o lobo a um emissário do mundo ctônico. Muitas das mortes enigmáticas do período medieval –por exemplo, aldeões que eram devorados por algum animal, mas cujas roupas ficavam intactas – eram atribuídas não especificamente a lobos, mas a algo mais terrível ainda: ao lobisomem (*loup-garou*),[49] que poderia ser um soldado ou feiticeiro transformado em fera cruel, o que fez com que os demonólogos franceses dos séculos XVI, XVII e XVIII discorressem longamente sobre os fenômenos de licantropia e o povo viesse a invocar com frequência a proteção de Saint-Loup (São Lobo), e a recitar o "pai-nosso do lobo", por exemplo.

Os animais fantásticos povoavam o pensamento europeu, e pode-se dizer que existia, de fato, um movimento de mão dupla: ao mesmo tempo que as culturas recebiam influência do cabedal fantasioso dos bestiários, elas também colaboravam para enriquecê-lo. Foram numerosas as referências medievais a seres fantásticos em narrativas escritas e orais de fábulas e alegorias, na iconografia da arte sacra e profana, e também nos componentes arquitetônicos, na heráldica, no artesanato e nos utensílios do dia a dia. Nas catedrais da Europa, por exemplo, um visitante encontra uma profusão de monstros e seres mitológicos que ornam colunas, marquises e torres. Os seres fantásticos proliferaram pelas construções românicas, e, posteriormente, pelas góticas, representados em esculturas e frisos, vitrais, arte funerária e vestimentas, e também em objetos de culto religioso.

Fonseca (2011, p. 115) afirma que, com o tempo, os bestiários foram perdendo a sua retórica "finalista" e doutrinária, buscando uma relativa

---

48 Para saber mais sobre o *Códex Gigas*. Disponível em: <https://www.kb.se/in-english/the-codex-gigas.html>. Acesso em: 18/07/2011.

49 Do francês antigo *leus warous*, ou seja, "homem lobo"; o nome é um pleonasmo, pois o termo *garou* originalmente já queria dizer "metade homem, metade lobo" no idioma frâncico, segundo alguns filólogos.

independência estética e literária. Da tradição bestialógica, pode-se chegar a várias outras referências às criaturas fantásticas que habitavam o mundo material que, até certo ponto, misturava-se ao espiritual. Paracelso, o polêmico alquimista medieval-renascentista, precursor de estudos de química e de biologia, afirmava categoricamente o seguinte, baseando-se em tradições antigas:

> *Deus povoou os quatro elementos com criaturas vivas. Criou as ninfas, as náiades, as melusinas, as sereias para povoar as águas; os gnomos, os silfos, os espíritos das montanhas e os anões para habitar as profundezas da terra; as salamandras que vivem no fogo. Tudo provém de Deus. Todos os corpos são animados por um espírito astral do qual dependem sua forma, sua figura e sua cor. Os astros são habitados por espíritos de uma ordem superior à nossa alma, e esses espíritos presidem nossos destinos. (Janssen, citado por Delumeau, 2009, p. 109)*

Ao se pensar em outras referências que marcaram a humanidade desde milênios, e em especial a fértil imaginação do medievo, serão encontradas, como já mencionei, plêiades de figuras fantásticas. Elas estão não apenas na mitologia grega, mas bem antes, nas epopeias que fazem parte das civilizações hindu e mesopotâmica, chegando posteriormente a influenciar a escrita dos livros do Pentateuco. A Gênesis bíblica, portanto, seria, nesse sentido, um aproveitamento de parte da tradição da Epopeia de Gilgamech.[50] Os antigos judeus também falavam de classes de seres que não seriam humanos, pertencentes ao fogo, ao ar, à terra e à água; os do fogo eram chamados salamandras, os do ar, silfos; as ninfas ou ondinas frequentavam as águas; e os gnomos ou pigmeus, a Terra. Além disso, a Bíblia várias vezes faz menção a "gigantes", como foi anteriormente dito neste trabalho. Há também a menção a sátiros em uma profecia contra a Babilônia (Bíblia, 2001): "Porém, nela, as feras do

---

50 Essa epopeia, organizada pelo rei Assurbanipal, é datada, provavelmente, do século VII a.C.: trata-se de um antigo poema épico mesopotâmico registrado em tábuas de argila como compilação de lendas sumérias. O personagem principal é um herói divino chamado Gilgamesh. O texto também apresenta referências ao dilúvio que posteriormente foi retratado na Bíblia.

deserto repousarão, e as suas casas se encherão de corujas; ali habitarão os avestruzes, e os sátiros pularão ali" (Is. 13: 21). Mais adiante (Bíblia, 2001, Is. 34: 14), sátiros são citados junto a fantasmas. De fato, a Bíblia é um repositório dos mais diversos seres fantásticos: além de legiões de demônios, alguns dos quais com nomes próprios bem conhecidos, há referências a dragões, bruxas, serpentes, almas, anjos ascendidos e anjos caídos. Um dos monstros mais marcantes nas Sagradas Escrituras seria Leviatã, que aparece no Livro de Jó, capítulo 3, versículo 8,[51] no qual ele vem a ser retratado brevemente como "monstro marinho", representado em formas diversas – às vezes associado a uma baleia ou crocodilo –, posto que tem uma capacidade de fusão com outros animais. Leviatã também é vinculado ao Tiamat da tradição babilônica.[52] No mesmo livro bíblico, nos capítulos 40 e 41, Jó descreve Leviatã como a maior das monstruosidades da água, irresistível e aterrorizante. Seu contrapeso terrestre seria o Behemoth, nome que, entretanto, não aparece em todas as versões das Escrituras. Ele está no capítulo 40 de Jó e, em algumas traduções, trata-se de uma criatura semelhante a um "leão herbívoro" (parecida com um dinossauro); em outras, não passa de um potente hipopótamo. Para os judeus ortodoxos, existiria ainda Ziz, um monstro do ar – ave tão gigantesca que conseguia eclipsar o sol quando abria as asas em voo.

Nos Salmos, aparece a figura lendária do Raabe (Sl. 89, 10): "Calcaste a Raabe, como um ferido de morte",[53] ser de natureza marinha como Leviatã. A Bíblia ainda se refere a uma divindade talvez de origem suméria, Baal, referenciada diversas vezes, como em Jz. 2:13: "Porquanto deixaram o Senhor e serviram a Baal ou Astarote". Esta última era a deusa da fertilidade, do amor e da guerra. E o desfile de criaturas fantásticas continua com o unicórnio às vezes traduzido como "búfalo" (cf. Sl. 22:21); e o basilisco, serpente que mata com o olhar ou com o hálito (Pv. 23:32), ou o Tannin, espécie de dragão marinho (Ne. 2:13).[54] Essas referências sugerem que os redatores dos livros

---

51 "Amaldiçoem-na aqueles que sabem amaldiçoar o dia e sabem excitar o monstro marinho" (cf. Bíblia, 2001).

52 Em geral, Tiamat é descrito como uma serpente marinha ou dragão.

53 Cf. Bíblia (2001). Todas as citações bíblicas deste parágrafo foram retiradas do mesmo livro.

54 Nesse caso, parece que foi descrito como um monstro o que, na verdade, seria o nome de um dos portões de um templo. A Vulgata Latina o traduziu como "dragão", por exemplo.

bíblicos se apropriaram de todo um bestiário já presente nas mentalidades de épocas anteriores. Daí em diante, esses monstros continuaram a ter vida no pensamento teológico e popular da Idade Média – não apenas devido às Escrituras, pois aqui nos referimos, em sua maioria, a mitos antiquíssimos, que remontam a civilizações que muitas vezes desconheciam a própria escrita.

Se eu fosse estabelecer um *corpus* de estudo para os monstros medievais, concordaria com Fonseca (2011) quanto às fontes: haveria as narrativas de viagens, os contos, mitos, lendas e textos literários; as cosmografias e tratados didáticos; as pseudo-histórias zoológicas (a exemplo dos bestiários), as súmulas enciclopédicas e teológicas, e também as crônicas. O material de pesquisa é bem vasto, o que demonstra a riqueza daquele período da humanidade em torno dos seres fantásticos.

A pequena sereia (Den lille havfrue, *Edvard Erikse, 1913) do porto de Copenhaguen é uma das mais conhecidas representações desta criatura fantástica na arte. Créditos: Frederico Moreira.*

A mulher como monstro

O homem medieval externalizava sua paranoia femifóbica a ponto de, às vezes, suspeitar de um fantasma ginocêntrico dentro de si, ou seja, havia não só o temor da mulher como corpo, mas do corpo (masculino) como mulher – como se fosse possível uma degeneração de ordem teratológica nas entranhas do homem. Tanta repulsa ao feminino colocava a mulher[55] nas vias da desconfiança da degeneração zoomórfica. Já me referi às associações diabólicas em torno de mulheres fantásticas que, em várias lendas medievais, apresentam partes do corpo zoomorfizadas. Como exemplos, temos a ibérica Dama do Pé de Cabra[56] e a ofídica sereia celta, Melusina, símbolos do amor volátil e impositivo.[57] Ambas eram instauradoras de proibições para que o homem que as amasse não viesse a experimentar o esfacelamento matrimonial: a demoníaca Dama do Pé de Cabra (cf. Messias, 2010, pp. 86-96) vetava o uso do nome do Pai dentro do lar, enquanto a lasciva Melusina impunha a proibição de relações sexuais aos sábados. Assim, não havia escapatória: por uma tradição, toda mulher traria traços de melusiano e, por outra, de medusiano. Conforme reforça Fonseca (2011): "monstros com tronco humano, como a Melusina e muitos outros da tradição clássica (esfinge, centauro, sereia, sátiro) foram considerados como símbolos de uma sexualidade forte e primitiva, geralmente maléfica" (p. 86).

Como se não bastasse, os temores em relação à mulher – ser incompleto e falho, de acordo com o pensamento da época – se fixavam em duas partes do corpo, em especial: os olhos (gorgôneos, petrificadores) e a vagina que, se dentada, poderia arrancar o pênis em um ato castrador, a qual também trazia à luz o tabu mensal do mênstruo venenoso, que tornava a mulher impura pelo sangue. Curiosamente, diversas narrativas sempre trouxeram heróis engolidos por monstros ofídicos, capazes de guardar suas vítimas em

---

55 Provavelmente de *mulier*, "fraqueza", em oposição a *vir*/*virtus*, "virtude", palavra latina para "homem".

56 Também Dama Pé de Cabra, conforme aparece em versões mais antigas.

57 Deve-se mencionar também *Sendebar ou o livro dos enganos das mulheres*, uma coletânea de contos exemplares atribuída ao filósofo hindu Sendebar, a qual teve uma recompilação traduzida em castelhano no século XIII que ajudou a difundir uma imagem negativa da mulher, posteriormente associada ao demônio.

concavidades de feição uterina, enquanto mitologias pagãs ofereciam a representação de deusas com pênis, como a egípcia Mut, deusa-mãe de Tebas. E se a forma masculina era a mais próxima da perfeição no pensamento medieval, distanciar-se dessa forma levava aos prenúncios do monstruoso (e, nesse sentido, toda mulher traria indícios de monstruosidades, seguindo-se o raciocínio aristotélico que vigorava na Idade Média). A essas suposições se somava a cogitada natureza metamorfoseante da mulher, ser que combinava associações com peixes, harpias e répteis (no caso das sereias), por exemplo, ou era hábil em se transformar em animais rastejantes e asquerosos (no caso das bruxas).

Em relação à invejada capacidade de engravidar e parir, sempre houve várias informações supersticiosas bastante correntes: dentre elas, o fato de que copular com demônios – mas também com faunos e silvanos, que eram inseridos, pela mentalidade católica, na categoria de seres infernais – faria as descendentes de Eva gerarem monstros, geralmente ctônicos. Além disso, a mulher – considerada mais propícia aos devaneios do que o homem – poderia engendrar anomalias e monstros na gravidez por conta da "imaginação excessivamente fértil". Apesar de eu tratar aqui do período medieval, acredito que vale discorrer um pouco mais, nos parágrafos a seguir, sobre esta característica que foi historicamente tão atribuída à mulher: uma "mente fértil".

A repreensão à fertilidade da imaginação feminina foi muito acentuada desde a Antiguidade. Acreditou-se, por muito tempo, que uma grávida poderia parir outras criaturas além de um humano – incluindo-se aqui a capacidade de botar ovos de poder mágico –, de tal maneira que a rainha Isabel I chegou a proibir o consumo de qualquer coisa nascida de uma mulher. Por séculos, tornou-se corrente que as holandesas pariam pequenos animais chamados *suyger* ou *sooterkin* – palavra que significa "chupador". Segundo a crença popular, Mary Toft, uma camponesa inglesa do século XVIII, ficou famosa por ter parido dezessete coelhinhos após ter tido vontade de comer carne de coelho. Tardiamente, seu embuste foi desmentido, mas casos como esse viraram saborosos e disputados livros e folhetos, vendidos em encadernação feita com pele de coelho.

A suposta sugestionabilidade feminina explicava, tanto no âmbito popular como no "científico", as modificações que um feto poderia vir a sofrer. Os exemplos, nos registros feitos séculos afora, são muitos (cf. Bondeson, 2000): a vontade de comer carvão e terra geraria uma criança com uma marca negra na cabeça; uma vontade gastronômica não atendida causava marcas de nascença com formas de morangos, uvas ou framboesa, conforme o alimento desejado; uma napolitana assombrada por seres marinhos gerou um filho escamado; uma gestante capturou um sapo e seu filho nasceu com cabeça anfíbia; ver um pato poderia produzir membranas entre os dedos das mãos e dos pés do recém-nascido; o lábio leporino era explicado pela visão de lebres; um marido que se fantasiou de diabo antes do ato sexual teve um filho com chifres, rabo e cascos fendidos;[58] uma garota com cabeça de mexilhão viveu até os 11 anos, quando mordeu a colher da sopa que tomava, quebrou a concha e, em seguida, morreu; uma nobre da família Ursini teve um filho com patas e pele de urso. E, ainda: espiar pelo buraco da fechadura acarretaria um filho estrábico; cair ou ver um animal abatido ocasionaria epilepsia, enquanto comer ovos pintados produziria sardas na criança. No século XIX, na Alemanha e Escandinávia, pensava-se que os bebês teriam pênis enormes se as mães carregassem lenha no avental durante a gravidez. Também eram considerados consequências de mães desejosas ou impressionáveis casos semelhantes ao do homem elefante e do homem tartaruga, que se popularizaram naquele século. Da mesma forma, o acontecimento de crianças nascerem com rabo podia ter explicação em alguma impressão mais forte que a mãe tivera. Este último "adereço" impressionava notavelmente a imaginação popular: acreditou-se, por muito tempo, em tribos e raças com rabo, na existência de bosques habitados por sátiros e em heréticos habitantes pirenaicos dotados de caudas. A deformidade poderia tanto vir à semelhança de um rabo de cachorro como de ovelha, porco[59] ou mesmo cavalo. "Nos tempos medievais e durante a Renascença, dizia-se que as mães de filhos rabudos teriam copulado com animais domésticos – cães ou gatos" (Bondeson, 2000, p. 217).

O enfraquecimento da crença na "sugestão materna" só começou a se dar a partir dos estudos do teratologista Isidore Geoffroy Saint-Hilaire, em

---

58 Em contraposição a essas suposições, descobrimos contribuições específicas para a "sugestão paterna": por exemplo, se o pai estivesse bêbado durante o ato sexual, o filho poderia nascer idiota.

59 Por exemplo, atribuiu-se a uma mulher que segurou um leitão pelo rabo durante a gravidez a geração de um filho caudato.

meados do século XIX, e igualmente graças aos avanços da embriologia; porém, ainda hoje, é possível encontrar quem dê algum valor aos raciocínios supersticiosos em torno da gravidez.

O grande criador de monstros do fim do período medieval, Ambroise Paré (1510-1590), afirmava que o Diabo, a mulher e o monstro se correspondiam. Dentre as criações tardias daquele período, haveria figuras demoníacas masculinas e bissexuais que apareceriam contendo seios, em clara alusão à culpa feminina, e mesmo demônios totalmente femininos de natureza viperina. Assim, ultrajada, a mulher era comparada basicamente às bestas, aos monstros e aos demônios, os quais ela própria seria capaz de gerar em seu ventre. Na esteira de Plínio, Aristóteles e Lucrécio, Paré viria a entender os monstros como seres inacabados, os quais apresentariam alguma "falta" importante. Para ele, tudo o que fosse além do curso da natureza seria monstruoso. Entretanto, quem gerava os seres abomináveis eram as mulheres. Logo, acreditava-se que, após uma cópula bestial por meio de práticas de zoofilia, o nascido seria necessariamente marcado pelos traços da aberração.

A misoginia medieval atingiu o ápice literário com o *Malleus Maleficarum*, o famoso *Martelo das Bruxas*, que serviu de viga mestra para boa parte do pensamento inquisitorial. Aquele compêndio de absurdos dizia, por exemplo, que existiam quatro coisas que jamais se bastariam no mundo: a morada dos mortos (o *sheol*), o ventre estéril da Terra, o fogo e os lábios vaginais, que se compraziam em cópulas demoníacas. De acordo com o livro, as bruxas tinham o poder de roubar os pênis dos homens e guardá-los em ninhos no alto de árvores. Há, sem dúvida, uma relação de *O homem de areia* (1816), de Hoffmann, com essa acepção. A criatura que amedrontava crianças no conto alemão jogava areia nos olhos das que não quisessem dormir, os quais saltavam das órbitas. Em seguida, eram colocados dentro de um saco e levados para servir de alimento aos filhos do homem de areia, em um ninho que ficava na distante Lua. A psicanálise, a partir do texto de Freud sobre o estranho familiar,[60] apontou, nesse texto literário, a relação entre os genitais e os olhos, e a presença da ansiedade diante do complexo de castração. Trato dessa questão no capítulo específico sobre o embasamento psicanalítico deste livro.

---

60 Este texto é discutido no subcapítulo "O estranho familiar".

De melusinas e mães-d'água

Neste item, apresento algumas considerações sobre duas figuras lendárias de cariz medieval: a Mãe-d'Água e a Dama do Pé de Cabra. Por meio da semiótica da cultura (ou semiótica russa), é possível investigar as coincidências culturais no decorrer de períodos da história e entre sistemas semióticos (entendo aqui tanto um viés diacrônico como um sincrônico). Lotman (1996) aborda essas coincidências, que podem ser "nomes, motivos, *sujets* e imagens nas obras de literatura, mitologias e tradições de poesia popular, distantes cultural e historicamente" (p. 61).[61] Nesse contexto, há uma valorização dos estudos sobre coincidências e repetições por meio de análises comparativas, por exemplo. O próprio Lotman (1996) exemplifica: "dá muito mais resultado ver a semelhança de temáticas entre as lendas iranianas e as celtas do que prestar atenção ao fato trivial da diferença existente entre elas"[62] (p. 63).

Câmara Cascudo (1972, p. 532), figura muito importante sobre as pesquisas em torno das tradições populares brasileiras e ibéricas, assim inicia o verbete "Mãe-d'Água" em seu *Dicionário*:[63] "Em todo o Brasil conhece-se por Mãe-d'água a sereia europeia, alva, loura, meio peixe, cantando para atrair o enamorado que morre afogado querendo acompanhá-la para bodas no fundo das águas". Ele ainda continuará a descrever em várias linhas as antecedentes da Mãe-d'Água brasileira, ressaltando notadamente as sereias da poesia homérica, as russalcas eslavas e as *nixes*[64] do Reno, dentre as quais a mais conhecida é Loreley, que canta até que o barco de sua vítima se arrebente nas grandes pedras do rio.

De fato, em vários estudos e pesquisas de diferentes autores, nota-se que a mulher encantada e perigosa percorre a humanidade desde os mais antigos escritos: "Toda a Odisseia é uma epopeia da vitória sobre os perigos das

---

61 "*nombres, motivos,* sujets *e imágenes en las obras de literatura, mitologías y tradiciones de poesía popular distantes cultural e históricamente.*"

62 "*da mucho más resultado ver el parecido de motivos entre las leyendas iranias y las celtas que prestarle atención al trivial hecho de la diferencia existente entre ellas.*"

63 Aqui me refiro ao *Dicionário do Folclore Brasileiro* (cf. Câmara Cascudo, 1972).

64 Espíritos aquáticos do folclore germânico e escandinavo, de humor temperamental: eles tanto ajudariam como atrapalhariam os pescadores.

ondas e da feminilidade" (Durand, 2002, p. 105). Ainda, para esse autor, as sereias encarnariam o aspecto negativo extremo da mulher feiticeira e fatal, enquanto Borges (2008b), ao organizar seu delicioso compêndio de seres fantásticos, salientou curiosidades sobre eles. Ele chegou mesmo a relatar a notícia da "convivência" de uma sereia com os humanos:

> Outra [sereia], em 1403, passou por uma brecha de um dique e viveu em Haarlem até o dia de sua morte. Ninguém a compreendia, mas ensinaram-na a fiar e ela venerava a cruz como por instinto. Um cronista do século XVI argumentou que ela não era peixe porque sabia fiar, e que não era mulher porque podia viver na água. (Borges, 2008b, p. 189)

Essa descrição conflituosa da sereia – nem totalmente irracional, por saber desempenhar uma atividade cultural humana; nem totalmente humana, por viver dentro d'água, e não sobre a terra – fará dela e, por extensão, de todas as mulheres fantásticas dessa ordem híbrida, seres que despertam interesse por se reportarem a uma representação muito arcaica da mulher geradora, a qual chamo aqui de "esposa e mãe totêmica", perseguindo as discussões do semioticista Mieletínski[65] (1979).

Serge Gruzinski (1999), por sua vez, também localiza as sereias como produtos da mestiçagem cultural que se deu nas Américas por conta da colonização europeia:

> Estas sereias têm primas nas montanhas dos Andes, às margens do lago Titicaca. No Peru e na Bolívia, a arte a que chamamos de "mestiza" explora os mesmos repertórios: a sereia ocidental se tornou motivo de inesgotáveis variações. (...) Longe, no oeste (...), no convento de Santo Antônio de João Pessoa, nereides policrômicas acolhiam os escravos adoradores da Virgem ou de Iemanjá, a deusa africana do oceano. Desta vez, as filhas gregas do mar serviam

---

65 Às vezes, escrito "Meletínski". Conservei a grafia específica que aparece em cada obra citada.

aos cultos vindos da África, que elas introduziam no coração dos santuários cristãos.⁶⁶ (p. 193)

Em contraposição à sereia clássica, o pintor surrealista René Magritte[67] criou uma "sereia invertida", que subverte a compreensão óbvia de uma nereide – metade inferior peixe, metade superior mulher –, rumo a uma configuração oposta *toute neuve*. Assim, surgiu a figura de uma sereia deitada sobre uma praia. Como alojava o aparelho respiratório em sua metade não humana, ela era incapaz de sobreviver fora d'água. De acordo com Linardi (2009): "Ao combinar dois elementos familiares, [Magritte] produz um terceiro, absolutamente surpreendente" (p. 69).

Como já foi dito, os seres fantásticos híbridos, quando têm por humana a parte superior do corpo e por bestial a inferior, estão condizentes com diversas configurações mitológicas da antiguidade greco-romana: uma cabeça humana costumava representar a primazia da razão sobre a animalidade. Da mesma forma, seres com partes inferiores zoomórficas, e, em especial, muito avantajadas – como centauros, sátiros e faunos –, demonstravam o poder dos instintos e da sexualidade sobre o restante da criatura. Em meu entendimento, as sereias aquáticas[68] não deixam de se encaixar nessa descrição, pois elas trazem, junto à delicadeza e à sedução – atributos humanos de sua metade superior –, o mistério da sexualidade feminina na metade íctica, a qual tanto instigava os marinheiros. É conhecido o exemplo de seres metade mulher, metade pássaro[69] que traziam a morte aos marujos por meio do irresistível cantar. Ficou célebre a passagem do canto XII da *Odisseia*, em

---

66 *"Ces sirènes ont des cousines dans les montagnes des Andes, sur les bords du lac Titicaca. Au Pérou et en Bolivie, l'art que l'on appelle 'mestizo' explore les mêmes répertoires: la sirène occidentale y est devenue motif à d'inépuisables variations (...). Loin vers l'ouest . . ., dans le convent de San Antônio de João Pessoa, des néréides polychromes accueillaient les esclaves adorateurs de la Vierge e de Iemanjá, la déesse africaine de l'Océan. Cette fois, les filles grecques de la mer servaient des cultes venus d'Afrique qu'elles intriduisaient au coeur des sanctuaires chrétiens."*

67 O leitor pode se reportar à pintura em óleo surrealista de Magritte, *L'invention collective*, de 1934.

68 Não se deve esquecer que as sereias podiam também ser representadas com formas de aves.

69 A sereia homérica é diferente das representações mais tradicionais desse ser, pois o hibridismo de seu corpo, na obra grega, se faz em metade mulher e metade pássaro.

que Ulisses, para poder ouvir sem perigo a voz das sereias, teve de ser acorrentado ao mastro de sua embarcação após haver enchido os ouvidos dos seus companheiros com cera, ordenando-lhes que não o soltassem em hipótese nenhuma pelo período em que as sereias continuassem a cantar.

Percebe-se, a partir de relatos em torno do fantástico na cultura brasileira, que, além de nossa sereia, a Mãe-d'Água – que ficou bastante conhecida pelas narrativas populares oriundas da oralidade –, existem ainda figuras africanizadas, como as dos orixás femininos Iemanjá e Oxum, que Câmara Cascudo e pesquisadores como Reginaldo Prandi (2001) citam em suas obras – figuras essas adaptadas inicialmente da cultura iorubana para a baiana.[70]

Quanto à herança indígena e jesuítica, a versão "clássica" da Mãe-d'Água no Brasil, também popularizada como Iara, foi resultado, em certa medida, da invencionice cabocla para os monstros aquáticos autóctones. Com o passar dos séculos, a furtiva ipupiara foi "amalgamada" às sereias importadas. Pelo que permaneceu nas narrativas dos primeiros colonizadores, os nativos tinham usualmente por seres das águas figuras tenebrosas e cruéis, cujas formas vão se apaziguando pelo cansaço dos séculos, para tornarem-se mais brandas – ainda que a "sereia nativa" permaneça ofídica em boa parte das lendas e contos populares. Os índios, sobretudo os da região Norte, tinham em suas famosas "cobras-grandes" seres fantásticos das águas por excelência. Por conseguinte, foi espontânea a associação da Mãe-d'Água cabocla às características desses répteis. Talvez por isso, a "mãe do rio" era descrita com cabelos verdes e corpo prateado em muitas narrativas antigas, ainda que a versão da loira dama de olhos azuis tenha igualmente se tornado referência.

Refletindo sobre o lento processo de "abrandamento" do caráter perverso dos monstros aquáticos, reporto-me ao trabalho do escritor brasileiro Afonso D'Escragnolle-Taunay (cf. Taunay, 1998, p. 73), que relatou sobre o cronista Pero de Magalhães Gândavo, o qual acusou a presença de ipupiaras – tanto machos quanto fêmeas – em São Vicente, no ano de 1564. O colonizador Gabriel Soares de Souza também chegou a narrar a presença de seres

70 Trato de questões coloniais neste momento pelo fato de o Brasil ter recebido forte ressonância do período medieval europeu em seus primeiros séculos. Reservo uma apresentação sobre monstros mais específicos da cultura nacional no subcapítulo "Notícias do bestiário brasileiro".

abomináveis que puxavam os pescadores até as profundezas das águas para lhes morderem as "naturas" e depois afogá-los. A sexualidade se tornara um ponto de perdição para os mortais; neste caso, uma alusão talvez indireta ao mito da "vagina dentada", já mencionado por mim.[71]

Em geral, as ipupiaras abraçavam sua vítima, beijando-a em um estrangulamento fatal. Muitos dos primeiros habitantes do litoral brasileiro chegaram a descrever a presença de numerosas ossadas desses seres temidos. É o mesmo Magalhães Gândavo quem dá a notícia sobre uma ipupiara encontrada em uma praia em São Vicente:[72] "cabeça e focinho de cão, seios femininos, mãos e braços humanos e patas de ave de rapina. No meio do corpo, uma cloaca" (Priore, 2000, p. 91). Priore (p. 96) explica também que o monstro, a princípio marinho, vai passar a ser fluvial e, aos poucos, ganhar pés rudimentares.

Entretanto, para se chegar à configuração da Mãe-d'Água como ela é conhecida hoje,[73] deve-se fazer um retorno de séculos. A pesquisadora Irene Nunes (2010) explica que o papa, no século XII, ao buscar uma origem teocrática para as famílias nobiliárquicas da Europa, impulsionou o surgimento de várias narrativas de origens mitológicas, as quais eram "criadas" por aquelas famílias e, muitas vezes, atribuídas à tradição troiana, bretã e carolíngia. A fonte das invenções era dupla: tanto clássica, quanto popular – esta última, ligada à oralidade. Tornou-se comum – nas canções de gesta, nas novelas de cavalaria, nos cantares dos trovadores, nas crônicas das cruzadas, nas genealogias e nos feitos heroicos – o louvor épico a um suposto passado grandioso das linhagens familiares. No que diz respeito à cultura lusitana, isso se dava em galaico-português, e foi nesse idioma que alguns dos mais antigos documentos da Baixa Idade Média chegaram aos dias de hoje.[74]

---

71 Volto a comentar esse aspecto adiante.

72 Contemporaneamente, a cidade de São Vicente (SP) decidiu homenagear seu "ilustre monstro" com uma estátua, localizada na Praça 22 de Janeiro, no Parque Ipupiara.

73 Reforço: uma linda mulher morena, de cabelos pretos, verdes ou loiros, de corpo esguio, delicado, tendo um rabo de peixe do umbigo para baixo. Em algumas versões, ela aparece como tapuia.

74 Lembro aqui, a título de enriquecimento, esta bela composição lusitana que se inspirou no imaginário em torno do oceano e de seus seres misteriosos: "Por tanto homem atrair/ Tem la mar de ser mulher./ Com voz de sereia os chama,/ com segredinhos de dama/ Deles faz o

O sobrenatural surgia, nessas narrativas, como força adjacente ao poderio familiar. Eram frequentes, por exemplo, seres fantásticos femininos que se uniam a um nobre para dele gerar uma prole. A estrutura dessas lendas sempre apresenta uma mulher formosa e prendada que aparece, seja sobre a terra, seja na água, a um leal cavaleiro ou fidalgo, que por ela se apaixona. O casamento é sempre possível, desde que o marido respeite uma condição imposta pela pretendente – a qual geralmente é doadora de fortunas e prazeres. Assim, o matrimônio será estável enquanto o interdito for respeitado. A mínima transgressão, todavia, porá tudo a perder e se tornará o chamariz da miséria, da fome e da vida tal qual era antes da presença da esposa encantada ou, pior ainda, de um mundo totalmente às avessas e em ruínas para o marido abandonado. Os chamados contos melusianos – termo este que está vinculado a Melusina[75] – respeitam essa estrutura.

> *Largamente atestados na cultura folclórica universal, estes contos aparecem registados na literatura do Ocidente medieval entre 1170-1210, nomeadamente em obras produzidas por autores associados à corte plantageneta, corte em que se forma um vasto corpus literário onde, através do lirismo provençal e da matéria de Bretanha se passa a valorizar a temática amorosa e o maravilhoso pagão proporcionando a incorporação de temas e motivos próprios da cultura popular, negligenciados até então por uma cultura marcada pelos modelos de origem clerical. (Nunes, 2010, p. 2)*

Melusina (também chamada Melusine ou Mélisande) apresentava, em suas representações medievais, cabeça e torso feminino, asas de dragão e a metade inferior em serpente gigante. Às vezes, era imaginada como uma sereia com dupla cauda de peixe. Sua lenda sobreviveu por muito tempo graças

---

que bem quer." Trecho da "Canção de D. Maria esperando o regresso das Naus", em *L'Amar* (1993), com letra de Hélia Correia, música de Vitorino e interpretação de Filipa Pais.

75 Melusina é a figura de lendas que já foram comuns na Europa, sobretudo em terras francesas e belgas, por influência celta. Ela aparecia como uma mulher metade peixe ou metade serpente que habitava as águas doces (em fontes, riachos e rios). Às vezes, ela também apresentava um par dc asas. Em torno das lendas de Melusina, formou-se uma longa tradição de séculos sobre sereias e ninfas das águas, chamada de "tradição melusiana".

à matriz oral e foi escrita pelo trovador Jean d'Arras, em 1387. Tradicionalmente, Melusina seria filha de uma fada das fontes, Pressina, e do rei escocês
Elinus da Albânia. A fada, ao se casar, impôs uma condição ao marido: que ele
jamais a visse no momento do parto. Ao quebrar a promessa, Pressina e suas
três filhas – Melusina, Melior e Palatina – o deixaram, voltando ao mundo
féerico. Quando as moças se tornaram poderosas, decidiram por prender o
pai dentro de uma caverna ao norte da Inglaterra, na Nortúmbria. Mas a mãe,
ao descobrir o feito maldoso, amaldiçoou Melusina, atribuindo-lhe a sina de
se transformar, em um determinado dia da semana, em serpente d'água da
cintura para baixo. No dia fatídico, todo aquele que a amasse deveria aceitar
a condição de não a ver, ou ela ficaria encantada para sempre na metamorfose monstruosa. Melusina, mais tarde, casou-se com Guy de Lusignan, o
conde Raymond de Poitou, e foi morar no castelo de Lusignan, o qual erigiu
com sua mágica para o amado. Seus filhos nasciam com alguma deformação,
mas os dois últimos tenderam a ser mais próximos ao que se considerava a
"normalidade". Em determinado momento de uma das versões da lenda, o
conde resolveu quebrar a promessa e observou-a nua, o que fez com que a
esposa saltasse das torres do castelo de encontro à morte na condição de uma
triste mulher-serpente alada. Ficaram vivos os seus filhos, que se tornaram,
segundo a tradição, descendentes dos ancestrais da monarquia francesa. Em
outra interpretação, Melusina seria um súcubo, *die Melusina zu Lucelberg*,
conforme um conto de Goethe, "Die Neue Melusine" ("A nova Melusina").

Porém, no caso brasileiro, foi na fusão da forma aquática da ipupiara,
sereia doce e sedutora da Europa – que chegou aqui via portugueses – que
houve a implantação da estrutura mítica das "esposas milagrosas" – as quais,
como ficou evidente, estavam presentes na tradição lusitana há séculos: ou
seja, a Mãe-d'Água americana passaria a ser depositária de referências que a
aproximam muito da configuração melusiana da literatura medieval: a mulher
metade humana, metade peixe, promessa perigosa de felicidade matrimonial.

> *Assim, por exemplo, o argumento arcaico das esposas milagrosas*
> *(...) vale-se de uma linguagem profundamente "mitológica": as re-*
> *lações matrimoniais são dadas literalmente nos termos de uma*
> *mitologia totêmica (o cônjuge como representante de um outro*

> *totem). O laço matrimonial é aqui normalmente exogâmico*[76] *e como tal une o "próprio" e o "alheio" sob o aspecto do "humano" e do "animal". Em algumas variantes (do tipo "princesa-sapo") ainda se acrescenta a oposição de "superior" e "inferior". (Mieletínski, 1979, p. 57)*

E, assim como no outro lado do Atlântico, aqui a Mãe-d'Água também seria sempre uma mulher bonita que aceitaria se casar com um homem e a ele ofereceria riquezas, poder e afeto, desde que a proibição por ela estabelecida nunca fosse violada. O interdito geralmente estava ligado ao brio da esposa, que não aceitava ser humilhada, desmerecida ou receber desfeitas. O mesmo valia para a sua prole e para tudo aquilo que ela trouxesse como prosperidade ao companheiro: "a esposa milagrosa (totêmica) sempre garantia ao herói uma caça bem-sucedida, uma boa colheita, etc." (Mieletínski, 1979, p. 55). Tal configuração tem, de fato, ampla abrangência: lendas diziam que as tradicionais sereias da Irlanda, chamadas *merrows*, podiam ser persuadidas por pescadores ao casamento, os quais escondiam, como parte do processo de sedução, as capas que as mulheres-peixe deixavam na praia, por descuido. As *merrows* aceitavam se unir a um homem por dois motivos: incialmente, para se perpetuarem em uma espécie híbrida;[77] em segundo lugar, para fugirem da extrema feiura pela qual eram conhecidos os seus parceiros aquáticos. Porém, as narrativas diziam que, apesar de boa esposa, excelente cozinheira e propiciadora de fortuna, a sereia irlandesa demonstrava pouca afeição e simpatia pelo marido e pelos filhos (cf. Curran, 1997).

---

76 A exogamia era necessária para manter as linhagens geneticamente saudáveis e distanciadas das perigosas gestações por parentesco.

77 Uma *merrow* era apenas um dos diversos habitantes do mundo feérico na tradição irlandesa, em que os seres do "mundo das fadas", de conformação bem aterrorizante, ao contrário do que comumente se vê nas produções contemporâneas voltadas às crianças, seriam espécies de "anjos neutros". Sua origem estaria ligada àqueles seres celestes que, durante a batalha inicial do bem contra o mal, ficaram "em cima do muro". Não mereceriam, entretanto, o banimento aos infernos, tampouco continuariam nas plagas angelicais. Assim, foram colocados na Terra, vivendo próximos aos homens, porém, sempre invejosos. Afinal, a espécie humana ainda tinha alguma forma de contato com o Criador e, com isso, poderia encontrar redenção na transcendência. Portanto, desde há séculos, no imaginário irlandês, as fadas têm sido criaturas com as quais se deve ter muito cuidado.

No contexto das mulheres encantadas, valho-me de um filme nacional para ilustrar o que tenho discutido neste tópico. O cinema brasileiro – com temáticas que muitas vezes são inspiradas em elementos do fantástico medieval – de tempos em tempos abastece suas ficções no rico pensamento popular. *Pequenas histórias* (Helvécio Ratton, 2007) traz quatro enredos, todos eles apresentados e narrados pela atriz Marieta Severo, que assume o papel de uma costureira que alinhava retalhos que reproduzem cenas de suas narrativas. A primeira história se intitula *O casamento do pescador com a sereia* e é um exemplo de reconto de uma versão bem tradicional da Mãe-d'Água, em que um pescador malandro encontra uma sereia nas águas de um riacho e acaba sendo ajudado por ela em suas pescarias. Em uma noite de lua cheia, quando ele indaga a Iara sobre o que poderia fazer por ela para agradecê-la, recebe como resposta um pedido de casamento; mas, para tanto, o noivo teria de acatar duas condições estabelecidas pela pretendente: a primeira, levar um vestido branco ou azul sem adereços metálicos, para que ela o usasse; a segunda, nunca a tratar mal. Essa estrutura também está presente em um enredo que coletei da cultura popular e reproduzi em um livro de minha autoria, no qual, no capítulo "O roubo das melancias e a Mãe-d'Água", se lê: "'Você então se casa comigo?', perguntou o homem, que já estava encantado com tanta formosura. 'Caso, sim. Mas tem uma coisa. Nunca arrenegue de gente debaixo d'água'" (Messias, 2004, p. 33). Tanto na narrativa cinematográfica quanto na literária, o desfecho é sempre trágico quando o marido resolve desmerecer a esposa. Enquanto em minha versão literária a sereia magoada caminha para o rio levando consigo os filhos, os escravos, os animais de criação, os telheiros e as cercas, os objetos da casa e até mesmo a própria casa, no filme de Helvécio Ratton o homem é surpreendido por uma repentina inundação que leva tudo embora. Ele só consegue se salvar por ter subido no teto de sua casa.

Já na animação curta-metragem *Iara*[78] (Sergio Glenes, 2004), da série *Juro que vi*, a narrativa se dá em torno de um garimpeiro pobre. Ao fugir de seu capataz, ele entra em uma gruta que apresenta, em seu formato rochoso externo, a silhueta de uma mulher. A passagem sob os rochedos dá acesso a um riacho a céu aberto, espécie de refúgio oculto e sereno, no qual ele encontra uma pepita de ouro. Ao escutar um belo canto feminino, o rapaz entra no rio

---

78 A Mãe-d'Água recebe vários nomes, dentre eles, Iara, mãe do rio, paranamaia.

e vê a Iara descortinar as águas de uma cachoeira para aparecer do outro lado, como uma cabocla de marcantes feições indígenas e longos cabelos azulados, imitando a cor e a textura das águas ao redor. O idílio dos dois é interrompido pelo capataz, que procurava o fugitivo. Restou ao garimpeiro pular do alto de um penhasco, de onde despencava a catarata que formava um poço. Quando os rivais lutavam na água, Iara apareceu e atraiu o algoz para o mais fundo, onde se encontrava uma gigantesca pepita dourada. Sozinho, ninguém jamais conseguiria levá-la consigo à tona. A distração do ganancioso, na tentativa de carregar a pedra preciosa, trouxe a possibilidade de reencontro entre o garimpeiro e a mulher encantada. O narrador em *off* termina a história em uma cena de abraço entre Iara e o seu escolhido: "Ninguém sabe dizer o que aconteceu com eles. Tem gente que acredita que viveram felizes para sempre".

Nessa versão, como disse, a escolha dos criadores foi trabalhar com uma configuração tradicional e poética da Iara, que aparece como uma sereia das águas doces que se une a um pobre homem por amor espontâneo, ajudando-o a escapar de uma perseguição e, em seguida, deixando implícito que o levaria para viver consigo em seu mundo mágico. O encontro do casal dentro d'água pode tanto remeter a uma alusão *post-mortem* como a uma situação encantada do personagem humano – afinal, não se sabe se ele se afogou na briga ou se continuou vivo. Todavia, como amado da poderosa Iara, certamente teria as benesses do sobrenatural.

Não há, no enredo desse curta-metragem, a doação de fortuna material, mas, sim, do amor – suplantantando, nesse caso, o interesse pelo ouro –, que vem ser a ruína do segundo homem da história. A salvação do garimpeiro foi o seu posicionamento a favor do aspecto sentimental, e não da sedução pelas riquezas materiais. Este era o interdito da história: não preferir a pepita; escolher a Iara. Por isso mesmo, o desfecho feliz se deu próximo ao dos contos de fadas clássicos.

Porém, essas "esposas doadoras" – grandes mães –, portadoras de sensualidade e erotismo, têm também vínculos atávicos com as fadas medievais da cultura celta que, por sua vez, aludem às figuras das parcas.[79] O excesso de apelo sexual as torna associadas às figuras diabólicas femininas, no

---

79 As parcas romanas equivaliam às moiras gregas. Eram três: Nona, Décima e Morta, e

contexto católico da época, reforçando a ideia de Delumeau (2009). As mulheres sempre foram, na fantasia masculina, seres dúbios: ora portadores de atração e encanto, ora de repulsa e hostilidade. O historiador enumera as deusas da morte, os monstros femininos e as mães ogras como alguns dos tantos produtos da tradição, mencionando igualmente os mitos das vaginas dentadas, tão recorrentes em várias culturas humanas. É Bourdieu (1999, p. 7) quem explica a representação de vaginas como falos invertidos, de maneira que se pode perceber a mulher historicamente compreendida como um negativo do homem, em muitos aspectos.

Nunes (2010, p. 3), ao discorrer sobre os seres aquáticos, cita São Martinho de Braga, do século VI, na obra *De correctione rusticorum* (*Da correção dos rústicos*):

> *Além disso, de entre os demónios que foram expulsos do céu, numerosos são os que moram no mar, nos rios, nas fontes ou nas florestas; os homens ignorantes de Deus honram-nos como se fossem deuses e oferecem-lhes sacrifícios. No mar invocam Neptuno, nos rios as Lâmias, nas fontes as Ninfas, nas florestas as Dianas que outra coisa não são senão demónios e espíritos malignos, que atormentam e acabrunham os homens sem fé que não sabem defender-se pelo sinal da cruz.*

A natureza, como região indomada pelo homem – repositório das emanações e projeções do inconsciente e das pulsões do id –, foi considerada, em vários momentos da Idade Média, o lugar privilegiado dos seres diabólicos. Não é por menos que não só as ninfas demoníacas residem nas matas, serras, rios e lagos, mas também toda sorte de mulheres de origem "suspeita", como as feiticeiras e as "belas damas" que misteriosamente apareciam desacompanhadas por localidades e rincões ermos. Esse o caso da Dama do Pé de Cabra, que ficou conhecida na tradição do norte de Portugal desde o século XI.[80]

decidiam o percurso da vida e a morte de um ser humano. Nona tecia o fio da vida, Décima cuidava de seu tamanho e Morta fazia o corte, quando chegava a hora.

80 Na mitologia basca, uma das prováveis fontes da lenda da Dama do Pé de Cabra, existiam seres fantásticos femininos chamados lâmias, com a metade superior do tronco humana e

Como já foi mencionado, o século XII impôs uma erudição narrativa aos europeus, a qual proporcionava a criação de enredos entre mortais unidos a mulheres sobrenaturais. Em uma das tradições daquela época, conforme ainda nos explica Nunes (2010) – denominada "tradição morganiana" –, a mulher encantada atrai o seu apaixonado para o mundo do além, espaço da imortalidade. E estabelece uma proibição que, se quebrada, levará o homem de volta ao reino dos mortais. Já na segunda tradição, a "melusiana", há pouco citada por mim, é comum a presença de uma mulher encantada se apaixonar por um ser humano (ou vice-versa). Para o matrimônio, há sempre uma proibição que não deve ser quebrada, a fim de que a felicidade perdure entre o casal. Sobre esse aspecto, a pesquisadora afirma: "Como é o caso na Península Ibérica, onde a dispensadora da abundância surge no Livro de Linhagens do conde D. Pedro de Barcelos, composto entre 1340-1344, sob o nome de Dama Pé de Cabra. É a antepassada mítica da linhagem dos Haros da Biscaia" (Nunes, 2010, p. 10). Os Haros formavam uma linhagem real em Portugal, a qual fora responsável pela anexação da Biscaia[81] por Afonso XI.

De origem incerta – como é comum nas lendas –, supõe-se que a Dama do Pé de Cabra esteja vinculada à independência da região de Biscaia. Para Nunes (2010), um certo bom e generoso senhor Diogo Lopes, histórico, do início do século XIII, poderia ser o protagonista de uma bela narrativa cantada por trovadores e jograis. Esses artistas partiam da Provença, após a presença de fragilidades nas cortes da Occitânia causadas pelos movimentos dos cruzados contra a seita dos cátaros, e, além-Pirineus, levavam suas narrativas a terras castelhanas, galegas e portuguesas. Talvez isso justifique a relação entre a literatura oral vinculada à linhagem dos Haros e as lendas melusianas da França, sobretudo da região da Bretanha e do Languedoc. Ainda para Nunes (2010):

pés e garras de ave, além de uma cauda de peixe. Muito bonitas, as lâmias protegiam rios e fontes, onde costumavam ficar se penteando. Sua ira costumava cair sobre aquele que roubava seus peixes.

81 O chamado "Senhorio de Biscaia" (Señorío de Vizcaya) foi uma organização política que vigorou até 1876 na província de Biscaia, então dependência de Castela, apesar de ter um governo próprio. Em 1040, Íñigo López Ezquerra, senhor navarro, governava a Biscaia original (ainda sem as comarcas de Las Encarnaciones e Duranguesado). Ele entregou Biscaia a Castela, quando do conflito entre Castela e Navarra. Daí, tornou-se o senhor de Biscaia.

> *A própria Biscaia montanhosa, à beira do oceano, habitada por*
> *gentes que falavam uma língua estranha e única e prestavam culto*
> *a árvores e a divindades silvestres e aquáticas, fornece o cená-*
> *rio ideal para um episódio sobrenatural. O protector dos bosques,*
> *Busgodu, é descrito como tendo o corpo peludo e pernas termi-*
> *nadas como as das cabras, perseguidor de caçadores, raptor de*
> *mulheres devido a uma sensualidade selvagem. (p. 12)*

O suposto autor da lenda da Dama do Pé de Cabra deveria ser conhece-
dor dessa temática e da cor local da região de Biscaia. Mas há várias versões
dessa narrativa em Portugal. Uma delas está ligada à localidade de Marialva
– nome que se atribui a uma dama muçulmana que teria a terrível deformidade –, no concelho de Mêda, distrito da Guarda. Até hoje, alguns creem que
a Dama pode ser vista vagando à noite pela torre de menagem[82] das ruínas
de um castelo, vítima do suicídio causado pela descoberta de seu segredo
anatômico. Nessa versão, a Dama do Pé de Cabra não deixa de ser mais uma
das famosas "mouras encantadas" que existiam nas tradições orais lusitanas.
Aqui, é Priore (1995) quem nos esclarece:

> *De [padre Manuel] Bernardes a [Almeida] Garret, as mouras se*
> *deslocam das entranhas da terra para as águas dos rios e fontes, às*
> *margens das quais se penteiam. Quando se deu tal transição, não*
> *se sabe. Contudo é fato que durante a época Moderna elas ainda*
> *não equivaliam às* nixen *germânicas, às* lac-laidies *inglesas, às*
> *naiádas* gregas, *ou às* rusálki *eslavas, como aparecem posterior-*
> *mente, no* folklore. *(p. 60)*

Alexandre Herculano (1810-1877) conseguiu manter o tom de mistério e
medo desde o início de seu famoso conto sobre a misteriosa figura feminina:
"Vós os que não credes em bruxas, nem em almas penadas, nem em tropelias
de Satanás, assentae-vos aqui ao lar, bem junctos ao pé de mim, e contar-vos-
-hei a história de D. Diogo Lopes, senhor de Biscaia" (Herculano, [19--?],

---

82 Torre de menagem é a estrutura principal de um castelo medieval, podendo servir tanto
para defesa como para habitação, em especial nas construções mais antigas.

p. 7). E esse senhor, estando a campear por montes em busca de porcos para caçar, ouve uma voz maviosa cantando ao longe (aqui, mais uma vez, uma mulher – parte humana, parte animal –, seduz o homem pelo canto). "Alevantou os olhos para uma penha que lhe ficava fronteira: sobre ella estava assentada uma formosa dama: era a dama quem cantava" (p. 8). E assim que ele se predispôs a desposá-la, a mulher impôs uma condição: "O de que eu quero que te esqueças é o signal da cruz: o que eu quero que me promettas é que nunca mais has-de persignar-te" (p. 10). E, no adiantado da narrativa, deu-se de D. Diogo persignar-se; a esposa e a filha que com ela tivera vieram por desaparecer, e restou-lhe a maldição de viver excomungado. Porém, um abade estabeleceu-lhe como penitência "ir guerrear aos perros sarracenos por tantos annos quantos vivera em pecado, matando quantos delles quantos dias nesses annos tinham corrido" (p. 20). Minha opção para o desfecho, ao recontar a mesma história, foi: "Só tempos depois do acontecido é que resolveu, em um dia qualquer, percorrer mundo peleando contra os mouros nas hostes do rei Ramiro" (Messias, 2010, p. 95).

Encerro, assim, esta passagem pela figura das monstruosas e sempre encantadoras mulheres sobrenaturais. O cinema contemporâneo, como ficará evidente neste livro, não abandonou a temática. Pelo contrário: sempre trouxe a mulher, esse outro do homem, como uma das formas mais instigantes para a criação de personagens fantásticas.

O gótico, o grotesco e o quiroptérico

Ainda em percurso pela Idade Média, apesar das variadas digressões que acredito venham enriquecer este estudo, decidi abordar a presença do grotesco,[83] que encarna, sem dúvida, todo um mundo representativo de *diableries*. No medievo, ele assumiu conotações que o desprenderam de suas

---

83 Grotesco (do latim *grotto*; "gruta") é um termo aplicado nas artes a partir do século XIV, após a descoberta de um palácio soterrado em Roma, em cujos espaços se encontraram imagens, figuras e estátuas retratando seres humanos ou deuses (em uma combinação de animais, figuras mitológicas ou pessoas). Tais representações também receberam o nome de "grotescos". Ornamentos com grotescos e monstros eram chamados de *romanos* e *bestiones*, respectivamente.

referências mais primordiais, aquelas ligadas às grutas romanas e, posteriormente, caiu no gosto dos artistas maneiristas franceses e italianos, que se compraziam em engendrar criaturas híbridas, máscaras, florais, formas decorativas sinuosas e *rinceaux*,[84] e teve grande presença nos trabalhos de Bosch e Bruegel, mas chegou igualmente até Goya, no século XVIII. Michelangelo, na Renascença, defendia o grotesco como um recurso de expressão artística de cunho metafórico, enquanto Albrecht Dürer (1471-1528) chegou a dizer que a receita para um trabalho de proporções oníricas era a mistura de várias coisas diferentes. Percebe-se, assim, que o hibridismo é a base do grotesco na arte, e, intimamente associado ao monstruoso, ele é a própria liberdade de hibridização, apresentando combinações impensáveis. Conforme escreveu Leite (1991):

> *essa fauna tão peculiar [no pensamento da Idade Média] não surpreenderia somente o leitor das obras escritas em que figuram, pois apareciam também em outros lugares, bastando recorrer às igrejas romanas para saber que esse bestiário também impunha sua presença em esculturas expostas publicamente nelas. (p. 62)*

Uma das variações da arte dos grotescos foram os *grilli*. Para tratar deles, remonto a Circe, a bela feiticeira que seduzia os homens e os transformava em animais. Gryllus, o porco, foi aquele que, por opção, resolveu continuar na forma animal. A partir de sua presença na *História Natural*, de Plínio, o Velho, o personagem cedeu seu nome a fantasmagorias greco-romanas – imagens pequenas e híbridas –, que passaram a ser chamadas de *grilli* e desenhadas à margem de manuscritos, ou representadas em amuletos e pedras do amor. Apesar de o animal da lenda grega ser um suíno, o termo mudou de acepção, uma vez que *gryllus* ou *grillus* é o termo latino para "grilo". Ora, Warner (2000) lembra que, apesar das grandes diferenças, porcos e grilos trazem como semelhança a glutonaria e o caráter doméstico (uma vez que ambos estão presentes em ambientes familiares, sendo os segundos até mesmo criados como insetos de estimação dentro de pequenas gaiolas, em países

---

84 Ornatos de folhagem.

do Oriente).[85] O porco e o grilo também fazem um ruído individual forte, e já se descreveu o cricrilar como um som semelhante ao da voz humana em alguns aspectos (aqui se entende não apenas o grilo, mas, por extensão, os seus afins na tradição popular, como a cigarra). Famoso nas fábulas de Platão e Esopo, ele ganhou relevo com La Fontaine em "A cigarra e a formiga" e tornou-se um conselheiro moralista em Carlo Collodi (*il Grillo Parlante*), revivido docemente no filme *Pinóquio* (*Pinocchio*, Norman Ferguson *et al.*, 1940), da Disney.

Baltrusaitis, em obra magna de 1955 sobre o fantástico na Idade Média, reserva um bom panorama arqueológico sobre o grotesco e a arte gótica nos séculos XI e XII, sobretudo, e dá grande relevo às pedras gravadas chamadas *grilli*. Naquele período, constelações zoormórficas foram ressuscitadas por toda a Europa, orientalizadas pelos árabes, e ornamentaram as catedrais. Uma vaga carolíngia já tinha despertado o interesse pela glíptica, séculos antes,[86] e figuras monstruosas cujo corpo era reduzido a partes anatômicas andantes haviam ganhado fama da Gália à Pérsia muito antes, nos séculos II e III. Assim, acostumados a tais peças, os europeus apreciariam cada vez mais o uso gravado de imagens híbridas.

O monstro na arte representativa teria sua propagação especialmente após 1250, com seu auge na primeira metade do século XIV na Inglaterra, França, Flandres e Alemanha. Assim, pequenos objetos esculpidos retratariam rostos humanos errantes em corpos animais, à semelhança daqueles deuses egípcios e cretenses que encheram todo um fabulário da Antiguidade. Ao longo de partes do corpo (barriga, peito e pernas, por exemplo), a face deslocada, em conjunção esquizo, formaria um único bloco em diversas composições artísticas, apresentando um renascimento não apenas dos temas greco-romanos, mas também daqueles das primeiras civilizações que se ergueram em torno do Mediterrâneo e do Oriente Médio. A continuidade dos *grilli* também ganhou fama na Idade Média porque, ainda que despedaçado, o monstro parecia disposto a ganhar vida sobre a aspereza do material bruto.

---

85 Um bom exemplo desse costume está no filme vietnamita *O cheiro do papaia verde* (*Mùi đu đủ xanh/ L'odeur de la papaye verte*, Tran Anh Hung, 1993).
86 Arte de gravar em pedras.

Amantes das pedras antigas a ponto de colecioná-las por suas virtudes sobrenaturais, os homens medievais passaram a juntar aquelas que apresentassem gravações. Com o passar do tempo, elas ganharam a mesma força que os ex-votos[87] cristãos, vindo a se tornar inclusive peças luxuosas que estampavam armas, talheres, capacetes, em uma mistura de mitologia bíblica e clássica. Igualmente tornaram-se famosos os lapidários, em que as pedras gravadas eram consideradas vivas, machos ou fêmeas, selvagens ou domésticas, ganhando, por volta de 1300, o nome de "pedras de Israel". Seriam consideradas obras da natureza, não humanas, daí o poder mágico que tinham: por exemplo, uma pedra com a imagem de uma sereia metade mulher, metade peixe, segurando um espelho, poderia tornar seu portador invisível. A pedra que tivesse gravada a cena de um homem montado em um dragão daria poder sobre os espíritos das trevas ao seu possuidor, que obedeceriam a ordens e revelariam tesouros.

Desde o século XIII, essa crença se aliou à astrologia e era tolerada pela Igreja. Os eclesiásticos, usando-se de tal tradição, também costumavam selar suas cartas com *grilli* acéfalos, gastrocéfalos, multicéfalos, bifrontes, trifrontes, tricéfalos. Assim, as blêmias dos remotos bestiários romanos, em antanho descritas nos tratados de viagem ao Oriente, voltaram à moda a partir daquele momento. E os ferreiros e armeiros que procuravam transformar homens em guerreiros temidos, exagerando-lhes as proporções, empregaram esse mesmo sistema teratomórfico do desmesuramento. Ressurgiram as sereias, as águias bicéfalas, os dragões, os leões, os cães e os unicórnios na vestimenta dos cavaleiros, e os capacetes se ornaram com formas animais. Pode-se afirmar que somente no século XVI tal modismo se desfaz e a besta, enfim, se desmonta desse tipo de tradição que fabulou uma união orgânica forjada ao humano.[88]

---

87 Na tradição católica, os ex-votos são espécies de presentes que um devoto dá a um santo por conta de uma promessa ou pedido realizado. Podem ser fotografias, pinturas e desenhos, mas também imagens de partes do corpo em madeira, gesso ou parafina, representando um membro ou um órgão comprometido e que fora curado. Essas curiosas peças podem ser apreciadas em várias igrejas mineiras, como no Santuário do Bom Jesus de Matosinhos, em Congonhas do Campo.

88 Cabe aqui lembrar que Santo Agostinho, séculos antes, alertava seus discípulos sobre os monstruosos descendentes de Adão que apresentavam o rosto no peito, figurando a

Um dos animais essenciais para o período da arte gótica foi o morcego. A presença do diabólico seguiu uma bipartição quanto a um detalhe anatômico: na arte românica das igrejas, o Diabo era retratado com uma máscara animalesca, tronco ressequido, patas peludas com garras, porém, ainda apresentou, por um bom tempo, as asas de pássaros que se projetavam das cadavéricas espáduas de seu portador, aproximando esse monstro da condição angelical. Aos poucos, as plumas cederam à malha nervosa das falsas asas do quiróptero. Pode-se mesmo considerar o fim da Idade Média como uma época em que o mundo foi invadido por demônios alados e dragões, quando diabos pictóricos velavam ruidosamente sobre os moribundos.

A arte românica retratou a serpente sem asas e patas, e o pássaro com rabo de lagarto; a gótica, as asas membranosas, que iriam se fixar até mesmo no corpo do dragão (século XIII), o qual ainda receberia uma crista. Tem-se, dessa forma, a conhecida figura sáuria da luta contra São Miguel ou São Jorge, ou das representações apocalípticas ou, ainda, das imagens em torno de Santa Margarida, que sai de dentro da barriga do Satanás-dragão que a engolira quando estava encarcerada, segundo informa a tradição hagiológica. As serpentes do medievo estavam igualmente nas imagens do pequeno Hércules ao estrangular víboras com as próprias mãos; nas temidas serpentes do Etna, que diziam devorar crianças; ou em um estranho ser viperino que fora morto perto de Bonn, no século XV, sobre o qual não se encontram muitas informações.

As asas do morcego se tornariam um dos mais marcantes elementos visuais do monstro gótico, que parecia quase sempre saído do subterrâneo infernal: elas estariam nos grifos,[89] nos basiliscos, nas sereias em forma de pássaros, nos centauros, e em outros arranjos teratomórficos bem diversificados, a exemplo do que se pode ver no afresco encontrado em Campo Santo, Pisa, intitulado *O triunfo da morte* (1350-1360). Finalmente, o próprio morcego surgiria sozinho como uma figura recorrente, ao lado do mocho e

---

substituição da sede da inteligência, que teria se deslocado para uma região corporal de apetites "mais baixos".

89 Tradicionalmente, eles apresentavam cabeça e asas de águia e corpo de leão. Botavam ovos de ouro e eram inimigos mortais dos basiliscos que, por sua vez, conforme descrição de Plínio, o Velho, eram serpentes fantásticas que poderiam apresentar uma coroa dourada. Na heráldica, um basilisco costumava ser retratado com corpo de lagarto e cabeça de galo.

da coruja, esta última, um símbolo do povo judeu amante das trevas, segundo a crença daquele período. *Chauve-souris* ("morcego", em francês) tem sua etimologia no século VIII, provindo do baixo latim *calvas sorices* (termo no plural), sob a influência de *calvus* (careca) e *cawa* (coruja), e *sorix* (camundongo). Literalmente, um morcego seria uma "coruja-camundongo"[90].

Já a crista que apareceu no dragão foi ornar outras partes do corpo do Diabo das pinturas e afrescos. Tal característica anatômica seria repetida também na armoraria: apêndices dentados (séculos XIV e XV), nadadeiras, barbatanas, placas nervosas nas espáduas dos cavaleiros comporiam vestimentas que teriam ainda máscaras de arregalados olhos e escamas no pescoço. Tal costume chegou inclusive aos componentes da própria montaria, o cavalo. Tem-se, nas roupas, uma influência do gorgoneion[91] profilático e apotropaico greco-romano na ornamentação dos membros inferiores; esse adereço com representação de faces monstruosas já era usado para proteger os joelhos em figuras gregas dos séculos VI e V a.C.

O morcego, elemento privilegiado do macabro e do insólito, também será o modelo da máquina voadora de Da Vinci, pois o ar passava pelas asas do pássaro, mas não pela pele membranosa do mamífero que conseguia cruzar os céus à noite. Sua origem nas representações artísticas pode estar ligada à tradição chinesa, que foi interposta às lendas da Antiguidade clássica. Sabe-se, hoje, que o Extremo Oriente influenciou muito mais do que se imagina a arte europeia medieval. O inferno gótico tinha, em grande medida, inspirações nos demônios e gênios búdicos, que se somavam a outras formas fantásticas e à temática escatológica. O Ocidente retomaria os monstros pelo testemunho dos viajantes, não apenas pela mediação dos textos da antiga Europa, a exemplo das figuras de múltiplos braços e cabelos de serpente que eram importadas e aclimatadas nas terras mais a oeste.

Nas diversas tentações pictóricas e danças macabras, cada vez mais recorrentes na segunda metade do século XV, assim como na literatura e na pantomima, os chamados temas búdicos estariam presentes. As danças macabras, que também eram expressas tanto em espetáculos teatrais do Oriente como

---

90 Em língua portuguesa, temos "morcego" do latim *mure*, "rato". Portanto, "rato cego".
91 Amuleto com a figuração da cabeça da Medusa.

em cerimônias do Ocidente, tinham como um de seus embriões os espectros e esqueletos gesticuladores da Antiguidade clássica, mas a influência maior veio da Ásia Central e do Extremo Oriente, com as tradições búdicas, segundo explica Baltrusaitis (1955). Naquelas "danças", esqueletos lembrariam a igualdade que a morte a todos traria. Entretanto, os então belos e jovens defuntos de representações anteriores começariam a se alterar desde meados do século XIV para assumir o horror do dessecamento. Essas "múmias" da arte pictórica se multiplicarão pela França, ora exibindo as carnes decompostas, ora os esquálidos esqueletos, ainda que, muitas vezes, estes últimos não passem de uns alegres esquisitos, exibindo cenas de gozo carnal. Estava instaurado, assim, um importante tema que dominaria o chamado "ciclo da morte" e teria amplo uso na poética franciscana. Os mortos, estivessem eles deitados em estado de decomposição, ou simplesmente em pé ou dançando, significariam uma salutar advertência ao apreciador da obra de arte: a lembrança da morte e de que tudo se resumia a vaidades. Essa era mais uma influência da tradição búdica (cf. Baltrusaitis, 1955, p. 237). Acredito ser ilustrativa a citação a seguir, a qual apresenta os chamados *Nove estados de um corpo após sua morte*, com diversas versões na China e Japão do século XI, e que causava fortes impressões ao homem europeu:

> *Primeiro estado: A face lívida. Sua beleza se esvanece como a de uma flor.*
>
> *Segundo estado: O corpo inchado. O corpo outrora belo agora é miserável.*
>
> *Terceiro estado: O corpo tumefacto. Como a vida é passageira.*
>
> *Quarto estado: O corpo em putrefação. Os esqueletos da cabeça e do peito se tornam aparentes. Nós não sofreremos, apesar de tudo, o destino deste corpo? Quinto estado: O corpo é presa dos animais. Seu ventre se abre. Nenhuma parte de nossos corpos escapará à destruição.*
>
> *Sexto estado: O corpo está podre e se torna verde. O esqueleto ainda tingido de sangue está despojado de sua carne. Como não pensaríamos que nosso corpo seria devorado pelos cães?*

Sétimo estado: O corpo é apenas um esqueleto no qual os membros ainda estão juntos. É apenas a carne que distingue o homem da mulher, seus esqueletos são os mesmos.

Oitavo estado: Os ossos do esqueleto estão quebrados e dispersos. Tudo o que mais gostamos de contemplar em um corpo se apodrece e se esvai em poeira.

Nono estado: Uma velha tumba no meio da vegetação luxuriante. Quando vamos visitar um túmulo sobre o monte Toribé, vemos outra coisa além das gotas do orvalho sobre este túmulo?[92] (Baltrusaitis, 1955, p. 239)

Esse tipo de citação, com fins reflexivos, apresenta os momentos da decomposição do corpo no decorrer dos anos. Porém, como nas danças macabras e em certas histórias moralizantes, havia também a ocasião em que o morto voltava como cadáver andante, morto-vivo, para nos transmitir alguma advertência, o que é bem diferente dos contemporâneos zumbis, que a nada costumam nos levar, senão à própria devastação epidêmica e virótica, conforme discuto na Parte III deste livro. O zumbi seria o monstro no estado intermediário da decomposição, quase nunca apenas esqueleto, pois sua finalidade era horrorizar pela desintegração do orgânico em visões apelativas ao escatológico. Já os defuntos e esqueletos do gótico medieval tinham intenções mais epicurianas.

---

92 "Premier état: *Le visage livide. Sa beauté s'évanouit comme celle d'une fleur.* Deuxième état: *Le corps gonflé. Le corps autrefois beau est maintenant misérable.* Troisième état: *Le corps tuméfié. Comme la vie est passagère.* Quatrième état: *Le corps en putréfaction. Les squelettes de la tête et de la poitrine deviennent apparents. Ne subirons-nous pas malgré tout le destin de ce corps?* Cinquième état: *Le corps est la proie des animaux. Son ventre s'ouvre. Nulle part nos corps n'échapperont à la destruction.* Sixième état: *Le corps est pourri et devient vert. Le squelette encore teint de sang est dépouillé de sa chair. Comment ne penserions-nous pas que notre corps sera dévoré par les chiens?* Septième état: *Le corps n'est plus qu'un squelette dont les membres sont encore réunis. Ce n'est que la chair qui distingue l'homme de la femme, leurs squelettes sont les mêmes.* Huitième état: *Les os du squelette sont brisés et épars. Tout ce que nous aimons le plus à contempler d'un corps se pourrit et s'évanouit en poussière.* Neuvième état: *Une vieille tombe au milieu de la végétation luxuriante. Lorsque nous venons visiter une tombe sur le mont Toribé, voyons-nous autre chose que des gouttes de rosée sur cette tombe?*"

As forças que fizeram eclodir o monstruoso no período que aqui abordo continuaram evidentes nos encantamentos, na atração pelo desconhecido, na penetração estética dos arabescos e das bizarrices orientais e greco-romanas pelas terras europeias. Por muito tempo, aquele velho continente cultuaria as chinesices, as esquisitices e os exotismos manifestos em variadas formas, muitos dos quais, posteriormente, inspiradores até mesmo do movimento renascentista.

Serpente marinha atacando embarcação. Detalhe de um mapa antigo.

"Aqui há monstros": os perigos do mar

Delumeau (2009) comentou o uso do "teste do país do medo e do país da alegria" (p. 39), aplicado por psiquiatras-pediatras a crianças. No primeiro deles, em frases e figuras, o paciente confirmaria sua angústia em símbolos com caráter cósmico, fossem provenientes de instrumentos maléficos ou derivados de um bestiário horrendo com seres assustadores, como lobos e corujas. Da mesma forma, ao tratar de um dos nossos medos mais atávicos – o mar –, o historiador francês discursou não apenas sobre os perigos desse insondável abismo, como também de seus terríficos habitantes, desde os monstros marinhos da ordem de Leviatã e Behemot (Delumeau, 2009, p. 68), que, muitas vezes, eram confundidos com ilhas sobre as quais os incautos marinheiros aportavam para descansar e encontravam a morte em sua súbita imersão, até o polvo gigante – Kraken – e as numerosas criaturas míticas marinhas:

Cila,[93] a bela ninfa que se transformou em monstro marinho; Circe, a mítica deusa feiticeira da ilha Eana; Polifemo, o ciclope filho de Poseidon, que vivia em uma caverna próximo à Sicília; as sereias e a própria Lorelei, que enfeitiçava os capitães das embarcações que se atreviam a singrar pelo rio Reno (Delumeau, 2009, pp. 61-62). Como se não bastasse, havia ainda os tenebrosos navios fantasmas e seus diabólicos timoneiros, que apareciam preferencialmente em noites de névoa ou tempestade aos olhos de viajantes e ilhéus. E há que se lembrar que nenhuma epopeia antiga se construiu sem uma grande tempestade ao menos, a qual poderia aparecer repentinamente e quase sempre estava associada à ação de bruxas e demônios, que, muitas vezes, deveriam ser apaziguados.

O mar, esse abismo feminino em vários idiomas, tem sido, pelo menos no pensamento ocidental, associado ao negativo, à perdição, à própria loucura. Essa, por sua vez, costumava ser vinculada a um viés líquido, úmido e cerebral.

Durante as navegações da época medieval e moderna, toda sorte de fogos-fátuos era também associada a espíritos maléficos ou maus presságios. Uma morte no mar, sem unção sagrada e sem terra santa para se fazer repousar o corpo, era uma das mais temidas, pois a alma do afogado frequentemente ficava a vagar por entre as ondas, assustando os marinheiros e aparecendo aos vivos nas praias desertas. Por todos esses temores, a indicação encontrada em muitos mapas de viagem marítima "aqui há monstros" tinha um valor muito além do simplesmente expressivo para os temerosos navegantes.

O monstruoso e o fantástico na estranheza das Américas

A visitação aos elementos culturais da Antiguidade teve repercussões na América, em especial a latina, por conta da colonização espanhola e portuguesa e das contribuições da arte e do pensamento maneirista.[94]

---

93 Como expus, Cila se tornou um monstro com torso feminino, mas tendo em volta dos quadris seis cabeças de serpente com três fileiras de dentes e um círculo de doze cães, que ladravam quando um navio estava por perto.

94 Maneirismo foi um movimento artístico europeu bastante heterogêneo que abrangeu o

A conformação "misturada" da globalidade, propiciada pelas grandes navegações e pelas expansões marítimas europeias, alimentou-se do caldeamento de sistemas de valores e pensamentos do Velho com o Novo Mundo, engendrando paisagens culturais imersas no *entre-deux*, cujos reflexos podem ser percebidos na arte e na tecnologia da época quinhentista. Para Gruzinski (1999), esse tipo de fusão está no domínio da "mestiçagem", termo muito mais amplo do que aquele aplicado para as misturas étnicas – uma vez que se discute que as ambiguidades originárias da mestiçagem cultural são mais plurais do que as da mestiçagem biológica, em um mundo em que o projeto da modernidade iluminista nunca se efetivou de fato. Assim, o pesquisador enumera como verbos ligados à mestiçagem: "Misturar, confundir, combinar, cruzar, chocar-se, superpor, justapor, interpor, imbricar, colar, fundir, etc."[95] (Gruzinski, 1999, p. 36). A mestiçagem, que me interessa para a discussão sobre as mesclas presentes no monstruoso, impõe, antes de tudo, uma desconfiança do óbvio que flutua nas formas superficiais da cultura. "É a presença do aleatório e da incerteza o que confere às mestiçagens seu caráter impenetrável e paralisa nossos esforços de compreensão"[96] (p. 55).

A Renascença foi grande fomentadora de fantasias em torno das sereias e centauros, entes fantásticos que conviviam harmonicamente com uma história natural ainda proveniente de bestiários medievais e de narrativas de aventureiros e viajantes – em parte, vestígios de épocas remotíssimas de civilizações extintas que tinham ressonância no homem dos Quinhentos. Como

---

período de 1515 a 1600, aproximadamente. Por um lado, esteve em conformidade com os valores clássicos e naturalistas em voga em sua época. Já por outro, buscou a contradição e o misticismo, a irracionalidade e o devaneio, causando fragmentações dentro da busca de unidade do pensamento classicista, uma franca tentativa de aproximar a espiritualidade medieval do racionalismo renascentista. Sua última fase já se confunde com o barroco. O estilo me interessa porque: *"le maniérisme se passione pour les phénomènes étranges, insolites et monstrueux, faisant triompher le goût du bizarre et des caprices, 'de la métamorphose et de l'illusion'"* (Gruzinski, 1999, p. 160); ou seja: "o maneirismo se apaixona pelos fenômenos estranhos, insólitos e monstruosos, fazendo triunfar o gosto pelo bizarro e pelos caprichos, 'pela metamorfose e pela ilusão'".

95 *"Mêler, mélanger, brasser, croiser, télescoper, superposer, juxtaposer, interposer, imbriquer, coller, fondre, etc."*

96 *"C'est la présence de l'aléatoire et de l'incertitude qui confère aux métissages leur caractère insaisissable et paralyse nos efforts de compréhension."*

ilustração, havia os famosos gabinetes de colecionadores de exotismos[97] (os *cabinets de merveilles/Wunderkammern*), que apresentavam, a olhos crédulos e curiosos, um misto entre arte e naturalidade, em diversificadas apresentações e montagens. Estas iam de náutilos e corais a ovos de avestruz, de esqueletos e fósseis a chifres e garras, objetos estes quase sempre dotados de uma aura mágica e religiosa. Naquela época, dois animais distintos podiam perfeitamente se unir para formar um terceiro, bastardo, uma vez que, para o homem renascentista, eram aceitáveis o bizarro e o híbrido como marcas da continuidade – e não do fracasso ou da impossibilidade – da criação. Como bem disse Montaigne: "O que nós chamamos de monstros não o são aos olhos de Deus, que vê na imensidão de sua obra a infinidade de formas que depositou nela"[98] (Montaigne, s.d, n.p.).

Ainda para Gruzinski (1999):

> *No século XVI, as curiosidades suscitadas pelas grandes descobertas, os legados do paganismo antigo, o gosto pelo maravilhoso, a influência do sobrenatural cristão mantém um estado de espírito que praticamente não se embaraça em verossimilhanças e acredita nas misturas das espécies.[99] (p. 174)*

A partir desse contexto renascentista na Europa, chamam a atenção aquelas mestiçagens que provêm das misturas que se deram nas Américas a partir do século XVI, fundindo, ao ideário indígena, os seres, os conteúdos culturais e as formas de vida europeus, asiáticos e africanos.[100]

Para os colonizadores, o vasto continente que se desvelava não era mais uma terra ignota e ignorada, mas "estranha", que carecia de ações de

---

97 Francis Bacon chegou a descrever esses gabinetes de curiosidades do século XVI.

98 *"Ce que nous appelons monstres ne le sont pas pour Dieu, qui voit en l'immensité de son ouvrage l'infinité des formes qui sont comprises en elle."*

99 *"Au XVIe siècle, les curiosités suscitées par les grandes découvertes, les héritages du paganisme antique, le goût du merveilleux, l'emprise du surnaturel chrétien entretiennent un état d'esprit qui ne s'embarrasse guère de vraisemblance et croit aux mélanges des espèces."*

100 O termo "híbrido" é também outro conceito trabalhado por Gruzinski. Para ele, além da mestiçagem, existe a hibridação, que consiste em misturas dentro de uma mesma civilização e de um mesmo conjunto histórico.

ocidentalização que pudessem cultivar os povos e as terras indígenas, incluindo aí a reprodução de técnicas, valores e tradições – ocidentalização esta que, paradoxalmente, foi colaboradora direta dos processos de mestiçagem. Nascia, assim, uma Europa duplicada em "novas": Nova Granada, Nova Espanha, Nova Castela, enfim, novos espaços de confronto que exigirão o esforço comparativo e interpretativo por parte do europeu com relação à fauna e flora exóticas encontradas.

É um bom exemplo da mestiçagem de culturas o México – que, especificamente, viveu uma Renascença própria –, assim como o Peru e o Brasil. Todos esses foram celeiros de interessantes combinações culturais, muitas delas de origem notadamente antiga (como a intensa difusão do ideário e do moralismo presentes nos quinze livros das *Metamorfoses*, de Publius Ovidius Nasso [43 a.C.-17 ou 18 d.C.] – ou simplesmente Ovídio – no período quinhentista e após; certamente, uma excelente matriz impressa fomentadora de representações e imaginações). Como o nome apontava, a obra *Metamorfoses* tratava de transformações das formas humanas e divinas em minerais, plantas, animais e rios, de acordo com uma concepção mitológica que ia das origens dos tempos até o período em que o poeta vivia (essa famosa coletânea de mitos foi provavelmente escrita entre os anos 2 e 8 da era atual). E quão adequada obra ela não deve ter sido para um mundo em mutação que experimentava as mais estupendas metamorfoses, e que se abria a terras inusitadas, nelas encontrando o assombro e o maravilhoso. Os bestiários e os deuses e heróis europeus (mas também egípcios e orientais) repercutiam largamente no pensamento indígena, amalgamados às próprias crenças e fabulações dos nativos, fosse por meio de inserções mais diretas (como desenhos de inspirações ovidianas que retratavam centauros, ninfas e sátiros), fosse por construções mais indianizadas (como um Perseu mexicano ou ainda um centauro que flertava com um macaco dos trópicos).

Monstros sem referências históricas e geográficas exatas foram transplantados em bando no Novo Mundo, em convivências e arranjos contraditórios – uma animália fantástica oriunda da chamada "fábula",[101] a qual era fortemente voltada para o monstruoso:

---

101 "Fábula" (*fable*) é o nome que se dá ao conjunto mitológico greco-latino.

> *Desde a Antiguidade, a transmissão da Fábula empreendeu um percurso semeado de surpresas e metamorfoses, evoluindo tanto no tempo como no espaço. Com a Idade Média, a mitologia bifurcou, alimentando duas tradições cujas etapas e meandros não coincidem sempre.[102] (Gruzinski, 1999, p. 144)*

E o autor explica: por um lado, havia a tradição plástica que reuniu concepções medievas a respeito dos seres fantásticos da Antiguidade e, por outro, uma tradição literária que colecionava o trabalho dos escritores e enciclopedistas, em comportamentos próprios da época que buscavam reunir interpretações, reinterpretações, desprezos e ajustes (cf. Gruzinski, 1999, p. 145). O processo de se reproduzir imagens e histórias na época colonial era, antes, um engendrar de adaptações e releituras mais ou menos livres por parte do artista ou do artesão – absolutamente aceitas em épocas pré-imprensa. O estudioso encontrará, por exemplo, pinturas murais na Casa del Deán da antiga Puebla mexicana, onde "centauros femininos com seios fartos oferecem flores a macacos que usam brinco e cabelo cortado à escovinha"[103] (Gruzinski, 1999, p. 113). Ou, ainda, o exemplo do atual município de Ixmiquilpan, cujo santuário tem uma longa e alta nave com 2 mil metros quadrados, em que:

> *Guerreiros indígenas, nus ou vestidos com pele de jaguar ou de coiote, se enfrentam, enquanto outros combatem centauros em meio a um cenário de animais fantásticos e imensas guirlandas vegetais que enlaçam os indígenas feridos e agonizantes.[104] (Gruzinski, 1999, p. 117)*

---

102 *"Depuis l'Antiquité, la transmission de la Fable a emprunté un parcours semé de surprises et de métamorphoses, évoluant dans le temps comme dans l'espace. Avec le Moyen Âge, la mythologie a bifurqué en alimentant deux traditions dont les étapes et méandres ne coïncident pas toujours."*

103 *"des centauresses à la poitrine généreuse tendent des fleurs à des singes ui portent boucle d'oreille et cheveu coupé en brosse."*

104 *"Des guerriers indiens, nus ou vêtus de peaux de jaguar ou de coyote, s'affrontent, tandis que d'autres combattent des centaures au milieu d'un décor d'animaux fantastiques et d'immenses guirlandes végétales qui enlacent des Indiens blessés et agonisants."*

Um cenário onde: "Cavalos-marinhos, cães alados, pássaros com plumagem vegetal montados por *putti* povoam as alturas"[105] (Gruzinski, 1999, pp. 154-155). Em breve, espécimes americanos, como os répteis, vão deslizar para os bestiários fantásticos da Renascença, em um movimento de alimentação mútua de tradições.

Na arte escultural religiosa, ganharam destaque os grotescos, que estimularam a liberdade criativa partindo da Itália para toda a Europa. Na Ibéria, ganharam força em Castela e foram povoar o México com centauros que calçavam sandálias indígenas, hipogrifos,[106] monstros fitomórficos, homens despidos com peles de jaguar, coiote ou penas de águia, cavaleiros-tigres etc.

Dessa maneira, podemos entender o monstro como uma construção tanto mestiça como híbrida: "a mistura dos seres e dos imaginários se chama mestiçagem"[107] (Gruzinski, 1999, p. 136). E, se "todas as culturas 'podem se misturar de maneira quase ilimitada'"[108] (p. 36), todos os monstros, como invenções culturais, também o podem (p. 12), uma vez que as fabulações se amestiçam, considerando-se a porosidade e a permeabilidade de toda fronteira, segundo ainda defende o autor (cf. Gruzinski, 1999, p. 43).[109]

A *influência dos bestiários no* Novus Mundus

Insisto que a importância dos bestiários ultrapassou em muito a geografia feudal da Europa. Quero reforçar dois pontos que podem ser considerados moldadores da fusão de tradições culturais entre os dois lados do Atlântico. São eles: o notável discurso androcêntrico na representação da feminina América e a virilidade épica e fálica com que os descobridores pretendiam

---

105 *"Des chevaux de mer, des chiens ailés, des oiseaux au plumage vegetal montés par des* putti *peuplent les hauteurs."*

106 Hipogrifos são monstros lendários, geralmente metade águia (parte superior), metade cavalo (parte inferior).

107 *"le brassage des êtres e des imaginaires est appelé métissage."*

108 *"toutes les cultures 'peuvent se mélanger presque sans limite'."*

109 Em nossa época, partindo-se do pensamento em torno da ausência de delimitações ou de fragilidade fronteiriça, pode-se situar o cinema como um espaço privilegiado de mediação.

"desvirginá-la"; e a ambiguidade nesse discurso alocêntrico – ora disfórico, ora eufórico (que, por exemplo, era capaz de ir do *locus horribilis* dos répteis à *mirabilia* dos pássaros) –, dotado de um antropocentrismo híbrido femifóbico e naturofóbico que tanto feminizava como bestializava e demonologizava o *Alter Mundus*.[110]

A misoginia masculina ditava o tom narrativo em torno dos indígenas e de suas supostas e temidas práticas de canibalismo, além dos preconceitos em torno da natureza deslumbrante e ameaçadora, conforme discutirei posteriormente. Ficou bastante evidente a transposição da feminilização do Oriente – já por séculos feita pelos comerciantes e aventureiros europeus nas terras asiáticas – para o novo continente e seus aborígenes.

Em se tratando da contribuição de matrizes bibliográficas, a influência da tradição pliniana na América foi muito intensa: veio transmigrada para cá toda ordem de cinocéfalos, amazonas, blêmias, gigantes, além da transplantação do El Dorado dos povos clássicos, bem como da figura do ogro e do bárbaro das florestas europeias, refletidos no selvagem americano – ao qual também se somou a desconfiança da antropofagia polifêmica.

Os pavores do mundo buffoniano-depauwniano

Se o período iluminista, em parte, abandonou a mística medieval para buscar a primazia da razão e a organização científica do mundo, encontram-se, em contrapartida, diversos antagonismos pseudocientíficos e filosóficos na época das Luzes. Dentre eles, a controversa visão que diversos estudiosos e pesquisadores apresentaram em suas obras a respeito do continente americano. Paralelamente ao otimismo anterior de muitos jesuítas e dos habitantes das treze colônias, por exemplo, pelo menos três séculos foram atravessados pela convivência de ideias que desmereciam o novo continente, o qual Friedrich Hegel (1770-1831) veio a considerar imaturo e inferior à Europa. Havia até mesmo teses que chegavam a afirmá-lo como um pedaço da extinta e submersa Atlântida, resquício de uma geografia pré-adâmica.

---

110 Sobre todos estes aspectos, cf. notadamente Fonseca (2011).

Fica evidente, no avançar deste subcapítulo, que muitos empreenderam iniciativas para organizar uma geografia zoológica do Novo Mundo. Já séculos antes, Marco Polo[111] e Giulio Solino tentaram a mesma coisa em relação às terras do Velho Mundo. No século XIII, os cartógrafos europeus associavam imagens de animais variados aos continentes de onde eles provinham – muitas vezes com bons acertos –, em uma convivência pacífica com os seres fantásticos dos bestiários. Mas, em relação à América, esse esforço de identificação biológica pode ser percebido modestamente nas observações do próprio Cristóvão Colombo e, de forma mais sistematizada, no *Sumario* de Gonzalo Fernández de Oviedo (1478-1557). Em 1648, Jean de Laët veio a publicar seu *Historia Rerum Naturalium Brasiliae*, trazendo anotações zoológicas sobre as terras brasileiras, apontadas por Georg Marcgrave e Willem Pies. Como afirma Marinho (2009), "em fins do século XVI, o maravilhoso já não desempenha um papel importante para a conquista da América espanhola" (p. 76). Em parte, isso se deve a um certo ostracismo em que a categoria do fantástico e do maravilhoso caiu, sobretudo após o Renascimento,[112] dando lugar a empreendimentos mais racionalizados em torno do mito e do sobrenatural. Para a autora:

> *Nas descobertas de novos mundos, os relatos de viagem revigoram o maravilhoso, transferindo para as terras americanas muitos elementos do repertório mitológico europeu. Cristóvão Colombo escreve ter ouvido falar da existência de pessoas com focinho de cão, que devoravam os homens e decapitavam todos aqueles que capturavam, bebendo seu sangue e cortando-lhes os órgãos genitais. (p. 78)*

O chamado Novo Mundo foi visto pelo francês Georges-Louis Leclerc, mais conhecido como conde de Buffon (1707-1788) – criador de muitos preconceitos –, e também por seus seguidores, como uma extensa e última Terra pós-diluviana, espécie de reminiscência pútrida, úmida e frígida. Outras

---

111 Marco Polo foi um verdadeiro desmistificador do imaginário analógico medieval.

112 Apesar do esplendor da razão, entende-se que tanto a Idade Média tardia como a Renascença vão situar como maravilhoso tudo o que for estranho e não familiar – o desejável e o repudiável.

vezes – como quis Cotton Mather (1663-1728) –, tratava-se de uma região da qual o diabo se apoderou e para a qual atraiu hordas de selvagens.

Para Buffon, em escritos que datam de meados do século XVIII, esse continente antagônico, cheio de extremos, pantanoso e hostil – mas também ora desértico e altíssimo –, apresentava, como "animais melancólicos", os seus homens imberbes e glabros em todas as partes do corpo, com porte menor do que o dos europeus, menos fortes, com menor ardor pelas mulheres, produtores de leite nas mamas, menos sensíveis, com pequenos órgãos reprodutores, mais crédulos e mais covardes, capazes de – como quaisquer outras bestas daquelas terras infelizes – expressar indocilidade e languidez, quando não eram praticantes do canibalismo.[113] Lactíferos e impúberes, não havia mesmo do que se vangloriar o homem americano. Em oposição aos europeus, geralmente ursinos e pilosos, os indígenas tinham uma alegada pouca masculinidade, que seria semelhante à dos lisos eunucos e à dos homens tonsurados. E, no ambiente em que viviam – ambiente este onde diziam ter se engendrado a sífilis que se disseminou pela Europa –, proliferavam animais que eram, inicialmente, aproximados aos do Velho Mundo. No movimento comparativo, as criaturas americanas ficavam, entretanto, em grande desvantagem, causada pelos preconceitos da época: para os viajantes e colonizadores, não havia na América os portentosos mamíferos africanos e os elegantes animais domésticos da Europa, mas, sim, uma proficuidade de animalejos de sangue frio, gigantescas serpentes, anfíbios de todas as ordens e insetos monstruosos, todos eles habitantes do clima chuvoso (Buffon voltava os olhos praticamente para a fauna sul-americana). Dizia-se que tais seres germinavam do barro, quase por geração espontânea – uma das teses divulgadas naqueles idos e que só foi definitivamente jogada por terra por Pasteur e suas pesquisas ligadas à fermentação. Assim como Santo Agostinho havia afirmado que as rãs nasciam da terra, herança do pensamento de Aristóteles e de Plínio, na América os sapos eram os filhos do chão podre, no seio do qual aquelas "criaturas malvadinhas" se reproduziam rapidamente, em espantosa prolificidade.

Os estudiosos daqueles idos faziam a generalização de tudo o que fosse específico – e todo charco se tornava justificativa para pântanos sem fim,

---

113 Pernety, grande opositor das teorias buffonianas, defendeu as práticas ritualísticas de canibalismo como uma espécie de *Te Deum* americano.

assim como cada pequeno mamífero era uma explicação para a inferioridade dos demais animais americanos (a mesma crítica era válida para os animais da Polinésia no século XVIII). Segundo esse raciocínio, o puma era considerado um leão menor, sem juba, mais fraco e mais covarde (Gerbi, 1996, p. 19); a anta era um elefantúsculo; a lhama, um camelo mirrado; a alpaca, um camelo ainda menor. Até os animais comuns ao Velho e ao Novo Mundo eram considerados menores na América, como lobos, raposas, cervos, alces e cabritos-monteses.

Como se não bastasse, a distância e o insulamento da América em relação ao restante do mundo conhecido faziam com que religiosos questionassem a situação da fauna daquele continente no momento em que a Arca de Noé fora preenchida pelos bichos. O mais proeminente desses homens era o padre José de Acosta (1540-1600), para quem os animais do Novo Mundo, caso tivessem de fato estado na Arca, deveriam, mediante a lógica da teologia, ter continuado no Velho Mundo ao saírem dela. Ele se apoiava em Santo Agostinho, que dizia que os animais habitantes das ilhas teriam diversas origens: os anfíbios nasceriam da própria terra, os domésticos poderiam ter sido trazidos por barcos, mas os selvagens e nocivos – dada a distância entre certas ilhas e um continente – poderiam ter sido encaminhados pelos anjos de Deus. O jesuíta missionário Bernabé Cobo (1582-1657) também compartilhava dessa crença: ele acreditava que os anjos levaram os animais mais longínquos para o zoológico flutuante de Noé e, baixadas as águas do dilúvio, foram devolvidos a seus locais de origem. O que veio a amenizar essas angústias teológicas foi a tese de um trânsito terrestre via estreito de Behring, supondo uma ligação de terra em antanho, a qual não mais existia, tese esta que ajudou a derrubar as controversas teorias pré-adâmicas que punham em xeque a cronologia da Bíblia.

Como os pesquisadores se utilizavam também dos mesmos nomes para descrever animais diferentes dos dois mundos – uma atitude nada científica difundida pelos primeiros conquistadores –, as confusões ficavam reforçadas: o jaguar e a onça eram tigres; o puma era um leão; a alpaca era uma ovelha. Em parte, tornava-se inevitável aos europeus fazer comparações usando referenciais do mundo que conheciam, da mesma forma, como lembra Gerbi (cf. 1996), que os romanos antigos chegaram a chamar o leão africano de urso, o avestruz de pássaro e o elefante de boi lucano. E muitas inteligências do período iluminista embarcaram em concepções descabidas. Para Voltaire, por exemplo, os porcos do México tinham o umbigo nas costas, os carneiros eram vagarosos, e os leões, insignificantes, calvos e sem juba. O puma era "quase um estranho antepassado do Dragão Encantado e do sentimental Ferdinando, o Touro" (Gerbi, 1996, p. 51). Havia pelo continente, em vez de tamanduás, "ursos formicários" de pequeno porte, enquanto "pequenos javalis" era o termo usado para se referir aos porcos selvagens. Os cervos eram não mais do que cabritos reduzidos, e os porcos-espinhos também não recebiam um tratamento entusiasmado. A danta (anta, *ourignac* ou "alce") seria mesmo um elefante que não tinha dado certo. E ficou bem conhecida, naquela época, a informação de que os cães da América sequer tinham força para latir. Toda a animália da região do Orinoco, por exemplo, era descrita como uma fauna de aspecto mesquinho (Gerbi, 1996, p. 180).

Uma explicação específica para tanto preconceito proveniente do pensamento buffoniano era o porte físico enorme somado à empáfia do pesquisador, que repudiava qualquer minúcia e variante no mundo natural. Fica claro, portanto, que o mutante e o modificável – no raciocínio do conde – eram muito perigosos.

Apesar do abandono, no período das Luzes, das referências aos bestiários, os europeus ainda costumavam mitificar os animais de grande porte, como a baleia e o elefante. "O pequeno, o mutável e o degenerado são atributos alternativos e gêmeos de uma mesma cadeia maléfica" (Gerbi, 1996, p. 37). Um resumo de tantas ideias toscas é encontrado no parágrafo a seguir:

> *Pode-se afirmar em definitivo que nesta fase de seu pensamento Buffon considerava o continente americano imaturo, muitas espécies animais de sua parte meridional imperfeitas por degeneradas, e o homem afeto a deficiências que, sem obstruir-lhe a adaptação ao ambiente, tornam infinitamente difícil que ele adapte o ambiente a si, domine-o e modifique-o; que desta forma o torna até certo ponto partícipe da triste sorte dos outros demais superiores. (Gerbi, 1996, p. 38)*

Os pássaros também não ficaram fora das numerosas críticas contra a avifauna do Novo Mundo. Em geral, reclamava-se de sua incompetência para o canto, da insistência em espécies diminutas – como o caso do colibri –, de aves iridescentes e coloridíssimas, mas praticamente mudas, e da presença de "rouxinóis" roucos e estridentes. Curiosamente, dois pássaros praticamente míticos, posto que presentes em várias lendas da humanidade, mas com os quais muitos povos nem sequer mantiveram contato direto, eram presentes no pensamento que se consolidava no continente americano: o rouxinol e a cotovia.

O médico e escritor irlandês Oliver Goldsmith (1728/30-1774), que nada sabia sobre a face mais ocidental do mundo e pegou carona remotamente nas pseudoteses buffonianas, ajudou a espalhar fábulas sobre a estranheza do continente americano, presentes como curiosidades nos oito volumes de seu *History of the Earth and animated nature*, de 1774, nos quais descrevia, por exemplo, uma Geórgia infestada de escorpiões, morcegos, serpentes, tigres e índios ferozes (Gerbi, 1996, p. 137); e ainda havia na América, para ele, gigantes patagônicos; símios que davam sermões; rouxinóis que conversavam; um cuco brasileiro que produzia um som horrível; o imitador *mocking-bird*; as andorinhas que se escondiam no oco das árvores ou mergulhavam em bandos em lagos de águas profundas para lá passarem o inverno. Uma grande atração para o pensamento da época eram mesmo os supostos gigantes da região da Patagônia, no sul do continente, mais especificamente na Terra do Fogo, que ora eram descritos como seres idiotas e imbecis, ora como dotados de inteligência notável.

Além da influência de Buffon, outro clássico enciclopedista que ajudou a propagar ideias errôneas foi o holandês Cornelius Franciscus De Pauw (1739-1799), que ressaltava a natureza fraca e corrompida da América, na qual os caimãs e crocodilos não tinham o furor dos seus pares africanos (Gerbi, 1996, p. 58). Dentre os absurdos que escreveu, menciono a carne de iguana como provocadora da sífilis (o "mal-francês"), e a existência de rãs que eram capazes de mugir como bezerros. Ele relatou também que, dos numerosos pântanos americanos, saltou uma casta de rãs que chamaram índios, espécie intermediária entre os homens e os orangotangos.

Lembro ainda o escritor inglês John Hawkins (1719-1789), para quem, no Novo Mundo, tudo era "degenerado ou monstruoso":

> [ele] asseverava a existência de leões na Flórida com o seguinte belo raciocínio, entre mitológico e heráldico: os habitantes da Flórida usam colares de chifres de unicórnio; donde existem muitos unicórnios na Flórida; e donde deve haver leões e tigres, "leões especialmente, se é verdade o que dizem da inimizade entre eles e os unicórnios, pois não há besta sem o seu inimigo (...) de tal modo que onde se encontra um, o outro não deve estar ausente".
> (Gerbi, 1996, p. 59)

Gerbi (1996) cita um certo Schlegel que falava de gatos-tigres, de camelos pigmeus, de leões calvos e bastardos (p. 342), e o próprio Schopenhauer fazia comparações entre a anta e o elefante, o puma e o leão, o jaguar e o tigre, a lhama e o camelo, e o mico com os símios. Junto a isso, os estudiosos diziam que os animais europeus não se aclimatavam bem na América, com exceção do porco, que alegavam ter proliferado no México.

Um dos homens que colaboraram de forma bem-intencionada para explicar os seres fantásticos que percorriam a América foi o abade Ferdinando Galiani (1728-1787), que buscou explicar lendas da Antiguidade a partir de semelhanças encontradas no novo continente, confirmando as fantasias de gregos antigos no mundo natural encontrado na América e nas Índias. Foi o caso das sereias, que, para ele, não passavam de uma confusão feita com os pinguins de Magalhães, os quais poderiam ficar parecidos com mulheres nuas quando fora d'água; e as harpias, que eram explicadas pela presença dos *guanays*, espécies de cormorões. Ele apostava ainda nos tais gigantes patagônicos, mas com um otimismo que os tornava "colossais paladinos da grandeza do Novo Mundo" (Gerbi, 1996, p. 119). Porém, sabe-se de um episódio ocorrido na Patagônia, em que Fernão de Magalhães e seus homens, após atribulada viagem, encontraram um indivíduo que consideraram alto demais para os padrões ibéricos, com pés enormes. Aos olhos do navegador, tratava-se de um "gigante". Curiosos com a estranha tribo que fora em seguida encontrada, ludibriaram um dos habitantes a ser levado ao navio, onde veio a morrer como um animal, tendo nos pulsos um par de algemas que ingenuamente tomara por um enfeite (cf. Herrmann, [197-?], p. 76).

Com tantos disparates, Buffon e De Pauw sofreram revelias e reveses. Dentre seus opositores, estavam muitos jesuítas que defenderam ardorosamente as qualidades da América. Em geral, os religiosos divulgavam que havia, no continente, bestas ferocíssimas e gigantescas como os tigres, que os pássaros eram melodiosos e os animais europeus lá conseguiam se multiplicar a contento. Antoine-Joseph Pernety (1716-1801) relatou que o conde D'Orcassidas, crioulo filho de um vice-rei do México, encontrou homens inclinados ao sexo entre os indígenas, mas nenhum com leite nas mamas, como alguns supuseram. A pouca barba era justificada pelo fato de a rasparem. Os animais americanos eram tão excelentes que muitos foram enviados à Espanha para lá também se reproduzirem. O padre Francisco Javier Clavigero (1731-1787), em seu *Storia antica del Messico* (1780-1781), em quatro espessos tomos, repudiou as ideias de De Pauw e desacreditou Buffon ao dizer, por exemplo, que havia pelo menos 22 espécies de rouxinóis no México, dentre eles o famoso *cenzontle*, de canto mavioso. "Em suma, no Novo Mundo os passarinhos cantam melhor, cantam mais, cantam todos, inclusive aqueles que não deveriam cantar!" (Gerbi, 1996, p. 163) era sua conclusão mais entusiasmada. E ele ainda ressaltava que as avestruzes da América tinham dois dedos a mais do que as da África e que o bicho-preguiça (conhecido também por "unau") tinha 46 costelas. Para Clavigero, em nada os animais do Novo Mundo deviam à ferocidade das feras asiáticas, e ele cita em seus escritos um cervo que chegou a causar sérios estragos em sua residência. Para os que alegavam que os animais das terras novas eram feios, ele indagava com ironia o que se poderia dizer do elefante no Velho Mundo.

Um certo padre Molina, no Chile, também salientava com regozijo e até mesmo alívio os "leões covardes" que viviam apenas nos bosques mais densos, e afirmava que, naquele país, não mais do que 36 espécies de quadrúpedes nativos eram encontradas. Ele também garantia que poderiam ser avistados hipopótamos nos lagos e rios do Arauco, mas que seriam palmípedes, como as focas do litoral.

Na América anglo-saxônica, Thomas Jefferson (1743-1826) também atacou os polemistas em seu *Notes on Virginia*, em que destacava a grandiosidade do mamute fóssil, muito mais portentoso do que os elefantes do Velho Mundo. Para Jefferson, os quadrúpedes americanos eram quatro vezes mais numerosos e nada menores do que os da Europa.

Ao encontrar Buffon em Paris, ele defendeu o alce e o caribu, e chegou a encomendar galhadas e um esqueleto do primeiro para apresentar ao francês, mesmo não sendo muito bem-sucedido na obtenção de um espécime exemplar do *moose-deer*. Mas mostrou ao naturalista a pele de uma enorme pantera, pois Buffon a confundia com o jaguar. O ufanismo de Jefferson foi longe: "No saguão de sua casa pendurara, junto com armas e relíquias índias, os chifres e a cabeça de um alce e o crânio de um mamute" (Gerbi, 1996, p. 206). E chegava às raias do fantástico:

> Com base em algumas ossadas fósseis, talvez de um tamanduá pré-histórico encontrado na Virgínia, inventava (1796-7) um superleão ou um supertigre americano, três vezes maior que o leão africano e por conseguinte tão superior a este felino quanto o mamute em relação ao elefante; batizava-o e apresentava-o ao mundo científico como o Megalonyx, o Grandes Garras, que devia ter existido e, portanto, devia existir ainda, em alguma parte dos Estados Unidos, ainda que fosse apenas para intimidar e reduzir ao silêncio quem negasse a existência de grandes animais carnívoros no Novo Mundo. (p. 206)

Filippo Mazzei (1730-1816), aventureiro florentino amigo de Thomas Jefferson, salientou a qualidade dos bovinos criados em Rhode Island, dos cavalos da Virgínia, e dos porcos e ovelhas, em geral. O botânico italiano Luigi Gomes Castiglioni (1757-1832) relatou os muitos pássaros amarelos e negros, e o caro *mockingbird*, cobiçado por seu variado canto, além das belíssimas penas de tantas aves, mesmo que não fossem canoras. E o chileno Manuel de Salas (1754-1841), de propensão patriótica, escreveu, em 1796, que no Chile não havia feras, insetos ou répteis venenosos.

Seguindo um movimento pendular nas polêmicas seculares, John Keats (1795-1821), em versos, falou do boi faminto e sem alimento da pradaria norte-americana, dos pássaros sem canto e sem graça, de um burro falante vindo do Taiti e dos *Monkey-men* das árvores, que eram de índole má. Já Percy Bysshe Shelley (1792-1822), em *Ode ao vento do oeste*, conseguiu fazer um elogio à cotovia, em oposição ao rouxinol aflito e mágico de Keats em *Ode a um rouxinol*. O escritor francês François-René de Chateaubriand (1768-1848), por sua vez, em cinco meses de viagem pela América do Norte em 1791, pôde falar sobre os insetos carnívoros, verdadeiros "dragões alados" no microscópio, além da figura de grifos, hidras e outros seres que assumiam algum cunho fantástico.

Nikilaus Lenau (1802-1850), poeta de expressão germânica, disse, por volta de 1830, que na América havia "feras mais temíveis que os cães hidró-fobos da Europa" (Gerbi, 1996, p. 283). Mas, quando ele foi ao Novo Mundo, o silêncio das matas e a ausência de rouxinóis pareceram uma maldição poé-tica: "Vinho não há, e não há rouxinóis" (p. 284). Lenau não foi feliz no continente americano, uma terra que ele considerou monótona e lânguida: "Não vi ainda por aqui um cão destemido, um cavalo fogoso, um homem cheio de paixão . . .. Não há rouxinóis, não há pássaros canoros verdadeiros" (p. 285). Essa questão do mutismo das aves foi tão discutida que, mais tarde, mesmo Charles Darwin e Claude Lévi-Strauss iriam reclamar do silêncio incômodo da floresta brasileira. Foi Darwin um dos que puseram Buffon sob revisão e se encantou com os fósseis americanos de mastodontes, megatérios e elefantes, mesmo ao lado de Robert Fritzroy, o capitão do *Beagle* que acreditava que os mastodontes eram grandes demais para terem entrado na Arca de Noé.

Friedrich Hegel afirmaria: "entre os pássaros, os mais coloridos e admi-ráveis são os dos trópicos, que são quase plantas, cuja essência própria se expressa, por meio da luz e o calor de seu clima, na plumagem" (citado por Gerbi, 1996, p. 326). Mas o filósofo alegava que eles eram praticamente afô-nicos por conta do alarido ensurdecedor dos selvagens brasileiros; em con-traposição, para ele, os pássaros do Norte cantavam melhor, como o rouxinol e a cotovia. Henry David Thoreau lamentava que os poetas americanos pre-ferissem ouvir cantar as cotovias e os rouxinóis, em vez de os pintarroxos de sua terra natal.

Já O entusiasmado Alexander von Humboldt (1769-1859) via no Novo Mundo esplendor e maravilha: "Durante o dia, plantas e animais resplande-cem em mil cores – os pássaros, os peixes, até os caranguejos azuis e amarelos"

(Gerbi, 1996, p. 309). O tropicalista chamaria a atenção para a existência de aligatores, mas também de crocodilos, um deles chegando a mais de vinte pés de comprimento, além de símios domesticáveis e do gato doméstico agigantado. O evolucionista e historiador francês Edgar Quinet (1803-1875) escreveu que a fauna "insular" da América só era grande nos répteis. Mas foi ele quem descobriu a base da natureza nos protozoários: "A natureza não se apoia em colossos, em Leviatã, em Behmot, mas nos microorganismos imperceptíveis" (Gerbi, 1996, p. 356).

Vários apologistas discutiriam a feliz ausência de animais ferozes na América, onde lobos, ursos e panteras causavam poucos ferimentos notáveis. Na Wilderness norte-americana, Walt Whitman (1819-1892) descreveria o pântano insalubre, o *mockingbird* e o Great Dismal Swamp – na Virgínia e Carolina do Norte –, com répteis, aligatores, corujas, gatos selvagens, insetos em profusão, e até mesmo o curioso chocalho da cascavel. Nas pradarias, ante a falta de pássaros canoros, o novo canto seria os das *crawling monsters*, as máquinas descaroçadoras de algodão, moedoras de trigo, piladoras de arroz, batidoras de feno – prenúncio de uma nova civilização.

Herman Melville (1819-1891) teve a ousadia de criticar o brasão e o estandarte dos Estados Unidos, com sua pretensa águia calva que, por ele e por outros, fora acusada de mau caráter, preguiçosa e covarde, um animal impuro desde o Pentateuco. Foi mesmo sugerida a sua substituição como emblema, colocando-se no lugar o peru, que era ave autóctone e simpática, ou – ironicamente – mesmo a formiga, a cascavel, uma macaca cega e surda-muda, ou, ainda, um *cocker spaniel*. "Um animal emblemático é um portador de mitos, de esperanças, de pretensões não de todo negligenciáveis" (Gerbi, 1996, p. 389).

Drouin de Bercy alegou com contentamento que Deus[114] tinha impedido a proliferação de elefantes, rinocerontes e hipopótamos na América para colocar em seu lugar antas, catetos e tamanduás; ele divulgava também que as

---

114 Cornwell (2008, pp. 120-121) propõe que a ideia de Deus em um sujeito se constrói por associações, "incluindo ideias, conceitos e metáforas originais, e uma parte foi criada por ele próprio, e não recebida". Daí as múltiplas variações que são encontradas em torno da visão do divino, mesmo do ponto de vista da cristandade, o que depende não só do período histórico, mas também da singularidade de cada indivíduo.

águas não tinham voragens ou monstros marinhos, e que os tubarões eram capazes de nadar e mesmo tocar os nadadores, sem lhes fazer mal algum.

Mesmo no fim do século XIX, haveria quem visse a América como aquela criação divina do terceiro dia, povoada pelos seres do quinto – um continente de formigas ferozes e crocodilos vorazes.

Como tratei nesse subitem a respeito do novo continente, faço aqui um pequeno acréscimo para mostrar que, no novíssimo continente e regiões próximas, as abordagens da natureza e dos homens nativos não eram muito diferentes. O repórter de viagem de Fernão de Magalhães, o italiano Pigafetta, escreveu sobre as Ilhas Molucas:

> *Também existe nas ilhas uma espécie de aves que, segundo as descrevem os nativos, devem parecer-se com nossas gralhas. Esses pássaros vão à praia; ali, as baleias os engolem vivos. Acontecendo-lhes isto, os pássaros entram no coração do cetáceo e põem-se a devorá-lo. A baleia naturalmente morre; o vento e as vagas as jogam à praia, os indígenas a fazem em postas; e assim acham os pássaros ainda vivos, ocupados em lhe comerem o coração. (Herrmann, [197-?], p. 90)*

Mas, apesar de sua suposição nada convencional, Pigafetta rejeitava relatos que considerava fantásticos:

> *O feitiço do trópico o predispunha para dar crédito até a cousas incríveis. Cá e lá, porém, ele objeta que, a seu ver, as histórias dos selvagens não passam de fábulas; por exemplo: a de existirem pouco ao norte daquela região, no golfo da China, aves tão grandes, que podem carregar sem esforço um homem adulto e os animais de maior porte; ou a ilhota das Molucas, cujos habitantes, anões, não atingem um côvado de altura, mas têm orelhas tão descomunais que podem deitar-se comodamente numa delas e cobrir-se com a outra. Isso, na opinião de Pigafetta, só podia ser lorota de marinheiro. (Herrmann, [197-?], p. 92)*

Os mares do sul muitas vezes assumiam o caráter dúbio, estranho e arcádico. James Cook, em abril de 1770, nas proximidades de Sydney, fez sua apreciação ao canguru: "estranho animal de estatura de homem e cabeça de veado, um animal de rabo enorme, que se mantém erecto em duas patas, mas costuma deslocar-se com pulos de rã" (Herrmann, [197-?], p. 122). A ciência da Europa chegou mesmo a duvidar de um animal tão "improvável" em termos de combinações de formas – evidenciando que suas conformações "à bestiário" causava desconfiança e repulsa. O navegador Wallis, em 1767, no Taiti, fala dos nativos estarrecidos com os pregos que os marinheiros europeus usavam para trocar pelos víveres locais, pregos estes que pareciam brotar de algum espinheiro milagroso, segundo a fantasia de quem ainda vivia na Idade da Pedra. Por conta disso, vários deles foram plantados e regados em jardins. Cem anos antes das famosas especulações da ocultista Helena Blavatsky, supunha-se que os aborígenes da Ilha de Páscoa deveriam ter sido muito altos, de tal forma que um humano normal poderia passar por entre suas pernas, mas James Cook ajudou a terminar com esse mito (cf. Herrmann, [197-?], p. 153). Mesmo em 1895, o livro de A. F. Calvert, *A exploração da Austrália*, retratava uma fauna que trazia incômodos.

> *Nem na Ásia, nem no Novo Mundo, os descobridores toparam com quadrúpedes singulares como os que são característicos do continente austral. Por exemplo: o canguru, um "animal que é meio esquilo e meio veado, com cinco garras nas patas dianteiras e três nas traseiras, como os pés das aves, nas quais apoia o seu passo saltitante"; ou a "toupeira que põe ovos e tem bico de pato", como rezam os antigos relatórios. (Herrmann, [197-?], p. 212)*

Apesar de tão antagônicas e polares, essas visões são úteis para entender o lugar que o fantástico ocupou em diferentes momentos da história humana, sobretudo quando os olhares se voltavam para a zoologia: "Definitivamente, o ardor iconoclasta de De Pauw foi benéfico. Colocou fábulas, mitos e miragens seculares sob o olhar friamente irônico da Razão" (Gerbi, 1996, p. 253).

Notícias do bestiário brasileiro

E o que dizer dos monstros brasileiros, muitos deles verdadeiramente gargântuas ameríndios, que o pedagogicamente correto das últimas décadas, aliado à carnavalização e à folclorização do pensamento, veio a transformar em meras figuras estáticas, quase sempre de honesta aparência e baixa periculosidade? A simplificação pasteurizante da profusa hibridização cultural do Brasil condensou diversos elementos monstruosos em uma repetitiva e mal elaborada tríade étnica, de tal forma cristalizada por muitos livros acadêmicos e literários que parece impossível agregar qualquer informação diversa desse cabedal de "conhecimentos inquestionáveis": acredita-se cegamente, por exemplo, que a sereia dos rios, a Iara, é de origem plenamente indígena, assim como um primo seu, o galanteador Boto amazônico. Da mesma forma, insiste-se em uma teogonia forjada por jesuítas, como se esta tivesse sido criada pelos próprios nativos. Nela, um ente abstrato muito secundário e que se metaforizava no trovão – Tupã – passou a ser considerado o deus supremo. Sem qualquer relativização, esses mitos são engessados e proliferam *ad infinitum* por mídias as mais diversas.

Os chamados mitos portugueses, indígenas e africanos, nessa ordem de preponderância, configuram uma simplificação dos hibridismos culturais brasileiros. Lembro que Câmara Cascudo criticava boa parte do que menciono aqui já nos anos 1940, em seu essencial *Geografia dos mitos brasileiros*, uma obra que, segundo meu entendimento, parece muito menos envelhecida do se poderia supor. Evidentemente, esse é um outro campo de pesquisa que se abre e deve ser desdobrado em um esforço à parte. Entretanto, considerando a abrangência tentacular deste meu livro, coube-me a iniciativa de dissertar neste subcapítulo, ainda que brevemente, sobre os seres fantásticos tradicionais do Brasil.

Da mesma forma como discuti anteriormente os tantos pavores do mundo buffoniano-depauwniano, pode-se pintar, no caso do Brasil colonial, um quadro muito parecido com o panorama restante do continente americano: por um lado, o maravilhamento; por outro, o estranhamento. A colônia portuguesa representava tanto o paraíso como o inferno, reunidos em uma região de desafios purgatoriais: os macacos eram raças humanoides, e o beija-flor era o "ganso das árvores", por exemplo, integrantes de um movimento perceptivo do invasor que buscava trazer o desconhecido para o âmbito do que lhes era conhecido. Nossos sabiás inquietavam os ibéricos por serem frequentadores de palmeiras, o que, séculos depois, foi transposto para a poesia nacionalista de Gonçalves Dias. O historiador A. d'Escragnolle-Taunay (cf. Taunay, 1998) faz pitorescas descrições ao comentar diversas referências sobre nossa zoologia fantástica. Por exemplo, fora dito que, dentre nossas aves, as "borboletas" costumavam voar do sertão para o alto-mar, onde se afogavam; já se sugeriu o uso de fedorentos gambás para finalidades bélicas; afirmou-se que o lagarto sinumbu se alimentava de vento e que algumas cobras se nutriam com o leite dos seios de mulheres dormentes. Os cronistas e jesuítas portugueses colaboraram enormemente, com sua imaginação muito vívida, para a transposição, modificação e recriação de muitos mitos e lendas. A seus olhos, como não admirar a singularidade de um tucano e a lentidão de uma preguiça? E como não se horrorizar com os rituais de antropofagia do "nativo pagão"? Além das temidas amazonas, as selvas sul-americanas eram povoadas por gigantes, espíritos errantes e almas bravias e gritadoras. Perder-se na mata era quase sempre artifício e obra de algum abantesma, e um afogamento em rio se fazia pelas artes da temida ipupiara, que muito pouco lembrava as delicadas sereias e as belas mouras encantadas peninsulares, como já expliquei. A fusão de elementos destas últimas produziu a figura sedutora da Iara ou Mãe-d'Água, prometedora de fortuna a quem com ela se casasse.

Entretanto, é a Câmara Cascudo que me fio quando penso em uma certa apresentação mitológica das lendas do Brasil. Em *Geografia dos mitos brasileiros*, no capítulo "Ciclo dos monstros", ele comenta aspectos gerais de nossos entes fantásticos. Para isso, remonta à tradição clássica dos ciclopes antropofágicos e dos gigantes, e refere-se igualmente a outras entidades de terras orientais e africanas. Como ilustração, o Capelobo, o Mapinguari e o Labatut brasileiros teriam apenas um olho em muitas narrativas. Outro ser que se classificava no rol dos gigantes era o Gorjala, de origem notadamente europeia: ele levava embora sua vítima debaixo dos fortes braços para devorá-la mais tarde a dentadas. Essa criatura está na matriz da frutuosa imaginação brasileira, mas logo se diluiu entre outros monstros de grande estatura e ferocidade. Seu lugar foi tomado pelo Mapinguari e pelo Capelobo.

Hoje pouco conhecido, o Mapinguari – apesar de sua relativa moderni-dade – era o monstro mais conhecido na Amazônia, verdadeiro assombrador de seringueiros. Descreviam-no como um enorme homem de negros cabelos que cobriam o corpo por inteiro. As mãos eram compridas e em garras. Va-gava não à noite, mas na penumbra das cerradas florestas, confundindo-se às sombras densas das árvores. Sua boca era vertical, percorrendo sua horrenda anatomia do nariz ao estômago, o que lhe facultava engolir praticamente por inteiro o homem apanhado. Seus pés eram em cascos ao avesso, deixando marcas que confundiam a direção tomada aos olhos do caboclo assustado.

O mito do Capelobo circulou muito tempo pelos rios paraenses: essa criatura tinha a mesma ferocidade do Mapinguari, mas guardava certa simi-laridade zoológica com a anta. Apanhava a presa pelo pescoço, fosse animal de estimação, fosse homem, e sugava-lhe o sangue. Era, pois, um tipo de lo-bisomem indígena muito temido. A versão maranhense apresentava-o como um gritador que abraçava fatalmente a vítima e sugava-lhe a massa encefálica por meio de sua tromba. Nesse feroz bestiário, havia ainda o Pé de Garrafa, cujo nome se deveu ao fato de ele ter um único e enorme pé que deixava pegadas arredondadas no solo da floresta. Adorava fazer alaridos, mas di-ficilmente era visto pelos caboclos. Equivalia ao mineiro Bicho-Homem, de igual brutalidade. Supõe-se que a pata única e redonda de tais gigantes seja atributo diabólico de contribuição jesuítica.

O Labatut, presente na tradição da serra do Apodi, no Rio Grande do Norte, tinha um único olho na testa e era narrado como sendo um homem enorme com os pés redondos, coberto por pelos rudes como o do porco-es-pinho. Seu nome foi devido a um terrível general de nome Pedro Labatut que, por onde passava, deixava rastros de sangue e desgraça.

Ainda como parte dessa seleta de monstros brutais, menciono aqui um dos poucos remanescentes africanos, o Quibungo baiano que, como o dis-tante Mapinguari, tinha uma boca em vertical, ou, às vezes, nas costas, abrin-do-se como um saco para jogar dentro o seu prisioneiro, quase sempre uma criança. Tal característica – uma bocarra que se projetava até o abdômen – era presente, desde a Antiguidade, nas terríveis figuras das blêmias, suposto povo acéfalo africano descrito por Plínio, o Velho, em seu *História natural*, Livro V. A boca e os olhos das blêmias se localizavam no peito e na barriga. À medida que o Brasil lentamente se urbanizava, as figuras monstruosas migravam para as vilas, a exemplo do Papa-Figo, um velho em farrapos que raptava crianças para devorar-lhes o fígado, o que tinha consonância com uma terrível terapêutica em torno da lepra, presente em tradições mais antigas.

O erudito e literário Tupã, originalmente um ente muito vago, tornou-se nosso *nature god* para usos catequéticos, e deixou nublada a figura matricial do Jurupari, o qual, por mera necessidade de conformação maniqueísta cristã, foi associado ao Diabo. Naqueles idos das empreitadas coloniais, Satã era um ser onipresente: manifestava-se nas aldeias, nas missões, nas matas, no sertão, no litoral. Se houve uma divindade mais ampla na vasta coletividade dos tupi-guaranis do Brasil colonial, essa foi a figura proeminente do popular Jurupari. Se por uma vertente ele não passava de um ogro da mata, bestial e devorador, que muito serviu à catequese, por outra, ele se revestiu de uma função organizadora e totêmica. À sua versão de deus musical tupi-guarani eram prestados misteriosos cultos em diversas tribos, em torno dos quais existiam instrumentos musicais tabus e ritos de iniciação dolorosos e exclusivamente masculinos.

Jurupari parece ter surgido como mito solar e legislador: um gênero de herói remoto, filho do Sol, que teria descido à Terra durante um período matriarcal de determinadas coletividades ameríndias. Foi a partir dele que se criaram alguns tabus indígenas em relação às mulheres. Em uma das lendas da época colonial, o corpo de Jurupari não podia ser tocado por mulher alguma. E aquela que corajosamente decidiu fazê-lo foi transformada em montanha. O Sol, solitário, queria uma esposa e, por isso, decidiu enviar o filho ao mundo dos homens para encontrar-lhe uma candidata. Ela teria de ser paciente, guardadora de segredos e não apresentar curiosidade. Jurupari voltou ao seu pai bastante ressentido e lhe disse que tal mulher não existia lá embaixo. E argumentou que até havia índias pacientes, porém, elas não conseguiam manter sigilo de nada. Aquelas, todavia, que o fizessem, podiam ser animadas por uma aguçada curiosidade que muito parecia incomodar os homens. Destarte, seu pessi-mista relatório apresentou as indígenas como jamais portadoras daqueles três desejados atributos ao mesmo tempo.

Jurupari costumava ser associado a certos animais noturnos, como à ave urutau, também chamada de mãe-da-lua, típica do Nordeste, ou à coruja oitibó ou noitibó. Por conseguinte, no decorrer da colonização, as terras brasileiras vieram a ser habitadas pelos temíveis "pássaros do Diabo". Pela dificuldade de se explicar ao indígena o inferno cristão, foi-se adaptando o nome Jurupari à liturgia doutrinante, e o termo se tornou um radical: o fogo eterno era o "Jurupari-tatá", enquanto o próprio Diabo era chamado "Jurupari-tatá-pora", ou seja, o habitante do lugar de fogo eterno. O enxofre exalado pelo Coisa-Ruim era "Jurupari tepoti", ou seja, o excremento de Jurupari. Todo esse trabalho lexical tinha de fato uma função religiosa.

No âmbito dos seres que muito agradaram aos intentos católicos, tem-se Anhanga,[115] já presente nas cartas de José de Anchieta, Manuel da Nóbrega e Fernão Cardim. Ele, diferentemente do Jurupari ogro da floresta que não encarnava em forma alguma, era associado a qualquer visagem na mata, fosse de gente, de boi, de anta, de paca. Sua versão mais clássica era a de um veado branco, tendo pelos nos chifres, olhos de fogo e uma cruz na testa. Anhanga era tido como coisa do outro mundo, alma que errava, sombra e espírito. Se visto presentificado em algum animal, aquilo passava a ser considerado sinal de agouro. Ele podia também ser a alma dos antepassados e se comunicava aos índios por meio do piado tristonho de certas aves notívagas.

O estudioso mineiro Couto de Magalhães, tendo como obra mais conhecida *O Selvagem* (1876), também mencionado por Câmara Cascudo, tentou criar uma certa hierarquia mitológica que nos serve neste tópico como ilustração. Para ele, havia uma tríade de deuses entre os tupi-guaranis: Guaraci, o Sol; Jaci, a Lua; e Rudá, o amor. Em seguida, ele classificou os entes fantásticos inferiores: Anhanga seria a entidade que dirigia as caças de porte, o Caapora ficava com a caça menor, o Boitatá governava os pastos, arbustos e relvados, e o Curupira, por fim, regeria todos os assombros das matas brasileiras. Porém, esses quatro pouco tinham a ver, em suas primeiras versões, com o edulcoramento pelo qual vieram a passar posteriormente, a fim de serem adaptados aos programas escolares brasileiros, diluindo-se a meras curiosidades folclóricas e adequação ecológica.

---

115 A grafia "Anhanga", em vez de "Anhangá" (que também é muito popular) me parece mais correta.

Em 1560, Anchieta escrevia que o Curupira era capaz de matar indígenas e que estes deixavam presentes a ele, a fim de não sofrerem seus reveses. Em suas formas amazônicas primevas, esse ser não passava de um menino, em geral de cabelos muito vermelhos, bem peludo, desprovido de orifícios de excreção e de órgãos sexuais, tendo os pés voltados para trás. Animava-o uma força prodigiosa. Porém, em outra versão, seu comportamento de dar pancadinhas nas árvores – a fim de verificar se elas poderiam resistir à próxima tempestade –, era atribuído a um pênis descomunal, capaz de percutir os troncos e se enrolar completamente em torno do corpo da vítima.

Ao ir para outras regiões, saindo da Amazônia, o Curupira começou a se transformar em Caipora ou Caapora. Os dois entes pareciam se diferenciar já em meados do século XVI. E o Caipora adquiria, em muitas localidades, em decorrência da terminação "a", o gênero feminino. Às vezes, era descrito como tendo um só olho e uma só perna. O Caipora também era associado às aparições indefinidas notadas no interior das matas: vultos e sombras moventes, às vezes secundados por estranhos sons. Costumava usar de pequena montaria, como um queixada, e tinha por batedores os vaga-lumes. Ficou famoso por atacar os caçadores de filhotes ou de mães prenhes. A tradição católica o aproximava da alma penada de algum caboclo que tivesse morrido pagão.

Já o Boitatá foi noticiado por José de Anchieta em 1560 como uma coisa toda em fogo, uma luz errante que assustava os nativos em forma serpentina. Câmara Cascudo (1976) chegou mesmo a dizer que é "inteiramente um mito europeu" (p. 121), uma vez que está associado às tradições de fogos-fátuos, aos *feux-follets*[116] dos franceses, e às bolinhas de luz deambulantes que, em Portugal, eram cridas como nada mais do que alminhas de crianças pagãs.

Porém, de todos os monstros brasileiros, o Saci parece, de longe, o mais popular e o mais adaptado, derrubando Curupira do patamar principal que ele assumiu por muitos séculos. Entretanto, ausente das crônicas quinhentistas, soa como um mito mais jovem, talvez do final do século XVIII.

---

116 Esses eram as chamas que tremeluziam sobre sepulturas ou as luzes conduzidas por almas condenadas, e que faziam com que um caminhante perdido viesse a despencar em um despenhadeiro.

Originalmente ornitológico, era ligado a uma ave de mesmo nome que tinha por hábito se empoleirar em uma só perna, assemelhada a outra taperídea que também se tornou assombração: a Matinta Perêra, corujinha que se metamorfoseava em velha bruxa andante e que tinha de ser agradada com fumo e cachaça para deixar de rondar os casebres dos roceiros. Aos poucos, o Saci foi angariando a graça popular e os atributos de diversos duendes europeus: não de fato malvado, porém, traquinas, indolente como um lutino; um *trickster*; diabrete familiar.

A vasta gama de monstros brasileiros ainda merece apontamentos sobre suas proliferantes famílias aquáticas, tanto marinhas quanto fluviais, como as das ipupiaras, botos e mães-d'água, ainda que eu já tenha tratado brevemente desses seres. Câmara Cascudo chama a atenção para o fato de os portugueses, de forte tradição navegante, terem obviamente trazido consigo seus mitos marinhos: sereias, tritões e serpentes, que também eram manifestos em muitas outras culturas. As sereias mais tradicionais do pensamento lusitano, desvinculadas da forma ornitológica grega, passaram a ser belas moças assentadas sobre rochedos à beira-mar e à beira-rio, não necessariamente com uma anatomia natatória específica. Esse aspecto que tanto se presentifica nas lendas brasileiras das iaras é mesmo de herança ibérica, referenciado especificamente às mouras encantadas, mulheres mágicas e doadoras que muito percorriam a imaginação minhota, de onde, sabe-se bem, veio boa parte dos lusitanos que se enraizaram no Brasil. Após o Minho, tem-se em Trás-os-
-Montes e Alentejo as regiões mais profusas em lendas de mouras. Portanto, pode-se seguramente afirmar que a Iara generalista dos rios e córregos deste lado do Atlântico era um ser convergente das melusinas e mouras. O português quinhentista, ouvindo notícias sobre um monstro marinho no litoral brasileiro, especialmente na região de São Vicente, o qual afogava e devorava índios, associou-o espontaneamente com a sereia. Era, pois, o fantasma que Anchieta detectava nos tantos rios e que tinha por nome "ipupiara". Em sua versão masculina e interiorana, parece ter se transformado no Negro do Rio, no Negro-d'Água, ou, ainda, no Caboclo-d'Água mineiro, ou mesmo no Minhocão, um portentoso animal subterrâneo, responsável pelas voçorocas e desmoronamentos ribeiros tão comuns nos sertões. E Câmara Cascudo (1976) confirma:

A Iara (ig-água, iara-senhor) é uma roupagem de cultura euro-
peia. Não há lenda indígena que tenha registado a Iara de ca-
belos longos e voz maviosa. Lendas indígenas mais velhas citam
sempre o velho homem marinho. Nunca a Iara. A presença da
Iara denuncia o branco ou a influência assimiladora do mestiço,
irradiante e plástico. (p. 128)

No imenso fabulário fantástico brasileiro, não se pode deixar de citar a
Cobra Grande – a Boiuna das lendas amazônicas –, provavelmente inspirada
na sucuri e na jiboia. Uma serpente também costumava ser chamada, no século XVII, de Mãe-d'Água. Nossas mães-d'água sempre foram prolíficas, ge-
nerosas, porém merecedoras de respeito, a exemplo das iabás do candomblé,
como Oxum, das águas doces, e Iemanjá, da água salgada.

A Cobra Grande amazônica deu origem a um belo ciclo de narrativas, na
qual figura preponderante Cobra Norato, a cobra boa, irmão gêmeo da maléfica Maria Caninana. Da mesma forma, o Boto, que, na Amazônia, era a explicação para a presença de mães solteiras ribeirinhas, relaciona-se a remotas
lendas: em terras da Grécia Antiga, o delfim seduzia belos rapazes, no mesmo
contexto do amor homoerótico entre Zeus e Ganimedes. Uma das narrativas
afirma que um desses delfins veio a morrer de paixão por um jovem. Na antiga Hélade, associava-se a forma da cabeça do golfinho à glande do pênis. Seu
focinho era também de anatomia "obscena" e seu nado cadencial lembrava
os movimentos da cópula. Desde sempre, tornou-se um fetiche ictiofálico.
Transplantado para os densos rios da Amazônia na forma de boto-vermelho,
tornou-se o Don Juan das águas brasileiras, que se transformava, em noites
de festa, num guapo rapaz de chapéu, escondendo o furo na cabeça que lhe
era remanescente da forma animal. Entretanto, desde sempre, o Boto brasileiro pode ser estudado como uma herança erudita clássica.

Em suma, após as enumerações e descrições encontradas por pesquisadores, pode-se afirmar que os mitos brasileiros, em sua maioria, são mitos de
convergência, e que os monstros basais deste país eram, de fato, vorazes e in-
sanos antropófagos, jamais dados ao diálogo ou a trocas pela preservação da
vida da vítima. Matavam por matar. O passar das épocas trouxe a amenização

de muitas formas monstruosas, e algumas delas parecem cada vez mais propensas a se ausentar da memória popular.

A sombra do monstro nas Luzes europeias

As diferenças entre o entendimento dos monstros no período medieval e renascentista para com a época das Luzes são muito notórias. Antes do século XVIII, o monstro era algo que rompia com a suposta ordenação do mundo para produzir uma aberração. Na Idade Média, por exemplo, como discuti anteriormente, os monstros, classificados, em sua maioria, como seres fantásticos ligados ao sobrenatural, eram sobremaneira o resultado de atos pecaminosos, frutos de castigo divino e, muitas vezes, estavam danados às profundezas do inferno. Ou seja, os monstros eram tanto os integrantes da prolífica horda de diabos, íncubos e súcubos aos quais Deus permitiu que pudessem atentar os homens, quanto aqueles seres humanos que se "monstrificavam" ao infringir alguma lei sagrada.[117] Para o homem medieval, o monstruoso estava cerzido ao diabólico, e suas diversificadas *fascies* animalescas podiam ser detectadas no ser humano e nas coletividades cuja proximidade de Deus fora perdida. Aleijumes e deficiências eram explicados e repudiados com base em cópulas entre seres humanos que preferiam a "união bestial", incluindo, dentre os pecadores, toda a legião de ateus, sodomitas e mulheres (havia mesmo a crença de que, na ressurreição da carne, os seres humanos viriam todos na forma masculina). Como também já ficou evidenciado, todo cuidado deveria ser tomado em relação às mulheres: por um lado, as filhas de Eva já eram originalmente monstruosas; por outro, dada a sua tendência impressionável, elas poderiam gerar seres monstruosos ao apreciarem o que era considerado disforme e defeituoso.[118]

O corpo eviscerado representado na escatologia medieval – cuja figura suprema foi o Cristo crucificado – levava o espectador pio ao horror da

---

117 Alguns explicariam os íncubos e súcubos – ou lilins, filhos de Lilith – como pertencentes aos seres gestados por bruxas que copularam com demônios.

118 Era tão forte a alusão ao que se considerava "bizarro" que é possível mesmo dizer que o século XVIII inventou a febre dos *freaks* e do *uncanny*.

expiação e da morte por meio de empalações, de purgações e da própria quei-
ma em fogueiras. Essa visão de repúdio, porém, cedeu lugar, no Renascimento, a um corpo admirável – "máquina divina" – que assumiu uma condição
propícia à contemplação científica, em um movimento lento que vai do "homem zodiacal" – microcosmo do universo na Idade Média – ao "homem
iatromecânico", objeto de uma entusiasmada medicina da Era Moderna.

Os teatros de anatomia[119] assinalaram uma passagem importante na
concepção sobre o corpo humano que, de corpo astral, base para se pensar
o chamado homem zodiacal, passou a corpo maquinal. Até o século XVI,
as partes do corpo eram estudadas a partir de tratados da Antiguidade e de
releituras árabes de médicos importantes, como Galeno. Com o desenvolvimento das técnicas de observação e tato, e com a mudança de perspectiva
em prol de uma visão mecanicista do mundo, as fragmentações corporais
também vieram a ser entendidas como peças de um mecanismo sempre
cheio de metáforas, no qual o corpo ora era comparado a um relógio, ora a
um sistema hidráulico.

O deslocamento das percepções medievais tardias em torno do corpo foi
se fazendo aos poucos, e pode-se dizer que, no século XVI, as alterações nos
estudos médicos já se mostravam sensíveis. Graças à primazia da observação,
o corpo assumia um novo patamar: desencantava-se. Os teatros de anatomia,
que em princípio tinham uma montagem itinerante feita sob um toldo protetor, com arquibancadas semicirculares hierarquicamente organizadas, ganhavam também edifícios exclusivos. Tudo era feito para que a pulsão escópica
obtivesse preponderância sobre os demais sentidos. O próprio teatro podia
ser entendido como uma grande estrutura ocular a serviço do conhecimento.
Ao lado de um professor, que comandava o espetáculo secundando o cadáver, estava um demonstrador, que exibia o que era ensinado, e um cirurgião

---

119 Trata-se, especificamente, de construções provisórias ou edifícios voltados para experiências de dissecação humana que visavam a uma plateia composta tanto de médicos e estu-
dantes quanto apenas de curiosos. Esse costume durou da época moderna (século XVI)
à contemporânea. Estima-se que o mais antigo teatro anatômico da modernidade tenha
sido instalado em Salamanca (c. 1550). Em geral, a construção em forma de anfiteatro de
madeira – uma arquitetura estimuladora de um certo "triunfo do olhar" – tinha em seu
centro o cadáver a ser estudado.

(ou barbeiro), que preparava previamente o morto. As partes do corpo eram também expostas aos observadores, e, para tanto, aproximavam-se estas da plateia. O médico tornava-se aquele que passaria a confiar sobremaneira nos próprios olhos e mãos, em um panorama científico que se erigia em torno da "máquina de ver" que era a própria estrutura física de um teatro de anatomia.

Na ausência de cadáveres reais, imagens de finalidade pedagógica muito bem elaboradas também serviam aos ensinamentos, e se distribuíam em pranchas vistosas. Esses verdadeiros álbuns anatômicos filiavam-se a um engenho artístico de pendor macabro: imaginemos esqueletos dotados de vida que abriam o tórax ou o abdômen com as próprias mãos, a oferecer aos estudiosos o que de melhor tinham, ou, então, manequins que igualmente serviam a essa dramaturgia da morte. Esse esforço iconográfico veio por consagrar o período quinhentista europeu como o século anatômico, no qual ganharia terreno, cada vez mais, a visão mecanicista de mundo, que teve seu pináculo no século XVIII.[120]

O modismo dos "teatros de anatomia" ganhou, como ficou evidente, muitos adeptos que queriam assistir cenas em torno de corpos mortos estirados sobre mesas. O público eclético que se aglomerava para apreciar as dissecações admirava órgãos diversos, que, após extraídos, eram-lhe exibidos triunfalmente como comprovação da perfeição divina na Criação. Da mesma forma, como exemplos tardios desse olhar curioso que vencia as barreiras da indiscrição, tivemos a exibição de "aberrações" no estilo *freak* pela Europa afora para supostos fins científicos.[121] Como afirmou Leite (1991):

> *A atitude dos homens perante o demente, o possesso, o epiléptico ou ainda o homem disforme se apresenta aos historiadores da mentalidade quase sempre de uma forma ambígua. Repulsa, pavor, curiosidade, divertimento, compaixão ou também respeito eram as reações possíveis. (p. 105)*

---

120 Para uma leitura mais detalhada sobre este tema, cf. Mandressi (2012, pp. 411 ss.).

121 Discorro com mais minúcias sobre a apresentação de "excentricidades" em espetáculos populares no século XIX nos capítulos "O corpo monstruoso nos Oitocentos" e "Os pré--cinemas".

Um bom exemplo do que estou a discutir é o do Royal College of Surgeons de Londres, que costumava expor o esqueleto do famoso Gigante Irlandês, codinome de Charles Byrne (1761-1783), com cerca de 2,30 metros de altura,[122] que veio a falecer por abusos de bebida, somados à fama e ao dinheiro fácil. Seu corpo acabou sendo comprado e dissecado, contrariando o desejo de Charles de ser jogado ao mar justamente para evitar que se tornasse mais uma curiosidade de gabinetes. No século seguinte, Caroline Crachami (1815 – 1924), chamada de "fada siciliana" ou "anã siciliana", foi considerada a menor pessoa do mundo, com seus 50 centímetros de estatura e 28 centímetros de cintura, e, por isso, passou pelos constrangimentos da exposição pública. Seu esqueleto foi colocado ao lado do de Charles Byrne e poderia caber dentro da bota do "gigante".[123] Os esqueletos de Charles e Caroline são expostos ainda hoje no Hunterian Museum, em Londres.

Como ficou explicado, esse comportamento, consequência de um primeiro humanismo que dominou a cultura ocidental, já trazia também as raízes da visão mecanicista que predominou por muito tempo. O ponto de vista do homem secular passava a ter importância, e essa transformação se verificaria, por exemplo, nas artes, por meio do emprego da perspectiva e dos pontos de fuga: ou seja, já não se via mais o mundo pelo ângulo do olhar divino, mas, sim, pelo de um espectador posicionado fisicamente em frente à obra a ser admirada (como é o caso da *Santa Ceia*, de Leonardo da Vinci).[124] E, até meados do século XVIII, a visão mecanicista do corpo fundamentada no paradigma cartesiano seria uma dominante no pensamento europeu, uma vez que, para René Descartes, éramos espécies de "autômatos" à mercê da mecânica da natureza, e nossa redenção dar-se-ia por meio do

---

122 Considerando-se a chamada "substância intervertebral", ele deveria ter 2,40 metros de altura.

123 Caroline era também considerada um caso de "sugestão materna": conta-se que sua mãe, quando gerava a filha aos quatro meses de gravidez, foi surpreendida, em uma noite tempestuosa, por um pequeno macaco que se abrigava no teto da carruagem em que a mulher se encontrava. O animal, assustado, entrou debaixo da saia e veio a morder os dedos dela. Ao ser tocada pelo animal nas partes íntimas, a senhora Crachami teve um ataque histérico e quase abortou.

124 Só para lembrar, na Idade Média, em geral, as obras de arte muitas vezes traziam o ponto de vista do espectador divino, como no caso de quadros de Hieronymus Bosch.

pensamento (*cogito*), a base para a transcendência e para nossa diferenciação em relação aos animais.

Partindo dessa discussão preambular, ressalto a seguir aspectos do monstro no entendimento de Denis Diderot (1713-1884) e de outros pensadores da época iluminista quando – ao contrário do período medieval e renascentista – o monstruoso surgia para explicar a diversidade daquilo que até então se chamava de "norma".[125] A grande querela proposta no início do oitocentismo era o materialismo mecânico *versus* uma teleologia deísta incapaz de oferecer respostas adequadas para as inquietações do homem: de um lado, o monstro poderia ser fruto do inato da vontade divina e do original pecaminoso e, de outro, do incidental e do acaso das operações caóticas que se davam na natureza.

Contudo, a cisão entre razão e fé, ou entre razão e mito, no século das Luzes não foi tão totalitária como se costuma imaginar. Mesmo reconhecendo a vontade iluminista de não tocar no tema do monstruoso, existe um forte imaginário em torno do monstro naquela época, o qual vem ganhar corpo graças a representações não apenas religiosas, filosóficas e científicas, mas até mesmo jornalísticas, na forma das *nouvelletés* (as antecessoras dos *fait divers* dos séculos XX e XXI).[126]

Nas discussões de teor filosófico e científico, inclui-se o próprio Denis Diderot – o mais proeminente organizador da *Enciclopédia* –, com seus estudos *avant la lettre* sobre teratologia e teratogênese que atravessaram todo aquele período, chegaram ao século XIX e podem ter reflexos ainda hoje em discussões que passam pela bioética e pela biogenética. Por exemplo, em 1995, o mundo ficou perplexo com o médico Charles Vacanti, da Universidade de Massachusetts, que utilizou a engenharia genética para criar um monstruoso rato com uma orelha humana nas costas.

---

125 Considera-se que apenas no fim do século XVIII a entusiasmante crença professada em criaturas fabulosas começou a arrefecer na Europa. Entretanto, pode-se dizer que essa crença nunca desapareceu por completo das culturas humanas, sendo verificada ainda hoje, mesmo nas complexas sociedades contemporâneas.

126 Saliento a profusão, desde então, de cientistas que passaram a se utilizar dos veículos da mídia para divulgar seus trabalhos, em busca de celebridade, consagração e financiamento para suas pesquisas.

No âmbito do que aqui apresento, o pesquisador Roberto Romano (2003) lembra que "Diderot aprova os cruzamentos, empreendidos por Maupertuis,[127] de animais que pertenciam a espécies diferentes" (p. 87). A separação do monstruoso em relação ao sobrenatural ganhará força, até que, mediante os avanços científicos do século XIX, ambas as categorias não estarão mais tão adjungidas.

Portanto, se até a Idade Média e a Renascença podemos dizer que o mundo se preocupou com os monstros sob um aspecto divino ou demoníaco, a partir do XVIII a monstruosidade exigirá outros olhares. Ainda para Romano (2003, p. 21), Diderot foi "o pensador que mais se interessou pela monstruosidade", e o estudioso brasileiro chegou mesmo a estabelecer forte ligação entre o enciclopedista francês e o filósofo pré-socrático Empédocles de Agrigento, um tipo de enciclopedista *avant la lettre* (495/490-435/430 a.C.), defensor de uma zoogonia e uma teoria dos monstros, dentre outras áreas diversas do saber que lhe aguçavam a curiosidade. Há mesmo quem considere Empédocles um precursor de ideias darwinistas, uma vez que ele teria discutido que os seres mais capacitados eram os que conseguiam sobreviver. Aristóteles – com sua visão de mundo normativo, organizativo, delimitado pelas bordas do "bom" e do "belo" que tanto influenciaram o pensamento racional – menciona Empédocles e sua explicação sobre a monstruosidade das formas primeiras, segundo a qual os monstros vinham a ser combinações inadequadas ou indesejadas de certos órgãos e membros; por isso mesmo, por exemplo, rostos humanos podiam ser vistos em bois e vacas. Essa abordagem propiciou uma tradição bestialógica que associava partes do corpo humano a animais, a qual atravessou os séculos, tendo ênfase na Antiguidade e no medievo, com repercussões até o século XXI, quando, a título de ilustração, certos livros de autoajuda proliferam uma pseudopsicologia zoofisiognomista.

Mas a importância de Empédocles foi trazer para a esfera do político e do moral um "modo de encarar a vida em sociedade como experiência dos limites entre o humano e o teratológico" (Romano, 2003, p. 33). E isso interessava sobremaneira o pensamento de Diderot, em sua busca por

---

127 Pierre Luis Moreau de Maupertuis (1698-1759), filósofo, matemático, físico, astrônomo e naturalista francês.

"domesticar" o monstro e tirá-lo definitivamente do círculo dos seres amaldiçoados e infernais.

No Iluminismo, às vezes as formulações filosóficas tendiam ao humanizado, outras, ao monstruoso "controlável", tendo como representantes dessas polaridades Erasmo de Rotterdam e Thomas Hobbes, como faz saber a citação a seguir:

> Os pensadores ora se dedicam à tarefa de "humanizar" o mundo
> (como em Erasmo de Rotterdam), ora apontam para o seu lado
> bestial, mas domesticável (Hobbes), ora mostram que a junção
> monstruosa é inelutável, sendo preciso utilizá-la alternadamente
> em tempo e modo certos (Maquiavel). (Romano, 2003, p. 33)

Diderot, porém, insistia no monstro como possibilidade para se pensar o humano sob um paradigma novo: uma vez que o mundo era instável e mutável, o enciclopedista abandonou a suposta estabilidade do átomo para abraçar a dissolução das formas moleculares e das causalidades múltiplas.[128] Para ele, o monstro – que então passou a ser o próprio indivíduo – solicitava reflexões tanto no âmbito do biológico como do social e do político, uma vez que o monstruoso desvelava aspectos de falta e de excesso no caráter do homem, a exemplo da genialidade e do virtuosismo que tanto impressionavam as sociedades de todas as épocas: não apenas do degenerado se fazia exceção, mas igualmente do muito criativo. Após se constatar a ausência de leis universais no mundo, a anomalia poderia, portanto, ascender ao patamar da normalidade. Tal constatação levaria a várias incursões: a partir daí, ela se tornaria também uma espécie de regra e, dessa maneira, o normal poderia vir a trocar de lugar com o que sempre havia sido considerado danoso e prejudicial. E, mais além, o próprio Estado poderia ser entendido como um grande

---

128 Nesse âmbito, vale mencionar Shakespeare, para quem o monstruoso era uma transgressão dos limites da natureza que se transformava em aviso moral. A título de exemplos, em *Otelo* e *A tempestade*, relembra Magalhães (2003), os fantasmas já aparecem sinalizando argutamente o ausente, o outro que partiu. Shakespeare também tem uma "extraordinária zoologia" em suas obras, como salienta Derrida (2011, p. 84).

monstro – terrível Leviatã, fazendo aqui alusão à obra magna de Thomas Hobbes (1588-1679).

Michel de Montaigne (1533-1592) foi outro filósofo que teve importância suprema sobre o pensamento iluminista, uma vez que ele entendia o monstro como um ser natural. Na época das Luzes, ainda que fosse uma categoria desviante, o monstro se apresentaria como um dos caminhos possíveis de serem seguidos. Por um lado, a zoomorfia, que sempre acompanhou a representação do ser humano, viria a atuar, neste caso, como uma atenuadora dos excessos do pensamento antropocêntrico. Já por outro, ela colaboraria para o abandono do pensamento punitório da teologia, o que deflagrava a importante passagem do homem "centelha divina" para o homem "animal". É como se, imersos na defesa da razão, os estudiosos do pensamento desconfiassem de que nunca nos livraríamos por completo da animalidade da natureza que se manifestava desde sempre no interior do homem.

Para Jean-Jacques Rousseau (1712-1778), outro dos grandes nomes das Luzes, o homem moderno era também monstruoso, fragmentado pela natureza que se operava dentro dele e também pelo social que se realizava fora. E, se um indivíduo assim se conformava, o que ele poderia gerar, senão um igual? A degenerescência, pois, era uma suposição aterradora, e o teratológico emergia para tentar oferecer explicações. "O monstro é a prova de fogo do humanismo [diz Hans Meyer] . . ., pois sem o seu resgate tanto a Renascença quanto as Luzes fracassam" (Romano, 2003, p. 43).

Por conseguinte, o que pode ser considerado inovador no pensamento iluminista é uma aproximação maior da percepção de que o monstro era uma figura *in transito* entre uma forma e outra, e essa concepção era compreensível no pensamento da época. Por conseguinte, todo monstro caminhava no interstício das formas e trazia outras consequências consigo: ora, se o homem moderno era um monstro, suas criações – e aqui se inserem os mecanismos e as próprias máquinas – também o seriam. Toda essa perspectiva ecoará sub-repticiamente no Romantismo, que vai surgir após a celebração máxima do racional, oferecendo os deliciosos delírios da imaginação em torno do monstruoso, como será comentado adiante.

Porém, o Iluminismo também trouxe preconceitos envoltos em sua preocupação com as crianças – esses preciosos continuadores da classe burguesa ascendente. Houve uma figura moralista e censora da época, William Godwin (1756-1836), talvez o primeiro a impor o "politicamente correto" na literatura para jovens. Nesse viés, Warner (2000) reforça um certo caráter reformador e saneador do pensamento das Luzes:

> *em muitos aspectos, as publicações para a família representam um Projeto Iluminista para desmistificar e esclarecer, desarmar bichos-papões e demônios não apenas derrotando-os em batalhas com criatividade e façanha em armas. O entendimento, o conhecimento, a mente aberta são defendidos; pode-se mudar a forma de um ogro aprendendo mais sobre ele – esta lição liberal no valor da educação motiva muitas de suas produções, incluindo a exclusão, nos contos de fadas, de quaisquer complexidades sobre bonzinhos e malvados.[129] (p. 320)*

Quero reforçar, em suma, que, a partir do oitocentismo, o monstruoso se torna uma possibilidade, e isso será marcante para outras produções ligadas ao pensamento. Conforme sonhou Diderot, o monstro finalmente tinha sido domesticado ao se tornar um conceito biológico, passível de experimentação e de classificação.

Mas, como contraponto e mesmo dissidência de todo excesso de razão, caberá à estética gótica enaltecer a presença do claro-escuro, da luz e da sombra que marcarão boa parte das criações fantásticas daquele período em diante, tanto na literatura quanto no futuro cinema. No Romantismo de teor gótico, a cor do medo e do assombro, por excelência, será a não cor – o branco –, ao contrário do que se costuma pensar, a exemplo das asas das alvas corujas, imperceptíveis quando voam sobre a neve dos espaços ermos, mas

---

129 *"in many aspects the publications of the family represent an Enlightenment Project to demystify and to illuminate, to disarm bugbears and demons not simply by defeating them in battles of wits or feats of arms. Understanding, knowledge, broad-mindedness are advocated; one can change an ogre's shape by learning more about him – this liberal lesson in the value of education motivates many of their productions, cutting across the fairy tale's dismissal of any complexities about goodies and baddies."*

percebidas por seu suspeito ruflar. O pavor também poderá ser projetado no branco espectral, que ofusca e curiosamente assombra, presente na pálida tez das donzelas esquálidas e magérrimas, amadas pelos autores do Romantismo, a exemplo de Alexandre Dumas Pai[130] e Álvares de Azevedo. Os fantasmas dos esquecidos castelos, os *revenants* vingativos, os futuros clarões dos óvnis e dos *flashes* das máquinas fotográficas viriam, todos eles, banhados pelo branco pavoroso que iluminaria as noites escuras. De fato, muitas das imagerias modernas seriam esbranquiçadas e fantasmagoricamente revestidas, como a própria tela do cinema. A mesma coloração leitosa seria atribuída à substância ectoplasmática dos ditos espíritos materializados dos experimentos metapsíquicos do século XIX e início do XX, a partir das experiências francesas em torno da vida após a morte. E, só então, dominando o branco no rol da predileta cor para a revelação do causador do medo, é que se pode mencionar o breu e o negror como uma segunda opção para a criação da esfera fantástica aterrorizante.

O ogro se apressa em matar suas filhinhas. Litografia de Gustave Doré para "O Pequeno Polegar", *que compõe* Os contos de Perrault *(1867).*

A literatura fantástica gótica do século XVIII insistirá na presença do mal, do diabólico e dos espíritos infernais e tentadores da alma humana, recorrendo às temáticas lúgubres e macabras do período. Para Freud, a sin-

---

130 Sobre esse autor, vale conferir seu belo conto de vampiro "Histoire de la Dame Pâle" (Dumas, 2005).

tomatologia da histeria que ele próprio veio a estudar estava muito próxima do que, no medievo, classificava-se como possessão demoníaca. De fato, a demonologia foi uma precursora da psicanálise (cf. Leite, 1991, pp. 101 ss.). E muitas possessões se apresentavam no ambiente enclausurado dos conventos, onde o Diabo iria tentar a carne.[131]

> *Teria sido esse o estilo de toda uma época de se exercer o recalque sexual. Assim, íncubos, súcubos, stigma diaboli e todo um bestiário de intermináveis hostes de malefícios foram convenientemente exorcizados em nome de um poder temporal, para a maior glória de Deus e menor angústia de alguns. (Leite, 1991, p. 17)*

Ainda segundo Leite, as marcas diabólicas (*stigma diaboli*), muitas vezes anestésicas e não hemorrágicas, podiam aparecer em qualquer lugar do corpo, mas em especial no ânus masculino ou nos seios e genitais femininos, e poderiam ter formatos de animais, como aranhas e sapos.

A partir de outras angulações, mas ainda bebendo nessa fonte tenebrosa que tanto percorreu a Idade Média, posso dizer que o panorama diabólico--fantasmagórico retorna para alimentar várias obras da literatura setecentista. Deparo-me não apenas com *Fausto*,[132] de Goethe, narrativa que veio a angariar muita notoriedade no século seguinte, mas com o também excelente *O diabo amoroso* ou *O diabo apaixonado*, do francês Jacques Cazotte, que foi publicado no mesmo ano em que teve início a escrita da obra alemã – 1772. A primeira tradução para nossa língua de *Le diable amoureux*, conforme Leite (1991, p. 43), data de 1871, e chegou ao Brasil pela verve do produtivo autor

---

131 Sobre este tópico, deixo como sugestão o filme mexicano *Alucarda* (*Alucada, la hija de las tinieblas*, Juan López Moctezuma, 1978), em que uma jovem chega a um convento após a morte dos pais e uma série de acontecimentos de "possessão" irão se desenrolar, em meio às crises histéricas das freiras.

132 Essa personagem não pode ser considerado uma criação original de Goethe quando se tem conhecimento de outras narrativas, ainda do século XVI. "Afirma-se que entre 1480 e 1540 teria existido um homem de nome Georg Faust, natural de Knittligen, que foi descrito pelos estudiosos como possuidor de duvidosa reputação (...). Orgulhava-se do poder sobre os mortos, dizia-se médico, astrólogo, vidente, profeta e quiromante" (Leite, 1991, p. 66).

Camilo Castelo Branco. O texto de Cazotte veio mesmo a influenciar o próprio E. T. A. Hoffmann, contista tão precioso para a literatura fantástica.

No século XVIII, o Diabo já se mostrava muito mais como um representante do poder do que do mal, diferentemente do que havia sido na Idade Média (cf. ibid., p. 19). Como foi comentado, os Setecentos foram todo um período de convivência entre as bases do pensamento iluminista, por um lado, e, por outro, as crenças, a mística e as superstições que já existiam e não sucumbiram, apesar dos esforços da razão. Leite (1991) afirma: "o tema de Fausto se tornaria o paradigma tanto do desejo representado pelo diabo como do que seria a concepção que o homem moderno tem de sua significação" (p. 74). Em *Fausto*, Mefistófeles – que, dentre vários papéis, pode ser considerado o duplo do protagonista; senhor dos ratos, camundongos, moscas, percevejos, rãs e piolhos;[133] encarnação da impossibilidade de se saciar o desejo e metáfora da pulsão destrutiva – mostra-se um bom perscrutador do desejo humano. Esse livro, portanto, se configurará em torno da esfera desejante que move o homem.

Menos conhecida que *Fausto*, porém, mas certamente inaugural do fantástico sombrio dos Setecentos, *O diabo amoroso*[134] merece a atenção do leitor interessado nessa temática. Se a esfinge grega estabeleceu como sua pergunta enigmática "quem sois?", o diabo Belzebu de Cazotte, manifesto em uma cabeça de camelo perante o personagem Álvaro, lança as bases para futuras reflexões psicanalíticas em torno do desejo mediante a indagação: *"che vuoi?"* – "que queres?". Belzebu traz, assim, a possibilidade da ausência de tempo entre o desejo e sua realização. É isso que muitas vezes se chama "magia":[135] afinal, o desejo se mostra sempre impaciente.[136] O Diabo, nessa obra que se

---

133 São todos animais compreendidos como pestíferos ou asquerosos, presentes em fobias diversas.

134 Há mesmo os que o considerem precursor do gênero fantástico (cf. Leite, 1991, p. 21).

135 Leite (1991) afirmou: "Para a psicanálise, a magia não é senão o efeito de uma projeção da ação psíquica, na qual um desejo aparece como imediatamente realizado" (p. 52). E adiante: "Sendo os desejos humanos o motivo que levaria o homem à magia, pode-se admitir que, se ele crê nela, é porque tem uma confiança desmedida no seu desejo" (p. 53).

136 Em psicanálise, um desejo sempre remete a outro, em infinitos desdobramentos, de forma que não há um "último desejo", tampouco a realização plena de um dado desejo, uma vez que a falta e a incompletude são inerentes à condição humana. Nesse raciocínio, o

sobressai tanto pelo estilo como pela originalidade, irá se metamorfosear de camelo em cadela, e de cadela em pajem, definindo-se como uma sílfide[137] apaixonada por Álvaro. Seu nome será Biondetta,[138] uma forma feminina que repetirá a antiga alusão à mulher – objeto de desejo – como um ser diabó-lico.[139] E, após dormir com ela, Álvaro não saberá de fato se tudo foi real ou apenas ilusão.

O autor de *O deus odioso. Psicanálise e representação do mal* infere que a forma de camelo poderia levar às representações maléficas do dragão, e a cadela, a outro símbolo demoníaco:

> *O cão seria um outro símbolo clássico do demônio. (Representa-ção, aliás, que encontra uma curiosa explicação em Freud para sua conotação pejorativa: o fato de o olfato ser seu principal ór-gão de sentido, e sua ausência de repugnância pelos excrementos e pela atividade sexual.). (Leite, 1991, p. 58)*

E, ainda: "Assim também se deveria tentar encontrar os critérios pelos quais a gruta onde Álvaro faz sua invocação foi correlacionada à vagina, e o camelo se alongando, para se transformar em cadela, assimilado a um repre-sentante do falo" (p. 58).

---

ser humano é condenado a se mover pelas vielas labirínticas dos desejos, mas nunca terá sua plena realização. Por serem movediços, eles jamais estão de fato no lugar em que são procurados (cf. Leite, 1991, p. 59).

137 Elemental do ar, segundo os ocultistas da época.

138 As experiências proporcionadas pelo tinhoso, em suas aparições literárias, muitas vezes causam esta mesma dúvida. Evoco, aqui, o relutar do narrador Riobaldo, de *Grande sertão: Veredas*: teria ele feito ou não um pacto com o Diabo?

139 As metamorfoses em corpos de animais fazem com que eu me reporte uma vez mais ao excelente conto de Murilo Rubião, "Teleco, o coelhinho", em que um coelho cinzento se transforma em pulga, bode, ave, canguru, perereca, cachorro, lagarto, carneiro, crian-ça... (cf. Rubião, 2010, pp. 52-59), ou, ainda, a uma obra de Marie Darrieussecq, escrito-ra francesa de literatura fantástica (cf. Darrieussecq, 1997), cuja personagem humana se transforma aos poucos em uma porca. Como já deixei claro no decorrer deste trabalho, as formas inconstantes – por isso mesmo perigosas e ardilosas – comumente foram asso-ciadas ao mal e às artimanhas diabólicas.

Na tradição psicanalítica, não só Freud, mas também Jacques Lacan recorreu ao Diabo como figura simbólica:

> *para formalizar essa alienação fundamental do homem frente à ignorância dos seus próprios desejos, que o coloca numa condição de condenado, a desejar muitas vezes o que não quer, ou a querer o que não deseja, Lacan, fiel a Freud, recorreu ao imaginário popular, que fez do diabo a representação desse destino do homem: "Eis por que a questão do Outro que retorna ao sujeito do lugar onde ele espera um oráculo, sob a fórmula de um Che vuoi?, que queres?, é aquela que conduz melhor o caminho do seu próprio desejo – se ele se põe, graças ao* savoir-faire *de um parceiro chamado psicanalista, a retomá-la, mesmo não sabendo direito, no sentido de um 'O que quer ele de mim?'". (Leite, 1991, p. 155)*

A partir da discussão empreendida nas páginas anteriores, acredito que o período do Iluminismo foi muito mais aberto a uma convivência com o fantástico do que geralmente se supunha. As formas diversas de pensamento que estiveram presentes nas Luzes confirmam que os períodos e as divisões históricas se interpenetram, e que o monstro sempre se manifesta, independentemente de quanto se queira defender o contrário. O próximo tópico pode igualmente ser incluído nessa perspectiva.

Os assustadores contos de fadas

Ainda no contexto do Iluminismo, proliferaram os "contos de fadas" – *fairy tales, contes de fées* –, um termo genérico para aquelas histórias mágicas que, com o advento da formalização da educação burguesa, foram adaptadas ao universo infantil e ficaram por um bom tempo lá renegadas, como se nunca tivessem tido vínculos com o chamado mundo adulto.

Originalmente voltadas aos párias da sociedade, aos mais pobres e aos camponeses sem diversão que se juntavam em volta das fogueiras em noites frias, tais narrativas foram recriadas, no século XVII, por literatos franceses, em especial parisienses, para a chamada "língua culta". Tais contos do povo tornaram-se, então, histórias cristalizadas em formas mais ou menos fixas, em grande medida "pacificadas" e esvaziadas daquelas "atrocidades" e "violências" que antes imperavam nas narrativas das noites de audições da Baixa Idade Média e da Idade Moderna.

Se até então as mulheres dominavam a arte de narrar histórias (vide a permanência das histórias de Mamãe Gansa, encarnadas em *Les Contes de ma Mère L'Oye*, 1697), os homens considerados eruditos assumiram o caminho da transposição da oralidade para a literatura impressa: já no século XVI, Giovan Francesco Straparola e Giambattista Basile publicaram vários contos, seguidos de Charles Perrault, no século seguinte, e de Hans Christian Andersen, George Macdonald, Oscar Wilde e os irmãos Grimm, estes últimos no século XIX. O retorno das mulheres ao universo das fadas se daria, entretanto, nos salões de Paris, em que Madeleine de Scudéry e Madame de Lafayette, exemplares *salonnières*, lideravam grupos femininos de discussão.

Chocados com muitas das versões mais antigas e originais dos contos de fadas, os recontadores optaram por lhes ocultar as características mais fortemente explícitas. Isso se dava, sobretudo, ante a noção da ética protestante, que avançava entre os falantes da língua alemã e inglesa, já distanciados da atrocidade da fome e da mortalidade infantil, temas comumente presentes nos contos de fadas popularizados desde o período medieval. Dessa maneira, de acordo com os novos paradigmas, seria inaceitável, por exemplo, uma Chapeuzinho Vermelho que se deparasse com um lobo que lhe oferecesse carne e vinho – na verdade, o corpo e o sangue de uma avó esquartejada –, ato de violência este, todavia, que, muito tempo depois, passou a ser representado em vários filmes de terror que abusam do *gore* e do *splatter*.[140] Charles Perrault, porém, apesar do moralismo francês, deixou a sua versão da história ainda violenta ao retratar o Lobo como o devorador da Chapeuzinho, sem a

---

140 Existem dois termos "técnicos" para cenas de sangue: o *splatter*, que se refere aos jatos de sangue, e o *gore*, que se refere ao sangue coagulado nos filmes de terror. Esta "onda de sangue" existe bem antes do século XXI, mas chamo a atenção para o fato de nos depararmos com diversos produtos culturais que retomaram essa vertente em um nível de multiplicação e multiplicidade jamais visto no cinema. Qualquer punhado de títulos de filmes de terror da primeira década do novo milênio possivelmente vai trazer muito sangue e cenas fortes de mutilações e torturas.

redenção que aparecereria, bem mais tarde, por meio da figura do caçador no reconto dos irmãos Grimm.

No caso da história da Bela Adormecida, algumas versões antigas traziam a figura do rei que mantinha relações sexuais com a filha, enquanto esta dormia encantada, e, assim, a engravidou de gêmeos. Na versão de Giambattista Basile para Cinderela, a moça se unia à governanta para matar a madrasta, que morria quando lhe fechavam a tampa de um baú sobre a cabeça. Com os Grimm, as irmãs de Cinderela mutilaram os próprios pés na esperança de calçarem o cobiçado sapatinho: cortaram os próprios dedos e calcanhares. No final de Branca de Neve, ainda na versão dos dois alemães, a rainha má morria após ser obrigada a dançar com sapatos de ferro em brasa – punição que recebera por espalhar tanta maldade. Deve-se ainda mencionar Ariel, a protagonista de *A pequena sereia*, que se suicida ao se sentir traída, pulando de um abismo para dentro do mar gelado. A vilã da história, a Bruxa do Mar, corta a língua da heroína para que ela não cante mais. Além disso, a doce Ariel terá sua cauda de peixe rasgada em duas para conseguir andar como mulher e conquistar seu príncipe, mas, ao caminhar, suas pernas irão doer e sangrar a cada passo.

Até o século XVII, os contos de fadas eram entendidos como narrativas orais voltadas para adultos de classe baixa – não apenas crianças. Por meio de "narradores profissionais", os contos passavam de uma geração à outra, quase sempre com ligeiras modificações – valendo, aqui, o dito popular: "quem conta um conto aumenta um ponto". O "ponto" de acréscimo, entretanto, não era fruto do acaso, mas, sim, de uma afinação – inconsciente, é claro – em relação às modificações culturais. A estudiosa Marie-Louise Von Franz (1985) defendeu que o que permanecia de um conto era aquilo que, no final das contas, realmente interessava à coletividade.

Partindo desse entendimento, chegamos a Lévi-Strauss, quem já propunha, em sua obra paradigmática *Antropologia estrutural* (1985), que todo mito tinha uma estrutura folheada – estrutura esta que se permite manifestar por meio da repetição –, na qual uma camada não era idêntica à outra e, por isso, a elaboração mítica desenvolvia-se em forma espiralada. Assim, o crescimento de um mito, para ele, era contínuo em relação à sua estrutura. Todo mito poderia ser definido pelo conjunto de suas versões e variantes – o que põe por terra a concepção ilusória de uma narrativa mitológica mais "ver-dadeira" em relação a outras do mesmo gênero. Mesmo que seja possível ser acessada, uma "versão autêntica" ou "primitiva" de um mito não virá a ser mais importante do que as versões posteriores. Acredito que essa proposição seja válida tanto para o estudo das narrativas mais antigas dos contos de fadas quanto para os filmes fantásticos contemporâneos. De fato, a gama de pro-duções cinematográficas que surgem recheadas de monstros e criaturas pro-vindas de um criativo "bestiário" não atua apenas como fomento para o gosto (muitas vezes duvidoso e criticado) dos apreciadores desses filmes, realizados às pencas – até porque defendo que a qualidade é prejudicada pelo excesso hemorrágico de diversos títulos que repetem, em seus enredos, as mesmas temáticas, estruturas e caracterizações de personagens, de forma semelhante ao que se pode notar nos múltiplos contos populares recolhidos no século XIX, em variadas culturas. Defendo que a versão mais atual de um ser fan-tástico, por exemplo, tem sempre muito a dizer – mesmo que ela pareça bem menos rica e estimulante do que versões anteriores –, e, dessa forma, podem ser pensadas as releituras, no cinema e na literatura, de contos de fadas e seus personagens. Como afirmou Warner (2000): "Os contos de fadas são capazes de conter *insights* psicológicos eternos que podem ultrapassar fronteiras e cruzar períodos históricos" (p. 319).[141]

Entretanto, interpretações muitas vezes apressadas, de acordo com meu ponto de vista, como as de Fromm (1966) e as de Bettelheim (2003), trou-xeram aos contos de fadas uma visão reducionista. O erro de Fromm foi ter entendido o conteúdo de um conto de fadas como alusivo ao inconsciente coletivo de sociedades ditas primitivas, enquanto Bettelheim "psicanalizou" excessivamente as narrativas, tentando adequá-las de toda maneira a um olhar psicanalítico[142] formatador. Por exemplo, em Chapeuzinho Vermelho, "Fromm e Bettelheim não mencionam o ato de canibalismo com a avó e o

---

141 *"Fairy tales may contain eternal, psychological insights that can cross borders and span his-torical periods."*

142 Apesar das críticas feitas à intensa "psicanalização" dos contos de fadas por ele, esse autor, com sua obra *A Psicanálise dos contos de fadas*, tem sido ainda considerado uma espécie de referência máxima na área pedagógica e educacional quando se trata de buscar "o que se oculta" em um conto de fadas. Acredito que é preciso estudar seus textos, mantendo, entretanto, uma postura de comedimento.

strip-tease antes de a menina ser devorada" (Darnton, 2011, p. 26), presentes em versões anteriores à de Perrault e à dos irmãos Grimm. É ainda Darnton (pp. 20-141 *passim*) quem reforça e chama atenção para o fato de um conto popular assumir formas diferenciadas, de acordo com a cultura em que é narrado, vindo a expressar, assim, sintomas dessa mesma cultura.

Em se tratando de estudos históricos sobre os contos de fadas, uma das referências mais importantes é, sem dúvida, o excelente capítulo de Darnton (2011) intitulado "Histórias que os camponeses contam: o significado de Mamãe Ganso" (pp. 20-103). Nesse texto, o historiador desmistifica de vez qualquer ideia romântica de pureza ou idealização ainda encontrada em nossos dias em torno das assustadoras narrativas que povoavam a mentalidade dos camponeses do interior da França no século XVIII. Um dos primeiros aspectos que Darnton salienta é nossa dificuldade, como homens de outras épocas, de entender o modo de vida daqueles campesinos. Segundo seu raciocínio, se não nos abstrairmos das atuais ideias em torno da infância, da família e dos comportamentos sociais, fica difícil aceitar, por exemplo, que:

> *as crianças se tornavam observadoras participantes das atividades sexuais de seus pais. Ninguém pensava nelas como criaturas inocentes, nem na própria infância como uma fase diferente da vida, claramente distinta da adolescência, da juventude e da fase adulta por estilos especiais de vestir e de se comportar. (Darnton, 2011, p. 45)*

E, ainda: "Podemos avaliar a distância entre nosso universo mental e o dos nossos ancestrais se nos imaginarmos pondo para dormir um filho nosso contando-lhe a primitiva versão camponesa do 'Chapeuzinho Vermelho'" (Darnton, 2011, p. 26). Em um reconto francês, o Lobo mata a avó, despeja seu sangue em uma garrafa, fatia a carne do corpo assassinado e a coloca dentro de uma travessa. Depois de se travestir em velhinha, aguarda a neta e lhe serve "carne" e "vinho" – uma oferta canibal. O monstro, em seguida, pede que a menina se dispa em uma espécie de *strip-tease* e depois se deita a seu lado. As fortes impressões que o corpo da avó falsa causa na garota se deram por conta do excesso de pelos, dos ombros largos, das unhas compridas e dos dentes grandes. Por fim, o Lobo devora sua presa e o conto acaba. Na versão italiana, apesar de Chapeuzinho jogar um bolo de pregos no Lobo, ele a engana fazendo-a comer a avó, e, por fim, devora a menina.[143] Na história da Rapunzel, dos Grimm, a bruxa bane a moça após ela ter os cabelos raspados e obriga o príncipe a se jogar da torre, o qual cai em um espinheiro que o deixa cego. Em suma: estupro, incesto e canibalismo, arrematados por falas cheias de obscenidades, eram temas comuns entre os camponeses do século XVIII quando estes contavam histórias durante suas *veillées*, independentemente da faixa etária presente. Tudo era feito de forma dramatizada, exagerando-se na sonoplastia improvisada – que ia de cacetadas e batidas até peidos – e no tom assustador das vozes dos personagens vilões. Como Propp, o que Darnton salienta é a intensa variabilidade dos detalhes nas diferentes versões de um mesmo conto, malgrado a presença de uma estrutura de orientação mais fixa.

Além das diversidades comportamentais e sociais, Darnton enfatiza os tons culturais entre os diversos camponeses, o que vinha a compor uma espécie de mapa multifacetado. Ele analisou, em especial, narrativas da França, da Inglaterra, da Alemanha e da Itália. Para ele, as histórias germânicas privilegiavam o terror, o macabro e a fantasia, enquanto as francesas, o humor, a vida doméstica e os temas dramáticos; as italianas, o burlesco e o maquiavélico; as inglesas, o humor e o sarcasmo. "Enquanto os contos franceses tendem a ser realistas, grosseiros, libidinosos e cômicos, os alemães partem para o sobrenatural, o poético, o exótico e o violento" (Darnton, 2011, p. 75). Segundo o pesquisador, as narrativas francesas se dão "num universo intensamente humano, onde peidar, catar piolhos, rolar no feno e jogar esterco um no outro são manifestações de paixões, valores, interesses e atitudes de uma sociedade

---

143 Darnton lembra que, em mais da metade das 35 versões registradas de *Chapeuzinho Vermelho*, o Lobo devora a menina e a história fica por isso mesmo. O final feliz nos contos de fadas tende a surgir somente após o século XVIII. A adaptação das histórias do povo para os requintados ambientes dos salões parisienses, por exemplo, fez com que fossem retirados os excessos, as chamadas "tolices", e também foram impostos tabus, como fizeram Mme. D'Aulnoy e Mme. De Murat na época de Luís XIV. Perrault, apesar de ter sido tão distante do mundo rural e pobre, não deixou de manter uma esfera própria da oralidade em seus recontos, ainda que para uso palaciano. Como exemplo, o título de seu *Contes de ma Mère l'Oye* (*Contos de Mamãe Ganso*) era uma referência ao som esganiçado da voz das velhas contadoras de histórias.

camponesa hoje extinta" (p. 78).[144] A partir de estudos comparativos, percebe-se que, em Portugal, a influência será sobremaneira francesa e, às vezes, alemã, pelas variações que encontramos, em especial nas coletâneas de contos do século XIX realizadas por Teófilo Braga. E este cabedal de elementos fantásticos terá ecos também no Brasil.

Mesmo com o excesso de imaginação, por um lado, pode-se dizer que as histórias populares do século XVIII ficavam bem atreladas ao cotidiano de uma aldeia: os enredos retratavam a vida dura dos camponeses, na qual quase sempre a comida estava no cerne de várias narrativas – quando alguém ganhava um objeto mágico, costumava pedir comida, com destaque para as carnes.[145] As estradas e florestas eram descritas como lugares extremamente perigosos, e a falta de confiança que se tinha para com desconhecidos era notória. Havia sempre bandidos, mendicantes, estupradores e assassinos à espreita. Os vizinhos eram, no mínimo, hostis, pois muitas vezes se suspeitava serem igualmente feiticeiros ou ladrões de legumes e verduras das hortas. Aquelas eram sociedades repletas de órfãos, de filhos famintos, de madrastas em desespero com a prole "herdada", de maridos que viajavam para muito longe e corriam o risco de jamais retornar. A mortandade era muita alta, sobretudo pelas práticas de infanticídio, a ponto de o tema se tornar banalizado em várias narrativas populares. Todo esse panorama duro e penoso se refletia nos contos de fadas. Por exemplo, quando os pais não entregavam os filhos à própria sorte – nas florestas ou nos caminhos –, costumavam vendê-los até mesmo para um bruxo ou para o próprio Diabo, como ocorre na versão francesa de *Aprendiz de feiticeiro* (*La pomme d'orange*). Muitas vezes, para burlar as dificuldades do dia a dia e sobreviver, a imaginação recorria a anti-heróis criativos que inventavam jocosas situações entre pobres e ricos,

---

144 De forma interessante, Darnton vai dizer que os filhos da corte francesa serão nutridos e ninados por amas de leite vindas da vida campestre, de forma que houve, ainda que insuspeita naquela época, uma aproximação entre o imaginário rural e o palaciano no *Grand Siècle*.

145 Afinal, o que um camponês comia diariamente era um reduzido cardápio que não passava de caldos, pães, bolos e pedaços de queijo, ou batatas cozidas e pão preto. Nas versões inglesas da *Mamãe Ganso*, a dieta das crianças se resumia a ervilhas, preparadas quentes e frias. Um dos sonhos de qualquer homem simples daquela época era poder comer até se empanturrar.

como a famosa figura do Gato de Botas, que, em versões primevas, era uma raposa. *O Pequeno Polegar, João e Maria* e *A velha do sapato*[146] ilustram bem as dificuldades para se cuidar de uma vasta prole. Havia ainda o cuidado de advertir a criança para não andar com nenhuma pessoa que pudesse constituir uma ameaça – em geral, a presença de alguma marca anatômica era um desses indícios de perigo: uma corcunda ou outro aleijume.[147] Além disso, a vida camponesa era fadada ao trabalho desgastante, dia e noite muitas vezes, e o casamento comumente não era solução para nenhuma mulher que, ainda assim, deveria ter um dote para atrair um bom marido, se não quisesse terminar com um sapo ou corvo ao seu lado. Lembro aqui que nem sempre os animais se transformavam em príncipes, ao contrário do que ocorre nas versões contemporâneas das histórias de encantamento. Havia, nas criações do povo, até mesmo pais que faziam questão de casar as filhas com raposas, lebres e porcos. Quanto aos rapazes, estes sempre partiam em busca de fazer fortuna por vias incertas e caminhos desconhecidos, uma vez que não havia terras para se trabalhar ou comida para todos na região em que moravam. E, se não fosse pela graça de feiosas e velhas fadas, eles não conseguiriam muita coisa. A França não tinha policiamento suficiente para aplacar todos os delitos cometidos em seus diversos rincões, e os famintos lobos rondavam os bosques escuros que separavam as vilas umas das outras. Era na aldeia francesa que o herói assumiria seu caráter de velhacaria para tentar dar conta de um mundo impiedoso.

> *Os contos franceses não mostram nenhuma simpatia por idiotas da vida ou pela estupidez sob qualquer forma, inclusive a dos lobos e ogres que não conseguem comer suas vítimas imediatamente . . . . A estupidez representa a antítese da velhacaria; sintetiza o pecado da simplicidade, um pecado mortal, porque a ingenuidade, num mundo de vigaristas, é um convite ao desastre. (Darnton, 2011, p. 82)*

---

146 A narrativa diz que a coitada tinha tantos filhos que não sabia o que fazer com eles.

147 Ou seja, o "anormal" era uma ameaça, em concordância com Foucault (2010), que discutiu muito bem o conceito de "anormalidade" nos séculos XVIII e XIX.

Nessa perspectiva, no conto de fadas francês, a Chapeuzinho – sem o capuz vermelho – escapa viva do Lobo disfarçado de avó ao dizer a ele que precisava ir lá fora "se aliviar". Ainda que o monstro lhe sugerisse "fazer na cama mesmo", ela insistiu em ir para fora de casa. O Lobo consentiu, amarrando-a, entretanto, a uma corda. Porém, esperta, a menina atou-a a uma árvore e fugiu em seguida. E o vilão, impaciente com a demora, perguntou se ela estaria "cagando uma corda". Percebemos que essa Chapeuzinho francesa, de fato, é uma "irmã" dos velhacos Gato de Botas e Pequeno Polegar.

Dentre os monstros que apareciam nos contos de fadas dos Setecentos, detectei protoformas dos zumbis contemporâneos. Darnton relembra a história *La Goulue*, da França, em que uma moça queria tanto comer carne diariamente que seus pais chegaram ao desespero de lhe darem uma perna de defunto recém-enterrado. O cadáver aparece no outro dia perante a gulosa, culpando-a de ter comido sua perna. Por fim, carrega-a consigo para sua cova, onde vem a devorá-la. Há também indícios da fragmentação do corpo de uma mulher como o de um zumbi na história do Barba Azul recontada pelos irmãos Grimm. Nela, o terrível bruxo arrasta uma moça pelos cabelos até a masmorra de seu castelo, onde lhe corta a cabeça e retalha o corpo em pedaços, deixando todo o sangue escorrer pelo chão. Depois, joga tudo em uma bacia. A heroína da história, que não será trucidada, trará de volta suas irmãs, reunindo os pedaços de seus cadáveres.[148]

Por fim, os contos de fadas, que revelavam um extremo realismo social em sua vestimenta fantástica, como se nota, tinham também uma função de advertência ao pobre: ou seja, qualquer ajuda seria muito difícil de ser obtida. "Os contos franceses têm um estilo comum, que comunica uma maneira comum de elaborar a experiência. Ao contrário dos contos de Perrault, não são moralizantes; e, ao contrário das filosofias do Iluminismo, não lidam com abstrações" (Darnton, 2011, p. 93). O mundo era muito cruel, amoral, arbitrário, sem lógica, casual (cf. Darnton, 2011, p. 79), e os contos, invariavelmente, ofereciam estratégias para se sobreviver a ele.

---

148 Esta não deixa de ser também uma referência da tradição popular a um tipo de invencionice à Frankenstein.

Era uma vez um bicho-papão

Na esfera dos seres fantásticos que proliferaram com os contos de fadas, ainda no período iluminista, existe a figura ameaçadora e furtiva do monstro comumente chamado em língua portuguesa de "bicho-papão", de maneira genérica. Ao se pensar sobre o que caracteriza um bicho-papão, percebe-se de imediato que ele e os gigantes das mitologias clássicas – embora não sejam idênticos – partilham de traços bem comuns: a devoração, a perseguição a crianças e o canibalismo.

> *No folclore de todos os países do mundo há lendas de gigantes, em geral criaturas selvagens, estúpidas, vestidas de peles e armadas de porretes – segundo alguns etnólogos, tribos bárbaras, mitologizadas, aglomeradas nas cercanias das primeiras culturas civilizadas, cujos habitantes tendiam a exagerar o tamanho de seus formidáveis oponentes. Muitas das antigas fábulas sobre homens gigantescos podem ter se originado de escaramuças e batalhas travadas nessa época. (Bondeson, 2000, p. 119)*

É notório que o monstro papão sempre tem fome, mas resta saber fome de que exatamente. Para tanto, apresento a seguir alguns aspectos ligados ao ato devorador. É pertinente pontuar que uma vasta tradição canibal atravessa a história de povos pagãos e cristãos, povoa a pictografia medieval com os banquetes de eterna devoração no reino do inferno, assusta o europeu que chega às Américas, se renova na festa do *Corpus Christi*[149] e ganha relevo nos recontos populares em torno de ogros e papões raptores de crianças.

O bicho-papão – *bogeyman* em inglês,[150] *coco* em espanhol, *l'omo nero*, em italiano – é um ser fantástico que assume formas variadas, às vezes forma

---

149 Festa esta que surgiu a partir do famoso Milagre de Bolsena: em 1263, um sacerdote alemão foi a Roma em busca de sanar suas dúvidas sobre a presença de Jesus no sacramento da comunhão. Conta a tradição que, ao celebrar uma missa na igreja de Santa Cristina, ainda repleto de dúvidas, ele viu o vinho – no momento da consagração – se transformar em sangue, borbulhar e manchar seu corporal (pequena toalha utilizada no altar).

150 E *bogeywoman* ou *she-bogey*, para a versão feminina.

alguma – restando na mente impressionável apenas sua presença temida e a desconfiança de um suposto assombro. Na Inglaterra, ele costumava aparecer na forma de um cachorro preto – o Padfoot –; podia ser o Tankerabogus, ou, ainda, o Black Annis – que surgia encarnando a figura de uma velha feia com dentes de ferro e face azulada. Os nomes atribuídos a esse tipo de representação fantástica nas Ilhas Britânicas comumente se iniciam pela letra "B", conforme salientou Warner (2000): no norte da Inglaterra, há o *boggart* e o *barguest*; na Escócia, o *booman*, o *bauchan*, o *bocan*, o *beithir*, o *bodach*; na Ilha de Man, o *bugaboo*; na Cornuália, o *bucca*, e, em Gales, o *buggane*. No Sul dos Estados Unidos, o bicho-papão veio a ser chamado de *boogerman* e, em Newfoundland, *boo-bagger* ou *bully-boo*. Não parece obra do acaso essa coincidência linguística: em diversas línguas indo-europeias existem nomes para bichos-papões começando com "B": além de essa letra ter uma relação com algumas das primeiras pronúncias de um bebê, também está na origem de vários balbucios para "pai" ou "mãe": *babu*, na Índia, *baba*, na Rússia (não se deve esquecer da interessante figura da Baba-Yaga), e, em italiano, *babbo*, que significa pai. E, de *baba* para *papa*, pode-se considerar que, na maior parte das línguas, o esforço não é grande. Assim, temos no Brasil "bicho-papão" ("b"/"p"). Evidentemente, em língua portuguesa, sua etimologia está intimamente ligada ao ato devorador (a "papa" e o verbo "papar"); mas, por associação sonora do significante, também à figura do pai na infância.

Em inglês, ainda se faz comum a brincadeira de *boo* (ou *peakaboo* – brincar de dar susto em bebês escondendo a face e aparecendo repentinamente, o que também é comum no Brasil e com a mesma sílaba-mote). E o próprio termo *bogey* ou *bogeyman* remonta a *bogy* (o Diabo), enquanto *bug* (palavra genérica para insetos) se relaciona à visão de fantasmas e outros terrores da noite. Há, aqui, uma intrínseca associação entre insetos e seres assustadores – o que parece remontar a configurações diabólicas a partir de características de invertebrados, como foi visto no subcapítulo "Animais domésticos e selvagens". Não é à toa, por isso, que os alienígenas tenham sido retratados muitas vezes no cinema com olhos, antenas e patas de insetos, como besouros, mosquitos e vespas.

No Brasil, o bicho-papão assumiu conotações variadas: cuca,[151] tutu ou tutu marambá, homem do saco, Quibungo (cf. Messias, 2005), Cabeça de Cuia, Capelobo – numa fusão de tradições europeias, africanas e caboclas, como já foi exposto, além do fato de "bicho" ser uma espécie de eufemismo para referência ao "Diabo" em algumas regiões do interior do país, como em zonas rurais de Minas Gerais. Na França, temos *le Grand Lustucru*,[152] Père Fouetard e Monsieur e Madame Croquemitaine. O primeiro faz parte das *berceuses* que ninavam crianças: "É o grande Lustucru que passa,/ É o grande Lustucru que comerá/ Todos os menininhos que não dormem direito/ Todos os menininhos que não dormem".[153] Père Fouettard sobrevive na Bélgica e na Holanda como Zwarte Piet. Ele é um personagem sinistro que acompanha São Nicolau em sua festa, sendo uma espécie de anti-Papai Noel. Monsieur e Madame Croquemitaine, por sua vez, descem pela chaminé ou pelo teto à noite para levar embora as crianças levadas. No século XVII, informa-nos Warner (2000), a holandesa Isabella de Moerloose especificou que quem fazia as vezes de *bogeys* em seu país eram o morcego, o lobisomem, o negro, o judeu e um certo corta-dedos-do-pé. Ainda no universo de ogros e papões, existem os trolls do imaginário escandinavo que, dependendo da tradição, podem aparecer com o tamanho de gigantes orelhudos e narigudos, ou, então, pequeninos como duendes. Sua residência são as cavernas e grutas, e diz a lenda que, se expostos à luz solar, se transformam em rochas. Sua inteligência é sofrível e podem ser bastante agressivos, evitando a vida em comunidade. J. R. R. Tolkien e J. K. Rowling são autores que adaptaram as figuras dos trolls em seus livros.

Warner (2000) destaca que bichos-papões femininos e ogras são tradicionalmente mais ligados ao mundo da cozinha e da culinária. Perigosas, essas criaturas tão próximas às bruxas viviam em solidão, buscando suas vítimas sempre que houvesse a junção da fome com a suposta desobediência

---

151 Provavelmente, uma variação da *coca* portuguesa e do *coco* espanhol.

152 Infelizmente, hoje, para o povo francês, em grande medida, *Lustucru* se resume a uma marca alimentícia e poucos conseguem referenciar o monstro aterrorizante ao escutar esse termo.

153 Refrão da canção *Le grand Lustucru*, do dramaturgo e diretor de cinema Jacques Deval. "*C'est le grand Lustucru qui passe,/ C'est le grand Lustucru qui mangera/ Tous les petits gars qui ne dorment guère/ Tous les petits gars qui ne dorment pas.*"

da criança. Fica claro que as separações entre ogras e bruxas são muitas vezes tênues, e o clássico conto de João e Maria serve de exemplo para se pensar essa questão.

A palavra "ogro" provém do latim *Orcus*, por alusão a Hades, o deus do submundo e, consequentemente, dos infernos. Do italiano, chegou ao francês na dupla *ogre* e *ogresse*. Seu feminino latino, *orca*, ainda segundo Warner (2000), é sucessor de Cila, de Caríbdis,[154] de Ceto e de outras figuras femininas ofídicas e aquáticas.[155] Afinal, uma orca é também uma baleia engolidora – e, tradicionalmente, baleias (claro, assim como os ogros e papões) podem engolir homens, que passarão por peripécias e transformações emocionais até saírem novamente para o mundo: o Jonas bíblico – que ficou preso dentro de um "peixe grande" –, o marinheiro Simbá e o entalhador Gepeto são alguns exemplos. Foi Giambattista Basile (*c.* 1575-1632) quem primeiro popularizou os ogros na literatura de contos de fadas, em um ciclo de cinquenta histórias coletadas provavelmente em Veneza, Nápoles e Creta, as quais apresentavam esses monstros como benfeitores e dotados bom coração. Para o compilador italiano, as metamorfoses nos personagens deveriam ser, antes, internas, como no conto de *A Bela e a Fera*.

A obra de Maurice Sendak adaptada ao cinema, *Onde vivem os monstros* (*Where the wild things are*, Spike Jonze, 2009), traz uma variedade de bichos-papões, os quais viviam insulados em uma ilha na qual se refugiou um menino irascível. Ao mesmo tempo, ela rememora a origem selvagem (*wild*) desses seres que têm amedrontado gerações, o que, entretanto, veio a se perder na opção tradutória do título brasileiro. Antes de tudo devoradores, os papões hodiernos talvez se liguem remotamente a diversos mitos fundantes da Grécia Antiga e àquela que é considerada a mais vetusta lenda que se

---

154 Caríbdis, em sua forma de ninfa, tinha uma enorme voracidade e, por isso, devorou os bois de Gerião, conduzidos por Héracles quando este estava próximo ao estreito de Messina. Entretanto, Caríbdis foi fulminada por um raio enviado por Zeus. Lançada aos abismos do mar, transformou-se em temido monstro. Passou também a ser associada à pavorosa Cila, e ambas habitariam lados opostos do famoso estreito. Um turbilhão criado por Caríbdis teria tentado dragar o navio de Ulisses.

155 Os ogros, por sua vez, são monstruosidades ctônicas e ígneas. Habitam o interior de cavernas, furnas, vulcões, charcos, labirintos – todos esses, ambientes que se relacionam ao inferno cristão.

conhece do lobisomem: foi Licaão, filho de Pelasgo, o primeiro rei mítico da Arcádia, quem sacrificou um bebê a Zeus e foi transformado em lobo por conta disso. Há também a versão em que ele matou e cozinhou um homem – cometendo o crime de canibalismo, o que lhe rendeu a forma lupina como maldição. De maneira estranha, de um antropófago que cozinhava sua presa, Licaão se tornou um lobo que comia carne crua – viva ou morta. O tirano pode ser considerado antecessor do mesmo lobisomem que atingiu seu auge na estranha vovozinha de Chapeuzinho Vermelho e que chega bastante estilizado em produções do cinema fantástico contemporâneo.

Percebe-se, portanto, que boa parte dos monstros ligados ao universo dos ogros tem, antes de tudo, uma necessidade de comer, ou, ao menos, suas ações estão sempre próximas à devoração. Muitos outros monstros participam desses rituais de saciedade: vale lembrar os vampiros encastelados, as bruxas isoladas em casebres na floresta e os zumbis urbanos. Muitas vezes, a vítima escolhida é devorada viva – a preferência de Grendel, o dragão encavernado que devorava homens inteiros no belo poema épico anglo-saxão *Beowulf*, do século XI.

No rol dos *bogeymen*, temos também Bloody Bones (ou, ainda, Tommy Rawhead), aparição que buscava tornar submissas as crianças inglesas consideradas desobedientes, conforme narrou John Locke, em 1693 (cf. Locke, 1902, p. 117). Esse monstro vivia dentro de um guarda-louças, geralmente localizado sob escadas, e sua lenda se espalhou pelos Estados Unidos, em especial pelo Sul do país. A imaginação contemporânea, entretanto, trouxe ótimas produções, como o poético *A cidade das crianças perdidas* (*La cité des enfants perdus*, Jean-Pierre Jeunet e Marc Caro, 1995), em que ciclopes robóticos descendentes de antigos gigantes raptam crianças. Essa é, sem dúvida, uma das melhores fabulações do fantástico no cinema francês das últimas décadas. O que estou a discutir aqui é reforçado por Warner (2000), quando ela escreve:

> *Monstros, ogros e bestas que matam e comem carne humana dramatizam a complexidade do problema: eles representam, de diversas maneiras, abominações contra a sociedade, a civilização e*

> *a família, e ainda são veículos para expressar o comportamento*
> *adequado e a ordem devida.*[156] *(p. 11)*

O ato da devoração é, evidentemente, remotíssimo, e se faz presente em diversas mitologias. Apenas para ilustrar, lembro aqui o obscuro Zagreu, que, em uma de muitas versões gregas, aparecia como filho de Zeus e assumia a forma ofídica (ou reptiliana). Ele subiu ao Olimpo e roubou os raios de seu pai. Hera ressentiu-se daquilo e ordenou aos titãs que o destruíssem. Mesmo transformando-se em touro para fugir, os inimigos o mataram, o destroçaram, o cozinharam e o devoraram. Seu todo-poderoso pai chegou a tempo de salvar o coração do filho e deu-o para a mortal Sêmele comer. Desse ato nasceu Dioniso, o deus do vinho. Porém, o mito antropofágico revive além da tradição pagã: na celebração do *Corpus Christi* – como comentei no início deste tópico –, o corpo de Cristo é partilhado simbolicamente pela congregação religiosa. Também a clássica a imagem de Cronos ou Saturno devorando os filhos – infanticídio e canibalismo ao mesmo tempo –, em uma forma de nascimento invertido, quando a reafirmação da paternidade biológica surge com o ato de vomitar a cria engolida, segundo comenta Warner (2000, p. 56).

Além da figura do pai e da mãe ancestrais, o bicho-papão pode expressar o desejo narcisista que às vezes produz a fantasia do extermínio da própria prole. Ele incorpora as abominações contra a estabilidade da família e da comunidade, e representa, em grande medida, a figura tão midiatizada do pedófilo: afinal, o medo na sociedade, hoje, não está apenas ligado ao aspecto mortal, mas, igualmente, ao sexual, representado pelas barbáries e atos hediondos dos "novos ogros". Há ainda a interpretação de que o excesso de apetite de um ogro estaria ligado a seu transbordante amor: ele tanto ama que devora o objeto que deseja:

> *Do ato de alimentar ao de devorar, as metáforas da alimentação*
> *passam pelas histórias que contamos a nós mesmos sobre identi-*
> *dade, sobrevivência, redenção e seus opostos. As canções e contos*

---

156 *"Monsters, ogres, and beasts who kill and eat human flesh dramatize the complexity of the issue: they variously represent abominations against society, civilization and family, yet are vehicles for expressing ideas of proper behaviour and due order."*

que giram em torno de ogros e diabos canibais e outros devorado-res monstruosos levantam questões sob a verdadeira natureza do desejo e nossas formas de expressá-lo: nossos apetites nos tornam monstruosos?[157] (Warner, 2000, p. 135, grifos do original)

De maneira sucinta, pode-se dizer que os medos apontam para o que se valoriza e o que se teme perder, como discutirei no subcapítulo "Breve psicanálise do medo". Fica, portanto, compreensível que os bichos-papões de nossos dias tenham transmigrado para "avatares" de vestimentas mais cruéis: violadores e estupradores, sequestradores e assassinos de crianças nos aterro-rizam em um nível muito mais contundente do que os terrores das recentes guerras civis, como propõe Warner (cf. 2000, pp. 384-385). As crianças têm sido grandemente reificadas como objetos de desejo em todo o complexo es-pectro cultural de hoje (cf. p. 386): nas sociedades ocidentais de capitalismo pungente, a infância encurtada e erotizada cede lugar a uma adolescência encomprida, que se interpõe entre os adultos que desejam um retorno ao corpo juvenil e as crianças que se veem apressadas por entrar definitivamente em um universo de signos em que os jogos e as brincadeiras são cada vez mais perigosos. Nesses momentos, a exploração da sugestionabilidade e vul-nerabilidade da infância parece uma moeda comum de troca. "Os pedófilos são nossos ogros tardios do milênio, e eles tornam o bicho-papão muito mais próximo do lar do que os alienígenas ou diabos medievais"[158] (Warner, 2000, p. 386). Porém, depois da virada do milênio, percebe-se que a ação da mídia em denunciar casos de pedofilia se tornou mais frequente, e pode-se afirmar que isso demonstra também uma avidez por se colocar uma infância incom-preendida e sem lugar no cerne das questões sociais e educacionais. Se War-ner (2000) também propõe que os bichos-papões presentificam o que se teme (cf. p. 386), pode-se ir adiante, afirmando que todos os monstros, de forma geral, se enquadram nesse quesito. Afinal de contas, todo "monstro da vez" é

---

157 *"From nourishing to devouring, metaphors of feeding course through the stories we tell ou-rselves about identity, survival, redemption, and their opposites. The songs and tales that feature ogres and cannibal devils and other monstrous eaters raise questions about the very nature of desire and our ways of expressing it: do our appetites make us monstrous?"*

158 *"Paedophiles are our late millenial ogres, and they bring the bogeyman very much closer to home than aliens or medieval evils."*

sempre uma boa pista para qualquer diagnóstico a partir de sintomatologias culturais.[159]

Um ogro tem o trunfo de muitas vezes ver sem ser visto: "O bicho-papão, ainda envolto e invisível sob sua capa, continua à espreita nos limites do olhar, insuspeito"[160] (Warner, 2000, p. 182). Sua capacidade de não ser visto, por um lado, e de amedrontar, por outro, nos lembra o mimetismo dos insetos comentado no tópico sobre a Idade Média. Jacques Lacan também se interessou por este tema, quando voltou sua atenção para o chamado "mimetismo batesiano",[161] em que uma espécie pode assumir aspectos de outra, mais terrível para seus predadores, com finalidade ludibriatória: "Lacan associa o fenômeno à sua teoria do olhar, sugerindo que os ocelos nas asas de uma mariposa representam especificamente a distinção que ele faz entre o olho que vê e o olhar que é percebido, mas não vê, 'a parte inferior da consciência'"[162] (Warner, 2000, p. 181). E essa habilidade explicaria uma estratégia parental: "O medo foi o mais generalizado método recomendado para acalmar crianças levadas"[163] (p. 166).

Nota-se, assim, que os bichos-papões e os ogros são criaturas muito mais complexas do que se imagina em uma primeira instância. Adiantando aspectos de minha análise na Parte III sobre os ogros e papões no cinema contemporâneo, afirmo que a falta de referências que as crianças têm para com os pais e outros responsáveis na contemporaneidade também colabora para a proliferação de outros papões no imaginário infantil – não mais na conformação antiga –, porém, em novas roupagens. Entretanto, acredito que, contrariamente, os ogros também infestam o imaginário humano em períodos de escassez de recursos e de ausência de controle de natalidade. Um papão

---

159 Pode-se também propor esse raciocínio de outra forma: "diga-me quais são os monstros e direi sobre a cultura que eles assombram".
160 *"The bogeyman, still shrouded, still invisible under his hood, continues to stalk on the edges of the gaze, unseen."*
161 O termo advém de Henry Walter Bates, após suas pesquisas nas florestas tropicais do Brasil.
162 *"Lacan relates the phenomenon to his theory of the gaze, suggesting that the ocelli on a moth's wings represent acutely the distinction he makes between the eye that sees and the gaze that is sensed but does not seem 'the underside of consciousness'."*
163 *"Fear was the widespread, recommended method of stilling fractious children."*

que devora um bebê equivale ao espectro da morte no universo infantil. Porém, as histórias de ogros parecem deixar uma esperança no futuro, projetada na criança que se tornará o jovem que vai matar o dragão e se casar com uma princesa.

Curiosamente, hoje vemos as crianças muito íntimas de todos os bichos-papões, que assumem um lugar entre o engraçado e o aterrorizante,[164] como Shrek[165] e as criaturas de *Onde vivem os monstros* – crianças estas bastante precoces nesse aspecto, se comparadas com as de outras gerações. Há também, no século XXI, representações bastante complexas do caráter infantil, a exemplo do garoto Harry Potter e de seus amigos, da série homônima. Penso que as crianças que acompanham esses personagens, em certa medida, queiram não apenas se aproximar, mas se igualar a anti-heróis como Shrek e outros ogros e papões.

Finalizando este tópico, estreitamente vinculadas aos bichos-papões estão as tenebrosas canções de ninar,[166] que são importantes para inserir as crianças nos perigos simbólicos do mundo, conjurando os terrores da noite e auxiliando também na aquisição da língua materna. São cantigas que, em geral, tratam da preocupação com a prole sempre rodeada e ameaçada por algum monstro: o lobo, o tutu, a cuca, o homem do saco, o boi da cara preta – este último, que pega apenas o menino, certamente bobo e pouco corajoso, que tem medo de careta.

A serpente visceral e outros "invasores de corpos"

Desde a Antiguidade, acreditou-se que as pessoas podiam desenvolver toda uma fauna dentro das vísceras, com destaque para os répteis, anfíbios

---

164 Assim como os papões, talvez as carrancas que protegem os barcos de várias comunidades ribeirinhas tenham funções semelhantes: elas tanto assustam quanto provocam comicidade pelo exagero grotesco de suas formas. Isso também pode valer para as estátuas horrendas que dão as boas-vindas aos visitantes em diversos templos espalhados pelo Oriente.

165 O simpático ogro verde da franquia de mesmo nome, que estreou em 2001, sob a direção de Andrew Adamson e Vicky Jenson.

166 Injustamente combatidas pelos adeptos do "politicamente correto" e dos artificialismos pseudopedagógicos.

e insetos, mas, nas curiosas casuísticas que encontrei, podem também ser incluídos escorpiões e até mesmo gatos e galinhas no papel de parasitas gastrintestinais. Temia-se, em várias partes do mundo, a ingestão de água que pudesse conter ovos de cobras, rãs e salamandras, por exemplo. Além dessa hipótese, pensava-se que répteis podiam rastejar para dentro da garganta de quem estivesse dormindo, ou, ainda, que pessoas geravam espontaneamente animais dentro de si, ou eram assim vitimadas por feiticeiros e bruxas.[167] Por conta da crença de alguém ser "invadido" por uma cobra enquanto não estava desperto, os pais escandinavos, no início do século XVI, costumavam pendurar os berços de seus filhos em árvores. Porém, mesmo em 1921 houve um caso na Noruega que foi notificado na imprensa: tratava-se de uma víbora que entrara no corpo de uma camponesa. Várias pessoas tentaram colaborar com a vítima, dentre elas uma velhinha, que recomendou à moça cheirar pão fresco para desentocar sua provável faminta inquilina.

Diziam outras crendices que, especialmente na época da primavera, os sapos que estivessem no ventre de pessoas podiam tornar seu coaxar perfeitamente audível. Frau Catharina Geisslerin, a mulher que "vomitava sapos", ganhou fama a partir de 1642 ao expulsar vários desses animais pela boca. Fazendo-se a autópsia de um dos batráquios por ela expelidos, descobriu-se em seu estômago uma variedade de insetos alados ingeridos há pouco tempo. Isso deu a entender que a mulher só poderia engolir os sapos ainda vivos (e recém-alimentados) para realizar seu engodo. Segundo relatos populares, em 1694, um menino de 12 anos que vivia no sul da Alemanha vomitou um grande tatuzinho-bola e depois mais 162 tatuzinhos, 32 lagartas, além de lacraias, minhocas, borboletas e besouros (cf. Bondeson, 2000, p. 51).

As práticas de expulsão dos bichos invasores de corpos no decorrer dos tempos eram muito esdrúxulas e mesmo engenhosas: costumava-se deixar o "hospedeiro" sem água e alimentos para que uma provável cobra invasora passasse sede e fome. Em seguida, ao colocarem a pessoa exposta a uma

---

167 Em um dos livros de minha autoria, reconto uma história bastante corrente no imaginário do interior do Brasil: uma mãe que amamentava dorme assentada em seu quarto enquanto uma cobra, oculta sob a cama, se aproveita para sair. O bicho mama em um de seus seios, enquanto coloca o rabo na boca da criança à guisa de uma chupeta, para que ela não acorde a genitora (cf. Messias, 2013).

cachoeira ou fonte, acreditava-se que o réptil poria a cabeça pela boca afora, podendo, dessa forma, ser puxado. Outras vezes, fazia-se com que a vítima ingerisse urina de cavalo e complicados laxantes à base de babosa e sais de epsomita. Além de "serpentífugos", havia massagens localizadas para se tentar expulsar o intruso. Até mesmo alguns santos se tornaram notáveis por expelir cobras alojadas dentro de pessoas, dentre eles os gêmeos Cosme e Damião, Santa Monegunde e São Simeão. O famoso cirurgião-barbeiro e estudioso de monstros Ambroise Paré também comentou sobre a "serpente visceral", hipótese que perdurou na Alemanha até 1840.

De forma menos supersticiosa, alguns casos de crença em animais entalados eram atribuídos *avant la lettre* à histeria ou à hipocondria. Descobriu-se igualmente que vários "répteis" eram, de fato, grandes lombrigas. E a ilusão de se estar infestado internamente era comum em vários indivíduos que deliravam:

> O estudioso Alexandre de Tralles, que viveu na Lícia durante o século VI, foi consultado por uma mulher absolutamente convicta de que havia um réptil em suas entranhas. Ele não demorou a compreender que se tratava de um caso de histeria – a paciente criara a cobra na própria imaginação – e solicitou uma descrição exata do animal. Pesquisando os alfarrábios até identificar uma espécie similar, colocou-a no vaso que a mulher usava para expectorar! Inteiramente "curada" e gratíssima ao astuto médico, supõe-se que ela não tenha deixado de recompensá-lo muito bem. (Bondeson, 2000, p. 43)

A medicina do século XIX chegou a ponderar que muitos casos de animais vivos nas entranhas humanas eram apenas interpretações errôneas de gastrites e outros males estomacais (cf. Bondeson, 2000, p. 61). Em meu entendimento, o "outro intruso" alojado dentro dos corpos humanos, tema fartamente explorado pelo cinema fantástico, remonta a uma vastíssima tradição, a qual pode ser exemplificada nos casos que aqui mencionei. Os aliens invasores do cinema tiveram, de fato, bons antecedentes muitos séculos atrás, como na narrativa a seguir: "Numa lenda norueguesa, um sapo entrou na barriga de um homem e cresceu tanto quanto um cão pastor; antes de morrer, agoniada, a vítima pôde sentir as mandíbulas do monstro abocanhando seu coração" (p. 63). Hoje, porém, as ideias de serpentes abrigadas no ventre foram substituídas por diversas fobias de animais e medos de doenças; ou ainda, de forma mais extrema, por extraterrestres que abduzem pessoas que dormem, e vão investigá-las internamente por meio de um *chip* implantado, ou ainda inseminá-las. Isso demonstra que o ser humano não consegue fugir da paranoia dos muitos outros de intenções perniciosas, criados por suas fantasias.

A este subcapítulo vale somar o medo da pitiríase, a "doença dos piolhos", que se tornou bem comum na França, Escandinávia e Alemanha por muito tempo. Esse foi um mal muito popular em diversas épocas, e morrer de uma tal enfermidade se tornara sinônimo de mácula moral, consequência de um castigo divino e uma forma de expiação. Ora o desleixo, ora o excessivo asseio poderia também ser sua causa. Tal crença permaneceu até aproximadamente meados do século XIX, e sua última referência se deu em 1882, na *Real--Encyclopedie der gesammten Heilkunde*.

Nos séculos XVI e XVII, quando se acreditava no surgimento de seres vivos por geração espontânea, pensou-se que animalejos podiam se formar sob a epiderme, ou que piolhos nasciam com o suor. Stegmann, um clínico geral alemão, chegou a declarar que "pederastas e outros indivíduos 'moralmente inferiores' possuíam uma tendência inata à pitiríase; suas práticas imorais derretiam as partículas do sangue e as fundiam, transformando-as em piolhos" (Bondeson, 2000, p. 83). Cogitava-se que o excesso de sujeira e de atividade sexual transformava os tecidos do corpo em "insetos". Diversas outras doenças na história humana assumiram esse perfil vinculado ao pecado e à culpa devido a ideias religiosas e a supertições. Cito, por exemplo, o tifo, o escorbuto, a sífilis, a tuberculose e, mais contemporaneamente, até mesmo a aids.

O corpo monstruoso nos oitocentos

Aos olhos da contemporaneidade, podemos dizer que a ciência do século XIX era oscilante entre um crivo científico mais rigoroso e as contribuições sempre presentes das crenças populares e dos pensamentos menos convincentes, porém, altamente impregnantes à imaginação. Trato aqui, a título de exemplo, de um fenômeno bastante peculiar e que, por séculos, chamou a atenção de diversos estudiosos: dentre as falsas crenças do povo que se estenderam amplamente à ciência no século XIX, percorrendo a literatura médica até mesmo em parte do XX, estava a da morte ígnea, que tanto agradava os defensores da abstemia. Por conta da suposição da combustão espontânea, muitos animais foram sacrificados em experiências atrozes, quando se acreditava possível fazer um corpo entrar em combustão mediante a ingestão de determinadas substâncias ou a exposição a certos gases. Existiram até mesmo testemunhas para casos de alcoólatras que foram considerados mortos após um arroto ou uma flatulência inflamável. Também se tornou intrigante, sobretudo para os cientistas forenses, o chamado "efeito vela", em que pessoas, funcionando como um "pavio", foram encontradas queimadas pela própria gordura corporal, a qual se consumiu aos poucos em chamas azuladas, tendo o ambiente se mantido praticamente inalterado. A literatura do século XIX também parece ter se alimentado desses supostos acontecimentos: Mark Twain, Washington Irving, Wolfgang von Goethe, Júlio Verne, Charles Dickens e Émile Zola foram alguns dos autores que escreveram sobre o tema. No século seguinte, um pesquisador da paranormalidade, Charles Fort, retomou a questão da morte ígnea, atribuindo-a a seres sobrenaturais, como lobisomens, enquanto os estudiosos dos casos de *poltergeist* buscavam explicar o fenômeno com base nas emanações do campo eletrodinâmico do ser humano.

Das explanações anteriores, passo para a discussão de que os pontos de vista em torno do corpo monstruoso, da ideia de monstro e de normalidade e anormalidade, nos séculos XIX e XX, apresentaram diversos paradoxos evidenciados tanto no que diz respeito aos espetáculos populares antropozoomórficos – incluindo-se aqui o cinema e seus curiosos antecedentes –, quanto à medicina e ao direito.[168] O período que vai aproximadamente de 1840 a

---

168 Courtine diferencia os "monstros" produzidos pela natureza daqueles inventados pela

1940 será demarcado como aquele do conflito entre uma cultura voyeurística descompromissada e uma busca médica e jurídica para compreender o chamado "anormal". Se, por muito tempo, o monstro foi visto como a exceção que surgiria para confirmar a regra, era pelo olhar que seria determinado o que poderia vir a ser ou não monstruoso, ou, em primeira instância, o que seria ou não desviante de uma possível norma – a chamada "anomalia".

> *A história dos monstros é, portanto, não só aquela dos olhares postos sobre eles: a dos dispositivos materiais que inscreviam os corpos monstruosos em um regime particular de visibilidade, a história também dos sinais e das ficções que os representavam, mas também as das emoções sentidas à vista dessas deformidades humanas. Levantar a questão de uma história do olhar diante desta última deixa entrever uma mutação essencial das sensibilidades diante do espetáculo do corpo no decorrer do século XX. (Courtine, 2011, p. 256)*

E, ainda: "A monstruosidade depende do olhar que se põe sobre ela. Não se acha tanto enraizada no corpo do outro quanto agachada no olhar de quem observa" (Courtine, 2011, p. 330).[169] Ou seja, há sempre alguém que diz quem ou o que é um monstro.

---

mente humana (como as criaturas fantásticas do cinema, por exemplo), no sentido de os primeiros viabilizarem uma fecunda produção sígnica que, em meu entendimento, se reflete igualmente (mas não sempre e não necessariamente) em diversos monstros da grande tela. Escreve o pesquisador: "É, portanto, crucial separar o momento do face a face com o corpo do monstro, a presença deste último no campo imediato da observação, sua proximidade corporal com o espectador, de todas as formas comuns ou científicas, de sua representação" (Courtine, 2011, p. 274). Há, portanto, para ele, a diferenciação entre os termos "monstro" (aplicado ao corpo da ordem do "real") e "monstruoso" (voltado para o corpo que seria da esfera da fabulação). O autor ainda pontua que, à medida que o "monstro" real desaparece das feiras e espetáculos populares, ele tende a ser representado no cinema, por exemplo. Para mim, entretanto, essa modificação não se faz de forma tão correlata.

169 Na leitura do tomo de *A história do corpo* em que se acha o referido texto de Courtine, encontram-se termos que assinalam estranhamentos de ordem tradutória. Aqui, provavelmente, uma palavra mais adequada seria "incrustada", e não "agachada".

Os corpos das "excentricidades" circenses, por exemplo, tão comuns em exposições, feiras e barracões no decorrer dos Oitocentos, em especial na primeira metade do século, refletem um momento marcado por uma curiosidade vulgar e despretensiosa que não recebia qualquer repreensão. Ao mesmo tempo, havia um tipo de "pedagogia das massas" que selecionava aquilo que era ou não "normal" e "civilizado", em contraposição ao "bizarro" e ao "exótico", configurando-se, assim, uma teratologia acessível ao vulgo e sem qualquer vontade científica. A gama "desorganizada" e inclassificável de "monstruosidades" e "exotismos" incluía os indivíduos com "malformações", os oriundos de etnias diversas daquelas dos europeus dominantes[170] – com destaque para os chamados "selvagens" de outros continentes –, os portadores de "taras" e de doenças raras. Uma boa parte desses indivíduos era "falsificada" (como os representantes tribais, por exemplo, que dançavam convulsivamente para um público de basbaques assustados e ávidos por "esquisitices"), mas outra parte era a exposição crua de indivíduos demarcados como "monstruosos":

> o monstro concentra as angústias coletivas e conserva nas mentalidades muitos dos traços do lugar que ontem ainda lhes cabia. E ainda que tenha perdido, em um lento processo de desencantamento, a radical alteridade que nele a sociedade tradicional temia ou venerava, ganhou um poder maior de disseminação ao se banalizar na infinidade das pequenas delinquências criminosas e desvios sexuais. (Courtine, 2011, pp. 259-260)

No século XIX, a cidade de Paris parece ter sido, ao mesmo tempo, um grande polo, mercado e bazar mundial dos eventos espetaculares denominados de "entra e sai" (em francês, os *entre-sorts*), como aqueles que aconteciam na Foire du Trône (Feira do Trono),[171] no Museu Grévin, e no necrotério

---

170 Por exemplo, no Brasil do XIX temos os "typos de pretos": basicamente, eram cartões postais criados a partir de fotos de estúdio apresentando negros. Esses postais eram vendidos a estrangeiros, curiosos e cole-cionadores como *souvenirs* de viagens em uma terra exótica, ou mesmo como exemplares de uma funesta frenologia que fazia sucesso naquela época. Sobre esse tema, cf. Koutsoukos (2010, pp. 115 ss.).

171 Esta feira recebeu diversos "monstros" desde a década de 1850 até o final daquele século. Hoje, ela é um conhecido e familiar parque de diversões parisiense que funciona durante

municipal, mas também em fundos de bares, em teatros menores e até mesmo em ruas. Saliento também Londres, com o Museu Madame Tussaud, o Egyptian Hall, os *penny shows* e os parques de diversão de Croydon e Barnet, e Nova York, que teve seu famoso American Museum, criado em 1841 por Phineas Taylor Barnum,[172] talvez o maior empresário de *freak shows*[173] e um grande capitalista da teratologia para as massas. Além de indivíduos reais, esse criador de "efeitos especiais" era capaz de inventar e ludibriar o público por meio de demonstrações como a da ama de leite de 161 anos de George Washington, ou de uma convincente sereia (revestida em papel machê) das Ilhas Fiji.[174] "No prédio da Broadway, muita gente vai passar o domingo em família e fazer piquenique em companhia dos fenômenos vivos, para a grande alegria das crianças e a edificação geral" (Courtine, 2011, p. 267).

Multidões pagavam e enfrentavam filas para observar uma variedade de atrações que formavam um bestiário fantástico, verdadeiro zoológico de humanos que causavam atração e estranheza ao olhar e rendiam muita fortuna aos seus gananciosos exploradores. Era um rol que incluía anões, gigantes, sereias,[175] siameses,[176] a "mulher-macaco", a "mulher-aranha", a "mulher-lunar", a mulher barbada; mas também um homem negro e branco, um ciclope, um homem com rabo, um homem-cachorro, um bezerro com duas cabeças; ou ainda: duas crianças unidas pelo tronco ou um indivíduo dotado de quatro braços, além de exemplares teratológicos conservados em vidros – seja na forma de fetos ou espécies já adultas, ou reproduzidos em peças de museus de cera –, destacando-se, em seções especiais, as patologias venéreas como a sífilis, assim como a morfologia incomum. Dentre os indivíduos em evidência, acreditamos que os anões mereceriam um estudo à parte.[177] De fato, o

---

alguns meses do ano. Disponível em: <https://www.foiredutrone.com/>.

172 E, nos Estados Unidos, o termo generalizador *side shows*, que engloba as atrações secundárias das feiras, exposições e circos.

173 Essa expressão se tornou comum em língua inglesa para se referir a "raridades biológicas".

174 Tratava-se de uma criatura fantástica dotada de um corpo de peixe até a cintura e torso e cabeça simiescas.

175 Por exemplo, fetos de pessoas acometidas de sirenomelia – uma malformação das pernas, as quais acabam por ser unidas, à semelhança de uma cauda de peixe.

176 Sem dúvida, os mais famosos foram Chang e Eng Bunker, que se internacionalizaram.

177 Tanto é que, quando ocorre o acirramento das leis que proíbem a exposição de seres antes considerados anormais, a partir dos anos 1880, os espetáculos com anões pareceram

nanismo chamava muito a atenção, há séculos. "Para cada infortúnio há uma representação: fantasmagorias principescas 'ampliam' o corpo do anão e dissipam o desconforto causado sobre o olhar por essa encarnação da fraqueza e da diminuição humanas" (Courtine, 2011, p. 276). Em suma, para o homem do século XIX, as "excentricidades" eram anúncio de uma desordem extrema do corpo humano.

Alguns desses sujeitos objetos da exploração curiosa se tornaram desgraçadamente famosos, como o "Homem Elefante" Joseph Merrick;[178] o pequeno Tom Thumb;[179] William Henry "Zip" Johnson;[180] Julia Pastrana;[181] os irmãos siameses Tocci; Claude-Ambroise Seurat;[182] as barbadas Madeleine Lefort e

---

receber menos vigilância. Indago se isso se daria devido à longa tradição de saltimbancos e grupos circenses em que anões eram tidos como "engraçadinhos" e "infantilizados", junto às narrativas de gnomos, elfos e outros seres de baixa estatura presentes em contos de fadas. A isso se somaria ainda uma trajetória também longa de nanofilia e fetiches dessa ordem. Os anões, suponho, foram uma espécie de exceção para as leis que proibiam a apresentação de "excentricidades".

178 E não "John", como ficou popularizado a partir de um engano bibliográfico de Sir Frederick Treves. Joseph (1862-1890) era portador de uma doença congênita que o tornou célebre em *shows* de "aberrações" e conhecido pela sociedade vitoriana, vindo a ser amigo da própria rainha Vitória.

179 Esse apelido é alusivo ao personagem Pequeno Polegar dos contos de fadas.

180 Apesar de uma inteligência "normal", William, chamado de "Zip the Pinhead" (1857-1926), tinha uma cabeça ovalada. Ele costumava ser exibido enjaulado, vestido como um primata peludo.

181 Essa mexicana de origem indígena de 1,40 metro e 54 quilos era denominada "Mulher--Macaco" devido à abundância de pelos por todo o corpo, incluindo a face. Foi também considerada um ser híbrido entre o homem e o orangotango, chamada de "indescritível" – termo que, em sua época, era aplicado apenas a animais estranhos e monstros marinhos. Falava diversos idiomas e apreciava a leitura. Em seus espetáculos, cantava e dançava, e se casou duas vezes, uma delas com seu último empresário. Faleceu de um parto complicado, porém, o marido, Theodore Lent, pediu que ela e o filho fossem mumificados e expostos dentro de uma cabine de vidro, a fim de que continuasse a ganhar dinheiro com a mulher e, também, com o recém-nascido. As múmias passaram por várias exposições, sofreram degradação, abandono e desaparecimento. Atualmente, os corpos se encontram no Instituto Forense de Oslo, na Noruega.

182 Homem imensamente magro considerado um "esqueleto vivo" (*l'anatomie vivante*, como ele mesmo se denominava), exibido em 1825 no Chinese Saloon, de Londres. Segundo um testemunho da época, ele tinha 1,71 metro e pesava 35 quilos; houve quem afirmasse 1,72 metro e 21 quilos, ou, ainda, 1,63 metro e 16 quilos. Viveu de 1798 a 1826.

Madame Delait,[183] e Nicolai Wassiliewitsch Kobelkoff.[184] Além do vasto panorama de "excentricidades", incluíam-se, nesses eventos, os espetáculos de
ilusionismo,[185] magia, mesmerismo e ilusões de óptica, em meio à crescente
venda de cartões postais, graças à popularização da fotografia[186] e das técnicas
de reprodução. Em seus álbuns de férias, todos queriam colecionar e mostrar
aos amigos e parentes a imagem dos "seres estranhos" que conheceram pessoalmente, a olho nu. Ter uma "curiosidade" ou um "idiota da aldeia" – junto
com as "aldeias indígenas" ou os "acampamentos liliputianos" – passou a ser
uma vantagem comercial para as localidades francesas que não dispunham
das benesses de um monumento histórico ou de uma beleza natural para
atrair turistas, por exemplo. "Um cartão postal (...) conclui a demonstração:
no cartão, o homem-tronco aparece cercado de sua abundante progenitura,
ou seja, ali encontra, literalmente, os 'membros' de sua família" (Courtine,
2011, p. 277). Em tais figurações, havia os casamentos entre pessoas com "deformidades" díspares, como o homem-esqueleto casado com a mulher mais
obesa do mundo, ou um gigante junto a uma anã: "em toda a parte *o fantasma
do corpo normal* paira sobre a exibição teratológica" (Courtine, 2011, p. 277).[187]

Com o decorrer do século XIX, as mostras de "excentricidades" serão
obrigadas a migrar cada vez mais para as periferias das grandes cidades e para
o interior remoto dos países, uma vez que a atenção jurídica começava a se
fazer valer, denunciando uma evidente mudança de olhar sobre o "monstro":

---

183 Para Courtine (2011, p. 271): "a mulher barbada é uma figura central da imaginação eró-
tica e teratológica do século XIX". Sem dúvida, o corpo feminino foi um dos temas mais
explorados no âmbito teratológico, e foi levado à insistência de um olhar considerado
voyeuristicamente pornográfico.

184 Conhecido como "homem-tronco" por não possuir braços, nem pernas.

185 No âmbito dos *shows* de mágica, pulularão as mulheres decapitadas, serradas, desmembradas: "os parques de diversão oferecem todas as formas da obstinação ótica sobre o
corpo feminino" (Courtine, 2011, p. 318). O corpo da mulher, como pontuei em diversos
momentos deste trabalho, é de fato um corpo que se oferece particularmente a ser des-
montado e desdobrado.

186 Em especial, a partir da década de 1860.

187 O que ocorre é que tais exibições de voyeurismo massificado permitiam ao homem "normal" se abstrair momentaneamente da "correção" de seu corpo para se imaginar com um
membro ausente: Um "*membro-fantasma invertido*", conforme afirmou Courtine (2011,
p. 278).

perfeitamente compreensível o interesse que há em observar, na
segunda metade do século XIX e nas primeiras décadas do século
XX, o teatro da monstruosidade humana: os monstros sem dúvi-
da ainda aparecem, em carne e osso, nos espetáculos do entra e
sai, mas já se adivinha, no cenário que os cerca, nas roupas que
são confeccionadas para eles e nos papéis que devem representar,
que se está ampliando cada vez mais a distância e que se vão in-
terpondo signos sempre mais numerosos entre os corpos e os olha-
res. (Courtine, 2011, p. 275)

Com isso, o pesquisador quer mostrar que não bastaria mais apenas expor o corpo "anormal": era preciso inseri-lo em um panorama cênico que incluía, muitas vezes, florestas em papelão, jogos de sons e luzes e um figurino
especial. Junto aos "fotógrafos do teratológico",[188] os jornalistas da imprensa
popular da segunda metade do século XIX vão explorar a vida dos "monstros", expondo-os muitas vezes de forma edificante e piedosa, como se fazia
em tradicionais narrativas de milagres e prodígios.

Contudo, a década de 1880 marcaria uma mudança paradigmática na
sensibilidade em relação aos "monstros" e, por conseguinte, no olhar que seria deflagrado sobre eles. Em 1883, impediu-se, em Londres, a exibição do
Homem Elefante e, três anos depois, a Inglaterra proibiu por lei a exibição
de "aberrações". Merrick seria posteriormente acolhido por um hospital, evidenciando, de forma simbólica, a retirada do "monstro" do âmbito do teatro
de excentricidades para a esfera médica e o terreno do "amor moral", como
afirma Courtine (2011), que prossegue: "Acabava de se virar uma longuíssima
página da história dos monstros humanos" (p. 287).

Aos poucos, as exibições de "anomalias" seriam cada vez mais vetadas.
Haveria, a partir dos anos 1930, um enfraquecimento dos espetáculos de
"monstruosidades" – os "entra e sai" – e da comercialização de postais de
"excentricidades", que teriam seu declínio quase total na década seguinte. De
fato, após a Primeira, mas, em especial, a Segunda Guerra Mundial, o mundo se veria obrigado a olhar mais atenciosamente o chamado *handicap*, o

---

188 Com relevo para Metthew Brady e Charles Einsenman, nos Estados Unidos.

inválido de guerra, o expedicionário que retornaria mutilado e deformado ao lar, necessitando da proteção médica e estatal. Seria preciso, por conseguinte, "normalizar" o que antes era considerado anormal. A preocupação política se somava às reflexões de viés moral. Consolidava-se uma "cultura" ou "economia" da compaixão, cujo embrião talvez tenha sido metaforizado no Homem Elefante, no século anterior.[189]

Em sua obra *Os anormais*, Foucault (2010) enquadrou o monstro como um "fora da lei", tanto no aspecto biológico quanto no jurídico:

> *A noção de monstro é essencialmente uma noção jurídica – jurídica, claro, no sentido lato do termo, pois o que define o monstro é o fato de que ele constitui, em sua existência mesma e em sua forma, não apenas uma violação das leis da sociedade, mas uma violação das leis da natureza. O campo de aparecimento do monstro é, portanto, um domínio que podemos dizer "jurídico-biológico". ... Ele é o limite, o ponto de inflexão da lei e é, ao mesmo tempo, a exceção que só se encontra em casos extremos, precisamente. Digamos que o monstro é o que combina o impossível com o proibido. (p. 47)*

Mas é necessário lembrar que o aspecto biológico, salientado por Foucault em sua aula de 22 de janeiro de 1975, parece enfraquecer quando se recorre aos avanços da teratologia científica, que colocou no rol da condição humana o que então era tido como "monstruoso".

Um de meus empenhos neste livro é propor reflexões sobre o corpo monstruoso no século XXI. Adianto aqui, por acreditar conveniente, algumas pontuações parciais do que penso. Por exemplo, o corpo cada vez mais biociborguizado de nossos dias seria um corpo humano (ainda)? Em que medida? Ou, mais além, o corpo do pós-humano (aquele adjungido de elementos

---

189 Essa "cultura piedosa" teve um amplo cultivo na Inglaterra vitoriana, e penso que o cinema soube sempre trabalhar muito bem com o monstruoso "digno de compaixão". Isso se deu até mesmo pelo "excesso" de "humanidade" que se percebe em tantas criaturas, desde o cinema em preto e branco de Frankenstein e Quasimodo, até os melancólicos monstrinhos de várias produções de Tim Burton.

da mais avançada biotecnologia e tecnologia virtual, como exponho na Parte III) não seria – paradoxal e inversamente ao que abordo neste subcapítulo –, (uma vez mais) monstruoso? Ficou evidente que, no século XIX, o percurso da compreensão em torno das questões do corpo se fez a partir do "anormal" para o "normal". Hoje, talvez, ele se faça do "normal" ou "normatizado" para o "sem referências" também. Isso pode ter um grande impacto sobre a percepção corporal. Para mim, qualquer corpo de "monstro" é necessariamente uma construção da ordem simbólica capaz de deflagrar sintomas culturais – seja um corpo da esfera do "real", como uma malformação de ordem genética, seja um corpo inventado pelo cinema. Com isso, reforço que, nesse aspecto, divirjo do entendimento de Courtine, apesar de compreender o desenvolvimento de sua lógica textual. Para ele, será o corpo do "monstro" real que engendrará os signos que, em grande medida, reverberarão no monstruoso cinema-tográfico. Porém, não há, para mim, uma espécie de ponto "zero" dessa produção sígnica. Em segundo lugar, mesmo atrelado à instância do real, não seria possível isolar o monstro de sua inevitável inserção tanto no simbólico quanto no imaginário, os três registros lacanianos inseparáveis – ainda que o autor não tenha utilizado em seu texto o termo "real" no sentido atribuído por Lacan.

No âmbito da fotografia sobre os *freaks* no início do século XX, vê-se uma migração da exploração comercial para o registro científico. A teratologia já se organizava como área de investigação nos meios médicos desde o século XIX e, com o passar das décadas, a exposição vulgar da enfermidade causará desconforto e inibirá o olhar – como sói acontecer até nossos dias, quando se diminui ou mesmo se exclui a obser-vação de um corpo ou parte deste por questões de educação, de pudor e de "bom tom". A partir da Segunda Guerra, o "monstro" dos *dime museums* definitivamente não dará mais lucro. Percebe-se uma espécie de crescente pasteurização do olhar, moralizado, sanitarizado e pudico. A década de 1880, como expliquei, foi aquela das proibições em torno da apresentação banalizada do corpo do "monstro". Na mesma época, os avanços da psiquiatria e o surgimento da psicanálise trarão seriedade a termos como voyeurismo, exibicionismo, perversão e pulsões.

Acabou definitivamente a concepção, com efeito, da monstruosi-dade como mani-festação diabólica ou divina, aberração curiosa,

*produto grotesco dos delírios da imaginação feminina, fruto in-
cestuoso das relações entre o homem e o animal. (Courtine, 2011,
p. 289)*

O que antes era banalizado e ridicularizado torna-se, em grande medida,
incômodo e pudibundo e, nos anos 1920, apenas o olhar médico parecerá
legitimar qualquer mirada mais longa sobre os corpos "disformes".[190]

A teratologia teve seu desenvolvimento graças à embriologia e anatomia
comparada de Étienne Geoffroy Saint-Hilaire (1772-1844) – que acreditava
nas mutações das espécies –, e de seu continuador, o filho Isidore. Segundo
afirma Courtine (2011, p. 291): "todas as formas inquietantes do espanto são
por ele [Geoffroy Saint-Hilaire] substituídas pelo distanciamento racional da
observação". Para a ciência, o normal e o anormal terão uma fronteira mais
branda, e o monstro se mostrará como um ser inserido na ordem natural; em
vez de ser sua negação, o monstruoso virá para afirmar a própria condição
humana em suas múltiplas formas.[191] Em síntese: por um lado, a medicina,
por outro, o direito. Este último vai se deparar com dilemas em torno de
um corpo que até então era simplesmente descartado, posto que considerado
fora dos limites da humanidade. A partir dos debates e escritos daquela época, pode-se considerar que o "monstro" foi inserido na ordem da lei humana
e, por isso, viria a ser estudado também pela medicina legal:[192]

---

190 Courtine (2011) avança até a contemporaneidade, quando escreve: "A norma exige, nos
    dias de hoje, que o olhar renuncie a se demorar sobre a anomalia física, que o termo
    'monstro' já não se aplique mais a não ser metaforicamente a uma pessoa, que o anão
    principie uma segunda existência linguística, recebendo agora a denominação de 'pessoa
    de baixa estatura'" (p. 335).

191 Posteriormente, a genética, somando esforços à embriologia, também deixará suas con-
    tribuições no campo dos estudos do teratogênico no que diz respeito à hereditariedade.
    Todo o século XX será de descobertas fundamentais sobre o corpo, a começar pelos efei-
    tos nocivos de vários agentes externos sobre a saúde humana, muitos dos quais até então
    insuspeitos ou mesmo empregados por muito tempo como elementos curativos – e este é
    o caso do cigarro e do álcool. Tornar-se-ão igualmente preocupações as consequências da
    exposição excessiva à radiação e aos diversos tipos de poluição.

192 Por exemplo, os médicos legistas ficarão mais atentos para casos de infanticídios terato-
    lógicos.

O estabelecimento, pela ciência, do caráter humano das mons-
truosidades iria ter consequências fundamentais quanto à atri-
buição de personalidade jurídica aos monstros: assim como não
era "contra a natureza", o monstro não estava fadado a "perma-
necer fora da lei". (Courtine, 2011, p. 295)

Nas encruzilhadas entre os dois últimos séculos, o "monstro", por conseguinte, passava a ser nosso semelhante à medida que devotávamos a ele
um estranho amor – posto que mantido "a distância" e, tantas vezes, olhado
de soslaio e a olhos baixos, como percebemos com a intervenção das posturas médicas diante das anomalias. Paralelamente, havia ainda a presença
das histórias de piedade e misericórdia, que continuariam a fazer sucesso
no gosto popular, em parceria com as narrativas de tristes criaturas, as quais
buscariam revelar a públicos inquietos o que havia dentro de um monstro:[193]
"os monstros têm alma. São humanos, *horrivelmente humanos*" (Courtine,
2011, p. 300).

Apesar dos esforços de "democratização" e, posteriormente, até mesmo
de inclusão dos "monstros" na sociedade, não se pode deixar de mencionar
as consequências funestas da eugenia (termo que significa "bem-nascido"), a
qual surge na década de 1880. Ela foi criada por Francis Galton como uma
espécie de movimento para se estudar a "degenerescência das raças" e a diferenciação – e, no fundo, discriminação – entre as "boas" e "más" raças.
Isso viria a ter influência sobre o pensamento criminológico, sobretudo mediante os escritos do psiquiatra e higienista Cesare Lombroso. Posteriormente, as ideias eugênicas seriam apropriadas por grupos extremistas, como os

---

193 Nada muito diferente acontece hoje, em diversos programas vespertinos de gosto duvidoso nos canais de TV, sejam abertos ou a cabo, em especial os que ganham maior audiência
nos fins de semana junto às classes mais populares. Primeiramente, exibe-se uma pessoa
portadora de alguma malformação, em meio a muito suspense, à reconstituição de sua
difícil vida e, provavelmente, a pobreza da família será somada ao universo dos infortúnios. São convidados médicos e juristas que apressadamente tentarão explicar o problema,
em um cenário de luzes coloridas e música suave e comovente. A "aberração", apesar dos
avanços da ciência e do direito, ainda atrai o público e enriquece os que a promovem,
constatação do quão paradoxais e complexos são os pontos de vista em torno do corpo
"monstruoso" em nossos dias.

nazistas, por exemplo. Auschwitz foi um verdadeiro laboratório genético com cobaias humanas, incluindo-se, dentre elas, gêmeos e anões. A eugenia, de certa forma, trabalhava passo a passo com a pseudociência da frenologia, que acreditava ser capaz de determinar o caráter de um indivíduo por suas características anatômicas. Os "degenerados" e "tarados", segundo a eugenia, eram capazes de também apresentar sinais de tuberculose, da sífilis, do alcoolismo, o que confirmava os preconceitos do pensamento da época. Incluíam-se, dentre tais "degenerados", os que tinham bócio, os criptórquidas,[194] os epilépticos e os raquíticos. E, no que tangia especificamente ao mundo do espetáculo, pode-se dizer que não houve homogeneidade quanto aos procedimentos em relação aos *side shows* do lado de cá do Atlântico. Ao se pensar que os Estados Unidos vivenciaram menos os horrores físicos das duas Grandes Guerras, isso talvez justifique parcialmente o prolongamento de uma cultura de "monstruosidades" naquele país.[195]

Neste movimento pendular de discussão entre as visões sobre o monstro na segunda metade do século XIX e na primeira metade do século XX, além das questões ligadas aos estatutos do corpo considerado anormal, aponta-se a proliferação, no gosto popular, de muitos romances e revistas de terror com suas histórias sangrentas: destacava-se, a título de exemplo, Sawney Beane, o "canibal escocês" – líder de um grupo de *serial killers* –, Sweeney Todd, o terrível barbeiro de Fleet Street,[196] além dos numerosos vampiros e outros mortos-vivos que aterrorizavam a imaginação de ávidos leitores. Estes dois últimos realmente agradavam muito, e suas histórias às vezes eram inspiradas em casos de pessoas mal diagnosticadas e enterradas vivas. Acredito que algumas pontuações sobre o tema ajudam igualmente a elucidar certas angústias tão contemporâneas em torno da morte e do corpo. Remontando alguns séculos, têm-se as seguintes informações:

---

194 Estes seriam indivíduos cujos testículos não teriam "descido" propriamente da cavidade abdominal para o escroto. Hoje, corrige-se o problema com cirurgia ou aplicações hormonais.

195 No capítulo seguinte, comento o filme *Freaks* (1932), uma obra bastante particular para o contexto desta discussão.

196 Vale citar aqui o filme *Sweeney Todd, o barbeiro demoníaco da Rua Fleet* (*Sweeney Todd, the demon barber of Fleet Street*, Tim Burton, 2007).

Nos séculos XVI e XVII, alguns médicos tinham consciência do risco de funerais apressados. Os antigos salmos recomendavam cautela em tais procedimentos, especialmente em se tratando de mulheres histéricas ou nervosas, cujos corpos só deviam baixar à terra após três dias de observação. (Bondeson, 2000, p. 125)

Vários escritores deram vazão ao tema em suas obras, dentre eles Edgar Allan Poe, em seus contos "O enterro prematuro", "A queda da casa de Usher" e "Berenice", por exemplo. Esse medo coletivo de caráter histérico se alastrou até o século XIX,[197] ultrapassando-o. Sabe-se que viajantes tinham pavor de transitar pelo interior da França e ser prematuramente enterrados após um desmaio, por exemplo. Havia relatos mal explicados de defuntos que foram encontrados com as mãos roídas e unhas presas na tampa de seus caixões, e de mulheres que davam à luz dentro dos esquifes. Isso serviu para aumentar as fantasias macabras que alimentavam a imaginação das pessoas e instigou o desenvolvimento de curiosas pesquisas para dar, aos infelizes enterrados que porventura despertassem, uma segunda chance. Havia aparatos como um caixão contendo um sinete dentro de um campanário em miniatura que fora adaptado sobre a tampa. Esse sino se ligava à mão do provável morto mediante uma corda e foi um invento que agradou bastante os angustiados viventes da era vitoriana.

Uma versão mais bem produzida dotou um esquife com tampa deslocá-vel, um tubo para oxigenação tipo periscópio que se abriria caso o defunto se mexesse, e uma escada de corda para "fuga", além de bandeirolas, luzes e sinos acionados por sinais elétricos (cf. Bondeson, 2000, p. 138). Tais medi-das de segurança passaram a não fazer mais sucesso com o passar do tempo, por conta de sua ineficácia. Para garantir que o corpo estava de fato morto, eram também empregados sucos de cebola, alho e raiz-forte, ou enfiava-se um lápis ou pena no nariz do defunto; esfregar urtiga na pele ou introduzir substâncias cáusticas no reto, puxar braços e pernas com brutalidade, pro-duzir gritos horrendos, introduzir um inseto rastejante no ouvido e escaldar braços para verificar o aparecimento de bolhas – o que indicava que a pes-soa ainda estava viva – também faziam parte dos recursos utilizados pelos

---

197 Para mais detalhes sobre este tópico, cf. Bondeson (2000, pp. 123 ss.).

médicos nas derradeiras décadas dos Oitocentos. Em Paris, os cadáveres do necrotério passavam por uma espécie de "lavagem de tabaco" mediante uma máquina semelhante a um grande fole: a partir de um tubo introduzido no reto, pretendia-se preencher o corpo morto com o tabaco proveniente de um forno. E como os médicos nem sempre eram bem-sucedidos em distinguir se o indivíduo estava vivo ou morto, isso gerava muita insegurança nas pessoas, o que trazia benefícios a charlatães de toda sorte.

No final do século XIX, o diagnóstico de "histeria de conversão persisten-te"[198] era utilizado por psiquiatras para explicar os casos de certas jovens mulheres que viviam situações de "morte aparente" (*Scheintod*). Não raro, havia histórias pitorescas em torno de "belas adormecidas" que ganhavam versões em vários países da Europa. Ricos excêntricos chegavam a pagar altas somas para jamais serem enterrados, mas, sim, embalsamados. Na Alemanha, tornaram-se famosas as "casas mortuárias de espera", as *Leichenhäuser*. Os defuntos, confortavelmente colocados em padiolas, tinham barbantes presos aos dedos. Esses fios conduziam a sinetes que eram acionados, caso os falecidos despertassem. Entretanto, eram comuns vários alarmes falsos, o que se dava pelas modificações naturais do corpo morto.

Todo esse esforço para ter certeza de que a pessoa de fato estava morta parece não ter levado a nenhum caso satisfatório de retorno à vida. O medo de ser enterrado vivo também ganhou relevo a partir dos anos 1870, com indivíduos vinculados a movimentos espiritualistas que supunham que, se suas almas saíssem dos corpos para dar um passeio mais longo, elas poderiam ter uma desagradável surpresa ao voltarem ao corpo que, então, estaria sob a terra.

Pode-se notar, nos parágrafos anteriores, que a visão da morte foi mudando com o passar do tempo: de "natural" a mais mecanicista, chegou ao questionável modelo bastante impessoal e asséptico dos funerais da contemporaneidade. A dubiedade e os limites entre vivo e morto também parecem ser uma tônica e apontam para dificuldades específicas de lidar com a própria

---

198 De forma bem simplificada, pode-se dizer que esse tipo de histeria apresenta somatizações do tipo "bola" na garganta, anestesias, paralisias, crise emocional com teatralidade etc., quando o corpo representa, em forte sintomatologia, a neurose do paciente.

existência. E os filmes contemporâneos de zumbis são também uma notável exemplificação do que discuto aqui:

> *Hoje em dia existe apenas um levíssimo receio de ser enterrado vivo; este medo foi suplantado por outro: o de ser mantido em estado de coma indefinidamente por meio de aparelhos de respiração artificial e mediante alimentação endovenosa. O horror de nos transformarmos em morto-vivo ainda persiste, conquanto tenha mudado de aspecto. (Bonderson, 2000, p. 144)*

A vasta tradição de imageria que o cinema fez conhecer, e todos os teatros de excentricidades à maneira do Grand Guignol que, nos séculos XVIII e XIX, infestaram cidades como Paris, Londres e Viena, por exemplo, não desapareceram por completo, ao contrário do que se pode pensar. Obviamente, há muita continuidade por meio do cinema fantástico, mas, igualmente, em eventos, atrações e exposições que se tornam correntes em vários países, como se denunciassem ainda o velho gosto por aberrações. Torna-se, aqui, invitável a menção das atrações de terror consideradas "interativas", que visam a colocar o sujeito no *frisson* de uma tecnologia a serviço do espanto. Existe em Londres, pelo menos até o momento da escritura deste texto, a famosa diversão *The Crypts*, em que o visitante experimenta sensações terrificantes, como sons, cheiros e visões relacionadas ao universo macabro da história daquela cidade, em subterrâneos pouco iluminados e claustrofóbicos.

Os bestiários do século XX

Vax (1960) afirmou a respeito do enriquecimento do bestiário fantástico contemporâneo:

> *Existe, no animal fantástico, não apenas um retorno ao estado de selvageria, mas uma perversão de um estado superior. O bestiário fantástico se enriquece, aliás, de seres imaginados, próximos do homem, como Mr. Hyde, de Stevenson, e de animais tão horríveis*

e repugnantes que a natureza não poderia tê-los criado: os mons-
tros moles, viscosos e grotescos de Lovecraft e de Kafka.[199] *(p. 24)*

Essa conformação de um bestiário que soma o antigo e o contemporâneo, passando por diversas camadas de reestruturação, se faz muito presente em nossos dias, sobretudo ao se pensar no poder recriador que o cinema e a literatura têm. De fato, não se pode ignorar a fundamental importância dos bestiários para a literatura, para a arte imagética e mesmo para a taxonomia e para o estudo das espécies, nas ciências biológicas. Os bestiários têm fortes reflexos em nosso imaginário, e, em alguns momentos, isso se faz de forma tão reavivada e contundente que os seres fantásticos ganham corpo nos mais diversificados suportes, como filmes, livros, jogos eletrônicos, animações, atraindo crianças, adolescentes e adultos. É sua popularização pelas mídias que faz com que se dê conta de que existe um bestiário sempre muito próximo. Pode-se mesmo considerar que, no mundo globalizado e sem fronteiras, o monstruoso e o incrível se difundem o tempo todo, sem obedecer a geografias e idiomas.

É como se todo o planeta fosse o receptáculo das páginas de um grande bestiário de múltiplas autorias que se torna, assim, o lar das mais diversas criaturas, hoje "postas à solta", mais do que em qualquer outro momento da história. A Terra seria uma espécie de zoológico inusitado para a criatividade humana, engendrado no decorrer de milênios: fantasfera. Um "orbe-bestiário", que partilha livremente suas criaturas, as quais assumem modificações, muitas vezes sutilíssimas, de acordo com a cultura na qual se expressam. E esse universo do fantástico tem certamente seu motivo de ser: nenhum monstro é criado, reinventado e invocado por acaso.

Um escritor que brincou com a tradição dos bestiários no século XX foi Jorge Luis Borges. Inicialmente, ele publicou a obra *Manual de zoologia fantástica* (1957), a qual ganhou mais corpo e um novo título em 1967/1969: *O*

---

199 "*Il y a, dans l'animal fantastique non seulement un retour à l'état de sauvagerie, mais une perversion d'un état supérieur. Le bestiaire fantastique s'enrichit d'ailleurs d'êtres imaginés, proches de l'homme, comme le Hyde de Stevenson, et d'animaux si horribles et répugnants que la nature n'aurait pu les créer: monstres mous, gluants et grotesques de Lovecraft et de Kafka.*"

livro dos seres imaginários. Nele, Borges descreve brevemente vários animais fantásticos e mitológicos pertencentes a numerosas cosmologias, baseando--se em uma pesquisa empreendida por sua amiga Margarita Guerrero. A inovação borgeana, todavia, foi não permanecer apenas na tradição, mas evocar igualmente seres inventados por grandes escritores, como C. L. Lewis, Lewis Carroll, Edgar Allan Poe e Franz Kafka. E, claro, o estilo do escritor argentino confere a *O livro dos seres imaginários* um valor inestimável no âmbito da literatura. Também menciono a atração de Borges pelos tigres, pela tauromaquia e pelos labirintos, sempre muito evidentes em seu trabalho, a exemplo da obra *El oro de los tigres*:

> *Sob a lua*
>
> *o tigre de ouro e sombra*
>
> *olha suas garras*
>
> *Não sabe que na alvorada*
>
> *Destroçou um homem*[200] *(Borges, 2005, p. 22)*

No tom épico e lírico desse livro, o autor ainda faz referência ao touro – "pesa-me um pouco a cabeça de touro"[201] (Borges, 2005, p. 26) –, ao hipogrifo – "O amor de Endimião em sua montanha,/ o hipogrifo, a curiosa esfera/ de Wells"[202] (p. 51) e ao leão – "Urgido pela gente assumia/ a forma de um leão ou de uma fogueira"[203] (p. 59). Adequa-se também a essa perspectiva o poema "Otra versión de Proteo" (p. 61). Proteu era filho de titãs, "metade deus e metade animal marinho",[204] e se metamorfoseava em diversos animais nos momentos de fúria: "Preso/ assumia a inapreensível/ forma do furacão ou da fogueira/ ou do tigre ou da pantera/ ou da água que na água é invisível"[205] (p. 61).

---

200 *"Bajo la luna/ el tigre de oro y sombra/ mira sus garras/ No sabe que en el alba/ Han destrozado un hombre."*

201 *"me pesa un poco la cabeza de toro."*

202 *"El amor de Endimión en su montaña,/ el hipogrifo, la curiosa esfera/ de Wells."*

203 *"Urgido por las gentes asumía/ la forma de un león o de una hoguera."*

204 *"mitad dios y mitad bestia marina."*

205 *"Atrapado/ asumía la inasible/ forma del huracán o de la hoguera/ o del tigre de oro o la pantera/ o de agua que en el agua es invisible."*

Dentre outros autores que também entraram no universo do fantástico, cito Rudyard Kipling, de cuja obra saliento o curioso conto "O elefante infante". Nele, o autor coloca como personagem uma ave mítica e feminina inventada por ele, o pássaro Kolokolo, ao lado de elefantes, avestruzes, hipopótamos, babuínos e outros animais tipicamente africanos:

> *Mas, quando tudo acabou, o Elefante Infante encontrou o Pássaro Kolokolo, que estava sentado numa moita de espinheiro, e ele lhe disse: "Meu pai me bateu, minha mãe me bateu; todos os meus tios e tias me bateram por causa de minha insaciável curiosidade, mas eu ainda quero saber o que o Crocodilo come no jantar!". Então, num grito pavoroso, o Pássaro Kolokolo respondeu: "Vá pelas margens do grande rio Limpopo até as oleosas águas ver-de-acinzentadas como azeite, perto das árvores-da-febre. Lá você descobrirá". (Kipling, 2009, pp. 15-16)*

A única descrição que se tem dessa ave é uma imagem em preto e branco, além do conhecimento de seu "pavoroso grito" emitido ao responder à pergunta do elefantinho em sua socrática peregrinação, grito este que lhe dá uma feição dramática e um tanto amalucada. Metade papagaio, metade pavão, a ave kolokolo pode ser considerada aquela que percebia a vaidade e a vanidade dos desejos humanos, atuando com o tom profético dos oráculos.

Outro criador de seres fantásticos foi Lewis Carroll, de ampla penetração no século XX, em cuja obra destaca-se o poema "Jabberwocky", traduzido por Augusto de Campos como "Jaguadarte",[206] e que aparece em *Alice através do espelho*, em texto repleto de musicalidade, surrealismo e palavras-valise.[207] Alice só conseguia ler o poema quando ele estivesse refletido em um espelho. Em seu texto, o genial Carroll fez uma sátira aos poemas cheios de fantasia que as crianças inglesas eram obrigadas a decorar em sua época. Carlos Alberto Dória retrabalhou o personagem monstruoso em um livro bastante *sui generis*, e, em sua introdução, comentou: "O poema Jaguadarte, que o lápis

---

206 O principal monstro do poema também ficou conhecido como Pargarávio, em outra opção tradutória.

207 No original em francês, *mots-valise*: duas palavras se unem para formarem uma outra.

louco do Rei Branco escreveu, Alice encontrou na sala do próprio Rei (do xadrez, evidentemente), que ficava do outro lado do espelho" (Dória, 2005, pp. 9-10). No mesmo poema de Carroll, há ainda uma alusão à estranha ave Felfel, que parece bastante temível, e ainda ao Babassurra, na excelente tradução de Augusto de Campos:[208]

> *Foge do Jaguadarte, o que não morre!*
>
> *Garra que agarra, bocarra que urra!*
>
> *Foge da ave Felfel, meu filho, e corre*
>
> *Do frumioso Babassurra!*[209]

Discuto sobre o Jaguardarte, no rol das criaturas fantásticas retrabalhadas por Tim Burton (*Alice no País das Maravilhas*, 2010), na Parte III. De fato, ele é um excelente exemplar de monstro descomunal que saiu da literatura e entrou no campo das imagens moventes: integrante significativo do bestiário da contemporaneidade.

Mudança de paradigmas em relação aos animais

As ciências têm se empenhado sobremaneira no estudo de questões ligadas aos animais, questões estas que perpassam também o humano, e, por isso, pode-se dizer que muitas constatações mais recentes têm o mérito de contrariar posicionamentos conservadores sobre a vasta biologia da Terra e o sentido de humanidade.

A tradição da pesquisa e da observação em zoologia defendeu, por muito tempo, que os animais não passavam de meros seres instintivos, posto que não faziam mais do que lutar incessantemente pela sobrevivência no chamado mundo selvagem. Essa ideia, embasada em uma formatação de escalas de superioridade dos humanos em relação ao reino animal, vetava toda

---

208 Disponível em: <http://pensador.uol.com.br/frase/NjYyMzk2/>.
209 No original: "*Beware the Jabberwock, my son!/ The jaws that bite, the claws that catch!/ Beware the Jujub bird, and shun/ The frumious Bandersnatch!*"

possibilidade de se pensar que os bichos fossem mais do que batalhadores no contexto da lei do mais forte. Houve pesquisadores que chegaram mesmo a dizer que a morte seria o que de melhor poderia acontecer aos animais, uma vez que suas vidas já seriam, por si sós, extremamente sofridas.

Vinte e três séculos após Aristóteles, que afirmava que os bichos existiam praticamente para nos prover de alimentos e roupas, por exemplo, e bem mais de um século depois de Darwin, os cientistas têm começado a perceber que os animais também sentem prazer e fazem escolhas, ainda que sejam notadamente instintivos.[210] No rol de vários autores cujas obras compõem minhas leituras, destaco o próprio Jacques Lacan, que propôs que os animais (sobretudo os de estimação), ainda que não dotados de uma codificação linguística como a nossa, existiam imersos na linguagem humana. Veem-se vários avanços nos últimos tempos rumo a reconsiderações sobre a postura das pessoas junto aos animais. Acredito que, para parte da humanidade, ficará difícil se alimentar de seres que, como os homens e mulheres, têm preferências de amizade, se divertem por simples prazer e, muitas vezes, buscam o que se traduz por aconchego e afeto entre seus iguais. Isso está bem além do *cogito* de René Descartes, que, como mencionei, propunha o pensamento como aquilo que nos diferenciava dos animais e nos impedia de ser "autômatos" irracionais como eles. O engano cartesiano, de fato, foi a teoria dos animais-máquinas, uma vez que uma réplica, segundo o filósofo, não poderia falar ou expressar sentimentos. Para Descartes, a técnica teria função exclusivamente humana, e a máquina não disporia de condições para pensar sobre si mesma.[211] Isso, entretanto, tende a ser contradito com os avanços da chamada inteligência artificial.

Deixando de lado, todavia, qualquer ideia pueril em torno do mundo da zoologia, grupos de cientistas afirmam novos pontos de vista éticos sobre a situação dos animais, sobre a maneira como os vemos e, especialmente, sobre o que fazemos com eles. Em língua inglesa, por exemplo, utiliza-se

---

210 A ideia do prazer adaptativo nos animais já encontrava ressonância no cientista comportamental Georges Romanes em 1884.

211 Para refletir sobre essas questões, fica a sugestão de dois filmes: *Inteligência artificial* (*A.I., Artificial intelligence*, Steven Spielberg, 2001) e *Eva* (Kike Maíllo, 2011).

tradicionalmente o pronome "*it*" para os animais, mas muitas pessoas já preferem empregar os pronomes "*he*" ou "*she*".

Animais respondem, em muitos casos, muito além do que se considera a força dos instintos e da reprodução de suas espécies. Seus estados de humor, suas intenções e, talvez, um certo "planejamento" diário, em uma busca não apenas da sobrevivência, mas, igualmente, do bem-estar, são aspectos que têm aguçado o interesse científico.

> *Assim, ainda que a evolução e a sobrevivência darwinianas indubitavelmente influenciem as ações dos animais, eles não estão respondendo conscientemente a estas influências. O que parece é que estão se comportando de acordo com seus estados de humor, seus desejos e, talvez, até mesmo com uma programação diária pré-planejada.[212] (Balcombe, 2007, p. 11)*

Há várias décadas, pesquisas têm confirmado que pássaros canoros sentem enorme prazer ao cantar em liberdade, assim como diferentes grupos de chimpanzés apresentam hábitos bem distintos uns dos outros, e populações de orcas têm "códigos linguísticos" complexos, incluindo dialetos. Da mesma forma, ficaram conhecidas as pesquisas em torno da capacidade de galinhas sentirem "empatia" – algo considerado bastante humano –, que é a capacidade de um indivíduo ser afetado pelo estado emocional de outro.

A noção de que animais têm mentes, sentimentos, emoções e algum tipo de consciência sempre pareceu demasiada, até porque, tradicionalmente, a linguagem sempre foi tida como o que nos diferenciava dos animais, permitindo o desenvolvimento dessa particularidade que foi chamada de pensamento. Fala-se hoje, entretanto, em uma espécie de *unconscious thinking* ("pensamento inconsciente") – concepção que está por ser mais bem estudada. Supõe-se que os animais não "pensem" linguisticamente como nós – e, quanto a isso, as dúvidas são poucas –, mas, sim, em termos de imagens perceptuais, imagens estas que podem até mesmo surgir representadas na

---

212 "*So, while Darwinian evolution and survival undoubtedly influence animals's actions, animals aren't responding consciously to these influences. Yet it does seem that they are behaving according to their moods, their desires, and perhaps even a pre-planned daily schedule.*"

forma de sonhos. Dessa maneira, cientistas argumentam que, se os animais sonham, é bem possível que imaginem. Eis aqui um vasto campo para futuras pesquisas.

Esses estudos são polêmicos, mas sua importância se ajusta bem ao momento atual: em meio aos avanços impressionantes da tecnologia, há quem volte os olhares para a "selvageria", na busca de pistas que tragam à existência animal um *status* merecido, mas até então nunca encontrado: "nós devemos pensar neles como seres cujos interesses vão além dos padrões mínimos para o tratamento 'compassivo'"[213] (Balcombe, 2007, p. vii). Por isso mesmo, a primeira década do século XXI viu aparecer um sem-número de livros examinando a "experiência" e os "sentimentos" nos animais.

Talvez a dificuldade no estudo dos bichos resida no fato de que a visão humana é tradicionalmente antropomorfizante, o que traz estereótipos e suposições desnecessárias: basta se perceber como, em documentários da TV sobre o reino animal, a presença de elefantes e baleias surge repleta de sons de baixos e tambores, enquanto os insetos ganham a musicalidade de flautas e violinos, e instrumentos de percussão animam cenas de caçadas. O resultado audiovisual é belo, escolhido a dedo após centenas de horas de imagens gravadas. O espectador fica com boas impressões, na maior parte das vezes, porque pode identificar aspectos seus nos bichos, como a "face sorridente" de um golfinho, por exemplo – e parece que esse é todo o esforço que se pode fazer para a compreensão deste outro, o animal não humano. O que os cientistas querem é que se entenda que um gorila é inteligente sendo um gorila, e um rato é excelente para fazer coisas que nós, seres humanos, não conseguimos fazer.

Considero que esses apontamentos sobre os animais em nossos dias são bastante relevantes para alguns pontos de vista que desenvolvo em minhas análises sobre criaturas fantásticas em filmes do século XXI. Parece que a derradeira ferida narcísica no ser humano está de fato imbricada ao questionamento de sua própria humanidade: de um lado, os animais, aos quais fomos equiparados indelevelmente; do outro, as máquinas e os engenhos da

---

213 *"we must think of them as beings whose interests extend beyond minimal standards for 'humane' treatment."*

tecnologia, com a promessa não tão distante de haver objetos que tergiver-sarão, dotados provavelmente do que chamamos de "identidade" e "subjeti-vação",[214] exemplificação de avanços no campo da inteligência artificial e da biocibernética.

De fato, desde quando o homem teve de confrontar sua própria imagem, ele necessariamente se viu obrigado a se interrogar perante os outros seres e os objetos – os seus "outros".

Didi-Huberman (2011), ainda que não tratando exclusivamente do ani-mal "real" – pois este foi incorporado em múltiplas metáforas em torno do vaga-lume para falar sobre o cinema de Pasolini e sobre as questões sociais do século XX –, traz-nos uma bela e poética sinalização de inquietações:

> *Aprendo que existem ainda, vivas, espalhadas pelo mundo, duas mil espécies conhecidas desses pequenos bichinhos (classe: insetos, ordem: coleópteros, família: lampírides ou* lampyridae)*. Certa-mente, como observava Pasolini, a poluição das águas no campo faz com que morram, a poluição do ar na cidade também. Sabe-se igualmente que a iluminação artificial – os lampadários, os proje-tores – perturba consideravelmente a vida dos vaga-lumes, como a de todas as outras espécies noturnas. Isso conduz, às vezes, em casos extremos, a comportamentos suicidas, por exemplo, quando larvas de vaga-lumes sobem nos postes elétricos e se transformam em pupas – da palavra latina* pupa, *a boneca, e que designa o estágio intermediário entre larva e imago, ou seja, a* ninfa –*, peri-gosamente expostas aos predadores diurnos e ao sol que as resseca até a morte. (pp. 49-50)*

Didi-Huberman (2011) prossegue em suas observações comparativas, ressaltando o contexto da visão extremamente negativista do cineasta italia-no, o qual apontava para uma crise ampla e talvez desesperançada da condi-ção humana localizada em um presente de teor apocalíptico:

---

214 Como tão bem defendeu Santaella em sua conferência no Simpósio Internacional *A Vida Secreta dos Objetos*, edição São Paulo, realizada na Pontifícia Universidade Católica de São Paulo (PUC-SP) na tarde do dia 30 de julho de 2012.

> *Tal foi, no entanto, o desespero político de Pasolini em 1975: te-*
> *riam as criaturas humanas de nossas sociedades contemporâneas,*
> *como os vaga-lumes, sido vencidas, aniquiladas, alfinetadas ou*
> *dessecadas sob a luz artificial dos projetores, sob o olho do pan-*
> *-óptico das câmeras de vigilância, sob a agitação mortífera das*
> *telas de televisão? Nas sociedades de controle – cujo funcionamen-*
> *to geral foi esboçado por Michel Foucault e Gilles Deleuze – "não*
> *existem mais seres humanos" aos olhos de Pasolini, nem comuni-*
> *dade viva. Há apenas signos a brandir. Não mais sinais a trocar.*
> *Não há mais nada a desejar. Não há senão mais nada a ver nem*
> *a esperar. (p. 59)*

Nesse movimento, chega-se a Jacques Derrida, que buscou uma crítica ao tom apocalíptico adotado por diversos pensadores, e ao próprio Didi-Huberman (2011), quem menciona a continuidade dos signos ou das imagens "quando a sobrevivência dos próprios protagonistas se encontra comprometida" (p. 150).

Derrida teve uma de suas aulas – *L'Animal que donc je suis (À suivre)* – transformada em um breve livro (2011), fruto de uma conferência no III Colóquio de Cerisy, em 1997, quando ele tratou da questão do animal do ponto de vista filosófico. Considero esse autor precursor de muito do que se pensa hoje no campo dos *animal studies*. Ele começa sua conferência discorrendo sobre o incômodo que é a sensação de alguém ao ser especialmente mirado por um animal, incômodo esse projetado na figura de um gato que olha um homem nu e, malgrado ser observado por um bicho, esse homem sente vergonha. É o mal-estar de se estar "nu diante de um gato sem se mexer, apenas para ver. Mal-estar/ "animal-estar" de um tal animal nu diante de outro animal" (Derrida, 2011, p. 15). Nessa obra tão significativa, Derrida nos apresenta o animal como um nosso outro.[215] Os que são chamados de animais não estão nus, contrariamente a nós, porque, de fato, nunca o estiveram. O homem é que tem o sentimento pudico para com sua nudez e, portanto, a ele se aprouve vestir-se. E o filósofo continua com a referência ao gato,

---

215 Como tenho discutido em todo este livro, ele é um dos outros do humano, ao lado dos monstros e, por que não, dos objetos.

enfatizando que o bichano real[216] que o olha não é, de forma alguma, o gato da "imensa zoopoética" (cf. Derrida, 2011, p. 18) de Kafka, nem o gato Murr do romance de Hoffmann, nem a gata de Montaigne, em seu *Apologie de Raimond Sebond* – filósofo este que atribuía aos animais uma certa linguagem –; tampouco seria um gato como os de Baudelaire (em *As flores do mal*), ou os de Rainer Maria Rilke, de Martin Buber, de Lewis Carroll, de La Fontaine, de Ludwig Tieck – este último, com o seu teatral *O Gato de Botas*.

Derrida relembra a longa tradição em torno dos bichos na filosofia: desde Aristóteles, passando por Santo Agostinho, Rousseau, Descartes, Kant, Heidegger, chegando a Lacan[217] e Emmanuel Levinas. Para Derrida (2011), "o pensamento do animal, se pensamento houver, cabe à poesia (...). É a diferença entre um saber filosófico e um pensamento poético" (p. 22).

Segundo a tradição bíblica, Deus teria criado o homem à sua semelhança para que ele sujeitasse, domasse, dominasse e desmistificasse (Derrida, 2011, p. 35), em uma concessão de propriedade e superioridade sobre qualquer animal. Adão (Isch) foi aquele que inventou um nome para cada bicho. Para o filósofo, porém: "O animal está aí antes de mim, aí perto de mim, aí diante de mim – que estou atrás dele" (Derrida, 2011, p. 28). Mas os reflexos judaico-cristãos, junto à tradição do pensamento humanista clás-sico, somam sérios atributos que foram impostos à condição animal, os quais são lembrados por Derrida: profunda tristeza, mutismo, hebetude, embrutecimento, atordoamento, açambarcamento; visão do animal como ser vivente e puro (o *Nur-lebenden* de Heidegger) e ser privado de acesso (*alogon*, ainda para Heidegger). "É uma palavra, o animal, é uma denominação que os homens instituíram, um nome que eles se deram o direito e a autoridade de dar a outro vivente" (Derrida, 2011, p. 48).

Para Descartes, o animal, como uma máquina, nada sentia: "Eu não consigo partilhar da opinião de Montaigne e de outros que atribuem entendimento ou pensamento aos animais"[218] (Descartes, 1991, n.p), escreve ele em

---

216 Para Lacan, como eu disse anteriormente, o animal está desprovido da linguagem como a humana, mas não deixa de se inserir na ordem da linguagem humana.

217 O gato real, como quis Descartes, não responde.

218 *"I cannot share the opinion of Montaigne and others who attribute understanding or thought to animals."*

206 UMA HISTÓRIA DE MONSTROS

sua carta de 23 de novembro de 1646 ao marquês de Newcastle. E continua: "nosso corpo não é apenas uma máquina autômata, mas contém uma alma com pensamentos, à exceção das palavras, ou outros signos que são relevantes para tópicos particulares sem expressar qualquer paixão"[219] (Descartes, 1991, n.p). E adiante:

> *Eu sei que os animais fazem muitas coisas melhor do que nós, mas isso não me surpreende. Isso pode até mesmo ser usado para provar que eles agem de forma natural e mecânica, como um relógio que mostra as horas melhor do que nosso julgamento o faz.*[220]
> *(Descartes, 1991, n.p)*

Privado da linguagem, o animal não podia nomear o mundo e as coisas, como afirmou Descartes, mas é preciso lembrar que, segundo a tradição, o homem também teria recebido um nome, em seu caso, dado por Deus. No fundo ter um nome é saber-se mortal, uma vez que o nome é longevo, vai além do ser que o porta. "Já morto por estar prometido à morte: morrendo" (Derrida, 2011, p. 43).

Derrida (2011) continua seus pensamentos, intrigado com o olhar do gato:

> *esse olhar dito "animal" me dá a ver o limite abissal do humano: o inumano ou o a-humano, os fins do homem, ou seja, a passagem das fronteiras a partir da qual o homem ousa se anunciar a si mesmo, chamando-se assim pelo nome que ele acredita se dar.*
> *(p. 31)*

O filósofo ainda levanta uma crítica sobre o assujeitamento milenar do animal à vontade humana, aos tratamentos que sempre recebeu e às

---

219 *"our body is not just a self-moving machine but contains a soul with thoughts, with the exception of words, or other signs that are relevant to particular topics without expressing any passion."*
220 *"I know that animals do many things better than we do, but this does not surprise me. It can even be used to prove they act naturally and mechanically, like a clock which tells the time better than our judgment does."*

problemáticas noções de direito que o envolvem. O mais importante, para o filósofo, não é saber se o animal pensa, raciocina, pode falar, inventar técnicas, estar inserido no logos, mas, sim, se ele sofre, aspecto também defendido bem anteriormente por Jeremy Bentham (1748-1832), um dos reivindicadores dos direitos dos animais:

> *Aí reside, como a maneira mais radical de pensar a finitude propriamente dita da vida, à experiência da compaixão, à possibilidade de compartilhar a possibilidade desse não-poder [não poder sofrer], a possibilidade dessa impossibilidade, a angústia dessa vulnerabilidade e a vulnerabilidade dessa angústia. (Derrida, 2011, p. 55)*

Derrida (2011), que menciona a zooliteratura de Francis Ponge (*Signéponge*) e fala em zoosfera, criou o termo *animots* (uma palavra-valise que brinca com o plural francês de "animais", *animaux*) para tentar dar conta de seus pontos de vista: "Como acolher ou liberar tantos ANIMOTS em mim?" (p. 70). E prossegue: "Antes do bestiário fabuloso, eu me teria dado, de preferência, uma horda de animais; na floresta de meus próprios signos e nas memórias de minha memória" (p. 70).

Concordando com Jeremy Bentham, os animais sofrem – lembrou-nos Derrida –, assim como nós sofremos por eles e com eles. Para o filósofo argelino, não haveria uma continuidade homogênea entre o animal não homem e o animal homem, posto que, entre ambos, existiria uma fronteira múltipla à semelhança de um abismo. Derrida ainda tinha uma obsessão por um bestiário pessoal e propõe, tomando a Quimera como ponto de partida, três pontos de vista para se entender os animais:

> *Gostaria que se escutasse o plural de animais no singular: não há o animal no singular genérico, separado do homem por um só limite indivisível. É preciso considerar que existem "viventes" cuja pluralidade não se deixa reunir em uma figura única da animalidade simplesmente oposta à humanidade. Não se trata evidentemente de ignorar ou de apagar tudo o que separa os homens dos outros*

animais e de reconstituir um só grande conjunto, uma só grande árvore genealógica fundamentalmente homogênea e contínua do animot ao Homo (faber, sapiens ou não sei que outra coisa).

. . .

O sufixo mot, em animot, deveria nos fazer voltar à palavra [mot], e mesmo à palavra chamada nome. Ele abre à experiência referencial da coisa como tal, como o que ela é em seu ser, e portanto a essa problemática pela qual sempre se quis fazer passar o limite, o único e indivisível limite que separaria o homem do animal, a saber, a palavra.

. . .

Não se trataria de "restituir a palavra" aos animais, mas talvez de aceder a um pensamento, mesmo que seja quimérico ou fabuloso, que pense de outra maneira a ausência do nome ou da palavra, e de outra maneira que uma privação. (Derrida, 2011, pp. 87-89)

Jehanne d'Alcy, atriz e esposa de Georges Méliès, em La source enchantée, *c. 1890.*

Consoante aos *animal studies* com os quais tenho me deparado, Derrida devolve ao animal uma capacidade de traçar o próprio caminho, portanto, de se autobiografar de alguma maneira – uma aptidão de ser si-mesmo, ser vivente. E, quanto à grande questão que inquieta pensadores há séculos, a da linguagem e os animais, Derrida consegue ser alentador e esclarecedor ao mesmo tempo, em uma nota de rodapé que tenta inserir o animal no que ele considerou uma experiência da linguagem:

> *Essa linguagem da qual fala então Heidegger, essa linguagem "sem" questão, sem ponto de interpretação, essa linguagem de "antes" da questão, essa linguagem da Zuzage (consentimento, afirmação, acordo etc.), seria pois uma linguagem sem resposta? Um "momento" da linguagem por essência desligado de toda relação à resposta esperada? Mas se se liga o conceito de animal, como o fazem todos, de Descartes a Heidegger, de Kant a Levinas e a Lacan, à dupla impossibilidade, à dupla incapacidade da questão-resposta, é que então o "momento", a instância, a possibilidade da Zuzage pertence a uma "experiência" da linguagem da qual se pode dizer que mesmo se ela não é "animal" em si mesma, poderia o "animal" estar privado dela? Isto bastaria para desestabilizar toda uma tradição, para privá-la de seu catálogo de argumentos fundamental. (Derrida, 2011, pp. 73-74)*

E para bem além dos animais que nos são mais próximos e conhecidos, os quais comumente nos instigam a pensarmos questões de similitude e afinidades entre nós e eles, há igualmente os que causam repúdio e pavor. As terras e águas ignotas engendraram muitos "monstros" que fertilizaram a imaginação humana, e pode-se considerar que um dos reinos mais inspiradores, há décadas, tem sido o das mais profundas trevas oceânicas, junto ao surpreendente espaço sideral. Ao menos no âmbito da realidade física, são estes os ambientes menos explorados pelos homens. Muitos "monstros" residem, por exemplo, nos abismos e fossas dos mares aguardando, com paciência, estudos científicos que os tornarão mais acessíveis à compreensão. Destarte, chegamos ao *Vampyroteuthis infernalis* – animal extremo para se pensar a condição humana –, um molusco do qual trata Flusser em um ensaio que publicou em 1987, junto ao artista e biólogo Louis Bec.

Se diversos campos do saber tentam hoje redefinir o que já se chamou de "condição humana" e questionar o que vem a ser nossa espécie, esse cefalópode abissal, nosso antípoda, parece poder ajudar no intento: ele é utilizado por Flusser como um paradigma para o drama que perpassa a história da humanidade. Para isso, o filósofo checo naturalizado brasileiro escreveu uma ficção filosófica a respeito desse nosso inferno abissal (não astral), metáfora do animal que logo somos. Breton, em seu texto *Prolégomènes à un troisième manifeste du surréalisme ou non*, também havia proposto que o homem não seria o centro do universo e que seres de outra constituição biológica – um cetáceo ou um inseto, por exemplo – poderiam lhe causar tanta estranheza quanto ele deve fazê-lo para com tais criaturas.

Mas o que é esse bicho, a lula-vampira-do-inferno, como costumam chamá-la em português? O livro de Flusser apresenta o molusco como sendo um animal em vertigem, com o qual partilhamos uma genética primordial de nossos antepassados de milhões de anos. Segundo o filósofo, seu sistema nervoso é o mais complexo da biologia para o olhar cibernético. Seu estar-no-mundo é abissal e infernal. Ele é ainda capaz de nadar, andar no fundo do leito do mar e se projetar. Não voa, diferentemente de outros cefalópodes, porque nasce aclimatado a pressões extremas e, se emergisse, explodiria. Há moluscos que, ao se projetarem na superfície, chegam a cair dentro de barcos, o que confere a esse filo uma pluralidade de modos de locomoção jamais vista no reino animal.

Vilém Flusser comenta sobre o vórtice centripetal em que se move a fascinante criatura que escolheu: ela vai tudo aspirando, em movimentos de devoração do próprio ambiente, a fim de entendê-lo. Dessa maneira, o *Vampyroteuthis* se faz um animal-redemoinho, assim como a grega Caríbdis. Sua sensibilidade é mais evoluída que a do homem, uma vez que seu corpo emite luzes que comunicam seus estados de espírito. Ele se apresenta tanto guerreiro como canibal e suicida. A manipulação de seu *habitat*, na verdade, é uma tentaculação, e nesse quesito ele estaria também melhor que nós, pois, na ponta dos tentáculos, se alojam órgãos de percepção, não apenas com função táctil. Tais membros são igualmente pênis e clitóris.

Jamais complementares, nós – mamíferos que refletem – somos seus opostos, como se vivêssemos em mundos separados por um espelho, tal qual na história de Alice. Além de braços multifuncionais, o *Vampyroteuthis* tem moléculas cromáticas – os cromóforos –, e consegue dispor até mesmo de uma nuvem de sépia, que ejeta e modela ciosamente para que o inimigo nela se perca e ele fuja. Flusser bem decifrou: esse animal é o nosso reprimido, bem recalcado pela pressão até o fundo, vivendo nessa prisão de trevas da qual às vezes emerge, explodindo, entretanto. Por isso o estranharemos sempre, e poderemos mesmo odiá-lo. E não teremos uma convivência possível, tampouco pacífica, uma vez que ele também não se permite educar ou civilizar. Não o suportamos e ele não nos suporta. Na verdade, nem fisicamente ele suporta nosso mundo na superfície. Flusser criou essa bela e contundente fábula para pensar, obviamente, antes de tudo, a condição humana, ou o que dela resta.

Ainda na linha de raciocínio que convém a este tópico, Beaune nos lembra que, para Canguilhem, o fantástico era um mundo do qual o homem normal se destacava, se soltava, tornando-se, ele próprio, o "grau zero" da monstruosidade (Beaune, 2004, p. 12), e que o monstro parece nos indicar a necessidade de se limitar à vida interior. Mais uma vez, é à lucidez de Leite (1991) que recorremos:

> *esse mundo desconhecido e temível seria adequado para concretizar as fantasias mais íntimas e insuportáveis de cada pessoa, que situando o horrível fora de si podia, assim, distanciar-se dele.*
>
> *O mundo interno do homem esteve sempre repleto de seres imaginários e atemorizantes, que são expressões do inconsciente e somente nele têm uma função. (p. 63)*

Tem-se visto, por conseguinte, que a mudança da visão humana sobre os animais também faz parte de um doloroso movimento que a humanidade tem realizado em prol de se compreender. Não é por acaso que os cientistas e os filósofos venham tomando a defesa dos seres que chamamos animais: de fato, os excessos do racionalismo iluminista ecoaram por tempo demasiado, e a ciência se viu em parte saturada por uma visão gloriosa sobre o humano.

O esforço de buscar reflexões tangenciais me tem parecido, antes de qualquer coisa, fruto de preocupantes inquietações que, cada vez mais, se manifestam entre os cientistas e pesquisadores. Inquietações das quais partilho e que resultam, em grande medida, neste trabalho. Elas se mostram mais dilapidadas nos movimentos analíticos da Parte III, bem como nas considerações finais.

O que so(m)bra de um homem?

Conforme discuti na Parte I, na Idade Média, a condição feminina acarretava a desconfiança da degeneração zoomórfica, o que foi sendo retomado, em sucessivas tradições, por meio da configuração de histórias de mulheres monstrificadas. O corpo da mulher sempre se prestou à metamorfose, às mudanças mais acentuadas e extremas – a exemplo da própria gravidez. Tal condição ressoou no imaginário de tal sorte que, nos espetáculos de mágica e ilusionismo de várias épocas, quase sempre havia moças trespassadas por espadas, trancafiadas em caixotes que seriam serrados, ou mesmo garotas cujas cabeças seriam arrancadas, ou que deslizariam para a região dos pés; ou, ainda, gentis ajudantes de palco que flutuariam com seus corpos rígidos em posição horizontal, quando não se transformavam em alguma aberração, como a famosa gorila Monga, esta, por meio de um jogo de espelhos. Tais mulheres mutáveis eclodiram sobremaneira a partir dos modernistas, inspirados em Lautréamont e em sua obra magistral, *Les chants de Maldoror*, escrita entre 1868 e 1869. Nesse livro, reside a potência seminal de questões fundamentais que seriam desenvolvidas em torno do corpo, da condição humana, dos animais e dos objetos, muitas delas recorrentes em nossos dias no plano dos estudos sobre o pós-humano.[221]

Os mais ardorosos cultivadores das ideias de Lautréamont foram, sem dúvida, os surrealistas. Seu representante máximo, André Breton, escreveu, em 1946, um livro nascido no furor da Segunda Guerra Mundial, *Arcane 17*. Seu título tem relação com a constelação andrógina que preside os enamorados e com a figura da Estrela no tarô. Utopicamente, esse homem marcante

---

221 Para maior aprofundamento sobre boa parte das questões tratadas neste tópico, cf. Moraes (2002).

do surrealismo vai escrever em sua obra: "É preciso ter ido ao fundo da dor humana, ter descoberto suas estranhas capacidades, para poder saudar com o mesmo dom ilimitado de si mesmo aquilo que vale a pena viver" (cf. Breton, 1965, p. 107). Seu contraponto intelectual, Georges Bataille, entretanto, não divisava o mundo com a mesma esperança, naquele momento que lhe soava demasiadamente nefasto.

Os surrealistas, porém, buscavam algo que pudesse trazer alguma rendição ao trágico do humano. E a tragédia de seu tempo, segundo eles próprios – diferentemente daquela das explorações estéticas próprias do Romantismo dos Setecentos e Oitocentos –, deixava o dramático e o patético circunscritos ao âmbito do corpo desfigurado e desmembrado, em intermináveis movimentos de desantropomorfização.

Lautréamont acreditava na expansão das fronteiras do humano. Trouxe-nos casamentos bestiais em sua provocante obra, em um processo de atualização de mitos. Para ele, o homem não chegava a abandonar o biológico no processo de se monstrificar, mas, antes, o ultrapassava, superanimalizado. Sua influência sobre os vanguardistas foi enorme: nos anos 1930, por exemplo, os surrealistas diluíam a silhueta na busca do formidável.

> *A grande suspeita que pesa sobre a figura humana no imaginário moderno – manifesta nos motivos do autômato e da sombra – representa um passo decisivo em direção à transgressão das formas seculares do antropomorfismo. Quando o homem deixa de ser o ponto a partir do qual a percepção do mundo se organiza, quando suas proporções deixam de servir como medida universal do cosmos, enfim quando os contornos da sua imagem são obscurecidos pela indagação de seus próprios limites, abrem-se novos espaços no pensamento, para o surgimento de formas e seres desconhecidos. (Moraes, 2002, p. 107)*

A pesquisadora prossegue:

> *Depois dos acasalamentos monstruosos realizados por Maldoror – e, algumas décadas mais tarde, das metamorfoses vividas por*

Gregor Samsa – um leitmotiv *invade a poesia e a pintura, notadamente no surrealismo: o animal habita o homem. A partir daí, a figura humana se bestializa, dando forma a seres híbridos que vêm compor um inesperado bestiário moderno. (p. 108)*

O surrealismo abraçou, assim, seu próprio bestiário composto de formas raras e engendrou uma espécie de "arca" que flutuava sobre um caos primitivo e fundante, em um panorama de elementos em constante transformação: nenhuma forma de vida escaparia ao processo metamorfoseante dos artistas contestadores. Toda metamorfose, de fato, colabora para o entendimento da forma.

Do cabedal de seres inspiradores daqueles artistas, faziam parte o cavalo-marinho, a girafa, o camaleão, a toupeira, a anta, o tatu, os vaga-lumes, os tatuzinhos-bola, as plantas carnívoras e as larvas, os parasitas e os micróbios, além do ornitorrinco, do louva-a-deus,[222] do tamanduá – estes últimos considerados seres ancestrais. Também eram preferidas as criações de aspecto aberrante e híbrido: os dragões, os sátiros e faunos, os minotauros. A partir das possibilidades metamorfoseantes, as combinações inauditas se darão por contaminação: seres animados e inanimados, animais e vegetais. Assim, as representações teratológicas se deram em várias obras: nos pombos de três cabeças de Hugnet, nos répteis metálicos de Crevel, nas cobras-centauros de Arp, nos leopardos cósmicos de Desnos, nas abelhas gigantes de Vitrac, nas mulheres fosforescentes de Aragon (cf. Moraes, 2002). E, no panteão dos monstros modernistas, podem também ser citados: as histéricas, os mutilados, os esqueletos vivos, as sombras, os manequins (cf. p. 167). Decomposta, a figura humana vai destituir o divino em alteridades extáticas ou bestiais, aquém ou além do que era o ideal. E, conforme explica Moraes (2002):

Em 1930, Michel Leiris publica um artigo na Documents no qual afirma que "o masoquismo, o sadismo e, enfim, quase todos os vícios, são meios de sentir-se mais humano", justamente por manterem relações mais profundas e mais abruptas com os corpos. O

---

222 Esse é o inseto-fetiche do surrealismo.

homem, diz ele, só consegue intensificar sua consciência quando ultrapassa a repugnância diante dos mecanismos secretos do corpo, ao mesmo tempo fascinantes e temíveis, evidenciados tanto no envelhecimento – suportado com muita dificuldade no mundo moderno – quanto na visão das vísceras, normalmente evitada a todo custo. (p. 161)

A silhueta humana, por conseguinte, se fragmenta na arte dos anos 1930 para reaparecer em formas monstruosas e deformadas, as quais atingem uma cisão mais extrema: a figura do decapitado, do acéfalo. Nesse momento, terá destacada proeminência a figuração de monstros femininos em numerosas obras de arte. O surrealismo trará à cena evocações de perdas primordiais e do angustiante vazio, encarnados em formas espectrais, desmontáveis (várias delas femininas), a elas somado o incrível poder dos objetos quando destituídos de suas funções usuais e de suas aparências comuns, em um processo de *dépaysement*. Junto à inquietação provocada tanto pelos animais como pelos monstros, os surrealistas também conduzirão os objetos para o primeiro plano das pesquisas estéticas. Trago aqui, novamente, os três tipos de "outro" para o ser humano: o animal, o objeto e o monstro. Eles representam peças-chave para diversas das indagações contemporâneas do pós-humano.

A crise da consciência se reflete em um corpo representado de maneira desumanizada e desantropomorfizada: o preço que se paga já não é mais a perda romântica da alma, mas a esquizoide fragmentação corporal. E toda a pluralidade de formulações imagéticas avisa também sobre um mundo destituído de segurança, desarticulado, em que os limites do suportável foram ultrapassados enormemente pelas guerras da primeira metade do século XX.

Na dança confusa das formas, os artistas criavam fantasias repletas do delirante fantástico. Em suma: no Romantismo, o homem cindido; no surrealismo, o homem decomposto. Se havia, pois, alguma esperança, ela estaria suspeita na figura da mulher, capaz de sobre-existir aos fragmentos de um homem esfacelado. E, se a instabilidade das formas tornou-se, no século XX, e em grande parte por conta dos esforços dos jovens do surrealismo, uma constatação, ninguém melhor do que a mulher para representá-la.

· De fato, desde o final do século XIX, assisti-se à fragmentação das representações artísticas corporais em figurações diversas, e a mulher parece estar no cerne de muitas delas. Já no terceiro quartel dos Oitocentos, Salomé tornou-se a fêmea fálica por excelência em pinturas, como no famoso quadro de Henri Regnault. *Sex appeal* e, ao mesmo tempo, reencarnação do ideal da *belle dame sans merci* do medievo, Salomé, na cena da decapitação de João Batista, como em *L'apparition*, de Gustave Moreau, anunciava um mundo em que os corpos já estavam desconcertados.

As representações do desmembramento e do sem-lugar logo ganharam evidência nas vanguardas. Seus objetos, desde o *ready-made*, na década de 1910, com Marcel Duchamp, buscavam um devir incessante, a presença de um ausente que desaguava na evocação do vazio, este provavelmente ligado às primevas perdas pelas quais passa o ser humano em sua formação psíquica. Aquela profunda nostalgia que não se sabia explicar de onde provinha se esboçava, muitas vezes, em obras-fantasmas, a exemplo de *A dançarina espanhola*, de Miró (1928), um quadro-objeto em que o corpo feminino se fazia reduzido à representação de um alfinete e uma pluma. Os objetos surreais pareciam ter uma vida própria e, dessa forma, antecipava-se também uma discussão bastante recorrente no século XXI: a do novo estatuto dos objetos dotados tanto de inteligência artificial como de recursos próprios do que até então era considerado uma vida exclusivamente orgânica.

Alguns outros exemplos notórios das questões do corpo em fragmentos no século XX são as pinturas *Femme en chemise assise dans un fauteuil*, de Picasso (*Mulher de camisola numa poltrona*), 1913; *Le Viol* (*A violação*), de René Magritte, em que um rosto feminino se compõe pelas partes de um torso nu, de 1934; *Femme à la tête de roses*, de Dalí, em que a cabeça de uma mulher é substituída por um ramalhete; as criaturas híbridas de Félix Labisse, de 1935; ou a série de fotografias de Hans Bellmer, intitulada *La Poupée*, em grande parte inspiração do autômato Olympia, criado por Hoffmann em seu conto "O homem de areia", de 1816. Bellmer ficou fascinado pela figura do autômato feminino a partir de um espetáculo de Jacques Offenbach, *The tales of Hoffmann*. Com a ajuda de uma prima, Ursula Naguschewski, ele tirou mais de cem fotografias de bonecas desmembradas em posições sexuais grotescas e provocantes, em diferentes ambientes. Com isso, pretendia despertar tanto atração quanto repulsa por meio de uma beleza mórbida e decadente, em reuniões inusitadas de partes do corpo feminino na forma de pubescentes-fetiche que preconizavam, de alguma maneira, as configurações da representação da mulher na cultura *ciberpunk* e nos filmes de ciborgues e androides que se tornaram tão frequentes a partir dos anos 1980. O corpo humano, já demasiadamente mutilado pelas atrocidades dos governos totalitários, recebia, naquelas polêmicas bonecas dos anos 1930, uma expressão inusitada: à semelhança de autômatos desconexos ou mecanizados, não dotados de força motora, as criações de Bellmer, ainda que fálicas, eram figuras que, em geral, expressavam impotência, conforme salienta Moraes (2002).

Nesse processo de desarticulação das partes do corpo, pode-se considerar que a silhueta humana seria substituída, já naquela década, por muitas formas monstruosas, de maneira que se tornou comum aos artistas do período a reinvenção de seres fantásticos da mitologia clássica. Alguns exemplos são os diversos minotauros desenhados por Picasso e as esfinges de Léonor Fini (*La bergère des sphinx*, 1941; *Sphinx Amalburga*, 1942), estas últimas ilustrativas do feminino monstruoso. Assim, no surrealismo, temos uma espécie de reinado das mulheres-monstros, plurais e insaciáveis. A mulher, para aqueles artistas, era a depositária do sentido da vida em suas variadas formas: ora mãe e matriarca, ora mestra, ora musa, ora megera.

Como disse no início deste texto, Georges Bataille tinha uma visão mais pessimista do que André Breton. Ainda estupefato com as aniquilações nazistas, o autor do picante *História do olho* afirmou que o que sobrava do homem após o horror dos campos de concentração era quase nada: uns vapores, algumas sombras, cadáveres em decomposição. Em sua obra, Moraes (2002) lembra de um famoso cálculo realizado em 1929 pelo químico inglês Charles Henry Maye, que reduziu um corpo humano a meros 25 francos em moeda da época. Se fosse separado em materiais diversos, esse corpo seria capaz de se transformar em sete porções de sabonete (originárias da banha adiposa), um prego de ferro de espes-sura mediana, açúcar para se adoçar uma xícara de café, 2.200 palitos de fósforo, magnésio para uma chapa fotográfica, potássio e enxofre em níveis pouco úteis. Com isso, Maye, sem o saber, anunciava, certamente, algo sintomático: a redução do glorioso ser humano às substâncias que compunham outras criaturas, animadas ou não, e mesmo os objetos.

Todas essas angustiosas constatações se refletiam pelas diversas artes e técnicas do mundo, apresentando ao homem um mal-estar com sua própria condição. As imagens moventes, evidentemente, não deixariam de expressar à sua maneira tais inquietações. A título de exemplo, aproximando-nos do domínio cinematográfico, Jean-Louis Leutrat, em seu excelente *Vie des fantômes*, já afirmava: "Da mesma forma que o burlesco se liga ao excremental, o fantástico é fascinado pelo orifício, pelo buraco"[223] (Leutrat, 1995, p. 25). De fato, a atração do cinema fantástico pelos orifícios pulsionais abre um bom campo de estudo:

> *Uma boca-ânus como aquela de* Mistérios e paixões *(1992), de David Cronenberg, todas as criaturas abjetas, imundas, grudentas, rastejantes e aptas ao escorrimento ou revestimento, imbricadas por meio de efeitos especiais, são a revanche do informe, o triunfo da cloaca, a epifania das vísceras, que consagram a derrota do fantástico "feito de maneira sutil", quando a indecisão das fronteiras desaparece, ou, ainda, quando as relações do interior e do exterior se invertem, quando o mundo se invagina. Esta reviravolta está dentro da lógica do esfíncter.[224] (Leutrat, 1995, pp. 15-16)*

Esvaziado de utopias, o ser humano, cerceado do escapismo transcendente e cada vez mais afastado das megalomanias e idealismos humanistas, vê-se, atônito, reduzido, sobremaneira, a um corpo, ou, como quis Bataille, nem a isso: restam algumas partes apenas, como um dedão do pé – o indecente *gros orteil* – ou o pé, este órgão imoral, assim como a mão, a boca, o ânus e outros

---

223 *"De même que le burlesque est lié à l'excrémentiel, le fantastique est fasciné par l'orifice, le trou."*

224 *"Une bouche-anus vue comme dans* Le Festin nu *(1992) de David Cronenberg, toutes les créatures abjectes, immondes, gluantes, rampantes et aptes à l'écoulement ou au recouvrement bricolées à coups d'effets spéciaux sont la revanche de l'informe, le triomphe du cloaque, l'épiphanie des viscères qui consacrent la perte du fantastique 'fait de manière subtile', quand l'indécision des frontières disparaît, ou plutôt quand les relations de l'intérieur et de l'extérieur s'inverse, quand le monde s'invagine. Ce retournement est dans la logique du sphincter."*

orifícios, em jogo incessante de transformação e deformação – constatações de uma discórdia orgânica já havia tempos enunciada nas artes.

Minha provocação no subtítulo deste texto parte da ideia de que a análise do fantástico no cinema contemporâneo confirma as formas do monstro encarnadas no corpo da mulher – senão em sua totalidade, ao menos em traços ou partes. Estudos sobre as composições surrealistas também validam esse processo de fragmentação do corpo feminino, o que sempre se deu na arte de forma contundente. Portanto, pensar o humano monstrificado implica necessariamente olhar para as formas da mulher, o que é abordado em algumas análises e considerações que faço na Parte III.

A urgência do fantástico e o fantástico urgente

Toda a confluência do que chamei de "arqueologia dos monstros" conduz ao veio fértil e transbordante do fantástico na contemporaneidade. Muitas vezes, o fantástico surge muito obviamente e de forma tão espontânea ao nosso lado que não paramos para indagar que há ali um objeto que merece ser analisado. Estamos de tal maneira inseridos em um mundo marcado pelos monstros e pelos diversificados seres produzidos pela criação humana, que nos acostumamos a eles – e parece que isso se dá cada vez mais. É só sair de casa para encontrarmos representações do fantástico em *outdoors*, bancas de revista, estampas de camisetas, acessórios da moda, nomes e placas de lojas, vitrines temáticas, objetos de decoração. Estamos de tal forma acostumados a tudo isso que boa parte dessas referências passa por nós com bastante espontaneidade. Porém, jamais ficamos ilesos ou intocados por elas, uma vez que somos também "usuários", quando não cocriadores, da diversidade fantástica da cultura. Saímos de casa para assistir ao último filme de terror que recebeu destaque na mídia; compramos uma caneta que tem o símbolo do herói mutante mais admirado; vemos pessoas que modificam seus corpos em busca de um referencial animalizado, totêmico, agressivo ou excêntrico. Estas últimas, ainda que possam em alguns casos chocar, não nos fazem fugir de medo, o que, contrariamente, se daria em outros períodos da história humana. No caso das tatuagens, elas registram sobre as epidermes formas de

dragões, santos, duendes, vampiros, caveiras, guerreiros, animais ante e pós-
-diluvianos: o próprio corpo transborda as figurações do fantástico.

Assim, entendo que a maneira como temos nos comportado em relação
ao fantástico é que parece ter mudado significativamente. O público de cinema de nossos dias pouco se impressionaria com os vampiros e lobisomens
que assustavam os jovens na década de 1930. Ainda que se reconheça a beleza
estética e a força narrativa dos importantes filmes da Universal daqueles idos,
não é possível reagir, como espectadores, da mesma forma.

Exemplo clássico do que estou afirmando aqui é um evento tragicômico
que passou a fazer parte da história da comunicação mundial e que assolou
uma população inteira: trata-se de um programa de rádio que apresentou um
programa especial às vésperas de uma noite de Halloween.

Mais precisamente às 21 horas de 30 de outubro de 1938, por ocasião das
comemorações do esperado Dia das Bruxas, a rádio CBS (Columbia Broad-
casting System) e suas filiais de costa a costa nos Estados Unidos, transmi-
tiram, como parte da programação do Radioteatro Mercury, *A invasão dos
marcianos*. Tratava-se de um texto produzido a partir do livro *A guerra dos
mundos*, publicado em 1898, de autoria do inglês Herbert George Wells. A
adaptação ficou a cargo do então jovem e pouco conhecido Orson Welles,
apesar de já ator e diretor de cinema.[225] Na narração, centenas de marcianos
chegavam ao planeta Terra em suas naves, que pousaram em uma cidadezinha do estado de Nova Jersey, denominada Grover's Mill.

Aquela representação, que simulava em linguagem jornalística a chegada
dos ET, causou enorme desespero em parte dos 6 milhões de ouvintes nos
Estados Unidos, pois metade deles sintonizou a estação quando o programa
já havia começado e, portanto, perdeu a explicação de que tudo não passava de uma radiodramatização. Assim, daqueles 6 milhões, 1,2 milhão de
pessoas acreditaram que o episódio narrado estava acontecendo de fato e,

---

225 Ao contrário do que comumente se pensa, *Cidadão Kane* (*Citizen Kane*, 1941) não é o
    ponto de partida para Welles como diretor. Em 1934, Welles já havia realizado *The hearts
    of age*, com o amigo William Vance. E o desaparecido *Too much Johnson*, encontrado em
    2013, na Itália, data de 1938, mesmo ano em que foi feita a radiotransmissão de *Guerra dos
    mundos*.

destas, meio milhão entrou em pânico. Muita gente saiu correndo pelas ruas ou pôs-se a dirigir seus carros, na busca de fugir com os familiares da ameaça mortal. As linhas telefônicas ficaram sobrecarregadas e houve congestionamentos memoráveis no trânsito – principalmente em cidades do estado de Nova Jersey e arredores.[226]

De fato, os tempos mudaram – indício de que a adaptação às questões fantásticas chegou a um ponto instigante: estamos, na verdade, bastante acostumados com a linguagem multifacetada do fantástico, diluída e esmiuçada pelas mídias. Obviamente, ainda que traga fortes apelos imagéticos, identifica-se logo o terror na ficção como da ordem do "irreal", e, portanto, não há mais a preocupação de fugir (mesmo que as pessoas sintam medo). O que pode acontecer é alguém ficar uma noite dormindo com a luz acesa após assistir a um filme que causou fortes impressões – reação, em geral, passageira. Entretanto, há pouco mais de cinquenta anos, ou talvez menos, muitas pessoas levariam ao pé da letra as criações e proposições a respeito de monstros e assombrações, de seres fantásticos deste e de outros mundos. No clássico filme *Drácula* (*Dracula*, Ted Browning, 1931), o personagem Van Helsing afirma, com muita propriedade, que a superstição de ontem poderia se tornar a realidade científica de hoje.

A mídia ajudou as pessoas a se acostumarem à permanência, ao surgimento e às mutações do fantástico. Pode-se mesmo afirmar que a cultura se dá no âmbito da fantasfera. Todavia, interessa-me entender um pouco sobre a origem do fascínio pelas formas e narrativas fantásticas. O medo, o horror e o encantamento experimentados ao se assistir a um filme são, evidentemente, muito diversos das emoções sentidas numa situação de perigo real. Esse interesse científico me moveu a produzir o texto a seguir, que compõe o terceiro bloco da primeira parte deste livro.

---

226 Não há como negar que a histeria de massa se fez presente a partir da emissão radiofônica de *Guerra dos mundos*.

3. Da instrumentação

A psicanálise como olho para o fantástico

O cinema e a psicanálise, esses primos nascidos praticamente na mesma época, tendem a formar muitas vezes uma excelente parceria, a qual é elogiada por Dadoun (2000):

> surpreendente de se ver a que ponto a psicanálise e o cinema falam
> uma linguagem vizinha, senão comum, e percorrem e escavam os
> mesmos terrenos; a psicanálise, pela palavra e pela conceituali-
> zação; o cinema, pela imagem e pela representação (a mise en
> scène) – direções que, além disso, não param de se cruzar: a psi-
> canálise como apreciadora e produtora de imagens; o cinema, por
> saber tratar as palavras e provocar reflexões.[1] (p. 13)

---

1 *"il est frappant de voir à quel point psychanalyse et cinéma parlent un langage voisin sinon commun, arpentent et creusent les mêmes terrains, la psychanalyse par le mot et la mise en concept, le cinéma par l'image et la mise en scène – directions qui, par ailleurs, ne cesse de se croiser, la psychanalyse étant friande et productrice d'images, le cinéma sachant traiter les mots et donner à penser."*

O psicanalista francês Gérard Wajcman também expressa em vários de seus textos as relações entre cinema e psicanálise, como na bela afirmação citada por Grim (2008): "A interpretação das obras vem obturar o fato de que são as obras que nos interpretam. Elas são um saber em posição de verdade" (p. 39).[2]

Pode-se entender que muitos dos filmes fantásticos apresentam formas e conteúdos capazes de acolher aplicações de conceitos psicanalíticos, sem a necessidade de se indagar aos seus realizadores o porquê das coisas. Basta olhar o próprio filme. Mas ainda que se fale no famoso "recalque de Freud" para com o cinema[3] e em favor de uma valorização da literatura, das narrativas mitológicas e do universo das palavras – como um todo –, é inegável a contribuição de diversos estudiosos que – sob as lentes da psicanálise – tornam as análises de filmes sempre mais instigantes e reveladoras.

Porém, tanto o cinema como a psicanálise – contemporâneos do nascedouro de um novo e desafiador século, como foi dito – vão sofrer com os preconceitos ligados à matéria-prima com que trabalham: as imagens, as formas, as narrativas e as projeções e arranjos do inconsciente humano. Vale lembrar aqui as contribuições de Otto Rank, ainda nos anos heroicos dos estudos[4] de Freud, sobre o filme *O estudante de Praga* (*Der Student von Prag*, Stellan Rye, Paul Wegener, 1913, com roteiros de Alfred de Musset, Hanns Heinz Ewers e Edgar Allan Poe). Uma primeira versão do texto de Rank está publicada na revista *Imago* de 1914, de orientação psicanalítica, com o título "Der Doppelgänger", em que o psicanalista vai se debruçar sobre a questão do duplo e sobre a pulsão de morte (*Todestrieb*) que o caracteriza, segundo

---

2 "*L'interprétation des oeuvres vient obturer le fait que ce sont les oeuvres qui nous interprètent. Elles sont un savoir en position de vérité.*"

3 Um dos episódios registrados se deu em 1925: Neumann, em nome da empresa alemã UFA, levou a proposta da criação de um filme sobre psicanálise ao presidente da Associação Internacional de Psicanálise, Karl Abraham. Este último foi informar a Freud sobre tal projeto de popularização da psicanálise em imagens, a que o fundador respondeu que tal ideia não o agradava, por considerar que não era possível tornar plásticas as abstrações da ciência que ele buscava desenvolver.

4 Ainda que, para Freud, a psicanálise tivesse o estatuto de ciência e Lacan também viesse a sustentar essa posição (pelo menos até 1977), após intensos debates nas escolas psicanalíticas tem-se considerado que esse campo do saber lida com um tipo de "verdade" diferente da científica. De fato, o que está em jogo na prática e no pensamento psicanalíticos é uma condição distinta do chamado discurso do mestre, ou seja, o do saber validado pela ciência.

escreveria o próprio autor. Outro nome precursor é Hugo Münsterberg, com seu excelente livro *The Photoplay – A psychological study* (1916).

Desde o século passado, não têm sido poucos os esforços para levar o cinema ao divã, muitas vezes com um certo exagero e análises engessadas. Existem, contudo, abordagens psicanalíticas muito felizes a respeito de determinados aspectos de filmes. Por exemplo, interpretações de fundamentação lacaniana para *Sangue de pantera* (*Cat People*, Jacques Tourneur, 1942). Entretanto, nem a todo filme caberia a instrumentação interpretativa da psicanálise, de acordo com Carroll (cf. 2004, p. 260), quem, por exemplo, prefere um exame à luz do darwinismo e da luta entre as espécies para *Independence day* (Roland Emmerich, 1996). Ele propõe: "Alguns fenômenos humanos não estão na tela do radar psicanalítico"[5] (Carroll, 2004, p. 261), postulando a psicanálise como uma teoria não tão abrangente, até mesmo devido à sua preponderância ocidentalizante. Carroll prosseguiu em seus argumentos, escrevendo que, ainda que cada variante ou linha psicanalítica contivesse uma "verdade", as teorias não se prestariam ao entendimento de todo e qualquer filme. Além disso, pode-se afirmar que um dado filme ou conjunto de cenas solicita um viés específico de análise: às vezes, o fantástico expressa fortemente sintomatologias neuróticas; outras, é a presença do estranho familiar que oferece material para estudo. Contudo, de acordo com raciocínio do autor, seria apressado buscar o retorno do reprimido, por exemplo, em cada filme assistido – e quanto a isso estou de acordo.

Já as angulações das pesquisas de Steven Jay Schneider (cf. 2004; 2010) trazem a compreensão de que os filmes de terror, de forma mais específica, são capazes de representar algo que seja da ordem dos desejos reprimidos e, ao mesmo tempo, portador de crenças que retornam na forma de material simbólico. As chamadas crenças superadas (*surmounted beliefs*), para ele, tinham suporte não só em conteúdos arcaicos, mas também em crenças infantis, e eram capazes de despertar o gatilho do medo no espectador. Carroll, entretanto, percebeu uma incongruência importante nessa abordagem, pois o fato de crenças populares não terem sido abandonadas não significa que elas possam ser impactantes em suas releituras cinematográficas. Ou seja: não está nelas o segredo do medo causado por um filme.

---

5   *"Some human phenomena are not on the psychoanalitic radar screen."*

Ainda para Carroll (2004, p. 266), há duas abordagens psicanalíticas principais para os filmes: a "crítica ilustrativa" (*illustrative criticism*), que usa filmes para explicar conceitos e teorias, assim como Freud empregou o mito de Édipo Rei para formular seu famoso complexo, e a "crítica demonstrativa" (*demonstrative criticism*), que, em vez de analisar ou interpretar, procura oferecer metáforas, analogias, comparações e redescrições, adotando um movimento muito mais pragmático. Enquanto a primeira abordagem é irrelevante para a análise fílmica, segundo o pesquisador, a crítica demonstrativa buscaria despertar entendimentos sobre aspectos das produções do cinema, deixando suas contribuições, mesmo que por meio de um método não interpretativo e não analítico.

Estabelecidas, para fins de ilustração, essas particularidades analíticas em busca de referenciais na psicanálise no que tange a trabalhos sobre obras do cinema, volto-me para uma certa delimitação da área de prospecção do olhar, muito útil para os estudos sobre filmes. Preferi que as análises presentes nesta obra tivessem percursos bastante multifacetados e ricos, nos quais os elementos semiótico-psicanalíticos pudessem se incorporar a outros que fizessem parte de meu cabedal teórico, em vez de privilegiar uma abordagem exclusivamente tendenciosa a esta ou àquela ciência ou campo do saber, o que me pareceria, em grande medida, empobrecedor.

A semiótica psicanalítica

Se, por um lado, entende-se que nem todo filme solicita uma análise profunda em termos de um olhar psicanalítico, acredito, por outro lado, que nunca a psicanálise se fez tão necessária para o estudo da cultura. Concordo com o psicanalista Gérard Miller (1989), quando ele escreve:

> *Freud teve sempre a prudência de não acreditar demais em risonhos dias futuros, ele cuja vida acabava quando o horror nazista ia rebentar o mundo. E, mesmo sem apelar às suas declarações mais pessimistas, vale lembrar o que ele também dizia a Jung, nesse mesmo feliz ano de 1907: "As pessoas simplesmente não querem*

ser esclarecidas. Por isso é que não compreendem as coisas mais simples (...). Pode-se tão-somente continuar a trabalhar, e discutir o menos possível. (...) Sabemos aliás que se trata de pobres coitados que têm medo de escândalo, de prejudicar a carreira, ou que são contidos pelo temor de seus próprios recalcamentos". Acrescentava ele com compaixão: "Só podemos esperar que eles morram ou fiquem lentamente reduzidos a uma pequena minoria". (p. 135)

Partindo dessa reflexão, penso que a semiótica psicanalítica – a chamada "clínica da cultura" – pode ser um instrumento muito fértil para buscar uma visão que ajude o pesquisador a se desprender de análises medianas. A semiótica psicanalítica tem seu campo de estudos e organização relativamente recentes, pois data dos anos 1980. Trata-se de uma subárea da semiótica que busca trabalhar com reflexões sobre a cultura contemporânea a partir de uma aplicação que abrace também um olhar psicanalítico. O diálogo entre semiótica e psicanálise foi estabelecido no Brasil inicialmente pelas professoras e pesquisadoras Lúcia Santaella e Samira Chalhub, do curso de pós-graduação de Comunicação e Semiótica da PUC de São Paulo (cf. Hisgail, 2009), as quais começaram a estudar psicanálise com Oscar Cesarotto e Márcio Peter de Souza Leite.

Hisgail (2009) explica o surgimento das abordagens entre as duas áreas do saber, enfatizando que o signo, entendido como abstração, vai dar formação ao pensamento – e é nesse momento que a psicanálise pode participar. Esse pensamento não é aquele de viés cartesiano e positivista, mas o de um saber inconsciente, "aquele saber que não se sabe", como reforça a pesquisadora. E o inconsciente – estruturado como linguagem – produz um sujeito sempre desejante que é atravessado pelos signos. Charles Sanders Peirce, por sua vez, disse que o pensamento era algo exterior às nossas mentes, posto que estamos imersos nele, e não ele em nós. Ora, essa afirmação se coaduna bem com a noção de pensamento do saber inconsciente, uma vez que o inconsciente é também uma instância que nos antecede e nos abarca.

Semiótica e psicanálise partilham dos mesmos objetos instituídos pela linguagem, os quais, manifestos na cultura, podem ser estudados como sintomas desta. É preciso, pois, "pensar o signo à luz do sintoma da cultura"

(Hisgail, 2009, p. 4) – e aqui se insere a contribuição psicanalítica, que leva para a semiótica a noção de inconsciente e de libido. A semiótica, por sua vez, espalha seu olhar diverso sobre todas as mídias possíveis. E, no âmbito específico de minhas pesquisas, essa ciência entra como opção para entendimento dos filmes como cadeias de signos.

Em suma, a semiótica psicanalítica trata de um campo do saber interseccionado que se preocupa com fenômenos individuais ou coletivos, em especial os vinculados à transitoriedade mediática e aos bens simbólicos. Por conseguinte, é uma área de estudo que serve muito bem às análises que enveredam pelas produções cinematográficas e literárias, aceitando igualmente contribuições de teor histórico, na busca de entender o reprimido e o sintomático de cada época. "Para a psicanálise, as diferenças existentes entre as várias culturas podem ser entendidas como efeito dos diferentes estilos de recalque que operam em cada uma delas" (Leite, 1991, p. 11). E o sujeito da semiótica psicanalítica é também o sujeito freudiano, definido por sua própria divisão e evanescência, o qual pode ser entendido "como sujeito do inconsciente, que é um 'não sei', 'duvido', e cujos efeitos de verdade (lapso, sonho, etc.) não se manifestam senão como enganação do sujeito sobre ele mesmo" (Cottet, 1989, p. 18).

Breve psicanálise do medo

Por conta de boa parte dos filmes escolhidos tratar do fantástico que adentra o sombrio universo do pavor e do espanto, tornou-se inevitável refletir aqui sobre o medo.

O medo transparece nos filmes em um conjunto de figurações e manifestações, as quais têm sido relacionadas aos sintomas da cultura. Como esclareci no texto introdutório, "Nas pegadas do monstro", entendo que o termo "sintoma"[6] não ocupa o lugar de um simples "sinal", como de costume o é

---

6   Segundo Julien (2001), a palavra "sintoma" surgiu na língua francesa em 1495 como tradução oral do termo latino usado pelos médicos da época (*symptoma*), dando a entender uma coincidência (*cum-incidere*): duas coisas que apareciam ao mesmo tempo, como uma doença e seu sintoma específico, por exemplo. O mesmo autor informa que o dicionário

para a medicina em geral, para a psiquiatria e para outras ciências. Um filme, ao trazer panoramas de sintomas culturais, vem a tratar, de alguma forma, de algo que tem ligação com formações do inconsciente, assim como o lapso, o sonho, um dito espirituoso. Todo sintoma, por conseguinte, é da ordem da linguagem: "O sintoma se faz palavra de uma verdade, de um sentido recalcado" (Matet, 1989, p. 69). E, como disse Lacan (1997):

> *O que cai sob o golpe do recalque retorna, pois o recalque e o retorno do recalcado são apenas o direito e o avesso de uma mesma coisa. O recalcado está sempre aí, e ele se exprime de uma maneira perfeitamente articulada nos sintomas e numa multidão de outros fenômenos. (p. 21)*

Assim, para os neuróticos, especialmente os histéricos,[7] o sintoma se torna a língua do recalque. Todo sintoma aparece significado pelo desejo e indica que algo não está muito bem no real: "É no campo do real que surge o sintoma como o que não vai" (Matet, 1989, p. 72).

No que tange especificamente ao medo, Leutrat (1995) oferece um bom ponto de partida para a discussão a seguir:

> *"O que é?" e "quem é?" são as duas grandes questões do medo" segundo Clément Rosset, para quem o medo diz respeito à identidade do real. "O medo interfere sempre de preferência quando o real está muito próximo: no intervalo que separa a segurança do longínquo da experiência imediata (...). Todo objeto aterrorizante*

---

de Bloch e von Wartburg traz a grafia *sinthome*, originária do verbo grego *suntithémi*, "colocar junto". A partir do seminário RSI (1974-1975), Lacan nos apresenta seu famoso nó borromeano modificado, tendo então quatro elementos, do qual o último seria o sintoma, aquilo que daria, no âmbito do imaginário, alguma consistência ao real do simbólico. Porém, para fazer uma diferenciação dos sentidos anteriores de "sintoma", o psicanalista, ao adotar a antiga forma de se grafar esta palavra no latim médico, *sinthome*, engendrou um quarto elo para a tríade RSI. Portanto, para um sujeito, o *sinthome* se estenderia àquilo que é "incurável" no contexto de seus sintomas, inibições e angústias. Como ilustração, diz-se comumente que, para James Joyce, escrever era um *sinthoma (sinthome)*.

7   E também, por que não, para uma "cultura neurótica histérica"?

é um objeto ambíguo, e viemos a duvidar se ele é isso ou aquilo, o
mesmo ou um outro; mas, também – porque ele retorna ao mesmo
–, se ele está aqui ou ali, presente ou ausente: ora, este é o caso
de todo objeto próximo. Objeto que pode, no fim das contas, ser
apenas ele mesmo, como ocorre com a dupla personalidade". É a
proximidade do real que engendra o medo.[8] *(p. 29)*

Assim, percebe-se que os objetos do medo mudam, mas sua raiz parece
continuar quase intacta, apenas revestida por novas formas.

Os tipos de medos são muito profusos hoje: alastra-se pelo mundo uma
vasta rede de pavores ligados ao "monstruoso". E se nem todo mundo gosta
de sentir medo, pelo menos o "horror artístico" – conforme terminologia
utilizada por Noël Carroll (cf. 1990) – parece agradar boa parte das pessoas,
provocando uma satisfação de teor ambíguo. Isso se verifica em especial nos
séculos XX e XXI, pela via da criação audiovisual e digital. Nota-se, nesse
"sentir medo",[9] um gozo ligado ao exagero intencional, à repetição e ao reforço das formas monstruosas:

Talvez o gozo, ele mesmo, esteja bem próximo do horror. Lembre-
mos essa passagem do tratamento do homem dos ratos relatando
a Freud seu terrificante fantasma (ratos penetram-lhe pelo ânus
para lhe roerem as entranhas), ele se levanta bruscamente e Freud
vê em seu rosto o horror de uma volúpia que ele não conhecia.
(Miller, 1989, p. 66)

---

8   *"'Qu'est-ce que c'est?' et 'qui est-ce?' sont les deux grandes questions de la peur" selon Clément*
    Rosset pour qui la peur porte sur l'identité du réel. 'La peur intervient toujours de préférence
    quand le réel est très proche: dans l'intervalle qui sépare la sécurité du lointain de celle de l'ex-
    périence immédiate (…). Tout objet terrifiant est un objet ambigu, dont on vient à douter s'il
    est ceci ou cela, le même ou un autre; mais aussi – car cela revient au même – s'il est ici ou là,
    présent ou absent: or c'est là le cas de tout objet proche. Objet qui peut à la limite n'être autre
    que soi-même, comme il advient dans le dédoublement de personnalité'. C'est la proximité du
    réel qui engendre la peur."

9   Observe que trato fundamentalmente, neste subcapítulo, do medo no âmbito do chamado
    "horror artístico" ou "estético" (cf. Carroll, 1990).

Evidentemente, deixando à parte o sofrimento da neurose obsessiva que ilustra a conhecida casuística citada, tem-se aqui o suporte para a elaboração de um conceito de medo prazeroso para o espectador de filmes: o de se descobrir o duplo dos personagens nas pistas deixadas por um monstro – como no próprio espelho do quarto ou naquele do banheiro assombrado. E a ameaça do monstro é aumentada para que, assim, se exorcize o mal, afugente-se a presença da morte, ridicularize-a e se ultrapasse a fantasia da anulação do ser, por exemplo. Os contos de fadas e os filmes fantásticos têm aqui importância cabal ao diminuírem o pavor ou ajudarem o sujeito a controlar suas emoções, ao mesmo tempo injetando prazer em experiências que se aproximam, tantas vezes, da catarse coletiva. Como disse Warner (2000), trata-se aqui dos "apaziguadores e apotropaicos usos do horror e do terror" (p. 258).[10] E o mesmo medo provocado pelo terror pode ser apaziguado e ridicularizado pelo riso, o qual tem a capacidade, desde os clássicos, de desmontar o pavoroso e reduzir a angústia:

> *O humor é claramente uma das principais e mais bem-sucedidas formas por meio das quais a cultura popular resiste ao medo, e sua energia tem sido defendida desde os notáveis chistes humorísticos de Freud, comentando: "O ego se recusa a ficar angustiado pelas provocações da realidade, a deixar-se ser compelido a sofrer ...".[11] (Warner, 2000, p. 328)*

Warner ainda menciona o crítico literário e historiador Franco Moretti, que discutiu sobre a "literatura de terror" manifesta no século XIX:

> *ela [a "literatura de terror"] expressou verdadeiramente o clima social. A criatura de Frankenstein se tornou mais malevolente em representações desde o filme clássico de 1931 até as atuais máscaras de Halloween para crianças, e um de seus crimes mais*

10 *"placatory and apotropaic uses of horror and terror."*
11 *"Humour is clearly one of the chief and most succesful ways in which popular culture resists fear, and its energy has been advocated since Freud distinguished jokes from humour, commenting, 'The ego refuses to be distressed by the provocations of reality, to let itself be compelled to suffer...'"*

estarrecedores foi o de ter matado uma criança. Uma das cenas do assassinato foi censurada no filme de 1931. Drácula está cada vez mais presente conosco, e gerou uma prolífica ninhada de avatares com caninos, tanto cômicos quanto aterrorizantes. Moretti conclui: "Quanto mais uma obra aterroriza, mais ela edifica. Quanto mais ela humilha, mais ela eleva. Quanto mais ela oculta, mais ela dá a ilusão de revelar. Trata-se de um medo do qual se necessita: o preço que se paga por se pactuar de bom grado com um corpo social baseado na irracionalidade e na ameaça. Quem diz que é escapista?"[12] *(p. 384)*

As afirmações contundentes de Moretti põem em questão a visão comumente "escapista" que se tem da literatura e do cinema de terror. Mais do que isso, elas salientam o aspecto "edificante" que o medo provoca, paradoxalmente "elevando" enquanto degrada. E Warner (2000) complementa: "Os medos nos dizem o que valorizamos, bem como o que tememos perder"[13] (p. 34). Esse pensamento me parece uma chave para estudar o cinema fantástico, que sempre recorreu às variadas técnicas e trucagens para amedrontar. Pode-se ainda somar a essa discussão a seguinte afirmação de Jean-Louis Leutrat (1995):

Durante os trinta ou quarenta primeiros anos do século [XX], a experiência infantil mescla a imagem de Épinal às decalcomanias, a lanterna mágica ou seus sucedâneos às ilustrações dos livros, e, de forma mais geral, esta experiência da visão associa a lupa e o microscópio, o binóculo e o telescópio, sem esquecer da "lente que,

---

12 *"it truthfully [the 'litterature of terror'] expressed the social climate. Frankenstein's creature has become more malevolent in representations, from the classic film of 1931 to children's Hallowe'en masks today, and one of his most appalling crimes is killing a child. A scene of the murder was censored in the 1931 film. Dracula is also more than ever with us, and has begotten a prolific brood of fanged avatars, comic and in earnest. Moretti concludes: 'The more a work frightens, the more it edifies. The more it humiliates, the more it upflifts. The more it hides, the more it gives the illusion of revealing. It is a fear one needs: the price one pays for coming contentedly to terms with a social body based on irrationality and menace. Who says it is escapist?"*

13 *"Fears tell us what we value as well as what we dread to lose."*

encaixada no caneteiro de recordação, oferece a esfericidade de uma paisagem infinita", *cujas virtudes Raymond Russel cantou em um longo poema intitulado La Vue.*[14] *(p. 31, grifos do original)*

Sabe-se, desde a adaptação de *O médico e o monstro* (1920), por John S. Robertson, e de *Drácula*, por Murnau (com seu *Nosferatu*, de 1922), que a visão microscópica – prova de que a "ciência" pode aproximar o "real" invisível – contribuiu com a mudança de proporções, o que é uma das particularidades da expressão cinematográfica. "O próprio inconsciente parece estar no cerne da personalidade como uma presença fantasmática, a cripta que então aparece como sua metáfora"[15] (Leutrat, 1995, p. 34).

Os efeitos especiais nos filmes fantásticos sempre colaboraram para o que se pode chamar de "figuração" ou "formação" dos monstros, seja na forma de maquiagem e máscara ou dos mais avançados recursos digitais. O grande impulso que a caracterização de personagens monstruosos recebeu foi na chamada década de ouro do terror – os anos 1930 –, com os filmes em preto e branco da Universal e da RKO. Na década seguinte, os baixos orçamentos ocasionaram também poucos efeitos especiais, como o da transformação em *O médico e o monstro* (*Dr. Jekyll and Mr. Hyde*, Victor Fleming, 1941), que ficou aquém do filme original de 1931, de Rouben Mamoulin.

Até 1960, pode-se dizer que os efeitos especiais ficavam circunscritos às transparências e às fusões encadeadas – os *fondus enchaînés*, conforme Henry (2009, p. 58). O salto para o aprimoramento técnico dos efeitos se deu com *2001, uma odisseia no espaço* (*2001: a Space Odyssey*, Stanley Kubrick, 1968) e, no mesmo ano, com *O planeta dos macacos* (*Planet of the Apes*, Franklin J. Schnaffer), neste último, em termos de maquiagem. Nos anos 1980, os efeitos

---

14 "*Pendant les trente ou quarante prémières années du siècle [XX] l'expérience enfantine mêle l'image d'Épinal aux décalcomanies, la lanterne magique ou ses succédanés, aux illustrations des livres, et plus généralement cette expérience de la vision associe la loupe et le microscope, les jumelles et la longue vue, sans oublier "la lentille qui enchâssée dans le porte-plume souvenir offre la rotondité d'un paysage infini" et dont Raymond Roussel a chanté les vertus dans un long poème intitulé* La Vue." As "imagens de Épinal" dizem respeito a figuras impressas e coloridas muito populares entre as crianças, sobretudo no século XIX.

15 "*L'inconscient lui-même semble être au sein de la personnalité comme une présence fantomatique, la crypte apparaissant alors comme sa métaphore*".

especiais ganharam certa banalização. Já a década seguinte traria, com *O exterminador do futuro 2* (*Terminator 2: Judgement Day*, James Cameron, 1991) e *Parque dos dinossauros* (*Jurassic Park*, Steven Spielberg, 1993), outras inovações nesse campo a partir das "imagens de síntese" (do termo *images de synthèse*, utilizado em francês para designar as imagens digitais).

Se o espectador sempre gostou de ser "enganado" pelas trucagens do cinema, em contrapartida, ele quer desvendar seus segredos técnicos. Daí provém o fascínio pelo *making of* das cenas e pelos bônus e extras dos DVD. Franck Henry menciona que o efeito especial é da mesma natureza que o cinema fantástico, uma vez que só faz sucesso porque aquilo que o envolve é, geralmente, o real; define-se, portanto, um efeito "especial" por sua referência ao que é considerado "real" (cf. Henry, 2009, pp. 60-61).[16]

Além dos efeitos, podemos tratar da presença do ambiente noturno, escuro ou sombrio: o preferido nas produções do fantástico. Os técnicos alemães exilados nos Estados Unidos durante os anos 1930, vindos da tradição expressionista, é que levaram os conhecimentos de claro-escuro para os filmes, conferindo-lhes uma forte carga de dramaticidade. Exceções, contudo, são sempre encontradas. Lembremo-nos do filme *Despertar dos mortos* (*Dawn of the dead*, George A. Romero, 1978), em que os monstros saem em pleno dia e a banalidade do quotidiano dos personagens se torna bastante aterradora por conta da invasão dos zumbis. A noite já não seria, nessa produção paradigmática, o momento de libertação do monstruoso.

No âmbito da sonoplastia, pode-se afirmar que o cinema fantástico ganhou muito com a chegada do chamado "cinema falado", quando o uso de músicas e sons assustadores passou muitas vezes a ser fundamental para o sucesso de um filme. Entretanto, obras como *Os pássaros* (*The birds*, Alfred Hitchcock, 1963) provocam angústia no espectador também pela falta de trilha sonora.

O uso dos sons também permitiu o surgimento do chamado "efeito choque", ou *effet-bus* ("efeito de ônibus"),[17] em francês: as imagens passariam a ser

---

16 Em meu entendimento, isso não deve ser entendido como uma espécie de "lei".

17 Esse termo tem relação com uma cena de *Sangue de pantera* (*Cat people*, Jacques Tourneur, 1942), quando a personagem Alice, caminhando sozinha por uma rua escura e deserta, é

"aumentadas" com a presença de um ruído repentino, por exemplo, causando susto no espectador. Um grito ou miado seria, desde então, amplamente utilizado como "falsa pista", sobretudo a partir da espantomania dos anos 1980, causando sustos e aumentando o suspense de quem assiste ao filme.

Pode-se também dizer que muitos filmes fantásticos conseguiram fazer um bom uso do fora de campo (ou seja, daquele espaço que não está contido na tela que o espectador vê, mas que pode ser fundamental para a história), com a finalidade de exacerbar a apreensão do espectador. Um exemplo é *Halloween, a noite do terror* (*Halloween*, John Carpenter, 1978). Nesse filme, o psicopata Michael Myers permanece preferencialmente no fora de campo, o que torna o filme ainda mais assustador e cheio de suspense, afinal, um monstro sugerido e aguardado acaba por ser mais amedrontador do que aquele que se explicita. E outra faceta para trabalhar o medo pode ser aquela de oferecer o monstruoso ao público de tal maneira que cause repulsa, em cenas que abusam de sangue e exposição de vísceras, por exemplo. Este último aspecto será discutido mais amplamente na parte analítica deste livro.

Os anos 1930 fizeram um bom uso da apresentação do monstro, até mais do que nos textos literários que lhes deram origem. *Drácula* (1931) e *King Kong* (Merian C. Cooper e Ernest B. Schoedsack, 1933) permanecem ainda hoje como bons exemplos do que afirmo aqui. *King Kong* ainda mais, se pensarmos que ele faz alusão ao final da febre das exposições de excentricidades, como as de figuras simiescas. O público do terror dos anos 1930 queria de fato ver o vampiro saindo do caixão e a múmia abrindo a tranca do sarcófago – apesar de esse tipo de cena não ter sido a tônica do memorável *A múmia* de 1932 (*The mummy*, Karl Freund, 1932). O diretor preferiu apresentar o seu monstro durante poucos momentos. Jacques Tourneur, por sua vez, foi um dos diretores que tentaram trabalhar o medo subjetivo, aquela dúvida e expectativa que permitem ao espectador ficar entre o "aconteceu ou não aconteceu?", "é ou não é o que eu estou pensando?", desde seu inolvidável *Sangue de pantera*. Em busca de uma contraposição, pode-se dizer que, no rol dos filmes fantásticos do século XXI, encontra-se um sem-número de produções que apresentam as criaturas aterrorizadoras já nos primeiros minutos,

---

seguida pela mulher-pantera, Irena. Quando Alice está paralisada de medo, ouve-se um rugido e, em seguida, um ônibus freia abruptamente em frente a ela.

quando, comumente, é mostrada uma cena aterrorizante que prende o espectador ao enredo. O medo no cinema, portanto, encarna *facies* diferentes, sempre com as variantes do suporte tecnológico. Destarte, confirma-se que cada época tem suas próprias vestimentas sintomatológicas.

Porém, paralelamente ao meu interesse pelos efeitos técnicos do cinema provocadores de susto e pavor, quero refletir sobre os mecanismos psíquicos que causam o medo no espectador. Uma vez mais, é à visão psicanalítica de Marcio Peter de Souza Leite (1991) que recorro:

> *O espírito humano fabricaria então permanentemente o medo, para evitar uma angústia intensa. Em uma sequência longa de ameaças coletivas, o Ocidente teria vencido a angústia nomeando--a, isto é, identificando-a e fabricando medos particulares. (p. 14)*

Ou seja, o medo daria forma à angústia, a fim de que esse estado conturbado e tantas vezes indefinido do sujeito pudesse ter alguma forma de alívio ou, pelo menos, uma localização mais fácil.

Tradicionalmente, na psicanálise, pensou-se o medo como algo que viria de fora do sujeito, e a angústia – esse hóspede que surgia de repente –, de dentro. Avançando-se a partir dos estudos freudianos, Lacan constatou que a angústia tinha de fato objeto. Ela se relacionava tanto com o objeto causador do desejo quanto com a própria relação com o Outro, em uma espécie de jogo. Se, para Freud, a angústia estaria ligada à perda de um objeto que fora investido de forma especial – a mãe ou o falo –, em Lacan, ela se relacionaria àquilo que subjetivamente viria ocupar o lugar entre o sujeito e seu objeto (desde sempre) perdido. Adiante retomo a tópica da angústia ao tratar do *Unheimliche*.

No que tange à questão do sintoma, que tanto me interessa, noto que, no cerne de vários estudos psicanalíticos contemporâneos, tem-se percebido que as formas de expressão do sofrimento, sobretudo aqueles de origem social, têm mudado. A maneira como se sofre, do que se sofre, e, ainda, por que se sofre concentram questões que acompanham os sintomas da cultura, incluindo aqui até mesmo a aparente "normalidade" dos sujeitos "mais adaptados", o que, em certa medida, denuncia uma "normalopatia". Ou seja, no mundo tão complexo e turbulento de nossos dias, mostrar-se excessivamente correto e parecer gozar de um bem-estar sem queixas pode, paradoxalmente, sinalizar que algo, de fato, não está bem. Neste ponto, concordo com Dunker (2012), quando este diz em um artigo: "Um sintoma não pode ser separado de seus modos de expressão e reconhecimento social, nem dos mitos que constrangem a escolha de seus termos, nem das teorias e romances dos quais ele retém a forma e o sentido" (p. 2). Por exemplo, segundo o pesquisador, um dos grandes males sociais – o estilhaçamento da subjetividade –, notável em homens que retornam de conflitos bélicos e de experiências de similar amplitude, teria como paradigma a figura do zumbi e do morto-vivo:

> *seres funcionais que repetem automaticamente uma ação, incapazes de reconstruir a história da tragédia que sobre eles se abateu. Parecem seres que perderam a alma e cujo sofrimento aparece em meio a mutismos seletivos, fenômenos psicossomáticos e alexetimias (dificuldade de perceber sentimentos e nomeá-los). (Dunker, 2012, p. 2)*

Ele continua: "Na direção inversa, um autor como Žižek tem insistido no caso daqueles que experimentam uma forma de vida que é sentida como monstruosa, animal e coisificada" (Dunker, 2012, p. 2).

No primeiro caso, tem-se a avassaladora presença do real – aquilo que não pode ser nomeado –, traduzido em mal-estar. Já nesse segundo caso, a dificuldade em nomear é o que causa um sofrimento, de onde advém o estranhamento para com o mundo, para consigo mesmo e para com o corpo. O mito que se adequaria a essa situação seria o de Frankenstein, monstro que encerra um mosaico de dissociações e representações do desconforto esquizofrênico.

Há, ainda segundo Dunker, um terceiro tipo de sofrimento bastante comum no mundo contemporâneo, o qual tinha sido nomeado por Charles Baudelaire em um de seus poemas como *héautontimorouménos*, ou seja, o "verdugo de si mesmo", termo este apropriado do título de uma comédia latina de Terêncio. Nesse item, podem ser inseridos, por exemplo, aqueles sujeitos que enveredam por sectarismos e doutrinas várias, no afã de apresentarem alguma verdade ao mundo. Da mesma forma, a esse tópico parece se vincular a intensa ansiedade dos sujeitos para com as possíveis estratégias de obtenção de sucesso e fuga do fracasso, tão propagadas em nossos dias.

Um quarto tipo de sofrimento estaria no âmbito das novas vestimentas das paranoias: a vida nas cidades, nos condomínios intramuros, na clausura dos apartamentos. De igual maneira, os ditames das regulamentações, das excessivas interdições e da nefasta onda do que se considera "correto", fazendo emergir, contrariamente, novas formas de intolerância, preconceito e censura. Há ainda a paranoia que incorpora variadas ameaças, fantasiosas ou não, às narcísicas subjetividades do contemporâneo, em que o gozo do outro desponta como incômodo e gerador de angústias. Nesse quesito, vai-se desde as diversas formas de violência gratuita e persecutória até os arroubos da megalomania.

Dunker destaca, em pontos opostos, a presença de duas figuras emblemáticas: o zumbi e o Frankenstein. Para mim, haveria ainda, em uma vasta gama de representações, outros monstros a evidenciar matizes deste largo painel pictórico sombrio do mal-estar de nossa época, como é o caso do fantasma no cinema contemporâneo. O autor também lembra que vampiros e fantasmas, por sua vez, teriam relação com:

> o excesso de experiências improdutivas de determinação, ou seja, é como se acreditassem demasiadamente nos processos de simbolização e subjetivação que regulam os diferentes regimes de verdade (...). Se os Fantasmas e Vampiros estão questionando os fundamentos totêmicos da autoridade, os Zumbis e Frankensteins estão mais próximos daquilo que o antropólogo Viveiros de Castro chamou de perspectivismo ameríndio (ou seja, uma cultura na qual a identidade não é tratada como um fato de origem e onde a experiência de reconhecimento está sujeita a elevados níveis de indeterminação). (Dunker, 2012, p. 3)

Estar desprovido da própria alma seria, em certo sentido, uma forma de alienação que, como já discuti, migrou da instância denominada espiritual para a materialidade física, para o visceral e o escatológico do corpo humano, ante as reformulações sociais, técnicas e científicas que se abriram ao mundo ocidental na virada do século XVIII para o XIX. Ainda segundo Dunker (2012):

> *Se toda forma de sofrimento encerra a teoria de sua própria causa, podemos ver como a narrativa da perda da alma é, no fundo, uma versão atualizada do que Lacan pensou com sua tese do sintoma como alienação ao desejo do Outro, mas agora uma alienação Zumbi, afeita a nossa forma mutante de produção e consumo. A narrativa frankensteiniana da desregulação sistêmica e da perda da unidade retoma a tese lacaniana de que o sintoma é efeito (e também causa) do desmembramento entre Real, Simbólico e Imaginário. Também a narrativa neomasoquista da violação do pacto simbólico de origem, com seu retorno fantasmático, retoma as teses sobre a negação em curso no interior do drama edípico e, particularmente, da castração. Finalmente, a narrativa paranoica, em torno da existência de objetos intrusivos, que se infiltram por entre muros e regulamentos, confirma que todo sintoma contém uma satisfação paradoxal, que Lacan chamou de gozo. (p. 3)*

Meu esforço em trabalhar com as formas monstruosas presentes em filmes se fia na possibilidade de trazer o sintoma e o sofrimento da cultura para o plano da compreensão, por meio de um viés reflexivo. E valido, no desfecho deste tópico, as palavras de Charles Baudelaire, mais de 150 anos após impressas, na composição do poema há pouco referenciado, no qual o poeta maldito deixou os seguintes versos:

> *Sou de meu coração o vampiro,*
>
> *– Um destes grandes abandonados Ao riso eterno condenados,*
>
> *E que não podem mais sorrir!*[18] *(Baudelaire, 2006, p. 117)*

---

18 "*Je suis de mon coeur le vampire,/ – Un de ces grands abandonnés/ Au rire éternel condamnés,/ Et qui ne peuvent plus sourire!*"

O estranho familiar

Assim como a esfinge – monstro paradigmático – não está situada nem dentro, nem fora da urbana Tebas, mas justo à sua entrada, conforme salienta Azevedo (2004, p. 51), pode-se considerar, metonimicamente, todas as representações do imaginário fantástico – zoomórficas, antropomórficas e de outras combinações – como no entre-lugar que tem o selvagem e o humano, aparentemente extremos que se tocam desde a noite dos tempos. Essa delimitação pontua tanto o que pode ser dito como o que fica interdito, ou não dito, no inconsciente – lembrando sempre a máxima lacaniana de que o inconsciente se estrutura como linguagem. E é nesse entre-lugar que somos capazes de encontrar o *Unheimliche*,[19] o estranho que paradoxalmente é tão familiar, de que nos falou Freud em seu texto "O estranho", de 1919: "esse estranho não é nada de novo ou alheio, porém algo que é familiar e há muito estabelecido na mente, e que somente se alienou desta através do processo de repressão" (Freud, 1976a, p. 301). Todo elemento fantástico é, assim, capaz de dizer, mas, sobretudo, de entredizer. Por conta disso, ele pede interpretação. Em suma, o fantástico revela seu viés oracular ao oferecer signos (*semaínei*) que apontam uma possível decifração.

Os conteúdos que vêm sido discutidos neste livro convergem para questões em torno de um corpo humano que assume também a função de esfinge – esse monstro que, além das aparências, diz de nós mesmos. Pode-se pensar, a respeito de uma criança bem pequena, que seu medo de que um monstro saia do guarda-roupa tem algo a ver com o pavor que o inuíte do Ártico sente ante o desconhecido na floresta boreal, o que o obriga a colocar, na entrada de sua aldeia – para evitar o aterrorizante, o horror indizível de que falava Lovecraft – um belissimamente talhado totem.[20]

---

19 Equivalente ao *odd*, de Lacan. Algumas vezes traduzido de forma não muito adequada, segundo meu ponto de vista, como "o sinistro". Neste famoso texto, Freud analisa "O homem de areia" (*Der Sandmann*), conto fantástico de E. T. A. Hoffmann cujo manuscrito data de 1815, tendo sido publicado no ano seguinte.

20 Para Freud, a sensação de terror advém de algo reprimido que, no cinema como na literatura, pode se expressar na figura do morto-vivo, do autômato, do duplo negativo do sujeito – a exemplo da história de Dr. Jeckyll e Mr. Hyde, de Robert Louis Stevenson. E,

O monstro esfinge, com seu corpo polimorfo e híbrido, busca o gozo absoluto e inalcançável de base pulsional que o deixa no limiar entre dois mundos. Por conseguinte, a esfinge atua como lupa e microscópio, permitindo ser tomada como padrão para se enxergar, em outros monstros, os delicados matizes que os tornam tão presentes e fundantes das variadas culturas. Parafraseio aqui Guimarães Rosa, ao dizer que os seres fantásticos formam uma malha que foi tecida para capturar o indizível. Por isso, um monstro, que, como já comentei, diz daquilo que se "mostra", em termos etimológicos, é também aquilo que (se) esconde, que se vela para – talvez – ser revelado; afinal, muitas vezes ele é apenas pressentido. Nesse contexto que tange o entre-lugar, insere-se a mais primeva emoção humana: o medo do desconhecido. Posto que o inconsciente é atemporal e anacrônico, o homem traz em si tanto velhas como novas formas de medo.

Neste caso, ao tratar do inconsciente, reporto-me não só às ideias freudianas e lacanianas, mas também à sempre útil definição deleuziana de rizoma (cf. Deleuze e Guattari, 2000, pp. 11 ss). Essa propõe que o inconsciente se apresentaria antes como rizomático do que arborizado, e o imaginário, como sua emanação criativa, se manifestaria, portanto, rizomaticamente. Ou seja: os filmes – malgrado suas distâncias espaço-temporais de produção – dialogam entre si o tempo todo por meio de uma rede subterrânea de signos.

Outra imagem que Deleuze traz é a de inconsciente não como teatro – apenas representação de algo que estava pronto –, mas como usina de produção sígnica. Essa abordagem tem uma relação muito íntima com as análises das formas monstruosas no cinema, pois não entendo um filme como um objeto isolado, fechado e único. Assim como um rizoma é um conjunto de tubérculos e bulbos, mas também de animais – como matilhas de lobos e legiões de ratos e também batatas, gramas e ervas daninhas, e até mesmo as tocas dos animais que se servem desse mundo rizomático –, o fantástico, produção da infinita usina do inconsciente, manifesta-se de forma entrelaçada, formando sua rede de semioses e possibilidades interpretativas.

---

curiosamente, esse mesmo totem representaria a figura do Pai, que se desloca para a figura animal. Nessa imagem simbólica pode estar a gênese de parte das fobias animais. O Pai surge para trazer a ameaça e a possibilidade da castração.

Essa discussão, que toma a esfinge como um elemento do *entre-deux*, abre caminho para uma assertiva deleuziana a respeito do imaginário, quando indagado sobre seu conceito na linguagem cinematográfica. Diz o filósofo:

> *O imaginário é uma noção muito complicada, porque está no entrecruzamento de dois pares. O imaginário não é o irreal, mas a indiscernibilidade entre o real e o irreal. Os dois termos não se correspondem, eles permanecem distintos, mas não cessam de trocar sua distinção (...). Creio que o imaginário é um conjunto de trocas. (Deleuze, 1998, pp. 84-85)*

Dessa digressão, volto ao texto freudiano "Das Unheimliche", publicado em 1919 no número cinco da revista *Imago* (conto adiante a experiência pessoal que atraiu Freud para a questão do estranho familiar). Esse texto prenuncia a transição do trabalho do pai da psicanálise para as teorias sobre o Tanatos, a pulsão de morte. Muitas vezes traduzido em língua portuguesa como "O sinistro", penso caber melhor a esse termo a opção "O estranho familiar", cada vez mais adotada quando se aborda esse texto.[21] Afinal, aqui tem-se do alemão o qualificativo *Heimlich*, significando "familiar", "íntimo". Entretanto, a compreensão desse assunto não é assim tão simples pelo viés da psicanálise, uma vez que prazer e repulsa compõem igualmente os sentimentos em torno do *Unheimliche*. Não se trata, portanto, de um caso de antonímia, como vou expor. Para Dadoun (2000), o estranho familiar (em francês, *l'inquiétante* étrangeté) é "o instrumento indispensável para quem se aventura no terreno do fantástico e do horror" (p. 13).[22]

---

21 A editora Companhia das Letras faz, em sua coleção *Obras Completas de Freud*, a opção por "inquietante", da qual não compartilho e, por isso mesmo, não uso neste livro. Acredito que alguns conceitos psicanalíticos já permanecem tão classicamente definidos em língua portuguesa que seria difícil pensar em outra alternativa lexical. O texto dessa editora ao qual me refiro se encontra especificamente no volume que agrega textos de 1917 a 1920, sob o título *O inquietante*, com tradução de Paulo César de Souza. Malgrado as críticas que, no decorrer de décadas, têm sido feitas à tradução da coleção *Standard*, esta tem-me sido de mais valia. Vale lembrar, entretanto, que a opção tradutória mais corrente em língua francesa é *l'inquiétante* étrangeté ("a inquietante estranheza").

22 "*l'instrument indispensable pour qui s'aventure sur le terrain du fantastique et de l'horreur.*"

A palavra *Unheimliche* já tinha sido utilizada por vários escritores antes de sua apropriação por Freud, dentre eles o filósofo alemão Joseph Schelling, que a empregava para se referir àquilo que, devendo se ocultar, se manifestava paradoxalmente. O que há aqui é, portanto, a notória estranheza que situações familiares podem causar, gerando ansiedade, afinal, o conteúdo da repressão, ao retornar, trata sempre de algo que algum dia já foi do plano do conhecido ou do próximo. A palavra *Unheimliche*, porém, vai oferecer sempre uma ideia dúbia: aquilo que é, ao mesmo tempo, tanto inquietante quanto familiar. Nesse contexto, Freud se deparava com "O homem de areia", de Hoffmann – o mestre do mal-estar –, conto que analisou brilhantemente.

Freud (2006) explica em seu texto:

> *Pode ser verdade que o estranho* [Unheimliche] *seja algo que é secretamente familiar* [heimlich-heimisch], *que foi submetido à repressão e depois voltou, e que tudo aquilo que é estranho satisfaz essa condição. A escolha do material, com essa base, porém, não nos permite resolver o problema do estranho. Porque a nossa proposta é claramente não conversível. Nem tudo o que preenche essa condição – nem tudo o que evoca desejos reprimidos e modos superados de pensamento, que pertencem à pré-história do indivíduo e da raça – é por causa disso estranho. (p. 262)*

Aqui, faço uma conexão com o Id, bipartido (mas sem, com isso, significar uma cisão propriamente dita): por um lado, existem os conteúdos atávicos presentes no pré-histórico das sociedades e famílias humanas, por exemplo; por outro, há o que é do inconsciente de cada sujeito. É claro que, no atávico e também no inconsciente de uma pessoa, o estranho familiar pode surgir oriundo da repressão. Porém, uma imagem que pertença ao universo do "estranho familiar" não tem necessariamente de apresentar relação com algum conteúdo reprimido próprio de um sujeito, como pensam alguns apressadamente. Ela pode muito bem se originar mais exclusivamente de conteúdos ancestrais, provenientes de fundamentos étnicos e familiares.

A pesquisadora Lucia Serrano Pereira (2004) faz uma detalhada explicação sobre os sentidos em torno do qualificativo *unheimlich*:

> *Interessante destacar o percurso de torção que Hanns [Luiz Hanns,*
> *em seu Dicionário comentado do alemão de Freud] observa no*
> *transporte do adjetivo heimilich, enquanto familiar e conhecido,*
> *para inquietante e estranho. O que ressalta é que aquilo que é*
> *secreto e oculto pode ser familiar, íntimo e recôndito para aquele*
> *que participa do segredo (pois acontece entre quatro paredes, no*
> *lar = heim). Por outro lado, o secreto e oculto pode ser sentido*
> *como escondido, furtivo e estranho na avaliação dos outros ex-*
> *cluídos. Assim, os sentidos familiar, conhecido, secreto, oculto,*
> *inquietante, estranho formam uma sequência que começa com*
> *o mais conhecido e chega ao mais estranho, justamente por uma*
> *contiguidade que pode percorrer gradações que se iniciam no fa-*
> *miliar, passam pelo íntimo-secreto-furtivo e conduzem ao estra-*
> *nho. (p. 25, grifos do original)*

Segundo ela, essa sensação do estranho, para Freud, não se verificaria, entretanto, nas narrativas de encantamento:

> *Nos contos de fadas, por exemplo, as manifestações de forças se-*
> *cretas, ocultas, mágicas, animação do inanimado, realização de*
> *desejos, onipotência do pensamento, efeitos comuns nos contos,*
> *não provocam – nos diz Freud – impressões do estranho, não re-*
> *sultam estranhos os fatos que o seriam na realidade. (p. 40)*

Freud assertivamente discutiu, entretanto, que nós poderíamos nos inserir dentro das condições do mundo da ficção criado por um escritor e, quando o estranho viesse emergir em uma narrativa ficcional de cunho mais realista, nós nos permitiríamos nela entrar, como se fôssemos consciente-mente enganados por nós mesmos[23] (cf. Pereira, 2004, pp. 40 ss.).

A chegada de Freud até o universo do estranho familiar e das conceitua-ções que a partir daí seriam formuladas se deu a partir de uma experiência *sui generis* que ele teve ao fazer uma viagem de trem, deparando-se com o

---

23 O que tem relação com um apontamento que faço no subcapítulo "Fantástico, gênero eva-nescente", ao mencionar Coleridge e seu conceito de "suspensão da credulidade".

estranhamento de uma armadilha imagética que criara para si mesmo. Aos 62 anos, Freud passava por nefastas experiências ligadas à morte e às coincidências. Nessa viagem, ao se deitar, ele viu dentro da cabine um senhor com roupas de dormir e boné. Incomodado, quase chegou a solicitar ao invasor que se retirasse, quando notou que se tratava de sua própria imagem refletida no espelho do banheiro. Surgiu então a dúvida se "a repulsa que sentiu não seria um resíduo de reação arcaica perante a aparição do duplo" (Cesarotto, 1996, p. 112). Ou seja, *der Doppelgänger* – aquilo que era para ficar encoberto, mas acabou por se apresentar –, um tema que se tornou caro à literatura, ao cinema e à psicanálise. Cesarotto (1996) ainda escreve sobre o duplo:

> *Numa primeira e definitiva identificação consigo mesmo, o sujeito humano se aliena de si quando mais esperava se integrar. O espelho, parâmetro de exterioridade, oferece-lhe a chance de se enxergar interior, mas ao preço de se ver como um outro. Nesta relação com o semelhante, a figura que se reflete aparece invertida, coincidindo o lado direito com o esquerdo, e vice-versa. Esta assimetria é o elemento que impõe a diferença no registro do idêntico, forçando a alteridade. Por este viés, aquilo que seria o mais conhecido e familiar, a própria imagem, vira estranho. Sinistro,[24] então, aludiria ao que excede à dimensão do narcisismo, ficando fora da alçada do eu, incontrolável. (p. 115)*

O duplo tem, assim, relação com o retorno do reprimido, com aquilo que era para ficar recalcado, mas retorna a nosso contragosto. "Aquilo que, por familiar e íntimo, era preciso apagar, é reativado por um fato extrínseco para ser projetado além da subjetividade e percebido como alheio" (Cesarotto, 1996, p. 117).

O duplo é também uma defesa nossa contra a morte, e, ao mesmo tempo, um outro eu, a tentativa de ter um sósia; ele ainda pode se fazer presente nas artimanhas das repetições tanto de lugares como de eventualidades e "coincidências". Dessa maneira, é o eu que se desdobra, demoníaco (*uncanny*), nas

---

24 Esse autor utiliza o termo "sinistro" em lugar de "estranho familiar".

redundâncias do inconsciente, ou, por exemplo, no temor de um "mau olha-do" – a inveja que passa pelo olhar. Para Pereira (2004, p. 36), "tudo aquilo que nos evoca a compulsão à repetição nos processos inconscientes pode ser percebido como um fato sobrenatural (sem o ser, justamente)". E, ainda:

> Há estranho, então, que resulta da onipotência das ideias, da ime-diata realização de desejos, das supostas forças ocultas ou retorno dos mortos, da animação do inanimado, ou das velhas convicções aparentemente superadas, mas reeditadas – acontecendo algo que as atualiza. (p. 36)

Também é pertinente saber, conforme propôs Girard (2008): "Não há monstro que não tenda a se duplicar, não há duplo que não esconda uma monstruosidade secreta"[25] (p. 75).

Quando a fantasia e a realidade perdem suas delimitações mais precisas, quando a criação do imaginário se materializa na bruteza do real, o estranho familiar toma seu lugar. Um exemplo muito marcante do que aqui escrevo seriam os atentados ao World Trade Center em 2001 – não nos esquecendo, todavia, que a repercussão do estranho tem reflexos subjetivos. Freud tratou da relação do homem com o impossível – o real, para Lacan – em três instân-cias: o domínio diante do outro, da natureza, e do corpo em decadência. Em todos esses três encontros e confrontos, surgem elaborações do sintoma, no plano do individual e também no do cultural, segundo Pereira (2004, p. 42). Ainda de acordo com as ideias da pesquisadora, quando o simbólico não dá conta do campo das representações, surge um "excesso" que buscará novas representações na forma e no conteúdo, e o recobrimento sintomático ou fantasmático se dará em cima do real.

Contudo, é pertinente refletir que o duplo, tal qual ele é aqui entendido – manifestação e criação particularmente importantes na cultura –, assumiu outras configurações há milênios, quando a concepção do eu e do mundo era bem diversa. Para a continuação desse raciocínio, volto a Nietzsche, em sua

---

25 "Il n'y a pas de monstre qui ne tende pas à se dédoubler, il n'y a pas de double qui ne se recéle une monstruosité secrète."

obra *O nascimento da tragédia*, quando o filósofo nos lembra que o mundo pré-socrático apresentava unicidade entre o que hoje se chama de aquém e além, natural e sobrenatural, por exemplo, uma vez que, para os gregos antigos, o imaginário e o real não eram separados. O mundo dos mortos estava sempre muito próximo dos vivos, até geograficamente, pois cria-se existir uma entrada específica para quem quisesse ter com os seus entes falecidos. Da mesma forma, as manifestações fantasmagóricas que despertam o interesse dos psicanalistas de nosso tempo eram, naquela cultura, entendidas sem muita angústia e complicação, uma vez que os espíritos e os corpos não eram vistos como duas instâncias distintas; pensava-se, antes, em corpos-espíritos (cf. Rodríguez, 2007). Amparado em Nietzsche, pode-se afirmar poeticamente que, na cultura anterior a Sócrates, a claridade do apolíneo integrava-se à obscuridade do dionisíaco. Foi a partir do pensamento socrático que a dubiedade na compreensão do psiquismo humano, como a conhecemos hoje, começou a se instaurar: a razão apartou-se do mito e delineou uma cultura em que o imaginário passaria a ser reduzido aos reveses interpretativos do real. Começa-se, dessa forma, a desconfiar da imagem: se ela revela, também encobre e obnubila o objeto ao qual dá luz. Cabe aos olhos mais argutos desvencilharem-se do ludíbrio da claridade das formas para buscar o que se denuncia e pede sentidos. Ainda hoje, se alguém acredita ter visto uma aparição e pensa ter se tratado de uma alma desgarrada de além-tumba, isso só é possível graças a uma compreensão proporcionada pelo mundo cindido em que vivemos – o mesmo que separou vida e morte, seres animados e inanimados.

Por intermédio desse pensamento, chega-se à asserção de que o *Unheimliche*, tal como desejou Freud, só se permite em um mundo não mitológico, e é por isso que ele é causador de estranhamento em quem o experiencia. No cerne dessa questão, está o sujeito psicanalítico, que tantas vezes oscila entre o real e o imaginário, em cujo limiar são engendradas perturbações e delírios capazes de fazer com que ele venha a expressar insegurança e perplexidade para com o que sente e vê, e, muitas vezes, chegue a duvidar dos próprios olhos.

A psicanálise nos ensina, conforme lembra Cesarotto (1996), que "não somos alheios aos nossos interesses, e que é exatamente na curiosidade que o desejo mais se evidencia" (p. 110). Não somos sequer senhores em nossa

própria casa, e a angústia vem para nos confirmar que não somos quem pen-
sávamos ser. Relacionada, como eu disse, com a busca de um objeto perdido
– objeto este que provavelmente não saberemos qual é –, a angústia pode se
voltar a tudo o que ponha em primeiro plano um espelho ou uma relação
especular: ou seja, um duplo. Assim, o sujeito se depara com a alteridade
onipotente que se manifesta, por exemplo, na forma de um pesadelo, de um
duplo alienante, do estranho familiar. Para Lacan, a angústia – um recalcado
que retorna – pode muito bem ser um afeto ou um sinal, não de algum perigo externo ou interno, mas de uma posição do sujeito diante do Outro. E se
um objeto aparece no lugar da falta estruturante causada pelo objeto perdido
(o que, por sua vez, causa o desejo), aí se estabelece a angústia. Isto é, onde
deveria haver um buraco, presentifica-se um objeto qualquer. Portanto, se o
objeto não falta, a angústia empurra o sujeito para o campo do *Unheimliche*
(cf. Pereira, 2004, p. 38).

Um dos méritos de Lacan, nesse assunto, foi apresentar, em seu *Seminário X* (cf. Lacan, 2005), que, de fato, havia um objeto causador da angústia.
Para tanto, ele ilustrou suas ideias a partir de um conto de Anton Tchékhov,
"Pavores" (cf. Tchékhov, 2010, pp. 50-57), em que o narrador dizia ter sentido
pavor apenas três vezes na vida: na primeira delas, a partir de uma luzinha
em um campanário, que ora acendia, ora se apagava; na segunda, ao deparar
com um vagão de carga que surgiu sobre trilhos, sem locomotiva, movido
por uma força desconhecida; e, a terceira, mediante o encontro com um cachorro branco que o acompanhou e o fez se lembrar do buldogue de Fausto.
Do ponto de vista lacaniano, a angústia seria essa via de acesso ao objeto "a",[26]
um resto.[27] A desagradável sensação que o personagem de Tchékhov teve,
portanto, não estava na luzinha, no vagão ou no animal em si, mas em algo
por trás desses três elementos, pois era no âmbito do desconhecido que se de-
senhava o sentimento de medo angustiante, sentimento este que paralisa, ini-
be e desarvora. Vê-se, assim, de forma mais fácil, que a angústia assinala algo
que não estava no lugar que imaginávamos. Ela nos traz, antes, a sensação de

---

26 Em explicação bastante rápida, pode-se dizer que o objeto "a", na teoria lacaniana, é um
importante conceito que remete à noção de objeto inalcançável – o objeto causa de desejo.

27 Resto, em Lacan, seria um resíduo de investimento narcísico que não se incorporaria ao eu
e que não entraria na imagem especular.

um fora de lugar, de um "não é bem isso". Portanto, ela alude ao deslocado, ao fantasmático, ao duplo que se formou para assinalar um encaixe (para sempre) imperfeito. O incômodo, o mal-estar e o desconforto tornam-se, dessa maneira, os fiéis acompanhantes da angústia.

Fica, pois, evidente que não é no objeto que desperta a angústia que está a resposta para ela, mas no que se oculta por trás. A causa está em outro lugar – nunca naquele que aparenta, como já evidenciei. A angústia, ao fim e ao cabo, é o sinal da irredutibilidade do real em Lacan. Um real que não se conhece e que se manifesta mediante sinais de perigo interno, como nas imagens iconográficas e ilustrativas de Santa Lucía, aquela que apresenta os próprios olhos em um pratinho, e Santa Ágata, que exibe os seios cortados.

> Por isto os objetos parciais prestam-se a manifestar a presença de *a*, na medida que são cortáveis e caducos. A libra de carne "próxima ao coração", exigida pelo mercador de Veneza em pagamento de uma dívida, os olhos de Édipo que "viram o que não deveriam ver", os seios cortados de Santa Ágata, no quadro de Tiepolo, representando seu martírio; mais trivialmente, o cabelo rareado de cada um, a "mosca voadora" que perturba a visão, que por sua vez nos recorda nossa submissão ao tempo e nossa caducidade, o mesmo fenômeno da detumescência que reduz o membro viril ao estado de "trapinho" depois do orgasmo, tudo isto põe em relevo a íntima relação existente entre o objeto *a* e a castração. (Baranger et al., 1994, p. 132)

Ainda no âmbito do estranho e do reprimido, cabe aqui apresentar o que Dadoun (2000) comentou sobre a dubiedade que se percebe em uma imagem, desta vez na cinematográfica:

> toda imagem é o que ela é, ou seja, o que ela parece, ou seja: imagem (...). Então, ela será também o que ela não é, ou seja: o que, mostrando, ela esconde, e o que ela torna implícito ao explicitar; em suma, todos os elementos reprimidos, ocultos, travestidos, esquecidos, dos quais ela se torna apenas o resto, e que acabam por

disseminar seus ecos abafados através do filme.[28] (p. 33, grifos do original)

Como conclusão deste tópico, lembremo-nos do sonho de Irma, em que Freud se angustia ao ver aquele obscuro buraco sem fundo de uma garganta arreganhada, insuportável abismo a anunciar uma perda irremediável e que, posteriormente, teria ecos em sua famosa questão, "o que quer uma mulher?". Afinal, a mulher é, também, um *Unheimliche* para o homem:

> *Ora, é em último limite diante do sexo feminino, nos diz Freud, que os "homens neuróticos" – ou seja, os homens em geral – mais experimentam essa desorientação da* Unheimliche: *é quando se abre diante deles esse lugar estranho, tão estranho, em verdade, porque impõe aquele retorno à casa (das heimische) perdida... (Didi-Huberman, 1998, p. 231, citado por Pereira, 2004, pp. 53-54)*

E, nas palavras de Dadoun (2000), encontra-se um reforço a mais para o que afirmei sobre os sintomas da cultura expressos no cinema, referendados pela boa teoria do estranho familiar: "Os monstros do cinema não são sintomas, demonstrações figuradas do que é tramado no inconsciente dos indivíduos e das sociedades? Eles não teriam como função neutralizar as angústias, projetando-as e fixando-as sobre a superfície da tela?" (p. 135).[29]

---

28 *"toute l'image est ce qu'elle est, c'est-à-dire ce qu'elle paraît, à savoir: image (...). Elle sera donc aussi, cette image, ce qu'elle n'est pas, à savoir: ce qu'en montrant elle cache, ce qu'elle implicite en s'explicitant, soit tous ces éléments refoulés, occultés, travestis, oubliés dont elle n'est que le reste, et qui parviennent à disséminer leurs échos assourdis à travers le film."*

29 *"Les monstres du cinéma ne sont-ils que des symptômes, des démonstrations figurées de ce qui se trame dans l'inconscient des individus et des sociétés? N'ont-ils pour fonction que de neutraliser les angoisses, en les projetant et en les fixant sur la surface de l'écran?"*

PARTE II

O fantástico no cinema

C'est là le paradoxe de l'art cinématographique. Crée pour reproduire fidèlement la réalité apparente, avec la froide réalité de la machine progressivement dotée de perfectionnements techniques, avec son oeil impersonnel qui s'appelle d'ailleurs un objectif, le cinéma se révèle comme la meilleure clé du royaume imaginaire – la machine à fabriquer du rêve.

Charles Pornon (1959, p. 9)

("Aí está o paradoxo da arte cinematográfica. Criada para reproduzir fielmente a realidade aparente, com a fria realidade da máquina progressivamente dotada de aperfeiçoamentos técnicos, com seu olho impessoal que, aliás, é chamado de objetiva, o cinema se revela como a melhor chave para o reino imaginário – a máquina de fabricar sonhos.")

1. Um corpo tentacular

Nos textos a seguir, eu avanço nos comentários que fiz sobre o fantástico no decorrer da Parte I. Privilegio, como sempre, o cinema e a literatura, afinal, sempre que estudamos o fantástico em relação aos filmes, as contribuições dos estudos literários se tornam basais. Agora, porém, ressalto de maneira enfática a já apontada ineficácia de esforços taxonômicos para com esse grande gênero. Da mesma maneira, discuto a postura de Tzvetan Todorov em sua *Introdução à literatura fantástica* (2004), e trato um pouco mais sobre a pertinência das abordagens do estranho familiar freudiano. Também comento, ainda que em fôlego breve, as dificuldades de valorização dos conteúdos do fantástico, sobretudo na França. Aproveito este parágrafo para afirmar, uma vez mais, o caráter tentacular de minhas abordagens, por acreditar ser este mais apropriado para meu *corpus* de estudo.

Das dificuldades classificatórias

Entendo cinema – para os propósitos de minhas discussões – como ele se manifesta hoje: de rito coletivo e evento espetacular e especular para massas a um ato de lazer individual ou de pequenos grupos, e até mesmo doméstico.

Na contemporaneidade, o cinema tornou-se uma mídia digital, em grande medida. Ainda que muitos filmes possam se assemelhar, aos olhos de um espectador comum, àqueles do suporte anterior – o analógico –, há diferenças muito grandes que precisam ser consideradas quando pensamos nas produções do cinema a partir dos anos 1990. As especulações apocalípticas de alguns teóricos e críticos a respeito do cinema da virada do século XX para o XXI, porém, não se comprovaram. Ele continua a existir, mas com uma economia interna diversa da que já teve.

É nesse escopo que enquadro minha definição de "cinema contemporâneo" – termo que, a rigor, ultrapassa em muito as projeções em salas de exibição. Em suma, trato aqui do mundo do audiovisual: obviamente, esse é atravessado pelo cinema, mas também se mostra muito mais abrangente.

É inegável que, quando um filme faz sucesso de bilheteria, muitas vezes já foi assistido *on-line* por vários espectadores, ou mesmo apropriado por fãs mediante ações de pirataria e de invasão aos *sites* oficiais das produtoras e distribuidoras. Também é comum existir um culto prévio a determinada obra – inclusive movido pela febre de livros, HQ e *videogames* –, e isso bem antes de ela chegar às salas do cinema. Além disso, os programas das TV a cabo, as mídias sociais e os periódicos digitais na internet têm um papel preponderante na divulgação de um filme. Dessa forma, sinto-me mais confortável para apresentar análises de filmes que podem ter a ver tanto com seus pares literários quanto com suas repercussões e veiculações em emissoras de TV ou em *sites*. Da mesma maneira, para mim, torna-se indiferente estudar um filme que esteve muito ou pouco tempo nas salas de exibição (ou que nem sequer chegou a elas, como aqueles produzidos especificamente para TV, por exemplo).

Calvino (2004) ressaltou o conto fantástico do século XIX como capaz igualmente de representar a vida interior dos sujeitos de uma dada época, dizendo da simbologia coletiva que os envolvia. Serviriam aqueles textos, talvez, como uma espécie de indicador do *air du temps* ou *Zeitgeist*. Porém, se por um lado fica difícil dizer que na contemporaneidade existiria ainda um *Zeitgeist* facilmente marcado e delineado, por outro, é necessário fazer uma analogia com o raciocínio do pensador italiano: não há como negar que os filmes fantásticos representem certas sintomatologias e expressividades próprias da cultura humana, assolada por incertezas de várias ordens. Os avanços tecnológicos que surgem, por certo, se refletem também em uma rica produção imaginativa engendrada pelo cinema. E, como disse Lenne (1970): "o fantástico é a vocação do cinema, assim como o cinema é o lugar privilegiado do fantástico" (p. 19).[1]

Como já foi reiterado, parte da cinematografia fantástica de nosso tempo se origina de adaptações literárias – assim como muitos dos escritores, desde o século XX, são devedores das inspirações oriundas dos filmes. Ficou evidente, na história do cinema, que boas inspirações proviram, muitas vezes, das narrativas contadas nos livros. Assim, a literatura atuou como suporte e interface para o cinema, e permitiu que tivéssemos uma visão mais abrangente do imaginário e das vestimentas que ele assume. De outro modo, além da literatura fantástica, mencionamos a relevância dos variados jogos de RPG[2] para o lazer das pessoas. Estes últimos conquistaram gerações de adolescentes nas últimas décadas. Muitas vezes, para deles participar, os jogadores necessitavam conhecer verdadeiros calhamaços de instruções e descrições sobre os seres fantásticos, a chave de acesso à entrada na história e nas regras do jogo. Com isso, evidencia-se que a imbricada relação cinema-literatura chegou a obrigar o leitor/espectador/jogador a se "especializar" em criaturas as mais diversas, e a ler e memorizar extensas listas organizadas em torno dos novos-velhos bestiários, que, muitas vezes, propõem animais e bestas mais humanizados do que nós mesmos.

Nesse complexo panorama, constata-se ainda que parte dos estudiosos e amantes do cinema enveredaram por tentativas de organização formal dos filmes fantásticos, todas as vezes bastante frustradas. Discuto essa problemática adiante.

Ao tentar traçar um percurso diacrônico para o fantástico no cinema, pode-se afirmar que ele passou a ser levado mais seriamente em consideração pelos estudiosos apenas na virada dos anos 1960 para 1970, e, em muitos países, ainda carece de respaldo acadêmico. De fato, o cinema fantástico penou

---

1 *"lo fantástico es la vocación del cine, o bien el cine es el lugar privilegiado de lo fantástico."*
2 Só lembrando alguns títulos: *Vampiro – a máscara* (1994), *Dungeons & Dragons* (1996 e 2000), *Calíope* (2001).

por décadas com o preconceito de diretores, produtores e atores, e também de críticos e de um público considerado "exigente",[3] em conformidade com o que afirma Lenne (1970): "Sabe-se que o 'fantástico' suscita, de forma simétrica, o desprezo das pessoas honoráveis e a paixão e um punhado de especialistas fanáticos"[4] (p. 8). Dadoun também deplorou o fato de o cinema d'épouvante[5] ser tratado, no âmbito dos críticos, como um parente pobre e uma espécie de "gênero menor" do ponto de vista artístico e psicológico (cf. Dadoun, 2000, p. 158), e elogiou o trabalho da excelente revista francesa *Midi-Minuit Fantastique*[6] para a valorização do fantástico. Algo parecido pode ser dito a respeito da literatura fantástica – que sempre precisou se valer de muitos esforços para conseguir respeito e visibilidade. Entretanto, esta última, por se atrelar a uma tradição de estudos mais sólida e mais longa, talvez não tenha sofrido tanto os reveses da desconsideração acadêmica, como foi o caso do cinema fantástico.

Se é possível encontrar, no livro referencial de 1970 de Lenne, muitos apontamentos e comentários sobre o fantástico, deve-se também considerar que, todas as vezes que se tentou organizar o fantástico em torno de temáticas, concluiu-se um resultado pautado pela incompletude. Há bons exemplos disso em texto posterior, quando abordo especificamente o fantástico no cinema. Entretanto, adianto aqui as palavras de Lenne, para quem o fantástico, como gênero, só podia se desenvolver no campo do significado, e não do significante (da forma).[7] Para ele, daí provinham as dificuldades de se buscar uma temática formal para o fantástico.[8] Por exemplo, um gorila gigante e

---

3 Como exemplo, basta vermos como os produtores nacionais ainda hoje têm resistência em produzir cinema fantástico em nosso país e como é difícil obter financiamento para tal empreitada.

4 "*Es sabido que el 'fantástico' suscita, de forma simétrica, el desprecio de las personas honorables y la pasión de un puñado de especialistas fanáticos.*"

5 Esse termo é bastante empregado na França para tratar de filmes de terror, sem, entretanto, ser um sinônimo direto.

6 Para os amantes dessa revista, suas edições foram relançadas na França a partir de setembro de 2013 em três volumes e três DVD.

7 Ao contrário de Rosemary Jackson, mencionada por Magalhães (2003, p. 27), para quem o fantástico seria um modo literário, um modo de expressão, de possibilidade formal que atravessa diversos períodos.

8 No caso deste livro, como já disse no texto inicial, a opção foi agrupar configurações do

um homem diminuto não constituiriam um tema, segundo o pesquisador
– mas, para ele, talvez o gigantismo, sim. A falta de unidade percebida no
fantástico, segundo Lenne, se deve ao fato de o gênero se organizar no nível
do sentido. Ele exemplifica isso lembrando que o castelo, que sempre foi associado a filmes fantásticos, não o é pela forma – ou seja, pelo fato único de
ser uma construção arquitetônica imponente e antiga –, porém, muito mais
pelo conteúdo que pode encerrar: um ambiente de isolamento e mistério, a
possibilidade de uma esfera sombria e fechada – em suma, um mundo com
leis próprias. Nessa linha de pensamento, da mesma maneira que se tem um
castelo, pode-se ter uma mansão urbana, um casebre na floresta, uma ilha dos
trópicos ou uma complexa nave espacial, desde que a ambientação funcione
necessariamente para o apelo do fantástico. Os exemplos se perderiam de vista: "a riqueza e o impacto do 'fantástico' são de tal magnitude que seu esquema, suas estruturas e seus temas bastam a si mesmos"[9] (Lenne, 1970, p. 148).

Como exemplificação, se nos atrelássemos à baliza da forma, poderíamos
refletir sobre a produção de numerosos filmes seriados, franquias e *remakes* que percorreram o cinema contemporâneo, em busca de dialogar com as
novas gerações e de criar pontes, sobretudo para com a filmografia dos anos
1980. Tais filmes o fizeram apostando quase exclusivamente no sucesso formal, no sentido empregado por Lenne, utilizando-se de enredos populares.
É interessante notar como, já nos anos 1970, Lenne nos chamava a atenção
para uma característica do cinema que atingiria um pináculo na primeira
década do século XXI: "Para que um elemento (...) se encontre carregado
de significação, é preciso que ele esteja integrado a um conjunto: desde que
esteja isolado, perde seu valor de signo"[10] (Lenne, 1970, p. 163). E, ainda: "a
repetição sem considerações de uma figura prestigiosa conduz rapidamente
à sua desvalorização"[11] (p. 163). Concordo com o pesquisador nesse aspecto,

---

monstruoso expressas em filmes pertencentes a um *corpus*, mas sem, com isso, querer estabelecer qualquer nomenclatura para o fantástico no cinema.

9 *"la riqueza y el impacto del 'fantástico' son de tal magnitud que su esquema, sus estructuras y
sus temas se bastan a sí mismos."*

10 *"Para que un elemento (...) se encuentre cargado de significación, es preciso que esté integrado
en un conjunto: desde que esté aislado pierde su valor de signo."*

11 *"la repetición sin consideraciones de una figura prestigiosa conduce rápidamente a su desva-
lorización."*

e, completando, penso que o que ocorre em filmes ditos "ruins" é o enfraquecimento das semioses que poderiam ocorrer se tivéssemos produções mais bem-acabadas e cuidadosas. Ainda assim, acho valioso o fato de ele salientar que um filme deve dialogar com seus antecessores, evitando cair em meras repetições de figurações – ao contrário do que tem acontecido com as levas de zumbis, vampiros, lobisomens e alienígenas que são encontrados no cinema contemporâneo.

Lenne (1970) deixa também uma contribuição pertinente no parágrafo a seguir:

> O cinema "fantástico" não é concebido sem uma determinada codificação do imaginário, portanto, sem uma parte de convenção. Desde a aproximação primitiva e popular, supõe inevitavelmente a qualificação de um universo que plagia artificialmente o nosso. Por isso, essas decorações, essas cores, essas músicas. Perante os ruins, fica fácil demais fazer trejeitos, recorrer à exageração sistemática. Por isso também estes estrondosos genéricos cuja função inicial é a de favorecer a ruptura vida/cinema (retomando com isso a receita hollywoodiana, mas radicalizada em um sentido traumatizante), essa ruptura entre dois universos que é por si mesma uma definição do "fantástico".[12] (p. 162)

Aqui, fica claro que o cinema fantástico provoca uma ruptura entre mundos. Para Lenne, o cinema contemporâneo – entenda-se, o da década de 1970, época da publicação de seu livro – não se desvinculava do fantástico pelo fato de buscar temáticas que estivessem na ordem do dia, como os problemas mentais e as psicopatologias diversas, ou, ainda – como já se percebia

---

12 *"El cine 'fantástico' no se concibe sin una determinada codificación de lo imaginario; por lo tanto, sin una parte de convención. Desde el acercamiento primitivo y popular, supone inevitablemente la cualificación de un universo que plagia artificialmente al nuestro. De ahí esos decorados, esos colores, esa música, ante los males resulta demasiado fácil hacer aspavientos, recurrir a la exageración sistemática. De ahí también, esos atronadores genéricos cuya función inicial es la de favorecer la ruptura vida/ cine (retomando con ello la receta hollywoodiana, pero radicalizada en un sentido traumatizante), esa ruptura entre dos universos que es por sí misma una definición del 'fantástico.'"*

em vários filmes daquele período – as questões ambientais e biotecnológi-cas. Afinal, "as obsessões dominantes no cinema de hoje (enfrentamentos/ esmagamentos/ desequilíbrios/ enfermidades/ crises) se vinculam facilmente às estruturas fundamentais do 'fantástico'"[13] (Lenne, 1970, p. 160). De fato, como lembra o autor, questões tão recorrentes no cinema desde sempre – personalidades múltiplas e esquizofrenias, por exemplo – já foram projetadas pelo fantástico em numerosas tentativas de se retratar o duplo, as identifi-cações mórbidas para com o outro, a atração pelo macabro, a possessão, a dominação e as perversões de todas as ordens.

Cena do filme King Kong *(Merian C. Cooper & Ernest B. Schoedsack, 1933).*

No cinema, porém, o termo fantástico passou a se referir a um amplo gênero por conta de aspectos comerciais, e não metodológicos, por exemplo. Isso gerou, desde sempre, muita confusão. Lenne (1970) ainda comentou que o fantástico era o único cinema totalmente mitológico e, ao mesmo tempo, se nutria dos mitos que ele próprio engendrava. O fantástico revelaria a existên-cia, a apresentação, a evolução e até o desaparecimento de mitos criados por e para ele, evidenciando sua subversão moral e filosófica.

---

13 *"las obsesiones dominantes`en el cine de hoy (enfrentamientos/aplastamientos/desequilibrios/ enfermedades/crisis) se entroncan fácilmente con las estructuras fundamentales del 'fantástico'."*

No decorrer de sua obra, percebe-se que, em vez de pensar em temas ou classificações definidas e fechadas, o pesquisador tentou discutir as estruturas que pareciam constantes no cinema fantástico, na expectativa de oferecer um breve panorama sobre sua organização. Para tanto, criou três tópicos, os quais apresento a seguir com finalidade exclusivamente ilustrativa.

Para ele, a primeira estrutura seria a própria monstruosidade, aquilo que sói caracterizar um filme fantástico na linguagem corrente, como a fealdade física, a teratologia, as alterações, mutilações e mutações físicas, retomando--se a ideia clássica de monstro como aquilo ou aquele que infringe as leis da normalidade (da natureza, do tempo, do espaço) e também as normas sociais. As formas da monstruosidade seguiriam as dicotomias natureza *versus* ciência, ordem *versus* desordem, bem *versus* mal, vida *versus* morte. Existiria ainda, para o autor, uma alternância à simultaneidade entre fealdade física e moral, presente em vários personagens, como o Corcunda de Notre Dame, Frankenstein, o gorila gigante Kong e os artistas circenses de *Freaks* (Tod Browning, 1932).[14] Haveria, igualmente, uma relativização da maldade dos monstros ao se considerar, do ponto de vista clássico, o sofrimento físico e moral do lobisomem e a melancolia do vampiro – com sua sina que não oferece tréguas –, por exemplo, no rol de uma galeria que reúne uma pletora de monstros vitimizados e amaldiçoados.

Como segundo ponto, Lenne (1970) desenvolveu ainda um esquema para o filme fantástico que, para ele, trataria da instrusão do "anormal" no "normal" – o primeiro só existindo em função do segundo. "O fato de que a anormalidade destrua a normalidade (ao fulminá-la ou arrasá-la) é o que era o medo, ou seja, o 'fantástico'"[15] (p. 27). Nesse contexto, o medo seria o debruçar-se da consciência à beira de um vazio que a limitaria: a incapacidade de imaginar o inimaginável. Para o autor, o fantástico vinha a irromper o real por meio do imaginário, e isso de forma abrupta: praticamente uma rasgadura.

---

14 Como muitas vezes não existe uma uniformidade quanto à referência do ano de um filme (às vezes, consta o ano de sua produção; outras vezes, o de seu lançamento), o leitor pode encontrar variações em relação aos anos que utilizei para referenciar as produções citadas no decorrer deste livro.

15 *"El hecho de que la a-normalidad destruya a la normalidad (al difuminarla o arrasarla) es lo que era el miedo, o sea, el 'fantástico'."*

O terceiro ponto salientado por ele seria a necessidade do medo, que teria uma ligação indissolúvel com o fantástico – vertigem da consciência no entre-lugar que se mostra no contato do imaginário com o real.

> *Não nos esqueçamos que o "fantástico" é o cinema popular por excelência, cinema que coloca em jogo sentimentos e emoções simples, tratados como vulgares ou rudimentares com base em um muito conhecido desprezo.*[16] *(Lenne, 1970, p. 30)*

Afinal, uma das primeiras reações provocadas pelos curtas dos irmãos Lumière foi o "medo" (ou, pelo menos, a "apreensão" perante, por exemplo, a imagem movente de uma locomotiva e, por extensão, do próprio duplo do homem). Temos ainda, antologicamente, *Dead of night* (Alberto Cavalcanti, Charles Crichton, Basil Dearden & Robert Hamer, 1945), filme que referencia o ônibus que se transforma em carro funerário, presente originariamente em uma conhecida filmagem de Georges Méliès, no ano de 1897, na Praça da Ópera, em Paris – quiçá o primeiro artifício cinematográfico do espanto. "Viciado em sua substância [o medo], o 'fantástico' passa, então, a ser insólito, estranho, maravilhoso, em uma palavra, inofensivo"[17] (Lenne, 1970, p. 31).

Para o autor, parece também que o fantástico, com sua carga de temores e sustos, renasce privilegiadamente em períodos mais conturbados da experiência humana e épocas de intensas crises socioeconômicas.[18]

> *Historicamente, os períodos revolucionários sempre foram períodos de grande medo, medo de não se poder preservar um conforto, seja material ou espiritual. Medo da desordem e da instabilidade*

---

16 *"No olvidemos que el 'fantástico' es el cine popular por excelencia, cine que pone en juego sentimientos y emociones simples, tan sólo a tratar como vulgares o rudimentarias en base a un desprecio archiconocido."*

17 *"Viciado de su substancia, el 'fantástico' pasa a ser, entonces, insólito, extraño, maravilloso, en una palabra, inofensivo."*

18 Não concordo totalmente com essa perspectiva, apesar de reconhecer que determinados acontecimentos de ordem social e cultural acabam por ter repercussão muito forte no cinema.

(de qualquer tipo, por conta de sua potencial incógnita) que encontra, segundo vemos, um campo de expressão ideal no 'fantástico'.[19] (Lenne, 1970, p. 31)

Na literatura fantástica, há quem perceba a mesma situação: o século XIX, que viu transtornos econômicos e efervescências ideológicas as mais diversas, deixou excelentes obras, como as de Hoffmann e Lautréamont, por exemplo. Essa abordagem, contudo, se em um primeiro momento pode parecer pertinente – apesar de haver quem a negue veementemente –, merece prudência. Para mim, não há uma consonância tão direta entre tempos de crise e profusão de filmes fantásticos, sobretudo os de terror, como querem alguns e, em especial, como defendia Lenne (1970): "os tempos álgidos do cinema 'fantástico' coincidem com os tempos agitados"[20] (p. 39). Entretanto, é inegável a capacidade que muitos filmes têm de expressar os sintomas da cultura, e, nesse sentido, justifica-se a relação entre o cinema e as questões de sua época.

Para os defensores da ideia de que a relação entre o cinema e seu momento histórico se dá de forma bastante retilínea, pode-se tomar o expressionismo alemão como um exemplo: seus filmes estavam inseridos no contexto do marasmo social e econômico da falida República de Weimar. Já o horror *hollywoodiano* dos anos 1930, por sua vez, viria a ser imensamente devedor do cenário da Grande Depressão que assolou os Estados Unidos. E, para a ficção científica dos anos 1950, a Guerra Fria e o macarthismo ditavam o comportamento paranoico em torno dos aliens – alguns de nossos outros, assim como as angústias acumuladas a partir da Segunda Guerra, teriam ecos no cinema de terror da Hammer. O pesquisador Dadoun (2000), que concorda com essa abordagem e afirma que as atrocidades de um filme de terror têm relação com os dramas e solavancos da história, afirmou: "As grandes figuras do horror se impõem em momentos históricos significativos" (p. 134).[21] O mesmo autor trata do "trabalho do medo" (*le travail de la peur*) no inconsciente americano

---

19 *"Históricamente, los períodos revolucionarios siempre han sido períodos de gran miedo, miedo de no poder preservar un confort, ya sea material o espiritual. Miedo al desorden y a la inestabilidad (de cualquier tipo, a causa de su potencial incógnita) que encuentra, según vemos, un campo de expresión ideal en el 'fantástico'."*
20 *"los tiempos álgidos del cine 'fantástico' coinciden con los tiempos revueltos"*
21 *"Les grandes figures de l'horreur s'imposent à de moments historiques significatifs."*

ao abordar *A noite dos mortos-vivos* (*Night of the living dead*, Romero, 1968), que, para ele, encerraria as angústias ligadas à radioatividade e aos abrigos antiatômicos. Da mesma forma, Dadoun ressalta que os mortos-vivos de filmes podem ter uma relação mais próxima com os horrores históricos das tragédias de Hiroshima e Auschwitz (cf. Dadoun, 2000, pp. 153 ss.). Indo mais longe na questão, ele abre um comentário sobre *Hiroshima meu amor* (*Hiroshima mon amour*, Alain Resnais, 1959): "Em *Hiroshima, meu amor*, Resnais mostra os habitantes da cidade queimados pelas chamas e mutilados pela radioatividade: eles erram atordoados, semelhantes aos mortos-vivos do filme de Romero"[22] (Dadoun, 2000, p. 154). Todavia, como deixei claro, não penso que essa relação deva ser tomada com rigor ou a partir de um raciocínio mais simplista de "causa e efeito", afinal, nem sempre os monstros que surgem no cinema são reflexo imediato de um período específico de mal-estar localizável. Torna-se esclarecedor, contudo, exemplificar que os zumbis aparecem no cinema em momentos bem demarcados: houve "picos" desse monstro em filmes nos anos 1930 até o início da década seguinte, logo após a Grande Depressão e antes da Segunda Guerra Mundial.[23] Em instantes mais dramáticos da Guerra Fria ou da Guerra do Vietnã, eles retornaram,[24] peremptoriamente.

As épocas de epidemias também costumam ser inspiradoras de filmes com essas criaturas, e, nos anos 1980 e início da década seguinte,[25] parece que o desespero em torno da aids, ainda em grande parte incompreendida e mortal, deu a tônica de algumas produções com um viés hipocondríaco e apocalíptico. No início do século XXI, os zumbis retornaram de forma muito intensa – assinalando, em meu entendimento, as angústias de uma ideia de sujeito cada vez mais fragmentada e de um corpo fragilizado, apesar das

---

22 "*Dans* Hiroshima mon amour, *Resnais montre les habitants de la ville brûlés par les flammes et mutilés par la radioactivité: ils errent, hagards, pareils aux morts-vivants du film de Romero.*"

23 Lembremo-nos de *Zumbi branco* (*White zombie*, Victor Halperin & Edward Halperin, 1932), *Revolta dos zumbis* (*Revolt of the zombies*, Victor Halperin, 1936), *O rei dos zumbis/ Superstições diabolicas* (*King of Zombies*, Jean Yarbrough, 1941) e *A morta-viva* (*I walked with a zombie*, Jacques Tourneur, 1943).

24 O grande marco é, sem dúvida, *A noite dos mortos-vivos* (*Night of the living dead*, George Romero, 1968).

25 Uma obra referencial foi *A noite dos mortos-vivos* (*Night of the living dead*, Tom Savini, 1990), homenagem ao filme de Romero.

benesses das conquistas biocibernéticas. Esses aspectos são exemplificados e discutidos na Parte III.

Retorno ao elemento "medo" nas produções fantásticas: é claro que filmes como *Ponte para Terabítia* (*Bridge to Terabithia*, Gabor Csupo, 2007), *Mee-Shee, o gigante das águas* (*Mee-Shee, the water giant*, John Henderson, 2005) e *Meu monstro de estimação* (*The water horse: legend of the deep*, Jay Russell, 2007) não trabalham na perspectiva do medo como o faz um filme de terror que tenha o intuito de causar sustos e espantos, repugnância e asco. Portanto, este ponto deve ser relativizado: as impressões de medo no espectador não são o que vai determinar um filme como fantástico.

Outro aspecto a ser ressaltado é que não é imprescindível que se sinta medo a partir do que se vê para se estar no reino do fantástico – afinal, o que não é visto pode muito bem ser assustador, e até mais, do que aquilo que se explicita. O ritmo de uma narrativa é pontuado muitas vezes pela expectativa de se encontrar o monstro, o qual pode dar as caras apenas no final, como em *O monstro do Himalaia* (*The abominable snowman*, Val Guest, 1957), enquanto um filme que desfila monstruosidades do início ao fim pode não fazer mais do que referendar clássicos personagens do cinema de terror (*Van Helsing, o caçador de monstros/Van Helsing*, Stephen Sommers, 2004). Um filme fantástico pode não exibir o monstro em seu quadro de percepção visual, ou vir até mesmo a ocultá-lo quando não há, de fato, sentido em revelá-lo. Assim, enquanto muitas vezes um monstro está claramente presente para o espectador, como em *A mosca da cabeça branca* (*The fly*, Kurt Neumann, 1958), há situações em que ele aparece parcialmente, ou fica em *off* ou subentendido o tempo todo (a exemplo de *O bebê de Rosemary/Rosemary's baby*, Roman Polanski, 1968; e *O iluminado/The shining*, Stanley Kubrick, 1980). Nesses últimos exemplos, o próprio enredo misterioso faz as vezes de monstruosidade.

Em um capítulo sobre o sentido e a função do fantástico, Lenne trata um pouco mais sobre uma certa ordem que parece geral aos filmes desse gênero – pela qual se busca um final feliz –, isto é, a desordem e o caos não podem reinar.[26] Porém, ficou evidente, sobretudo no cinema a partir dos anos

---

26 Como a obra de Lenne à qual me referi data da primeira metade dos anos 1970, deve-se considerar que o cinema fantástico dos Estados Unidos havia sido oprimido e recalcado

1980, que os finais em aberto também faziam sucesso, até mesmo abrindo pressupostos para o sempiterno retorno do monstro. Isso se verificou, em especial, nas franquias voltadas para o público adolescente (como *Halloween*, *Sexta-feira 13*, *A hora do pesadelo*,[27] que estenderam suas produções pela década de 1990 afora, chegando ao século XXI em delírios de *remakes* e mais *remakes*). Nelas, o mal vencia provisoriamente, e desvanecer-se do diabólico e sobreviver entre as tantas vítimas previsíveis se tornava uma brincadeira interessante do ponto de vista do espectador jovem. Mas, no geral, até os anos 1980, parece ter sido a ordem o que vencia no esquema do fantástico cinematográfico. Boas exceções, entretanto, devem ser mencionadas em períodos anteriores: sem dúvida, um filme que atingiu um ápice da fabulação fantástica foi *Os pássaros* (*The birds*, Alfred Hitchcock, 1963),[28] em que o diretor buscou novos sentidos para a suposta destruição da humanidade – nesse caso, a grande metáfora caiu sobre as aves. Os homens ficaram à mercê de pássaros, que lhes concederam uma espécie de trégua, mas sem haver uma solução clara como desfecho.[29] Em *A noite dos mortos-vivos* (*Night of the living dead*, George Romero, 1968), não houve constrangimento em se matar todos os heróis, até que a "ordem" vigente abatesse os zumbis. Já o divertido *A dança dos vampiros* (*The fearless vampire killers*, Roman Polanski, 1967) vai apresentar um final com a vitória cômica do vampirismo – o que contradiz uma longa tradição em que os vampiros morrem empalados ou queimados pelo sol. Lenne entende, nesse caso, que o individualismo e o apego à liberdade – metaforizados no vampirismo – vão se tornar rompedores da ordem social, e esta última – opressora, repressora e reacionária – é que ganhará. Vê-se que nem sempre isso se faz com um par de presas, mas, igualmente, com estacas pontiagudas, martelos ou raios solares. Há, em filmes de

---

em grande medida pelo famoso Código Hays (que abrange o período de 1934 a 1967), do qual trato adiante. Isso explica, por exemplo, a solução de sempre haver um desfecho feliz e oportunista nos filmes de terror das décadas anteriores.

27 Cujas franquias tiveram seus primeiros filmes lançados em 1978, 1980 e 1984, respectivamente.

28 Nesse período, no cinema americano já se podia começar a "respirar" melhor, com o atenuamento das imposições restritivas do Código Hays.

29 E até que ponto os pássaros de Hitchcock são inquietantes e monstruosos senão pelo caráter inexplicavelmente humano que o comportamento deles adquire?

vampiro, carnificinas permeadas com muitos jorros de sangue, explosões e decapitações (por exemplo, em *Vampiros de John Carpenter* [*John Carpenter's vampires*, John Carpenter, 1998]; *Vampiros os mortos* [*Vampires, los muertos*, Tommy Lee Wallace, 2002]; *Blade, o caçador de vampiros* [*Blade*, Stephen Norrington, 1998], e suas sequências). Lenne (1970, p. 47) ainda vai dizer que não existe um só filme fantástico que deixe de questionar as relações sociais.

O pesquisador, apesar de apresentar as dificuldades para as classificações temáticas do fantástico, se empenhou em enumerar alguns temas que considerou mais recorrentes. Ele iniciou sua lista trazendo o mal, encarnado nas bruxas, no diabo e em mitos, geralmente de origens medievais, relacionados a esse contexto. Para ele, um dos fundamentos do fantástico seria a aliança do desejo com o medo. O gigantismo seria um dos temas prediletos do fantástico, símbolo da potência e da imagem psicanalítica do pai. Aqui são inseridos os animais pré-históricos, seres mutantes, monstros alienígenas, animais gigantes (aranhas, cobras, escorpiões, tubarões, macacos etc.). A bestialidade trataria do aspecto animalizado do homem, o que lhe confere, de forma mais ou menos inconsciente, uma imagem imperfeita de si mesmo – a exemplo dos seres híbridos, das bestas da licantropia, do próprio King Kong, esse símbolo freudiano do grande macaco enaltecido por Edgar A. Poe em *Murders in the Rue Morgue*. Aqui, Lenne menciona ainda *Balaoo, l'homme singe* (L'Éclair, 1912), filme precursor do fantástico, como reflexão sobre o medo. O antropomorfismo – que, para ele, representa a capacidade de o homem dar sua forma, ainda que imperfeita, a criações próprias – assumiria sua primeira representação no cinema com *O golem* (*Der Golem*, Henrik Galeen, Paul Wegener, 1915). Mas também esteve presente no robô humano Homunculus, de *A vingança de Homúnculos* (*Die Rache des Homunculus*, Otto Rippert, 1916) – uma criatura imensamente bela e inteligente, espécie de Frankenstein ao contrário –, que tinha sua maior imperfeição na falta de sensibilidade e emoção. No mesmo afã de antropomorfização se encontram os autômatos mecânicos, os robôs e os androides. Outro tema seria o das alterações do corpo humano, em que determinadas partes do corpo, quando isoladas, poderiam adquirir vida independente – e acreditamos que aqui estão, em primeiro lugar, a cabeça e as mãos, desde *L'homme à la tête de caoutchouc*, de Méliès (1901), passando pela incômoda mão de *Un chien andalou* (Luis Buñuel, 1928) ou por *As mãos de Orlac* (*Orlacs Hände*, Robert Wiene, 1924), este último, a narrativa da história das mãos de um assassino transplantadas em um pianista. A invisibilidade (*O homem invisível/ The invisible man*, James Whale, 1933) também entraria nesta categoria temática como um tipo de mutilação. Muito comum seria o duplo – considerado por Lenne mais do que um tema: trata-se de uma estrutura temática, uma vez que o fantástico, para ele, se organizaria por dualidades. O duplo seria a própria vocação do cinema, uma vez que a grande tela propôs um novo espelho vivo que escaparia ao nosso controle.

Porém, antes de ser amplamente aproveitado pelo cinema, o duplo – esteio de muitos mitos – já era um bem percorrido tema da literatura (lembremo-nos do famoso conto de Poe, *William Wilson* [1839] e do romance *O retrato de Dorian Gray*, 1890, de Oscar Wilde).[30] Além de sua ampla aplicação no cinema (por exemplo, *O estudante de Praga* [*Der Student Von Prag*, Stellan Rye & Paul Wegener, 1913; Henrik Galeen, 1926; Arthur Robison, 1935] traz três referências para uma mesma história), a manifestação do duplo pode ser tanto contínua (Frankenstein) como intermitente (vampiros, lobisomens e Dr. Jekyll e Mr. Hyde, que se metamorfoseiam). Lenne lembra (1970, p. 88) que toda metamorfose é um modo de desdobramento. E as formas fantásticas são geralmente metamórficas e desdobráveis. Também se pode dizer que o fenômeno do desdobramento no cinema fantástico se manifesta por meio do "morto" que se utiliza de um médium para se comunicar, ou, ainda, pelo tema da reencarnação, que permite um novo duplo carnal a um mesmo espírito, que, em outra existência, vestirá outro corpo. O próprio ato de se assistir um filme faz com que o espectador "se desdobre", sem sair da poltrona, projetado no enredo e nas formas que são vistas na tela.

Contrariando Edgar Morin, Lenne vai ainda discutir que, se a magia fosse exatamente a alienação reificadora e fetichista dos fenômenos subjetivos, teríamos uma baixa concepção do fantástico e do cinema, ao querermos que ambos se confundissem com ela. Lenne vai pensar na produção matricial *King Kong* (*King Kong*, Merian C. Cooper e Ernest B. Schoedsack, 1933) para oferecer a seguinte reflexão sobre o fantástico: nesse filme, há um produtor e uma atriz que são representações do mundo civilizado. Ao ser capturada pelos "selvagens" de uma ilha remota, "a moça interpreta o terror e, quando

---

30 Cuja versão cinematográfica mais famosa é *O retrato de Dorian Gray* (*The picture of Dorian Gray*, Albert Lewin, 1945).

parece entrar em transe, ela lança um alarido de perturbadora sinceridade"[31] (Lenne, 1970, p. 57). Assim, oferecida à criatura, ela se torna objeto de espetáculo e voyeurismo. Se for entendido que o criador de narrativas fantásticas, como um feiticeiro, organiza um espetáculo para ser vivido, no qual o medo interpretado deve se assemelhar ao medo experimentado, Lenne afirmará que essa é a grande lição de *King Kong*[32]. E uma das grandes contribuições do fantástico, em seu entendimento, seria:

> *Aquilo que a literatura pressentia, o cinema provou: espectros, espíritos e vampiros existem realmente, existem igual nossas sombras (a física nos fala da* sombra real*). (...) o "fantástico" catalisa ameaças que estão em nós, nos ajuda a descobri-las. Permite-nos, não fugir da realidade,* mas compreendê-la.[33] *(Lenne, 1970, p. 57)*

Já para Steinbrunner e Goldblatt (1972, p. 1), na nota introdutória de uma obra dedicada ao cinema fantástico e que faz parte do *boom* das publicações sobre o assunto do início dos anos 1970, o termo "fantástico" foi livremente associado a "fantasia", não no sentido atribuído pelos filmes da Disney, mas variando entre contos de fadas e filmes sobre monstros, segundo propuseram os próprios autores. "De fato, o cinema do fantástico engloba as significações de um grupo de adjetivos enormemente variado – bizarro, poético, sobrenatural, satânico, assombrado, horroroso, imaginário".[34] Dentre as quinze obras comentadas por eles, estavam incluídas, por exemplo, *O ladrão de Bagdá* (*The*

---

31 "*la chica interpreta el terror y, cuando parece que entra en trance, lanza un alarido de turbadora sinceridad.*"

32 King Kong também atualiza o ato canibal, o qual foi inicialmente censurado em sua versão da década de 1930 – vindo, com Steven Spielberg, a ser homenageado em *Jurassic park I e II*, com cenas de pessoas engolidas da cabeça aos pés por dinossauros. Cf.: *Jurassic park* (1993) e *O mundo perdido: Jurassic park* (*The lost world: Jurassic park*, 1997), respectivamente. E ainda: *Jurassic world, O mundo dos dinossauros* (*Jurassic world*, Colin Trevorrow, 2015).

33 "*Aquello que la literatura presentía, el cine lo ha probado: espectros, espíritus y vampiros existen realmente, existen al igual que nuestras sombras (la física nos habla de la* sombra real*), (...) el 'fantástico' cataliza amenazas que están en nosotros, nos ayuda a descubrirlas. Nos permite, no huir de la realidad, sino comprenderla.*"

34 "*The cinema of the fantastic, in fact, embodies the meanings of a highly varied group of adjectives – bizarre, poetic, unearthly, satanic, haunting, horrorific, imaginary.*"

thief of Bagdad, Ludwig Berger, Michael Powell, Tim Whelan, 1940) e *A bela e a fera* (*La belle et la bête*, Jean Cocteau, 1946).

Apesar dos preconceitos quanto ao gênero, a França foi um dos países precursores em dar aval ao cinema fantástico, ainda no final dos anos 1960.[35] Dentre os nomes que se debruçaram sobre a temática, está o do ator Jean--Claude Romer. Em 1988, ele, que tinha sido um dos fundadores da revista *Midi-Minuit Fantastique*,[36] propôs, em um artigo, uma definição para o fantástico, seguida de uma categorização explicativa e exemplificações. Como ele mesmo chegou a dizer, tratou-se de uma das primeiras definições sobre o fantástico cinematográfico. Ainda que se reconheça seu esforço, Romer não deu conta dos meandros do gênero fantástico, mais confundindo do que esclarecendo. Entretanto, dada a importância de sua figura no universo do cinema desse gênero, acredito que vale uma breve apresentação sobre o que ele discorreu, a começar pelo título escolhido para o artigo, "O 'Fantástico no Cinema' não existe mais!",[37] após o qual explicou que o próprio cinema caminhava para se tornar fantástico: de acordo com dados de 1970 da revista *Variety*, os filmes de ficção científica e de espanto (*l'épouvante*) somavam apenas 5% dos ganhos da indústria cinematográfica americana, mas chegaram a 40% no decorrer daquela mesma década e a mais de 50% durante a década de 1980.[38] Por certo, de um gênero considerado "menor", o fantástico passou a ganhar o mérito de revistas especializadas, festivais e mostras próprias, conquistando o empenho dos críticos e um *status* jamais visto.

---

35 Entretanto, cabe relembrar aqui que Georges Méliès foi desprezado durante décadas, para só ganhar a notoriedade merecida muito tempo depois de terminar seu trabalho como cineasta.

36 É valoroso lembrar que essa revista marcou a história das publicações cinematográficas na França. A mítica *Midi-Minuit Fantastique*, com suas vinte edições publicadas de 1962 a 1970, apresentava textos de alta envergadura e erudição, voltados a um público maduro. Foi a primeira revista dedicada exclusivamente ao cinema fantástico na França, época em que esse gênero era quase totalmente desprezado pela imprensa especializada naquele país.

37 "*Le 'Fantastique au Cinéma', ça n'existe plus!*"

38 A partir dos anos 1970, sobretudo, o cinema americano descobre no público adolescente seu grande filão consumidor. Desde então, existem diversos estudos sobre a atração dos adolescentes por filmes de terror, em especial. Cf. Corso e Corso, *A psicanálise na Terra do Nunca*, em especial o capítulo 8, intitulado "Ficções sobre a adolescência", em que se encontra o subtítulo "A adolescência como pesadelo – Filmes de terror com adolescentes" (2011, pp. 202 ss.).

Romer afirmou, contudo, que definir e reconhecer esse gênero não era fácil e que era mais importante fugir de uma rotulação cômoda e imprecisa. E, para tentar acampar sua abrangência, ele enumerou seis subcategorias. A princípio, o próprio fantástico (*fantastique*) seria uma delas; segundo ele, sua origem estaria nas tradições folclóricas que traziam de volta criaturas lendárias como vampiros, lobisomens, fantasmas, bruxas, mortos-vivos, diabos, além de casas mal-assombradas e fatos milagrosos. Para Romer, os eventos considerados fantásticos seriam incompatíveis com as leis naturais – o exemplo dado por ele foi o de uma maçã que, ao se soltar do galho, subiria, em vez de cair no chão pela lei da gravidade.

A segunda subcategoria estabelecida por ele seria a da ficção científica (*la science et fiction* ou *la fiction scientifique*), em que uma intervenção inteligente seria capaz de alterar fenômenos, que se tornariam incompatíveis com as leis naturais, como o caso de um pesquisador que viesse a descobrir uma forma de fazer uma maçã se soltar da árvore e se elevar nos ares.

A definição da terceira subcategoria não foi feita de maneira tão clara por Romer: denominada "antecipação" (*l'anticipation*), diria respeito ao mundo futuro, em que se presenciariam fenômenos compatíveis com as leis naturais, como uma maçã que, no ano 2000, pudesse se soltar do galho e cair no chão assim como aconteceria em qualquer outra época.

A quarta seria a presença do insólito (*l'insolite*), uma vez que, no mundo chamado real, ocorrem fenômenos incomuns, porém, compatíveis com as leis naturais. O exemplo dado: uma maçã se solta do galho e sobe aos céus; contudo, ao ser examinada, descobre-se que se tratava de um balão de gás hélio configurado à semelhança do fruto.

A quinta subcategorização de Romer é a do universo do espantoso (*l'épouvante*) que horroriza, do qual fariam parte fenômenos que despertam reações psíquicas ou físicas de medo no espectador: uma maçã poderia cair de uma árvore e, ao chegar ao solo, estar coberta de sangue.

E, por fim, surge o maravilhoso (*le merveilleux*), no qual se enquadrariam os elementos dos contos de fadas, da mitologia, do universo onírico e dos desenhos animados, com a ocorrência de fenômenos incompatíveis com os do mundo natural. O exemplo seria uma macieira em cujos galhos houvesse frutos de ouro.

Após essas explicações, sempre ilustradas por títulos de filmes clássicos ou *cult*, Romer vai se fixar na definição de *horreur* (horror), de *terreur* (terror) e de *épouvante*, termos complexos, geralmente inseridos no fantástico e, muitas vezes, causadores de confusões. Inicialmente, ele aponta as três palavras como utilizadas pelas revistas e cartazes de filmes para indicar ao espectador qual a intenção de uma dada produção cinematográfica. Para ele, *épouvante* é o termo da língua francesa que agremia o maior número de obras que atendem à definição oferecida, capazes de oferecer matizes que vão do aterrorizante até aquilo que desperta angústia.

Em sua tentativa de definições, ele explicou que *terreur*, palavra de menor força que *épouvante*, seria um pavor extremo – terror vivo e repentino. Já em *horreur*, haveria uma sensação causada por algo da ordem do repugnante e, por isso, esse termo deveria ser empregado com bastante cautela. Romer ainda alegou que, na França, *horreur* era amplamente usado a partir de uma tradução literal do *horror* da língua inglesa (*a horror movie*, por exemplo). E defendeu que, em francês, o termo mais adequado para horror seria *fantastique*, uma vez que a definição do *horror* inglês pediria o uso de termos como *gore* (sangrento). "Em resumo, pode-se dizer que o horror é, para os anglo-saxões, um emprego pelo menos tão impreciso quanto o fantástico para os francófonos" (Romer, s.d.).[39]

Em seguida, ele abordou o medo (*la peur*) como componente fundamental de um filme "fantástico", ou seja, tudo aquilo que fosse incomum às leis naturais e causasse inquietação. Mas Romer reclamava que os festivais de cinema abusavam da aproximação de filmes *insolites* e *d*'épouvante para com o "fantástico", o que não seria conveniente para o gênero. Ao concluir, ele disse ser raro encontrar um filme incluído exclusivamente em uma das subcategorias mencionadas por ele. Apesar de os filmes fantásticos se adequarem a várias delas, em geral tomava-se uma que fosse dominante para qualificar uma obra de forma mais prática.

Penso que Romer se perdeu em suas tentativas de definir e subcategorizar o fantástico no cinema, como vários outros estudiosos. Entretanto, seu

---

39 "*En résumé, on peut dire que horror est, pour les Anglo-Saxon, d'un emploi au moins aussi imprécis que fantastique pour les Francophones.*"

esforço evidenciou, mais ainda, a dificuldade que os teóricos sempre enfrenta-ram com esse gênero percorredor de fronteiras instáveis e opacas, agremiador tentacular de muito do que encontra por seu caminho. Como salientei, a falta de mais amplo material de pesquisa em torno do fantástico no cinema tam-bém diminui a possibilidade de bons acertos em qualquer categorização. Por si só, o fantástico, tendo no monstro seu baluarte maior, não poderia ser me-nos híbrido e menos cambiante. É de sua condição abarcar uma pluralidade de produções que jamais assumiriam alguma classificação com a mesma pre-cisão de um dicionário de ciências exatas, por exemplo. Por isso, defendo uma alteração quanto ao entendimento do fantástico, colocando-o como anteces-sor de outros gêneros: assim, tem-se um enorme protogênero que pode englo-bar o que se chama de terror, horror, ficção científica e fantasia, por exemplo.

A avant-garde *dos estudos sobre o fantástico na França*

Não é possível tratar dos estudos em torno do cinema fantástico na França sem nos reportarmos à *Midi-Minuit Fantastique,* um marco. Seu título é uma homenagem a uma sala de cinema em Paris chamada *Midi-Minuit*[40] (ou seja, "Meio-Dia-Meia-Noite)". Foi a primeira revista não apenas francesa, mas também europeia, a se debruçar totalmente sobre o gênero, e ofereceu bons estudos históricos e críticos de 1962 a 1971.

Porém, *Midi-Minuit* teve vários "antecessores": por exemplo, o escritor Bo-ris Vian e o desenhista Jean Boullet, criadores dos três números da *Saint-Ciné-ma des Prés* (uma brincadeira com o topônimo Saint-Germain-des-Prés), fiéis defensores de um cinema voltado para a fantasia e para o surrealismo. Além deles, vale mencionar a contribuição de Ado Kyrou, que publicou a primeira versão do livro *Le surréalisme au cinéma* em 1952. No ano seguinte, foi a vez da revista *Bizarre,* lançada por Eric Losfeld, voltada igualmente para o surreal, mas que concedia espaço aos amantes do fantástico[41]. Dentre suas edições,

---

40 Tratava-se de uma sala que abriu suas portas em 12 de março de 1947 e somente as fechou em 1985.
41 Como muitas vezes se nota, o gancho do cinema fantástico com o surrealismo era inevitá-vel e, ao mesmo tempo, uma parceria bem-vinda.

uma foi totalmente direcionada a quatro personalidades do cinema *hollywoo-diano* que pediam estudos sérios: os diretores Tod Browning e James Whale, e os atores Boris Karloff e Bela Lugosi. Nela, Jean-Claude Romer teve a ousadia de escrever sobre Ed Wood, um obscuro diretor americano de filmes "B" que não despertava interesse. Entretanto, o verdadeiro golpe a favor do fantástico viria com uma edição especial que saiu no verão de 1957, o *Spécial Fantastique* da famosa revista de extrema esquerda *Cinéma*, tendo na capa o lobisomem de *O homem lobo* (*Werewolf of London*, Stuart Walker, 1935), interpretado por Henry Hull e, na quarta capa, *Guerra entre planetas* (*This island Earth*, Joseph Newman, 1955). Na mesma edição, abordava-se ainda um "filme maldito" e pouco conhecido, *Freaks* (Tod Browning, 1932), e páginas inteiras privile-giavam a criação de efeitos especiais e a presença dos monstros gigantes do cinema japonês. Foi essa revista que fez com que, em 1958, Forrest J. Akerman lançasse, nos Estados Unidos, *Famous monsters of Filmland*, um verdadeiro bestiário dedicado ao cinema americano entre as duas Grandes Guerras. Pri-meira revista regular devotada ao cinema fantástico, ela foi o reduto dos tan-tos dráculas, frankensteins e lobisomens que apareciam na grande tela. Em 1959, essa mesma revista estamparia na capa o marciano que invade uma casa de fazenda destroçada no filme *Guerra dos mundos* (*The war of the worlds*, Byron Haskin, 1953).

Nas trilhas dos estudos sobre o fantástico, a França ainda publicaria, pelas edições católicas Cerf, o livro *Images de la science-fiction*, de Jacques Siclier e A. S. Labarthe, e Charles Pornon lançaria *Le rêve et le fantastique dans le cinéma français*.

Ao lado de revistas generalistas que consagravam espaços ao cinema fan-tástico, pode-se dizer que essas foram algumas das poucas movimentações editoriais a favor do gênero até a chegada de *Midi-Minuit Fantastique*, ainda que restrita à França. Ela foi fruto de reuniões feitas na Librairie du Minotau-re, especializada em patafísica e ficção científica. O seu primeiro número data de junho de 1962, tendo na capa uma fotografia promocional de *A maldição do lobisomem* (*The curse of the werewolf*, Terence Fisher, 1961). Havia tão pouco material para pesquisa naquela época que os críticos da revista orga-nizavam os dados encontrados sobre filmes fantásticos em fichas dispostas em caixas de sapato. De fato, as revistas de cinema até então quase nenhum relevo davam ao fantástico – esse gênero clandestino que se "disfarçava" de "horror" nos Estados Unidos e de "maravilhoso" nos países da cortina de ferro –, haja vista o já ressaltado preconceito dos estudiosos para com o gênero, a ponto de a obra referencial de Georges Sadoul sobre a história do cinema apresentar apenas duas linhas sobre o fantástico, e essas alusivas ao filme *King Kong* (Merian C. Cooper & Ernest B. Schoedsack, 1933).

O segundo número de *Midi-Minuit Fantastique*, no verão de 1962, trouxe na capa o tema *Les vamps dans le fantastique*, totalmente voltado às mulheres, tendo na capa uma foto de *O ladrão de Badgá* (*The thief of Bagdad*, Michael Powell, 1940). O número 3, no outono de 1962, ousou trazer *King Kong* para o centro das atenções, um filme que, na França, era considerado pueril. No ano seguinte, em janeiro, saiu o número duplo 4-5,[42] dedicado a *Drácula*. O sexto número teve na capa *Zaroff, o caçador de vidas* (*The most dangerous game*, Ernest B. Schoedsack e Irving Pichel, 1932) e trouxe um estudo sobre *Jasão e os argonautas* (*Jason and the argonauts*, Don Chaffey, 1963). Em setembro de 1963, o número 7 foi dedicado ao filme *A casa na colina* (*House on haunted hill*, William Castle, 1959). A edição número 8, entretanto, conheceu os ímpetos da censura ao apresentar *Horrores do Museu Negro* (*Horrors of the Black Museum*, Arthur Crabtree, 1959), censura esta que deu aos exemplares dessa edição uma aura mítica – uma vez que a França ainda não se voltava para o *exploitation* ou *sexploitation* que imperavam em filmes americanos "B" e que tanto agradavam a Jean-Claude Romer. No interior da revista, havia imagens de *Banquete de sangue* (*Blood feast*, Hershell Gordon Lewis, 1963) e de vários filmes ingleses que faziam sucesso na época com esse tipo de abordagem. Puseram até mesmo a imagem de mulheres parcialmente despidas. Essa edição se tornou rara nas bancas porque foi comprada por muitos leitores. Ainda no número 8, comentava-se sobre o Festival de Trieste, o primeiro dedicado ao cinema fantástico na Europa.

Foi apenas em julho de 1964, após os ânimos se acalmarem, que surgiu uma outra edição, com o título *Le tour du monde fantastique* em sua capa, que se aproveitou para apresentar o cinema fantástico inglês, espanhol, polonês, italiano e tchecoslovaco, além de séries americanas para televisão,

---

42 Dois números em um único volume foi a solução para problemas financeiros enfrentados pela revista.

como *A quinta dimensão* (*The outer limits*, que estreou em 1963) e *A família Addams* (*The Addams family*, que surgiu em 1964). No inverno de 1964-1965, mais um número duplo, o 10-11, trouxe na capa Barbara Steele, a musa do neogótico cinematográfico dos anos 1960, além de oferecer uma das primeiras críticas feitas na revista sobre a febre do cinema de ficção científica japonês, ressaltando *King Kong contra Godzilla* (*Kingu Kongu Tai Gojira*, Inoshiro Honda, 1962). O número 12 teve em sua capa um dos homens-peixe de *Monstros da cidade submarina* (*War-gods of the deep/The city under the sea*, Jacques Tourneur, 1965). Nas páginas dessa mesma edição, encontrava-se uma discussão sobre a censura dos quadrinhos de Barbarella, que foram recolhidos e proibidos para menores. Em novembro de 1965, Evi Marandi apareceu na capa do número 13 com sua indumentária para *O planeta dos vampiros* (*Terrore nello spazio/Planet of the vampires*, Mario Bava, 1965). O número 14, de junho de 1966, chegou em formato grande, nas dimensões de uma revista mais clássica, e o 15-16 (outro duplo) trouxe as filmagens de *Fahrenheit 451*, de François Truffaut (1966), e uma crítica de *Alphaville*, de Jean-Luc Godard (1965). Em junho de 1967, Barbara Steele – atriz inglesa que tinha feito fama na Itália – voltou a ganhar a capa com *Um anjo para Satã* (*Un angelo per Satana/ An angel for Satan*, Camillo Mastrocinque, 1966). No inverno de 1967-1968, no número 18-19, uma foto do filme *Barbarella*, de Roger Vadim (1968), ocupa a capa. No número seguinte, é a vez da produção francesa *Mister Freedom* (William Klein, 1969), um pastiche de filmes de heróis. O número 21 demoraria mais de um ano para sair, trazendo uma foto sensual de Veronica Carlson, uma das *Hammer Girls*, no filme *Drácula, o perfil do diabo* (*Dracula has risen from the grave*, Freddie Francis, 1968). No verão de 1970, o número 22 estampou em sua capa os estranhos asiáticos peludos de *Skullduggery* (Gordon Douglas, 1970). Os números 23 (outono de 1970) e 24 (inverno de 1970-1971) se completaram ao apresentar um longo estudo dedicado ao escritor Gaston Leroux (que criou *O fantasma da Ópera*, entre outras obras), escrito por Jean Rollin. Na capa do 23, havia uma foto de *Le frisson des vampires/The shiver of the vampires*, de Jean Rollin, 1971, e, do número 24, o destaque foi para *Horror de Frankenstein* (*The horror of Frankenstein*, Jimmy Sangster, 1970), com uma foto do futuro Darth Vader, Dave Prowse. O editorial desse número também anunciava a morte do fundador da revista, Jean Boullet.

Após oito anos, *Midi-Minuit Fantastique* parou de ser editada, deixando ainda um número 25 inacabado que proporia a cobertura de *O conde Drácula* (*Scars of Dracula*, Roy Ward Baker, 1970), mas o boneco dessa edição se perdeu e nunca foi encontrado. Durante sua existência, a revista propiciou dois ciclos de debates sobre filmes fantásticos, o primeiro em abril de 1967 e o segundo, em outubro de 1968.

A tradição do menosprezo ao fantástico na França vem de longa data, antes mesmo do surgimento do cinema, quando certas obras de autores como Balzac, Maupassant, Théophile Gautier, Baudelaire e Lautréamont eram consideradas meras inspirações à maneira de Edgar Allan Poe ou Hoffmann, nem sempre entendidas como propiciadoras de reflexões filosóficas sobre os problemas da condição humana.

O escritor romeno Emil Cioran, que se radicou na França, escreveu, em 1941, um livro intitulado *De la France* (cf. Cioran, 2009), no qual denominou o tédio dos franceses para com a própria história de "grandioso desastre", uma vez que, naquela cultura, se privilegiavam o excesso de racionalismo e a presença de elementos considerados mais dignos de "seriedade". Por conta disso, as narrativas fantásticas estavam quase sempre relegadas à condição de "folclore", termo este que, na França, ficou associado aos aspectos considerados "sem profundidade" da cultura popular. Algo diferente parece ter ocorrido, por exemplo, na Escócia, que se orgulha ainda hoje de seus castelos habitados por fantasmas e de seus lagos povoados por monstros, ou em Londres, que se vangloria de Sherlock Holmes e das histórias em torno de Jack, o Estripador. Da mesma forma, as florestas escandinavas estão cheias de trolls e de outros entes fantásticos que percorrem com certa fluidez a imaginação dos países nórdicos. Entretanto, os franceses, por conta de um certo viés de intelectualização, têm se mostrado historicamente muito recalcitrantes quando precisam evocar figuras como a do mago Merlim, da besta de Gévaudan[43] e do gigante Gargântua, este último reavivado por Rabelais, ao mesmo tempo que podem até mesmo desconhecer figuras importantíssimas do fantástico francófilo, como Melusina ou o Grande Lustucru.

---

43 E inspirou o filme *O pacto dos lobos* (*Le pacte des loups*, Christophe Gans, 2001), que, entretanto, sofreu com a crítica.

Malgrado todo esse panorama, afirmo que com o francês Georges Méliès nasceu o cinema fantástico. Essa parceria, porém, que pareceu frutuosa nos primeiros anos, não vingaria grandes títulos na França e acabaria por sofrer com as resistências de um público afeito aos ditos realismos. Apesar disso, o estúdio de Montreuil fez multidões de espectadores viajarem à Lua e a reinos imaginosos, e a permanência do gênero teve um estímulo considerável com Gaston Velle,[44] Segundo de Chomón[45] e Louis Feuillade, que tinham por desejo divertir e encantar as plateias.

Supõe-se que, dentre os elementos desmotivadores das imagerias fantásticas na terra dos Lumière, estão o aparecimento do cinema falado e a preponderância do gosto pelo realismo.[46] O chamado "realismo poético" logo se difundiu pela cinematografia francesa, tendo como representantes René Clair, Jean Vigo, Julien Duvivier e Marcel Carné. O movimento inspirou-se esteticamente por diversas vezes no expressionismo alemão, por conta de suas buscas líricas, e transmitia à grande tela o peso textual de Jacques Prévert. A influência desse período no pensamento cinematográfico francês foi tal que toda produção que visasse basicamente ao divertimento passaria a ser considerada um trabalho de segundo nível.

A partir dos anos 1960, a Nouvelle Vague viria a ocupar boa parte do cinema francês. Nesse momento, os escassos filmes fantásticos tenderiam a buscar a expressividade política, e não poética. Ainda assim, em 1970, Pierre Philippe, com o seu *Midi-Minuit*, fez uma modesta visitação ao sempre tão desprezado fantástico, ainda que em forma de paródia. Esse diretor também cunhou a expressão *cinéma bis*, que vem a dizer do cinema de segunda linha (*cinéma du second rayon*). O que se percebe contemporaneamente é que, em geral, os interessados em trabalhar com o cinema fantástico se mudam da França para os Estados Unidos ou acabam por se submeter à dureza das críticas quando suas (poucas) produções ganham espaço nos cinemas.

---

44 Velle produziu cinquenta filmes de *fééries* e trucagens entre 1903 e 1911.

45 Chomón, de origem espanhola, produziu muitos curtas na França quando trabalhava para a Pathé Frères, e chegou a ser comparado a Méliès.

46 O que, por outro lado, não impediu a produção de um ou outro filme com elementos do fantástico, como o poético e sutil *O sangue de um poeta* (*Le sang d'un poète*, 1930), de Jean Cocteau.

Os financiadores, por sua vez, relutam em apoiar projetos dessa categoria e, por isso, os produtores evitam correr riscos. Fechando esse ciclo, os que escrevem sobre o fantástico se policiam e se contêm, evitando o fracasso dos próprios textos.

Talvez a televisão seja, contemporaneamente, o meio pelo qual o fantástico tenta se expressar com mais liberdade na França, a exemplo das séries *Les revenants*, de Fabrice Gobert, e *Kaamelott*, de Alexandre Astier (2005-2009), esta última inspirada nas lendas arturianas. *Les revenants* estreou em novembro de 2012, tornando-se uma das maiores audiências do Canal Plus dos últimos anos, tendo sido adaptada a partir do filme *Les revenants*, de Robin Campillo (2004).

As duas vias dos mitos fantásticos

Gérard Lenne foi um dos que ressaltaram as frustrantes tentativas arbitrárias de se criar uma taxonomia para o cinema fantástico e a dificuldade de organizá-lo tematicamente, o que resultava quase sempre em uma mistura de períodos e escolas (expressionismo alemão e produções da Hammer, por exemplo) com subgêneros (como a ficção científica e o terror).[47] Por fim, ele acreditava que, no afã de se classificar o fantástico, era preciso repudiar estes critérios: histórico (uma vez que a história seria um instrumento, e não um fim), estético (pois o estudo da forma pressupõe o estudo da estrutura) e temático (os temas não são mais do que meros componentes dos filmes).

Além disso, o autor entendia que todo mito presente no cinema contemporâneo já havia sido criado há muito tempo. O que se teria eram velhos mitos em roupagens diferentes: "o cinema moderniza mitos aparecidos inicialmente na consciência coletiva e expandidos depois pela literatura"[48]

---

47 Em um jogo de "impossibilidades categorizadoras", as combinações para se formar um monstro poderiam se dar, por exemplo, entre animais, vegetais e objetos, entre nem-a-nimais-nem-vegetais-nem-objetos, entre quase-animais-quase-vegetais-quase-objetos, e entre todas as possibilidades daí advindas.

48 *"el cine moderniza mitos aparecidos inicialmente en la conciencia colectiva y expandidos luego por la literatura."*

(Lenne, 1970, p. 63). Para ele, nunca ocorria de um mito cinematográfico não ter precedente literário. E os grandes mitos do fantástico seriam representações simbólicas da possibilidade do anormal: "todos põem em jogo algum avatar do 'perigo desconhecido'"[49] (p. 63), e algo se torna perigoso justamente por ser desconhecido. Segundo o autor, como criação imaginária, um mito atingiria a realidade ao adquirir forma na consciência coletiva e se apresentaria por meio de uma combinação de temas (por exemplo, King Kong traria, em sua multiplicidade temática, o gigantismo, a dualidade bem *versus* mal, o apaziguamento da fera, os povos "exóticos", a aventura, os seres pré-históricos etc.).

Lenne buscou desenvolver uma análise que mostrasse que cada filme fantástico estava construído em uma direção mitológica coerente, aproximando-se da primeira ou da segunda classificação de sua taxonomia, via "A" ou via "B". Na via "A", o perigo viria de fora do homem, e aí se inseririam várias lendas das tradições populares, do imaginário coletivo, das religiões e práticas mágicas. Ele dividiu as possibilidades dessa via em três. A primeira residiria no campo preliminar do fantástico, em que se situariam as "sombras" dos mortos, na figura de fantasmas, espíritos, espectros, *revenants* que voltariam para se comunicar ou cobrar algo. Uma segunda abordagem diria respeito aos não mortos, os *undead* ou mortos-vivos, representados por vampiros, zumbis e múmias. Estas últimas tiveram uma aparição reduzida, ainda que presentes, nos filmes em nossos dias, uma vez que o cinema dificilmente as desassocia de sua vinculação mitológica ao Egito Antigo, o que faz delas personagens muito restritos, geralmente tematizando enredos de aventura. Os vampiros no cinema, por sua vez, têm estado tanto em associações ligadas aos temores do cristianismo-paganismo pós-medieval como em formulações que se desprendem dessa tradição. Os zumbis, por sua vez, começaram na grande tela nos anos 1930, trazendo o universo das práticas de vodu no Haiti (e também na região de Nova Orleans, nos Estados Unidos),[50] mas atingiram uma independência notável em relação a essa mitologia basal, a ponto de

---

49 *"todos ponen en juego algún avatar del 'peligro desconocido'."*
50 A obra *A ilha da magia*, de William Seabrook, é uma das fontes literárias primárias do zumbi cinematográfico. O autor foi até o Haiti no final dos anos 1920, em busca de descrições tropicais daquela ilha, mas encontrou um universo de feitiçaria que tratava de mortos andantes e escravizados que trabalhavam em lavouras de cana-de-açúcar.

se poder afirmar uma neomitologia desses mortos-vivos a partir do final da década de 1960. E um terceiro grupo reuniria a temática da demonologia, englobando a bruxaria, o satanismo e a possessão demoníaca. Um exemplo notável dentre as primeiras obras que o cinema conheceu foi, sem dúvida, *Häxan* (1922), filme mudo dano-sueco dirigido por Benjamin Christensen, baseado no estudo feito, pelo próprio diretor, em torno do livro *Malleus Maleficarum*. Ainda haveria, segundo Lenne, espaço para se inserir nessa via os filmes de licantropia e de feras à semelhança da famosa Besta de Gévaudan.[51]

A via "A", segundo Lenne, seria mais prolífica do que a outra, uma vez que reviveria tradições antigas. A "B" já traria marcadamente o "futuro" do fantástico. Entretanto, Lenne não vislumbrava, ainda em 1970, as atualizações e reatualizações do fantástico de sua chamada via "A" e que proliferariam nas décadas seguintes, as quais levariam os monstros para ambientes muito urbanizados, criando novas reflexões mitológicas para criaturas clássicas. Da mesma forma, pode-se dizer de vários monstros que retomaram vestimentas *toutes neuves* na forma de aliens e que assumiram padrões vampirescos, por exemplo.

A segunda via – a via "B" – seria, portanto, aquela em que o perigo viria diretamente do próprio homem.[52] Nesse caso, pode-se mencionar o Golem – a estátua de barro modelada por um criador humano, espécie de ancestral do monstro de Frankenstein –, ou mesmo as experiências bestiais do Dr. Moreau. Aqui, trata-se da utilização de justificativas científicas para a criação de monstros – ao contrário de múmias e zumbis das primeiras décadas do

---

51 A Besta de Gévaudan é uma criatura lendária que ajuda a compor a vasta galeria criptozoológica do imaginário ocidental. Ela teria aterrorizado a cidade francesa de Gévaudan de 1764 a 1767. Registros históricos apresentam mortes de mais de cem pessoas por conta desse ser fantástico (das quais sessenta realmente atribuídas a algum animal; cogitou-se mesmo, contemporaneamente, se tratar de uma hiena listrada fugida de algum circo, com base em uma ossada encontrada). Os corpos das supostas vítimas da fera foram encontrados e estudados, e a besta foi duas vezes caçada e duas vezes exibida ao público. As descrições mostravam-na como um lobo com a proporção de um cavalo, cuja cabeça tinha uma coloração marrom mais intensa do que o restante de seu corpo. Atacava as pessoas – com preferência para mulheres e crianças – agarrando-se às cabeças, mas não as devorava na maior parte das vezes.

52 Porém, acompanhando o raciocínio de Lenne, percebemos estreita ligação entre a "A" e a "B".

cinema fantástico, que eram sempre ressuscitados por feiticeiros, magos, ou trazidos de volta ao mundo mediante maldições. Enquadra-se aqui, também, Maria, a mulher mecânica de *Metrópolis* (*Metropolis*, Fritz Lang, 1927), assim como toda a série de autômatos, robôs, ciborgues, biociborgues e biomutantes que o cinema criou. A dualidade Dr. Jekyll e Mr. Hyde pode igualmente ser inserida aqui, apesar das semelhanças dessa história com a maldição licantrópica. Dessa vez, entretanto, a transformação do humano se dá por uma causa bioquímica.

Vê-se, dessa maneira, que a via "B" está bem próxima da ficção científica. Os variados aliens, para Lenne, poderiam tanto estar na via "A" – quando vêm de outros planetas, por exemplo – como na "B", quando não passam de máquinas criadas por outrem.[53] Da mesma forma, King Kong e o monstro da Lagoa Negra[54] estariam na via "A", enquanto na segunda se inseririam Godzilla e todos os monstros oriundos de experiências humanas malsucedidas.

Mais uma vez, uma tal divisão me parece útil muito mais do ponto de vista ilustrativo e reflexivo do que teórico, uma vez que a pluralidade do fantástico não consegue mesmo caber dentro de dois caminhos de entendimento apenas.

Fantástico, gênero evanescente

O cinema, assim que ganhou tempo de existência, começou a organizar suas produções, inspirando-se nas classificações de uma certa tradição literária: ou seja, surgia uma forma de "agrupar" filmes em gêneros. E, dentre eles, estava o gênero fantástico. A importância de uma classificação para as obras cinematográficas parece se justificar, todavia, muito mais para agradar a

---

53 Embora, em meu entendimento, se tais seres maquínicos forem criados por humanos, não serão necessariamente alienígenas.

54 Essa criatura surgiu no filme *Creature from the Black Lagoon* (Jack Arnold, 1954), lançado com efeitos de 3D, e teve duas sequências: *A revanche do monstro* (*Revenge of the creature*, Jack Arnold, 1955) e *O monstro caminha entre nós* (*The creature walks among us*, John Sherwood, 1956). Tornou-se uma mitologia recorrente e muito parodiada no cinema desde então.

expectativa do espectador (ainda que dizer que um filme seja de "terror" ou "ficção científica" não esclareça tanto) do que outra coisa. Dessa forma, o rótulo classificatório serve como um ponto de partida, isto é, assistir a um filme designado e enquadrado como "fantástico" é diferente de olhá-lo por algum outro viés. Mas existe, nesse esforço, também uma dívida para com a organização dos gêneros da botânica e da zoologia, uma vez que a tentativa de se organizar e quantificar elementos das áreas de humanas e artes tomou fôlego no século XIX, em grande parte por influência das demais ciências.

O fantástico não é um gênero fácil de ser delimitado por incorporar elementos de vários outros gêneros (como o terror, a ficção científica, a fantasia, o *thriller* sobrenatural etc.). Todorov (2004) afirmou que se tratava de "um gênero que se define sempre em relação aos gêneros que lhe são vizinhos" (p. 32). As considerações desse pesquisador, que discutiu o fantástico na literatura em obra referencial (cf. Todorov, 2004), auxiliam, nesse momento, em minha discussão sobre o fantástico no cinema.

Para Todorov, o fantástico seria fruto da incerteza, resultado de uma hesitação entre o que se pode chamar de real e irreal. O real diria respeito a tudo o que estivesse de acordo com as leis naturais; o irreal seria o que viesse a fugir da sistematização do mundo conferida pelo olhar da ciência. Têm-se, assim, pares opostos, como real *versus* imaginário, natural *versus* sobrenatural. Entretanto, levantei nesta obra a questão de que o fantástico não pode ser considerado oposto ao realismo e ao naturalismo. Todorov se adiantou nesse tópico, apontando que o fantástico poderia se dirigir a dois caminhos: o primeiro, o do estranho; o segundo, o do maravilhoso. E propôs: "Ele [o fantástico] antes parece se localizar no limite de dois gêneros, do que ser um gênero autônomo" (Todorov, 2004, p. 48). De acordo com seu raciocínio, o estranho teria explicação nas leis naturais, enquanto o maravilhoso requereria novas leis para si.[55] Ou seja: o primeiro trabalharia com o passado (o sobrenatural se explicaria com base naquilo que já existe), e o segundo esperaria do futuro (algo que, um dia, seria explicado). Porém, no esteio dessa abordagem, os avanços tecnológicos que se adiantam em nosso mundo fazem com que

---

55 Nesse tipo de pensamento parece se alicerçar igualmente o raciocínio freudiano sobre os contos de fadas, por exemplo, conforme comentado no subcapítulo "Breve psicanálise do medo".

muito do que seria chamado de maravilhoso ou ficção científica hoje venha a deixar de sê-lo amanhã. É fácil verificar isso ao se pensar nas obras de Júlio Verne, do século XIX, e constatar quantas daquelas *merveilles* já são objetos de nosso uso comum.

Seguindo uma trilha parecida com a de Todorov, o estudioso Franck Henry (2009, p. 12) afirmou que o que marcaria o fantástico seria o fato de os personagens de uma narrativa terem de se confrontar com algum fenômeno estranho, sobrenatural ou anormal. Henry se inseriria, portanto, no âmbito daqueles que entendem o fantástico como uma ruptura na realidade da vida cotidiana que pudesse representar a violação de alguma lei natural. Como consequência, predominaria o sentimento de medo. Henry também fez a separação de fantástico e maravilhoso. Ao contrário do que penso, seu raciocínio colocaria *Conan, o bárbaro* (*Conan the Barbarian*, John Milius, 1982) ou a série literária e cinematográfica de Harry Potter, por exemplo, no universo exclusivo do maravilhoso.

Quero insistir na questão da hesitação proposta por Todorov, pois ela me parece um trunfo – ainda que parcial – para se compreender melhor o gênero. O linguista disse que a hesitação dava vida ao fantástico (Todorov, 2004, p. 36), na busca de um equilíbrio que se daria entre o ceticismo cru e a fé fanática. Para ele, a hesitação do leitor – e, neste caso, também do espectador – seria a primeira condição para se estabelecer o fantástico (Todorov, 2004, p. 37). Essa hesitação poderia ser traduzida, por exemplo, no uso dos tempos imperfeitos (no caso da literatura), mas também em uma esfera temporal que não se precisa claramente, no caso do cinema. Isso geraria uma sensação de incerteza no leitor/espectador, o que pode ser bastante desconfortável às vezes. Como exemplos, lembro aqui o filme *O sexto sentido* (*The sixth sense*, M. Night Shyamalan, 1999), em que o espectador desavisado se põe a pensar até que ponto o menino personagem está alucinando ou não, imerso em visões sobrenaturais, ou ainda as permanentes dúvidas da Alice, no filme de Tim Burton (*Alice in Wonderland*, 2010), em relação ao fato de estar sonhando ou não, enquanto foge dos numerosos perigos do País das Maravilhas. Deve-se, entretanto, atualizar as eruditas acepções de Todorov ao panorama do fantástico que se encontra hoje no cinema: nem sempre a hesitação é uma condição *sine qua non*, uma vez que há obras em que ela tem escassa presença (como nos três primeiros filmes da franquia *As crônicas de Nárnia*).[56] Nesse exemplo, Nárnia vem como um mundo dado e tão real quanto a Inglaterra em guerra, de onde os garotos personagens provêm. Nem por isso seria empregada a confusa terminologia do maravilhoso para rotular esses filmes.

O escritor H. P. Lovecraft, citado por Todorov, também deixou uma dica relevante: não é na obra que está o critério do que vem a ser fantástico, mas no medo, na perplexidade, na atmosfera em torno da obra (Todorov, 2004, p. 40). Isso me pareceu muito claro, pois não seria um monstro em si que causaria o pavor, e, sim, a esfera, o contexto, o âmbito em que esse ser se apresentaria, além de sua própria caracterização fantástica, haja vista o quanto o ogro Shrek (*Shrek*, Andrew Adamson e Vicky Jenson, 2001) encantou seus espectadores, e o quanto o clássico monstro de Frankenstein (*Frankenstein*, James Whale, 1931) despertou piedade. Nesse mesmo raciocínio, um vampiro pode ser imensamente cômico (*A dança dos vampiros/The fearless vampire killers*, Roman Polanski, 1967) ou desempenhar um papel sumamente dramático (*Nosferatu/Nosferatu, Eine Symphonie des Grauens*, F. W. Murnau, 1922). Contudo, saliento igualmente o outro lado dessa informação: o medo também não é condição *sine qua non* para o fantástico. Existe aquele medo despertado por filmes que buscam retratar a realidade social violenta das grandes cidades, por exemplo.

Na obra em questão, Todorov mencionou o estranho no sentido atribuído por Freud, *das Unheimliche*,[57] capaz de traduzir um sentimento que estaria ligado "à aparição de uma imagem que se origina na infância do indivíduo ou da raça (...). A pura literatura de horror pertence ao estranho" (Todorov, 2004, p. 53). Para o linguista, aqui residiria uma diferença em relação ao maravilhoso, que não espera necessariamente uma reação de estranhamento de um personagem. O estranho, para Todorov, cumpriria, portanto, apenas uma

---

56 *As crônicas de Nárnia: O leão, a feiticeira e o guarda-roupa* (*The chronicles of Narnia: the lion, the witch and the wardrobe*, Andrew Adamson, 2005), *As crônicas de Nárnia: Príncipe Caspian* (*The chronicles of Narnia: Prince Caspian*, Andrew Adamson, 2008), *As crônicas de Nárnia: A viagem do peregrino da alvorada* (*The chronicles of Narnia: The voyage of the dawn treader*, Michael Apted, 2010). Até a escrita deste livro, o quarto filme da franquia, *As crônicas de Nárnia: A cadeira de Prata* (*The chronicles of Narnia: the silver chair*) estava em produção.

57 Conforme discuti no capítulo anterior.

das condições do fantástico, que seria a reação de medo que, para Freud, teria sua origem também nos medos mais atávicos e primitivos, especialmente os originados de tabus sociais. Louis Vax (1960) também trata da *inquiétante étrangeté*[58] ao discutir o fantástico: "A psicanálise quis mostrar que a arte e a literatura fantásticas são coisas sérias, que elas constituem, como o sonho, transposições imageadas de preocupações profundas"[59] (p. 21).

Parafraseando Todorov (2004, p. 12), os gêneros são escalas pelas quais uma obra se relaciona com o universo do cinema e com os desdobramentos temáticos da multiplicidade fílmica. No que diz respeito à profusa literatura fantástica do século XIX, todo o horror que ela explorou já estava manifesto em hábitos populares que, repudiados pela elite intelectual, ganharam fôlego em muitos livros, graças aos ávidos leitores de camadas sociais menos privilegiadas, resultado do aumento da escolarização a partir do século XVIII na Europa. Temos assim, por exemplo, o romance gótico às margens da cultura burguesa como um subgênero muito corrente nas três últimas décadas dos oitocentos, quando houve uma invasão do sobrenatural nas páginas das coleções baratas (cf. Dobransky, 2004, p. 7), em cujas figurações se ressaltou sobremaneira o vampiro. A diferença, entretanto, entre a literatura gótica e a de terror[60] que a sucedeu, ainda no século XIX, foi que o gótico estava preocupado com as perturbações e ameaças à alma e, consequentemente, com a perdição desta última.[61] Já nas proximidades da virada para o século XX, surge um panorama em que o corporal ganha relevo. Afinal, a ciência passava a determinar formas de manipulação e modificação de um corpo que já não era mais apenas o habitáculo de um espírito feito à semelhança de seu criador. As configurações corporais passaram a ficar vulneráveis ante a efervescência da chamada vida moderna urbana, e um misto de violência, sexualidade e teratologia passou a compor diversas narrativas e espetáculos popularescos – mostrando quanto o mundo *grand-guignolesco* era perturbador, como comento adiante. Foi na repressora época vitoriana, por exemplo,

---

58 Termo francês para se referir ao conceito de "estranho familiar" de Freud.
59 *"La psychanalyse a voulu montrer que l'art et la littérature fantastiques sont choses sérieuses, qu'ils constituent, comme le rêve, des transpositions imagées de préoccupations profondes."*
60 Ou de "horror", como preferem alguns.
61 Dos temas caros à literatura fantástica, além do diabo laicizado, estavam o duplo, o magnetismo, a volta dos mortos (cf. Leite, 1991, p. 48).

que surgiriam muitas *ghost stories*: assim, felizmente, o rigor cartesiano, posi-tivista e cientificista teve também seu contraponto.

Todorov levantou a hipótese de o fantástico ser um gênero evanescente. Para mim, esse termo se aplica com muita adequação, posto que não existe um fantástico puro e acabado. Todos os esforços em se domar esse protogê-nero e estabelecer uma definição clara e delimitada vão por terra quando se percebe quanto os constituintes do fantástico são vastos interdependentes.

Válido mencionar aqui uma contribuição preponderante para o pensa-mento que tenho desenvolvido em torno do fantástico na literatura. Foi o escritor Samuel Taylor Coleridge, no volume crítico *Biografia literária*, quem propôs a "suspensão da incredulidade" (*suspension of desbelief*) a ser feita pelo leitor, o que se inscreve contra o desprezo pelo que não fosse rasamente ve-rossímil.[62] Esse seu livro separa a imaginação criadora da mera fantasia – a qual seria, segundo seu entendimento, ilusória e arbitrária. Dadoun (2000, p. 164) também discutiu que, dentre os princípios de um filme, não está de fato a verossimilhança. E mais: em um filme de terror, por exemplo, a regra seria a do "*Je pose et je sais que...*", ou seja, "Eu proponho e sei que...".

Ao pensamento de Coleridge, somo a seguinte assertiva de Cesarotto (1996):

> *Pela capacidade do fantástico de propiciar situações que escapam à materialidade dos fatos, a produção artística parece ilimitada como invenção de circunstâncias que dispensam verossimilhança. Na poesia e na literatura, o livre jogo dos significantes prescinde de qualquer referência concreta à veracidade do que é tematizado; as palavras só remetem a elas mesmas, e fica por conta do leitor a decodificação do texto nos termos da sua própria imaginação, o que não ocorre no caso da representação plástica. Na pintura ou no desenho, a imagem explícita subordina a percepção do es-pectador, deixando-o à mercê do que é visto. No cinema, então, o envolvimento é quase completo, por ser um artifício que tem por*

---

62 E esse conceito se tornou tão importante que ainda faz parte dos estudos de literatura, cinema e jogos eletrônicos, por exemplo.

propriedade, justamente, substituir o mundo objetivo por uma ilusão. (p. 127)

Apesar de toda a ênfase e visibilidade que o fantástico recebe hoje nas mídias e junto aos grandes públicos, já houve os que o acusaram de ser uma espécie de veleidade, de entretenimento barato. Um exemplo bastante evidente disso são os populares desenhos do cachorro Scooby-Doo que, desde 1969, transmitem a ideia, no final de cada aventura de mistério, de que os monstros e seres fantasmagóricos das histórias não existem realmente, na exegese de cada episódio. A sensação que se tem é que os enredos desse desenho animado nunca deixaram uma criança espectadora acreditar que o fantástico fosse possível. Nele, não há nenhum consolo mágico ou sobrenatural: uma história só termina quando o monstro é desmascarado, mesmo após muita correria, sustos e gritos. Transparece, nisso, um certo dever "moral" e "ético" de mostrar aos telespectadores que, no final das contas, só o "real" contava, postura esta atrelada a uma onda de "pacificação" por imagens doces e menos violentas que fez parte de movimentos culturais dos anos 1960 e 1970. Pode-se tomar essa visão como metonímica para muitas posturas que censores, produtores, educadores e pais já tomaram em relação às formas e aos conteúdos do fantástico. Ainda paira uma profunda incompreensão entre aqueles que pensam que narrativas em torno de seres mitológicos, lobisomens, vampiros e alienígenas, por exemplo, podem afetar de fato a vida humana, em um sentido negativo – em vez de serem consideradas fruição, prazer e criatividade por meio de suas produtivas cadeias sígnicas.

2. Um palimpsesto monstruoso

A narrativa cinematográfica

A discussão a seguir se origina da leitura de textos de Gaudreault e Jost (2009) e busca apresentar fundamentações sobre a narrativa cinematográfica, lembrando que me interessam fundamentalmente os aspectos mais formais de um monstro. Entretanto, acredito ser importante, em um trabalho que considere aspectos cinematográficos em primeira instância, uma passagem sobre algumas especificidades narratológicas. E o caráter híbrido do cinema está em consonância com as palavras de Gaudreault e Jost (2009), que reivindicam uma narratologia comparada:

> *Como falar em* narrativa *no cinema, em que o narrador não se mostra diretamente, mas avança velado? Qual o sentido que poderia ter o ponto de vista no romance quando, em hipótese alguma, trabalhará diretamente com o olhar? Perguntas como essas só podem obter respostas por meio de um incessante ir e vir entre as diferentes mídias. Ao encenar ações, o cinema remete ao teatro; ao utilizar o verbo, remete ao romance, etc. (p. 189)*

A narratologia, como campo de pesquisa organizado, passou a se preocupar com o cinema graças a Todorov (1982, 2004) e Genette (1972) – estudiosos da grande vertente estruturalista que influenciaram pesquisadores
como Lévi-Strauss, Algirdas Julien Greimas, Christian Metz, Roland Barthes,
Umberto Eco e Vladimir Propp. Genette criou, no capítulo "Discurso da narrativa", de seu livro mencionado, a "narratologia modal" ou "da expressão",
que se opôs à "narratologia temática". Esta última se interessava pela história
contada, pela relação entre os "actantes", por exemplo, e nela primeiramente
se daria forma à narrativa para depois torná-la acessível ao público leitor. A
segunda se preocupava com as formas de expressão pelas quais alguém viria
a narrar – e esta é a que interessa propriamente ao cinema.

Mesmo que não estivessem configurados em uma área denominada "narratologia", já no pós-Segunda Guerra existiam, entretanto, estudos ligados às
questões narratológicas. Para Albert Laffay, toda narrativa se estabelece como
uma oposição ao mundo (Laffay, citado por Gaudreault & Jost, 2009, 25-26).
De acordo com suas ideias: a) o mundo não tem início ou fim, mas a narrativa, ao contrário, apresenta uma ordenação determinada; b) toda narrativa
cinematográfica é um tipo de "discurso"; c) no cinema, sua ordenação, entretanto, se dá por meio de um "grande imagista" – um "mostrador de imagens"
à semelhança do "grande relojoeiro" do pensamento mecanicista; d) enquanto o mundo apenas é, o cinema narra à medida que representa. Pode-se dizer
que, nessas quatro afirmações, o pesquisador acaba por inserir os filmes em
um campo importante ligado à semiologia, mas, ao mesmo tempo, abre caminho para contribuições que viriam ser incorporadas posteriormente, com
a participação da análise semiótica, por exemplo, o que deu relevo e importância aos estudos das formas.

Uma narrativa, bem como a imaginação, se opõe ao mundo "real", independentemente de adotar um final clássico ou "aberto" e em suspenso. A
narrativa tenta se encerrar no todo aristotélico que propõe início, meio e fim
para uma história, e seu encanto está no fato de alguém a proferir. Ora, o
que é proferido é narrado. E o ato de narrar, além de jogar qualquer fato no
passado, não se confunde com o que se denomina realidade. Porque, afinal
de contas, o real nada conta.

As explanações anteriores demonstram o quanto os humanos são seres narradores. Nossas formas de expressão nos apontam as diversas possibilidades do contar: teatro e dança, música e literatura, artes plásticas e cinema. E existe uma especificidade do livro em relação ao filme que deve ser notada: o fato de, no primeiro, a narrativa ser inicialmente ordenada para depois ser oferecida ao público.

Diferentemente da literatura, a unidade básica da narrativa cinematográfica é a imagem (Gaudreault & Jost, 2009, p. 105). O cinema se anima por meio de uma polifonia informacional, termo de Gardies (citado por Gaudreault & Jost, 2009, p. 107), posto que é simultâneo e sincrônico – o que remete ao conceito de "espessura dos signos" de Barthes: no pedido de que se represente um rosto na tela em primeiríssimo plano, há uma necessidade sintética de múltiplos objetos: pensa-se nos olhos e sobrancelhas, no nariz, na boca, no cabelo, e ainda nos traços, nas curvaturas, nos alongamentos e achatamentos da superfície epidérmica que estarão enquadrados no chamado espaço profílmico.[1]

Pode-se considerar o plano cinematográfico equivalente a um enunciado, mas a questão é descobrir quantos enunciados há em uma imagem, porque nela é difícil a representação de apenas um por vez, conforme lembram Gaudreault e Jost (2009, p. 36). Uma imagem nada diz, apenas mostra; assim, ela não diz "este é um vampiro", mas, sim, "eis um vampiro", "aí está um vampiro". Um plano é sempre plural em termos de enunciados narrativos, por isso, não é possível um único plano dizer "o monstro destrói a cidade", exceto por meio de vários enunciados.

Porém, para chegar a esse nível de complexidade, a narrativa nos filmes precisou de tempo para amadurecer: nos primeiros anos do cinema, era bem difícil que as pessoas entendessem o que estava acontecendo na projeção, de maneira que algumas vezes foi necessário a presença de um explicador ou comentador[2] – uma pessoa fisicamente presente na sala em que a película era

---

1 Aquele que se encontra perante uma câmera e foi captado e impresso na película.

2 O *bonimenteur*, em francês. Com seu desaparecimento, no segundo decênio do cinema, surgiram as cartelas que eram interpostas na película, antes mesmo dos intertítulos. Somente em 1928 o cinema se tornaria "falado", mas jamais podemos dizer que ele foi, a rigor, "mudo", uma vez que as mais diferenciadas formas de sonorização eram utilizadas durante

projetada com a função de "contar" a história ao público. Ainda assim, para facilitar, boa parte desses filmes de curta-metragem dos primeiros tempos do cinema seguia a regra clássica das três unidades – tempo, espaço e ação –, com a presença quase sempre fixa da câmera, na busca do ponto de vista de uma espécie de espectador central que se encontrasse em uma sala de teatro.

O cinema tem igualmente seu "narrador" superior – assim como a literatura tem o narrador escritural. No primeiro, esse seria o "mostrador invisível", implícito, extradiegético, acima dos atores que desempenham a ação, uma vez que não existe narrativa sem uma instância narradora. É isso o que confere o que foi chamado de "mostração". Esse narrador "mostrador" conta por imagens, enquanto um narrador explícito (ou narrador segundo, intradiegético) conta por palavras, mesmo que, em alguns filmes, este último atue de maneira a disfarçar o primeiro. Uma boa metáfora para isso é a personagem Sherazade, que, ao contar uma história ao sultão, ocultava a própria estrutura interna do conto em que estava inserida.

Nas camadas de narratividade de um filme, há uma forma de articulação entre um fotograma e o seguinte (pelo menos para o cinema não digital). São esses fotogramas organizados que produzem a famosa "ilusão do movimento": deles nascem unidades de um segundo nível, que seriam os planos, e do trabalho a partir desses planos, a montagem, que é uma articulação de plano com plano, implicando cortes e opções técnicas e narrativas as mais diversificadas.

As primeiras narrativas no cinema eram muito simples: as imagens bastavam a si mesmas, geralmente com um só plano, junto ao acompanhamento de um pianista ao vivo. Depois que o cinema passou a diversificar o número de planos, tudo ficou mais complexo e houve a necessidade de intertítulos explicativos. O auxílio do comentador – se bem que este tenha sido um

---

uma projeção, desde dubladores ao vivo, que ficavam geralmente atrás da tela (como ocorria no Japão com os *benshi*), até cantores, pianistas e outros músicos. A questão de a película não ter sido sonorizada antes do final dos anos 1920 se deveu a problemas ligados à amplificação do som, o que só veio a ser obtido com a chegada das válvulas eletrônicas. "A revolução do cinema falado não foi introduzir a língua no filme, pois ela já estava lá desde os primórdios, mas sim restituir a língua sob a forma de gravação sonora" (Gaudreault & Jost, 2009, p. 94).

participante efêmero – trouxe um panorama que lembrava os espetáculos populares de lanterna mágica do século XIX. O *bonimenteur* era uma espécie de narrador-suplente (Gaudreault & Jost, 2009, p. 87), e buscava preencher os vazios na narrativa. Ainda assim, para facilitar o entendimento, algumas das primeiras histórias adaptadas à grande tela provinham de narrativas conhecidas popularmente, como *A cabana do Pai Tomás* (*Uncle Tom's cabin*, Edwin S. Porter, 1903), um "longa-metragem" para a época, com seus catorze minutos de duração e catorze cenas independentes. Naquele momento, Porter, considerado o primeiro diretor americano, trabalhava para Thomas Edison. A estreia desse filme se deu em uma programação que incluía diversas atuações ao vivo de comediantes, porque, nos seus primeiros anos, o cinema era apenas mais um espetáculo de apresentações teatrais variadas de um *show*. O desafio foi adaptar um romance de cerca de quinhentas páginas, levado ao teatro em cerca de três horas, para menos de catorze minutos. A estratégia criada pela equipe de Edison para vender o filme junto aos exibidores incluía a distribuição de um catálogo explicando o que acontecia em cada cena. *A cabana do Pai Tomás*, cujo subtítulo era *Slavery days* (*Dias de escravidão*), foi o primeiro filme americano a incluir intertítulos (chamados de *announcements*) para identificar e apresentar cada nova cena, segundo informava o próprio catálogo. Este provavelmente era utilizado pelo comentador, de forma a parecer que um filme fosse uma narrativa verbal ilustrada pela mostração de imagens em movimento. Foi com o desaparecimento gradual do explicador dos filmes que os intertítulos (as cartelas explicativas, porta-vozes do personagem) ganharam espaço – como no caso de *O nascimento de uma nação* (*The birth of a nation*, D. W. Griffith, 1915). Assim, o cinema – espetáculo de feiras e de "pulguinhas" ou *nickelodeons*[3] – vai exigir a presença de um público mais letrado, o que complicava a situação para as projeções nos Estados Unidos, em que a plateia era composta, em grande parte, por imigrantes analfabetos. Como as imagens oferecem sempre uma margem de incerteza interpretativa, os autores Gaudreault e Jost (cf. 2009, p. 91) nos lembram que talvez nesse sentido pudéssemos falar de "cinema mudo". E, conforme escreveu Antoine de Baecque (2011):

---

3 Este termo vem do fato de o bilhete de entrada custar uma moeda de cinco centavos de dólar (um níquel).

> *O cinema mudo é, por conseguinte, essencialmente uma arte fan-*
> *tástica: corpos que desapareceram, que estão desaparecendo, mas*
> *ainda são visíveis na tela. Desde as primeiras projeções do cine-*
> *matógrafo, este laço entre a imagem e o fantástico se estabeleceu.*
> *(p. 484)*

A independência em relação à palavra escrita, todavia, demoraria a chegar. Friedrich Wilhelm Murnau realizou, em 1924, um filme totalmente sem intertítulos (*A última gargalhada/ Der letzte Mann*), enquanto Jean Epstein liderava na França uma reivindicação a favor de cada vez menos textos escritos. De forma jocosa, Luis Buñuel, em seu *Um cão andaluz* (*Un chien andalou*, 1928), vai desafiar toda explicabilidade da escrita ao incluir um intertítulo com os dizeres "Oito anos depois" (*Huit ans après*) entre duas sequências que são contínuas. Com a chegada do filme falado, a pronúncia de uma frase por um personagem ou por um narrador intradiegético a torna "encarnada", o que até então não tinha sido feito no cinema.

O cinema, mais do que representar o olhar, buscou traduzir "imaginações, lembranças e alucinações, imagens mentais de todos os gêneros" (Gaudreault & Jost, 2009, p. 175) que passam por nossa cabeça, tomando, para isso, tecnologias disponíveis no teatro, nas histórias em quadrinhos e nos espetáculos de lanterna mágica do século XIX, a exemplo do "balão" utilizado em um filme de Porter de 1903, *Life of an American fireman*. Dentro dele, posto sobre a cabeça de um bombeiro que cochilava, aparece a imagem de uma mulher colocando o filho na cama – a mesma que seria vítima de um incêndio. O uso inventivo dos recursos técnicos continuou, por exemplo, com a fusão e o *fade*, e, quando surgiu o cinema falado, proliferaram os recursos sonoros, como as ressonâncias e os ecos.

Origem e percurso do cinema fantástico

Ao se percorrerem os filmes que marcaram cada década do cinema, é notável como a temática do fantástico estará presente em vários deles, apesar do difícil reconhecimento pela crítica – como já salientei.

Sala de projeção de fantasmagoria (Robertson, 1802).

Aumont e Marie (2001, p. 118) discutem brevemente o sentido do verbete fantástico no cinema, e afirmam: "O fantástico é produzido em uma obra de ficção quando um acontecimento inexplicável é relatado ou representado". Porém, não vão muito além desse raciocínio, o que aponta que, nessa área, não há mesmo uma definição precisa e rigorosa para o termo, o que se soma à minha perspectiva: trata-se de um gênero[4] cinematográfico que se relaciona hibridamente com outros, mais bem delimitados, como o terror e a ficção científica, não importando o público-alvo[5] de destino. É de acordo com esse

---

4   A própria divisão dos prováveis gêneros cinematográficos é bastante controversa. O que se percebe é que um filme acaba sendo enquadrado em um ou dois gêneros, de forma quase empírica, com extenso apoio das mídias de divulgação. Por exemplo: o Estúdio VTO Continental lançou no Brasil um box intitulado "Cinema Fantástico" contendo três filmes de terror e suspense: *Monstros* (*Freaks, the monster show*, 1932), *Sangue de pantera* (*Cat people*, 1942) e *Zaroff, o caçador de vidas* (*The most dangerous game*, 1932).

5   Já Araújo (1995, p. 91) tem uma definição mais específica: "Fantástico – tipo de história determinada por acontecimentos que em princípio só existem no imaginário (*O incrível homem que encolheu*, de Jack Arnold, ou *O homem dos olhos de raio-X*, de Roger Corman). Subgênero importante é a ficção científica, com histórias de antecipação (baseadas em fatos que poderiam ocorrer no futuro). Podem ser grandes produções (*2001, uma odisseia no espaço*, de Stanley Kubrick, *E.T.*, de Spielberg, 1982, ou *Alien, o oitavo passageiro*, de Ridley Scott, 1978), mas também trabalhos modestos (como os seriados de *Flash Gordon*, dos anos 1930)". Acredito que essa explicação também não dá conta de abordar as várias facetas que

entendimento que fiz o recorte de minha seleção filmográfica, sem me preocupar a quais outros gêneros um filme que classifiquei como fantástico estaria também vinculado.

Como curiosidade, informo que o *site* francês <www.filmsfantastiques. com> enquadra os filmes fantásticos em grandes temas aleatórios, assim denominados: aranhas, Blob,[6] canibais, diabos e demônios, dinossauros, Drácula, crianças, espionagem e ficção científica, exotismo fantástico,[7] extraterrestres, Frankenstein, futuro, *heroic fantasy*,[8] insetos e invertebrados, lobisomens, mamíferos, mitologia, robôs, *space opera*,[9] assassinos, vegetais, viagens no tempo e zumbis. Essa suposta organização não é mais do que fruto de observações empíricas, porém, ela se ajusta a meus propósitos de comentar

---

o cinema fantástico pode representar e conter, ficando tendenciosa apenas a menção da ficção científica, salientada como um subgênero.

6   O termo "Blob" faz referência a um filme americano homônimo de 1958, com *remake* em 1988 (*The Blob*) e busca, em termos gerais, fazer alusão a monstros mutantes, geralmente de origem alienígena ou criados em laboratórios, muitas vezes sem forma tangível, comumente gelatinosos, babões, viscosos e pegajosos. Podem ser oriundos de pântanos, de vulcões em atividade, ou de outros planetas. Sua morfologia costuma não ter definição clara, e seu apetite é quase sempre voraz. Muitos mantêm relação direta, por exemplo, com as criaturas inomináveis e amorfas que Lovecraft tanto destacou em seu trabalho literário e analítico.

7   O "exotismo fantástico" englobaria filmes que têm como cenários lugares distantes, desconhecidos, indevassados, como selvas enigmáticas, continentes esquecidos e povos nunca vistos. Um exemplo clássico seria *As minas do rei Salomão*, em suas variadas versões, assim como os filmes de Tarzan, Indiana Jones e Lara Croft.

8   A *heroic fantasy* ("fantasia heroica") seria um subgênero ligado à literatura fantástica de origem anglo-saxônica, de que são exemplos os filmes do personagem Conan, o bárbaro, a trilogia *O senhor dos anéis* (*O senhor dos anéis: A sociedade do anel/ The lord of the rings: The fellowship of the ring*, Peter Jackson, 2001; *O Senhor dos Anéis: As duas torres/The lord of the rings: The two towers*, Peter Jackson, 2002; *O senhor dos anéis: O retorno do Rei/ The lord of the rings: The return of the King*, Peter Jackson, 2003) e os filmes ligados aos livros de *As crônicas de Nárnia*, além de *Eragon* (Stefen Fangmeier, 2006), cujos enredos se passam em mundos e épocas imaginários. Anões, elfos, duendes, *trolls*, feiticeiras, magos e dragões costumam aparecer nessas narrativas.

9   *Space opera* é o subgênero que se refere a uma transposição espacial em um estilo que se assemelha ao faroeste, mas são frequentes guerras e disputas entre mundos e espécies alienígenas. Uma referência mais imediata são os filmes de *Guerra nas estrelas* e *Jornada nas estrelas*, e a matriz poética de todos eles foi *Viagem à Lua*, de Georges Méliès (1902), que abordo adiante. O termo *space opera* engloba os enredos que se passam no mundo espacial, em geral.

a pluralidade dos chamados "filmes fantásticos". Para mim, esse é o reflexo de como o gênero se ramifica e de em quantas temáticas ele consegue entrar.

Acredito que o fantástico tenha servido como um grande arcabouço em que novas percepções sobre o corpo foram gestadas. Quando Baecque (2011) discorre em um muito bom texto sobre o corpo na tela cinematográfica, afirma: "E não é possível compreender as principais representações do corpo neste século [o XX] a não ser encontrando a sua fonte ou seu meio de transmissão, tanto sua origem como sua vulgarização, sobre a tela do espetáculo de massa" (481). Para ele, os corpos excepcionais atraíam o público na Belle Époque, em uma combinação de burlesco e monstruoso. O pesquisador ainda lembra que os corpos do cinema nasceram na França, mas foram os Estados Unidos que os fabricaram em série, inicialmente nos estúdios da Costa Leste (p. 484).

De fato, o cinema foi a grande mídia a "domesticar os corpos" (cf. Baecque, 2011, p. 488) por meio de suas imagens, fazendo com que o espectador passasse a se sentir obrigado também a considerar aquilo que observava. Sobretudo após a Segunda Guerra, quando a humanidade estarrecida não conseguia mais se conformar aos extremos das atrocidades, uma visão mais crítica sobre o corporal foi se consolidando. Porém, ainda haveria um amadurecimento a ser operado no decorrer de algumas três décadas de "bom comportamento" garantido pelos rigores do Código Hays,[10] o qual arrefece apenas em finais dos anos 1960, quando o cinema, de uma forma geral, mergulhará em representações cada vez mais escatológicas e cruas, levando o espectador a ultrapassar limites de exposição ao bizarro: "Os corpos da tela, a certa altura, foram como que desfeitos da sua forma bem-comportada, de novo expostos, asselvajados, violentados, voltando ao primitivo de suas origens cinematográficas" (Baecque, 2011, p. 495). Segundo o estudioso, o cinema, ainda em nossos dias, funciona como um veículo para se expressar como o corporal tem sido visto e entendido:

> Os corpos, no cinema, continuam sendo o que circula de um país
> para o outro, de uma cultura para a outra, entre os públicos do

---

10 Esse código é comentado em outra parte deste livro. Ver: Os anos 1930 – a galeria dos monstros.

> *mundo inteiro, enquanto as palavras, as referências, muitas vezes,*
> *marcam com maior vigor as fronteiras. (Baecque, 2011, p. 494)*

Da caverna platônica às soirées parisienses

Pode-se remontar a diversos experimentos em relação à sombra, à luz e ao movimento para se abordar os antecedentes do cinema. A discussão, apesar de profícua, seria demasiado longa. Assim, decidi por estabelecer algumas balizas para discorrer sobre as tentativas de se transformar a imagem estática em imagem cambiante. Começo pela famosa caverna de Platão, afinal, as fontes primevas do cinema são sempre espectrais e fantasmagóricas. Essa famosa alegoria criada pelo filósofo grego e que consta no livro VII de *A República* alude às imagens tremulantes que se projetariam no interior de uma caverna. Há mesmo quem suponha que a gênese do texto platônico residiria no costume grego de se projetar histórias nas paredes de cavernas como parte de um culto de mistérios.

A proposição platônica era a seguinte: alguns homens aprisionados dentro de uma caverna, com as costas voltadas para a saída, só tinham contato com o mundo externo por meio de uma fresta, pela qual entrava escassa luz. Do lado de fora, outros seres humanos mantinham uma fogueira acesa. E a imagem distorcida desses – uma apologia do simulacro – passava pela abertura e era projetada na parede que estava à frente dos cativos. Sabe-se, entretanto, que, com essa metáfora, Platão não tinha o propósito direto de discutir jogos de luz e sombra.[11] Ao discorrer sobre a imagem, o filósofo buscava, de fato, tratar da essência de todas as coisas. Porém, essa bela referência de matiz filosófico me serve como um ponto de partida para transitar por várias tentativas de o ser humano trabalhar a inventividade ilusória e vencer o medo das sombras.

---

11 E várias foram as abordagens deste mito, como na célebre obra de Calderón de La Barca, *A vida é um sonho*, e também em *Admirável mundo novo* (Aldous Huxley, 1932), *A caverna*, de José Saramago (2000), na trilogia *Matrix* (Irmãos Wachowski, 1999) e no filme *A ilha* (*The island*, Michael Bay, 2005).

Quando a espécie humana ainda se organizava em hordas, começou a se utilizar de figuras totêmicas e rituais que teriam o poder de livrá-la dos perigos à sua volta. O constante medo das sombras – essas denunciadoras do desconhecido – parecia pedir um clarão que espantasse, por um lado, mas igualmente invocasse, por outro, as feras e os monstros, ritualisticamente. Dessa maneira, há quem afirme que se passou, no decorrer de muitos séculos, para outros jogos de luz – em um movimento que vai do religioso ao estético. Chegou-se, finalmente, ao projetor de cinema e às televisões digitais de alta definição de imagem dos nossos dias, como se, pela necessidade de se projetar angústias e medos na forma de histórias, se buscasse o suporte de uma tela aclarada. Pode-se fazer também uma imprecisa ponte entre uma pessoa que vê um filme na sala da própria casa com o encantamento do homem pré-histórico que percebia as imagens do próprio mundo projetadas por labaredas de fogueiras – um desfilar de figuras misteriosas das primeiras organizações humanas que até hoje se verificam em gravações rupestres: imagens de homens, animais, homens-animais e deuses.

Nosso fascínio pela luz e pela sombra é tão remoto que ainda existe, no centro da ilha de Java, na Indonésia, uma tradição de contação de histórias por meio de bonecos e sombras denominada *wayang kulit*. Essa arte se desenvolveu desde milênios antes de Cristo. O nome *wayang* se dá à própria marionete, que pode ser plana (a *wayang kulit*, fabricada com couro de búfalo) ou preenchida. Os bonecos são manipulados por trás de uma tela branca com uma luz de fundo. Já no século I, Apolônio de Tiana provavelmente utilizou a lanterna mágica nas atuações de taumaturgo que organizava. No século XIII, o monge britânico Roger Bacon, chamado de "o doutor admirável", descreveu os princípios da lanterna mágica, enquanto o jesuíta alemão e professor de matemática e filosofia Athanasius Kircher descreveu a lanterna mágica no século XVII. Depois dele, merece menção o abade e físico francês Jean-Antoine Nollet, do século XVIII, que deu continuidade à ideia da lanterna mágica de Kircher. Esse aparelho projetava, em uma tela ou parede branca, a imagem de figuras pintadas em placas de vidro, em cores bastante transparentes, dentro de recintos escuros, obtendo efeitos de distorção de tamanhos e formas. Apesar de muitas vezes esse tipo de espetáculo estar associado ao gosto das camadas mais populares, vários nobres, como Luís XIV, achavam a lanterna mágica um entretenimento de bom gosto.

A efervescência dos diversificados jogos de luz e sombra ganhou espaço nas *soirées* parisienses do século XIX. A sedução por novos inventos e por demonstrações sinestésicas de espetáculos amedrontadores marcou época na Cidade Luz. Nos próximos textos, comento em detalhe alguns aspectos dessa época alucinada pelas imagens que se moviam, e passo especificamente por vários momentos da história do cinema.

Os pré-cinemas

Ficou evidente que o fantástico obteve um bom fôlego em princípios do século XIX, buscando dizer do inverossímil, do imaginativo, do que não condizia à realidade. E também do que causava estranhamento. Do esquisito. Do monstruoso. De um mundo em que a ciência não daria conta – como ainda não dá – de explicar todos os mistérios, incongruências e absurdos.

Alimentado pela vaga gótica, o fantástico literário enveredou tanto por um viés de afirmação – a exemplo das obras contundentes do inglês Matthew Gregory Lewis (1775-1818), como *O monge* – quanto de desmistificação dos eventos e seres considerados sobrenaturais – nesse caso, os influentes textos de Ann Radcliffe (1764-1823), como *Os mistérios de Udolfo* e *O romance da floresta*. Sua força foi diminuindo na década de 1830[12] – malgrado sua chegada um pouco tardia na França –, em um momento em que a ciência tentava desencantar grande parte das crenças populares. Ainda assim, o fantástico ecoou em obras europeias posteriores, como *O médico e o monstro* (1886), de Robert Louis Stevenson, *A máquina do tempo* (1895), de H. G. Wells, e *Drácula* (1897), de Bram Stoker.

Charles Nodier, Prosper Mérimée e Théophile Gautier desbravaram o terreno da primeira fase da literatura fantástica na França, apesar de sempre terem sido pouco adaptados ao cinema, ao contrário de autores como Mary Shelley e Edgar Allan Poe, conforme lembra Henry (2009, p. 7). A fase

---

12 Foi em 1829 que Hoffmann ganhou tradução na França com seus *Contes fantastiques*, sete anos após sua morte, vindo a se tornar um modelo de escritor, sobretudo para os românticos. E o elogio ao fantástico ganhou lavra no texto de Charles Nodier intitulado *Du fantastique en littérature*, de 1830.

clássica francesa da literatura fantástica vai surgir a partir de 1850, concomitantemente aos avanços científicos e ao discurso positivista. As estéticas em torno do fantástico permanecerão no país de Victor Hugo e estarão presentes quando o cinematógrafo se tornar o novo *frisson*, em uma esfera social de sabor decadente que apreciará espetáculos urbanos em torno de excentricidades e fantasmagorias. Na confluência de tantas formas expressivas e variadas tecnologias, o universo fantástico *fin-de-siècle* se alimentará do imaginário das obras da literatura.

Toda a segunda metade do século XIX assistiu ao movimentar de uma oficina de maquinarias as mais diversas e mirabolantes, frutos de um pensamento criativo e engenhoso que buscava trabalhar – ainda que muitas vezes em nome da ciência – com a imagem em movimento, a luz, a sombra e a cor. Se, de um lado, havia a empolgação para com os avanços tecnológicos, de outro, encontravam-se as desilusões ante a proposta iluminista e cientificista. Consequência disso foi uma onda de retorno ao sagrado e ao misticismo. Assim, antagonicamente, viu-se surgir, em uma Europa ávida por novidades, tanto os surtos por engenhocas e dispositivos como o reavivamento de antigas crenças e superstições. O pensamento mágico – evidenciado já na época do Romantismo pelo retorno às tradições medievais e ao mistério – angariará ainda mais força com o crescimento de grupos ligados a práticas ocultistas, que espalharão, sobretudo na Inglaterra e na França, o interesse pelo macabro, pelo diabólico e pelo exótico. Para o homem do século XIX, os aparatos ligados ao que chamamos de pré-cinemas tinham, por um lado, o apelo das coisas novas e, por outro, o encanto da magia. Isso se dava pela possibilidade de extravasarem antigos medos, projetados nas formas espectrais que se moviam pelas superfícies, evocando a sedução milenar pela *performance* da feitiçaria e do encantamento.

A lanterna mágica foi, de fato, uma coqueluche parisiense por muito tempo. Como se lê na "Apresentação à edição brasileira" do livro de Laurent Mannoni (2003):

> *Pelos recursos que oferecia, numa época em que a imagem era*
> *escassa e preciosa, a lanterna mágica evidentemente se tornaria*
> *pau para toda obra: contar histórias infantis; divertir a elite em*

> soirées *de pornografia; auxiliar a educação de crianças e jovens*
> *– conforme o delicioso trecho em que Maria Antonieta reclama a*
> *falta de entusiasmo do* dauphin *pelos estudos e pela leitura; popu-*
> *larizar a ciência e a cultura; para o charlatanismo e a exploração*
> *da credulidade das massas, a exemplo dos espetáculos de fantas-*
> *magoria; para a satirização dos costumes, da Igreja, da nobreza;*
> *e, como não poderia deixar de ser, para a panfletagem e a sabujice*
> *políticas. (p. 12)*

As tecnologias da imagem e das trucagens do século XIX, anteriores aos irmãos Lumière e agrupadas como pré-cinemas – tão caóticas e multifacetadas – devem muito às sessões de fotografias animadas:

> *A forma mais elaborada de entretenimento visual usando a lan-*
> *terna mágica, a fantasmagoria de Philidor e Robertson, invoca-*
> *va o sobrenatural projetando imagens de espíritos dos mortos em*
> *misteriosos ambientes, com encenações complicadamente dirigi-*
> *das. (Gunning, 2004, pp. 28-29)*

Em 1799, durante a Revolução Francesa, o público parisiense se dividia entre o espetáculo proporcionado pelo cadafalso e pela guilhotina, e as *fantasmagories* de Paul Philidor, quem conseguia assustar bastante os espectadores ávidos por emoções e impressões fortes. O cenário das projeções era tétrico: o pagante entrava no claustro do velho convento dos capuchinhos, na Place Vendôme, cruzava seus corredores ornados com esqueletos e pinturas, alumiados por tochas que afugentavam parcialmente as trevas, tomando caminho até as catacumbas e a capela em que se podia assistir, por alguns francos, ao baile macabro de fantasmas dançantes. Considerava-se que parte da plateia se condensava em um entre-lugar emocional, duvidando das assombrações, mas, ao mesmo tempo, pensando na possibilidade de serem verdadeiras. Essa posição dúbia entre o real e o fantástico certamente alimentou muita gente na conturbada Paris daqueles idos. Os truques e efeitos, entretanto, tinham um ancestral bem conhecido: a lanterna mágica com rodas, batizada de fantasmacópio, que já fazia sucesso na Europa desde o século XVII. Para esse complexo espetáculo, o segredo de Philidor e Robertson (este último, apelido do inventor belga Etienne Gaspar Robert) era pôr em funcionamento, simultaneamente, diversos fantasmacópios, repletos de fantasmas e diabos de todas as ordens, os quais mudavam de tamanho e forma à medida que os projetores eram movidos. E a sinestesia do espetáculo não se reduzia ao jogo de imagens, manipuladas por seis assistentes: havia também uma sonoplastia que ia de água em baldes simulando tempestades, até sinos que anunciavam a terrível hora da meia-noite – para desespero dos mais medrosos. O fantasmacópio provocava sensações de movimentos em profundidade e não mais o conhecido movimento lateral e bidimensional, um dos motivos pelos quais o aparato causava horror aos desavisados. Dentre as sensações estava a invocação, feita pelo "bruxo Robertson", do espírito do decapitado Marat – sucesso absoluto durante anos, e jamais foi revelado como aqueles efeitos eram produzidos. A organização geral da trucagem do fantasmacópio, porém, era simples: projetores ficavam escondidos atrás de uma tela oleosa, e havia um grande caldeirão fumegante dentro do recinto: entre os "vapores infernais", surgiam as mais diversas figuras do além-túmulo.

Apesar de vários esforços de iluministas tardios por acabar com as superstições e mal-entendidos provocados pelas lanternas mágicas, foi inevitável a recorrência do povo aos espetáculos deliciosos das fantasmagorias, que realmente conquistaram boa parte do mundo. Uma legião de operadores de fantasmacópios se espalhou pela Europa ao som dos *organs de barbarie* e de um grito que ficou conhecido nos mais diversos rincões: "lanterna máaaagicaaaa". A novidade, porém, chegou ao Brasil apenas em meados do século XIX, na capital do Império, sendo apresentadas sessões em um cosmorama[13] da então fervilhante Rua do Ouvidor, a qual receberia também, décadas mais tarde, as primeiras exibições de vistas,[14] à moda dos Lumière.

O cinema fez parte da segunda metade do século XIX como mais um artifício mirabolante de uma "procissão de invenções", segundo disse Aumont (2008, p. 17). O crítico francês ainda afirmou:

---

13 Um cosmorama era um conjunto de instrumentos ópticos de ampliação, por meio dos quais se podia apreciar uma série de vistas de diferentes países.

14 Vistas eram filmagens rápidas, geralmente ligadas à exibição de paisagens consideradas exóticas.

> *O cinema surgiu fora da arte, como uma curiosidade científica, uma diversão popular e também como uma mídia (um meio de exploração do mundo); entretanto, foi rapidamente reivindicado como arte (e até mesmo, de modo notável, a primeira arte* inventada*) e como* medium *(um meio de criação). (p. 13)*

Para ele, o cinema foi realmente mais uma das curiosidades populares e tecnológicas do multifacetado século XIX, estreitamente vinculado às práticas de fotogenia, muito longe de adquirir qualquer *status* diferenciado diante de outras tecnologias, e muito menos de "invenção moderna", posto que apenas artistas e cientistas costumavam carregar a bandeira modernista. Dentre os emblemas daquele período – a partir de uma apropriação que Walter Benjamin vai fazer baseando-se em Charles Baudelaire –, Aumont (2008) lista "a passagem, o panorama, o *flâneur*, a exposição, a fantasmagoria, a fotografia" (p. 20) como antecedentes da "prática alegremente confusa da produção dos Lumières" (p. 20). Instaurava-se o império das tremeluzentes imagens do cinema, lembrando que: "A imagem cinematográfica é sem espessura, translúcida, parecendo-se com o pólipo fantasmagórico de *Nosferatu*, de Murnau"[15] (Leutrat, 1995, pp. 15-16). Estávamos, de fato, entrando na primeira fase do cinema.

O primeiro cinema (1895-1907)

A partir de meados dos anos 1990, pesquisadores da imagem passaram a considerar que houve, além de pré-cinemas, um chamado "primeiro cinema", o qual engloba os doze anos iniciais, após a antológica apresentação dos irmãos Lumière em Paris, em dezembro de 1895. Esses primeiros anos se viram ignorados por muito tempo a favor de uma idolatria do chamado cinema clássico, o que causou grandes perdas históricas, conforme afirma Gunning (2004):

---

15 "*L'image cinématographique est sans épaisseur, translucide, elle est semblable au polype fantomatique de Nosferatu de Murnau.*"

Seu passado [o do cinema] foi, consequentemente, não apenas negligenciado, mas sistematicamente descartado e destruído. Possuímos hoje [1996] apenas um fragmento de nossa cultura cinematográfica. Existem hoje menos de 20% do cinema mudo. Nenhuma forma de arte tinha sido antes tão diretamente prejudicada. (p. 23)

Para Charney e Schwartz (2004, pp. 17 ss.), na "Introdução" de *O cinema e a invenção da vida moderna*, o cinema seria algo "inevitável, redundante" para as sociedades ditas "modernas"; ele acabaria, mais cedo ou mais tarde, surgindo no universo das tecnologias que despontavam nos Oitocentos. Nessa discussão, aceita-se o termo "modernidade" de acordo com a definição de Gunning (2004):

Por "modernidade" refiro-me menos a um período histórico demarcado do que a uma mudança na experiência. Essa nova configuração da experiência foi formada por um grande número de fatores, que dependeram claramente da mudança na produção demarcada pela Revolução Industrial. Foi também, contudo, igualmente caracterizada pela transformação na vida diária criada pelo crescimento do capitalismo e pelos avanços técnicos: o crescimento do tráfego urbano, a distribuição das mercadorias produzidas em massa e sucessivas novas tecnologias de meios de transporte e comunicação. (p. 33)

Existem vários elementos – e Charney e Schwartz (2004) enumeraram seis – que podem ser considerados formadores da modernidade e, por consequência, arautos do cinema como meio de comunicação de massa:

o surgimento de uma cultura urbana metropolitana que levou a novas formas de entretenimento e atividade de lazer; a centralidade correspondente do corpo como o local de visão, atenção e estimulação; o reconhecimento de um público, multidão ou audiência de massa que subordinou a resposta individual à coletividade; o

impulso para definir, fixar e representar instantes isolados em face
das distrações e sensações da modernidade . . . a indistinção cada
vez maior da linha entre a realidade e suas representações; e o sal-
to havido na cultura comercial e nos desejos do consumidor que
estimulou e produziu novas formas de diversão. (p. 19)

Nota-se, assim, que o cinema não surgiu devido a meia dúzia de homens que pesquisavam as novas tecnologias do movimento, nem ele apareceu como uma última novidade da "evolução" dos meios de comunicação, superando os demais – como muitos entenderam inicialmente. O cinema foi um complexo rebento em meio a uma sociedade que já ensaiava e produzia – em vários setores – seus bens de consumo e lazer, dos quais ele seria um elemento a mais, talvez o mais instigante. Até mesmo a descompromissada *flânerie*[16] parisiense estava ligada ao surgimento do "espectador do efêmero" – o sujeito que também apreciaria um filme. A experiência ferroviária do século XIX – ser um viajante em uma cabine de trem e olhar o mundo em movimento pela janela – pode ser igualmente considerada uma contribuinte para que se engendrassem o cinema e seu fiel espectador. Curiosamente, o cinema projetado teve como marco de seu nascimento uma filmagem que mostrava a grande máquina moderna que conectava geografias: a chegada de um trem em uma estação.

Singer (2004) discutiu sobre a modernidade com bastante lucidez, abordando o "bombardeio de estímulos" que o penúltimo *fin-de-siècle* ofereceu, quando se exacerbaram sensações e cultivou-se um espectador cada vez mais ávido pelo suspense, pelo estranho e pelo mórbido:

O início do cinema culminou com esta tendência de sensações
vívidas e intensas. Desde muito cedo, os filmes gravitaram em
torno de uma "estética do espanto", tanto em relação à forma
quanto ao conteúdo. A excitação predominou, por exemplo, no

---

16 *Flânerie* e *flâneur* dizem respeito ao ato de perambular ou deambular sem destino certo e ao seu praticante, respectivamente. Baudelaire – o grande poeta da modernidade – usou o termo para se referir a um personagem, o Sr. G, que era um perfeito *flâneur*.

*início do "cinema de atrações" (...) e nos vigorosos melodramas de
suspense como os* thrillers *de Griffith, produzidos pela Biograph
em 1908 e 1909 (...). Os filmes seriados do início da década de
10 (...) aperfeiçoaram todas as formas de perigo físico e espetáculo sensacional em explosões, colisões, engenhocas de tortura,
encenações elaboradas de lutas, perseguições e resgates no último
minuto. (pp. 114-115)*

Uma das preocupações desse cinema inicial foi explorar ao máximo o
público nascedouro, constituído pelas mais diversas classes sociais médias
e baixas, já acostumadas, por exemplo, aos espetáculos do Cirque d'Hiver,
criado em 1852, o qual oferecia a *le tout-Paris* toda sorte de atrações circenses. Abel (2004, p. 239) mencionou que a revista americana *Variety* considerou, no início do século XX, um filme em que estrelava Henry Krauss – um
ator belga – como "exemplo do horripilante" que podia ser apropriado para
o Cirque d'Hiver, em Paris, mas dificilmente para a "sala de cinema familiar",
em Nova York.

Desde o século XIX, além do cinema, que entrou de vez em cena nos fer-
vilhantes anos da *Belle Époque*, os habitantes de Paris já tinham o costume de
passar suas horas de lazer em meio a várias "novidades". Três delas foram bem
marcantes: as visitas ao necrotério (para se apreciar os corpos de facínoras
ou suas vítimas), aos museus de cera (como o famoso Musée Grévin que, ao
contrário do Madame Trussaud, de Londres, se propunha a representar com
mais "realismo" as cenas da vida cotidiana e os fatos diários) e aos panoramas e dioramas – que alguns defendem como antecedentes diretos do cinema
(invenções engenhosas que ofereciam ao visitante sensações "realistas" em
meio a cenários cambiantes, geralmente em teatros modificados, ficando a
promessa – nos dez a quinze minutos de espetáculo – de uma viagem no tempo e no espaço). Schwartz (2004) discute essa tríade em um de seus artigos:

*Em três terrenos de prazer popular na França do fim do século
XIX – o necrotério de Paris, os museus de cera e os panoramas
–, observo a* flânerie, *que começou a ser usada para descrever o
olhar novo do espectador pré-cinematrográfico, em seu contexto*

> *próprio como uma atividade cultural para os que participavam*
> *da vida parisiense, e afirmo que o fim do século XIX ofereceu um*
> *tipo de* flânerie *para as massas. (p. 338)*

E continua: "Assim, mais do que identificar as origens do olhar cinematográfico, esse tipo de *flânerie* para as massas aponta para o nascimento do público, porque é necessariamente na multidão que se encontra o espectador cinematográfico" (p. 357). Esse mesmo público heterogêneo, instável e curioso, ajudou a impulsionar a erupção de outras formas de lazer e entretenimento. Hansen (2004) salienta que esse cinema dos primeiros tempos:

> *surge como parte de uma cultura emergente do consumo e do*
> *espetáculo que varia de exposições mundiais e lojas de departa-*
> *mentos até as mais sinistras atrações do melodrama, da fantasma-*
> *goria, dos museus de cera e dos necrotérios, uma cultura marcada*
> *por uma proliferação em ritmo muito veloz – e, por consequência,*
> *também marcada por uma efemeridade e obsolescência acelera-*
> *das – de sensações, tendências e estilos. (p. 406)*

Nessa fase do primeiro cinema, em que ele se apresenta ao mundo, mas ainda tenta descobrir a que veio, encontramos as figuras notáveis dos irmãos Lumière e de Georges Méliès. Como discuto adiante, embora os dois primeiros estivessem muito mais interessados em reproduções de aspectos da vida cotidiana, tanto eles como Méliès se enquadrariam em uma espécie de cinema de diversão, de ilusão, de entretenimento (cf. Cohen, 2004, p. 282). Foi nesse contexto plural e até mesmo caótico que o fantástico no cinema começaria a tomar forma, ainda que em rudimentos e tentativas grosseiras de se tentar fabular.[17] Gunning (2004, p. 25) lembra essa dualidade matricial: "O cinema sempre oscilou entre dois polos, o de fornecer um novo padrão de representação realista e (simultaneamente) o de apresentar um sentido de irrealidade, um reino de fantasmas impalpáveis". Ou, ainda, como escreveu Baecque (2011):

---

17 No preâmbulo de *Les monstres, du mythe au culte*, Montagne (2008, p. 17) afirmou que a França era o país da gênese dos monstros.

A projeção pública igualmente não tardou muito a se ligar à vida dos fantasmas: o escuro da sala, o feixe de luz rompendo a escuridão, o ritual do espetáculo, todos esses elementos reconstituíam as condições de uma sessão de espiritismo onde a tela da sala se assemelhava logo ao estado mental de cada espectador, como um estado de devaneio permanente onde podiam se projetar os corpos. (p. 484)

No final de um século que ansiou por novidades e informações trazidas por viajantes que se aventuravam em países distantes, o cinema veio a desempenhar, em parte, o papel de olho documental dos que se esgueiravam pelos meandros do mundo, no afã de registrar e produzir cenas e vistas. A esse respeito, Aumont vai afirmar (2008):

Houve, desde o cinematógrafo, uma convivência sensível entre essa técnica da vista móvel, passeando no mundo uma espécie de olho que recorta nele pedaços enquadrados, e um estado terminal da pintura, aquele do qual o impressionismo foi o apogeu e o termo. A invenção do cinema foi também a de uma nova forma do olho viajante, que havia fascinado todo o século XIX. (pp. 56-57)

Olhar tornava-se, por conseguinte, um verbo cada vez mais importante. Com isso, nota-se que a pulsão escópica percorria cada vez mais as diversas tecnologias à disposição tanto do entretenimento como da ciência.

Do trem dos Lumière a Viagem à Lua

Apresento aqui um breve percurso do cinema fantástico para que se tenha uma noção geral de como o gênero caminhou, e, para tanto, retorno aos dias heroicos do cinema, quando um certo rapaz que trabalhava com espetáculos de mágica compareceu a uma inusitada projeção. Apesar de Auguste e Louis Lumière terem recebido o título de pais do cinema, um jovem ávido por novidades, chamado Georges Méliès (1861-1938), foi um precursor da fabulação e da ficção na mídia cinematográfica que, em pouco tempo, conquistaria todos os recantos do globo. Enquanto os dois primeiros se preocupavam basicamente com tomadas de cenas da vida cotidiana e fatos corriqueiros – os *fait-divers* –, Méliès foi capaz de perceber que o cinema, antes de tudo, era um instrumento para a invenção de enredos. Profissional da área de ilusionismo e magia e que apresentava *shows* em teatros, ele presenciou a paradigmática apresentação dos Lumière no Salon Indien do Grand Café de Paris, em 28 de dezembro de 1895, a qual mostrava a chegada de um trem[18] à estação de La Ciotat, na Provença. Isso causou alvoroço na curiosa plateia,[19] e quem comenta essa experiência matricial do cinema é Omar (2006):

> *O terror provocado pelo movimento daquela imagem, pessoas se abaixando, como se houvesse um adicional de realismo sobre a imagem fotográfica, e o sujeito igual a ele mesmo simplesmente reage a uma coisa mecânica, a uma impressão mecânica dada na tela (...). Pela primeira vez ele vê essas imagens em movimento e talvez o terror não esteja no fato de que aquele trem ou aquela pessoa está caminhando em direção a ele, mas talvez isso venha de uma situação de terror diante de uma alteridade. (pp. 282-283)*

Desde então, o jovem Méliès ficou fascinado por aquele recurso imagético. Quando Antoine Lumière se recusou a lhe vender um cinematógrafo, ele não desanimou e comprou em Londres um projetor Bioscope. No ano seguinte, passou a usar rápidas projeções em suas apresentações de mágica. Construindo sua própria câmera, começou a rodar seus próprios filmes

---

18 Costuma-se, por isso, intitular o primeiro filme projetado dos Lumière de *L'arrivée d'un train en gare de La Ciotat* (*A chegada de um trem na estação de La Ciotat*).

19 Alvoroço, sim, mas não a balbúrdia de uma turba em desespero, como esse episódio ficou conhecido legendária e folcloricamente – mesmo com os prováveis abalos emocionais de uma recente colisão de um trem na Gare de Montparnasse, em Paris, em 22 de outubro daquele mesmo ano. Afinal, as pessoas cultas que foram apreciar o filme dos Lumière já estavam acostumadas com outros *gadgets* e *nouveautés*. Elas não seriam tão tolas a ponto de acreditar que havia de fato um trem saindo da parede a ponto de atropelá-las. Isso reforça a discussão do tópico anterior de que o cinema foi apenas mais uma das sedutoras "modernidades", em vez de ter causado o grande escândalo e apavoramento do fim do século. Pode-se ainda confirmar essa afirmação em Cohen (cf. 2004, p. 282).

e acabou por descobrir o *stop motion*. Esse "primeiro efeito especial" se deu por acaso, quando a manivela da câmera emperrou ao fazer uma filmagem nas ruas de Paris: assim, segundos depois, a engenhoca voltou a funcionar e, ao revelar o filme, Méliès percebeu que um ônibus tinha "virado" um veículo funerário em um piscar de olhos. O ilusionista começou a empregar aquele instigante efeito em suas projeções futuras, dando início a uma série de recursos técnicos que criariam sensações ilusórias as mais diversas. Méliès começou por *Escamotage d'une dame au théâtre Robert Houdin*[20], de 1896, que reproduzia um truque envolvendo uma mulher que desaparecia (obviamente, ele poderia reproduzir o mesmo em *mágica*, ao vivo, mas preferiu utilizar a trucagem de parar o filme para dar a impressão de que a mulher sumira). Em 1898, ele provocou uma sensação de ambiente aquático ao colocar um aquário a poucos centímetros da lente de sua câmera. Os atores pareciam estar debaixo d'água, rodeados por peixes de verdade. Um ano depois, filmou uma versão de *Cinderela* (*Cendrillon*).

As criações no recém-nascido cinema ganhavam corpo, e Méliès se tornava famoso. Em 1902, ele rodou *L'Homme-Mouche*, em que um homem se transformava em mosca (temática recorrente muitas décadas depois em outros filmes, categoricamente classificados como "B" ou *trash*, a exemplo de *A mosca da cabeça branca/ The fly*, Kurt Neumann, 1959). Méliès insistiu em enredos clássicos, retirados das tradições do conto maravilhoso e de obras fantásticas, como *A viagem de Gulliver a Lilliput* (*Le voyage de Gulliver à Lilliput et chez les géants*, 1902), *As mil e uma noites* (*Le palais des mille et une nuits*, 1905), *Vinte mil léguas submarinas* (*20.000 lieues sous les mers*, 1907), *As aventuras do barão de Munchausen* (*Les aventures de baron de Munchausen*, 1911). Já *A conquista do Polo* (*À la conquête du Pôle*, 1912) trouxe um monstro alienígena que assustou o público.

---

20 "A escamoteação de uma mulher no teatro Robert-Houdin" mostrava uma atriz assentada em uma cadeira, a qual era coberta totalmente por um longo xale. Depois, ela desaparecia, surgindo um esqueleto em seu lugar. Em seguida, a mulher reaparecia. Com menos de um minuto de duração, essa vista (*vue*, termo naquela época empregado para se referir aos filmes breves) teve forte influência sobre as produções cinematográficas futuras, já que foi a primeira produção de Méliès a se utilizar da técnica da parada de câmera. A atriz que desaparecia, Jehanne d'Alcy, viria a atuar em praticamente todos os seus filmes.

Por muito tempo, acreditou-se que o primeiro filme de terror havia sido *Le manoir du Diable*, de 1886, mas *Une nuit terrible,* do mesmo ano, também de Méliès, e que exibe um inseto gigante, marca a fundação do subgênero do horror no cinema, antecipando aquelas criaturas agigantadas que se fariam presentes nas grandes telas a partir, notadamente, dos anos 1950. Porém, *Le manoir du Diable*, em seus três minutos de duração, dá boas pistas sobre a criação de traços que mais tarde estariam nas produções sobre o vampiro clássico: no cenário de um castelo gótico, Méliès apresentou um morcego que se transformava em um ser diabólico – tendo a interpretação do próprio ilusionista.[21] *Le monstre* (1903), por sua vez, é considerado o primeiro filme de monstros do cinema: trata-se de uma fantasia egípcia de Méliès em que um fantasma toma a aparência de um esqueleto. Esse filme antecede em seis anos aquele que é erroneamente considerado matricial da temática, *L'avaleur de monstres* (*O devorador de monstros*), produzido pela Pathé, cujo título, de fato, é *L'avaleur de montres* (ou seja, *O devorador de relógios*), com direção de Segundo de Chomón.

Dentre todos os seus filmes, talvez o mais conhecido tenha sido *Viagem à Lua*, de 1902, inspirado no precursor livro de Júlio Verne. É inesquecível e antológica a cena em que a cápsula espacial criada pelo ilusionista atinge nosso satélite dotado de um rosto humano, cravando-se em um dos olhos. Em seguida, os selenitas – habitantes lunares – farão suas divertidas *performances*. É com esse filme, especificamente, que Méliès inaugura o gênero que os franceses chamavam naquela época de *féerie*[22] e que viria a se tornar justamente o chamado cinema fantástico e, também, o de ficção científica. Por cerca de dez anos, Georges Méliès enveredou por esse gênero, utilizando-se de uma *mise-en-scène* barroca em cenários carregados de elementos e figurinos

---

21 *The vampire of the coast* (diretor desconhecido, 1909) costumava ser considerado o primeiro filme de vampiros do cinema, porém, de fato, foi uma história de piratas. Alguns dos mais antigos filmes de vampiro são *In the grip of the vampire* (diretor desconhecido, 1913), *The vampire* (Robert Vignola, 1913), além de *Nächte des Grauens/ Night of horror* (Richard Oswald, Arthur Robison, 1916). Deve-se mencionar, ainda, *Nosferatu, uma sinfonia do horror* (*Nosferatu, eine Symphonie des Grauens*, Wilhelm Murnau, 1922) e o húngaro *Drakula halála* (*The death of Dracula*, Károly Lajthay, 1921).

22 Literalmente, tudo aquilo que se refere ao mundo das fadas.

absolutamente *démodés* que davam o tom certo na ironia em relação à ciência que avançava. E conforme afirmou Sabadin (2000):

> *Parecia inacreditável. O cinema ainda não havia completado sete anos de idade e já exibia seres lunares sendo exterminados por terráqueos em nuvens de fumaça, foguetes e viagens interplanetárias, ainda que os 'astronautas' vestissem fraques e cartolas. (pp. 67-68)*

Além desses filmes, Méliès também se destacaria com *O reino das fadas* (*Le royaume des fées*, 1903), *Les 400 FARCES du Diable* (1906) e com o já citado *Vinte mil léguas submarinas* (1907), totalizando mais de quinhentos filmes de curta e média duração. Sua contribuição para o cinema fantástico, em particular, e para o cinema, em geral, foi a transposição de técnicas teatrais e ilusionistas para aquela nova tecnologia, ao mesmo tempo que criava efeitos especiais, como a transição por dissolução (o *fade-in* e o *fade-out*), a sobreposição de imagens, as ilusões de óptica e a manipulação gráfica, o que lhe confere o bem merecido título de pai das trucagens do cinema.

A compreensão inicial do público em relação àquela nova linguagem, entretanto, não foi fácil ou imediata. Há que se entender que a estrutura cinematográfica, sua economia interna e sua forma de lidar com a dança e o deslocamento dos signos precisaram de tempo para que fossem mais bem assimiladas. Ilustra comicamente essa explanação um trecho da obra *Cem anos de solidão*, que reflete o primeiro impacto do cinema no vilarejo fictício de Macondo:

> *Deslumbrado com tantas e tão maravilhosas invenções, o povo de Macondo não sabia por onde começar a se espantar (...). Indignaram-se com as imagens vivas que o próspero comerciante Sr. Bruno Crespi projetava no teatro de bilheterias que imitavam bocas de leão, porque um personagem morto e enterrado num filme, e por cuja desgraça haviam derramado lágrimas de tristeza, reapareceu vivo e transformado em árabe no filme seguinte. O público, que pagava dois centavos para partilhar das vicissitudes*

> *dos personagens, não pôde suportar aquele logro inaudito e que-*
> *brou as poltronas. O alcaide, por insistência do Sr. Bruno Crespi,*
> *explicou num decreto que o cinema era uma máquina de ilusão*
> *que não merecia os arroubos passionais do público. Diante da de-*
> *salentadora explicação, muitos acharam que tinham sido vítimas*
> *de um novo e aparatoso negócio de cigano, de modo que optaram*
> *por não voltar ao cinema, considerando que já tinham o suficiente*
> *com os seus próprios sofrimentos para chorar por infelicidades fin-*
> *gidas de seres imaginários. (García Márquez, 2003, p. 207)*

É muito significativo pensar que o cinema atingiu um estágio mais narrativo por força de outros elementos que não os de sua natureza própria. Quem
comenta também essa questão é Deleuze (1998):

> *a narração não estava compreendida no cinema desde o início. O*
> *que levou a imagem-movimento, isto é, o automovimento da ima-*
> *gem a produzir narração, foi o esquema sensório-motor. O cine-*
> *ma não é narrativo por natureza: ele torna-se narrativo quando*
> *toma por objeto o esquema sensório-motor. (p. 153)*

Porém, apesar das diferenças entre Méliès e os "pais do cinema", há que
fazer justiça a estes últimos, que filmaram aquele que está entre os primeiros
filmes fantásticos, precursor, até mesmo, para alguns, da ficção científica no
cinema: *La charcuterie mécanique* (1895). Tratava-se de uma película com
cerca de 44 segundos de duração, em que um artifício fantástico permitia
que um porco fosse jogado em uma grande caixa de madeira e se transfor-
masse instantaneamente em peças de açougue. Hoje, afirma-se que Méliès e
os Lumière não foram assim tão dicotômicos quanto os estudos anteriores
de cinema propuseram. A contragosto daqueles que ainda costumam insistir
no discurso do surgimento do cinema atrelado ao realismo e ao registro histórico e social de sua época, reforço que a primeira apresentação de imagens
moventes pelo cinematógrafo a uma coletividade trouxe como figura temática um "trem fantasma". Sim, pois não é outra coisa aquela locomotiva imersa
em suas tonalidades de cinza e sem som do que uma entidade fantasmagórica
na obscuridade da sala em sombras. Que impressões, senão as do fantástico,

a seleta plateia teria tido? Soam-me poéticas – apesar de algo desencantadas – as palavras do escritor russo Máximo Gorki (citado por Henry, 2009), após ter presenciado uma projeção de filmes dos irmãos Lumière:

> *Ontem à noite, eu estive no Reino das Sombras (...). Se vocês conseguissem imaginar a estranheza desse mundo. Um mundo sem cor, sem som. Tudo por lá – a terra, a água e o ar, as árvores e as pessoas –, tudo é feito de um cinza monótono. [...]*[23] *Nenhuma vida, mas a sombra da vida. Nenhum movimento da vida, mas um tipo de espectro mudo. [...] É terrível de se ver este movimento sem sombras, nada a não ser sombras, nada a não ser sombras, espectros, fantasmas.*[24] *(pp. 9-10)*

Os vampiros de Louis Feuillade

Os historiadores do cinema costumam omitir ou dar pouco relevo a Louis Feuillade, que foi mais um dos precursores do fantástico. Ele produziu *La sirène* (1907), *Le Petit Poucet* (1912) e seus famosos filmes em episódios (na verdade, ele é considerado o pai da seriação fílmica no cinema francês): *Fantômas* (1913, em três partes e trinta quadros), *Les vampires* (sua obra mais conhecida e em dez episódios, datada de 1915, e que não tem nada das sangrentas histórias de vampiros de hoje) e *La nouvelle mission de Judex* (1917, em doze episódios). Há quem o considere um "poeta da realidade", mas, como salientou Francis Lacassin, seria uma arte realista colocada a serviço de um universo fantástico (cf. Prédal, 1970, p. 19). A crítica tardia denominou seu trabalho de "realismo fantástico" ou "realismo social", e o próprio Alain

---

23 Os colchetes são da citação original.
24 "*Hier soir, j'étais au Royaume des Ombres. . . . Si seulement vous pouviez vous représenter l'étrangeté de ce monde. Un monde sans couleur, sans son. Tout ici – la terre, l'eau et l'air, les arbres, les gens –, tout est fait d'un gris monotone. [...] Pas la vie, mais l'ombre de la vie. Pas le mouvement de la vie mais une sorte de spectre muet. [...] C'est terrible à voir, ce mouvement d'ombres, rien que des ombres, rien de que des ombres, les spectres, ces fantômes [...]*." Esse trecho citado por Franck Henry, por sua vez, está em *Cinématographe, invention du siècle*, de Emmanuelle Toulet, obra publicada pela Gallimard em 1988.

Resnais disse que Feuillade empregava o realismo dos Lumière e o fantástico de Méliès. Apesar de admirado pelos surrealistas, caiu no esquecimento pouco antes da chegada do chamado cinema falado.

O fantástico americano antes e durante os anos 1920

Quando se pesquisam os filmes produzidos nos Estados Unidos dos anos 1920, pode-se ter a enganosa impressão de que o cinema fantástico se funda exatamente naquela década e naquele país. Entretanto, parte dessa ideia advém do fato de que, nas décadas anteriores, outros diretores e gêneros (como o próprio Méliès, o expressionismo alemão e as populares comédias pastelão) acabaram por ofuscar alguns filmes americanos fundamentais para o cinema que me interessa. Este é o caso daquela que é considerada a primeira versão cinematográfica de *Frankenstein* (*Frankenstein*, Searle Dawley, 1910), talvez uma das obras do fantástico mais conhecidas do período, com a duração de dezesseis minutos. Ainda deve-se mencionar o curta-metragem *Dr. Jekyll e Mr. Hyde* (*Dr. Jekyll and Mr. Hyde*, Lucius Henderson, 1912), história que ganhou mais quatro versões no mundo no ano posterior, sendo duas delas em curtas. Cito também *The vampire's trail* (T. Hayes Hunter & Robert G. Vignola, 1914) e *The village vampire* (diretor desconhecido, 1916), este último com aproximadamente quinze minutos de projeção. Como se percebe, no cinema americano, diferentemente de em outros países, o fantástico sempre teve um lugar privilegiado.

Na década de 1920, salientam-se produções notáveis como *Notre-Dame de Paris* (*The Hunchback of Notre Dame*, Wallace Worsley, 1923), *O fantasma da Ópera* (*The phantom of the Opera*, Rupert Julian, 1923), *O mundo perdido* (*The lost world*, Harry D. Hoyt, 1925), *O morcego* (*The bat*, Roland West, 1926), *Londres depois da meia-noite* (*London after midnight*, Tod Browning, 1927) – este considerado o primeiro filme longa-metragem americano com a temática do vampirismo –, e, ainda: *O homem que ri* (*The man who laughs*, Paul Leni, 1928), *House of horror* (Benjamin Christensen, 1929) e *The thirteenth chair* (Ted Browning, 1929, com Bela Lugosi), este último tendo um enredo sobre mediunidade e crime. René Prédal disse que *O fantasma da Ópera*, de Rupert Julian, foi fundamental para a história do cinema fantástico pelo fato de ter influenciado toda a série de monstros dos anos 1930 da Universal, a partir do momento em que evidenciou a ambivalência do monstruoso no cinema – humano por um lado, diabólico por outro –, a marca dos grandes monstros clássicos. Dentre os atores da época, merece destaque Lon Chaney, o "homem de mil faces", considerado por muitos a maior personalidade do cinema mudo de terror.

Ainda para Prédal (cf. 1970, p. 32), o fantástico no cinema mudo americano foi brilhante e teria pontuado a gênese do gênero, vindo a abrir caminho para uma plenitude que seria conquistada na década seguinte.

Apesar de esse tópico tratar do cinema americano, é importante lembrar o cinema francês de tendência surrealista como bastante valoroso para o fantástico daquela década. A primeira cena *gore* do cinema está, talvez, em *Um cão andaluz* (*Un chien andalou*, Luis Buñuel, 1928), com as imagens de uma lâmina que abre em dois um globo ocular humano (na verdade, era de um boi). Os franceses realizaram também um cinema de feições surrealistas com filmes como *O caramujo e o clérigo* (*La coquille et le clergyman*, Germaine Dulac, 1928), *A queda da casa de Usher* (*La chute de la Maison Usher*, Jean Epstein, 1928) e *A idade do ouro* (*L'âge d'or*, Luis Buñuel, 1930). Prédal (1970) não me parece ter errado ao afirmar a dificuldade de se fazer uma genealogia do cinema fantástico francês. E Franck Henry salienta que a França sempre foi reticente ao fantástico no cinema, mas, ainda assim, o país contou com obras importantes, como a já mencionada *A queda da casa de Usher* e *Vampyr*, de Carl Theodor Dreyer, filmado no país em 1932. O cinema sueco, entretanto, é que teria sido, segundo Henry, um excelente laboratório para o fantástico europeu – com seus ambientes brancos feéricos, inspiradores do Romantismo das epopeias nórdicas –, com *A carruagem fantasma* (*Körkarlen*, Victor Sjöström, 1921), *A lenda de Gösta Berling* (*Gösta Berlings saga*, Mauritz Stiller, 1924), ou, ainda, o docuficção *Häxan, a bruxaria através dos tempos* (*Häxan*, Benjamin Christensen, 1922).

Animações: celeiro para o fantástico

Antes de os irmãos Lumière causarem *frisson* na sociedade parisiense e, em breve, em todo o mundo, vários pesquisadores ensaiavam suas experiências. Um deles, também francês, era Charles-Émile Reynaud (1844-1918), realizador de desenhos animados pintados à mão. Naquela época, fazia muito sucesso entre as crianças um brinquedo chamado praxinoscópio, inventado por Reynaud. Dentro de uma latinha, colocava-se uma tira de papel com desenhos de pessoas ou animais. Ao ser girada, os desenhos se refletiam em fitas transparentes e causavam a ilusão de movimento. Posteriormente, Reynaud passou a empregar espelhos. Porém, logo a atração perdeu a graça, pois os desenhos exibidos sempre executavam os mesmos movimentos. O inventor criou em seguida o que ficou conhecido como "teatro óptico", em que as cenas não se repetiam e já era possível se contar histórias por meio dos desenhos. Refletidas em um espelho ou em fitas, as ilustrações podiam ser projetadas em uma tela ou parede branca. Reynaud, considerado o criador do desenho animado, estava no Musée Grévin em 1892, em Paris, exibindo suas *pantomimes lumineuses*, verdadeiras animações que, entretanto, só se tornariam cinematográficas vinte anos depois, com Émile Cohl.

O *théâtre optique* de Cohl seduzia as plateias com seus mais de dez minutos de imagens coloridas em movimento, pintadas uma a uma sobre uma película de celuloide perfurada. Porém, Émile saiu de cartaz em 1900, ofuscado pelo sucesso dos irmãos Lumière. O resultado foi que, entre 1910 e 1913, ele vendeu parte de seu trabalho a um preço muito baixo e, decepcionado, lançou a maioria de seus filmes no rio Sena, tendo sobrado apenas dois deles[25] e alguns fragmentos.

Em 1907, *The haunted hotel*, de Stuart Blackton, exibiu uma faca cortando sozinha um salame, além de vários móveis de um antigo hotel agindo sem a presença de ninguém por perto. O público, apesar de conhecer as *féeries* de Méliès, jamais tinha visto seres inanimados se movendo sozinhos. Esse filme pode ser considerado a primeira animação da história do cinema. Porém, a

---

25 *Pauvre Pierrot* (1892) e *Autour d'une cabine* (1894), ambos disponíveis em sites de busca de vídeos.

técnica usada – a de se filmar imagem após imagem graças ao movimento da manivela da câmera – foi criada por Émile Cohl, que a empregou para fazer seu *Fantasmagorie*, com menos de dois minutos de duração. Cohl[26] levou ao público este que é considerado o primeiro desenho animado em filme no Théâtre du Gymnase, em Paris, em 17 de agosto de 1908, por meio de um projetor moderno (entenda-se, pós-irmãos Lumière). *Fantasmagorie* começa com uma mão humana desenhando um palhacinho branco sobre um fundo negro, o qual toma vida e passa por sucessivas transformações, de certa forma fazendo uma alusão *avant la lettre* ao surrealismo. Foi ele também quem criou, em 1910, o primeiro herói de desenhos, e com aparecimento regular, chamado Fantoche. Em 1912, Cohl foi para uma cidade próxima a Nova York, Fort Lee, para trabalhar para o estúdio francês Éclair e ensinar sua técnica nos Estados Unidos. Sua influência sobre outros cineastas foi notável, dentre eles o próprio Walt Disney.

Nos Estados Unidos, em 1914, Winsor McCay, que também era um excelente quadrinista, realizou o curta-metragem *Gertie, o dinossauro*[27] (*Gertie, the dinosaur*), que estreou nas telas a famosa parceria fantasiosa entre seres humanos e dinossauros. E há quem considere o seu *The sinking of the Lusitania*, de 1918, o primeiro desenho animado longa-metragem, mas a sátira governamental *El apóstol* (1917), de Quirino Cristiani, coloca a Argentina em primeiro lugar, por conta de seus setenta minutos de duração. McCay foi uma personalidade importante na animação por realizar diversos desenhos animados com temáticas fantásticas, a exemplo de *Little Nemo* (1908) e *The centaurs* (1918-21).

Com McCay, o cinema desenvolveria cada vez mais animações, até culminar nos grandes sucessos das próximas décadas: o gato Félix (criado em 1919, ainda sem o nome com o qual ficou conhecido), o fazendeiro Al Falfa, que aparecia também em adaptações de fábulas de Esopo (nos anos 1920), Betty Boop, Popeye, e as séries da Terrytoons (no início dos anos 1930), esta

---

26 Seu nome real era Émile Courtet.
27 Na verdade, uma simpática "dinossaura" que é considerada a primeira "estrela" dos desenhos animados. Esse foi o primeiro filme a tratar da temática recorrente dos répteis gigantes, que tanto povoa nosso imaginário, como em *O mundo perdido* (*The lost world*), de 1925, na série japonesa de *Godzilla* e nos filmes da franquia *Jurassic park*.

última com personagens que ficaram famosos no Brasil como Faísca e Fumaça (uma dupla de corvos), Super Mouse e o Patinho Dinky.[28]

As animações no Brasil

É bem escassa a bibliografia sobre a história de nossas animações, tão cheia de atropelos e lacunas. No início do século XX, o cartunista Fono – Eugênio Fonseca Filho – produziu algumas animações curtas. Coelho (1998) lembra que, em 1923, Luiz Seel e o fotógrafo João Stamato produziram *Macaco feio, macaco bonito*. Na década de 1930, *As aventuras de Virgulino* e *Virgulino apanha* foram dois desenhos animados do cartunista Luiz Sá, hoje parcialmente recuperados.[29]

Em 1942, Humberto Mauro – um grande cineasta brasileiro –, produziu nosso primeiro filme com bonecos quando estava no Ince (Instituto Nacional de Cinema Educativo) e dirigiu animações didáticas nos anos 1950, como *Limpeza e saúde* e *Os dentes*, para o Serviço Especial de Saúde. *Sinfonia amazônica*, de Anélio Lattini Filho – diretor influenciado por Disney –, surgiu em 1953, em preto e branco, e pode ser considerada nossa primeira animação longa-metragem. O filme retratava sete lendas amazônicas ligadas pelos personagens Boto e Curumim, como a lenda da Cobra Grande e a da Noite, que é liberta de dentro de uma noz de tucumã. A publicidade ajudou a impulsionar as animações a partir dos anos 1960, sobretudo com o Grupo Ceca (Centro de Estudos de Cinema de Animação) e o grupo Fotograma. Em 1972, surgiu nosso primeiro longa-metragem colorido de animação: *Piconzé*, de Ypê Nakashima. Marcos Magalhães foi premiado com o seu *Meow*, com oito minutos de duração, em 1981. Em 1996, *Cassiopeia*, de Clóvis Vieira, marcou o primeiro longa de animação totalmente produzido a partir de imagens geradas por computador no mundo. A partir dos anos 2000, considera-se que o Brasil passou a viver um *boom* de animações, tanto

---

28 Para mais informações sobre o cinema desse período, cf. Sabadin (2000).

29 Em 1941, o caricaturista foi impedido de apresentar sua produção para os estúdios de Walt Disney durante o governo Vargas e, por isso, vendeu seus desenhos animados para uma loja de projetores, a qual, por sua vez, os distribuiu como brindes aos clientes.

em termos de quantidade como de qualidade, posicionando-se entre os países de referência no mundo.

A revolução Disney

O império de Walt Disney é hoje repositório de grande parte de filmes que representam muito do fantástico nos séculos XX e XXI, apesar de suas experiências terem começado a partir do momento em que ele criou o primeiro estúdio para produzir desenhos animados de Hollywood. A produção era ainda bastante incipiente, com destaque para *Alice in cartoonland* (1923), que misturava uma atriz humana com desenhos animados em vários episódios. Em 1926, a Disney Brothers resolveu criar o coelho Oswald para concorrer com o gato Félix. A inexperiência de seu criador, entretanto, fez com que o coelho acabasse por ser patenteado por seu sócio. Disney, na expectativa de fazer um novo personagem para substituir o anterior, teve a ideia de criar Mickey, um camundongo, que apareceu em um desenho de 1928 – *Steamboat Willie* –, com som e fala, a grande novidade da época, fazendo muito sucesso.

De lá em diante, Disney teria uma grande penetração popular em todo o mundo, ao mesmo tempo que realizaria vários avanços na técnica de animação. O que considero, entretanto, bastante pertinente é pensar que as invencionices de Disney parecem, em grande medida, herdeiras dos engenhos de Barnum, o grande empresário das "excentricidades" do século XIX. Afinal, como lembra Courtine (cf. 2011, p. 328), os Estúdios Disney foram capazes de fazer com que os anões deixassem os *side shows* para ocupar ternamente e de forma estilizada as cenas em *Branca de Neve e os sete anões* (*Snow White and the seven dwarfs*, David Hand *et al.*, 1937), por exemplo.

O fantástico conquista a Alemanha

No cinema, as duas primeiras décadas do século XX podem ser consideradas de perplexidade, descoberta e maturação. Logo, vários gêneros cinematográficos surgiriam e se consolidariam; dentre eles, o fantástico, malgrado seu reconhecimento cambiante por parte dos críticos, como não canso de salientar.

O fantástico existirá em plena vitalidade, por exemplo, na estética que marcou o cinema alemão e se tornou uma das paradas obrigatórias para quem deseja entender sua história: o expressionismo. Por conta das censuras, os primeiros filmes do fantástico assustador tiveram muita dificuldade de chegar ao público. Foi no expressionismo alemão, porém, que se pode dizer que esse gênero ganhou certo respeito pela primeira vez. Esse surgimento excepcional do criativo e do horrendo já configurava o que Hansen (2004) chamou de "uma transcrição da mitologia contemporânea" (p. 430), em especial a partir dos anos 1920, em que muitos filmes poderiam ser analisados pelo viés do conceito freudiano da repressão. "As fantasias cinematográficas idiotas e irreais são os *devaneios da sociedade* em que a verdadeira realidade vem para o primeiro plano e os seus desejos sempre reprimidos em outras circunstâncias tomam forma" (Hansen, 2004, p. 430). Dessa forma, o cinema teria uma função dupla, de acordo com a autora: por um lado, a de exacerbar os desejos reprimidos da sociedade como um todo e, por outro, a de reprimir aquilo que não poderia ser revelado ou mostrado, por causar perturbações na ilusão de "plenitude e mobilidade imaginárias". Afinal, a segunda década do século XX seria conhecida como "os loucos anos 20", com marcante prosperidade financeira, ignorando-se as crescentes sombras das ameaças políticas e sociais que se fariam a partir dos anos 1930, com a ascensão de regimes totalitários e do antissemitismo.

Em meio à farta e originalíssima produtividade fílmica, a Alemanha também teria uma *féerie*, mas diferente da francesa, que nasceu adjacente ao teatro de ilusões. A germânica seria, antes de tudo, uma *féerie de laboratoire*, tendo em Fritz Lang seu principal arquiteto.

Menciono a seguir alguns filmes do expressionismo alemão que podem ser considerados obras-primas do cinema fantástico e, em muitos estudos, referências obrigatórias.

O gabinete do doutor Caligari (*Das Kabinett des Dr. Caligari*, 1920), dirigido por Robert Wiene, foi um audacioso filme que narrava a vida de um médico que gostava de viajar por feiras de aberrações e horrores com Cesare, um bizarro sonâmbulo que dormia havia 23 anos. Esse filme, além de cenários e interpretações assustadoras, revelou um final surpresa, algo novo ainda no cinema, final este que se explicaria por meio do *flashback*.

Nosferatu, uma sinfonia do horror (*Nosferatu, eine Symphonie des Grauens*, 1922), de Wilhelm Murnau, é uma versão não autorizada de *Drácula*, de Bram Stoker, e pode ser considerado o primeiro filme longa-metragem de vampiro.[30] As sombras que se projetavam a partir de Nosferatu e do cenário tornaram essa produção referência para muitos filmes que foram feitos posteriormente. Como propõe Eisner (2002): "Já Murnau cria a atmosfera de terror com os movimentos dos atores em direção à câmera: a forma horrenda do vampiro avança, com uma lentidão exasperante, da profundidade extrema de um plano para outro onde se torna de repente gigantesca" (p. 76).

Fritz Lang, outro magnífico diretor, trará em suas produções o retorno do sabor da esfera gótica e uma plástica notoriamente fantasmagórica, realçando o contraste entre luz e sombra, o que provocava os exageros e as distorções que marcariam suas obras. Outro filme dele, *Os nibelungos* (*Die Nibelungen*, 1924), dividido em duas partes, trabalhou a mitologia fantástica germânica em paisagens construídas em papel machê. Já o seu *Metrópolis* (*Metropolis*, 1927) é outra obra de arte. Baseado em um romance de Thea von Harbou, esse filme, cuja história se passa no século XXI, tem um roteiro de ficção científica, mas também traz mistério, ação e romance. O enredo se desenvolve em uma cidade despoticamente governada por um empresário que mantém operários escravizados por máquinas, obrigados a viver e trabalhar nos subsolos da cidade, até que surge Maria, uma jovem que estimula os empregados a se organizarem e lutarem por seus direitos.

O expressionismo alemão foi talvez uma das únicas expressões europeias que enfatizaram deliberadamente o fantástico, o qual, posteriormente,

---

30 Considera-se como o primeiro filme longa-metragem de terror do cinema *O estudante de Praga* (*Der Student von Prag*, 1913), dirigido por Paul Wegener. Ele também dirigiu *O golem* (*Der Golem*, 1915). Em 1913, Max Mack filmou *O outro* (*Der Andere*), que mantém diálogo com a obra *O médico e o monstro*, de Robert Louis Stevenson. São esses alguns dos antecedentes dos filmes fantásticos de terror. Já *Le manoir du Diable*, de Méliès, costuma ser classificado como o primeiro filme curta-metragem sobre vampiro, em que um morcego se transforma em Mefistófeles, uma figura demoníaca.

teria como residência oficial os estúdios americanos. Mas, ainda que Eisner (2002) tenha tentado, em seu célebre livro, classificar exageradamente o cinema mudo alemão como expressionista, esse termo – e aqui concordo com Aumont e Marie (2001, p. 113) – parece-me muito mais evocativo do que rigoroso em seu esforço de busca de definição. Vindas da literatura e das artes plásticas, as aplicações expressionistas ganharam no cinema alemão a estilização cenográfica, apresentando a imagem como gravura, abusando do jogo de sombra e luz e das sombras oblíquas, da mesma forma que as angulações da câmera buscavam o grotesco. Considera-se como uma das últimas obras de envergadura expressionista o filme *Vampyr* (Carl T. Dreyer, 1932).

Os anos 1930 – a galeria dos monstros

Como foi explicado, o corpo pesado e bruto dos monstros dos *side shows* foi, aos poucos, se "desmaterializando", no final do século XIX, para habitar o jogo de luz e sombra da tela cinematográfica. Assim, atingiu-se o universo fantasmagórico e ilusório da óptica e do movimento, em uma época em que também se vislumbrava, com fervor, a sombra do que se suspeitava na interioridade dos corpos por meio do avanço da tecnologia dos raios X. Todavia, a suposta evanescência dos monstros dos *carnivals*[31] jamais acarretaria sua extinção: eles, na verdade, se tornaram memoráveis registros do imaginário que podiam ser vistos e revistos plasmados sobre uma grande tela branca. De fato, uma galeria de fantasmas luminosos desfilou nos "pulguinhas", os barracões das exibições em massa da Costa Leste dos Estados Unidos. As feiras de curiosidades e os parques de diversão foram os copartícipes de um mundo que se abriu ao fantasmagórico cinematográfico e deram uma segunda chance e segunda vida aos monstros que, fiéis *revenants*, voltaram, já contando com um público afeito à teatralização de terror e mistério. Courtine (2001) pontua que os monstros:

---

31 Esse é um termo empregado para se referir aos empreendimentos que contavam com espetáculos de viés circense, *vaudevilles*, brinquedos de parques de diversões etc.

*a partir da invenção do cinematógrafo na virada do século, ti-
nham deixado os entra e sai para invadirem as telas. Os parques
de diversão foram (...) os estabelecimentos cinematográficos itine-
rantes, um lugar destacado de metamorfose dos corpos monstruosos em sinais de sombra e de luz. (p. 317)*

Ficou evidente que os anos 1920 acompanharam o soerguimento de mitos figurativos do cinema de terror, como o vampiro em *Nosferatu*, o misterioso sedutor de *O fantasma da Ópera* (*The phantom of the Opera*, Rupert
Julian, 1925) e os dinossauros de *O mundo perdido* (*The lost world*, Harry
Hoyt, 1925), por exemplo.

Assim, mediante essa breve recapitulação, sinto-me confortável para
adentrar os anos 1930, que vão encontrar um terreno de certa forma já se-
meado. Essa mesma década, entretanto, contou com uma produção única e
isolada sobre a qual teço algumas considerações: trata-se de *Freaks* (1932),
um filme excepcional que fez renascer o conturbado crepúsculo dos corpos
"anormais" dos espetáculos populares na tela do cinema. Foi Irving Thalberg,
um dos diretores da MGM, quem percebeu a chegada de um ciclo do cinema
de horror e pediu a Tod Browning[32] para fazer esse filme. Courtine (2011)
afirma que *Freaks* é: "um marco essencial na história das representações do
corpo anormal, um limiar na genealogia das percepções e da deformidade
humana" (p. 321). A obra acabou por mostrar que se pode dar abrigo, sob a
aparência feia e disforme, ao afetuoso e ao moral. "Os monstros são humanos
porque sofrem, adverte o primeiro plano do filme. E são também humanos
porque são cruéis, conclui o último plano" (p. 322). Porém, *Freaks* não fez
sucesso, sofreu cortes, representou o fim de carreira de seu diretor e causou contragosto e protestos de uma cultura de sensibilidade já modificada,
como expliquei ao tratar dos monstros no século XIX e nas primeiras décadas do século XX.[33] Por ter colocado na tela – pela última vez, provavelmente

32 Além de ter ficado notável como diretor de *Drácula* (1931), ele já era conhecido por seus
filmes em que atuava o multifacetado ator Lon Chaney.
33 Na opinião de Courtine (2011): "O cinema terá que fabricar outras ficções, fixar outras
distâncias, inventar monstruosidades sem monstros para livrar os olhares desse mal-estar:
tranquilizar e comover as massas" (p. 324).

– "monstros" humanos "de verdade", essa produção veio a ser proibida em diversos países: foi banida da Inglaterra por trinta anos[34] e só ganhou uma revalorização na década de 1960.

Freaks, de fato, oferece uma angulação muito clara das mudanças da percepção sobre a "deformidade" humana. Não foi por acaso que, no ano seguinte ao seu lançamento, um autômato veio a conquistar um público bem acostumado a maquetes, a grandes dinossauros e monstruosidades simiescas, pelo menos desde a década anterior: *King Kong* (1933), de Merian Cooper e Ernest Shoedsack,[35] viveria um dos apogeus do cinema fantástico de todos os tempos.

Essa foi uma das fases mais promissoras para os filmes de terror, com relevo para as produções da primeira metade da década de 1930.[36] O período

---

34 Nos Estados Unidos e Inglaterra, filmes como *Freaks* (1932) e *A ilha das almas selvagens* (*Island of lost souls*, Erle C. Kenton, 1932) foram mais do que apenas censurados: havia até códigos de "moralidade" impostos pelos estúdios, como a Fox.

35 Comentarei mais sobre esse filme neste mesmo subcapítulo.

36 Como trato de décadas em que as produções cinematográficas sofriam os arroubos da censura nos Estados Unidos, abro aqui uma nota informativa sobre esse assunto. Houve um código nos Estados Unidos que durou mais de três décadas e que impunha rígidas restrições aos filmes no que tangia a quesitos como "moralidade" e "bons costumes", restrições estas que, para serem "amenizadas", contavam com a extrema criatividade de vários diretores. Nem o próprio Alfred Hitchcock escapou das numerosas normas. Esse código ficou batizado como "código Hays" e estabelecia censuras às produções do cinema. Aplicado de 1934 a 1967, sua criação se deve à associação de produtores cinematográficos dos Estados Unidos, a Motion Picture Association of America (MPAA), e seu texto foi escrito por um líder do Partido Republicano, William H. Hays. O código tinha três princípios gerais que justificavam suas restrições, as quais eram enumeradas e comentadas. Dentre alguns exemplos, menciono: nenhum filme poderia rebaixar o nível moral dos espectadores, de forma que alguém viesse a tomar partido a favor de um criminoso, de um ato pecaminoso ou maléfico. Os estilos de vida apresentados na grande tela deveriam ser "corretos", e a lei – fosse natural ou humana – jamais poderia ser ridicularizada. As técnicas de assassinato deveriam ser utilizadas de maneira a não serem imitadas na vida real, e os assassinatos brutais não poderiam ser mostrados em detalhes. Não deveria haver justificativa para qualquer tipo de vingança exercida no âmbito de um enredo fílmico. Da mesma forma, técnicas de roubo, contrabando, perfuração de cofres-fortes e explosão por dinamite de trens, minas ou edifícios não deveriam ser exibidas em minúcias. A mesma coisa valeria para o incêndio voluntário. O uso das armas de fogo tinha de ser restrito ao mínimo. O tráfico de drogas e seu uso não poderiam ser mostrados em nenhum filme. O uso de álcool não deveria ser apresentado de forma excessiva. Os sacerdotes não poderiam ser vinculados a criminosos

teve como marco obras clássicas em preto e branco da Universal, um estúdio que se tornou referência no gênero, indo na contracorrente do cinema realista-naturalista que marcará a mesma década e as seguintes.

Após um breve marasmo no período que se deu da passagem do cinema mudo para o falado, e isso somado aos desastres e infortúnios ligados à Queda da Bolsa de Nova York,[37] Hollywood gestou aqueles que seriam conhecidos como "os monstros" da grande tela por excelência – referências máximas para o cinema –, indo além das matrizes da literatura gótica dos séculos XVIII e XIX. Afinal, os monstros da Universal se transformaram em figurações do fantástico que penetraram também em outras mídias (incluindo desenhos animados, jogos eletrônicos, novelas e seriados para a TV, HQ, *sites* e revistas especializadas, fotografia e *design*). É quase impossível, desde então, filmar ou escrever na esfera do gênero fantástico sem levar em consideração as grandes produções e as imagens marcantes do terror dos anos 1930. Seus monstros – na verdade uma excelente revisitação de diversas lendas, ainda que em grande parte referendadas pela literatura – formam uma galeria que oferece, em uma espécie de "classificação empírica", orientação sobre as principais características de cada um daqueles seres que repercutiram avassaladoramente na grande tela. Desde aquele momento, não houve uma só geração que não fosse marcada de maneira indelével pelo quarteto vampiro-Frankenstein-múmia-lobisomem[38] e seus "primos" (zumbis, monstros gigantes, como King Kong,

---

ou ridicularizados, e Cristo não deveria figurar como personagem em comédias, valendo o mesmo para a Virgem Maria. Dentre termos e expressões proibidos, estavam, por exemplo, "merda", "foder", "puta", "quente" (referindo-se, este último, a uma mulher). O adultério não poderia ter muita precisão na tela, tampouco ser justificado. Beijos e abraços com muita lascívia eram proibidos, assim como gestos picantes. Uma comédia não poderia tratar de perversões sexuais. A nudez total era proibida, incluindo-se apenas as silhuetas, e o órgão sexual masculino não deveria ser exibido em ereção, mesmo sob roupas. Por isso, era necessária certa atenção para com calças justas que um determinado tipo de personagem masculino viesse a usar. Referências a pelos, incluindo aos das axilas, eram proibidas. Um homem não poderia tirar as meias de uma mulher ou retirar as próprias calças. Após 1967, o código Hays foi substituído pela classificação por faixa etária estipulada pela MPAA.

37 Esse evento também propiciou a redução de gastos e a profusão de produções de baixo orçamento que, no futuro, seriam conhecidas como "filmes B".

38 "Quarteto" que se fortalece nos anos 1940 com o justo acréscimo de *O lobisomem* (*The wolf man*, George Waggner, 1941), sem dúvida, uma das melhores produções dentro da temática. Deve-se, entretanto, mencionar, datada de seis anos antes, a produção *O lobisomem de*

e cientistas loucos, como Dr. Jekyll e Dr. Moreau) – os quais terão seus "avatares" em uma lista interminável de títulos nos mais diversificados suportes midiáticos e artísticos.

Esse período profícuo e marcante na história do cinema americano é conhecido como Idade de Ouro (*l'Âge d'Or*) (cf. Prédal, 1970, p. 32), e, no gênero fantástico, traz como principais diretores Tod Browning (*Dracula*, 1931) e James Whale (*Frankenstein*, 1931), com os atores Bela Lugosi e Boris Karloff, respectivamente. É a obra máxima de Bram Stoker que inaugura essa era fecunda. Conforme afirmou Baecque (2011):

> *O Drácula de Browning, em 1931, é ao mesmo tempo um filme fascinante – de modo particular no prólogo – e o melhor exemplo da grande "formatação" dos corpos que Hollywood vai praticar em grande escala a partir dos anos de 1930, fabricando em série terror e glamour dos corpos, quer as estrelas sejam monstros ou lindas mulheres. As criaturas, sob todas as suas formas, das mais repulsivas às mais desejáveis, são desde então como que domesticadas: aprendem as regras do savoir-faire hollywoodiano (não olhar para a câmera, ser bastante aterrorizadoras, mas não demais para alguns, suficientemente apetecíveis, sem porém ultrajar as poderosas ligas da virtude para os outros, filmar rápido e bem, passar pelas mãos dos maquiadores, dos figurinistas e dos chefes operadores do estúdio, respeitar os códigos de narração) e ganham glória e notoriedade. O corpo que os espectadores vêm ver na tela encontrou suas regras, suas estrelas, e logo seus clássicos. (p. 485)*

O sucesso dos filmes iniciais abriu caminho para outros que seriam doravante carros-chefe do gênero fantástico no cinema, como *A múmia* (*The mummy*, Karl Freund, 1932) e o tardio *O lobisomem* (*The wolf man*, George Waggner, 1941) – este último, uma verdadeira superprodução para os

---

Londres (*Werewolf of London*, Stuart Walker) da Universal, mas sem a mesma repercussão que a obra de Waggner obteve.

padrões da Universal.[39] Há ainda *Zumbi branco* (*White zombie*, Victor Halperin e Edward Halperin, 1932),[40] uma produção independente que é considerada o primeiro longa-metragem do tema. No enredo, uma jovem mulher é transformada em zumbi pelas mãos de um feiticeiro vodu.[41]

King Kong foi um tão grande sucesso que conseguiu pagar as dívidas da RKO, sua produtora. Desde 1915, pelo menos, os espectadores já vinham sendo motivados pelos temas dos dinossauros e de um símio gigantesco (*O dinossauro e o elo perdido/ The dinosaur and the missing link*, Willis O'Brien), considerado o ancestral de Kong. Para Roger Dadoun (cf. 2000, p. 135), *King Kong* encerraria uma espécie de medo paranoico, uma das bases da sensibilidade americana e até mesmo planetária. E é Courtine (2011) quem faz considerações sobre o contexto em que o gorila gigante ganhou os cinemas:

> *A estranheza grandiloquente do monstro das telas – assim como as emoções que desperta: espanto, maravilha, terror, repulsa... – estão em função inversa do enfraquecimento das percepções da deformidade do corpo humano na vida coletiva de sua disseminação crescente sob a forma de pequenas diferenças, dos "monstros pálidos" [na terminologia empregada por Foucault] da anomalia corporal – e dos sentimentos e das práticas que constituem seu cortejo: sentimento de culpa, mal-estar, fugas... E é por isso que* King Kong *entra em cena justamente no momento em que os monstros de Browning [Freaks] a desertam. Vem, no sentido mais forte da palavra, macaquear aquilo cujo único suporte havia sido durante muito tempo a deformidade humana, e cujo espetáculo não mais poderia constituir. (p. 326)*

---

39 Esse filme causou uma preocupação nos produtores da Universal, uma vez que *O lobiso-mem de Londres* (1935) havia sido um fracasso tanto de público como de crítica. Entretanto, o filme de George Waggner foi uma das maiores bilheterias da Universal no período. Em 1946, houve ainda *A mulher-lobo de Londres* (*She-Wolf of London*), de Jean Yarbrough, seguindo a febre lupina.

40 Ele teve uma sequência em 1936, *Revolta dos zumbis* (*Revolt of the Zombies*), dirigido por Victor Halperin.

41 Astruc (2008) propõe que o zumbi cinematográfico contemporâneo seria, em uma primeira instância, herdeiro tanto de *A morta-viva* (1943) como de *A múmia* (1932).

Para o mesmo pesquisador, os monstros cinematográficos causariam o medo, representariam terrores coletivos e teriam uma função catártica. Ele ainda salienta que *King Kong* está em uma vasta linhagem de filmes com teores catastróficos, quase proféticos, em que guerras, epidemias, exageros e falta de escrúpulos científicos se tornam recorrentes a partir de tramas desenvolvidas desde as décadas anteriores. De fato, os anos 1930 já conheceram *remakes* a partir de obras que traziam personagens originalmente literários, como Frankenstein, Dr. Jekyll e Mr. Hyde, ou as criaturas de *A ilha do dr. Moreau*, do livro de H. G. Wells.[42] Courtine (2011, pp. 327-328) discute ainda que *King Kong* pode ser representativo de como os monstros artificiais "de bom coração" são capazes de tranquilizar, por um lado, e comover, por outro, e salienta que o enorme gorila passou a perder, em obras posteriores, a brutalidade que lhe fora notável na obra fundante de 1933, o que, para o pesquisador, não deixa de ser uma "edulcoração" do monstruoso[43] feita pelo cinema.

O que marca as obras do período não é apenas a relevância que elas têm até hoje para o cinema e os enredos que proporcionaram a partir de centenas de adaptações, *remakes* e referências, mas, também, a qualidade artística que lhes confere um *status* privilegiado. Humanizados pela palavra falada, os monstros dos anos 1930 começaram, na própria década em que foram

---

42 Da mesma forma, como comento posteriormente, o Japão pós-Segunda Guerra conhecerá as ameaças de Godzilla e outros monstros tectônicos oriundos da radiação atômica, enquanto o cinema de ficção científica dos Estados Unidos terá sua onda de marcianos "comunistas" na década de 1950. Nos anos 1980, os vampiros retomam sua força, em uma época em que a contaminação pelo sangue se tornou inquietação mundial e, ao mesmo tempo, o cinema será visitado por diversas ameaças disformes e informes do espaço que vieram se agregar aos terráqueos, dificultando saber quem era a vítima e quem era o vilão. Existe ainda o exemplo da década seguinte, em que supostos e mirabolantes avanços da ciência genética trouxeram às grandes telas legiões de dinossauros histéricos e descontrolados. Com isso, não quero fazer uma associação direta e simplista dos contextos sócio-históricos e sua repercussão nas produções fílmicas. Para mim, antes, tais exemplos podem ser somados à minha abordagem, que busca localizar os sintomas da cultura em formas monstruosas do cinema, abordagem esta que considero mais complexa do que aquela que busca apenas uma relação de "causa social" e "efeito cinematográfico".

43 *O filho de Kong* (*The son of Kong*, Ernest B. Schoedsack), lançado no mesmo ano do sucesso de seu antecessor matricial, trouxe um enredo mais ameno. Em 1976, o *remake* de *King Kong*, dirigido por John Guillermin, trará um monstro ainda mais doce, característica que se verificará também na versão de Peter Jackson (2005).

vivificados, a gerar uma numerosa prole, com títulos como *A filha de Drácula* (*Dracula's daughter*, Lambert Hillyer, 1936) e *A noiva de Frankenstein* (*The bride of Frankenstein*, James Whale, 1935).

Menções também devem ser feitas, no rol dos filmes marcantes desse período, a *O homem invisível* (*The invisible man*, James Whale, 1933), *A ilha das almas selvagens* (*Island of lost souls*, Erle C. Kenton, 1932) e às adaptações a partir de textos de Edgar Allan Poe: *Os assassinatos da rua Morgue* (*Murders in the Rue Morgue*, Robert Florey, 1932), *O gato preto* (*The black cat*, Edgar Ulmer, 1934) e *O corvo* (*The raven*, Lew Landers, 1935).

No final da década de 1930, o gênero fantástico no cinema dos Estados Unidos se bifurca: por um lado, teremos comédias fantásticas como *Topper e o casal do outro mundo* (*Topper*, Norman Z. McLeod, 1937) e paródias dos monstros que ganharão força nos anos 1940 e 1950; por outro lado, a presença do onírico marcará filmes como *No tempo perdido* (*On borrowed time*, Harold S. Bucquet, 1939). Uma curiosidade é que se pode considerar, nessas paródias e em outras produções de terror de baixo orçamento da época, o início de uma convivência entre monstros que até então tinham suas narrativas bem individualizadas. Os encontros entre vampiros, lobisomens e Frankenstein, por exemplo, passarão a se tornar um evento comum e influenciarão várias produções, tanto do cinema e da TV como dos desenhos animados. Dessa "primeira convivência", os monstros passarão a se fundir e se hibridizar mais e mais, como se o estar lado a lado em um mesmo enredo fosse apenas o primeiro passo para que chegassem a um aprimoramento de suas características, cada vez mais mescladas.

Com as inquietações advindas com a Segunda Guerra Mundial ocupando as principais manchetes do mundo, os monstros de sucesso ressurgirão na década seguinte em novas versões e abordagens, mas, de maneira geral, menos formidáveis do que as primeiras.

Eclipse dos monstros clássicos: os anos 1940

Na década de 1940, a Universal tentou prolongar o sucesso da década anterior, mas não obteve a mesma repercussão com seus filmes. A fórmula que passou a ser usada foi a da repetição dos monstros, preferencialmente em dupla ou em grupo, em produções de qualidade bem mais baixa do que suas matrizes. Temos *Frankenstein encontra o lobisomem* (*Frankenstein meets the Wolf Man*, Roy William Neill, 1943), *A casa de Frankenstein* (*House of Frankenstein*, Erle C. Kenton, 1944) e *A casa de Drácula* (*House of Dracula*, Erle C. Kenton, 1945) como algumas das produções mais emblemáticas do período. *A casa de Drácula* foi produzida já se pensando em finalizar as repetições temáticas.

Os baixos índices de sucesso dos filmes *O filho de Frankenstein* (*Son of Frankenstein*, Rowland V. Lee, 1939) e *O fantasma de Frankenstein* (*The ghost of Frankenstein*, Erle C. Kenton, 1942) mostraram que a força maior da onda de monstros clássicos tinha passado. Prova disso é que o responsável pelas maiores bilheterias – a criatura de Victor Frankenstein – já não atraía tantos fãs às salas de exibição. O raciocínio da Universal para salvar o filão foi investir em monstros "acompanhados", e daí veio a aposta no lobisomem, gerando o filme *Frankenstein encontra o lobisomem* (*Frankenstein meets the Wolf Man*, Roy William Neill, 1943), considerado o primeiro *crossover*[44] do cinema de monstros, que, entretanto, privilegiou a figura do homem-lobo, deixando Frankenstein em segundo plano. O filme obteve um relativo sucesso, o que estimulou a produção de sua sequência, *A casa de Frankenstein* (*House of Frankenstein*, Erle C. Kenton, 1944), com o mesmo intuito de junção de monstros, contando, dessa vez, com Frankenstein – novamente com participação discreta –, um lobisomem, Drácula, um cientista louco que homenageava Victor Frankenstein, além de um corcunda psicopata. Uma boa produção dessa década que surge como um hiato qualitativo foi a adaptação do livro homônimo de Oscar Wilde, *O retrato de Dorian Gray* (*The portrait of Dorian Gray*, Albert Lewin, 1945).[45] A Universal insistiria ainda no tema monstruoso três anos mais tarde, mas, dessa vez, em uma comédia: *Abbott e Costello encontram Frankenstein* (*Abbott & Costello Meet Frankenstein*, Charles Barton, 1948).

---

44 *Crossover* é uma técnica narrativa que permite o encontro de personagens de núcleos ou enredos diversos em um mesmo livro, HQ, filme, episódio e série televisiva, por exemplo.

45 No tópico anterior, mencionei *O lobisomem* (1941), pois ele se enquadra nas produções de boa qualidade dos anos 1930. Por isso, não foi inserido nesse item.

Os anos 1940 vão conhecer os chamados filmes "B", produções baratas com cerca de sessenta minutos de duração, trazendo argumentos fracos e, em geral, realizadas para se preencher os "buracos" entre exibições de obras de sucesso. Muitos filmes "B" vão funcionar como paródias ou sequências pobres de filmes de terror dos anos anteriores, como aconteceu com a figura da múmia. Mas, de forma interessante, foi a partir desse contexto que vários monstros ganharam sobrevida, a exemplo do excelente *O lobisomem* de George Waggner (1941), com a interpretação de Lon Chaney Jr., e *O médico e o monstro* (*Dr. Jekyll and Mr. Hyde*), dirigido por Victor Fleming (1941), um *remake* do filme de Rouben Mamoulian (*O médico e o monstro/ Dr. Jekyll and Mr. Hyde*, 1931). Os anos 1930 têm ainda como marco *Na solidão da noite* (*Dead of night*, Alberto Cavalcanti, Charles Crichton, Basil Dearden, Robert Hamer, 1945), o primeiro filme fantástico dividido em partes independentes (*sketches*). De maneira geral, o aspecto assustador do fantástico voltará a ganhar corpo somente posteriormente, quando os filmes se tornarão cada vez mais sangrentos.

Ainda nos anos 1940, Val Lewton convidou o amigo Jacques Tourneur para filmar *Sangue de pantera* (*Cat people*, 1942),[46] a convite da RKO. Contudo, desinteressados pelo cinema fantástico, eles optaram por um estilo que mais sugerisse do que mostrasse, permitindo que o espectador projetasse seus medos mais profundos, abandonando a primazia dos efeitos especiais, das máscaras e das maquiagens que haviam marcado o cinema de terror até então. *Sangue de pantera* foi rodado em 21 dias e inspirou uma série de outros filmes, como *A morta-viva* (*I walked with a zombie*, Jacques Tourneur, 1943) e *O homem leopardo* (*The leopard man*, Jacques Tourneur, 1943), além de *A sétima vítima* (*The seventh victim*, Mark Robson, 1943) e *A maldição do sangue da pantera* (*The curse of the cat people*, Gunther Von Frisch & Robert Wise, 1944).

Há críticos que consideram a Segunda Guerra Mundial a verdadeira responsável pelo eclipse dos monstros da década anterior, ao levar para o dia a dia dos espectadores uma dimensão de atrocidades que retratava o mais hediondo do poder de destruição humano. De qualquer forma, foram, pelo

---

46 O filme teve um *remake* em 1982: *A marca da pantera* (*Cat people*, Paul Schrader).

menos, quase duas dezenas de filmes significativos dentro de temáticas fantásticas nos anos 1930 e 1940. Porém, às vésperas de uma nova década, não se podia dizer que os filmes de terror fossem preferência de seu já não mais tão cativo público, o qual buscava outras formas de representações monstruosas aliadas ao apelo da cor. A próxima década, portanto, marcaria a consagração e a popularização da ficção científica no cinema.

Década de 1950: os alienígenas chegaram

Estudiosos afirmam que a Guerra Fria incentivou a criação de seres mais atraentes para o público frustrado com os fracos e pouco expressivos monstros do decênio anterior: extraterrestres e seres radioativos diziam muito às gerações do pós-Guerra, e pode-se afirmar que as duas frentes norteadoras do cinema fantástico dos anos 1950 foram: a) os perigos radioativos, que fariam de invertebrados seres gigantescos (*Tarântula/Tarantula*, Jack Arnold, 1955), ou que despertariam monstros reptilianos adormecidos no seio do planeta (*Godzilla, o rei dos monstros/Godzilla, king of the monsters!*, Terry Morse & Inoshiro Honda, 1956); b) o medo das invasões comunistas, encarnado em homenzinhos ou monstrões vermelhos (*O planeta vermelho ameaçador/The angry red planet/Invasion of Mars*, Ib Melchior, 1959). Da mesma forma, antecipando o feito de 1969, o homem tentava chegar à Lua pela invencionice cinematográfica em 1950: *Destino à Lua* (*Destination Moon*, Irvin Pichel, 1950) e *Da Terra à Lua* (*Rocketship X-M*, Kurt Newmann, 1950) logo se tornavam referenciais. Neste último, um foguete tripulado desvia do satélite natural por causa de uma chuva de meteoros e chega a Marte. Lá, seus tripulantes encontram um planeta destruído por uma guerra atômica. No ano seguinte, Robert Wise dirigiu *O dia em que a Terra parou* (*The day the Earth stood still*), em que o robô Gort e outros extraterrestres chegaram na Terra para fazer com que a humanidade desistisse das armas nucleares. Os anos 1950 também marcaram a difusão da televisão no mundo, de forma que foram necessárias estratégias para não perder os espectadores das salas de cinema. Uma delas foi o retorno dos filmes em 3D, que fariam sucesso até a chegada das telas amplas do Cinemascope. Um desses primeiros filmes "em três dimensões" foi *Museu de cera* (*House of wax*, André De Toth, 1953).

No mesmo ano, fizeram sucesso *Guerra dos mundos* (*The war of the worlds*, Byron Haskin), sobre o qual comento com mais detalhes na Parte III deste livro, e *Os invasores de Marte* (*Invaders from Mars*, William Cameron Menzies), em que um garoto é testemunha da chegada de extraterrestres na Terra, os quais, aos poucos, vão controlando os habitantes de sua cidade.

O diretor Jack Arnold, após *Veio do espaço* (*It came from outer space*, 1953), lançou *O monstro da Lagoa Negra* (*Creature from the Black Lagoon*, 1954), ainda na febre do 3D. O filme teve duas sequências: *A revanche do monstro* (*Revenge of the creature*, Jack Arnold, 1955) e *O monstro caminha entre nós* (*The creature walks among us*, John Sherwood, 1956). Outras produções de Arnold da mesma década foram *Tarântula* (*Tarantula*, 1955) e sua obra-prima *O incrível homem que encolheu* (*The incredible shrinking man*, 1957).

Em 1954, James H. Nicholson e Samuel Z. Arkoff formariam a American International Pictures (AIP), que produziria vários filmes de Roger Corman, como *It conquered the world*[47] (1955), em que um venusiano queria eliminar as emoções dos humanos para que o mundo tivesse paz. Corman, conhecido por sua avareza nas produções, dirigiu vários filmes por ano naquela época, dentre eles *A ilha do pavor* (*Attack of the crab monsters*, 1957), quando os monstros eram frutos de experiências com radioatividade, e *O emissário de outro mundo* (*Not of this Earth*, 1957), em que um agente alienígena do planeta Davana teria sido enviado à Terra para conseguir sangue para sua raça, ameçada de extinção devido a uma guerra nuclear. Paralelamente à temática das invasões de seres de outros mundos, a problemática da radioatividade e das guerras atômicas era bastante presente nas produções cinematográficas.

Em 1955, um desconhecido estúdio inglês, a Hammer Films, do qual trato no tópico a seguir, estrearia *Terror que mata* (*The Quatermass Xperiment*, Val Guest), baseado em uma série de ficção científica para TV de 1953. Nesse mesmo ano, houve o lançamento de *Guerra entre planetas* (*This island Earth*, Joseph M. Newman), com seus alienígenas clássicos, cujas imagens inspirariam personagens do *space opera Star wars* – *Guerra nas estrelas* (George Lucas, 1977).

---

47 Houve uma versão desse filme para a TV em 1966, intitulada *Zontar, the thing from Venus*, com baixíssimo orçamento e efeitos especiais de quinta categoria.

A visão pessimista trazida por *Guerra dos mundos* teria repetição em outras obras, como *Vampiros de almas/Vampiros da noite* (*Invasion of the body snatchers*, Don Siegel, 1956), ainda dentro de uma influência macarthista.[48] Esse filme, entretanto, teve de ter seu final alterado a favor de uma opção mais otimista. Baseada na obra literária de Jack Finney publicada em 1955, o filme teve mais três versões.[49] Um outro clássico dos anos 1950 foi *Planeta proibido* (*Forbidden planet*, Fred M. Wilcox, 1956), inspirado na obra *A tempestade*, de Shakespeare.

Monstros gigantes e fantasmas ressentidos: o cinema japonês

O Japão, cuja história já estava assolada por bombas atômicas, seria o berço dos filmes de personagens gigantescos que, em geral, surgiam como consequência de mutações causadas por exposições prolongadas à radioatividade – uma tentativa de exorcizar o fantasma da guerra, segundo defendem alguns críticos. Hoje, os títulos que causaram grande *frisson* naquele período são considerados peças *kitsch* do cinema, cultuadas também por seu valor sentimental. Dentre eles, merece ser mencionado o antológico e antediluviano *Godzilla*, dirigido por Isoshiro Honda (*Gojira*, 1954). A continuação se daria com *Mothra* (1961) e *King Kong contra Godzilla* (*King Kong* versus *Godzilla*, 1962), do mesmo diretor. Os efeitos especiais eram obtidos por meio do uso de papel machê, cenários de papelão, além de monstros interpretados por atores fantasiados. Essa onda de monstros japoneses, entretanto, estava atrelada a uma tradição de lendas a respeito de criaturas tectônicas de enorme proporção. Desde muitos séculos, acreditava-se, por exemplo, que

---

48 O macarthismo (ou macartismo) – aportuguesamento de McCarthysm – foi uma prática política que enfatizava o sectarismo, sobretudo anticomunista, inspirada em um movimento deflagrado pelo senador Joseph Raymond McCarthy (1909-1957) durante os anos 1950, nos Estados Unidos.

49 A segunda adaptação foi *Os invasores de corpos*, em 1978 (*Invasion of the body snatchers*, Philip Kaufman); a terceira foi *Os invasores de corpos – A invasão continua* (*Body snatchers*, Abel Ferrara, 1993) e, a quarta, *Invasores* (*The invasion*, Oliver Hirschbiegel), lançado em 2007.

os frequentes terremotos daquele país eram causados por um dragão que se contorcia sob as terras instáveis do arquipélago. "O Japão tem uma tradição fantástica que remonta a suas lendas mais antigas, que traziam sempre a intervenção de dragões, presentes em toda narrativa de samurais"[50] (Prédal, 1970, p. 53).

Porém, ao lado da tradição do gigantismo, o Japão e, talvez, boa parte do Extremo Oriente, começariam a cultuar uma cinematografia ligada aos *revenants*: geralmente almas de mortos que *retornavam* para expressar ressentimentos e se vingar, o que também tinha relação com crenças religiosas seculares. Aquilo que muitos mencionam como uma marca do cinema fantástico oriental contemporâneo já estava presente, por exemplo, em *As quatro faces do medo* (*Kwaidan/ Ghost stories*, Masaki Kobayashi, 1964), uma coleção de histórias de fantasmas de grande verve poética.

Anos 1960: a Hammer e o nascimento do gore

Segundo Lenne (1970), o cinema fantástico, até os anos 1930, carente de fala e ruídos, aproximou-se do pictórico e do sonho (nas formas delirantes do expressionismo ou na beleza estética do cinema escandinavo, por exemplo). Para ele, porém, o cinema sonoro permitiu um reflexo mais "verdadeiro" do mundo. Apesar disso, sabe-se que o cinema nunca foi totalmente "mudo" – ao contrário, as técnicas de se somar voz e sons ao espetáculo de projeção eram variadas nas primeiras décadas do cinema. Pessoalmente, defendo que o fantástico ganhou muito com a chegada da película com som (1927) e, logo mais tarde, com a cor. Apesar de as cores entrarem no cinema em 1935 – e um pouco antes nos desenhos animados –, por muito tempo vários diretores foram resistentes a fazer filmes de terror coloridos, alegando que isso empobreceria o clima de mistério e sombriedade que se considerava necessário ao gênero. Entretanto, nos anos 1960, consegue-se notar o quanto o cinema teve a ganhar com o colorido – haja vista os efeitos impressionantes com sangue, a exemplo de *Drácula, o príncipe das trevas* (*Dracula, prince of*

---

50 *"Le Japon possède une tradition du fantastique remontant à ses légendes les plus anciennes qui faisaient toujours intervenir les dragons, présents dans tout récit de samouraïs."*

darkness, Terence Fisher, 1966), cuja imagem de Christopher Lee com lábios ensanguentados se tornou ilustrativa nas representações mais contundentes do vampiro cinematográfico.

Os anos 1960 se tornaram a década do retorno dos monstros clássicos, tanto nas paródias de Abbott e Costello como em filmes como *O castelo de Frankenstein* (*Frankenstein 1970*, Howard W. Koch, 1958), ou, ainda, nas adaptações para o público adolescente, como *I was a teenage werewolf* (Gene Fowler Jr., 1957) ou *Eu era um Frankenstein adolescente* (*I was a teenage Frankenstein*, Herbert L. Strock, 1957). Nesse período, o cinema de terror se tornou especialmente voltado aos jovens. O universo dos filmes de terror teve, em 1956, a perda de Bela Lugosi, porém, dois anos depois, o ator teria uma estranha participação *post mortem* naquele que é considerado o pior filme já realizado, *Plano 9 do espaço sideral* (*Plan 9 from outer space*, 1959), de Ed Wood. Em 1958, Forrest J. Ackerman criou a primeira revista especializada em cinema fantástico, *Famous monsters of filmland*, enquanto William Castle estreou seu *Macabre*, um suspense misturado com efeitos bem marcantes (os chamados *gimmicks*). Esse tipo de trucagem seria usado em 1959, em *Força diabólica* (*The tingler*, William Castle), protagonizado por Vincent Price.

Em 1957, a produtora Hammer Films começaria a trabalhar seriamente com os monstros clássicos dos anos 1930 e 1940. O subgênero do terror, que pareceu morto a partir da segunda metade dos anos 1940 e em quase toda a década seguinte, ressurge em 1957 com uma produção inglesa do estúdio Hammer Films, que comprou os direitos da Universal: *A maldição de Frankenstein* (*The curse of Frankenstein*, Terence Fisher), com Peter Cushing e Christopher Lee, os quais se tornariam dois monstros sagrados do cinema de terror das próximas décadas.[51] Em 1958, surgiu *Horror of Dracula* (*Horror de Drácula* ou *Vampiro da noite*, como também ficou conhecido), também dirigido por Terence Fisher, que definitivamente reposicionou o subgênero no panorama das preferências de público.

Uma das diferenças dessas produções em relação às da *vague* de 1930 é que os filmes de terror dos anos 1960 traziam, em cores, muita violência e

---

51 Apesar de a Hammer já ter estreiado dois anos antes *The Quatermass Xperiment*, dirigido por Val Guest.

sensualidade para os padrões da época. Tinha-se conseguido conciliar o uso do cinema colorido e os filmes de terror, e essa tinha sido uma grande resistência trinta anos antes, período que trazia o referencial de sombras oriundo do expressionismo alemão. As gotas de sangue que caem sobre o nome "Drácula" na abertura de *Horror de Drácula*, ainda que causadoras de comentários negativos da crítica especializada, são prova de que os tempos haviam mudado. Surge, naquele período, um vampiro menos existencialista do que o de Bela Lugosi, e mais preocupado em seguir seu destino cruel e amaldiçoado do que em questioná-lo.

Já o cinema de terror com personagens psicóticos tem, em 1960, representação nas obras *Psicose* (*Psycho*), de Alfred Hitchcock, e *Peeping Tom – A tortura do medo* (*Peeping Tom*), de Michael Powell. No mesmo ano, Roger Corman vai dirigir *A pequena loja dos horrores* (*The little shop of horrors*), o que conseguiu fazer em apenas dois dias, e também estreia uma de suas várias adaptações para o cinema de obras de Edgar Allan Poe: *A queda da casa de Usher* (*House of Usher*), protagonizada por Vincent Price. Ainda em 1960, o italiano Mario Bava dirigiu *Black Sunday – A máscara de Satã* (*Black Sunday/ La maschera del demonio*), na onda crescente de *serial killers* que o cinema passaria a conhecer.

Um ano bastante importante para o cinema de terror é 1963. Nele, Corman dirigiu *O homem dos olhos de raio-X*, Francis Ford Coppola produziu *Demência 13* (*Dementia 13*), trazendo a figura de um assassino em série, e Hitchcock lançou o insuperável *Os pássaros*. Nesse mesmo ano, o *gore* passou a ser muito empregado nas cenas, tornando o cinema ainda mais explícito e sangrento. Hershell Gordon Lewis dirigiu, em 1964, *Maníacos* (*Two thousand maniacs!*), que consagrou o subgênero, enquanto Jack Curtis dirigiu *The flesh eaters*. Na Itália, Mario Bava criou o *giallo*, um subgênero que investe em mortes em que o assassino geralmente é revelado no final. O marco foi *Seis mulheres para o assassino* (*Sei donne per l'assassino/Blood and black lace*, 1964). Na Espanha, Jesús Franco lançou *Miss Muerte* (*The diabolical Dr. Z*, 1966), um dos marcos inaugurais do cinema fantástico daquele país.[52]

---

52 Comumente se diz que o cinema fantástico espanhol tem início nos anos 1960. Mas existem alguns filmes precedentes, como a produção de Segundo de Chomón intitulada *El hotel eléctrico*, de 1906, outra de Alberto Marro (*El beso de la muerte*, 1916) e uma de Ramón

Esses foram também os anos das criaturas de Don Chaffey e do mestre das animações fotograma a fotograma em *stop-motion* Ray Harryhausen para o filme *Jasão e os argonautas* (*Jason and the argonauts*, 1963) e *Um milhão de anos antes de Cristo* (*One million years B.C.*, 1966). Este último foi produzido pela Hammer como um *remake* do filme de 1940, *Um milhão de anos antes de Cristo* (*One million B.C.*, Hal Roach & Hal Roach Jr.).

O ano de 1968 teria muitos marcos para o cinema fantástico: Franklin J. Schnaffer dirigiria *O planeta dos macacos*, que teria toda uma franquia; Stanley Kubrick estrearia *2001: Uma odisseia no espaço* (*2001: A space odyssey*) e Roman Polansky, *O bebê de Rosemary* (*Rosemary's baby*). George Romero viria a inaugurar a linhagem dos zumbis que conhecemos hoje, chamada de "apocalipse zumbi", em seu primeiro longa-metragem, *A noite dos mortos-vivos* (*Night of the living dead*), de temática subversiva e uma estética que fugia aos padrões dos filmes de terror do período. E *Na mira da morte* (*Targets*, 1968), de Peter Bogdanovich, traria os presságios da década de 1970, marcada por filmes bastante violentos.

Esse cinema de terror, em certo sentido revitalizado, seguirá até o início da década de 1970, quando a Hammer entrará em decadência. Porém, essas produções, ainda hoje por muitos desprezadas, chegaram ao ponto de influenciar o próprio Alfred Hitchcock na criação de seu *Psicose* (*Psycho*, 1960), trazendo para o Bates Motel e para o casarão sombrio de Norman Bates uma aura de terror que era bastante acentuada nos filmes da Hammer. Também chamada de "novo fantástico", essa nova onda de monstros teve como um de seus carros-chefes as figuras dos zumbis de Romero, mas também os numerosos psicopatas "descendentes" de Norman Bates, que seriam temidos antagonistas em diversas produções. Antecipando minha abordagem do

---

Caralt (*El doctor rojo*, 1917), todos curtas-metragens. Os curtas continuam pelos anos 1920 com o futurista *Madrid en el año 2000*, de Manuel Noriega (1925), e *Um cão andaluz* (*Un chien andalou*), de Luis Buñuel. Depois disso, fica um enorme vazio na cinematografia fantástica da Espanha, com exceção de *La torre de los siete jorobados*, de Edgar Neville, em 1944. De fato, nos anos 1960 é que diretores como Jesús Franco, muitas vezes em coproduções estrangeiras, conseguem criar o terror fantástico naquele país. Um dos primeiros longa-metragens foi *Gritos en el pasillo*, de 1961, que traz um dos ícones do terror daquele país, o Dr. Orloff.

cinema dos anos 1970, cito, dentre os famosos vilões, Leatherface, o maníaco de *O massacre da serra-elétrica* (*The Texas chain saw massacre*, Tobe Hooper, 1974), Michael Myers, o psicopata de uma franquia que estreou com *Halloween, a noite do terror* (*Halloween*, John Capenter, 1978), e também Jason Voorhees, de *Sexta-feira 13* (*Friday the 13th*, Sean Cunningham, 1979). Conforme diz Henry (2009):

> *Ainda que os monstros tradicionais do gênero terminem sempre por serem destruídos, mesmo que sejam ressuscitados a cada novo episódio, eles são invencíveis. Os personagens apenas conseguem repeli-los temporariamente, sem jamais vencê-los, impedindo qualquer retorno à situação inicial e, portanto, qualquer fechamento da narrativa.*[53] *(p. 43)*

Os espectadores terão, doravante, a redundância desses monstros facínoras que insistem em voltar. Isso se verificará não apenas nas numerosas *suites* de filmes matriciais, mas, igualmente, no fenômeno dos *remakes*, sobre os quais escrevo em outro momento deste livro.

O reconhecimento de Hitchcock

Alfred Hitchcock foi, por muito tempo, mal compreendido pelos críticos. Suas obras sofriam de um "menosprezo" e de um "preconceito irrefletido" (cf. Baecque, 2010, p. 121). Porém, com o cinema americano do pós-Guerra deliciando os olhares da geração de jovens franceses, cineastas entusiasmados se tornariam hitchcockianos, como Jean-Charles Tacchella e Roger Thérond, e celebrariam – a contragosto de muitos, como do próprio André Bazin – o notável cinema de autor que se fazia tão produtivo do outro lado do Atlântico. Uma nova geração de críticos, além da fundamental participação dos "jovens

---

53 *"Alors que les monstres traditionnels du genre finissaient toujours par être détruits, même s'ils étaient ressuscités à chaque nouvel épisode, eux sont invincibles. Les personnages ne peuvent que les repousser temporairement sans jamais les vaincre, empêchant tout retour à la situation initiale et donc toute clôture du récit."*

turcos"[54] dos *Cahiers du Cinema*, celebraria diretores como Hitchcock e Howard Hawks; dentre eles, Rohmer, Rivette, Godard, Chabrol – este último destacaria a "fascinação do mal". E também François Truffaut, talvez o mais significativo dentre todos os que ergueram o estandarte do cinema hitchcockiano, que instaurava a predominância da forma como fundo de um filme:

> *o conteúdo de um filme, sua mensagem se preferirmos, consiste integralmente na forma cinematográfica desdobrada pela mise en scène, não residindo na tese sugerida por um filme, nem em seu roteiro nem em seus diálogos. (Baecque, 2010, p. 137)*

Em outubro de 1945, a edição dos *Cahiers du cinema* de número 39 comemorou o cinema de autor de Hitchcock. Em uma célebre entrevista feita por Chabrol e Truffaut, Hitch foi indagado sobre questões metafísicas. Ficaram notórias frases descontraídas de sua parte, como: "Gosto do macabro num raio de sol".

O fantástico nos anos 1970

Nessa década, a produtora Hammer ainda lançaria filmes como *O conde Drácula* (*Scars of Dracula*, Roy Ward Baker, 1970), *Drácula no mundo da minissaia* (*Dracula AD 1972*, Alan Gibson, 1972) e *Os ritos satânicos de Drácula* (*Satanic rites of Dracula*, Alan Gibson, 1973), já dentro da esfera da temática satanista que imperaria em certa tendência filmográfica. Em 1971, Vicent Price interpretou *O abominável Dr. Phibes* (*The abominable Dr. Phibes*, Robert Fuest). Filmes com temáticas de violência cotidiana que perpassassem a esfera do fantástico se tornariam sucessos durante aquela década, como *Laranja mecânica* (*A clockwork orange*, Stanley Kubrick, 1971), *Aniversário macabro/ A última casa à esquerda* (*The last house on the left*, Wes Craven, 1972) e *O massacre da serra-elétrica* (*The Texas chain saw massacre*, Tobe Hooper, 1974). Em 1973, *O exorcista* (*The exorcist*, William Friedkin) se tornaria um dos mais antológicos e lucrativos filmes de terror de todos os tempos, sendo

---

54 Expressão atribuída aos jovens entusiastas da *Nouvelle Vague*.

o primeiro no gênero indicado ao Oscar de Melhor Filme.[55] Em 1974, Larry Cohen dirigiu *Nasce um monstro* (*It's alive!*, 1974), em que um bebê mutante nascia com um apetite voraz, e Brian de Palma uniu musical e terror em *O fantasma do paraíso* (*Phantom of the paradise*). Em 1975, David Cronenberg lançou seu primeiro filme internacional, *Calafrios* (*Shivers*), e Steven Spielberg fez enorme sucesso com *Tubarão* (*Jaws*). Em 1976, Brian de Palma dirigiu outro filme, *Carrie, a estranha* (*Carrie*), baseado no romance de Stephen King. *A profecia* (*The omen*, Richard Donner, 1976) seria outra produção importante da década, abordando o tema do demoníaco. E George Lucas surpreenderia a todos com o seu *Guerra nas estrelas* (*Star wars*), de 1977, um divisor de águas para os filmes de ficção científica ou *space opera*, após o qual personagens como Darth Vader fariam parte da cultura cinematográfica. Além desses títulos, menciono *Suspiria* (1977), um filme *giallo* italiano dirigido por Dario Argento, e *Quadrilha de sádicos* (*The hills have eyes*, Wes Craven, 1977), na esteira das produções com enredos violentos. *Halloween, a noite do terror* (*Halloween*, John Carpenter, 1978) tornou conhecido o psicopata Michael Myers e se inseriu no amplo rol de produções para jovens, como *Sexta-Feira 13* (*Friday the 13th*, Sean Cunnigham) que, a partir de 1980, inauguraria uma longa e irregular franquia. No final dos anos 1970, também destaco o excelente *Alien, o oitavo passageiro* (*Alien*, Ridley Scott, 1979), que estabeleceu marcos para o cinema de ficção científica, sobretudo no que dizia respeito a abordagens de alienígenas.

Nessa década, pode-se considerar que o cinema fantástico levou a literatura fantástica a um *boom*, mas ele foi adiante, em busca de suas conquistas formais e mesmo temáticas, pois existem invenções do fantástico que são de origem puramente cinematográfica.

Considerando-se a profusão de títulos que mencionei, marcaria o cinema fantástico do período a presença do monstro no humano, o que viria a se tornar mais e mais comum nas narrativas cinematográficas. Os anos 1970 consagrariam nomes que seriam sempre associados ao gênero, como os de Steven Spielberg (*Encurralado*; *Duel*, 1971), David Cronenberg (*Calafrios*; *Shivers*, 1974), Brian de Palma (*Carrie, a estranha*) e David Lynch (*Eraserhead*, 1977).

---

55 Porém, esta premiação só foi concedida a um filme do gênero em *O silêncio dos inocentes* (*The silence of the lambs*, Jonathan Demme, 1991).

As produções, em geral, traziam personagens com comportamentos psicóticos, perversos e fóbicos, e levantavam questões em torno do corpo, de seus resíduos, dejetos e limitações, bem como das angústias em torno de sua condição frágil e perecível. Um exemplo sempre importante nessa leva é *Alien, o oitavo passageiro* (*Alien*, Ridley Scott, 1979). E o terrível caminhão "quase fantasma" – uma vez que o rosto de seu motorista não era exibido – de *Encurralado* antecipa, de certa maneira, as tantas maquinarias mortíferas que infestariam o cinema nas décadas seguintes.

Os inesquecíveis anos 1980

Na década de 1980, já estava bem claro que filmes produzidos com orçamentos gigantescos – ainda que repetissem temas relegados às produções "B" por muito tempo – e voltados aos jovens faziam enorme sucesso e rendiam bilheterias de somas monstruosas. Fortalecia-se, pois, a indústria dos chamados *blockbusters*, amante dos efeitos especiais e das cenas cheias de ação. O grotesco e o *gore* também conquistariam espaço em franquias que viriam atrair adolescentes, uma vez que violência, sexualidade e problemas próprios dessa faixa etária estariam entre os elementos mais explorados pelas narrativas.

Aqueles anos tiveram a sequência de *Guerra nas estrelas: o Império contra-ataca* (*Star wars episode V: The empire strikes back*, Irvin Kershner, 1980), enquanto *O iluminado* (*The shining*, 1980), de Stanley Kubrick, mostrava-se como uma das melhores adaptações de Stephen King para o cinema e um dos marcos na carreira de Kubrick. Em 1981, dois filmes de lobisomem disputaram o Oscar de melhor maquiagem: *Grito de horror* (*The howling*), de Joe Dante, e *Um lobisomem americano em Londres* (*An American werewolf in London*), de John Landis, que ficou com o prêmio.[56] *Grito de horror* trouxe aspectos comuns ao *giallo* e aos *snuff films*,[57] além do uso de uma fotografia sufocante, com excelente uso da luz e dos elementos característicos de

---

56 Naquele mesmo ano, houve mais um filme significativo de lobisomem: *Lobos* (*Wolfen*, Michael Wadleigh).

57 *Snuff films* ou *snuff movies* é uma mistura de terror e pornografia, tendo como mote a polêmica lenda de se assassinar de fato alguém durante as filmagens, com o objetivo de se obter lucro e atrair um público afeito ao sensacionalismo.

histórias de lobisomem, como a floresta escura, a névoa e a lua cheia, além de seu horror visceral, que se misturava ao ambiente de fábula. *Um lobisomem americano em Londres*, hoje considerado *cult* e clássico, e ficou muito apreciado por várias de suas cenas, dentre elas a da transformação de um homem em lobisomem, sem qualquer uso de recursos digitais. Sem dúvida, ambos estão entre os melhores filmes de lobisomem já feitos até hoje. No rol dos filmes fantásticos desse mesmo ano, deve-se mencionar ainda *Uma noite alucinante: a morte do demônio* (*The evil dead*, Sam Raimi), que trouxe o humor negro e o *gore* junto a inovações técnicovisuais e um baixo orçamento.

Em 1982, além de *E.T., o extraterrestre* (*E.T., The extra-terrestrial*, Steven Spielberg) e *Tron: Uma odisseia eletrônica* (*Tron*, Steven Lisberger), houve a estreia da notável ficção científica-terror *O enigma do outro mundo* (*The thing*, John Carpenter). Já *Basket case* (Frank Henenlotter) foi um filme de terror de baixo orçamento que abordou a história de um jovem que carregava dentro de um cesto seu irmão siamês deformado, o qual buscava vingança para com o médico que os separara. Nesse mesmo período, um jovem animador da Disney, Tim Burton, fazia curtas-metragens que se tornariam antológicos no universo da animação de vertente gótica: *Vincent* (1982) e *Frankenweenie* (1984). Este último foi transformado em longa-metragem em 2012.

Em 1983, encerrou-se a trilogia bem-sucedida de *Guerra nas estrelas* com *O retorno de Jedi* (*Star wars episode VI: Return of the Jedi*, Richard Marquand), e apenas no final de década de 1990 a saga continuaria com outras partes. No mesmo ano, David Cronenberg estrearia *Videodrome: a síndrome do vídeo* (*Videodrome*), trazendo uma nova dimensão e conceito de cinema fantástico, e Tony Scott ofereceria uma renovada abordagem ao vampirismo com seu *cult* neogótico *Fome de viver* (*The Hunger*). Em 1984, Joe Dante disseminava seus *Gremlins* pelo mundo e James Cameron fazia o mesmo com *O exterminador do futuro* (*The terminator*). Wes Craven também lançaria o primeiro filme da franquia *A hora do pesadelo* (*Nightmare on Elm street*), e seu vilão, Freddy Krueger, teria de competir em visibilidade com os monstros Jason Vorhes (*Sexta-Feira 13*) e Michael Myers (*Halloween*). *A hora do pesadelo* confirmava a forte tendência de se misturar o terror ao humor negro, o que seria uma das tônicas do cinema de terror daquela década, ao lado de títulos como *O vingador tóxico* (*The toxic avenger*, Lloyd Kaufman e Michael Herz,

1984), *Re-animator* (Stuart Gordon, 1985) e *A volta dos mortos-vivos* (*The return the living dead*, Dan O'Bannon, 1985). Em 1986, David Lynch adiantaria aspectos da corrente gótica que percorreria os anos 1990 com o seu neo-*noir* de toques surrealistas *Veludo azul* (*Blue velvet*).

Houve também *A Chinese ghost story* (Ching Siu-Tung, 1987), uma comédia romântica de horror de Hong Kong que tirou o cinema fantástico oriental do esquecimento em que se mantinha desde a época de Godzilla e das sequências de outros monstros gigantescos. Ao mesmo tempo, fez ressurgir a temática de fantasmas e *revenants*, comuns ao Extremo Oriente, que seria uma das tônicas no cinema de terror a partir da virada do milênio. Clive Barker, também em 1987, faria sua estreia na direção de *Hellraiser: Renascido do inferno* (*Hellraiser*), e Paul Verhoeven traria *Robocop: o policial do futuro* (*Robocop*), mistura de filme de ação com ficção científica e um pouco de *gore*, criando um tipo de *splatterpunk*[58] de grande sucesso. O *gore* teria também, em 1988, forte presença nas escatologias de *Trash: náusea total* (*Bad taste*, de Peter Jackson). Quanto à ficção científica, não se pode ignorar três dos grandes filmes da década: *Blade runner: o caçador de androides* (*Blade runner*, Ridley Scott, 1982), *Aliens, o resgate* (*Aliens*, James Cameron, 1986) e *Akira* (Katsuhiro Otomo, 1987), esta última, uma animação *ciberpunk* antecedente da explosão dos mangás japoneses no Ocidente.

Anos 1990: prenúncios de uma tragédia anunciada

O cinema fantástico não conheceu, nos anos 1990, o mesmo sucesso que em décadas anteriores. Ainda assim, podemos enumerar algumas das produções que considero antológicas, começando por *O exterminador do futuro 2* (*Terminator 2: Judgement day*, James Cameron), produzido em 1991, o filme mais caro realizado até então. Seus efeitos especiais computadorizados criaram, junto com *O vingador do futuro* (*Total recall*, Paul Verhoeven, 1990), um divisor de águas para o cinema quanto ao uso da tecnologia. Na França, Alain

---

58 *Splatterpunk* é um termo cunhado em 1986 por David J. Schow para se referir a um movimento no universo de terror que faz apelo ao *gore* e à violência como espécie de reação às formas mais tradicionais e sugestivas de se criar uma história de terror.

Robak lançava seu *gore Baby blood* (1990), em que uma mulher grávida tinha o útero invadido por um parasita, e Tim Burton encantou plateias com seu doce Frankenstein de *Edward mãos de tesoura* (*Edward scissorhands*, 1990). E, em 1992, David Cronenberg lançou a comédia de terror *Mistérios e paixões* (*Naked lunch*): a esposa de um dedetizador, viciada em inseticidas, matava baratas apenas com o próprio bafo.

Em minha avaliação, o melhor filme fantástico da década foi o memorável *Drácula de Bram Stoker* (*Bram Stoker's Dracula*, Francis Ford Coppola, 1992), mas parece que os jovens daquela época se recordariam muito mais das figuras de dinossauros de *Parque dos Dinossauros* (*Jurassic Park*, Steven Spielberg, 1993), que teve duas continuações, o relançamento do primeiro filme em 3D (2013) e também um quarto filme da franquia: *Jurassic world: O mundo dos dinossauros* (*Jurassic world*, Colin Trevorrow, 2015).

Somente no final da década é que o fantástico tomaria um novo impulso e viriam proliferar pelo cinema obras variadas, passando pelo tom misterioso e melancólico (*O sexto sentido/ The sixth sense*, M. Night Shyamalan, 1999) e chegando aos aterrorizantes fantasmas orientais que remontariam à tradição das produções japonesas dos anos 1950 (*O chamado/Ringu/Ring*, 1998, Hideo Nakata; ou *Cure/Kyua*, Kiyoshi Kurosawa, 1997).

Em 1993, Álex de la Iglesia ressuscitou o cinema fantástico na Espanha em *Ação mutante* (*Acción mutante*), e, à medida que o fim do século avançava, foi possível ver o gênero reapresentar temáticas apocalípticas de teor muitas vezes pessimista, como *Dellamorte Dellamore* (1994, Michele Soavi), apresentando zumbis e humor negro. Em 1995, Terry Gilliam dirigiu *Os 12 macacos* (*Twelve monkeys*), em que o protagonista se via obrigado a voltar ao passado para descobrir um poderoso vírus que aniquilou boa parte da espécie humana, e *The addiction*, de Abel Ferrara, trouxe vampiros niilistas, fazendo uma alusão aos viciados em drogas. Brian Yuzna dirigiu *Mortal zombie* (1993), terceira parte de *A volta dos mortos-vivos*, de O'Bannon, e, em 1995, Álex de la Iglesia uma vez mais causaria incômodos, dessa vez com o diabólico *O dia da besta* (*El día de la bestia*), enquanto, um ano depois, Robert Rodríguez traria o surpreendente filme de vampiros *Um drink no inferno* (*From dusk till down*). Em 1997, ganhou destaque *Alien, a ressurreição* (*Alien resurrection*, Jean-Pierre Jaunet), enquanto *Marte ataca!* (*Mars attacks!*, Tim

Burton, 1996) faria uma homenagem aos filmes de ficção científica da década de 1950. *A bruxa de Blair* (*The Blair witch project*, Daniel Myrick e Eduardo Sánchez, 1999) trouxe o tema da bruxaria em nova roupagem, com a técnica de vídeo-diálogos em torno de uma câmera subjetiva, e *Anaconda* (Luis Llosa, 1997) brincou com os filmes "B" dos anos 1950. Em 1998, *Godzilla* (Roland Emmerich) retornou, sem, todavia, os seus encantos do original japonês. O catastrofismo na década esteve bem representado com *Armagedom* (*Armageddon*, Michael Bay, 1998) e *Impacto profundo* (*Deep impact*, Mimi Leder, 1998). E a França teve dois filmes de Jean-Pierre Jeunet e Marc Caro que merecem ser citados, no âmbito do fantástico mais feérico e com pinceladas surreais: *Delicatessen* (1990) e *A cidade das crianças perdidas* (*La cité des enfants perdus*, 1995).

O que marcou o cinema fantástico nos anos 1990 foi a crescente mutabilidade técnica, a qual ganhou aceleração, paralelamente a um empobrecimento narrativo a favor dos efeitos digitalizados, que, cada vez mais, agradavam o público.

O cinema fantástico no século XXI

Nos anos 2000, o terrorismo e os problemas ambientais estiveram enfaticamente presentes em uma boa gama de narrativas fantásticas. Esse aspecto tão marcante é discutido na Parte III. Entretanto, exemplifico esse panorama aqui com filmes como *Cloverfield, o monstro* (*Cloverfield*, Matt Reeves, 2008), espécie de descendente direto de Godzilla, e *Guerra dos mundos* (*The war of the worlds*, Steven Spielberg, 2005), os quais remetem às cenas dantescas do atentado ao World Trade Center. Já *Fim dos tempos* (*The happening*, Shyamalan, 2008) apresentou, em seu enredo, vítimas de poluição que começavam a se suicidar.[59] Ainda que essa temática já fosse bastante recorrente nos últimos anos do século XX, houve filmes muito ricos, portadores da temática de um catastrofismo e um colapso apocalíptico de maior amplitude, a exemplo de

---

59 É inevitável não me reportar também a *Os pássaros*, de Hitchcock. Henry (2009, p. 51) compara as duas produções e afirma que, como em *Os pássaros*, a catástrofe em *Fim dos tempos* parece que só daria trégua quando o casal de protagonistas se unisse como uma família.

Melancolia (*Melancholia*, Lars Von Trier, 2011). O diretor dinamarquês trouxe para o enredo o fatalismo de conjunções astrais e a aproximação de um estranho planeta que anunciava a destruição da Terra, destruição essa que já parecia instalada na condição humana de seus personagens. Assim, a desordem, tanto climática quanto cosmológica, ganhou uma força alegórica muito representativa. E, diferentemente do que sói ocorrer em outras filmografias de mesma abordagem, a destruição total em *Melancolia* pode ser considerada, em grande medida, um fenômeno ligado aos confusos estados do espírito humano. O planeta de Lars von Trier tornou-se, pois, um personagem fantástico e devorador, monstro poético de tons azulados que engoliria irremediavelmente a Terra.

Nas últimas décadas do século XX, vimos espalhar-se, entre várias religiões e seitas, uma longa tradição espiritualista e esotérica que versava sobre planetas "chupões" que se aproximariam da Terra para "amenizar" as "esferas mentais" de seus habitantes, sugando os "espíritos perturbadores". Deve-se ressaltar, contudo, que, de acordo com correntes esotéricas, os planetas "saneadores" estariam voltados para uma esfera invisível, cuja presença, somada à pouca "evolução" espiritual dos terráqueos, se faria de forma avassaladora, trazendo caos emocional, insegurança e destruições. Von Trier, porém, usou de uma abordagem mais impiedosa: não haveria – diferentemente das soluções transcendentais – o que sanear, apenas o que ser definitivamente exterminado. A Terra, tal qual um dos próprios personagens diz no filme, era má, assim como os seres que a habitavam.

Melancolia, portanto, é um filme que não poderia deixar de ser mencionado: ele oferece ainda, na bela fotografia, os tons azulados e violá-ceos associados às mulheres loucas e pálidas do Romantismo do século XIX, habitadas pela desesperança suave das enfermidades que os médicos da época supunham consumi-las. O termo genérico "depressão", nos dias de hoje, é, de certa forma, equivalente à melancolia dos Oitocentos, quando muitas pessoas, comumente mulheres, se entristeciam profundamente e podiam mesmo morrer, conforme várias narrativas românticas, envoltas no *blue* tanto da cor quanto da doce tristeza. E, de fato, Von Trier usou muitas referências às mulheres do XVIII e do XIX, como o quadro vitoriano *Ofélia*, de Millais (1851-1852), a inesquecível personagem de *Hamlet*, que ganhou uma homenagem cinematográfica com a personagem Justine, na cena em que esta se banha nua sob a luz azulada, hipnótica e perturbadora do planeta estranho que se agigantava mais e mais.

Além do catastrofismo percorrendo as temáticas do início do século, houve, sobretudo no cinema dos Estados Unidos, duas tendências paralelas, mas, nesse caso, no aspecto da escolha narrativa: a primeira seria uma considerável produção de *remakes, prequels*[60] e variações de filmes alusivos aos anos 1970 e 1980; a segunda, o retorno do fantástico especializado para o cada vez mais exigente público infantil e juvenil.

Alien vs. Predator (Paul W. S. Anderson, 2004) foi uma boa variação que aprofundou a franquia à qual pertencia, e introduziu uma temática mítica, presente também no filme *Sepultura para a eternidade* (*Quatermass and the Pit, Roy Ward Baker,* 1967): a da humanidade civilizada por uma raça não humana e superior, que lhe comunicaria os primeiros mitos e rituais. E assim como fez a Universal nos anos 1930 e 1940, o encontro de monstros pertencentes a histórias diferentes se deu com *Freddy vs. Jason* (Ronny Yu, 2003). Temos ainda, nessa mesma linha, *As predadoras* (*Boa vs. Python,* David Flores, 2004) e *Komodo vs. Cobra* (Jim Wynorski, 2005), este último feito para TV.

Resident evil (2002), de Paul W. S. Anderson, destacou-se pela montagem e pela plasticidade, e sua temática dos perigos da genética trouxe à memória *O enigma de Andrômeda* (*The Andromeda strain),* adaptado de Michael Crichton por Robert Wise em 1971, em que uma bactéria alienígena chegava à Terra e começava a dizimar a população. Em *Resident evil* temos também a presença de uma heroína, aspecto que se tornou cada vez mais comum a partir da quadrilogia *Alien.*

Outra obra que deve ser mencionada nesse período é *Pânico em alto mar* (*Open water,* Chris Kentis & Laura Lau, 2003), fantástica não necessariamente pelo seu argumento, a exemplo também de *Tubarão* (*Jaws,* Spielberg, 1975), mas pelo tratamento temático e estético mediante o uso de câmeras

---

60 *Prequel* ou "prequela", em português, é o termo que se usa para se tratar de uma obra que contém referências passadas no mesmo universo ficcional. Esse neologismo se tornou corrente nos anos 1970, a partir do primeiro episódio de *Guerra nas estrelas.*

digitais leves, que podiam ser utilizadas sobre os ombros dos atores, conseguindo dar um excelente efeito de medo. Esse tipo de filme pode ser inscrito no que se denomina "terror biológico", assim como o australiano *Perigo em alto mar* (*The reef*, Andrew Traucki, 2010).

Abismo do medo (*The Descent*, Neil Marshall, 2005) também chamou atenção pela técnica, uma vez que foi filmado em película química. No enredo, um grupo de jovens espeleólogas é obrigado a se confrontar com uma nova raça degenerada e canibal, criada acidentalmente pelo próprio ser humano. A sequência, *Abismo do medo 2* (*The descent – Part 2*, Jon Harris, 2009), manteve o mesmo tipo de suspense.

Muitos críticos, entretanto, consideraram que foi o Japão que ofereceu umas das melhores surpresas do fantástico da primeira década do século XXI, tanto no aspecto temático como no estético. *O chamado* (*Ringu* ou *The ring*, 1998), de Hideo Nakata, é considerado inaugurador dessa espécie de nova escola do fantástico japonês. Kiyoshi Kurosawa (sem qualquer parentesco com Akira Kurosawa), cineasta cinéfilo, admirador de Terence Fisher, Mario Bava, Roger Corman, Nobuo Nakagawa, Georges Franju, Tobe Hooper e John Carpenter, dirigiu os aterrorizantes *Cure* (1997), *Doppelgänger* (2003) e *Loft* (2005), além de *Charisma* (1999), *Seance* (2000) e *Kairo* (2001). Já *Kakashi* (2001), de Norio Tsuruta, adaptado de um mangá de Junji Ito, se enquadrou na tradição do filme de fantasmas nipônico, o chamado *kwaidan-eiga*. Ele também já havia dirigido *Ringu O: Bâsudei* (*Ring O: Birthday*, 2000), o *prequel* do filme de Hideo Nakata. *O grito* (*Ju-On*, 2003), *O grito* (*The grudge*, 2004, versão americana) e *O grito 2* (*The grudge 2*, 2006), todos de Takashi Shimizu, adaptaram também o conto fantástico popular à sociedade japonesa contemporânea.

Além do Japão, considera-se a Coreia do Sul e a Tailândia como dois celeiros do fantástico contemporâneo. A segunda, por exemplo, produziu *Sibha kham doan sib ed* (*Mekhong Full Moon Party*, 2002), de Jira Maligool, quando o sobrenatural é constatado no cerne da sociedade, mediante um semidocumentário sobre uma festa lunar tailandesa. A Coreia do Sul se destacou com *A tale of two sisters* (Jee-woon Kim, 2003), *Death bell* (*Yoon Hong-seung*, 2008), *Eu vi o Diabo* (*I saw the Devil*, Jee-woon Kim, 2010), por exemplo.

Na França, um cineasta que se sobressaiu foi Christophe Gans, com *O pacto dos lobos* (*Le pacte des loups*, 2001), adaptado da conhecida história de *La bête du Gévaudan*, admiravelmente recontada sob a forma de uma crônica bem documentada pelo escritor Abel Chevalley,[61] apesar da crítica quase sempre desestimulante para com os que trabalham com o fantástico naquele país. Temos ainda Thierry Lopez, que homenageou F. W. Murnau no curta-metragem de terror *Symphonia horroris* (2000),[62] de fascinante atmosfera. Sobre filmes de zumbis, por exemplo, é válido considerar os esforços de Grégory Morin em seu curta pastiche *Paris by night of the living dead* (2009), que ambientou esses monstros pela primeira vez no cenário parisiense. Vale menção também *Legião do mal* (*La horde*, Yannick Dahan e Benjamin Rocher, 2009). Apesar do preconceito que sempre sofreu por suas produções baratas e de baixa qualidade, Jean Rollin foi o diretor e o roteirista de *La fiancée de Dracula* (2002). Passando pelos anos 1970, quando entrou também na vertente do *sexplotation*, Rollin trouxe às telas francesas diversos enredos sobre vampiros. E há ainda quem considere que a França experimenta hoje, no âmbito dos filmes de terror, o chamado "novo extremismo francês" (*new French extremity*), desde 2000. As características marcantes desses filmes são a violência extrema e as protagonistas femininas.

Para Altmann (2008), "o cinema contemporâneo teria surgido sem manifesto, sem programa de ação nem qualquer característica coletiva de movimento", por uma "justaposição de individualidades". Além disso, apesar daqueles que se apegam ainda à teoria crítica dos anos 1960 para pontuar o cinema contemporâneo com marcações maniqueístas (cinema de autor *versus* cinema comercial, cinema de arte *versus* cinema de massa etc.), concordo com a pesquisadora quando escreve: "O persistente debate que opõe o cinema (requintado) de arte ou de autor ao (fácil) industrial e massivo parece tão antigo quanto o próprio cinema e acaba por reduzi-lo à mera oposição 'arte *versus* indústria'". E, ainda: "a criação artística é plenamente compatível com a divisão do trabalho, com a mediação tecnológica e a estandardização". De

---

61 Com edição original pela Gallimard, em 1936, reeditada pela J'ai Lu na coleção L'aventure mystérieuse, em 1970.
62 Esse curta está disponível no DVD *Des filles pour um vampire* (*L'ultima preda del vampiro*, 1961), dirigido por Piero Regnoli.

fato, o cinema que se tem hoje é muito mais complexo do que se imaginava. Como bem ilustrou Altmann, um filme de autor com caráter mais alternativo pode se tornar um grande sucesso, enquanto um filme da grande indústria cinematográfica pode adquirir inesperadamente o *status* de "arte", ou até mesmo não ter a expressividade e o acolhimento de público que eram esperados. Por esses motivos, tomo a liberdade de apresentar neste trabalho um *corpus* tão variado. Penso, por isso mesmo, que ele se torna representativo do que se fez em relação ao cinema fantástico na primeira década do século XXI.

Quando comecei a pensar sobre os filmes fantásticos de minha seleção, algumas indagações se fizeram – as quais chamei, neste subcapítulo, de "grandes questões". Por exemplo: o que o cinema fantástico buscou mostrar no período de análise? Em uma das vertentes, como já comentei, encontravam-se os medos, as fobias, a paranoia, mas também o catastrofismo e os ataques terroristas, em certo sentido ainda vinculados às repercussões traumatizantes do 11 de setembro.[63] Porém, outras tendências evidenciadas foram aquelas que denominei "espanto biotecnológico" e "espanto com as forças da natureza": na primeira, há a presença das conquistas genéticas em confronto com resultados nefastos: epidemias, vírus, radiações, mutações e experiências que infringiram códigos de ética; na segunda, as devastações de ordem ecológica causadas por tsunamis, terremotos, tempestades, incêndios em florestas e colisões na Terra de corpos vindos do espaço. Essa tendência pode apontar tanto para as consequências de atos humanos como para os infortúnios da própria casualidade do universo, o que colocaria o homem em uma situação de periculosidade permanente. Percorrendo esse arcabouço de imagens

---

63 Relembro Freud, que, no desfecho de seu sempre atual texto *O mal-estar na civilização*, escreveu: "A meu ver, a questão decisiva para a espécie humana é saber se, em que medida, a sua evolução cultural poderá controlar as perturbações trazidas à vida em comum pelos instintos humanos de agressão e auto-destruição. Precisamente quanto a isso a época de hoje merecerá talvez um interesse especial. Atualmente [1920] os seres humanos atingiram um tal controle das forças da natureza, que não lhes é difícil recorrerem a elas para se exterminarem até o último homem" (Freud, 2011, p. 93). Ele ainda afirmará que, devido à hostilidade primária entre os seres humanos, "a sociedade é permanentemente ameaçada de desintegração" (p. 58). Trata-se do eterno conflito entre as pulsões de vida (Eros) e morte (Tanatos) que talvez nunca apareçam isoladamente. Como disse Erich Fromm (1966): "Em seu estado original, o 'homem' de Freud, ao contrário do de Rousseau, é dominado por maus impulsos" (p. 48).

impactantes, encontrei, em filmes mencionados e estudados, um ser humano sem referências de sua própria humanidade. O que era humano passou a ser posto em xeque, como mostro na Parte III (ainda que, neste tópico, eu já antecipe movimentos de análise, o que fiz optativamente fiz em vários momentos deste livro, por acreditar na pertinência dos respectivos apontamentos).

Em seguida, pensei como essas grandes questões poderiam ser articuladas entre si, e veio-me a opção de trabalhar com grandes núcleos –sem, todavia, qualquer intenção de fazer uma taxonomia do fantástico, pois qualquer tentativa de mensurar, quantificar e qualificar os filmes fantásticos pecaria pela incompletude. Assim, cheguei, finalmente, aos tópicos deste subcapítulo. Nele, discorro com breve fôlego sobre uma cinematografia de cerca de dez anos, chamando a atenção para algumas tendências narrativas e temáticas que podem ser percebidas em diversos filmes – o que justifica reservar alguns parágrafos para discuti-las: os *remakes*, os *mockdocumentaries* e os filmes de violência gratuita. Lembro que este é apenas um item de caráter geral sobre o cinema fantástico no século XXI, por isso, sinto que posso discorrer mais livremente sobre aspectos cinematográficos que me chamaram a atenção.

Remakes

Uma das grandes tendências do terror no início do século XXI foram os *remakes*, com destaque para *revivals* de filmes dos anos 1980. Não se deve negar que a falta de inventividade em boa parte do cinema contemporâneo fez com que muitos diretores pensassem em revigorar antigas produções de sucesso. A isso se soma o fato de que a geração adolescente da primeira década do milênio não conheceu os grandes filmes do cinema de terror, sobretudo por uma compreensível recusa, própria da idade, por aquilo que é taxado como "antigo" – às vezes, uma obra datada de mais de dez ou quinze anos apenas.[64] Por isso, os *remakes* serviram como uma maneira de apresentar aos jovens modelos de monstros e de narrativas que poderiam lhes interessar, na expectativa de conquistar uma fatia significativa de público. Outro ponto a ser

---

64 Ou, até mesmo, o simples fato de serem jovens que ainda não tiveram tempo suficiente para entrar em contato com muitas filmografias.

levantado é que os *remakes* também vão ao encontro da nostalgia que marcou uma geração inteira – no caso, crianças e adolescentes da década de 1980, que já eram jovens adultos nos primeiros anos do novo milênio.

Todavia, além dessas suposições mais óbvias, existe o aspecto de que um *remake* está sempre vinculado à mudança de sensibilidade de cada época e de cada cultura, e liga-se diretamente à força dos signos que se movem em um determinado momento. Ou seja: não há, assim, tanta gratuidade em se escolher este ou aquele filme para ser refeito. A isso vieram se somar esforços para que certos *remakes* oferecessem uma abordagem diferenciada da original.

Como ilustração, menciono os seguintes *remakes*: *O massacre da serra elétrica* (*The Texas chain saw massacre*, Tobe Hooper, 1973) e *O massacre da serra elétrica* (*The Texas chain saw massacre*, Marcus Nispel, 2003); *Despertar dos mortos* (*Dawn of the dead*, George Romero, 1978) e *Madrugada dos mortos* (*Dawn of the dead*, Zack Snyder, 2004); *Os crimes do museu* (*Mystery of the wax museum*, Michael Curtiz, 1933), *Museu de cera* (*House of wax*, André De Toth, 1953) e *A casa de cera* (*House of wax*, Jaume Collet-Serra, 2005); *Terror em Amityville* (*The Amityville horror*, Stuart Rosenberg, 1979) e *Horror em Amityville* (*The Amityville horror*, Andrew Douglas, 2005); *Quadrilha de sádicos* (*The hills have eyes*, Wes Craven, 1977) e *Viagem maldita* (*The hills have eyes*, Alexandre Aja, 2006); *King Kong* (*King Kong*, Merian C. Cooper & Ernest B. Schoedsack, 1933), *King Kong* (*King Kong*, John Guillermin, 1976) e *King Kong* (*King Kong*, Peter Jackson, 2005); *Nasce um monstro* (*It's alive*, Larry Cohen, 1974) e *Nasce um monstro* (*It's alive*, Josef Rusnak, 2008); *REC* (*REC*, Jaume Balagueró & Paco Plaza, 2008) e *Quarentena* (*Quarantine*, John Erick Dowdle, 2009);[65] *Fúria de titãs* (*Clash of the titans*, Desmond Davis, 1981) e *Fúria de titãs* (*Clash of the titans*, Louis Leterrier, 2010); *A hora do espanto* (*Fright night*, Tom Holland, 1985) e *A hora do espanto* (*Fright night*, Craig Gillespie, 2011).[66]

---

65 Aqui temos o exemplo de um *remake* a partir de uma produção praticamente no ano anterior.

66 Ainda houve filmes que ganharam sequência tardia, como o antológico *Garotos perdidos* (*The lost boys*, Joel Schumacher, 1987), com: *Garotos perdidos 2: a tribo* (*Lost boys: the tribe*, P. J. Pesce, 2008) e *Garotos perdidos 3* (*Lost boys: the thirst*, Dario Piana, 2010), além de *remakes* mais livres, como *Conan, o bárbaro* (*Conan, the barbarian*, Marcus Nispel, 2011), que não recriou fielmente nenhum dos seus antecessores, que foram *Conan, o bárbaro*

Além dos *remakes* do tipo *revivals*, como têm sido chamados, houve aqueles com finalidades de "adaptação cultural" de algum enredo oriental aos padrões americanos. Esse é o caso, por exemplo, de: Água negra (*Honogurai mizu no soko kara*, Hideo Nakata, Japão, 2002) e Água *negra* (*Dark water*, Walter Salles, 2005); *Ligação perdida* (*Chakushin ari*, Takashi Miike, Japão, 2003) e *Uma chamada perdida* (*One missed call*, Eric Valette, 2008); *Espíritos: a morte está ao seu lado* (*Shutter*, Banjong Pisanthanakun, Parkpoom Wongpoom, Tailândia, 2004) e *Imagens do além* (*Shutter*, Masayuki Ochiai, 2008); *O olho* (*Gin Gwai/ The eye*, Oxide Pang Chun & Danny Pang, China, 2002) e *O olho do mal* (*The eye*, David Moreau & Xavier Palud, 2008); *O chamado* (*Ringu* ou *The ring*, Hideo Nakata, Japão, 1998) e *O chamado* (*The ring*, Gore Verbinski, Estados Unidos, 2002); *Ju-On/ O Grito* (*Ju-On*, Takashi Shimizu, Japão, 2003) e *O grito* (*The grudge*, direção de Takashi Shimizu e produção de Sam Raimi, Japão/ Alemanha/ Estados Unidos, 2004); *Medo* (*A tale of two sisters*, Kim Jee-woon, Coreia do Sul, 2003) e *O mistério das duas irmãs* (*The uninvited*, Charles Guard & Thomas Guard, 2009).

Como parte das justificativas para se fazer esse tipo de "adaptação" cinematográfica, está a resistência do espectador americano para com filmes estrangeiros legendados e uma necessidade de explicar em demasiado alguns enredos que, em suas filmografias originais, apresentam menos obviedades.

Mockdocumentaries

O cinema na primeira década do século XXI foi marcado também pelos *mockdocumentaries* (ou *mockumentaries*)[67] no estilo *docufiction*, a exemplo do sucesso do final dos anos 1990 *Bruxa de Blair* (*The Blair Witch Project*, Daniel Myrick & Eduardo Sánchez, 1999). Essa opção de se fazer um filme não é novidade – como, aliás, boa parte daquilo que se costuma acreditar ser a "última inovação" do cinema. Woody Allen, por exemplo, já tinha dirigido

---

(*Conan, the barbarian*, John Milius, 1982) e *Conan, o destruidor* (*Conan the destroyer*, Richard Fleisher, 1984).

67 Existe a expressão *POV mockdocumentary*, referindo-se à filmagem do ponto de vista (*point of view*) de quem manipula a câmera.

seu ótimo *mockdocumentary Zelig* (1983), uma história que tratava de um homem-camaleão que modificava a aparência para agradar as pessoas, e, em 1984, Rob Reiner dirigiu *Isto é Spinal Tap* (*This is Spinal Tap*), sobre uma banda fictícia.

Como a própria expressão explica, um *mockdocumentary* é uma criação que se pretende ou faz as vezes de um documentário, quase sempre apresentando traços de ironia e sátira. Não foram poucos os que acreditaram serem verdadeiras narrativas como as de *Bruxa de Blair*. A grande referência desse estilo no cinema fantástico foi o apelativo *Cannibal holocaust* (*Cannibal holocaust*, Ruggero Deodato, 1980), cujo mau gosto e excesso de *gore*, de violência sexual e de mortes de animais levou à sua proibição em vários países (e à sua classificação para maiores de 18 anos no Brasil). Houve, porém, críticos que entenderam o filme como uma crítica à sociedade da época. Rodado na Amazônia, o enredo trata de quatro documentaristas que entraram na selva para filmar indígenas e acabaram desaparecendo. Então, um famoso antropólogo formou uma missão de resgate e encontrou latas de filmes que revelaram o destino dos desaparecidos.

Na safra de *mockdocumentaries* que marca o início do século XXI, menciono aqui a produção independente *Atividade paranormal 1* (*Paranormal activity*, Oren Peli, 2007),[68] o bem-aceito *Cloverfield, o monstro* (*Cloverfield*, Matt Reeves, 2008), o de mediano sucesso *Contatos de quarto grau* (*The fourth kind*, Olatunde Osunsanmi, 2009), o irregular *O último exorcismo* (*The last exorcism*, Daniel Stamm, 2010), o bom e pouco conhecido *O caçador de trolls* (*The troll hunter*, André Øvredal, 2010) e *Apolo 18, a missão proibida* (*Apollo 18*, Gonzalo López-Gallego, 2011), todas produções categoricamente fantásticas, mas com apelo ao "realismo".

Por um lado, pode-se dizer que tais filmes vêm reforçar a falta de motivações ou de construção de identidades em torno dos seres monstruosos no século XXI: em *Cloverfield* e em *O caçador de trolls*, os monstros destroem e matam sem motivos aparentes. Enquanto no primeiro filme o monstruoso é uma irrupção repentina, à semelhança de um tsunami que invade

---

68 Mas seu lançamento no Brasil só se deu em 2009. *Atividade paranormal* se tornou de fato uma franquia: até o momento do término da escrita deste livro, já estava no quinto filme.

repentinamente uma cidade (nesse caso, Nova York), no segundo, os gigantes trolls da mitologia escandinava foram descobertos vivendo em grupos retirados e discretos no norte da Noruega, onde passam a ser perseguidos por cientistas. *O caçador de trolls* homenageia a figura dos caçadores de lendárias criaturas, enquanto também satiriza costumes da Noruega, como a sua família real. Provavelmente, é o mais criativo e inusitado dentre os filmes citados na lista de pseudodocumentários.[69]

Em *Cloverfield*, a escolha de Nova York não foi obra do acaso: cenas com chuvas de cinzas, pessoas correndo em desespero e carros destruídos fazem alusão aos ataques do 11 de setembro, resultado de uma marca indelével do mais exacerbado terrorismo no fazer cinematográfico. A presença de um monstro no lugar de terroristas pode ser entendida como uma forma de colocar o espectador no lugar da vítima e para que se sinta imerso nas sensações de uma inexplicável destruição em massa, espectador este já cansado da insistência das imagens documentais do evento que abalou o mundo em 2001.[70]

Já *Apolo 18* foi um daqueles filmes que agradaram o público fã de "teorias de conspiração" e "linguagem subliminar", muito em voga nos anos 1970 (e também contemporaneamente, mediante a perplexidade dos inacreditáveis acidentes naturais ou provocados pelo homem e que nos circundam o tempo todo). Tais acidentes nos colocam em um mundo de extremo caos, no qual se consegue passar com certa facilidade de um tsunami e um vazamento radiativo no Japão à transmissão mundial de um casamento real inglês, mudando em seguida de forma drástica para as precipitadas coberturas do assassinato de Osama Bin Laden.[71]

---

69 Segundo os "cientistas" presentes no filme, um troll demora de dez a quinze anos para nascer, mas vive mil anos. Ele só é destruído pela falta da vitamina D – entretanto, como ser encantado, pode se transformar em enormes pedras.

70 A isso, o crítico americano de cinema Winston Dixon chamou de "tirania das representações audiovisuais".

71 Essas são algumas das grandes "manchetes" que se alternaram nos veículos da mídia no primeiro semestre de 2011.

Filmes de violência gratuita

Quando se faz um sobrevoo no cinema de terror na primeira década do século XXI, nota-se, como tendência forte, uma linha de filmes ultraviolentos e sádicos que apresentam cenas de tortura e escatologia (tendência esta chamada em francês de *ciné-boucherie*, "cinecarnificina"). Essas produções foram lideradas pela franquia *Jogos mortais* (*Saw*, James Wan, 2004) – que, entretanto, não se enquadra no conceito de cinema fantástico com o qual trabalho. A menção a esses filmes se deve ao fato de que eles conseguiram, pela primeira vez, que produções com esse nível de agressividade atingissem o sistema Multiplex, tornando-se cultuados por milhares de fãs, especialmente adolescentes. *Jogos mortais* marcou a "liberação" de uma certa fronteira para que fossem levadas ao público do "cinemão" narrativas contendo cenas fortíssimas. O último filme da franquia – *Jogos mortais 7* (*Saw 3D: The Final Chapter*, Kevin Greutert, 2010) – aderiu também à tecnologia 3D. Como afirmou Dadoun (2000, p. 134), a comercialização de um filme prolonga seu gênero e, muitas vezes, faz com que a obra se desdobre em séries ou em variações, como as paródias. É isso o que se tem visto com os filmes de violência excessiva.

Lenne (2004) já dizia do "horror gratuito" (p. 171), que seria o horror de repulsão, presente em narrativas que exporiam cirurgias estéticas, cicatrizes e feridas, muita hemoglobina e cenas de sofrimento: "Ou seja, a monstruosidade exclusivamente física: ao romper-se o nexo entre significante e significado, este desaparece e aquele é empregado como potencial de horror imediato"[72] (p. 171). É exatamente essa a crítica que faço aos filmes que seguem essa vertente extremista, na qual se torna bem difícil apreciar o fantástico, como o autor ainda salienta (cf. p. 172). Ele defende a necessidade de sentido que acompanha uma situação de medo em um filme; do contrário, tudo não passará de engodo espetacular, afinal, "toda monstruosidade *aparente* é o signo de uma monstruosidade invisível, até mesmo oculta"[73] (p. 176). Nesse aspecto, defendo que o monstro pode ser tão mais interessante quanto mais implícito

---

72 "*Es decir, la monstruosidad exclusivamente física: al romperse el nexo entre significante y significado, éste desaparece y aquél se emplea como potencial de horror imediato.*"

73 "*toda monstruosidad aparente es el signo de una monstruosidad invisible, incluso oclusa.*"

ou livre das amarras da estereotipagem – e o excesso de cenas violentas e viscerais não acrescenta "teor fantástico" necessariamente a uma narrativa.

Tomo brevemente um dos trabalhos de Goya para delimitar minha compreensão sobre os aspectos fílmicos que discuto aqui. Francisco de Goya (1746-1828), que cunhou a famosa frase "o sonho da razão produz monstros", a partir de uma de suas mais famosas gravuras, inaugurou, nas suas criações da Quinta del Sordo, o que se costuma chamar de "gótico tardio". Foi na série *Los caprichos*, de oitenta gravuras, que ele satirizou a sociedade espanhola. Na segunda fase dessa série, encontram-se as imagens de teor mais fantástico de todo o conjunto. Existe, porém, uma curiosa gravura produzida por Goya e salientada por Warner (2000, p. 252), na qual se vê um homem curvado que olha dentro de uma *camera obscura* – espécie de lanterna mágica. Esse *voyeur* não percebe que um rombo nas calças faz com que um menino, logo atrás, ria das nádegas à mostra. Assim, na gravura, enquanto por um viés se oferece o espanto – a imagem em movimento, no caso, e o que ela representava para seu apreciador –, por outro, existe a presença do riso satírico, de tendência escatológica. Ambas as reações e emoções se situam em uma mesma cena criada por Goya, assim como, no cinema contemporâneo, localiza-se o grotesco – embora, neste último, muito menos refinado em boa parte dos casos – na forma de filmes de terror que incitam tanto a gargalhada como o susto. Percebe-se que há mesmo um gosto difuso relacionado a esse estado misto de fortes sensações: o grito em filmes que apresentam cenas viscerais, em nosso entendimento, costuma ser tanto gargalhada quanto pavor – juntos na busca de um efêmero alívio que será interrompido em uma próxima cena de mutilação e tortura. O grito pode ser definido, ainda, como um riso nervoso, doído, que "expressa uma tentativa de não ser tocado, não ser movido, de superar a resposta mais comum ao medo"[74] (Warner, 2000, p. 258).

Nesse contexto, um exemplo impossível de ser esquecido no que tange à fusão de emoções é o próprio King Kong, ainda que ele seja um personagem de excelência para o fantástico, diferentemente dos filmes de repulsa e nojo que tenho mencionado. O símio gigante é um monstro que desperta tanto

---

74 *"express an attempt not to be touched, not to be moved, to overcome the most usual response of fear."*

curiosidade como horror e compaixão. Em seu comportamento, ele assume uma variação que vai desde um Polifemo da modernidade, que engole a todos quantos sua fome e ira permitem, até a desamparada criatura que busca equilíbrio sobre o Empire State Building. Sua mitologia no século XX foi tão forte que sua história teve várias adaptações no cinema, a mais recente em 2005 (*King Kong*, dirigido por Peter Jackson). Concordo com Marina Warner (2000), quando ela aponta:

> *Os sonhos da razão, sonhados pelas imaginações modernas desde o século XVIII, conforme evocou Goya em sua arte, nos conduzem para o interior de subjetividades dolorosas, em que fantasias perturbadoras provocam sensações poderosamente misturadas.*[75] (p. 257)

Duplo voyeurismo: homem olhando uma câmera obscura com as nádegas à mostra (Francisco de Goya, c. 1803-1824).

---

75 *"The dreams of reason, as dreamed by modern imaginations since the eighgth century, as evoked by Goya in his art, conduct us into painful subjectivities, where disturbing fantasies provoke powerfully mixed feelings."*

E, ainda: "O grotesco tardio é um estado de espírito, não apenas um estilo, e as desesperadoras provocações da loucura humana que Goya sintetiza reverberam em *thrillers* como *The Usual Suspects* (1995) e *Seven* (1995)"[76] (Warner, 2000, p. 260). A pesquisadora já distinguia a presença de cenas de *mockery* em diversos filmes da década de 1990, dentre eles, *Pulp Fiction – Tempo de violência* (*Pulp fiction*, Quentin Tarantino, 1994) e *MIB – Homens de preto* (*MIB – Men in Black*, Barry Sonnenfeld, 1997).[77]

O monstro real: o 11 de setembro

Na cultura contemporânea, polimorfa e plurissaturada, marcada por desgastes e reinvenções, não há mesmo, como já disse, a presença de nenhum "espírito do tempo". A partir de 2001, que tomo como um marco simbólico para a profusão de produções ligadas ao fantástico – no cinema e na literatura, especificamente –, tem-se a sensação de um "admirável mundo novo". Minha experiência nos Estados Unidos como jornalista durante um período que antecedeu e sucedeu ao 11 de setembro me trouxe várias reflexões, as quais foram resumidas em um artigo de minha autoria (cf. Oliveira, 2003). Torna-se, portanto, inevitável referenciar esse fatalismo que marcou a entrada no século XXI. Uma das primeiras perguntas que aquela nação protestante se fez, após os ataques sofridos, foi: "onde estava Deus durante os atentados do 11 de setembro?". E as respostas, invariavelmente, eram: "Deus estava no controle". "Deus estava amparando os que iriam morrer inocentemente nos aviões". Porém, uma tal afirmação imediata e pronta parecia-me consequência de uma vontade desesperada de aquietar a ultrapassagem abrupta e irremediável dos limites do que seria o suportável para o humano (deixando de lado, obviamente, qualquer julgamento de ordem teológica de nossa parte). Ou seja, os ataques do 11 de setembro sinalizaram o indizível do real – aqui,

---

76 Direção de David Fincher. "*The late grotesque is a mood, not only a style, and the desparing raillery at human folly that Goya epitomizes reverberates in thrillers like* The Usual Suspects *(1995), and* Seven *(1995)."*

77 Note-se que aqui não utilizo exemplos somente de filmes de violência excessiva. Ilustro essa discussão, no decorrer do tópico, com produções ecléticas que refletem um estado de emoções fortes que marca o grotesco no cinema contemporâneo.

emprego "real" no sentido atribuído por Jacques Lacan a essa expressão. Afinal, daquela vez, o ataque terrorista assumiu proporções diferentes, como se algo muito mais sério tivesse acontecido, em especial em um país que se considerava invulnerável a determinados tipos de ações terroristas, por conta de sua especializada segurança. Paradoxalmente, a campeã da *hit parade* da época foi uma canção tradicional, folclórica e bem bucólica chamada *America, the beautiful*, em que qualidades românticas do país eram enaltecidas.[78]

Ferguson (2002) discutiu sete pontos de vista sobre os ataques terroristas, dentre os quais destaco: de fato, os Estados Unidos tinham deixado de ser invulneráveis muito antes de 11 de setembro de 2011; as formas de destruir e guerrear nunca tinham sido tão baratas; com o aumento das desigualdades mundiais, houve um aumento das numerosas insatisfações entre os que se sentiam mais desamparados e com menos recursos; os Estados Unidos já não eram mais a única superpotência mundial, mesmo exibindo uma defesa invejável. Somados a isso, temos os avanços das pesquisas bélicas em torno de armamentos bioquímicos: "a ameaça das armas biológicas é real e está aumentando, conduzida por descobertas científicas e convulsões políticas por todo o mundo" (Miller *et al.*, 2002 p. 415). Os autores dessa citação ainda informam que a reação do mundo diante das tecnologias bélicas de última geração está muito aquém de como deveria ser – tamanha a necessidade de supervisão e proteção contra novos ataques. Penso que essas informações ajudam a exemplificar o estado de paranoia do mundo contemporâneo.[79]

Assim, tornou-se premente, para mim, considerar que uma parte representativa do fantástico no cinema no século XXI passou igualmente a questionar o poder político e militar dos Estados Unidos e, de forma geral, dos

---

78 Como se pode notar já na primeira estrofe: "*O beautiful for spacious skies,/ For amber waves of grain,/ For purple mountain majesties/ Above the fruited plain!/ America! America!/ God shed his grace on thee/ And crown thy good with brotherhood/ From sea to shining sea!*" ("Oh, beleza de espaçosos céus/ De ondulado âmbar de grãos,/ De majestosas montanhas em púrpura/ Acima da frutuosa planície!/ América! América!/ Sobre ela Deus depositou Sua graça/ E coroou sua bondade com fraternidade/ De um oceano luzente a outro!").

79 Obviamente, a primeira década do século XXI foi testemunha de muitos outros ataques e agressões de ordem terrorista. Neste estudo, entretanto, tomo aquela fatídica data de 2001 como um símbolo para os altos níveis de insegurança e medo que caracterizam nosso mundo.

blocos hegemônicos do planeta. Os títulos dos filmes que demonstram isso são muito diversificados, como tenho mencionado no decorrer do livro, o que reforça a minha argumentação de que o fantástico está por toda parte. Uma das consequências do atentado às Torres Gêmeas foi uma maior exposição das feridas narcísicas da humanidade, já abertas de alguma forma; nesse sentido, pode-se dizer que um certo cinema anterior conseguiu esboçar possíveis fatalidades por meio de um "caráter premonitório": afinal, o viés catastrófico e terrorista permeava as produções dos anos 1990.[80] A espetacularização de grandes ataques e destruições tinha sido ensaiada e exibida no cinema e nos canais de TV, reiterando que uma ansiedade coletiva se alastrava pelo planeta.

Chego a essa particularidade em minha discussão para comentar que se, por um lado, nunca tivemos tanto o suporte da tecnologia e do logos, por outro, nunca fomos realmente tão inseguros, indefesos e frágeis. Nunca estivemos tão perdidos e amedrontados pela realidade da vida cotidiana, haja vista os rumos climáticos que nosso planeta tem tomado, junto a uma série de acontecimentos inesperados, fortuitos e, tantas vezes, catastróficos, nem sempre explicados apenas pelo caos inerente à natureza e às suas revoluções. Há algumas décadas, nossa consciência tem se dado conta de que realmente podemos perecer. Não experimentamos uma terceira guerra mundial, mas as epidemias, as tragédias naturais, as novas doenças, as guerras civis, as pesquisas nefastas em torno da guerra química e biológica, os países suspeitos de atividade nuclear belicosa, as violações incessantes aos direitos humanos, além da fome e da falta de educação e saúde em vários países, provocam uma sensação de falta de rumo. Nunca, provavelmente, a humanidade, de forma geral, esteve tão angustiada. Somos, de fato, bombardeados por uma profusão de informações que sinalizam perigos dos mais diversos conteúdos e origens. Nesse contexto assustador, é de se esperar também um certo refúgio na imaginação, retomando alguns símbolos e elementos atávicos como tábuas de salvação, reflexão e, sobretudo, entretenimento e evasão – ainda que esse não seja o objetivo do fantástico. Aqui, afirmo minha defesa de que não

---

80 O exemplo mais emblemático, sem dúvida, é *Independence day* (Roland Emmerich, 1996). Mas o tom apocalíptico também pode ser notado em outros *blockbusters*, como *O exterminador do futuro 2: o julgamento final* (*Terminator 2: Judgement day*, James Cameron, 1991).

foi por acaso que, nesses tempos, temos a presença notável de filmes e outros produtos midiáticos devedores do fantástico.

A avalanche de elementos de origem fantástica acaba por oferecer produtos os mais diversos em termos de qualidade, atingindo-se um extremo de "empobrecimento" ou mesmo "esvaziamento" de sentidos.

É comum conhecermos filmes que, em sua avidez por atrair públicos amantes do fantástico aterrorizante, sangrento e violento, não oferecem qualquer limite para as experiências ligadas à pulsão escópica do espectador. Não apenas simula-se uma cabeça sendo decepada: é preciso arrancá-la com "requintes" proporcionados pelo *gore* e pelo *splatter*. Isso é consequência também de uma década em que se acentuou o escoamento de enredos e conteúdos em muitos filmes, escoamento esse substituído pelos espantos provocados com o auxílio dos recursos tecnológicos e estilísticos, buscando-se a sensação máxima do desagradável, do horrendo, do mórbido e do patológico. Afinal, pode-se dizer que a barreira entre a realidade e o fantástico se rompeu simbolicamente em 2001.

De certa maneira, o que moveu várias produções do cinema do período foi um desejo de impressionar os sentidos e as sensações, de extravasar o horror e a perplexidade, em representações que colocavam a condição humana num patamar muitas vezes desprovido de valoração, conforme discuto adiante, ao analisar os filmes. Em boa parte do fantástico aterrorizante de nossos tempos, os enredos retratam a eliminação fria e insensata de vidas, as perseguições, torturas e matanças ligadas a propostas de cativar determinados tipos de público que apreciam soluções apelativas e hiperbolizantes.[81]

---

81 Por uma certa linha reflexiva psicanalítica, os monstros do universo infantil seriam preferencialmente dotados de formas, pelo fato de as crianças apreciarem a concretização da imagem monstruosa. Continuando por esse viés, à medida que amadurecêssemos emocionalmente, nossos monstros poderiam se tornar sensivelmente mais imprecisos, quase abstratos. Porém, se vivemos também uma onda do fantástico explícito e visceral é porque, talvez, a muitos espectadores agrade ver e recuperar elementos ligados às primeiras fases pulsionais. Prova disso é que os "contos de fadas" primitivos estavam muito próximos de um terror violento, como já discuti. Por outro lado, temos a urgência de angustiantes questões corporais em nossos dias, as quais se projetam nas variadas ficções. Por isso, afirmo que esse é um momento paradoxal, tanto de excessos como de superficialidades narrativas.

É essa urgência em um mundo já conhecido, mas, paradoxalmente, tão inesperado e bruto, que também engendra grande parte do fantástico na contemporaneidade e faz com que olhemos para as histórias criadas pelo cinema. Somos, nesse sentido, como os garotos do primeiro filme das *Crônicas de Nárnia*, que atravessaram o guarda-roupas para fugir da Segunda Guerra. Eles ficaram distantes do turbilhão dos conflitos bélicos, mas adentraram um mundo tão perigoso quanto – porém, capaz de fazê-los, em segurança, criar novos sentidos para uma subjetividade fragmentada e maculada.

PARTE III
Fantástico no cinema pós-2001

Pois contemplar tal espelho, a fim de reconhecer-se nele,
e a fim de poder alterar-se graças a tal reconhecimento, é
o propósito de toda fábula, inclusive desta.

Vilém Flusser & Louis Bec (2011, p. 134)

1. O mundo hoje: fantasfera

Conforme apresentado na Parte II, o corpo humano tem assumido um novo estatuto nas últimas décadas, o que se reflete nos arcabouços tecnológicos e midiáticos. Em um certo aspecto, um deslumbramento que beira o ingênuo, somado ao prazer utópico das "grandes e definitivas descobertas", tem arrastado multidões zumbificadas de entusiastas consumidores para as lojas físicas e virtuais de *games*, celulares, computadores, TV e seus dispositivos associados, em busca do *dernier gadget à la mode*. De um outro lado estão aqueles que não conseguiram se adaptar bem aos "novos tempos" ou os que demonstraram ressalvas para com as invenções e para com o potencial catastrófico e trágico que elas podem conter. Entre essas duas balizas, percebemos o esforço de estudiosos que tentam estabelecer um fiel da balança – ora se equilibrando mais para um lado, ora mais para outro, naquela postura que Umberto Eco chamaria de "integrada" ou "apocalíptica".

Vivemos em tempos difíceis, em que reverberam a fluidez e as formas deslizantes do comportamento humano e de suas relações com o tecnológico – fluidez esta que tem sido uma das marcas do século XXI, associada à insegurança do sujeito contemporâneo. Pode-se considerar que, no decorrer do século XX, em especial, noções unitárias e totalizantes foram, aos poucos, se fragmentando, se solapando, até – mediante um desmoronamento maior

– propiciarem uma crise de valores e a exigência de reformulação de paradigmas. Este tem sido um momento de enfrentamentos: questionamentos de
toda ordem acusam uma possível revolução no âmbito do antropológico –
muito mais do que apenas na esfera das tecnologias.

Nessa esquina da história, o cinema ainda se apresenta como mídia significativa e, diferentemente do que alguns disseram a respeito de um possível
"fim do cinema", ele é capaz de acompanhar e influenciar as mudanças em
nossa relação com as imagens. Ou seja, além de o próprio cinema ter passado
por uma reestruturação técnica e até mesmo em seu *modus operandi*, ele próprio nos mostra, por meio de suas formas e *plots*, algumas das tendências que
norteiam o que chamamos de um possível novo estado de coisas. A denúncia
parece ser sempre a de uma crise da experiência humana, crise esta que desperta interesse dos estudos do chamado pós-humano.

Dentre os autores que já há alguns anos se debruçam sobre esse instigante
tema, cito Santaella (2003a, 2003b, 2004). Segundo a pesquisadora, o pós-
-humano ganhou destaque nas expressões artísticas e midiáticas a partir de
meados da década de 1990, quando uma confluência de artistas e pensadores
apresentava o termo, se bem que com conotações variantes. Um dos mais
importantes é o britânico Robert Pepperell, que publicou em 1995 um livro
que se tornou emblemático, *The posthuman condition* (traduzido no Brasil
como *A condição pós-humana*), no qual ele tentou organizar as chamadas
tecnologias pós-humanas em: RV (realidade virtual); comunicação global,
protética e nanotecnológica; redes neuronais; algoritmos genéticos; manipulação genética e vida artificial (cf. Santaella, 2003a, p. 192). De acordo com o
pensamento de Santaella, pode-se sintetizar o pós-humano como aquilo que
permite estudar e modificar o corpo orgânico somado ao corpo dos artefa-
tos de silício da tecnociência, ou a outros corpos orgânicos, considerando-se
ainda as redes de *bits*.

Como já mencionei, percebe-se, por exemplo, que o que era considerado assustador em filmes de terror dos anos 1930 e 1940 tem menos relevância hoje para os espectadores. Não estou me referindo aqui aos recursos
de montagem e de efeitos especiais, que mudaram enormemente, mas, sim,
aos enredos dos filmes, que, naquelas décadas, costumavam ainda ter alguma filiação mais consistente com a literatura gótica e com autores clássicos

do século XIX. No cinema contemporâneo, nota-se uma estreita dívida para com as questões da exteriorização dos conflitos humanos que são projetadas no próprio corpo – e não mais apenas reflexo das turbulências mentais ou da "alma". Encontram-se, por exemplo, produções fílmicas que se aproveitam do biotecnológico e dos avanços científicos para engendrar personagens que pautam aspectos da crise antropológica que aponto: trata-se, muitas vezes, de ciborgues e avatares, corpos supermodificados e superexcitados pela tecnologia, a qual atua cada vez mais como mediadora do sujeito no mundo. O mal-estar na civilização – que persiste vigorosamente – projeta-se, hoje, também no deslocamento de angústias para o âmbito do corporal e da vulnerabilidade desse corpo que tenta resistir, à mercê de bioterrorismos, de manipulações genéticas, de sofisticadas experiências híbridas, de violências de extrema perversidade.

Essa é também uma era do visível, do externo e do sensorial: muitas pessoas se identificam umas com as outras e se relacionam com o mundo por meio de detalhes "indiciais" que dizem quem elas são ou a que grupo se filiam: *piercings*, tatuagens, alargadores, inserções na pele, tingimentos, próteses e órteses para fins corretivos ou simplesmente estéticos são alguns desses índices. Além disso, a ciência avança para experimentos nanotecnológicos que estão ligados às conexões neuronais, na busca de sanar várias deficiências e incapacitações. Os avanços científicos dão a ver cada vez mais um corpo maquínico e virtual, passível de receber bioportos e conectores neuronais, em que "tecnologia" e "natureza" se diferenciam cada vez menos. De fato, pode-se dizer que o ser humano – desde que se tornou distinto dos demais animais por meio da aquisição da linguagem, esse arcabouço de artifícios que tenta preencher o lugar da falta – está cada vez mais distanciado do que seria aquele "mundo natural" proclamado pelos cientistas românticos. Ou melhor, tem-se percebido que esse mundo natural nunca valeu para os seres humanos. É Santaella (2004) quem informa que o pós-humano é deflagrado pelas transformações do tecnológico em relação ao corpo:

> *Quanto ao termo "pós-humano", suas conotações extrapolam de longe a mera caracterização dos corpos. Não obstante incluam as mutações que as tecnologias estão provocando no real do corpo,*

> *há dimensões antropológicas e filosóficas implicadas nessa expressão que a dotam de uma complexidade que envolve, mas vai além da tecnologia e até mesmo da biologia (p. 55)*

Já nos anos 1980, em seu célebre texto "A cyborg manifesto: Science, technology, and socialist-feminism in the late twentieth century", Haraway (cf. 1991, pp. 140 ss.) afirmava que éramos todos quimeras; em suma, ciborgues, mistos do maquínico e do orgânico (Haraway, 1991, p. 150). A figura de um ciborgue seria capaz, segundo ela, de condensar o fictício e a chamada realidade material. Ainda de acordo com a autora, ele seria a criatura de um mundo pós-gênero, não identificável com as ideias de unicidade original e natureza, tão prezadas por nossa tradição científica; por conseguinte, um ciborgue não esperaria que um pai o salvasse, nem desejaria uma parceira, como Frankenstein o fez. Não formado pelo barro, jamais retornaria ao pó, não sonharia com o Jardim do Éden, tampouco reverenciaria o Cosmos. Haraway, nos textos daquela época, criticava grande parte dos socialistas e feministas americanos que exacerbavam os dualismos mente e corpo, animal e máquina, idealismo e materialismo (cf. Haraway, 1991, p. 154) nas práticas sociais, por exemplo.

O interessante título de seu livro, *Simians, cyborgs, and women. The reinvention of nature*, é capaz de nos conduzir a uma equação simples, em que a mulher aparece como passível de se inventar e reinventar, condição esta que também tem sido proclamada pelos estudos lacanianos. De acordo com Haraway, a cultura passava da representação à simulação e ao simulacro; do organismo ao código; da profundidade e integridade à superfície e às bordas; da reprodução à replicação; do indivíduo à réplica; da mão de obra à robótica; da Segunda Guerra Mundial à Guerra nas Estrelas, dentre outras dicotomias binárias ressaltadas por ela em seu texto "The biopolitics of postmodern bodies: Constitutions of self in immune system discourse" (cf. Haraway, 1991, pp. 203 ss.).

Assim, ainda que no cinema atual haja novos "Frankensteins" e "Golems" nos impelindo a questionar o mundo dos sentimentos, ganharam força criaturas que nos despertam para um frenesi de sensações e ultrapassagem de limites corporais, em que o sujeito está a um passo de ser o hospedeiro do monstro, quando não é ele mesmo o monstruoso. Vários atributos de seres fantásticos que já nos serviram de contraponto e espelho estão deslocados e, muitas vezes, relocados no próprio corpo humano. Percebe-se isso nos alienígenas que, nos filmes dos anos 1980, se alojavam nas entranhas do corpo de seus hospedeiros como parasitas, chegando mesmo a ocupar o lugar do próprio corpo retrabalhado em uma estética extrema, como na quadrilogia Alien.[1]

Há um bom tempo, os monstros não residem apenas na imageria religiosa, e também não são mais identificados, em boa parte das culturas humanas, com nascimentos prodigiosos, caprichos da natureza e exotismos.[2] O ritmo errático do monstruoso faz com que ele reapareça em vários suportes e culturas e, sem dúvida, ele retorna, muitas vezes em bandos, hordas e matilhas. Nas ciências médicas, o teratológico se dá a partir de fatores externos (agentes físicos,[3] agentes infecciosos,[4] agentes químicos)[5] e internos (alterações genéticas, alterações cromossômicas, desnutrição) ao corpo. De acordo com o que se tem observado nas temáticas recorrentes do cinema fantástico, esses mesmos fatores têm sido utilizados em diversos enredos fílmicos. Entretanto, somo a eles as intervenções tecnológicas no corpo humano e seus desdobramentos. Para tanto, estabeleci o que chamei de estatutos do teratológico no cinema fantástico,[6] os quais se apresentam em muitas produções: a biociborguização e a avatarização; a fetichização do maquínico; o escatológico e o ultraviolento; e a relativização (do teratológico). Esses itens são discutidos nas análises dos filmes.

---

1   Composta dos filmes: *Alien, o oitavo passageiro* (*Alien*, Ridley Scott, 1979); *Aliens, o resgate* (*Aliens*, James Cameron, 1986); *Alien 3* (David Fincher, 1992) e *Alien, a ressurreição* (*Alien ressurrection*, Jean-Pierre Jeunet, 1997).

2   Evidentemente, há ainda culturas e indivíduos que insistem em pensamentos mais tradicionais em torno do monstruoso.

3   Como radiação e calor.

4   Vírus, bactérias e protozoários.

5   Drogas e compostos químicos ambientais.

6   Acredito ser possível se pensar até mesmo em uma "cineteratologia".

O bestiário da fantasfera

Em ordem alfabética, listo aqui as obras principais com as quais trabalhei neste livro:

- *Água negra* (*Honogurai mizu no soko kara/Dark water*, Hideo Nakata, 2002, Japão)

- *Alice no País das Maravilhas* (*Alice in Wonderland*, Tim Burton, 2010, Estados Unidos/Reino Unido)

- *Arraste-me para o inferno* (*Drag me to hell*, Sam Raimi, 2009, Estados Unidos)

- *Avatar* (*Avatar*, James Cameron, 2009, Estados Unidos)

- *Caçador de trolls, O* (*Trolljegeren/The troll hunter*, André Øvredal, 2010, Noruega)

- *Chamado, O* (*The ring*, Gore Verbinski, 2002, Estados Unidos)

- *Coisa, A* (*The thing*, Matthijs van Heijningen Jr., 2011, Estados Unidos)

- *Dama na água, A* (*Lady in the water*, M. Night Shyamalan, 2006, Estados Unidos)

- *Deixa ela entrar* (*Låt den Rätte Komma In*, Tomas Alfredson, 2008, Suécia)

- *Espinha do diabo, A* (*El espinazo del diablo*, Guillermo del Toro, 2001, Espanha)

- *Extermínio 2* (*28 weeks later*, Juan Carlos Fresnadillo, 2007, Reino Unido/ Espanha)

- *Guerra dos mundos* (*War of the worlds*, Steven Spielberg, 2005, Estados Unidos)

- *Hospedeiro, O* (*Gwoemul/The host*, Bong Joon-ho, 2006, Coreia do Sul)

- *I'll see you in my dreams* (Miguel Ángel Vivas & Filipe Melo, 2003, Portugal)

- *Invenção de Hugo Cabret, A* (*Hugo*, Martin Scorsese, 2011, Estados Unidos)

- *Livide* (*Livide*, Alexandre Bustillo, Julien Maury, 2011, França)

- *Onde vivem os monstros* (*Where the wild things are*, Spike Jonze, 2009, Estados Unidos)

- *Splice* (*Splice*, Vincenzo Natali, 2009, Canadá/França)

Os filmes desse *corpus* estão divididos em tópicos que sintetizam os motivos que considerei mais presentes no âmbito do que vim a chamar de bestiário do século XXI. Obtive, assim, a seguinte organização tabular:

Tópico: Zumbis

Justificativa: O zumbi é o monstro paradigmático do início do século XXI, figura presente em dezenas de filmes. Se, por exemplo, na literatura romântica do XIX o monstro mais recorrente teve seu viés no duplo, mediante os fantasmas, sombras, *revenants*, no século XXI a fragmentação da subjetividade e a transmutação e decomposição do corpo humano trouxeram o deslocamento do monstruoso para um lugar de excelência. Esse lugar, em minha opinião, foi dominado pelo zumbi.

Filmes: *Extermínio 2*; *I'll see you in my dreams*.

Tópico: Alienígenas

Justificativa: Aqui se enquadram os diversos seres provenientes de outros planetas. Eles continuaram presentes na filmografia fantástica do novo milênio, muitas vezes atrelados às questões do terrorismo e do catastrofismo.

Filmes: *Guerra dos mundos*; *A coisa*.

Tópico: Criaturas biotecnológicas

Justificativa: O termo "biotecnológico" foi escolhido a partir de estudos que empreendi em torno do pós-humano na cibercultura. Utilizo a expressão "criatura biotecnológica" para dar conta dos seres inventados pelos seres humanos, que vão desde os autômatos e robôs até as transmutações oriundas da hibridização do orgânico com o silício.

Filmes: *Avatar*; *A invenção de Hugo Cabret*; *Splice*.

Tópico: Quimeras do contemporâneo

Justificativa: Em amplo sentido, todo monstro pode assumir uma acepção quimérica. Entretanto, aqui me refiro às alusões aos seres da Antiguidade e do medievo, como os monstros gigantescos, os ogros e os papões, por exemplo. Também incluo nesse rol as recriações de seres muito específicos e localizáveis, como um fauno ou um dragão.

Filmes: *Alice no País das Maravilhas*; *O caçador de trolls*; *A dama na água*; *Hospedeiro*; *Onde vivem os monstros*.

Tópico: Seres crepusculares

Justificativa: Neste tópico, se inserem seres do quarteto dos "monstros clássicos" do cinema – vampiros, lobisomens, múmias e Frankenstein – em reconfigurações no século XXI. Tomo, entretanto, como filmes paradigmáticos duas produções, as quais acredito serem suficientes para as discussões realizadas.

O termo "seres crepusculares" apresenta sentidos variados para mim: tanto se refere aos monstros próprios do anoitecer ou das sombras noturnas (vampiros e lobisomens) como àqueles engendrados pelas produções do auge do cinema em preto e branco da Universal dos anos 1930 e 1940 (nesse caso, todos os quatro monstros clássicos). Além disso, faço aqui alusão a uma série literária adaptada para o cinema e que se tornou febre entre adolescentes na primeira década do século XXI, conhecida como a Saga Crepúsculo. Então, metaforicamente, o termo também dá a ver um certo declínio na representação dos vampiros e lobisomens, de um lado, pelo excesso, e, de outro, pela avidez com que a temática foi explorada. "Crepuscular", por conseguinte, se refere a uma certa "decadência" na representatividade de formas sígnicas do vampiro.

Filmes: *Deixa ela entrar; Livide.*

Tópico: Fantasmas

Justificativa: Uma nova onda de fantasmas esteve muito presente em toda a primeira década do século XXI, em especial graças aos filmes de terror orientais, sobressaindo-se as produções japonesas. Várias delas tiveram *remakes* americanos, muitas vezes para uma "mais fácil" compreensão por parte do público dos Estados Unidos e do restante do mundo. Em muitos dos enredos, os fantasmas são fortemente dependentes das tecnologias para se expressarem.

Filmes: *O chamado*; Água *negra*; A espinha do diabo.

Tópico: Demônios

Justificativa: As possessões, maldições e visitações demoníacas foram profusas em várias produções, das quais escolhi uma de amplo alcance de público, a qual considero representativa de várias questões que me chamaram a atenção.

Filmes: *Arraste-me para o inferno.*

Os principais filmes que escolhi – lembrando que há produções colaterais que permeiam meus comentários e análises, as quais não menciono no quadro anterior – privilegiam a fantasfera cinematográfica também em termos de representatividade cultural. Há nove menções[7] a produções dos Estados Unidos, duas a produções do Reino Unido, duas a produções da França, duas a produções da Espanha, além de Canadá, Coreia do Sul, Japão,

---

7   Aqui, considero produções e coproduções entre países.

Noruega, Portugal e Suécia, cada um com uma produção, totalizando dez países e dezoito produções. Essa organização tem muito mais a finalidade de dividir os filmes por tópicos ou motivos do que necessariamente uma função classificatória ou conteudística. Os filmes que privilegio certamente dialogam entre si e, muitas vezes, os motivos pelos quais foram agrupados são intercomunicantes.

Como apresentei no escopo deste livro, investigo os sintomas da cultura, os quais puderam ser enquadrados em dois grandes grupos: o do sintoma da desintegração do sujeito, tanto nas narrativas sobre os quase sempre onipotentes corpos biociborgues como na própria desintegração do corpo orgânico (zumbificado) e na emersão de narrativas em torno de animais, conferindo a estes um *status* bem importante no cinema; e o do sintoma do desmoronamento da civilização, em torno do catastrófico e do apocalíptico, apresentando uma civilização falha e em ruínas, ou em vias de extinção. Também entendo que o segundo grande sintoma é interdependente do primeiro.

Isso me conduziu a um vértice para o qual convergiram minhas suposições: o eu e sua relação com seus outros, aqui subentendidas as problemáticas que a noção de sujeito tem apresentado à psicanálise, desde o surgimento desse campo do saber, e os avanços dos estudos do pós-humano na contemporaneidade. Esse eu, fragmentado e oscilante, sem lugar e muitas vezes mais impotente do que já se supunha, esteve representado em criações monstruosas que levaram inseguranças e angústias culturais para o plano do fantástico.

Bem-vindos à Zumbilândia

Continuo aqui a comentar sobre o escatológico e o ultraviolento, que têm ocupado a estética de muitos diretores desde George Romero, passando por Lucio Fulci e David Cronenberg. Dei igualmente a entender que o exagero e a multiplicação desses recursos no cinema do século XXI têm a dizer sobre a crise de subjetividade pela qual a espécie humana passa.

Curiosamente, os filmes fantásticos mais ligados à escatologia e à violência parecem estreitamente associados a legiões de zumbis e experiências desastrosas e catastróficas que põem em xeque a continuação da vida humana na Terra. A repetição e a reincidência de filmes com temas de zumbis chegam a estatísticas assombrosas. Tentei contar o número de produções para cinema e TV dos dez primeiros anos do século XXI que tinham algum vínculo com esses monstros tão específicos e cheguei a mais de noventa títulos, desde boas construções temáticas até *remakes* e produções de mau gosto que se apropriaram da "febre de mortos-vivos". Reitero que o *gore*, o *splatter*, o visceral e também o sadismo que acompanham essas monstruosidades vêm reclamar reflexões sobre novos arranjos para a conceituação antropológica de "humano".

Para abrir o tópico dos filmes que tratam de zumbis, escolhi uma produção que certamente não é muito conhecida, mesmo para boa parte dos interessados nesta temática: *I'll see you in my dreams* (Miguel Ángel Vivas & Filipe Melo, 2003), considerado o primeiro filme de terror português.[8] Meu interesse, todavia, não reside no fato exclusivo de se tratar de um média--metragem com produção portuguesa e, por conseguinte, fugir das massivas produções estadunidenses, mas, sobretudo, por esse filme ter conseguido representar, de forma quase modelar, alguns dos cânones dos filmes de zumbis que se repetem em numerosos títulos dos anos 2000.

Certamente, de forma alguma a produção de Miguel Ángel Vivas e Filipe Melo pode ser considerada isolada: ela dialoga, por um lado, com diversos diretores e *modus operandi* do cinema fantástico de terror, em termos gerais, ao mesmo tempo que pontua aspectos relevantes e específicos sobre o sujeito pós-moderno e sobre suas fragmentações identitárias, aspectos esses que muito me interessaram no decorrer deste trabalho. Mais do que apenas um olhar fílmico, reivindico igualmente uma abordagem que indique em que medida *I'll see you in my dreams* é capaz de dizer, por exemplo, sobre as relações afetivas em nossos dias. Não é gratuitamente que o zumbi – material horrendo que povoa o cinema do século XXI – se tornou o monstro emblemático dessa significativa obra de terror inaugural para o cinema lusitano. Se por um lado seu protagonista encarna a personagem do caçador implacável das bruxas do período inquisitorial, e, dessa forma, se enquadra

---

8 O primeiro longa-metragem de terror português é *Coisa ruim* (*Bad blood*), de Tiago Guedes e Frederico Serra (2006), com a temática da possessão demoníaca. Aqui, novamente uma aldeia é o cenário para a trama.

em uma conhecida tradição do imaginário ibérico, por outro, traz à tona a possibilidade de estudar os conflitos afetivos que engendram relações díspares, raivosas e destrutivas e que se somam às representações do monstruoso na contemporaneidade. Assim, ao mesmo tempo que a produção de Miguel Ángel Vivas e Filipe Melo inseriu Portugal no contexto mundial dos filmes de terror, também conseguiu resguardar as saborosas nuances do que se pode chamar de cor local, não só pelo viés do idioma, mas também pelos cenários originais utilizados. Conseguiu-se, de fato, fazer com que o morto-vivo se tornasse pesadelo até mesmo em uma aldeia portuguesa.

Premiado com o Méliès de Ouro no Festival de Cinema Fantástico de Amsterdã, com o Méliès de Prata no Fantasporto (Portugal), em 2006, e ainda como Melhor Curta de Terror Português e Filme de Terror Português Mais Popular pelo MOTELx – o Festival Internacional de Cinema de Terror –, o filme de Miguel Ángel Vivas e Filipe Melo arrebanhou uma legião de seguidores não pela originalidade – uma vez que a obra apresenta vários clichês de filmes de zumbi –, mas pela vontade de se ter um cinema de terror português. De fato, a maior parte dos filmes em Portugal lida com o chamado "realismo" – assim como ocorre, mas em menor intensidade, com o cinema brasileiro.[9]

Antecedendo meus comentários sobre o enredo, trago algumas informações sobre as soluções criadas para o filme: Filipe Melo,[10] que também se dedica aos quadrinhos e ficou apaixonado pelo tema fantástico após esse média-metragem, trabalhou na obra não apenas como produtor e codiretor, mas também como argumentista e ator. O roteiro foi escrito durante as suas férias numa pequena aldeia chamada Mouraz, no concelho de Tondela, interior do país, a qual foi utilizada como cenário. Os locais de filmagem foram encontrados praticamente intactos, mas já mudaram bastante, segundo Melo (2011; Fraternidade do medo, s.d.), devido às alterações na paisagem natural por conta da chegada do "progresso", que derrubou várias casas – como

---

9   E parece que ambos os países se deixaram seduzir pela suposta "correção" e "denúncia" presentes no chamado realismo-naturalismo tanto no cinema como na literatura.

10 Filipe Melo tem ainda uma paixão por lobisomens que se fundamenta na sorumbática personagem do professor Astromar, da novela brasileira *Roque Santeiro* (1985/86). Não é gratuita, portanto, a referência à taverna associada àquela de *Um lobisomem americano em Londres*.

aquela que aparece como morada do personagem Lúcio –, bem como bosques de pinheiros que foram filmados.

O filme[11] *I'll see you in my dreams*[12] apresenta um enredo modelar dentro da temática: em uma aldeia portuguesa, ocorre uma infestação de zumbis. O personagem Lúcio os enfrenta com pistola e catana, mas, ao mesmo tempo, tanta bravura esconde a fragilidade de quem guarda um segredo conjugal: na cave em que mora, sua esposa Ana vive reclusa, pois se transformara em um dos monstros. Esse anti-herói, inspirado também em personagens de filmes de faroeste que Sergio Leone fez com Clint Eastwood, surge pela primeira vez em uma cena que se passa em uma estrada deserta cercada por árvores. O espectador ouve o personagem-narrador, em voz *over*, tratando de suas desventuras e frustrações, voz esta que transmite uma sensação de enfado e monotonia. À frente, a algumas dezenas de metros, está uma criatura cambaleante que se adivinha também pelo som caracteristicamente monstruoso que produz: trata-se de um zumbi, o qual é eliminado com um tiro certeiro que o arremessa longe.

Outro conjunto de cenas apresenta, a seguir, o protagonista dentro de uma taverna, local que, mediante a configuração cinematográfica recebida, ajuda a conferir o clima de mistério, medo, desconfiança e, de certa forma, culpa, que permeia o enredo de forma geral. É lá que se refugiam alguns dos moradores das vizinhanças, provavelmente para esquecerem ou se protegerem do "mal" que assolava a comunidade. O ambiente da taverna faz remontar a algumas das esferas das narrativas literárias góticas que anunciavam a presença do

---

11 O filme está disponível no site Youtube nos seguintes links:
   Parte 1: http://www.youtube.com/watch?v=4vPUirSIoeA
   Parte 2: http://www.youtube.com/watch?v=MELbx7myVek&feature=related
12 O título também é homenagem à música homônima de Pat Boone, o que se deu pelo fato de o diretor português ser um músico de *jazz*. Segundo Filipe Melo, em uma das cenas cortadas, o protagonista ouvia essa canção enquanto a esposa gritava do lado de fora da casa. Para não a escutar, ele aumentava o volume. Tratava-se de uma cena importante, que expressava um ponto de transição para o personagem principal. Da trilha sonora do filme, participou a banda portuguesa de metal Moonspell, a qual fez a versão em estilo bem pesado de *I'll see you in my dreams* (1924), composta por Isham Jones e Gus Kan e gravada originalmente por Isham Jones and The Ray Miller Orchestra. Entretanto, em minha interpretação, a escolha de um título em língua inglesa ajuda a inserir esse filme em um panorama mais amplo de visibilidade.

monstruoso e do diabólico em paragens desertas e localidades ermas, desde os romances dos Setecentos que tratavam do sobrenatural. E, também, a partir de um paralelo com a taverna retratada no filme português, não se pode deixar despercebida aquela presente em um clássico do cinema de terror dos anos 1980: *Um lobisomem americano em Londres* (*An American werewolf in London*, John Landis, 1981), na qual dois amigos mochileiros resolvem se refugiar em uma noite de ameaça de tempestade, perdidos em algum rincão do interior galês isolado. O clima de insegurança na obra de Landis se faz talvez maior dentro daquele ambiente do que propriamente fora – nas ruas e nos bosques –, como ocorre no filme de Miguel Ángel Vivas e Filipe Melo, uma vez que há, por um lado, uma espécie de sinistro pacto implícito entre os presentes e, por outro, a sensação de que ninguém é confiável. Porém, a taverna antiga retratada no filme português serve de refúgio contra um monstro mais perceptível e localizável do que um lobisomem que vaga por pântanos do País de Gales, afinal, os zumbis lusitanos parecem estar em toda parte, sempre à espreita para atacar, ainda que tenham a desvantagem da lentidão.[13] Sua mordida transmite a "peste" e não há cura para o mal inoculado. Todos os personagens do filme se tornam, nesse sentido, caças e caçadores.

O enredo ainda vai levar o espectador a uma noite sanguinolenta e de desespero, em que Lúcio acabará por encontrar um novo amor na figura da bela Nancy. A relação entre ambos, entretanto, irá se tornar ameaçada pelo ciúme monstruoso de uma esposa já zumbificada e prisioneira em uma cela, bem como pelo ataque repentino de uma legião de zumbis. Foi após uma relação sexual de Lúcio com a amante que a zumbi enjaulada, percebendo-se traída, utiliza de toda sua força para fugir. A cena do ataque inesperado a Nancy traz um movimento nervoso e deslizante de uma câmera subjetiva, a qual percorre um corredor para levar o espectador até o monstro e sua vítima. A tentativa de Lúcio para afastar a zumbi cria uma cena patética, que atinge o cômico devido aos gritos histéricos da amante, por um lado, e, por outro, pela manifestação da raiva monstruosa da traída. O titubear do protagonista

---

13 A morosidade não é uma característica padrão nos zumbis. De fato, os primeiros zumbis do cinema eram monstros lerdos e vagarosos. Porém, há variações na formatação dessas criaturas, que, em muitos filmes, chegam mesmo a serem apresentadas como velozes e ágeis, o que as torna ainda mais ameaçadoras.

em matar de vez aquela que um dia foi sua esposa o impede de atirar e, como consequência, uma série de socos dados pela ex-mulher vão colocá-lo sem reação. Quem dará um ponto final na briga será Nancy: com um simples tapa no rosto, ela derruba a rival. Como naqueles filmes *trash* que trouxeram muitos risos a apreciadores de várias gerações, tem-se a seguir uma cena em que o casal preferirá fugir a exterminar de vez o monstro caído pelo chão. O espectador é que será o cúmplice dos olhos do zumbi, que irão se abrir ameaçadoramente assim que Lúcio fugir com Nancy por uma porta.

Impedidos de entrar na taverna, cujo dono suspeita de terem sido mordidos, os dois acabarão por se deparar com a visão de diversos zumbis caminhando pela escuridão do bosque em sua direção e, por isso, vão tentar se esconder em uma casa de ferramentas, enquanto o espectador encontrará os incômodos de uma câmera que vai simular o olhar de um zumbi perseguidor. Os monstros enfurecidos invadirão facilmente o local, enquanto Lúcio travará nova luta com a ex-esposa. A sequência, contendo profusões de gritos, ferimentos e sangue, assumirá o estilo que se repetiu em tantos filmes dessa temática, com o acréscimo da presença de um zumbi anão. Será mais uma vez Nancy quem salvará Lúcio: ao levantar a saia, ela desferirá um chute que colocará por terra o monstro que atacava seu amante. Porém, quando uma legião de zumbis invade de vez o depósito e a companheira se vê diante da necessidade de alguma atitude extrema para escapar, resta ao anti-herói a inesperada e egoísta atitude de atirá-la friamente no meio dos vorazes devoradores. Ele, então, tentará se salvar e, ao ar livre, ficará imerso em uma espécie de delírio alimentado pela imagem da linda esposa que tivera, como se ela ainda estivesse ao seu lado como ser humano. De fato, era a própria quem estava a seu lado, transformada em monstro. E será dela que o caçador de zumbis receberá uma mordida fatal – um *grand finale* de vingança e desforra de uma mulher que se sentiu traída.

Vários aspectos me chamaram a atenção nesse média-metragem. Dentre eles, a presença de um inegável esforço para inserir cinematograficamente o país dentro de uma estética que domina o século XXI no âmbito dos filmes de terror. Entendo *I'll see you in my dreams* – de forma alguma um filme isolado – como um bom exercício para se pensar algumas características mais gerais do cinema de terror contemporâneo. Apesar de produzido no início da década de 2000, é um trabalho capaz de dialogar com diversas marcas que conformam o cinema desse gênero, o qual se tornou muito profícuo nos anos seguintes na cinematografia de vários países. Uma delas é a própria temática de zumbis – tão presente e até mesmo paradigmática do que poderia ser considerado o "monstro" da primeira década do novo século. Uma segunda característica seria a opção por uma narrativa mais enérgica e ágil, adequada ao público jovem que aprecia os filmes do gênero. Nesse aspecto específico que concerne à narratologia cinematográfica, inserem-se também as opções de sonoplastia e iluminação, que reforçam o ritmo nervoso e, ao mesmo tempo, soturno e sombrio, a mesclar tons de sépia e azul à morbidez quase feérica de um lugarejo que ganhou, em seu cenário, feições semelhantes àquelas tão caras à literatura gótica. Portanto, o diretor foi capaz de dialogar com duas fortes tradições no cinema: uma delas, a dos filmes de terror devedores das fabulações literárias do XVIII e XIX e, a outra, a dos extremos apelos às sensações, por sua vez muito presentes em profusões de filmes do início do século XXI. Nesse âmbito de referências, menciono *Dellamorte Dellamore* (também conhecido como *Cemetery man*, Michele Soavi, 1994), um clássico do gênero de zumbis, o qual, por si mesmo, já rememora o humor presente em *Braindead*, de Peter Jackson (1992), em camadas que se interligam, revelando assim, ao espectador mais atento, o perfil de palimpsesto da obra de Melo. No filme de Soavi, bem como no de Melo, tem-se um personagem que mata zumbis a tiros. Entediado com esse ritual funesto, o anti-herói encontra a mulher de sua vida, com a qual vai viver uma cena ardente de sexo.

O filme traduz exatamente um tipo de estrutura bastante recorrente no cinema contemporâneo, devedora direta de Romero desde seu memorável *A noite dos mortos vivos* (*Night of the living dead*, 1968). Deve-se lembrar que, até o início dos anos 1970, os filmes de terror dos Estados Unidos eram em grande parte prejudicados pelas imposições do Código Hays. Depois, *grosso modo*, é que as censuras começaram a arrefecer, conferindo aos diretores e produtores uma liberdade criativa que lhes garantiu mudanças estruturais nos enredos. O filme de terror clássico, submetido ainda aos cânones do código citado, costumava ter três partes fundamentais: na primeira, era apresentada uma ordem estabelecida; na segunda, o rompimento dessa mesma ordem (no caso, pela chegada ou irrupção de um monstro, por exemplo); e, no final, a paz tenderia a ser restabelecida com a morte, o banimento ou o aprisionamento (ainda que temporário) da ameaça que causou os desequilíbrios. O filme de Vivas e Melo não segue essa tríade estrutural. No enredo, dispensou-se também a explicação da origem dos zumbis, o que é recorrente em diversos filmes contemporâneos do gênero, deixando-se a imaginação do espectador livre para fazer suposições. Como se fosse uma epidemia de raiva de alta contaminação, no filme, a mordida de um zumbi se torna o suficiente para transformar um ser humano em monstro.

Os clichês intencionais do filme lusitano também se esforçaram por homenagear muitos outros grandes mestres do gênero, além do já citado George Romero. O próprio Filipe Melo comentou que sempre fora apaixonado pelas obras de Lucio Fulci, pela trilogia *Evil dead*,[14] de Sam Raimi, e por *Fome animal* (*Braindead*, Peter Jackson, 1992), mas salientou como sua maior influência o filme italiano de feições góticas *Dellamorte Dellamore*, que muito inspirou a ambientação de *I'll see you in my dreams*. Vivas e Melo criaram uma cena em uma casa de ferramentas em que, por trás da frágil porta, um bando de zumbis tenta agarrar a personagem humana.[15] A presença do monstro oculto nas sombras e projetado no espelho ante um clarão súbito, sendo percebido apenas pelo espectador – no caso de *I'll see you in my dreams*, a zumbi espreitando sua rival – também se tornou muito presente em filmes de terror, a ponto de se tornar um clichê.

Não ficou de lado nessa produção a dupla "espanto e riso", em momentos em que o inusitado beira mais fortemente o grotesco, como na cena em que, em desespero, a personagem Nancy dá socos seguidos em um dos monstros. Além disso, a escatologia leve se fez presente, a exemplo da cabeça de um zumbi que rola pelo chão após ter sido decepada, ou, ainda, aquela do *close* na face de uma zumbi aparentemente desacordada.

Um aspecto, porém, que me chamou a atenção foi o par em mão dupla "monstro–ser humano", que se nota repetido em muitas produções da referida década – evidência, talvez, da citada angústia antropológica de âmbito generalizado. Como exemplo, no início da produção, o narrador em *over* diz

---

14 Composta de *Uma noite alucinante: a morte do demônio* (*The evil dead*, Sam Raimi, 1981), *Uma noite alucinante 2* (*Evil dead 2*, Sam Raimi, 1987) e *Uma noite alucinante 3* (*Evil dead 3 – Army of darkness*, Sam Raimi, 1992).
15 Uma referência direta a Romero.

não suportar a "merda dos zumbis" e, no desfecho, ele informa não aguentar a "merda dos humanos" – nesse instante, o "herói às avessas", uma vez que monstrificado, se vira em direção ao espectador, fechando um ciclo que pode assim ser entendido: todo zumbi foi um dia um humano e, todo humano, de certa forma, já era um devir zumbi. De forma metonímica, *I'll see you in my dreams* trabalha com esse mesmo ponto de vista sombrio – a aldeia, nesse caso, ecoa o mundo caótico e desesperançoso.

Em *I'll see you in my dreams*, a esposa-zumbi se relaciona a uma vasta tradição de mulheres monstrificadas, desde a Antiguidade, mas que encontraram grande representatividade na Idade Média, tradição sobre a qual trato na Parte I. Em contrapartida, a personagem do filme é capaz de romper com alguns aspectos dessa mesma tradição ao se mostrar devedora do cinema de zumbis dos anos 1960 em diante. Torna-se compreensível o fato de justo uma personagem mulher – uma vez que o feminino historicamente sempre esteve muito associado ao monstruoso – tornar-se o zumbi mais importante do filme, e, mais ainda, que ela acabe por se tornar provavelmente um dos monstros paradigmáticos do cinema de terror português que então se inaugurava com essa produção. E, considerando a bagagem que a tradição ibérica traz em relação à figuração da mulher como monstro, é instigante pensar que, no início do século XXI, essa concepção tão atávica se repete em um filme que também traz influências do mundo da cibercultura, por exemplo. Percebe-se, dessa forma, quão forte pode ser uma tradição e atravessar os séculos revestindo-se, ao mesmo tempo, da agregação dos conteúdos e formas do tecnológico. E o que é bastante notório em *I'll see you in my dreams* é que sua personagem monstro por excelência, a mulher zumbificada, é capaz de se ressentir, arder em ciúmes e agir movida pela ira fundamentada na traição. Impulsionada pelo ressentimento oriundo da fatalidade e do abandono, temas tão caros às representações estéticas portuguesas, ela direciona sua pulsão de morte em busca de vingança: tenta eliminar a concorrente humana, ao contrário dos demais zumbis da produção, que parecem vagar sem motivo outro que não seja o de se alimentar dos vivos. Nota-se, dessa maneira, traços da subjetividade humana que ainda animam a esposa encarcerada. Seu aprisionamento se evidencia em múltiplos sentidos: tanto atrás das grades da cela como no corpo monstrificado e, por que não, nos redemoinhos do próprio ressentimento. A fidelidade, para ela, tornou-se um quesito tão fundamental como, para as mulheres encantadas do medievo, era premente a obediência rigorosa, por parte do esposo, a uma restrição-tabu. No caso do enredo do média-metragem, a presença de outra mulher na vida do marido não seria tolerada pela zumbi.

O fato de *I'll see you in my dreams* não apresentar uma explicação sobre as origens de seus zumbis não tira de Miguel Ángel Vivas e Filipe Melo o mérito de abrirem caminho para diversas reflexões, uma vez que seus monstros não saem das tumbas evocados por feiticeiros haitianos, como na tradição dos primeiros filmes do tema: eles parecem, antes, vítimas de alguma epidemia. E, mais do que isso, deve-se lembrar que todo monstro traz em si sinais de "advertência" que podem ser estudados como sintomas da cultura. Citando Santaella em *O explorador de abismos* (Santaella & Felinto, 2012):

> *Não é apenas terror e repugnância que a figura monstruosa provoca. É também fascínio, inquietação, sobretudo, perturbações nos mistérios insondáveis do desejo, o que, até certo ponto, explica o sucesso dos filmes e narrativas assombrosas. (p. 88)*

Há que se investigar sempre, por trás da figuração monstruosa, os tortuosos caminhos do desejo humano que se manifestam apesar do recalque, o qual tantas vezes tenta aprisioná-lo em sua cela relativamente frágil.

A essa abordagem se somam as questões ligadas à independência do corpo humano em relação à mente – de maneira diversa da ideia romântica da abstração de uma mente que fosse capaz de controlar o corpo físico. Em *I'll see you in my dreams*, agrega-se fortemente o sexo na forma de pulsão e culpa: o desejo pela mulher-monstro alimentada com batatas[16] foi transferido para a mulher nova e sensual, a qual, por sua vez, causa a ira da zumbi rejeitada, como mencionei. Além disso, esse filme segue o ritmo frenético de *videogames* e traz, de forma mais sutil, lembranças do *porn horror* em uma de suas cenas.

---

16 O diretor comentou, em uma entrevista, que esse detalhe foi posto para verificar até que ponto o público seria "especializado" e sentiria estranhamento em um zumbi alimentado com vegetais. Ao mesmo tempo, entendo que uma mulher que termina seus dias alimentada pelas reles batatas dadas pelo marido não tem muito o que esperar dele.

No âmbito dos incentivos às produções de filmes de terror português, do qual, reforço, *I'll see you in my dreams* se estabelece como fundante, a obra de Vivas e Melo pode ser qualificada como feliz e bem-sucedida. Ela trouxe uma composição visual agradável para a temática, soube se referenciar a grandes nomes do terror e ainda conseguiu prender o espectador com seu fôlego breve e bem pontuado.

Como tenho defendido no âmbito do cinema fantástico, quase sempre a ciência e, em especial, a medicina e as áreas ligadas à engenharia genética e à cibernética são o alvo de sérios desastres. Exemplos disso são *Splice* (*Splice*, Vincenzo Natali, 2009), a ser comentado em outro tópico, e a quadrilogia *Resident evil*. A sensação é de que se vive em um momento crepuscular dos valores do mundo humano que produz incertezas extremas e falta de caminhos seguros: lembremos que zumbis são criaturas sem devir, viciados em uma antropofagia que a nada leva.[17] Astruc (2008), por exemplo, está entre os que ressaltam a sensação de civilização desaparecida que a devoração nada ritualística dos zumbis despertaria em nós. Penso também em um canibalismo às avessas, em que o morto vem devorar o vivo para algo dele incorporar: a vida orgânica, em suma: "o zumbi é proveniente do homem, e então o homem encarna a figura do pai que os irmãos matam e devoram, cumprindo o ato identificatório que instaura a 'castração' simbólica"[18] (Astruc, 2008, p. 152).

Pura saturação temática e Grand Guignol pós-moderno, acredito que a insistência desses filmes que mostram multidões se transformando em zumbis – quase sempre por conta de algum vazamento radioativo ou de uma pesquisa biotecnológica mal-sucedida – é também um sintoma das redundâncias humanas em um mundo em que qualquer devir se torna nublado por questões éticas e morais. Em meio às desconstrutivas e apelativas cenas de *gore*, o desmembramento de corpos anunciaria, dessa maneira, sintomas esquizofrênicos que caracterizam a configuração avassaladora do mal-estar

---

17 Pode-se mesmo dizer que os canibais se moveram, na modernidade, para a periferia do Ocidente – ilhas remotas, civilizações "exóticas", selvas densas –, retornando, nas últimas décadas, ao mundo urbano, materializados em zumbis.

18 "*e zombie est issu de l'homme, et donc que l'homme incarne la figure du père que les frères tuent et dévorent en accomplissant l'acte identificatoire qui instaure la 'castration symbolique'.*"

da cultura nesse conflituoso tempo.[19] Só para ilustrar as dezenas de títulos que infestam essa temática do grande gênero fantástico, cito como produções passíveis de análises mais cuidadosas: *Extermínio*; *Extermínio 2*; *House of the dead* (o filme: *House of the dead*, Uwe Boll, Canadá/Estados Unidos/ Alemanha, 2003); *Madrugada dos mortos* (*Dawn of the dead*, Zack Snyder, Estados Unidos, 2004); *Resident evil: o hóspede maldito*[20] (*Resident evil: Genesis*, Paul W. S. Anderson, 2002); *Resident evil: apocalipse* (*Resident evil: Apocalypse*, Alexander Witt, 2004); *Resident evil: a extinção* (*Resident evil: Extinction*, Russel Mulcahy, 2007); *Resident evil 4: recomeço* (*Resident evil: Afterlife*, Paul W. S. Anderson, 2010) e *Resident evil 5: retribuição* (*Resident evil 5: Retribution*, Paul W. S. Anderson, 2012). Até mesmo o Brasil – conhecido por ter uma filmografia muito resistente ao fantástico e que engendrou filmes de terror que quase sempre fazem sucesso devido à fórmula terror e comédia besteirol, ou seja, o chamado "terrir" – conseguiu formar uma pequena antologia filmográfica de zumbis nos últimos anos. Dentre os títulos, relaciono: *Era dos mortos* (Rodrigo Brandão, 2007); *A capital dos mortos* (Tiago Belotti, 2008); *Mangue negro* (Rodrigo Aragão, 2010); *Porto dos mortos/ Beyond the grave* (Davi de Oliveira Pinheiro, 2010)[21] e *Mar negro* (Rodrigo Aragão, 2013). E duas séries internacionais para TV merecem notoriedade por tratarem muito bem as questões trazidas neste parágrafo: *Dead set* (Yann Demange, 2008) e *The walking dead* (Frank Darabont, com seis temporadas até então: 2010 a 2015).

Em *Dead set*, uma epidemia se espalha rapidamente, transformando todos os humanos em zumbis, exceto os *brothers* e *sisters* que estão confinados na casa do programa Big Brother na Inglaterra. Uma das cenas mais marcantes tem início quase aos 22 minutos do primeiro episódio, com uma correria de frenéticos zumbis[22] (ao contrário das lerdas e clássicas criaturas de

---

19 Mal-estar que já havia sido sinalizado por Didi-Huberman (2011, p. 42) ao tratar do cinema de Pasolini. "O apocalipse continua sua marcha. Nosso atual 'mal-estar na cultura' caminha nesse sentido, ao que tudo indica, e é assim que, com frequência, o experimentamos".

20 A franquia *Resident evil* foi adaptada de jogos eletrônicos de sucesso, e também chegou às HQ e aos romances.

21 Lembro também *Zombio*, de Petter Baiestorf, 1999.

22 Esses zumbis, chamados de "zumbis 2.0", infestam o cinema fantástico do século XXI: o termo se refere à sua rapidez de locomoção. Os vagarosos zumbis seriam os 1.0. Existem

Romero) por um estúdio de TV afora, em busca de pessoas para morder e transmitir seu mal, e isso justamente na tão esperada noite de um "paredão" triplo. A câmera busca agir como as câmeras dos *mockdocumentaries* que têm marcado presença no cinema fantástico contemporâneo: trêmula, desesperada e com enquadramentos indecisos, ela parece buscar, com isso, um tom de "realismo". Somos, ao assistirmos o primeiro capítulo dessa série, duplamente espectadores: ora acompanhamos a narrativa que vasculha os pequenos conflitos dos que trabalham nos bastidores do Big Brother, ora nos posicionamos como quem está em casa à espera do desfecho de mais uma "eliminação" dos participantes do jogo – e, no final das contas, quem é eliminado somos nós, a espécie humana. Em uma das cenas, a gritaria dos funcionários ao se verem repentinamente atacados por zumbis enfurecidos confunde os confinados, que acreditam que a histeria escutada é apenas o ânimo do público que aguarda "fora da casa" o próximo eliminado.

Essa confusão entre ser humano e monstro é bastante repetitiva nos filmes de zumbis do período estudado por mim. Em *Extermínio* (28 days later, Danny Boyle, 2002), por exemplo, enquanto "do lado de fora" o mundo todo está à mercê das criaturas devoradoras, dentro de um casarão campestre vitoriano um grupo de militares impõe uma rotina desumana aos sobreviventes recém-chegados. A divisão entre o fora e o dentro é, por conseguinte, mais aparente do que qualquer coisa, posto que as fronteiras estão cada vez mais frágeis entre quem é a ameaça e quem é o ameaçado.

Na continuação – *Extermínio 2* (*28 weeks later*, Juan Carlos Fresnadillo, 2007) –, as questões ligadas a essa tênue separação entre humano e monstro se tornam mais relevantes e evidentes. Em uma das cenas do início do filme, os zumbis,[23] que se espalharam pela Grã-Bretanha, são velozes caçadores que

---

outras variantes em uma taxonomia pouco metodológica criada por fãs de filmes de zumbi, como os 1.5, que são um tanto mais aprimorados do que os seus anteriores – ainda que igualmente lentos –, e podem até mesmo ser animais. Vale lembrar que um zumbi, em geral, não tem sentimentos de culpa ou qualquer inscrição da lei: ele é todo pulsão.

23 Não se deve esquecer que aqui os zumbis não são mais defuntos que se levantam por meio de invocações de feiticeiros africanos, tampouco são os que se contaminam por alguma radioatividade bem localizada geograficamente. Os zumbis não ficam entendidos claramente, nesse filme, como tradicionais "mortos-vivos", pois sua presença se manifesta, antes, como espécie de raiva em que as vítimas espumam, sangram e desenvolvem uma força

correm, em uma bela campina em dia ensolarado, atrás de sua vítima, a qual se refugia em uma canoa. Porém, eles são até mesmo capazes de nadar.

Extermínio 2 se constrói por meio de variadas referências à pulsão escópica: é o olho e o olhar que vão dar o tom das cenas mais fortes e significativas – apesar da relativa baixa incidência de *splatter* e *gore* nesse filme. Grandes *closes* em olhos e pupilas, e olhares direcionados pela câmera subjetiva vão acentuar ainda mais que, nesse outrora romântico "espelho da alma" que tanto encantou os poetas, está a diferença entre contaminados e não contaminados. Após uma primeira grande devastação, os poucos sobreviventes são obrigados a deixar uma Londres entregue a ratos e cães para serem acomodados em uma espécie de "ilha de segurança" – um bairro habitado por 15 mil pessoas com proteção militar. Segurança e vigilância se somam nesse ambiente até certo ponto cheio de restrições: os sobreviventes serão supervisionados pelos potentes visores de alcance das armas dos homens do exército, cujo melhor passatempo parece ser inspecionar voyeuristicamente a vida íntima dos moradores. A sensação de vigilância que se transmite nesse filme é intensa e reforçada pela presença de muitas janelas e espelhos. A advertência fica clara: não se pode descuidar de quem não apresenta (ainda) os traços do monstro, pois a degeneração está sempre por perto.

Dentre todos os viventes encontrados, haverá uma mulher que será portadora do vírus letal e zumbificante, mas não apresentará sintomas que deflagrem ter sido contaminada, devido a uma característica peculiar das íris de seus olhos. Enquanto os humanos que se "transformam" em zumbis o fazem por meio de sinais fisiológicos bem notáveis, dentre eles um sangramento lateral dos olhos à semelhança de lágrimas, a personagem que apresenta imunidade terá uma mancha vermelha estagnada em um dos globos oculares – a mostrar que se trata de um "devir frustrado" do monstro, ou seja, um quase monstro. Entretanto, ela será capaz de deixar sua herança maldita a quem quer que lhe roube um simples beijo, como no caso do marido. Em uma das cenas, essa mesma mulher terá seu rosto focado de forma parcial e desenquadrado, reflexos de uma subjetividade em vias de esfacelamento. Assim,

---

descomunal. Trata-se da devastação de todo um país pelo contágio direto por meio de saliva e sangue. Em questões de segundos, alguém não contaminado apresenta o comportamento e a constituição física do zumbi – epidemia mortal de uma espécie de *rage virus*.

parcialmente rosto ou às vezes toda olhos, uma mulher, mais uma vez, será a escolhida para causadora da degenerescência da espécie humana, como no mito judaico-cristão de Eva. O preço será o próprio marido – já zumbi – assassiná-la, projetando sua ira nos olhos da vítima, em busca de afundá-los. É inevitável lembrar que, em muitas culturas antigas, os seres sem olhos eram considerados desprovidos de alma, enquanto, para os gregos clássicos, deixar de ver era, também, deixar de viver. Os olhos dos zumbis, nesse filme, são negros, sem afabilidade, bolotas de ódio. O caminho entre o não monstro e o monstro parece ser a perda total do afeto e a transformação da razão em puro instinto.

Abro aqui um parágrafo para comentar sobre esta estranha e assustadora criatura: o vírus. Referencio-me a Derrida (2011, p. 74), quem se contrapôs às ideias de animal-máquina de Descartes. Para ele, o argumento cartesiano tinha algo de familiar com a noção virótica. E o que para nós, humanos, é um vírus senão um invasor, um alien que ocupa sorrateiramente nosso organismo e nos ameaça a existência, às vezes a de uma comunidade inteira de uma só vez? Esse ser se assemelha, antes, a um híbrido de comportamento maquinal, sem aparência orgânica, mas também sem consistência totalmente inorgânica. Da mesma forma, não parece estar vivo nem morto: nesse sentido, é uma criatura "quase" e, portanto, aproxima-se de várias tradições em torno do imaginário teratológico. O vírus, na apropriação que, em geral os filmes fantásticos lhe conferem, é um todo-monstro silencioso e invisível. Não é por acaso que ele também está no cerne da erupção de epidemias de zumbis, por exemplo.

Retomando o filme discutido, a partir do contágio do marido que beijou a esposa, haverá uma segunda contaminação em massa – dessa vez, entre os sobreviventes isolados no distrito militarizado. Isso se fará por meio de uma rápida transmissão corpo a corpo propiciada por mordidas e dilaceramentos. Em breve, os planos do filme serão tomados por uma multidão de corpos histéricos e eufóricos, e se tornará difícil distinguir quem é e quem não é zumbi. Uma câmera, sempre indecisa e desesperada, ajudará a confundir os personagens militares,[24] que, após frustradas tentativas de alvejarem apenas

---

24 E também o espectador.

os transmissores do mal, receberão ordens para matar a todos. Nota-se que o extermínio não se faz apenas pelo vírus da "raiva" transmitido, mas pelos próprios humanos, que não sabem como se comportar perante uma situação tão descontrolada. Chama-me a atenção o fato de a morte de um zumbi se dar pelos mesmos meios que causam uma morte humana: um tiro já basta – ainda que suas partes fragmentadas continuem a mexer em uma vida apenas orgânica, quase galvânica. Isso possivelmente vem dizer que o monstro não é tão poderoso quanto se imaginava, uma vez que ele parece, em grande parte, humano: tal constatação se dá não só pela dificuldade de separar quem é e quem não é quando se vê a turba caótica, mas pela manifestação de reações que seriam esperadas, antes, de um ser humano, como a queda ante um tiro certeiro.

Em *Extermínio 2*, o ímpeto por acabar com todos os viventes é extremo: há cenas que se assemelham àquelas dos cenários apocalípticos dos atentados do 11 de setembro. Não há como não comparar as nuvens de fumaça branca – armas químicas – que se espalham letal e lentamente pelas ruas de Londres, impedindo os fugitivos de se localizarem geograficamente, com as densas nuvens de poeira que assolaram a realidade de Nova York. Um enquadramento mostra a torre do Parlamento ao fundo como uma solitária construção em uma cidade de mortos. Os militares também irão se valer de uma gigantesca onda de fogo – como um monstruoso *napalm* –, que varrerá as ruas como um derradeiro e definitivo saneamento. É o fogo que purificará e esterilizará o que restou da grande cidade; afinal, quando homens e zumbis são iguais, não há separações a fazer.

O zumbi e o "devir-zumbi" podem ser entendidos como frutos da cultura que não vingaram. O zumbi se mostra como um desesperado do *pathos* social: ele contamina e cobra, assim, seu preço. Um zumbi é membro de uma legião anárquica, mas não mais legião de demônios, pois, aqui, a referência maior é sempre a uma civilização sem transcendência, que não deu certo. E o desfecho de *Extermínio 2* não é animador: quando não há mais fronteiras entre o monstro e o não monstro, o que resta é a contaminação de todo o planeta. Da insular Grã-Bretanha, atinge-se, no desfecho em aberto, a França, que será assolada pelos "mortos-vivos" desde Paris, pois, no século XXI, os personagens sobreviventes de filmes-catástrofe costumam ser cada vez menos heroicos do ponto de vista clássico: não há para onde ir, ou não se sabe para onde se deslocar; isso perturba a marcha do "herói" e o impede de che-gar a um final positivo.

Ao se considerar o terror como um gênero do cinema que se fundamenta nas impressões psicofísicas que uma obra causa no espectador (ou seja, dife-rentemente de outros gêneros, parece que o filme de terror se define a partir de experiências sensoriais do sujeito),[25] e tendo como um dado significativo o amplo número de pessoas que vão às salas de projeção seduzidas por esses filmes, temos aqui mais uma constatação de quão notáveis são as experiên-cias ligadas ao corpo e aos seus estatutos. Em especial, evoco o que se poderia chamar de um "bio-horror", inserindo, nesse rol, os filmes de zumbis como seu mais valoroso contribuinte. A fome, a defecação, a prenhez, o parto, a morte, os sintomas de ansiedade refletidos na fisiologia seriam igualmente a fonte basal de muitas ficções do horror fantástico, fonte esta que ganha um *status* jamais imaginado em nossa época. E, em contrapartida, o corpo de-formado e fragmentado, como afirmei – tão mais visceral e exposto –, seria também uma tentativa de se abordar os conteúdos pulsionais e libidinais há séculos reprimidos pela cultura e que insistem em se liberar, se soltar, se der-ramar por meio das imagens, como a nos dizer que eles existem, malgrado a desconsideração que sempre receberam. É como se as experiências invasivas e as intervenções físicas nos personagens dos filmes de terror nos trouxessem o recado de um corpo que por séculos tem sido mutilado a favor da razão. E a essa figura última do herói que tantas vezes se perde em combate acrescento as palavras de Astruc: "O zumbi é a alternativa mais radical ao tabu da morte e às utópicas curas de juventude prodigalizadas pelos cosméticos"[26] (Astruc, 2008, p. 157).

Não se pode esquecer que, para a psicanálise, toda fragmentação de cor-pos alude também a um medo primitivo da fragmentação narcísica do sujei-to. Um filme de zumbi desperta em nós o pavor que membros destroçados nos causam, somado, ainda, a uma crua aproximação ao real, no sentido la-caniano, ou seja: "eis aí um corpo cadáver". E quando as partes do corpo se movimentam, como se tivessem vida própria, a angústia despertada pelos

---

25 Sobre essa angulação, cf. Carroll (1990).

26 "*Le zombie est l'alternative la plus radicale au tabou de la mort et aux utopiques cures de jouvence prodiguées par les cosmétiques.*"

filmes de terror talvez se torne maior.[27] Concordo com Pereira (2004), quando ela afirma:

> *Quando o simbólico (as grandes referências culturais até então sustentadoras, seus grandes textos, a tradição) já não dão conta do campo das representações . . ., emerge um excesso. Excesso esse que vai ter que achar novas formas de expressão não só no que se refere ao conteúdo, mas também à forma. O excesso de que se trata, isso que escapa ao recobrimento e ao mesmo tempo interroga, produz mal-estar, é relacionado com o que em Lacan se apresenta, em seu retorno à obra freudiana, como emergência do real, aquilo que não encontra simbolização (e não para de insistir). (pp. 42-43)*

E o real confronta o ser humano com a inevitabilidade da morte. Reforço esta discussão também com as palavras de Astruc: "O zumbi devolve ao homem a humildade de sua efêmera passagem sobre a Terra, em uma alegoria que poderia ser resumida nestas palavras: 'Não se esqueça de que você irá morrer'"[28] (Astruc, 2008, p. 157). Pergunto-me, assim, se, como toda figura monstruosa (e, em especial, como o monstro paradigmático do início do século XXI), o zumbi não representaria também um "excesso" do qual não estamos a dar conta e, por isso mesmo, esse monstro insiste em reaparecer – ainda que banalizado – em representações as mais diversas.

Outro ponto que quero adicionar a esta análise é se os zumbis não se enquadrariam em um conceito de "novos autômatos",[29] seguindo-se, aqui, o raciocínio de Deleuze, em que os autômatos do maquinismo teriam sido substituídos pelos autônomos da era digital que, em uma sociedade de controle, estariam inseridos sob formas de domínio que saem do analógico para entrar em uma certa conformação dada pelos sistemas de trocas de informação e redes virtuais dos computadores e da internet. Isso poderia vir a

---

27 Freud, sobre essa temática, faz menção à "História da mão cortada", conto do escritor alemão W. Hauff.

28 *"Le zombie rend à l'homme l'humilité de son éphémère passage sur terre en une allégorie qui pourrait se résumer par ces mots: 'N'oublie pas que tu vas mourir'."*

29 Comento mais detalhadamente sobre os autômatos adiante.

causar uma falsa sensação de universalismo e democracia globalizada, em
que o corpo se uniria às modificações biotecnológicas que seriam capazes de
hibridizá-lo ao extremo, muitas vezes pelas formas sutis da nanotecnologia.
"Então, os autômatos não são mais mecanismos que exploram ou majoram
uma quantidade de movimento, mas sonâmbulos, zumbis ou golens que ex-
primem a intensidade desta vida não-orgânica" (Deleuze, 1983, p. 71).

Também saliento que a banalização da violência nesses filmes apresenta
relação com a crise do cinema clássico de discurso melodramático burguês
nos anos 1960 e 1970, e com as novas buscas ligadas à representação das emoções. Uma das vertentes do que já afirmei neste livro foi, sem dúvida, a elaboração de um cinema muito sensacionalista, circundante extremista da pulsão
escópica, capaz de trocar a narrativa mais intimista pela presença de tecnologias que pudessem oferecer "interatividade"[30] e que trouxessem os atrativos
de um parque de diversões para amantes de "experiências radicais". Muitos
filmes contemporâneos ofereceram ao espectador o já conhecido clichê da
violência justificada na própria violência, do excesso de imagens de sangue,
mutilações, deformidades e perigos inimagináveis – muitos de matriz fóbica.
Esse movimento tem, segundo meu ponto de vista, um pico significativo no
início do século XXI, mas apresenta igualmente certa ligação com a época
sensacionalista dos pré-cinemas (incluindo-se, aqui, as fantasmagorias e os
panoramas, os espetáculos à maneira do Grand Guignol e as visitações a necrotérios em Paris no final do século XIX) e do primeiro cinema. Ronda-nos,
uma vez mais, a necessidade de se ver imagerias e *feéries* que, diferentemente
do poético à Méliès, enveredam muitas vezes pelo horror dos *serial killers*,
dos monstros contaminadores, das catástrofes apocalípticas. O teórico de cinema Noël Burch (1979) já havia afirmado:

> *Pois todas essas formas de agressão nascem desta relação tão*
> *particular, quase hipnótica, que se estabelece entre o espectador*
> *e a tela desde o primeiro momento em que as luzes da sala são*
> *apagadas (...). Qualquer que seja o nível de consciência crítica,*

---

30 Houve ondas de inovações, como os odoramas, os óculos 3D para o cinema 3D – tantas
   vezes "ressuscitado no cinema" –, o cinema 3D Imax e a própria difusão do cinema por
   aparatos tecnológicos cada vez mais acessíveis.

> *o espectador assentado na obscuridade, subitamente sozinho em frente à tela, ficará desde então à mercê do diretor (...) por mais que se recorde que "é apenas um filme" (...). sempre será um instante tarde demais: o "mal" está feito, o mal-estar, o terror talvez já estejam em nossa casa. (p. 131)*[31]

Mesmo considerando que, atualmente, não cabe mais um lugar tão submisso e passivo ao espectador – e os estudos das teorias da comunicação sobre o sujeito que assiste a um filme o demonstram –, entendo que Burch chamava a atenção, no final dos anos 1970, para o grande fenômeno do espectador sensorial e sensacionalista, o qual parece ter preponderância em nossos dias, sobretudo entre os jovens.

Alien, passageiro de primeira classe

Todas as sortes de seres vindos do espaço sideral expressam medos contemporâneos e nos devolvem a estranheza que comumente sentimos em relação a nós mesmos. Para os crédulos, eles não só raptam e abduzem pessoas – como as fadas e os bichos-papões faziam há séculos –, mas vão além: com parafernálias biogenéticas, são capazes de realizar cirurgias, às vezes obstétricas, e sua suposta presença povoa a internet, os canais de TV, os periódicos sensacionalistas. Sob essa ótica, alienígenas diferem dos ogros por conseguirem colocar o corpo humano em maior evidência, corpo este que tem sido, como já deixei claro, o receptáculo do terror no cinema fantástico contemporâneo.

A seguir, aponto algumas características das duas versões cinematográficas de *Guerra dos mundos*,[32] as quais me pareceram muito interessantes de serem analisadas conjuntamente, pelo fato de se conseguir perceber as

---

31 *"Pues todas esas formas de agresión nacen de esa relación tan particular, casi hipnótica, que se establece entre el espectador y la pantalla desde el momento en que se apagan las luces en la sala (...). Cualquiera que sea el grado de consciencia crítica, el espectador sentado en la oscuridad, súbitamente sólo frente a la pantalla, está desde ahora a merced del realizador (...). por más que se acuerde de que 'sólo es un film' (...) siempre será un instante demasiado tarde: el 'mal' está hecho, el malestar, el terror quizá, están ya en casa."*

32 Ressalto que houve também uma versão famosa para o rádio e algumas versões televisivas.

continuações e modificações do segundo filme em relação ao primeiro.[33] Penso que o livro de Herbert George Wells (1866-1946), publicado em 1898, é, sem dúvida, uma das fontes mais significativas para a *sci-fi* no cinema, de maneira específica, e para a literatura fantástica, em um sentido mais amplo. Da mesma forma como aquela obra literária ofereceu ao leitor uma crítica à partilha da África do final do século XIX e aos métodos duvidosos de colonização dos europeus, sua primeira versão para o cinema também acompanhará essa tendência política "sociologizante". Dirigida por Byron Haskin com produção da Paramount e lançada em 1953, em qualidade tecnicolor, essa adaptação enfatizou o que se costuma chamar, entre os estudiosos de filmes, de "cinema paranoico" – que discuto adiante (cf. Nazário, 2007, p. 158).[34] Em seus 85 minutos, *A guerra dos mundos* de Haskin foi capaz de definir vários aspectos de maturidade da ficção científica que seria trabalhada nos anos 1950 – década que, reitero, privilegiou esse gênero no cinema.

Como foi comum no pós-Segunda Guerra Mundial, vários filmes americanos trouxeram como "mensagem de fundo" uma ideologia anticomunista presente tanto nos roteiros quanto nas imagens. Ficaram bastante conhecidas as referências que associavam os malvados marcianos (provenientes do conveniente planeta "vermelho") aos soviéticos,[35] e a invasão da Terra por óvnis a situações de extermínio, sobretudo com a notoriedade que os armamentos nucleares ganhavam naquele momento. De fato, no contexto da chamada *Red-scare Era* e na proliferação da ideologia do macarthismo, "o gênero fantástico passou a refletir terrores inconscientes mesclados à política anticomunista" (Nazário, 2007, p. 159). *A guerra dos mundos* de Haskin trabalhou de acordo com essa perspectiva paranoica: em seu enredo, uma nave espacial

---

33 Como já disse, entendo "gênero fantástico" como uma espécie de "protogênero" que abrange e engloba outros, como o terror, a fantasia, a ficção científica, e o próprio Noël Carroll, proeminente estudioso do cinema de horror e do fantástico, afirmou: "atualmente os gêneros fantásticos, dos quais o horror é um exemplo eminente, entram sempre em consideração quando os produtores pensam no que fazer em seguida" (Carroll, 1990, p. 15). O mesmo pesquisador ressalta a rarefeita fronteira entre o horror e a ficção científica, o que me dá mais subsídios para empregar o fantástico como uma referência ampla (cf. p. 29).

34 Esse tipo de temática já tinha sido inaugurado com a produção *Da Terra à Lua* (*Rocketship X-M*), de 1950, dirigida por Kurt Neumann.

35 Nesse caso, não se trata exatamente de uma crítica política ou social amadurecida, mas de uma apressada avaliação a respeito dos "inimigos comunistas".

proveniente de um falido planeta Marte – seguida posteriormente por numerosas outras – vem a cair em um ambiente bucólico onde "pessoas simples" viviam seu *American way of life* no interior da Califórnia. O veículo espacial estava em busca de um novo planeta para ser colonizado. Com isso, instaura-se a temática do filme: o terror de um inimigo alienígena que se espalharia por aquela localidade erma e, posteriormente, por quase todo o mundo.

Entre as marcas que o filme de Haskin veio a deixar na cinematografia de ficção científica, está o seu prólogo explicativo, bastante ousado para a época, que se tornou referência para diversos filmes: uma maquete de Marte aparece focalizada no "espaço", e o planeta vizinho é descrito por uma voz *over* como sendo um mundo gelado, habitado por "olhos invejosos" que sempre tiveram intenções funestas contra os terráqueos. Em seguida, a narrativa apresenta algumas particularidades sobre os demais orbes do sistema solar (todos foram representados em maquete, com uma curiosa exceção: Vênus), enfatizando que apenas a Terra teria condições naturais de abrigar a civilização marciana em decadência. E quando nosso planeta é exibido em primeiro plano, a ênfase do foco cai sobre a América do Norte – sobretudo a região dos Estados Unidos, que ganha uma presença centralizada na tela.[36]

O filme continua com cenas ligadas a um suposto meteoro que teria caído na zona rural da cidadezinha californiana de Linda Rosa e seu impacto imediato na vida dos habitantes. Sem entender do que se tratava, três homens iriam vigiar a grande bola rochosa que viera do céu e, durante a madrugada, notariam que uma tampa começava a se desenroscar da superfície do que julgavam ser a bólide. Em seguida, houve a difusão de uma luz que se irradiou de dentro para fora, ora verde, ora vermelha, acompanhada por um som característico – um dos bons efeitos sonoros que, junto a outros, tornaram-se clichês em posteriores produções de ficção científica. Então, parte de um mecanismo de deslocamento marciano com três pés "invisíveis", denominado *tripod* (trípode),[37] se apresentaria: primeiramente, uma "cabeça metálica"

---

36 Uma curiosidade é que o filme utilizou imagens em PeB de arquivos de cinejornais da Segunda Guerra Mundial para criar o clima de guerra e enfrentamento pelo qual a humanidade passava na narrativa. Esse recurso seria imitado em mais produções do gênero.

37 Como mostro adiante, nessa versão não se usou um apoio triplo visível para deslocamento dos veículos marcianos, o qual está presente tanto no livro quanto na versão de Spielberg.

semelhante ao formato da fronte de uma cobra naja, com comportamento bastante orgânico, se estenderia para fora da "nave", apresentando um visor vermelho capaz de lançar um raio exterminador.[38] O restante do aparelho, que seria visualizado apenas mais tarde no filme, exibiria um formato de arraia e "flutuaria", sustentado pelos "pés invisíveis", conforme explicação dada no próprio filme. Não é necessário ser um observador muito treinado para perceber os numerosos fios que sustentavam as miniaturas de veículos alienígenas, as quais foram construídas intencionalmente em um formato bem diverso daquele do disco voador, cuja geometria já se mostrava consagrada na época. O incômodo som que os trípodes emitiam também se tornou célebre e foi produzido mediante acordes de três guitarras reproduzidos ao revés.[39]

Na cena mencionada anteriormente, em que o trio de vigias percebe a presença da "cabeça" do trípode saindo de dentro do "meteoro", há um suspense muito bem criado por meio da escolha dos planos: uma tomada foi feita atrás da "naja", apanhando ao fundo os três homens que se aproximavam com entusiasmo, acenando amistosamente com uma bandeira branca aos prováveis visitantes. Em seguida, em *plongé*, vê-se a "coisa" mirando os três, acompanhando cuidadosamente o deslocamento. Por fim, um jato de luz vermelha acaba por desintegrar os cordiais humanos. A narrativa ganha seu *crescendum* à medida que a polícia e o exército se tornam necessários para tentar conter a invasão. Em seguida, de dentro da depressão formada

---

A solução de efeitos especiais foi simular que cada veículo invasor se sustentasse por meio de colunas invisíveis de energia.

38 O efeito do raio vermelho que eliminava quem estivesse no caminho dos trípodes foi produzido por tochas de acetileno aplicadas em metal.

39 Por exemplo, o som dos raios desintegradores que saíam do "periscópio" dos veículos marcianos, produzido "tecnicamente" pelo ato de se golpear um cabo de alta tensão com um martelo, foi reutilizado na série *Jornada nas estrelas* (*Star trek: the original series*, anos 1960) durante o lançamento de torpedos de fóton. Um outro som foi empregado muitas vezes em programas televisivos de ficção científica como típico de ataques alienígenas, em especial na série *Quinta dimensão* (*The outer limits*, 1963-1965; cf. episódio *The children of spider county*). Mas talvez a mais marcante sonoplastia tenha sido o ruído das máquinas de guerra marcianas. O som penetrante e agudo foi obtido gravando-se notas específicas emitidas por três guitarras elétricas, e reproduzindo-se a gravação de trás para a frente. Os ruídos de explosões, raios de energia, edifícios ruindo, meteoritos em queda e até mesmo o grito do marciano foram criados graças à perícia dos técnicos de som Harry Lindgren e Gene Garvin.

pela queda da bola de fogo, saem três veículos trípodes que estarão presentes em outros momentos do filme. De cor verde, eles se deslocam com uma lentidão que se tornou característica e, ao mesmo tempo, assustadora – posto que perseverante.

Nessa versão do filme, além dos recursos técnicos que chamam a atenção, há questões significativas para a época, situando a produção em seu contexto sócio-histórico. Uma delas é a presença da religiosidade, mostrada como um valor fundamental para se lutar contra os "vermelhos ateus" vindos de Marte. Em dois momentos a religião tem um papel marcante: no primeiro, quando um pastor é fulminado por um raio ao tentar se aproximar heroicamente dos veículos, segurando sua Bíblia e recitando um salmo; em outro, no final do filme, quando os valores do sagrado são retomados em cenas que trazem uma igreja como derradeiro refúgio na hora do desastre e do desespero, em meio a cenas impactantes da destruição de Los Angeles.

Porém, uma das sequências de cenas que mais notabilizou o filme de Haskin é aquela em que de dentro de um trípode[40] sai uma espécie de sonda, de natureza também meio orgânica e meio robótica, a qual se esgueira por dentro da casa de fazenda em ruínas em que o casal de protagonistas se encontrava escondido. À semelhança de uma grande cobra, ela apresentava "olhos"[41] em três cores diferentes, em visão RGB[42] – um mecanismo presente na televisão, mídia que ainda era novidade para muita gente no mundo daquela época, mas que, talvez, já fosse pressentida como um novo "invasor" dos lares americanos, concorrente direto das salas de cinema. Como disse o personagem Dr. Forrester, ao examinar posteriormente um pedaço do artefato extraterrestre: "Uma câmera de televisão semelhante a um olho eletrônico".[43] O efeito especial utilizado para os movimentos da sonda foi obtido por meio de um controle remoto.

---

40 Um desses veículos – com estrutura em cobre – foi posteriormente modificado para ser usado no filme, também dirigido por Haskin, *Robinson Crusoé em Marte* (*Robinson Crusoe on Mars*, 1964), e derretido depois.

41 O "olho" de cada máquina atuava tanto como periscópio como arma letal.

42 RGB é a sigla de *red, green, blue*, sistema aditivo de cores e projeções de luz, típico de monitores.

43 "*An electronic eye-like television camera.*"

Naquela sequência de cenas da sonda invasora, a sensação que o filme transmitiu foi a de uma espécie de "monstro dentro do monstro", o que também veio a ser um recurso recorrente na ficção científica, a exemplo dos filmes da quadrilogia *Alien*.[44]

Quando o casal de humanos escondido se acreditou livre da sonda de inspeção, a mulher viu aterrorizada, por uma janela, um marciano passando de relance, de forma tão rápida que, para que se possa apreender um pouco de seus detalhes, é preciso parar o filme. É justamente essa sensação de ter visto algo que não se reconhece, e tão rapidamente que não se pode tomar nenhuma atitude, que estabelece o suspense na cena, combinada aos efeitos sonoros que provocam um ameaçador estranhamento. Essa foi uma das cenas mais notáveis dessa produção, a ponto de ter se tornado antológica. O então técnico Charles Gemora e sua filha de 12 anos é que criaram o boneco marciano que entrou pelo cenário dos escombros da casa da fazenda. Quando a criatura ficou pronta, George Pal, o produtor, pediu para diminuírem seu tamanho, a fim de que ela fosse filmada já no dia seguinte. Com isso, não houve tempo para retrabalharem o alienígena, de forma que seus braços ficaram desproporcionalmente compridos – causando um efeito ainda mais horripilante, como na famosa cena em que ele toca o ombro da mulher com seus três dedos longos.[45]

Há ainda uma derradeira cena que quero salientar nesse filme. O cientista herói vai encontrar a mulher que ama em uma igreja, mas não entra com o intuito de salvá-la; antes, ele deseja apenas permanecer com ela. Na cena em que os dois se abraçam e as paredes começam a desabar ao redor, faz-se um corte para a cena de uma máquina marciana caindo por terra. Há uma justaposição das imagens do "abraço" e do "desmoronamento", e o narrador informa sobre a falta de imunidade dos marcianos em relação a alguns micro-organismos da Terra, o que causa seu extermínio, em um final do tipo

---

44 Ainda reforçando a importância do filme para a tradição cinematográfica do gênero, relembro *Marte ataca!*, de Tim Burton (1996), que parodia as invasões alienígenas dos filmes dos anos 1950, em especial *A guerra dos mundos*, além de *Independence day* (Roland Emmerich, 1996), no qual os aliens – que, entretanto, não vêm de Marte – são combatidos por um vírus que infecta sua nave-mãe.

45 Um outro alienígena ficará famoso por seu diminuto corpo desajeitado e seus dedos longilíneos: o ET de Spielberg.

Deus *ex-machina* – apressado, mas bastante comum em filmes do gênero daquele período.[46]

Depois da Guerra Fria, e, especialmente, no início do século XXI, vários monstros alienígenas de filmes podem ser entendidos como metáforas dos aliens invasores, os tantos "outros" encarnados nas figuras de prováveis terroristas e fundamentalistas islâmicos, ou, ainda, de latino-americanos cruzadores de fronteiras, como mexicanos e brasileiros. Essa é uma clara referência a todos aqueles que formam, aos olhares ocidentais do chamado "mundo desenvolvido", um conglomerado de "estranhos" sempre ameaçadores. "Se a *sci-fi* nos anos 1950 refletia a Guerra Fria, hoje ela reflete os conflitos culturais e étnicos" (Nazário, 2007, p. 171). Luiz Nazário (2007) também discutiu o sentido dos extraterrestres nos filmes de ficção científica contemporâneos:

> *Os monstros alienígenas dessa distopia podem ser interpretados como agentes totalitários da atualidade, em sua maior parte islamitas que destroem, através de um terror geralmente tolerado em suas próprias sociedades repressivas, as formas humanas liberais e democráticas de vida. (p. 173)*

Apresento agora alguns aspectos da segunda versão abordada de *Guerra dos mundos*. Se, por um lado, a genialidade de Spielberg somada à de sua equipe costuma resultar em muitos filmes de boa qualidade técnica e narrativa, por outro, não se pode esquecer que todas as produções do cinema apresentam vínculos com seu próprio tempo. Seria impossível pensar um *remake* apenas como imitação ou releitura, por mais fraco que seja o resultado, se considerarmos que uma produção cinematográfica costuma vir com a carga de sua época. Como bem lembrou Nazário (2007, p. 174): "Os aliens de Spielberg remetem aos terroristas de 11 de setembro pelo fato de não virem de fora do país, mas já estarem dentro dele há tempos, imperceptíveis, em subterrâneas 'células adormecidas'". E, para Alcebíades Diniz Miguel (2006), outro pesquisador do assunto:

---

46 Ficou evidente, nesse filme, que países ligados à ex-União Soviética não sofreram tanto com os ataques das naves extraterrestres, em contraste com as massivas invasões aos Estados Unidos e Europa Ocidental, por exemplo.

> *Os deslocamentos das máquinas marcianas e a destruição que causam condensam os medos despertados pelos atentados terroristas desfechados pela organização Al Qaeda em 11 de setembro de 2001, mas ao mesmo tempo sugerem outras atro-cidades modernas. (p. 159)*

Na versão de Spielberg, várias abordagens diferenciadas em relação ao enredo original despertam a atenção. Uma delas é que, quando os personagens refugiados no porão de uma casa em destroços percebem que uma sonda entrou para vasculhar a presença de prováveis humanos, uma alternativa para não serem encontrados foi se esconderem atrás de um grande espelho.[47] Ocorre, então, uma cena bastante instigante: o monstro intraterrestre se olha no espelho; mas trata-se, dessa vez, não de um humano que vê na superfície refletora um ser aterrorizante, como de praxe nos clichês do gênero, mas, sim, um monstro que mira um igual.

Porém, por trás da "imagem do monstro", o que se oculta são os três personagens humanos que tentavam se refugiar. Assim, por extensão, uma comparação invertida mostra os seres humanos colocados no lugar do que usualmente seria a posição simbólica do monstruoso,[48] permitindo o questionamento: quem, afinal de contas, é então o monstro? O invasor ou os invadidos? Os que aparecem para exterminar uma raça e colonizar um planeta, ou os que já lá estavam e também foram capazes de destruir e extinguir tantas espécies?

Guerra dos mundos, de Spielberg, não foi um filme isolado ao aludir ao 11 de setembro, mas, certamente, é uma das produções do fantástico que mais fortemente conseguiram traduzir o medo da temerosa e muitas vezes insuspeita destruição que vem "de dentro de casa", do inimigo oculto nas entranhas do próprio solo em que se vive, em oposição ao filme de Haskin, que localizava o agressor sempre proveniente de além das fronteiras dos Estados

---

47 A adaptação de Steven Spielberg homenageia diversas vezes seu antecessor de 1953: foi também uma sonda com aparência de cobra que inspecionou o interior da casa no campo.

48 Na permeabilidade fronteiriça do monstruoso, situo o cinema como um espaço privilegiado de mediação, posto que ele mesmo nasceu devedor das fantásticas práticas de fantasmagorias e de um palimpsesto de imaginários.

Unidos. Por exemplo: Spielberg fez com que os veículos alienígenas tivessem força o bastante para despertar no espectador um pavor vivido e revivido muitas vezes nas últimas décadas, em especial em tempos de imediatismo informacional: o da aniquilação de uma cidade e até mesmo de um povo. Afinal, o mundo ubíquo nos permite saber, por meio de informações imediatas, o que acontece nas mais diversas regiões da Terra. E, de acordo com o filme de 2005, se não havia muita esperança na multidão de anônimos desesperados que fugiam das máquinas mortíferas, essa esperança foi depositada pelo menos na família e na sua reunificação – bem ao gosto americano.

Os pavores causados pela Guerra Fria e por uma destruição nuclear, reforçados, a título de exemplificação, na *sci-fi* dos anos 1950 e 1960 e também na franquia *Planeta dos macacos* – do final dos anos 1960 até meados da década seguinte –, mudaram de foco hoje, mas continuam muito intensos. No início do novo século e do novo milênio, o horror que antes pertencia à época da Guerra Fria encarnou nas possíveis guerras econômicas, étnicas e religiosas. Por isso, a destruição do WTC mostrou ao mundo – de maneira simbólica – que o catastrofismo gerado pelo próprio homem é uma constante, e que a calmaria pode ser o prenúncio de grande destruição.

No contexto do cinema fantástico, ao analisar e comparar os diferentes movimentos da criação de enredos e personagens monstruosos, optei pelo que chamei de "relativização do teratológico". Na contemporaneidade, o monstruoso deixou de ser, sobretudo, especular, e passou a ser parasita e hospedeiro para, finalmente, tornar-se o próprio devir do humano, como se observa no caso dos filmes de zumbis. Mas há, em todo o cenário pós-apocalíptico que permeia muitos monstros, uma constatação que pode ser tomada como esperançosa. E é mais uma vez no cinema que encontramos um ponto de reflexão: se a ciência sempre busca transitar pela senda do impossível ou do inverossímil, em sua busca por tornar a vida humana melhor, ela se aproxima – nesse sentido – daquilo que sempre foram as marcas primordiais do fantástico e do próprio cinema, ou seja, o delírio, o devaneio, os cruzamentos de possibilidades e os devires híbridos.

As "novas velhas paranoias" que se refletem em tantos filmes da primeira década do século XXI – o medo dos terroristas, das armas biológicas e químicas, do armamento da Coreia do Norte, por exemplo – colaboram para que o cinema engendre e retroalimente uma emergência de temáticas fantásticas, o que pode ser percebido de forma metonímica no filme *Guerra dos mundos* (2005). Torna-se ilustrativo rememorarmos Lovecraft (1987), quando ele escreve na introdução de seu clássico ensaio sobre o horror: "A emoção mais forte e mais antiga do homem é o medo, e a espécie mais forte e mais antiga de medo é o medo do desconhecido" (p. 1). Reforço: "desconhecido" não apenas como aquilo que ainda não conhecemos, mas, também, o que conhecemos de forma insatisfatória, deturpada ou preconceituosa. Desconhecido sendo, também, aquilo que é capaz de gerar mal-entendidos.

Dadoun (2000), escrevendo em 1989 sobre os filmes *Gêmeos: mórbida semelhança* (*Dead ringers*, David Cronenberg, 1988) e *Instinto fatal* (*Monkey shines*, George Romero, 1988), abordou o terror sumamente interno, voltado para aquilo que um homem ocultaria no próprio ventre: "o que, afinal, o homem tem dentro do ventre? Formulação vulgar que o filme nos inspira para esta questão ontológica: do que o homem é feito? Qual mecanismo essencial o constitui?"[49] (p. 111). E o pesquisador deixou como resposta: talvez a ilusão, ou o nada.

O parágrafo anterior permite refletir sobre as representações de criaturas de outros mundos em filmes. Dentre elas, há uma representação muito pertinente: a da "criatura lamelar", que tem presença em vários filmes do século XXI. Trata-se, aqui, de uma apropriação que faço de um conceito lacaniano de um ser mítico chamado "lâmina", citado por Žižek (2010a, p. 78). O filme com o sugestivo nome *A coisa* (*The thing*, Matthijs van Heijningen Jr., 2011) é ilustrativo do que aqui discuto. No enredo, em uma base de pesquisas na Antártida, cientistas descobrem uma nave alienígena soterrada muitos metros sob o gelo. A partir desse acontecimento, os pesquisadores terão de fazer face a uma espécie que se apropria de formas alheias para continuar a existir.

O roteiro desloca a ação para imediatamente antes dos acontecimentos que têm início no filme homônimo de 1982, dirigido por John Carpenter (*The thing/Enigma do outro mundo*), um filme *cult* de ficção científica e terror

---

49 *"qu'est-ce que donc que l'homme a dans le ventre? Formulation vulgaire que le film nous inspire, pour cette question ontologique: de quoi l'homme est-il fait? quel mécanisme essentiel le constitue?"*

daquela década.[50] Na produção de 2011, o monstro descoberto congelado ainda estava vivo, e sua ação destrutiva não se daria apenas pela devoração do humano, mas pelo revestir-se de suas células. Ou seja, o alien não somente digere o homem, mas "copia-o", "clona-se" nele (e não a partir dele), para, enfim, se tornar uma única criatura com corpo terrestre orgânico. Porém, todas as próteses corporais (incluindo-se as obturações dentárias) eram descartadas pelo monstro copiador, o qual rejeitaria tudo o que não fosse matéria orgânica. Elas, portanto, servirão de pistas para se descobrir em quem o monstro se transformou, a única forma de saber o que separa o monstruoso do não monstruoso. Por conta disso, os cientistas isolados no continente austral começarão a desconfiar uns dos outros.

Žižek (2010a) explica:

> A lâmina é algo extrachato que se desloca como a ameba (...). É como algo (...) que tem relação com o que o ser sexuado perde na sexualidade, é, como o é a ameba em relação aos seres sexuados, imortal. Porque sobrevive a qualquer divisão, porque sobrevive a qualquer intervenção cissípara. E corre. (p. 77)

Žižek, por isso, a aproxima da libido, a pulsão de vida. O alienígena de A coisa pode ser considerado um todo pulsão de vida e de morte, uma vez que assassina para garantir sua imortalidade, após longa hibernação.

Há uma cena em que alguns cientistas abrem as entranhas do monstro para que se desvele o corpo de um pesquisador que havia sido engolido, cena esta denunciadora de uma forma membranosa que a tudo consumia: como se envolto em um casulo citoplasmático, o cientista morto, aparentemente, se decompunha. Mais tarde, seus colegas viriam a descobrir que a criatura se tornaria de fato cada vítima, alojando-se insuspeitadamente em seu âmago, sempre pronta a despejar sua ira e se revelar de forma desesperada e irracional quando perturbada. Aqui se evidencia a plena função plástica, tão cobiçada pela ciência humana: em vez de reproduzir-se em um outro,

---

50 Esse filme, por sua vez, reporta-se a O monstro do Ártico (The thing from another world, Christian Nyby, 1951).

"sobre-existir-se" a partir da ocupação de novo revestimento orgânico. Se a libido se metaforiza e se oculta no monstro do outro mundo, é claro que este será imortal, se perpetuará. Diz Žižek (2010a):

> A lamela habita a interseção do imaginário com o real: representa o real em sua mais aterrorizante dimensão imaginária, como o abismo primordial que devora tudo, dissolvendo todas as identidades – uma figura muito conhecida em literatura em suas múltiplas roupagens, desde o maelström de Edgar Allan Poe e o "horror" de Kurtz no fim de O coração das trevas de Conrad, até Pip de Moby Dick, de Melville, que, lançado ao fundo do oceano, experimenta o demônio Deus. (p. 81)

São muitas as representações de formas monstruosas lamelares em filmes. Saliento, no exemplo dado, a figura indomável de um alienígena que não se reduz. Escrevi, pouco antes, que o nome do filme discutido era sugestivo: Lacan estudou um conceito famoso, *das Ding* – ou a Coisa: o objeto supremo e insuportável de nossos desejos, segundo Freud, e que talvez engendre o que Žižek (2010a) chama de "a monstruosidade do próximo" (p. 57). O monstro antártico vem aqui representar essa coisa primordial e abissal que condensa um objeto perdido e não sabido, causador de grande angústia no sujeito.

Note-se que o filme tem seu início quando um veículo de transporte se perde nas entranhas da terra, um abismo azulado e gélido, que ocultava a própria morte na figura dantesca de um adormecido outro. Essa poderosa criatura, acompanhando-se o pensamento zizekiano-lacaniano,

> apresenta a entidade fantasística que dá corpo ao que um ser vivo perde quando entra no regime (simbolicamente regulado) da diferença sexual (...) a lamela é uma espécie de anverso positivo da castração: o resto não castrado, o objeto parcial indestrutível amputado do corpo vivo apanhado na diferença sexual. (Žižek, 2010a, p. 82)

Ela talvez venha a agir como a mão do humano/zumbi morto que, em determinada cena, assume a própria função de corpo total, membro amputado dotado de pseudópodos/fagócitos que busca mais uma vítima, e chega mesmo a se fundir a outro braço e mão para criar um corpo mais forte. Algo semelhante se opera em uma cena de *A coisa*, em que o alienígena se apropriou não apenas de um, mas de dois corpos, e os funde lateral e simetricamente, criando uma forma quimérica que nos lembra os humanos das explicações míticas da fala de Aristófanes no diálogo platônico de *O banquete* (*c.* 380 a.C.): para o interlocutor grego, havia uma natureza humana una e primeva, a qual fora mutilada. Inicialmente, existiam três gêneros duplos que poderiam formar um corpo: masculino-masculino, feminino-feminino e masculino-feminino. O monstro, nesse filme, como tantos outros seres similares, e igualmente como as fortes criaturas descritas por Aristófanes, não se extermina ao ser esfacelado, uma vez que é pura superfície. Pelo contrário, ele sobrevive até mesmo em um braço caminhante – objeto parcial –, o que faz o espectador se recordar de diversas outras cenas de filmes fantásticos, quando partes do corpo adquirem vida própria, em especial as mãos.

As variadas criaturas biotecnológicas

Freud (2011) afirmou de forma categórica: "Nunca dominaremos completamente a natureza, e nosso organismo, ele mesmo parte dessa natureza, será sempre uma construção transitória, limitada em adequação e desempenho" (p. 30). E adiante, no mesmo texto: "Com todos os seus instrumentos, ele [o ser humano] aperfeiçoa os seus órgãos – tanto motores como sensoriais – ou elimina os obstáculos para o desempenho deles" (p. 35).[51] Na mesma trilha, Lacan (2008), em 1973, dirigiu-se à sua plateia: "vocês são, infinitamente muito mais do que pensam, os sujeitos dos instrumentos que, do microscópio ao rádio-televisão, se tornam elementos da existência de vocês" (p. 89). De fato, nosso desejo de domínio do mundo natural se ramificou em várias construções, dentre as quais figuram as inquietantes máquinas reprodutoras do corpo, das habilidades físicas e da inteligência humana, quais sejam, os

---

51 O pai da psicanálise se referirá, adiante, no mesmo texto, aos motores, aos óculos, à câmara fotográfica, ao disco sonoro, ao telefone, à escrita. Isso não deixa de ser uma referência ao que se propõe desde algumas décadas nas pesquisas de comunicação: o tecnológico como extensão e, mais do que isso, como mediação do humano, na trilha de McLuhan e Santaella.

autômatos, os robôs, os androides. Antes mesmo de serem empregados os termos mais atuais da ciência contemporânea, como "biociborgues" e "avatares", há que se reverenciar uma vasta linhagem de autômatos que está presente na história humana, desde há muito.

Todo autômato, por si só, é fantástico. Escolhi *A invenção de Hugo Cabret* (*The invention of Hugo Cabret*, Martin Scorsese, 2011) para inaugurar esse tópico: trata-se de um filme que trouxe à luz a referência clássica de uma criatura que participa, há séculos, do que hoje podemos chamar de "evolução" da tecnologia adjungida ao corpo. Afinal, um autômato, um robô ou um androide é também um duplo.

Aos poucos, no decorrer do século passado, esse tipo de duplo inspirou a ciência, por um lado, a utilizar algumas de suas partes para serem amalgamadas ao corpo orgânico. Por outro lado, isoladamente, os robôs e afins passaram a ganhar uma organicidade cada vez maior, perdendo lentamente o caráter endurecido do metal, substituído por um *design* mais humano. Percebe-se aí uma aproximação assombrosa, posto que cada vez mais íntima, entre criador e criatura. Assim, com os avanços das pesquisas biocibernéticas, tudo leva a crer que seremos mais e mais beneficiados pelo maquínico, o que já se traduz nos delicadíssimos inventos nanotecnológicos e nanogenéticos que buscam melhorar a condição de vida das pessoas. Por outro viés, nossos sonhados duplos ganham maior vigor e plasticidade, ou até mesmo inteligência artificial, desafiando os limites entre o humano e o não humano, na cada vez mais próxima realidade dos ciborgues e afins.

Em *A invenção de Hugo Cabret*, portanto, meu olhar se estendeu à figura do autômato, a qual homenageia os diversos bonecos e brinquedos mecanizados, que vão de representações de objetos e animais até de pessoas. São artifícios que, por séculos, encantaram adultos e crianças. Uma das criações paradigmáticas do tema é a Olímpia, personagem do conto "O homem de areia", de Hoffmann, que inspirou muitas histórias de autômatos.

No filme, há profusões de engrenagens em movimento, muitas delas gigantescas, bem como o tiquetaquear dos relógios e a umidade dos vapores, configurando uma esfera de sombrio encanto presente praticamente o tempo todo. Na verdade, essa produção já se abre com as engrenagens de um relógio, cujo design se transmuta de imediato para a própria Cidade-Luz, sobreposto à Place de l'Étoile, tendo ao centro o Arco do Triunfo, a apontar os "tempos modernos" dos anos 1930. Essa composição de cenas designava também um mundo em que pessoas e máquinas estavam cada vez mais próximas: um preâmbulo do que a ciência tenderia a afirmar e concretizar com o passar do tempo. Afinal, pelos engenhos do maquínico, nascido da brutalidade dos minérios, somados ao vapor, ao suor e ao sereno dos organismos do carbono, podem ser obtidas gerações de novos seres que ganharão luz no mundo do pós-humano. Não foi gratuito, no filme, o sonho em que o menino Hugo se percebe, perplexo, com o próprio peito aberto e cheio de engrenagens para, aos poucos, se transformar em um autômato como aquele que mantinha em seu quarto oculto na gare central. Ainda nessa produção, as pessoas, em seu ir e vir pelas plataformas, portavam as fragilidades provenientes de uma geração que passou pelos horrores da Primeira Guerra Mundial e via a ascensão de Estados totalitários, enquanto o próprio corpo se tornava cada vez mais fragilizado e esvaziado, e não mais heroico, como um dia se imaginara.

Os corredores labirínticos da estação de trem, por onde Hugo corre, sobe, salta e escorrega, dão o traçado de um parque de diversões entre o brilho metálico e a luz feérica que atravessa os vapores, muitas vezes lembrando o jogo de sombra e luz das primeiras salas de projeção.[52] Na obra de Scorsese, a máquina é apresentada, em sua maior parte, como positiva, posto que permite a concretização dos sonhos: o inspetor da estação de trens passa por constrangimentos por ter uma perna dotada de incômoda prótese externa a qual, em uma das cenas finais, estará beneficiada por tecnologia similar à que deu vida ao autômato. Também vemos uma locomotiva que consegue ser freada quando há alguém nos trilhos à frente – exceto no sonho de Hugo, em que, desgovernada, ela se torna um "duplo de pesadelo"[53] do famoso filme

---

52 Esse ambiente não deixa de ser também uma floresta de engrenagens, pois o personagem principal só ganha relevo após receber de presente o livro *Robin Hood, o proscrito*, de Alexandre Dumas. Como o anti-herói da Inglaterra, Hugo também é uma espécie de banido. Ele se vê às voltas com o enfrentamento de uma instância vigilante e punitiva e, ao mesmo tempo, tenta recuperar a figura paterna em suas buscas e andanças. Um menino inventor que atua não como senhor do autômato, mas como um seu cocriador.
53 Frequentes alusões a duplos são percebidas no filme: há manequins e estátuas em alguns cenários, além de um garoto órfão que perambulava pela gare e viria a ser aprisionado:

dos irmãos Lumière.[54] Mas, nesse caso, reside uma alusão metalinguística do cinema como um engenho mais próximo à linguagem do sonho do que a literatura. É por imagens que um sonho geralmente se apresenta.

O autômato do filme, que desperta estranhamento, familiaridade e nostalgia, permanece, entretanto, impassível o tempo todo, com exceção de quando é acionado por uma chave que se encaixa perfeitamente em uma abertura em formato de coração. Em seguida, ele faz o desenho do protótipo da Lua do filme Le voyage dans la Lune (1902), de Méliès, em cenas cheias de poesia. Tratava-se de um autômato acionado por corda, à semelhança daqueles que fizeram sucesso no século XVIII, tendo sob a face suave um corpo vazado, como o de um antigo manequim. Assim, é possível ver dentro as peças sutis e melindrosas que lhe dão vida, à semelhança de pequenos órgãos. Quando em operação, o autômato molha a caneta que segura a mão no tinteiro e acompanha, com os olhos, o trabalho que faz sobre a folha branca de papel. Porém, ainda que não viesse a funcionar em momento algum, a forma como a câmera o capta olhando para o espectador traz, por si só, o incômodo de um semblante generoso. É essa máquina que nos oferece uma proposta humana muito maior do que a dos demais personagens. De fato, o boneco é o personagem mais humanizado do filme, espécie de "homenzinho nu"[55] à disposição de quem o saiba fazer funcionar, mas, sobretudo, um ser paciente em um mundo de agitação, tribulações e desentendimentos, marcado pela racionalidade entre tempo e espaço: as pessoas, os trens, os carros, o trabalho e os encontros se fazem regulados pela coincidência dos relógios. O autômato é também um médium, posto que poderia trazer a prometida mensagem de um pai morto a um filho que buscava ansiosamente reconstruir, em suas engrenagens psíquicas, uma paternidade idílica.[56] Revelou-se, contudo, não um

---

praticamente um sósia de Hugo. O universo do filme traduz a vida humana fascinada pelos duplos.

54 E, igualmente, faz-se referência ao famoso acidente da Gare Montparnasse, de 22 de outubro de 1895, em que um trem literalmente passou pelo janelão e chegou à rua, sem conseguir ser parado.

55 Sim, esse autômato está alheio à nudez humana.

56 Se até as máquinas, dessa forma, tinham um propósito, perder o próprio propósito, para Hugo, seria como estar quebrado.

psicógrafo, mas exímio desenhista, que traçou no papel a bela Lua do famoso filme de Méliès, que o pai de Hugo um dia assistira.

Após o simpático homenzinho mecânico de Hugo Cabret, chego à ciên-cia do século XXI, em que a biociborguização[57] e a avatarização surgem como tentativas paradoxais de junção de corpo e mente, cuja separação, pela tra-dição racionalista, causava uma falsa sensação de controle sobre nós e sobre o mundo. Aqui, denomino biociborguização[58] a evolução do campo da ro-bótica, que teve um de seus marcos, no cinema, na forma dos replicantes de *Blade Runner: o caçador de androides* (*Blade runner*, Ridley Scott, 1982). O mito tecnológico e moderno da automação – ainda que tenha raízes nas for-midáveis criaturas biomecânicas da Antiguidade, como a famosa pomba de Arquitas de Tarento (428 a.C.-347 a.C.), um brinquedo voador, ganha corpo científico nas experimentações avançadas da contemporaneidade. Estas vis-lumbram a clonagem de animais e plantas, e implantes de tecidos (como o já mencionado caso do rato que se tornou monstro ao desenvolver uma ore-lha humana em seu dorso a partir do implante de células de cartilagem, em 1996). Já os seres bioeletricomecânicos, que podem ter como antecessores o monstro de Frankenstein e mesmo o Golem judaico, também acompanham, no cinema, a evolução tecnológica: temos, dessa maneira, os androides e as andreidas, os robôs e, especialmente, os ciborgues, uma espécie de evolução desses últimos que associa o humano à máquina. Na mesma categoria, exis-tem os ciberzumbis, muito em voga desde a delicada obra-prima *Franken-weenie* (Tim Burton, 1984/2012);[59] os clones, que ganharam relevo a partir

---

57 Aqui, prefiro o termo "biociborgue" a apenas "ciborgue" por ser o primeiro mais abrangen-te – da mesma forma como Lucia Santaella explica sua preferência por "biocibernético" a "cibernético". É uma constatação científica a de que o corpo humano se aproxima cada vez mais de uma constituição biocibernética, em que – mais uma vez, relembrando Santaella – ocorre uma poética fusão da umidade do carbono à secura do silício. Somos, dessa manei-ra, indelevelmente tocados pelo pós-orgânico e pelo pós-biológico quando nossos corpos – anteriormente apenas no domínio do protético – absorvem as modificações nuançadas da miniaturização e mesmo da desmaterialização dos elementos outrora mais pesados e visíveis. O cinema deflagra esse novo estado de ser sempre de maneira exemplar.

58 O termo *cyborg* data de 1960 e se refere a um ser humano melhorado pela tecnologia. A palavra é uma abreviação de *cyber(netics) organism*, e foi criada por Manfred E. Clynes e Nathan S. Kline.

59 O primeiro é um curta-metragem de animação; o segundo, seu longa.

dos anos 1990 (*Parque dos dinossauros/ Jurassic park*, Steven Spielberg, 1993); os fantômatos (cujo personagem mais famoso é o boneco Chucky, que tomou vida em uma franquia de gosto duvidoso); os mutantes – como as criaturas zooantropomórficas da ilha do Dr. Moreau e o terrível protagonista de *A mosca* (*The fly*, David Cronenberg, 1984).[60]

Santaella (2004) explica que existem três movimentos em relação ao corpo cibernético. O primeiro se dá de dentro do corpo para fora, como no caso dos *laptops*, dos celulares e da telepresença. O segundo é intersticial, entre o que está fora e o que está dentro, como o *piercing*, as plásticas, os enxertos e as tatuagens. O ciborgue se insere no terceiro movimento, que é o de fora para dentro, na mesma linha dos implantes, das próteses e das órteses, sendo uma das vertentes do cibernético.

O número de filmes ligados ao mundo ciborgue e às suas filiações é muito vasto e parece aumentar à medida que as questões tecnológicas se tornam mais e mais presentes. Como dizem Nazário e Nascimento (2004) em relação àqueles que fabricavam monstros:

> *seus criadores também mudaram de caráter: são, primeiro, deuses; depois, artistas; em seguida, xamãs e magos; depois, rabinos e alquimistas; mais tarde anatomistas e médicos; e, finalmente, matemáticos, engenheiros, neurofisiologistas, biólogos, geneticistas e reprogeneticistas.* (p. 93)

Outro tópico que abordo neste subcapítulo diz respeito à avatarização do corpo. Quando *Avatar* (2009), de James Cameron, surgiu, o filme prometia ser mais um *blockbuster* ultratecnológico, ancorado à febre do retorno da tecnologia 3D. Inserido entre os entusiasmados representantes do pós-cinema, buscou apresentar, junto a um bom enredo de ficção científica, impressionantes efeitos especiais.[61] Em suma: *Avatar* se constituiu em um divertimento bem produzido para um amplo público. Mas pode-se, sem falso otimismo,

---

60 Sobre essa abordagem, consultar Nazário e Nascimento (2004, pp. 69 ss.).

61 Até a finalização deste texto, em 2015, o filme ainda estava em primeiro lugar no *ranking* das maiores bilheterias da história do cinema. Considera-se *Avatar* inaugurador de uma nova geração de efeitos especiais no cinema. Aliás, se tomarmos a lista com as cem maiores

dizer que James Cameron conseguiu muito mais do que isso: ele apresentou, em cenas visualmente bem trabalhadas, uma espécie de Amazônia alienígena, em que ciberíndios, em sua relação com militares e cientistas da Terra fizeram com que olhares se aguçassem sobre questões biociberecológicas e pós-colonialistas. O fictício planeta Pandora, de tamanho similar ao da Terra, rendeu milhões de espectadores aos seus encantos e perigos.[62] Nele, o povo Na'vi, constituído por azulados e elegantes humanoides, estava sendo invadido por militares gananciosos em busca do *unobtainium* – um cristal supercondutor –, militares estes secundados por equipes de cientistas.

Apesar dos diversos clichês que, em grande parte, garantiram a abrangência e a popularidade da produção de Cameron, o filme também ajudou a reforçar as críticas sobre uma visão multiculturalista que é bastante combatida em nossos dias. Slavoj Žižek menciona, em seu trabalho, que o falso discurso multiculturalista acentua e engendra preconceitos a partir do momento em que reconhecer o outro pode ser, no fundo, uma aparentemente correta tentativa de tolerância que serve de afastamento: "uma espécie de loucura teológica é algo plenamente atuante na correção política de hoje e em sua lógica da tolerância, que é contrária à tolerância ao Outro e significa a mortificação do Outro – do Outro que não deve incomodar-nos" (Žižek & Daly, 2006, p. 146).[63] E foi justamente no "planeta-hileia" de Cameron que se operou parte dessa visão multiculturalista, colocando em extremos opostos indígenas e não indígenas e oferecendo como provável solução a preservação "à moda antiga" de um planeta, preservação esta que se pautaria em um "retorno ao paraíso perdido" e a uma espécie de desfecho triunfal da história.

No filme, para uma aproximação e provável destruição dos indígenas visando à obtenção do supercondutor que mencionamos, foi elaborado um projeto que permitia que um fuzileiro paraplégico, Jake Sully, pudesse ocupar um corpo Na'vi geneticamente híbrido e imerso em um aquário de âmnio – um

---

bilheterias mundiais, disponível em vários sites, veremos que os filmes fantásticos ocupam praticamente a totalidade.

62 Pandora foi tão levada a sério que existem *sites*, revistas, livros e jogos sobre sua geologia, fauna e flora, seus habitantes humanoides, bem como a religião e o idioma falado por seu povo.

63 Para Cocco (2009, p. 44), o multiculturalismo representa o "governo da diferença pela sobreposição de conjuntos homogêneos, exatamente como os retalhos de um *patchwork*".

bom exemplo do que se tem discutido no âmbito do pós-humano[64] nas teorias da cibercultura. As semelhanças com diversas posturas europeias em relação aos povos colonizados da América – para circunscrever apenas um tipo de comparação – são diversas: "O Projeto Avatar tem a mesma função das missões de cientistas, jesuítas, educadores, cientistas, médicos ao longo de séculos e notadamente nas expedições de colonização do Novo Mundo" (Bentes, 2010, p. 69). A autora ainda salienta: "Avatar é a primeira fábula global pós-Obama que aponta para uma ciber-utopia ecológica, reescrevendo a teoria de Gaia[65] de James Lovelock" (p. 73). E: "uma fábula lírica e violenta em que se vislumbra o nascimento de todo um novo imaginário ecológico-tecnológico" (p. 76).

A partir dos sugestivos apontamentos da pesquisadora, lembro que questões ecológicas vêm sendo tematizadas no cinema há várias décadas, e não apenas neste século XXI. O que se torna mais marcante, em cada diferente período, é a angulação e também a urgência de determinadas questões, em detrimento de outras. Como já foi mencionado, a Guerra Fria e o comunismo tematizaram parte da produção cinematográfica dos anos 1950 e 1960; o temor da guerra nuclear, das radiações e das mutações percorreu o cinema dos anos 1970; e, a partir da década seguinte, temos a tópica dos perigos do mundo virtual, das pesquisas genéticas e eugênicas, do terrorismo e das fragilidades éticas do ser humano.[66]

No filme *Avatar*, o mineral *unobtainium*, muito mais do que um elemento quase mágico de desencadeamento de rusgas, pode ser, antes, compreendido

---

64 O termo pós-humano foi cunhado por Ihab Hassan em um ensaio de 1977 (*Prometeus as performer: Towards a posthumanist culture?*). Hoje, pós-humano se refere especialmente a contribuições e modificações que advêm do cibernético e das invenções tecnológicas, trazendo para o corpo novos paradigmas, corpo este que é entendido como uma espécie de *hardware* que está fadado à obsolescência e, portanto, precisa de novos receptáculos, implantes e adereços para dar continuidade à vida.

65 A hipótese de Gaia, ou "hipótese biogeoquímica", foi criada nos anos 1960 pelo investigador britânico James E. Lovelock, e propunha que todos os elementos ligados à ecologia e aos aspectos físicos do planeta Terra estavam conectados, transformando o orbe em uma espécie de organismo vivo único. Apesar do descrédito pela comunidade científica internacional, essa hipótese ganhou o apoio de grupos de místicos e ecologistas.

66 Tomemos essas exemplificações como bastante generalizadoras, uma vez que o cinema sempre recorreu a diversos outros tópicos pertinentes às questões que abordo, paralelamente a algumas tendências dominantes, para produzir suas fabulações.

como uma espécie de objeto impossível (posto que inaces-sível) do desejo histérico. Como bem lembra Pierobon (2012, p. 17), o *unobtainium* escapa à atração da gravidade, essa lei para tudo e todos; por isso, ele pode ser entendido como um nada, uma versão mineral do além da própria fantasia (cf. Pierobon, 2012, p. 18).

Se nesse filme, em uma primeira vista, o excesso deslumbrante das imagens distrai o espectador menos atento, a crítica à chamada pós-modernidade é de fato enorme: desde o projeto iluminista, pode-se entender que, despovoados os céus de seus anjos e os infernos de seus demônios, a razão se acreditou suficiente e depôs a intuição de seu posto. Desencantado, o homem acabou, no decorrer dos últimos séculos, por almejar um processo de reencantamento traduzido nas *rêveries* criadas por sua imaginação, *rêveries* estas em grande parte mobilizadas pela fotografia, pelos meios audiovisuais e pela internet. No cerne desse movimento, percebe-se a saudade e a nostalgia de uma pré-modernidade jamais recuperável, alimentada pelo delírio de um paraíso perdido de imagens e mitos. Dessa forma, chega-se mais uma vez ao filme de Cameron, em que se percebe haver uma certa inveja da comunhão mística dos Na'vis com o planeta Pandora e suas formas de vida – nossos tantos outros –, sejam eles divinos, animais, vegetais ou minerais. Porque, de acordo com as ideias transmitidas pela obra cinematográfica, as formas de vida daquele planeta são capazes de colocar os humanos em contato com uma natureza idealizada, ainda que violenta e desconhecida, no afã de lidarem não apenas com o racional, mas também com o corporal. No corpo, afirmo – e em pleno acordo com o filósofo Pierobon (2012, p. 27) –, é que reside o selvagem, o desejante, o que nos pertence sem nos pertencer.

> O pós-moderno é um humano que não sabe mais o que é ser humano. Em uma natureza tão perigosa e selvagem como a que nos mostra Avatar, o humano não passa de uma espécie de seres vivos entre tantas outras, a qual uma fauna selvagem ameaça constantemente de devorar.[67] (Pierobon, 2012, p. 27)

---

[67] "*Le postmoderne est un humain qui ne sait plus ce que c'est, être humain. Dans une nature aussi dangereuse et sauvage que celle que nous montre Avatar, l'humain n'est qu'une espèce de vivants parmi tant d'autres que toute une faune sauvage menace constamment de dévorer.*"

E, em consonância com a teoria lacaniana, posso ainda dizer que o lado mulher do discurso,[68] em *Avatar*, se constituiria nos aspectos de mística e comunhão apresentados no planeta Pandora e na relação de seu povo Na'vi com outras espécies, bem como na curiosidade científica dos humanos. Fazendo face a esse lado mulher discursivo, tem-se o lado homem (por conseguinte, falicista), representado pelos detentores dos armamentos, desejosos, a todo custo, do valioso mineral. Esse intento se desdobra em ações histéricas bélicas que culminam em um terrível combate entre espécies. Por si só, esse filme pode ser entendido como sintoma de uma sociedade pós-moderna que olha para si mesma com bastante angústia (cf. Pierobon, 2012, p. 32).

Ainda em conformidade com o pensamento de Lacan, o personagem Jake Sully, desde o início do enredo, parece apresentar-se mais próximo do lado mulher do discurso. E, para que faça a passagem entre o mundo humano e o Na'vi, ele experimenta o interessante processo da "volição" de quando se dorme e sonha. Em "sonho", transporta-se de fato para o outro lado: os reinos exuberantes de Pandora. Torna-se, dessa forma, não um morto-vivo (como entendemos em filmes de zumbis ou de vampiros), mas, sim, um "nem morto, nem vivo", quase um sonâmbulo ou, ainda, um *dream walker*, como nos lembra Pierobon, posto que Jake assume um outro corpo, sem abandonar de todo o anterior: bicorpóreo, sensível, esse novo homem que perscruta os anseios mais profundos da cultura pós-moderna mostra-se uma alternativa de vida – ainda que fictícia e possível até então somente no plano das artes –, mergulhado em seu sonho, que também tem aspectos esporádicos de leve pesadelo e, igualmente, de "alucinação encantadora".[69] De forma tecnológica (mas, posteriormente, transcendental), o personagem militar passará pela ocupação transitória de um corpo Na'vi renovado e vigoroso, que será seu suporte definitivo no desfecho da história. As surpreendentes cenas em 3D elevam o espectador junto a Jake em suas belas experiências de bilocação.

---

68 Para um melhor conhecimento desse conceito, o leitor pode se aprofundar no famoso e tão fundamental *Seminário 20*, de Jacques Lacan (cf. 2008), no qual este apresenta os seres falantes divididos entre o "discurso do homem" e o "discurso da mulher". Dessa forma, cai por terra o fatalismo da conformação anatômica, uma vez que os sujeitos estariam do lado mulher ou do lado homem do discurso conforme uma escolha (inconsciente) que fariam no decorrer de suas vidas.

69 *Hallucination enchanteresse*, no termo original utilizado por Pierobon (2012, p. 46).

Se a ciência não explica tudo, nem o fará algum dia, uma vez que não se pode tudo elucidar, *Avatar* oferece-nos, de volta, a vontade primeva de união ao divino. Ele o faz por meio da apresentação de uma natureza luxuriante, envolvente e de embasamento ctônico, enfatizando o relevo que a magia, mas também a intuição, o miraculoso e, por que não, a loucura, poderiam ter em uma sociedade que se mostrasse menos arrogante em relação ao próprio conhecimento, em consonância com o conceito que Lacan chamou de Não--Todo (Pas-Tout):[70] aqui se inseriria a lógica da exceção, do mito e até do próprio cinema que, mesmo na pós-modernidade, consegue se preencher de referências arcaicas, pré-modernas (cf. Pierobon, 2012, p. 41-42).

Para o espectador de *Avatar*, a cultura Na'vi condensou a ressonância de mitologias e influências religiosas diversas, indo do panteísmo ao tecnopaganismo, visitando igualmente o monoteísmo, as religiosidades africanas e os xamanismos, chegando ao reencarnacionismo, bem ao gosto da mestiçagem[71] de crenças que faz parte notadamente do universo ibero-americano. Poder--se-ia mesmo dizer que Pandora e seus habitantes, imersos em uma esfera muitas vezes feérica e sobrenatural, rondavam o inefável a todo instante, na tentativa de uma comunhão que poderia ser interpretada pelo espectador do filme como uma busca de um paraíso perdido, de um equilíbrio edênico e de um esforço por integração ao sagrado. Contudo, assim como se nota em numerosas narrativas fundantes de diversos povos, a saída ou a queda do paraíso também se fez no planeta de Cameron. Planeta este que, como mencionei, à semelhança de uma floresta amazônica exuberante, não se fez apenas encantador, mas também agressivo, povoado por monstros com os quais guerreiros aborígenes romantizados eram capazes de se comunicar, fazendo uso especialmente de uma trança dotada de interface neural que lhes conectava com Eywa – sua grande deusa –, uma espécie de duplo de Gaia.

O bravo povo Na'vi trouxe na compleição fortes feições animalizadas, com destaque para os olhos, as expressões do rosto e uma cauda multiuso,[72]

---

70 Em seu *Seminário 20*, Lacan apresentou o conceito de Não-Todo como diretamente vinculado ao lado mulher do discurso no mundo dos seres falantes.

71 Emprego o termo mestiçagem de acordo com o entendimento de Serge Gruzinski. (cf. 1999).

72 Ao contrário do que já se disse, os Na'vi têm polegares opositores. Sobre esse aspecto da

compleição esta que reforçava parte das atitudes de desdém dos militares para com eles. Apesar de tantos traços que os aproximam das bestas, o que vemos em todo o filme é, mais uma vez, a figura do alienígena revelando-se muito mais "humana" do que a dos próprios terráqueos.[73] Chama a atenção também a comunicação dos nativos com as feras do planeta – e estas últimas são um interesse à parte, capazes de formar um bestiário que nos lembra as mais deliciosas representações fantásticas da Antiguidade clássica e da Baixa Idade Média. São seres que, em parte, têm algo de familiar, mas, quando os olhamos com atenção, sentimos o incômodo do hibridismo inusitado que os conforma. Entre os monstros de Pandora, podem ser destacados o Banshee, um animal alado que deveria ser domado, em uma espécie de rito de passagem, por aquele que quisesse se integrar aos guerreiros; o temível Leonopteryx, com asas que somavam mais de 24 metros de envergadura, cuja ferocidade lhe dera a alcunha de "última sombra" que alguém veria na vida, possuidor de uma respeitabilidade que lhe conferiu valor totêmico na cultura Na'vi; o Hexapede, um belo antílope dotado de couraça protetora; o Direhorse, cavalo cujas antenas permitem a troca de sensações prazerosas; o herbívoro Sturmbeest, espécie de vaca azulada; o Thanator, uma pantera de impressionante musculatura; os Viperwolves, predadores de seis patas que caçam de dia e à noite; o Tetrapteron, pássaro predador de peixes com quatro asas; o peixe gárgula gigante Dinictoide, e, ainda, o Slinger, predador terrestre e carnívoro. E a fauna fantástica de Pandora ainda se completa com o herbívoro e gregário Hammerhead Titanothere, o Stingbat, um animal alado e menor do que o Banshee, o Prolemuri, parecido a um lêmure da Terra, o "lagarto" Fan Lizard e o Tapirus, uma espécie de anta. Os invertebrados também estão presentes na abundância de vermes brilhantes, de aracnoides de picadas fatais, de anemonoides das lagoas, de larvas Teylu e de vespas Hellfire. Todo o universo de produção de sentidos que o mundo de Pandora é capaz de propiciar consegue percorrer, seja pela sua fauna e flora, seja pela própria geologia, um *kitsch* quase barroco de formas, sinuosidades, profusões de cores e de significados. Tal elaboração nos faz recordar algumas configurações pós-maneiristas que

---

anatomia das mãos, cf. Wilhelm e Mathison (2010, p. 33), em que imagens confirmam quatro dedos em cada mão Na'vi, sendo um deles o polegar.

73 De fato, existe uma longa linha de representação de aliens no cinema que os torna personagens bastante humanizados e carismáticos.

foram trazidas da península Ibérica e adaptadas ao continente americano ainda no século XVI, conforme discuti mais amplamente no subcapítulo "O monstruoso e o fantástico na estranheza das Américas".

A avatarização, em certo sentido, pode ser entendida como uma evolução da ciborguização, uma vez que aqui se trata não mais do mesmo corpo alterado, mas de um novo corpo, praticamente uma "reencarnação". A ciborguização e a avatarização têm ainda a força de colocar em jogo o que significa a palavra "humano" por meio do cinema ligado às temáticas biotecnológicas. Concordo com Bentes (2011) quando ela afirma:

> A relação do cinema contemporâneo com as novas tecnologias e esse superinvestimento do corpo são indissociáveis de um quadro científico e cultural que passa pelos mais diferentes saberes: informática, neurociências, cibernética, design, com uma valorização das ciências do vivo, com metáforas e imagens vindas da biologia, da indústria e da informática. (s.p.)

O avanço da tecnologia biocibernética, com o aval da neurociência, tem sido assombroso. O cientista brasileiro Miguel Nicolelis (cf. Gonçalves, 2011) dá conta, em uma entrevista, de um dispositivo que está sendo desenvolvido na Alemanha que propicia a sustentação do corpo de uma pessoa paralisada e pretende ser movimentado por meio dos controles mentais. Parte da pesquisa inclui o controle, também pelos pensamentos, de um corpo virtual – um avatar que simularia o exoesqueleto reabilitador. A essa esfera de otimismo, Warner (2000) serve como contraponto: "o corpo fantástico do horror e do medo está preso a um fantasmagórico manequim de estilista de um outro corpo real – o humano"[74] (p. 176). Nesse sentido, o paradigma do século XXI não parece estar mais apenas no olho, como no século XX – um olho que tudo via, supervisionava, vigiava, garantia –, mas, também, no cérebro.

O filme *Avatar* me despertou para um tema instigante, o qual creio merecer continuidade em mais algumas páginas. Por isso, a seguir, estabeleço

---

74 *"the fantastic body of horror and fear is pinned together over a ghostly dressmaker's dummy of another actual body – the human."*

subsídios para se pensar melhor a respeito do assunto, subsídios esses divididos em quatro partes.

Um avatar é um "corpo" segundo

A ilustração deste tópico se dá inicialmente por meio de uma antiga história
japonesa. Era uma vez Ono, morador de uma localidade chamada Mino, que
passou muito tempo em busca de uma mulher ideal para ser sua companheira. Certo dia, caminhando por um pântano, encontrou uma moça que foi
de seu agrado, e com ela se casou. Tiveram um filho e decidiram adotar um
cachorrinho para fazer companhia à criança. Porém, à medida que o animal
crescia, tornava-se mais e mais hostil à devotada esposa de Ono. Um dia, já
adulto, o cão atacou a mulher de forma muito feroz. A ela restou transfor-
mar-se em raposa e, em disparada, sumir entre as árvores de um bosque. A
esposa era, portanto, um ser encantado, cuja condição fora percebida pelo
bicho de estimação.

Durante a fuga, a mulher ouviu o marido gritar que, mesmo sendo raposa, ela poderia voltar, pois ele a amava de fato. E isso ocorreu: noite após
noite, ela regressava aos braços do companheiro. Chegava como humana, e
saía bem cedo, na forma de raposa.

Há uma palavra japonesa para a raposa fantástica que percorre diversos
contos tradicionais daquela cultura: *kitsune* (que alguns dizem significar "venha sempre" e, outros, "venha e durma", dependendo da pronúncia). Trata-se
de um animal que se transforma em qualquer pessoa que desejar, criando
dela um sósia. Dizem que uma *kitsune* carrega consigo bolas mágicas que
contêm partes de sua alma. Quando transformada em pessoa, tais bolinhas
têm de ser mantidas consigo a todo custo, pois constituem uma ligação da
forma secundária para com a original, uma espécie de "cordão conectivo"
entre ambas as conformações.

Ainda que permaneça como gente, uma *kitsune* é sempre uma *kitsune*,
ou seja, se o sol projeta sua sombra no chão, ou se ela passa defronte a um
espelho, a silhueta vista será a de uma raposa. Isso pode ser entendido como
a evidência de que há, de fato, um traço, um vestígio entre o corpo segundo

e o corpo original, ainda que ambos não fiquem, de acordo com as narrativas populares, espacialmente localizados em lugares distintos. Não se trata, nesse caso, da ideia da bicorporeidade que comento adiante. Todavia, tem-se aqui um elemento, por meio desse "segundo corpo", para se começar a tecer considerações sobre o que pode ser um avatar.

Uma *kitsune* pode aparecer exclusivamente como raposa ou gente, ou, ainda, como uma pessoa com cabeça de raposa. Em todos os casos, há sempre uma cauda que pode ser vista, a qual deve ser cuidadosamente ocultada quando em forma humana, para se evitar desconfianças. Mais uma vez, faz-se presente um elemento vestigial que une duas formas interdependentes.

Certas versões em torno de uma *kitsune* dizem que esta pode agir como um súcubo, roubando a energia do ser amado. Outras vezes, ela é de composição inicialmente fantasmática e, por conseguinte, costuma criar e ocupar o "avatar" de algum corpo mortal (plasmando um duplo deste). Como, neste último caso, ela tem de "materializar" um corpo físico igual ao do ser escolhido, esgota-se, nesse processo, sua energia vital, chamada *chi*. Por isso, o corpo criado não será muito ágil ou forte como a matriz inspiradora; a baixa vitalidade é que o caracterizará.

Uma *kitsune* pode igualmente querer ocupar o corpo de um morto ou de uma criança que não nasceu. Por isso, no Japão, histórias antigas diziam de pessoas que, após falecidas, viravam *kitsunes*. De toda maneira, a ideia central é a de que o corpo a ser ocupado era criado ou reaproveitado: um corpo sem alma, uma morada disponível para um novo inquilino. Porém, todo corpo avatar, para uma *kitsune*, seria um invólucro frágil: se destruído, traria – e "trairia" – a raposa à sua forma ancestral. Tem-se, assim, nessa narrativa secular, o processo de se criar um corpo outro para ser ocupado por uma personalidade ou entidade já existente; um corpo que parece temporário e perecível, quase como um autômato orgânico que pediria uma mente para guiá-lo, conectado à "condição vulperina" matricial.

Um avatar precisa de mediação

Logo, chego ao segundo tópico, o da mediação necessária no conceito de avatar. Ilustro a continuidade dessa discussão com uma narrativa proveniente do ideal romântico. O escritor, crítico e dramaturgo francês Théophile Gautier (1811-1872) criou um conto fantástico denominado "Avatar" (Gautier, citado por Penteado, 1961, pp. 13-40), em que um jovem chamado Otávio de Saville se apaixona pela condessa lituana Prascovia Labinska, esposa do conde polonês Olaf. Baltasar de Cherbonneau, um médico de duvidosas práticas – a quem um indiano chamado Brama-Logum deu uma fórmula mágica que permitia guiar as almas a seus avatares[75] –, resolveu ajudar Otávio por meio de uma experiência que trocaria sua alma de lugar com a do conde Olaf. Seu misterioso consultório era assim descrito pelo narrador:

> *ídolos de todas as religiões, e obras de pintores famosos representando os nove Avatares cumpridos por Visnu, em peixe, tartaruga, porco, leão de cabeça humana, anão brâmane, rã, herói combatendo gigantes, menino prodígio em que certos sonhadores veem um Cristo hindu, e, no meio da via-láctea, esperando sua última encarnação, em cavalo branco alado, cujos coices irão provocar o fim do universo. (Gautier, citado por Penteado, 1961, p. 20)*

Durante uma conversa com Otávio, Baltasar diz, a propósito da paixão fulminante de seu paciente pela nobre dama: "O senhor não possui mais vontade de viver, sua alma se destaca lentamente de seu corpo (...). Fez bem em chamar-me, porque o espírito está preso à matéria por um fio" (Gautier, citado por Penteado, 1961, p. 15). E, após uma série de rituais que uniam práticas antigas às experimentações científicas da época: "– Eis o seu travesti já pronto – disse-lhe o médico. – Pode entrar nele e ir encontrar-se com a condessa Prascóvia Lebinski, que o espera em seu quarto, sob o véu da noite" (p. 21).

---

75 A fala do personagem médico é a seguinte: "'E, após tantos anos de pesquisas, encontrei, junto a um velho e santo sacerdote, Brama-Logum, o que eu tanto procurava: conseguir destacar a alma do corpo! Visnu, o deus das dez encarnações, revelara-lhe a palavra misteriosa, que lhe guiara as várias formas, em seus Avatares" (Gautier, citado por Penteado, 1961, p. 19).

De acordo com a narrativa, a troca de almas se fez por meio de seus deslocamentos a partir de seus respectivos corpos. Foram empregados pós e palavras mágicas, junto com aquecedores de ambiente que soltavam faíscas elétricas imersas em fluidos magnéticos, em uma mistura de alquímico e maquínico que tanto agradavam a literatura fantástica e as práticas ocultistas da mesma época. Então, ambas as almas flutuaram em meio aos fluidos do éter e, na forma de fagulhas, ocuparam seus corpos opostos: "a alma de Otávio ocupou o corpo do conde e, a deste, o corpo de Olaf. O avatar fora cumprido!" (Gautier, citado por Penteado, 1961, p. 23). E o texto assim continua: "Embora a alma fosse outra, o corpo do conde conservava o impulso de seus hábitos antigos e o hóspede recente entregou-se àquelas recordações físicas, gostando de tomar o porte, o andar, os gestos do proprietário expulso" (p. 24). Porém, quando o corpo de Olaf chegou à condessa, movido pela alma do outro homem, as "intuições femininas" pressentiram algo de errado com o "marido", que, por sua vez, veio a ser repudiado. Dessa maneira, Otávio logo percebeu que a complexa metamorfose lhe fora sem utilidade. O conde, por sua vez, no corpo trocado, não se demorou a notar o que houvera: "– Mas esse conde fictício, a estas horas, em forma de vampiro, habita meu palácio, está pondo seu pé de cabra no recinto sagrado de Prascóvia, e esta lhe sorri e se entrega a ele..." (p. 26).

Ao ser desafiado pelo conde "verdadeiro", Otávio resolve levá-lo perante o doutor Cherbonneau para que aquele desfizesse o malfeito. Na segunda "troca", a alma de Otávio, na forma de chama azulada, deixou o corpo do conde, o qual, por sua vez, passaria a ser habitado pela identidade do legítimo "dono". Porém, animada pela vontade, a alma de Otávio, desinteressada no plano material, se elevou e desapareceu no espaço, entregue a um júbilo de liberdade em relação ao invólucro corporal, em desfecho também agradável à literatura fantástica do Oitocentos.

Após concluída a experiência, o terrível médico se aproveitou para transmigrar a própria alma para o corpo recém-abandonado do jovem Otávio, e isso lhe apresentava a possibilidade de se ter um "avatar" como solução paliativa para a velhice; um retardo à morte. Hoje, as pesquisas biocibernéticas, ante as possibilidades cada vez mais crescentes de se realizarem substituições de partes e órgãos do corpo humano, anunciam, para um futuro não tão distante, corpos bastante revigorados. Da mesma forma, já é posta em laboratório a conexão entre sujeitos e objetos mediante transmissões neuronais. E militares americanos pesquisam formas de fazer com que tropas possam usar a mente para o controle remoto de androides que ocupariam o lugar de soldados humanos em campos de batalha – projeto esse batizado de "Avatar". Busca-se desenvolver algoritmos e interfaces que permitirão a um soldado controlar de forma eficiente uma máquina bípede semiautônoma, capaz de executar o mesmo que um soldado humano, mediante telepresença e operação remota. O controle de robôs por comandos via pensamento já é uma realidade em laboratórios dos Estados Unidos (cf. Gayle, 2012).

Entretanto, no conto do escritor francês que tanto defendeu o Romantismo e se considerava um verdadeiro *conteur fantastique*, ficou evidente que um avatar correspondia à relocação de uma alma em outro corpo. Este é outro ponto que enfatizo: um avatar surge, no conto do século XIX, como uma possibilidade movida não apenas pela magia oriental, mas, igualmente, pelas benesses da tecnologia, então anunciadora da modernidade e de tantas revoluções. Fica íntima a associação de um avatar com os recursos tecnológicos em uma das mais positivistas sociedades da época. Da mesma forma, tomo os últimos parágrafos do texto de Gautier para reforçar que um avatar só existe pela mediação de um sujeito, assim como se nota no filme de Cameron.

O corpo de um avatar é animado por uma mente a partir de um corpo matricial

Reza a tradição religiosa que Santo Alfonso de Liguori foi canonizado antes do tempo por ter se mostrado, simultaneamente, em dois locais diferentes, o que colaborou para a declaração de um milagre por parte da Igreja. Da mesma forma, diz-se que Santo Antônio de Pádua pregava na Espanha quando seu pai, em Pádua, ia ao suplício acusado injustamente de assassinato. Ficou conhecida a suposta aparição desse santo na Itália, no exato momento da condenação, a demonstrar a inocência paterna, e, com isso, o verdadeiro criminoso veio a ser conhecido. Um terceiro exemplo que ficou registrado na história é o do imperador Vespasiano que, estando a orar dentro de um templo fechado, em Alexandria, viu-se surpreendido por Basilídio, que se sabia estar a 24 milhas de distância daquele local. Todos esses são episódios clássicos presentes na vasta bibliografia eclesiástica e também espiritista[76] sobre o fenômeno da bicorporeidade (cf. Kardec, Fenômeno de bicorporeidade, 1989/1858, pp. 328-331). Muitos outros nomes, para a Igreja, estão vinculados a esse tipo de prodígio, como São Francisco Xavier, Santo Ambrósio e Maria de Jesus de Ágreda. Sobre esta última, alega-se que ela tenha sido vista em várias localidades sem nunca ter abandonado o convento onde vivia.

No âmbito do conhecimento do período oitocentista, existem ideias secundárias que ajudam a pensar o conceito de avatar em nossos dias. Bicorporeidade, bilocação e homens duplos eram termos recorrentes no século XIX. Estudiosos desse fenômeno, naquela época, diziam que isso se dava por meio de um processo de desdobramento, quando o espírito de alguém ainda vivo conseguia se materializar momentaneamente em outro local, sem haver prejuízo para a vida orgânica do corpo. Esses casos também ficaram conhecidos como "homens duplos". Entretanto, as aparições se dariam melhor quando o corpo matricial estivesse dormindo ou, em casos raros, quando desperto; mas, segundo os estudiosos daquele período, isso ocasionaria uma espécie de letargia ou estado de êxtase no corpo físico de quem vivesse um tal desdobramento.

Apesar dos vínculos religiosos e ocultistas, a noção de bicorporeidade parece caminhar na mesma linha das concepções contemporâneas de um avatar, mas com um diferencial importante: para os pesquisadores espiritistas, o que movia o corpo "plasmado" era a alma que se mantinha desdobrada e presa ao corpo matricial por meio de "laços fluídicos" que agiriam exatamente como uma ligação – "a cauda da *kitsune*" – durante o "desdobramento", para que não ocorresse a morte do corpo orgânico. A ciência contemporânea, entretanto, não busca o "desdobramento espiritual" ou a "materialização ectoplasmática", mas, sim, a criação de corpos auxiliares e secundários a um corpo orgânico principal. Enquanto, na fundamentação espiritista, a

---

76 Neste livro, uso o termo "espiritista" toda vez que me refiro de forma muito específica aos pesquisadores e praticantes do espiritismo no século XIX. O termo me pareceu adequado para fazer referência tanto temporal quanto geograficamente a eles (a França, a Inglaterra e os Estados Unidos foram alguns dos berços das práticas espíritas durante a segunda metade do XIX).

bicorporeidade se daria pelo perispírito – considerado aquilo que "revestiria" plasticamente o espírito –, a conexão, por meio da ciência de nossos dias, se daria mediante as funções neuronais, basicamente.

Um avatar é, antes de tudo, forma, e não uma função ou representação

Para Moraes (2002), a ideia de avatar, no que tange aos seus comentários sobre a arte modernista, tem outra angulação que, entretanto, também pode ser útil neste estudo:

> *Os diversos avatares por que passam os corpos humanos – das mutilações físicas aos estados de bestialidade –, ou suas extensões imaginárias – das máscaras aos monstros –, precipitam o antropomorfismo ao grande jogo das metamorfoses. (p. 135)*

Nas representações artísticas do surrealismo, o corpo humano fragmentado se metamorfoseia, ora rumo ao teratológico de vertente clássica, porém, remodelado; ora rumo a jogos de imagens que vão desde máscaras a representações parciais e esquizofrênicas do que fora um corpo inteiro. Ou seja, um corpo reduzido à mera condição metonímica, quando não objetal: um pé, um nariz ou um adereço fazendo as vezes de índices do corporal destituído de glória. Em termos estéticos, o corpo atinge mesmo o *status* de manequins e sombras mutiladas nas representações de diversos artistas do surreal: "As máquinas celibatárias como uma descrição dos últimos avatares da figura humana – do esqueleto ao motor, e deste aos vapores e fluidos que se diluem na transparência do vidro, signo da invisibilidade – que, no limite, perde por completo a sua integridade" (Moraes, 2002, p. 140).

Um avatar, nesse sentido, é a consequência de uma multiplicação de formas (Moraes, 2002, p. 113) e não somente de representações e funções do ser humano. Assim, mais amplamente, o desdobramento de um monstro em outras formas, por si só, já seria uma sua avatarização, como a esfinge que se assume em variadas contaminações metamórficas (Moraes, 2002, pp. 118-119). A meu texto se soma mais esta contribuição: é necessário haver algum tipo de criação/transformação em termos de forma para se falar em um avatar. A duplicidade orgânico-maquínico evoluiu para o hibridismo do biociborgue que, por sua vez, pode vislumbrar o avatar, esse representante da corporeidade pluriforme, realização de sonhos alquímicos e instaurador de uma nova economia temporal. A sociedade das redes ubíquas e da internet das coisas poderá ser a corporificação poética, na Terra, da Eywa fabulada por Cameron em seu paradigmático filme (cf. Bentes, 2010 pp. 31-32).

A ideia de corpos avatares funciona também para os "corpos virtuais e digitais" – as representações de um sujeito em redes sociais, por exemplo. Entretanto, não é nesse sentido que trato do termo "avatar" aqui. Estou de fato dialogando com a possibilidade material de corpos que sejam criados para prolongar e melhorar a qualidade da vida humana e facilitar o acesso a regiões distantes, perigosas, ou mesmo a ambientes hostis, como as atmosferas de outros orbes e as fossas abissais de nossos oceanos.

Dos avatares, passo aos filmes que lidam com os possíveis novos usos da tecnologia e nos fazem refletir sobre o que chamo aqui de fetichização do tecnológico e do maquínico, esse desdobramento da pulsão escópica. Esta, por sua vez, liga-se à origem do próprio cinema, "lugar (em geral escuro) onde se pode espiar o outro", segundo salienta Machado (2005, p. 124), uma vez que o voyeurismo é a condição para que se haja cinema. Quanto a este último, suas raízes oitocentistas ligadas ao máquinico têm estreita relação com os aportes do fenaquisticópio, do zootrópio, do mutoscópio e do quinetoscópio, toda uma aparelhagem que incitava o olhar. Logo, os limites do escópico iriam se ampliar, até assumir formas diversas, à medida que o cinema avançava em sua breve história. A fetichização do maquínimo nos fez engendrar monstros que são extensões dos sedutores dispositivos dados pela tecnologia, essas novas quimeras que desejam romper com a genética e ir além.

A fetichização se mostra em diversas produções fílmicas em que o biotecnológico e suas derivações aparecem imbuídos de significações sexualizadas parciais e substitutivas. Em termos lacanianos, o fetiche seria uma condição para um desejo se sustentar, apontando o ocultamento de um objeto que nunca esteve lá; de uma ausência que busca ser preenchida por um objeto substituto, sendo resultado, pois, da fantasia a respeito de uma mãe que, supostamente, teria tido um falo, porém, perdido. Esse desejo perverso costuma buscar satisfação em objetos geralmente inanimados, para assim abrandar sua decepção para com aquilo que se perdeu. Nossa cultura se revela sempre muito fetichista, e um bom exemplo do que abordo é o filme que discuto nas próximas páginas, *Splice* (Vincenzo Natali, 2009), em que um casal de geneticistas produz um ser híbrido dotado de um corpo ultrassexualizado. O fetichismo se fará, pois, em torno das partes constitutivas da sedutora criatura, como suas asas, sua cauda, seu ferrão, seus seios.

Splice[77] foi lançado logo após a decodificação do genoma humano e de outros avanços nas pesquisas com células autorreplicantes. Tem-se aqui uma produção independente que se enquadra no filão de filmes de monstros criados por cientistas que querem ultrapassar limites éticos, ou seja, aqueles que percorrem a perigosa trilha do Dr. Frankenstein. E o personagem monstruoso de *Splice*, Dren,[78] está na esfera dos seres *freak*, sobre os quais já comentei: tratada ora como animal de estimação, ora como criança, ela não consegue suprir as expectativas de seus criadores e os enfrenta com uma subjetividade avassaladora bastante inesperada. Em termos dos desastres com experimentos biológicos, não há como não associar *Splice* ao aterrorizante *A mosca* (1986), de David Cronenberg. E, no universo do horror biológico, as referências podem aludir aos aliens de Ridley Scott, ou, ainda, ao bebê monstrinho de *Eraserhead* (1977), de David Lynch. Como híbrido, Dren também nos recorda várias figuras mitológicas. Ela seria, pois, uma quimera contemporânea, ou mesmo uma enigmática esfinge que veio propor um teste ao qual seus criadores sucumbiram: saber o que ela era e o que desejava; ou, por extensão, o que eles, cientistas, desejavam de fato. Como o personagem Álvaro da obra de Cazotte perante o diabólico camelo, o casal de geneticistas deparou-se com a traiçoeira indagação: *che vuoi*? Isso toca também questionamentos éticos que hoje são empreendidos no mundo das pesquisas científicas: o que se quer e qual o limite para o que se quer?

Mesmo portando uma imagem angelical por excelência, por meio de belas asas que lhe conferiam sutileza, Dren tinha um rabo com ferrão venenoso

---

77 *Splicing* é um termo que tem sido usado desde 1977 na genética e na biologia molecular e foi incorpo-rado como estrangeirismo ao vocabulário genético no Brasil.

78 O contrário de Nerd, Nucleic Exchange Research Development, nome do fictício centro científico no qual foi gerada.

capaz de se regenerar caso fosse cortado. Metafórica e fisicamente, vê-se uma criatura monstruosa que não aceita nenhuma castração de qualquer ordem. Desafiadora das noções anatômicas, uma vez que conseguia mudar de sexo, como alguns seres marinhos o fazem, Dren leva-nos a refletir sobre a instabilidade das formas e sobre quão pouco seríamos capazes de prever o comportamento de criaturas biológicas criadas em laboratório.

Splice foi produzido por Guillermo del Toro e contou com uma mistura de terror e suspense que faz recordar vivamente o estilo visceral de David Cronenberg, sobretudo em três aspectos: no trato dos personagens cientistas para com sua criatura monstruosa, nas parafernálias tecnobiocientíficas em torno dessa, e nos elementos viscosos e escatológicos que emanam da organicidade plural. O filme impacta, inicialmente, por sua imageria: ainda que tenha tido um baixo orçamento, ele consegue incomodar o espectador com técnicas e efeitos especiais enredados à trama conflituosa entre o casal humano que decidiu desafiar a ética em busca de reconhecimento profissional e de uma provável cura de doenças.

As variações morfológicas do monstruoso nesse filme colaboraram também para a variedade de cenas pegajosas, sangrentas, gosmentas, desde aquelas em torno dos gêmeos larvais denominados Ginger e Fred, uma espécie de primeiro experimento que levaria a etapas que culminaram com a gestação de Dren. Entretanto, esses gêmeos se tornaram provas cabais do fracasso científico ante o desejo desenfreado dos geneticistas por sucesso e glória: em exposição dentro de um aquário a uma seleta plateia, um dos híbridos cambiou repentinamente de sexo, e o resultado foi uma luta sangrenta até a morte entre dois machos territorialistas, para horror dos espectadores. E em uma atmosfera que desliza entre o *noir* e o bizarro, surge Dren, o monstro principal do filme, com seu enorme poder sedutor e destrutivo.

Apropriando-se da técnica genética do *splicing*,[79] os cientistas personagens contrapuseram-se às normas das pesquisas éticas e criaram o híbrido que, aos poucos, passou a ocupar um lugar não esperado em suas vidas.

79 O *splicing*, um processo complexo baseado na remoção de pedaços de um RNA recém--sintetizado – o pré-RNA –, se passa, em geral, no núcleo celular. Esses fragmentos são chamados íntrons. Os pedaços que permanecem no RNA são os éxons. Uma mutação durante esse processo pode causar um erro, gerando um produto aberrante, o que causa

Combinação de várias espécies, Dren, de espantoso metabolismo e capacidade física, nasceu de um parto artificial horrendo: ainda embrião em um aquário com líquido amniótico, a criatura crescia dentro de uma bolsa que simulava o ambiente placentário. A cientista Elsa decidiu fazer uma intromissão no experimento e, ao colocar a própria mão dentro da bolsa, foi ferida pela criatura. Foi preciso que seu marido, Clive, quebrasse o vidro do recipiente e realizasse um rompimento abrupto, rasgando o tecido que envolvia o feto, para que o monstro libertasse a mulher.

A esse primeiro "aviso" de que a experimentação não corria bem, adveio o primeiro estágio, ainda bem primitivo, da forma então nascida: sem membros e vivendo em algo que posteriormente iria se mostrar como um invólucro, não despertava sentimentos muito particulares na dupla de "progenitores". Aos poucos, contudo, seu desenvolvimento acelerado lhe conferiu parcialmente a forma humana feminina, o que foi suficiente para que várias armadilhas emocionais fossem criadas na relação que viria a ser estabelecida, de lá em diante, entre monstro e humano.

Nesse primeiro bloco de percepções em torno do filme, percepções estas que podem ser sintetizadas com o termo "horror biogenético", a questão norteadora é o nível de compreensão que se teria de um humano tão geneticamente modificado, a ponto de apresentar elementos que fugiriam a qualquer supervisão científica. Como já afirmei em outro momento deste livro, esse híbrido, resultado de uma mistura anfíbia, mamífera, de ave e de invertebrado, tinha uma conformação que lhe garantia supremacia entre outras espécies. Em suma: Dren era um outro difícil de ser enfrentado, cada vez mais fora de qualquer opção de controle. Apesar da similitude humana, havia os demais "acréscimos" que respondiam pela dose de estranheza que o híbrido causava. Afinal, por um lado, Dren tinha muitas características que poderiam classificá-la no âmbito do humano e, por outro lado, espalhava um horror da ordem do fantástico que colocava sua condição e origem sempre em suspeita.

O segundo bloco de minhas observações sobre esse filme se condensa em torno da estrutura edípica perturbadora e tão evidente na relação triangular

---

consequências sérias. Supõe-se que falhas no *splicing* gerem aproximadamente 10% das doenças genéticas.

que ficou estabelecida. Foi a cientista Elsa, tentando poupar a si mesma e ao marido de problemas maiores com a ciência e com a justiça, e, ao mesmo tempo, imbuída de um sentimento materno cada vez mais crescente, que sugeriu uma mudança rápida para a fazenda abandonada que pertencera à sua mãe, levando consigo o híbrido. Lá, uma casa obscura em um mês de inverno rigoroso seria o cenário nefasto para aquela mulher que parecia se sentir culpada pela condição de mãe – em uma foto, nota-se que ela já havia perdido uma filha. Porém, daquela vez, com Dren, diferentemente da problemática da *motherhood* presente em Água negra, filme comentado posteriormente neste livro, tem-se aqui uma mãe que quer se desdobrar diante de um afeto de adoção. Ela quer acreditar que sua criação corresponde aos anseios maternos que alimenta em si mesma.

Dren pode ser considerado, sob o ponto de vista lacaniano, um monstro perverso, manipulador e que brinca sadicamente com o gozo do outro. Suas estruturas teriomórficas perturbadoras competem com seu desesperado sentimento de rejeição projetado nos "pais". Diferentemente de outros estudiosos, que poderiam se fixar mais contundentemente na forma monstruosa do organismo híbrido, preferi abrir também uma via de reflexão sobre o campo do suposto psiquismo da personagem o que, neste caso, mostra-se bem pertinente. Em minha opinião, o pensamento em torno do medo que o filme provoca estaria mais incompleto se também não fosse considerada a presença do desejo entre os personagens.

O afeto triangular em *Splice* não teria uma chance de bom percurso, dada a relação complicada desde o início: já se anunciava uma tragédia desde o desejo primeiro de se gerar a criatura que foi denominada Dren. Esta teria, por sua vez, no ciúme sua marca mais humana. De maneira drástica, esse viés de humanidade seria igualmente sua contribuição para a ruína de todos. Na criatura, o que se poderia chamar de "aspecto monstruoso" logo vai migrar da aparência corporal para ganhar relevo na estruturação psíquica perversa, a informar que, provavelmente, o lado malévolo da monstruosidade se implantava no campo da subjetividade, e não no orgânico. Não entendo Dren monstruosa exclusivamente pelo fato de ela ser híbrida fisicamente, e, sim, muito mais pelos seus desencontros afetivos.

Dren mostrou-se inicialmente feminina, mas era capaz de mudar de sexo mediante um hermafroditismo, característica não notada de chofre pelo espectador. A *performance* que o espectador encontrou foi produzida mediante gráficos gerados por computador: anfíbia, adaptava-se facilmente a ambientes aquáticos, enquanto as asas lhe permitiam voar com extrema agilidade; na cauda, havia ainda um veneno mortal e instantâneo. A cada momento, surgia de seu corpo uma nova surpresa, que muito bem refletia o estado de espírito da "filha" dos cientistas.

Em torno da presença de Dren, existem várias transgressões: as mais evidentes são de ordem biológica; todavia, a mais marcante é a própria transgressão do tabu do incesto. Esse foi o início das desgraças que assolarão o filme até seu sombrio desfecho. Desenvolvendo-se rapidamente, o monstro, já em corpo adolescente, percebe, sem ser notado, os pais em uma cena de relação sexual. Com o passar do tempo, Elsa terá o zelo de ensinar a "filha" a se parecer com uma moça: dará a ela lições de maquiagem, mas perceberá, por outro lado, que algo não estava caminhando totalmente bem.

Dren parecia pedir limites, que, entretanto, nunca poderiam ser estabelecidos de acordo com sua necessidade, ainda que Elsa, em certa cena, ao lhe tomar um gato de estimação, lhe diga que não se pode ter tudo o que se quer. Nessa fala, fica implícito que a mulher tenta inserir a "filha" nos códigos do mundo dos humanos. Porém, caprichosa e ressentida, mais tarde Dren assassinará o felino. Depois, seduzirá o "pai", Clive, que, ao colocar um vinil em uma vitrola, tentaria ensiná-la a dançar. A cena, que ganha o espectador por sua poesia, termina abruptamente: o cientista percebe as intenções da filha e barra a possibilidade incestuosa que surgia, ao dizer que aquilo não era uma dança. Ainda assim, a fantasia incestuosa habitava Clive, que agia como *voyeur* ao espiar, por meio de uma câmara de vigilância, Dren nadando em seu tanque de água. Ele estava apaixonado por sua criação. O interdito, portanto, seria concretizado. A passagem ao ato fatal foi presenciada por Elsa, que chegou repentinamente no celeiro em que Dren era mantida. Quando o monstro mantém uma relação sexual com Clive, é inevitável a lembrança de uma cena parecida do filme *Dellamorte Dellamore* (*Cemetery man*, Michele Soavi, 1994). Nele, uma mulher com asas abertas também faz sexo assentada sobre um homem deitado. Junto com as questões biogenéticas, *Splice* trouxe também a presença do tabu da zoofilia, o que tornava a criatura e seus criadores duplamente "amaldiçoados".

A primeira reação de Elsa, ao flagrar a cena sexual, foi de repulsa. Posteriormente, de extermínio da rival. Atando Dren, que tentara matá-la com seu ferrão, a cientista anestesia o apêndice caudal e o remove. Por infelicidade, a regeneração era outro atributo daquela criatura poderosa, e a extremidade venenosa ressurgirá cenas mais tarde como sua mais letal arma biológica.

Dren não aceitava qualquer afeto com limites. Sua sede de destruição levou-a a assassinar o irmão de Clive, depois seu próprio criador. A cena se deu na floresta ao redor do celeiro, quando a criatura, mudada para o sexo masculino, mantinha uma relação de estupro com Elsa. Clive chegou para impedi-la: atravessou-lhe o peito com uma estaca, mas o ferimento ainda foi insuficiente para impedir o híbrido de reagir. Dren finalmente mataria o cientista com um rápido golpe de seu ferrão na altura do coração.

Ao final de *Splice*, Elsa apareceu conversando com uma poderosa patrocinadora de pesquisas genéticas, que lhe ofereceu uma alta soma de dinheiro. Grávida, a cientista levaria adiante sua obsessão por criar seres híbridos. Assim, de acordo com o filme, monstruosos seriam os desejos humanos quando totalmente desconhecidos e descontrolados. Poder-se-ia aqui somar aquela conhecida máxima lacaniana, discutida em vários textos do *Seminário 8*, que diz que amar é dar o que não se tem a quem não o quer.

Quimeras do contemporâneo

No contexto deste subtítulo, discuto algumas das "quimeras" da atualidade, divididas em subtópicos. Elas são assim denominadas não por qualquer intenção classificatória, intuito este que recusei desde o início deste livro, mas porque, em amplo sentido, todo monstro pode assumir uma acepção quimérica. Aqui, especificamente, refiro-me a alusões a seres da Antiguidade e do medievo, como monstros gigantescos, ogros e papões, por exemplo. Mas também me refiro a recriações de seres muito específicos e localizáveis, como um fauno ou um dragão, ou, ainda, uma mulher aquática, a qual segue

a linhagem das mulheres doadoras (tanto as melusinas como as mouras encantadas).[80]

A atualização das damas melusianas

A dama na água (*Lady in the water*, M. Night Shyamalan, 2006) – com sua
estrutura que lembra os contos de fadas – permite que se faça referência às
mulheres sobrenaturais e doadoras da Idade Média. O filme narra a história
de um ser sobrenatural feminino que aparece na piscina de um condomínio
de classe média americano. A história foi baseada em um conto de ninar que
o diretor hindu-americano ouvia quando criança. Na introdução do filme,
uma voz em *off* faz a seguinte narração,[81] em tom mítico, tendo imagens primitivas estilizadas ao fundo:

> *No começo, os homens e os seres da água eram ligados. Eles nos*
> *inspiraram, eles falaram do futuro. O homem ouviu, e tudo se*
> *realizou. Mas o homem parou de escutar de vez. A necessidade de*
> *possuir levou o homem a entrar pela terra. O mundo mágico dos*
> *que vivem no oceano e o mundo do homem se separaram. Através*
> *dos séculos, o mundo azul e todos os seus habitantes pararam de*
> *tentar. O mundo do homem ficou mais violento (...). Agora, os*
> *seres da água estão tentando de novo. Tentando nos alcançar.*

A partir desse momento, o espectador pode esperar do enredo algumas
ligações com a grande epígrafe do filme, a qual remonta a um passado mitológico, em que homens e seres fantásticos viviam juntos, sem separação de
mundos. A ideia transmitida é a de que ter parado de escutar os seres da água
foi crucial para o ser humano se afastar de uma realidade que lhe parecia mais
integradora: "A necessidade de possuir levou o homem a entrar pela terra",
conforme se escuta na introdução.

---

80 Portanto, deve ficar claro para o leitor que o termo "quimera", aqui, tem um valor muito
   mais metafórico do que uma ligação exata com as formas das quimeras da mitologia grega.
81 Narrativa presente na cópia dublada. Cf. Shyamalan & Mercer (2006).

De acordo com a trama, era proibido nadar à noite na piscina do condomínio, e o zelador Cleveland fica intrigado ao descobrir que um desconhecido violava a norma. Ao investigar, descobre uma ninfa do mar – uma *narf* –, que se apresenta com o sugestivo nome de Story. Ela está fugindo de um ser malévolo, um *scrunt* – monstro mistura de javali e de hiena e com grama crescida sobre as costas, o que lhe permite ficar mimetizado no jardim do condomínio. Caberá a Cleveland o papel de salvador da ninfa.

O filme é cheio de referências que valorizam a oralidade: inicialmente, uma das moradoras, uma senhora oriental, conta à filha – que age como intérprete perante o zelador –, uma história de ninar em que uma *narf* tinha um escolhido. A narrativa, em parte dificultada pela personagem tradutora, vem truncada e fragmentada, e gera mais dúvidas do que esclarecimentos – dando a sensação de uma ancestralidade oral impossível de ser totalmente apreendida, talvez aludindo à constatação da impossibilidade de se aprender tais heranças com rigor histórico.

Há uma cena em que o zelador e a *narf* conversam frente a frente, enquanto se vê a imagem dela refletida nos azulejos azuis de uma parede perto da qual se encontra uma cortina branca ondulada e algo translúcida, o que confirma para o espectador a origem aquática e sobrenatural daquela mulher. Em outra cena, quando ele faz palavras cruzadas e pergunta a um morador qual seria um sinônimo de "humano" com nove letras, recebe a resposta: "encarnado", o que também sugere a diferenciação de quem é humano e quem é fantástico no enredo. A separação entre a mulher e o homem fica explícita porque ele está "na carne", é humano. Um encarnado não é um encantado.

Ao mergulhar na piscina, Cleveland descobre um túnel, no fundo do qual havia vários objetos que a *narf* roubava. Dentre eles, vários que eram deixados na beirada da piscina pelos moradores. Eles pareciam compor um tesouro submerso – o que comumente é uma marca de narrativas em torno de mulheres fantásticas das águas. Além disso, a *narf* também desempenha o papel de doadora: ela doa ideias a um escritor do condomínio em que fora encontrada, prevendo-lhe ainda o futuro.

Utilizo aqui o pensamento de Marinho (2009), o qual coaduna com meu ponto de vista. Para ela, parece que há "uma evolução cultural que se verifica como um resquício herdado dos povos primitivos, salientando, assim, uma unidade de pensamento que caracterizava os homens" (p. 114). Por trás das tantas repetições e recontos em torno de mães totêmicas, o que se encontra talvez sejam evidências das muitas pontes que nos unem ao passado: verificamos que a Mãe-d'Água e a Dama do Pé de Cabra, como foi visto no subcapítulo "De melusinas e mães-d'água", em que tratei da mulher como monstro, pertencem a narrativas que se perdem no tempo, cuja estrutura basilar pode estar refletida ainda nas primeiras formações sociais humanas. O que fica notável é a permanência, a continuidade e a adaptação de elementos tão antigos que, sem dúvida, são "textos da cultura", conforme termo de Lotman (cf. 1996), merecendo sempre releituras. E se, por um lado, a cultura humana se serve da tradição da humanidade para produzir novos significados e multiplicar suas redes sígnicas, por outro, essa tradição revivificada – mesmo que em parte sem grande inventividade – chega a dizer algo a respeito dos tempos que conformam o século XXI.

De ogros, papões e trolls: tudo o que uma criança quer ser

Apesar de tratar das formas culturais do século XX em sua obra referencial, *No go the Bogeyman*, Marina Warner (2000) oferece subsídios para a abertura deste subcapítulo, no qual trato dos monstros tradicionais que sempre se aproximaram da infância e ganharam novas roupagens no cinema contemporâneo:

> *A abordagem do século XX das esquisitices medievais geralmente os tornam [os gryllus] fofinhos e infantilizados: gnomos de jardim, ursinhos de pelúcia, smurfs, o E.T. e os anões Soneca e Dunga, da Branca de Neve, são neotênicos, ou seja, eles mantiveram, na maturidade corporal, características de crianças. O ogro e o gryllus partilham de uma infantilidade fantástica, mas os ogros incutem a repressão dos instintos, enquanto hobgoblins, anões, elfos e pequenas criaturas passaram aos poucos a inspirar uma conexão e identificação cada vez mais fortes.*[82] *(p. 299)*

---

82 *"The twentieth-century approach to medieval drollery generally cutifies and infantilizes it [the*

Partindo dessa citação, passo para uma cena de *Onde vivem os monstros* (*Where the wild things are*, Spike Jonze, 2009): no enredo, um professor faz uma explanação à classe do garoto Max sobre o fim do sistema solar, que será consumido algum dia pelo sol expandido; porém, traz o vão consolo de que a humanidade, bem antes disso, terá se destruído devido às guerras, à poluição, ao aquecimento global, aos terremotos e tsunâmis. As atentas e sérias crianças permanecem comportadas em seus lugares, enquanto escutam as previsões, e a infância se parece, pois, com uma estranha ilha, como a que surgirá mais adiante na história.

Essa descrição traz um pouco da sensação depressiva e angustiante que o filme de Spike Jonze transmite. Para ser mais justo, não se trata de uma produção (apenas) para crianças; antes, é uma obra "sobre" crianças contemporâneas, inspirada em um sucesso editorial de Maurice Sendak lançado em 1963. Esse filme de sabor *indie* se tornou, em meu entendimento, paradigmático para se pensar questões que envolvem as figurações do fantástico na primeira década do século XXI, sobretudo no que diz respeito à infância hodierna. O protagonista, Max, tem 9 anos e é muito criativo. Ele prefere a instância do imaginário às problematizações oferecidas pela realidade que o circunda. Algumas das primeiras cenas o trazem construindo o que ele chama de um iglu, utilizando-se da neve que um trator acumulou na calçada. Depois, ele lá se refugia, solitário e egoísta, ao mesmo tempo que prepara bolas de neve para jogar nos vizinhos. Estes, em revanche, destroem o iglu e, inconformado, Max, um menino histérico, apresenta sua primeira crise de raiva no filme.

Ele também é um garoto que conta histórias: narra à mãe, no início do filme, o caso de um vampiro que mordia prédios vivos e acabou por ser abandonado pelos companheiros ao perder os dentes permanentes em uma dessas mordidas. Vestido com sua fantasia de lobo – a indumentária simbólica de seu monstro encarnado –, Max age como um pequeno tirano com fantasias de destruição e deglutição. *Onde vivem os monstros* é, dessa forma, também

---

gryllus type]: garden gnomes, teddy bears, Smurfs, E.T. and Snow White's Dozy or Dopey dwarfs are neotenic, that is, they have retained in maturity bodily characteristics of children. The ogre and the gryllus share a fantastic childishness, but ogres instil the repression of instincts, whereas hobgoblins, dwarfs, elves, little folk have come gradually to inspire stronger and stronger attachment and identification."

uma fábula da criança monstruosa: tudo o que um menino com problemas de comunicação e afetividade quer ou pode ser em um mundo arredio.

Quando munido do lado positivo de sua criatividade, Max se utiliza da pulsão de vida, mas, irado, move a pulsão de morte contra quem ama e contra si mesmo. De fato, em várias cenas, *Onde vivem os monstros* alude à oralidade, às pulsões de agressão evidenciadas em atos de mordedura e devoração, e apresenta a rebeldia do garoto perante a inevitabilidade da castração que marca toda estrutura neurótica. Na ilha na qual se refugia após um desentendimento familiar, ele encontra, dentre vários monstros, Carol, que vai lhe apresentar a curiosa maquete de um mundo com pontiagudas montanhas como dentes de vampiros, enquanto menciona a sensação pesarosa de se perder um dente, ou seja, de ser castrado e receber limites.

Carol, ora doce, ora nervoso, é um dos sete monstros que representam características da personalidade em construção do intempestivo Max: há também KW, delicada, retraída e amorosa; Judith, perturbada, franca, áspera e ciumenta; Alexandre, frágil e carente; Douglas, enérgico e dinâmico; além do tranquilo Ira e de The Bull, um personagem de pouca participação, que parece bastante tímido. As opções de figurino representaram os monstros em figurações grandes e arredondadas – variantes entre papões, ogros e trolls –, bastante alusivas às ilustrações originais do livro de Sendak. Devido às suas proporções perante Max, em tomadas sempre muito belas fotograficamente, as criaturas se esbanjam na tela: são mesmo excessivas, excedidas e transbordantes imageticamente, assim como o temperamento histérico e fértil do menino. As vestimentas dos monstros também contaram com efeitos de computação gráfica, e houve, por parte do diretor Spike Jonze, uma vontade de transmitir uma certa aproximação à subjetividade dos personagens ao utilizar uma *steadicam*[83] para correr, pular e cair com eles.

As criaturas ilhoas têm comportamentos curiosos: são capazes de formar uma espécie de "iglu" com seus corpos quentes, aquecendo Max no meio. Ira adora fazer grandes buracos nas árvores, Judith derruba duas corujas a

---

83 Esse equipamento, criado em 1975 por Garett Brown, acopla a câmera ao corpo de quem filma. O primeiro filme a usar *steadicam* foi *Rocky, um lutador* (*Rocky*, John G. Avildsen, 1976). Os efeitos de *steadicam* em *O iluminado* (*The shining*, Stanley Kubrick, 1980) também ficaram notáveis na história do cinema.

pedradas – Bob e Terry – para apresentá-las ao menino; e a maternal KW, buscando proteger Max de Carol, irá literalmente engoli-lo em uma determinada cena. Enquanto ele estiver em seu grande estômago, ao lado de um guaxinim vivo, ouvirá as palavras da amiga. E olhará pelo tubo do enorme esôfago que se abre para o mundo externo a partir da realidade cavernosa. Porém, ela irá puxá-lo de volta, e, em uma espécie de "renascimento", o garoto sairá úmido e talvez mais pronto para enfrentar as dificuldades da vida. Max, que quisera ser "rei" em um mundo que só existia entranhado e lavrado em sua imaginação, também vagou com Carol por um deserto de lindas dunas, fazendo reflexões melancólicas. Ao final da breve, mas intensa experiência na ilha, ele parece ter entendido, em meio a brincadeiras violentas e agitadas com os novos amigos, que não valia a pena viver seu ciclo de crises de raiva, o que lhe trazia consequentes sentimentos de remorso e culpa. Esfacelar-se emocionalmente para enfrentar os outros não surtia efeitos benéficos em sua vida.

Outro filme escolhido para este subcapítulo, O caçador de trolls (The troll hunter, André Øvredal, 2010), é uma espécie de conto de fadas sombrio filmado na região montanhosa do oeste da Noruega. Essa produção traz humor negro e uma dose de crítica social, sem jamais fazer uso do gore. Alguns personagens denegam a realidade da presença de trolls, ainda que se deparem pessoalmente com os tais monstros, e o fazem não porque o governo estaria tentando encobrir a revelação de uma ameaça sobrenatural, como se percebe em vários filmes do gênero, mas, sim, pelo fato de que acreditar em gigantes lendários seria irrisório e inadequado. Trato um pouco mais desse aspecto adiante.

Antes, porém, de prosseguir, teço algumas informações sobre os monstros que foram tema do filme. Os trolls são criaturas bem específicas das culturas escandinavas. Sua anatomia é marcada, em geral, pelo apelo ao gigantismo, mas pode também ter a ver com o nanismo, assemelhando-se, nesse segundo caso, à imagem dos goblins, espécies de duendes verdes. Na Saga de Hrolf Kraki, do período medieval, um troll aparecia com o aspecto de um javali. A característica gigante, entretanto, é o que tem permanecido mais corrente na configuração desse tipo de monstro e, dentre vagas teorias, há aquela que busca explicar que lendas em torno dos trolls tenham sido oriundas do resultado da procriação de neandertais com homens Cro-Magnon.

Os *vikings*, em suas navegações, levaram essas figuras lendárias para outras regiões, como as terras da Escócia e da Inglaterra, onde elas sofreram modificações. Entretanto, ao se tomar a literatura nórdica, sobretudo a norueguesa, como referência principal, pode-se dizer que um troll, em termos gerais, é um morador tectônico, habilidoso em percorrer galerias de túneis e cavernas, preocupado em ocultar-se da luz do sol, que teria o poder de petrificá-lo. Assim como outros seres fantásticos que habitam as profundezas da Terra, os trolls são considerados protetores de tesouros. Apresentam grandes orelhas e nariz, uma aparência estúpida, braços compridos, um rabo e muita força física.

O troll da Noruega, inimigo do ser humano, além da enorme estatura, costuma ser descrito como corpulento e de pele escura. As lendas ainda dizem que é um ser vagaroso ao andar à noite, período em que busca fazer prisioneiros. Prefere os recém-nascidos, os quais costuma trocar por monstrinhos bem feiosos chamados *trowies*. Na escuridão, reuniões ruidosas de trolls celebram os solstícios de verão e de inverno em meio a danças sem ritmo. Da Noruega, provavelmente esse ser foi levado à Islândia, onde ganhou tamanho menor e uma acrescida maldade.

Em *O caçador de trolls*, os gigantes causam intimidação e suspense imersos em paisagens sombrias e ermas, e demonstram facilmente a inimizade que sentem pelos humanos. Nesse *found footage*,[84] os trolls seriam diversificados em raças e subraças, apesar de aspectos que tais grupos partilhariam entre si, como o comportamento onívoro noturno baseado nutricionalmente em rochas, além do baixo nível de inteligência.

A tradição norueguesa dizia que os trolls eram capazes de sentir o cheiro de sangue cristão, provavelmente uma referência a ameaças que as mais remotas presenças do cristianismo naquela terra trouxeram, desestruturando crenças e hábitos, ideia esta que agradou os produtores do filme. Outra característica fiel à cultura popular que essa produção teve o cuidado de manter foi a forma de se destruir os monstros: como eles não conseguem processar a vitamina D, dizem as lendas que sua exposição à radiação ultravioleta e aos raios solares faz com que explodam ou se transformem em pedra.

---

84 Outra expressão bastante utilizada para se referir a filmes feitos como supostos documentários.

A preocupação com certa fidelidade ao popular fez com que o filme trou-xesse diversas referências aos contos de fadas da Noruega. Como exemplo, temos "Boots who ate a match with the troll" (quando o personagem cine-grafista faz uma pergunta sobre um desafio alimentar), "Three Billy Goats Gruff", quando o personagem Hans tenta prender o troll sob uma ponte, e o castelo de Soria Moria,[85] que mostra o troll capaz de sentir de longe o cheiro de sangue cristão. A aparência dos monstros nesse filme foi influenciada por pintores como John Bauer e Theodor Kittelsen. Desse último, uma pintura foi usada como painel de fundo em uma das cenas.

Em *O caçador de trolls*, os antagonistas às vezes agem como bestas selva-gens, posto que seu comportamento teria uma justificativa instintiva, mais do que ser somente consequência de uma agressão premeditada. Em contra-partida, aquelas criaturas apresentavam mais personalidade do que muitas outras do gênero, uma vez que trolls têm forma humanoide e desenvolvem traços que marcam suas diferentes subjetividades. Nesse quesito, deixam de ser colossos totalmente irracionais. Em suma, os verdadeiros monstros da produção de André Øvredal seriam os humanos, posto que, no enredo, o governo norueguês chegava a permitir que turistas fossem mortos ao invadir o território habitado por comunidades de trolls, em crítica ao incômodo e ao extermínio que os seres humanos têm causado ao ambiente escandinavo, sobretudo no que tange à presença irregular de caçadores. Além desse viés de consonância ecológica, o filme tem o mérito de reivindicar a valorização de uma mitologia localizada, a qual tem sido insistentemente ofuscada por elementos da cultura *pop*.

Além desses aspectos mais óbvios, trago aqui outras reflexões. As noites brasileiras são curtas se comparadas às extensas horas de escuridão que as latitudes setentrionais enfrentam. Que grandes perigos, portanto, reserva o escuro em culturas menos solares, e quanto fomento a imaginação fantástica recebe a partir disso, devolvendo-o à cultura na forma de monstros e eventos misteriosos? Interessa-me, neste momento, pensar que um troll é tão mais

---

85 Deixo os títulos em inglês por haver pouca referência a tais contos em língua portuguesa. São histórias compiladas, muitas vezes, por aqueles que são os equivalentes dos irmãos Grimm na cultura norueguesa: Peter Christen Asbjørnsen e Jørgen Engebretsen Moe, do século XIX.

assustador se considerarmos a demora que a luz do sol pode ter para atingir as terras norueguesas após um longo período de trevas noturnas. Portanto, *O caçador de trolls*, evidentemente, tem um impacto diferente entre aqueles que cresceram em contato com as culturas nórdicas, da mesma forma que os pavores das florestas densas e fechadas podem ser bem pertinentes a experiências latino-americanas e africanas.

Os apontamentos do parágrafo anterior me servem para pensar o confronto, ainda que provido de delicadezas, entre os humanos e os trolls do filme. O primeiro dos monstros, portando três cabeças e um rabo, aparece por volta dos 30 minutos de exibição, perseguindo a equipe de investigação numa floresta. Uma emboscada levou-o até uma clareira em que um projetor de luz UV o transformou quase imediatamente em pedra. Em seguida, ele foi derrubado, quebrado, triturado e dinamitado, buscando-se, com isso, apagar os vestígios de sua existência. A morte por petrificação proporcionada pelos humanos, esses minúsculos seres medusantes nada generosos, pode incomodar o espectador: como um ser de tamanha ferocidade e proporção pode se render à luz de um holofote que funciona como um olho gorgôneo? E um dos personagens, apesar de ter presenciado toda a caçada, ainda assim achou ser impossível crer em um ente sobrenatural. Apresentando-se como ateu, ele levantou a hipótese de talvez terem destruído o que seria uma criatura geneticamente modificada.

O segundo troll que foi atingido pela luz UV explodiu, em vez de se solidificar. No decorrer do filme, temos cenas com a simulação de uma entrevista a uma cientista de laboratório, a qual apresentou considerações importantes que atualizaram, junto ao espectador, a mitologia troll: por se tratar de um ser que não processava a vitamina D dos raios solares, ela informou que seu estômago inchava em contato com a luz do sol. Em seguida, os gases se expandiriam para os intestinos e as veias, e o monstro explodiria, com uma dor insuportável. Este último detalhe preocupava a pesquisadora, para quem seria importante descobrir uma forma de tornar a morte de um troll menos dramática, por exemplo, mediante a injeção de alguma droga.[86] Segundo ela, somente os trolls mais velhos se calcificariam, enquanto os mais jovens explodiriam.

---

86 Aqui, pode-se perceber uma alusão irônica às "mortes humanizadas" criadas pelos cientistas que, cada vez mais, são direcionadas a diversos animais, domésticos ou não.

Tal fenômeno se dava pela idade, quando as veias estreitas fariam com que a expansão de gases se desse para dentro dos ossos, transformando o colosso, a partir do contato com o sol, em uma pedra calcária, estátua rudimentar.

Assim, fica notório, nessa produção, que o monstro paradigmático da Noruega e, provavelmente, de toda a Escandinávia, tem de se transformar em um fóssil indesejado e, em seguida, ser destruído para não ser descoberto. A atitude de se negar a presença do monstruoso, aquilo que de fato está mais do que anunciado e presentificado, é crucial no filme. A criatura, aqui, é uma pedra no sapato de interesses políticos e econômicos, e desperta uma angústia existencial ímpar, da qual os personagens parecem querer se livrar em um acordo implícito.

Apesar de perseguidos pelos humanos, os trolls não são unidos entre si: há, por exemplo, velhas rixas entre os da floresta e os que habitam as montanhas. Os segundos viveriam em labirínticas minas, e suas formas estariam bastante relacionadas às referências clássicas que a Escandinávia preservou sobre esses seres: gorduchos, narigudos, malcheirosos, desajeitados, truculentos.

O último monstro do filme tem uma figuração simiesca: é um Kong no cenário branco das vastidões da Noruega. Esse, sim, pode ser nomeado de gigante. Peludo e com um rabo comprido, é atraído por um carro que toca intencionalmente uma música religiosa. Nesse caso, temos o engodo da religiosidade, a qual é reduzida a apenas um artifício de sedução e destruição do monstro, muito além de qualquer possibilidade de reflexão transcendental ou de encontro com o sagrado. Sem qualquer mistério ou epifania, o cristianismo, nesse filme, se reduz à função de arma de extermínio, a uma religião de fachada. Então, o sagrado esvaziado de seus sentidos tradicionais é levado às últimas consequências, e somente um troll pareceria ainda se incomodar com a presença do divino. Apenas o próprio monstro, pois, seria crédulo.

Os últimos minutos do filme exibem belas cenas: um terror feérico, até mesmo *clean*, é criado na noite branca. O colossal troll se ergue como mais uma criatura da linhagem dos monstros gritadores. Seus berros soam de maneira ensurdecedora e ele deixa o espectador perceber quanto se sentia incomodado pela intromissão humana em seu caminho. O desfecho, após uma nervosa perseguição, é rápido: uma bala de luz, projétil luminoso certeiro, atinge o monstro em cheio no peito. Então, de imediato, a criatura se esfacela em um monte de detritos que não conseguiriam se sustentar por si mesmos.

O troll, por fim, reduzido a escombros, toca em uma angústia: exterminar de vez o monstruoso pode ser mais perigoso do que apenas se ocultar ou dele manter distância. Quando o monstro se vai e se reduz a matéria dura, aproximamo-nos talvez do insuportável do real lacaniano. Retirados da fantasia, despojados da representação dos medos, não necessariamente encontramos alívio.

Minhas derradeiras reflexões sobre este tópico passam pela domesticação dos monstros, sobretudo na literatura infantil, e isso se insere em um processo amplo e antigo de "pacificação" da violência narrativa em contos de fadas, processo este duramente criticado por filósofos contemporâneos, como Ferry (cf. 2008). No século XX, após o divisor de águas que os Estúdios Disney representaram, podemos dizer que os seres sobrenaturais, em certo viés, assumiram uma conotação mais branda. "Os monstros se dividem agora entre bonzinhos extraterrestres e ogros benevolentes. Agora são eles, nas versões mais avançadas da literatura infantil e do cinema de animação, que têm medo das crianças" (Courtine, 2011, p. 329). Mas deve-se lembrar que, já em meados do século XX, os produtores japoneses, desde Godzilla, perceberam que as crianças gostavam de fato que o monstro sobrevivesse e não fosse morto pelas "autoridades" (ao passo que o cinema americano tenderia a insistir, entretanto, em um final adequado e conformista para esse tipo de filme).

Todavia, tanto *Onde vivem os monstros* como *O caçador de trolls* parecem, cada qual à sua maneira, desejar romper com as configurações pasteurizadas e edulcoradas que os monstros assumiram em certa linhagem cinematográfica, reforçando que, para uma boa história aterrorizante, a forma monstruosa não precisa apelar para o visceral, o escatológico, o ultraviolento.

Monstros acima da medida

"Formidável", do latim *formidabilis*, tem relação com o que causa medo, com o que é terrível, ainda que o uso corrente do termo tenha uma conotação quase sempre positiva nos idiomas neolatinos. Ele define bem o exagero das monstruosidades: um dinossauro de *O mundo perdido*, a baleia Moby Dick, a grande árvore conectora de *Avatar*, o planeta avassalador de *Melancolia* são todos "formidáveis". Em toda grandiosidade, que pode ser medonha, reside uma fascinação que nos arrebata. Por isso, os monstros de proporção descomunal quase sempre ganham no cinema a visibilidade que o óbvio de suas formas pede. E, por isso, como não nos lembrarmos de *King Kong*, que teve várias refilmagens, inclusive uma em 2005, ao pensamos em monstros de estatura e peso extraordinários? Dadoun (2000, pp. 127-128) insiste que a produção de 1933 foi capaz de apresentar elementos essenciais da realidade da época: no âmbito histórico, a presença da Grande Depressão; no ideológico, a alusão à dupla "a Bela e a Fera"; no político, uma vontade de poder; na fantasmática, o retorno destrutivo das repressões mantidas no inconsciente. Assim como o próprio cinema, *King Kong* foi a oitava maravilha do mundo:

> *King Kong, como monstro e como filme, designa o surgimento, fora das opacidades do inconsciente (a ilha da Caveira, perdida no oceano, onde King Kong foi descoberto), de uma energia primordial, de uma potência arcaica (animais pré-históricos do filme) que o cinema mantém cativo e explora (King Kong acorrentado no Music Hall), mas sempre capaz de se soltar (King Kong escalando o Empire State Building). As forças da ordem resolvem o problema pelo extermínio (King Kong metralhado se esborracha no solo) – método que trará riqueza. O cinema está sempre disponível para acusar as opressões e os terrores, e é capaz, como nenhuma outra coisa, de fazer passar pelas cidades as sarabandas "graves" das imagens libertadoras.*[87] *(Dadoun, 2000, pp. 339-340)*

---

87 *"King Kong comme bête e comme film désigne le surgissement, hors des opacités de l'inconscient (l'île du Crâne, perdue dans l'océan, où King Kong est repéré), d'une énergie primordiale, d'une puissance archaïque (animaux préhistoriques du film), que le cinéma tient captive e exploite (King Kong enchaîné au music-hall), mais toujours capable de se déchaîner (King Kong escaladant l'Empire State Building). Les forces de l'ordre règlent le problème par l'extermination (King Kong mitraillé s'écrase au sol) – méthode qui fera fortune. Le cinéma est toujours là, disponible pour accuser les oppressions et les terreurs, et capable, comme nul autre, de faire passer sur les cités les sarabandes 'graves' d'images libératrices."*

Utilizo da passagem anterior para entrar na esfera dos monstros gigantescos, sem dúvida devedores de *King Kong*, em grande medida.

A criatura que inaugura este subitem é o Jaguadarte, da obra de Lewis Carroll (1832-1898), autor que, assim como Charles Sanders Peirce (1839-1914), foi um matemático e lógico, com uma sutil "consciência de linguagem". Como a figura desse monstro criada por Tim Burton em *Alice no País das Maravilhas* (2010) é altamente associada à sua matriz literária, para essa análise reporto-me ao texto original e também a outras adaptações.

Não por acaso, o poema e o monstro de Carroll se tornaram memoráveis nos mais diversos suportes: dos livros e filmes aos mangás e desenhos animados, dos jogos eletrônicos às peças de teatro.[88] Interessa-me, aqui, abordar esse temível ser retirado da imaginação fabulosa de Lewis, passando por alguns aspectos do texto original e atravessando algumas de suas releituras, até chegar à esperada aparição do monstro no filme de Tim Burton.

O poema "Jaguadarte", para meus propósitos, passa a ser entendido como fenômeno da tradução intersemiótica (cf. Plaza, 1987), que é a tradução de um "regime" de signos para outro, e também da transcriação (termo que Haroldo de Campos usava para designar a tradução de textos de um idioma para outro):[89]

> Então, para nós, tradução de textos criativos será sempre recriação, ou criação paralela, autônoma porém recíproca. Quanto mais inçado de dificuldades esse texto, mais recriável, mais sedutor enquanto possibilidade aberta de recriação. Numa tradução dessa natureza, não se traduz apenas o significado, traduz-se o próprio signo, ou seja, sua fisicalidade, sua materialidade mesma

---

88 Monteiro Lobato, um de seus tradutores para a língua portuguesa, reconhecia com honestidade os desafios dos textos do autor: "Traduzir uma obra como a de Lewis Carroll, mais que difícil, é dificílimo. Trata-se [*Alice no País das Maravilhas*] do sonho de uma menina travessa – sonho em inglês, de coisas inglesas, com palavras, referências, citações, alusões, versos, humorismo, trocadilhos, tudo inglês, isto é, especial, feito exclusivamente para a mentalidade dos inglesinhos" (Carroll, 1960, p. 8).

89 Para ele, isso implicava mais do que simplesmente a substituição de palavras e expressões de uma língua para outra língua (cf. Campos, 1992).

(propriedades sonoras, de imagética visual, enfim, tudo aquilo que forma, segundo Charles Morris, a iconicidade do signo estético, entendido por signo icônico aquele "que de certa maneira similar àquilo que ele denota"). O significado, o parâmetro semântico, será apenas e tão-somente a baliza demarcatória do lugar da empresa recriadora. Está-se, pois, no avesso da chamada tradução literal. (Campos, 1992, p. 35)

Jaguadarte é a tradução que Jabberwocky (ou Jabberwock) recebeu no brilhante poema homônimo de Augusto de Campos,[90] em que o poeta misturou "jaguar" e "espadarte" com "arte".[91] A criação ficou recheada pelas enigmáticas e deliciosas palavras-valise que marcam o poema em ambas as línguas e dão a sensação de incompreensão ou de entendimento nebuloso. Foi no romance publicado em 1871, *Through the looking glass, and What Alice found there* (*Alice através do espelho e o que ela encontrou por lá*), continuação de *Alice in Wonderland* (*Alice no País das Maravilhas*, 1865), que o Jaguadarte apareceu originalmente. Por meio dos versos, o genial Carroll queria também fazer uma alusão aos poemas cheios de fantasia e nonsense[92] que as crianças inglesas conheciam na época vitoriana. Já no primeiro capítulo de *Alice através do espelho*, Alice se depara com o poema, que só consegue ler espelhado. Por meio de suas estrofes, ela recebe, caso tenha de entrar na "floresta escura", duas advertências: tomar cuidado com as "mandíbulas que mordem" e com as "garras que agarram".[93] Vale ressaltar que o monstro Jaguadarte – entendido, em certa medida, como projeção dos medos primitivos da garota – não irá, entretanto, interagir com os demais personagens do País das Maravilhas,

---

90 Há traduções de Carroll em uma linguagem mais infantil, como as realizadas por Monteiro Lobato, e também as de Augusto de Campos, que têm um viés mais erudito e fiel à obra original.

91 O próprio Augusto de Campos disse que o Jaguadarte ficou com um ar de "monstro brasileiro". O nome Jabberwocky já foi traduzido também em língua portuguesa como Pargarávio.

92 A relação de Carroll com a literatura *nonsense* era antiga: aos 13 anos, ele já escrevia limeriques – poemas engraçados de cinco versos de tradição irlandesa. A sua obra, junto com a de Edward Lear, ficaria extremamente popular na Inglaterra vitoriana e até mesmo na Índia (cf. Lear, 2003, com textos explicativos organizados por Marcos Maffei).

93 Tradução literal minha. No original: "*The jaws that bite*" e "*the claws that catch*", que Augusto de Campos traduziu como: "Garra que agarra, bocarra que urra!".

ao contrário do que se vê no filme de Tim Burton. Ao final de sua leitura do poema, Alice parece encantada, embora não tenha entendido grande coisa: "'Parece muito bonito', disse ela quando terminou a leitura, 'mas é BEM DI-FÍCIL de entender!' (...). 'De alguma forma ele parece encher minha cabeça com ideias – eu só não sei exatamente o que são elas! Entretanto, ALGUÉM matou ALGUMA COISA: isso, de qualquer forma, está claro'".[94]

A imersão de Alice no *nonsense* do poema não é explicada apenas pela tentativa de Carroll brincar com as rimas engraçadas – mas sem sentido – com as quais os pequenos ingleses de sua época tinham de lidar em casa e na escola. O escritor também foi capaz de utilizar a estratégia de transformar o monstro Jabberwocky, em poucos versos e por meio da sugestão, em algo assustador. Quando se termina de ler o poema traduzido por Augusto de Campos, realmente se encontram apenas algumas definições sobre a fera. Na segunda estrofe, tem-se a advertência já mencionada por mim: "Foge do Jaguadarte, o que não morre!". E, logo adiante: "Garra que agarra, bocarra que urra". Na quarta estrofe, o monstro aparece com "olho de fogo" e com "riso louco". Na próxima, entende-se que o herói cortou a cabeça da criatura e volta triunfante para sua mãe. Já no texto original, encontram-se, para as mesmas referências: *"eyes of flame"* ("olhos de chama", "olhos de fogo"), enquanto *"whiffling"* não lhe confere a ideia de riso, como optou Campos em sua recriação, mas, sim, de "sopro", de monstro que foi acordado e saiu bufando pela floresta Tulgey em busca de quem lhe havia causado tal incômodo. As descrições mais concretas da criatura ficam por aqui. Por exemplo: em nenhum momento se fala na forma específica de uma cauda – sequer cogita-se a existência de uma –, ou do dorso, tampouco de sua cabeça ou de seus dentes. Fica a cargo do leitor imaginar o monstro a partir dos indícios fragmentados que foram dados por Carroll, à semelhança de uma imagem que se vê em cacos de espelho. Aqui uma garra, acolá a boca, mas nunca o ente inteiro – em uma estética esquizofrênica instigante. Ainda que alguns leitores

---

94 No original: *"'It seems very pretty,' she said when she had finished it, 'but it's RATHER hard to understand!' (You see she didn't like to confess, ever to herself, that she couldn't make it out at all.) 'Somehow it seems to fill my head with ideas – only I don't exactly know what they are! However, SOMEBODY killed SOMETHING: that's clear, at any rate'"* (cf. Carroll, 2014, p. 6; tradução livre minha. Disponível em: http://www.literaturepage.com/read/throughthelookingglass-9.html).

possam vir a associar as partes sugeridas às de uma espécie de dragão medieval, sente-se mais terror do Jaguadarte por ele não ter forma fixa, por ele não ter sido totalmente "exposto" por seu autor; em vez disso, o prazer de se supor um monstro – certamente mais próximo aos que habitam a subjetividade de cada um – foi um presente de Carroll. Nöth (1998) comenta o seguinte, em um capítulo dedicado a *Alice*:

> *Uma transformação natural da qualidade visual dos signos aparece no primeiro encontro de Alice com o poema "Jaguadarte" na escrita especular (AE, I). Pela simples inversão ótica das letras impressas, o poema torna-se, à primeira vista, enigmático; e aí a possibilidade de compreensão se dá ao nível do quali-signo. (p. 108)*

Conforme Nöth, o poema é intencionalmente repleto de índices desorientadores – aliás, como se vê em boa parte da obra em questão. Alice, no máximo, reconhece alguns morfemas após a leitura do Jaguadarte que lhe dão pistas, a exemplo de um tempo verbal. Mas esses índices linguísticos não a levam muito longe, não lhe permitem completar o poema ou criar coesão. Esse movimento em direção ao confuso está de acordo com a estrutura obnubilada do poema que, por isso mesmo, permite invencionices subjetivas do que seria o tal monstro. Lembro aqui de comentários de Propp (1997), quando este discorre sobre o dragão no imaginário dos contos maravilhosos: "no autêntico conto popular russo, o dragão nunca é descrito" (p. 259). E ele se justifica afirmando que em poucas narrativas um dragão era descrito como alado, e que, em geral, não se costumava indicar a presença de asas nesse monstro. Também não se sabia de seu corpo – se era liso ou escamado, por exemplo –, e a inexistência de patas e garras também surpreendia.

O Jabberwocky foi retratado em uma primeira ilustração, ainda para a edição de 1871, com excessiva liberdade por Sir James Tenniel, que o transformou em um monstro voador com corpo de dragão, cabeça e bigodes semelhantes aos de um peixe, antenas de inseto e um par de mãos em garras. Isso foi suficiente para que, doravante, outras releituras do monstro pudessem vinculá-lo à forma de um dragão ou dinossauro. Por exemplo, no filme *Alice no País das Maravilhas* (*Alice in Wonderland*, Harry Harris, 1985), que acabou sendo transformado em minissérie exibida em vários países, ele apareceu como um dragão de cor marrom, dotado de chifres, asas amarelas, longas escamas da cabeça até o pescoço, surgindo na casa da protagonista quando ficava escuro lá fora. Este Jabberwocky era criação do medo da garota e só desapareceria para sempre quando ela não acreditasse mais nele.

O Jabberwocky ilustrado por Sir James Tenniel.

Carlos Alberto Dória trabalha a partir do poema "Jaguadarte" de Augusto de Campos, buscando uma linguagem próxima à prosa-poética e dando pistas ao leitor sobre este e também sobre outros monstros que ele retrata em um de seus livros. Por um lado, reverencia Carroll e, por outro, ultrapassa-o em termos de inserção de novos elementos: "A brilhuz, brilhosa, alumiava o fossilério: dinossaurus, albertossaurus, ciarlestrones, bemboguabas, jaguadartes na floresta, em fru-fru, em festa!" (Dória, 2005, p. 18). Já não se trata apenas de um jaguadarte, mas de uma plêiade de monstros de todas as

ordens, em um verdadeiro cemitério de fósseis vivos (o "fossilério"). A sua
ênfase na descrição física também cai sobre as garras, a boca e o olho cha-
mejante: "– Vem do fundo o Jaguadarte, nunca morre! Corre! Garra agarra,
bocarra urra, prende, fere" (p. 33). Páginas adiante, ele retoma o momento
da chegada do inimigo como parte do clímax do poema original: "E eis que
vinha o Jaguadarte, olho de fogo, garras grossas, dentes ocos, sorrelfiflando
no meio da floresta" (p. 42).

Quando Freud pesquisava seu sujeito psicanalítico, realizou a já mencionada análise do conto "O homem da areia" (Der Sandmann), de Hoffmann,
em seu famoso ensaio de 1919, "O estranho familiar" (cf. Freud, 1980). O
Unheimliche, conforme expliquei, se relaciona a algo manifesto que deveria
continuar recalcado, em um mundo cindido, não mais operante na base do
mitológico. Para Freud, um estranhamento e uma paradoxal familiaridade
se estabeleciam quando um elemento tido como fantástico surgia na elaboração de um sujeito. Penso aqui o Jaguadarte, que pode ser entendido como
criação da própria Alice: ebulição do recalcado, desenhava-se exteriormente
em um amorfismo grotesco, mas, de alguma forma, "conhecido" por ela, e,
por isso, possível de ser percebido. O Jaguadarte, pavor primitivo, era-lhe,
pois, familiar.

Esse monstro pode ainda ser estudado no âmbito do medo que o personagem Nathanael sentia do "Homem de areia". Quando pequeno, Nathanael ouvia as histórias de um "homem de areia" que aparecia à noite para as
crianças que não queriam dormir, e jogava areia em seus olhos. Tratava-se de
uma figura monstruosa com poucos detalhes descritivos, e, por isso, bastante
amedrontadora. Uma espécie de "homem do saco" das crianças brasileiras,
mas com uma função específica: a de coagir a dormir. E ele retornaria sempre que um garoto não se dispusesse a se entregar ao sono na hora certa. Da
mesma forma, Alice, enquanto acreditasse no Jaguadarte, teria de se deparar com ele repetidas vezes, até que separasse o mundo real do imaginário e
compreendesse os enigmas que o desejo lhe impunha. Para tanto, há forçosa-
mente que se perceber a personagem criada por Carroll como representação
de um sujeito reprimido e fragmentado no contexto da época vitoriana, e
é necessário considerar, inclusive, sua condição de uma garota por se fazer
mulher, o que lhe acarretaria, provavelmente, papéis definidos e esperados,

ainda que indesejados por ela, naquela sociedade. Nesse sentido, o Jaguadarte das páginas da literatura de Carroll tende a ser rico e profundo, mais até do que aquele que se encontra em representações mais definidas e que figuram no cinema, como discuto a seguir.

A associação que se fez do Jaguadarte com um dragão está também vinculada às mais remotas e primevas ligações da imaginação humana com os seres draconianos ou lagartos gigantes que permeiam várias literaturas épicas da Antiguidade. Jorge Luis Borges reservou três tópicos em *O livro dos seres imaginários* para abordar o dragão: "o dragão", "o dragão chinês" e "o dragão no Ocidente". Ele trata do dragão celestial e divino, do terrestre e do subterrâneo, e relembra que os chineses gostavam de vê-los cambiando na instabilidade das nuvens. Quando chovia, havia um ditado popular: "a terra se une ao dragão". Já para a arqueologia fantástica de Durand (2002), o dragão seria um ser teriomórfico[95] e aquático (cf. p. 97). Monstro antediluviano e palmípede,[96] ele pertencia mais ao regime noturno do que diurno das imagens. Nesse caso, quase sempre gigantesco e alado, o dragão – ainda segundo Durand – seria um dos poucos monstros que conservaram uma constância morfológica no decorrer dos séculos. Ele sobrevive ainda hoje nas gárgulas das tantas catedrais góticas europeias, por exemplo, com a mesma caricatura horrenda com que assustava aqueles que folheavam os bestiários da Idade Média.

No francês medieval, havia vários termos que designavam uma criatura draconiana: *coquatrix, cockatrice, coccatrix* ou *coquatrus*. Tratava-se de uma serpente gigante cujo ovo era chocado por um sapo. Tinha cabeça e patas de galo, asas terminadas em garras, um sopro que incendiava e um olhar que causava a petrificação de todas as criaturas que a mirassem diretamente nos olhos. Havia ainda, no mesmo idioma, o termo *cocadrille* ou *cocodrille* para a mesma criatura, frequentemente confundida com o basilisco que, entretanto, tinha mais de serpente do que de galo. Entre os maias também era comum a presença de uma serpente emplumada confundida com a ave quetzal. E Durand (2002) nos lembra que o dragão era representante dos "terrores fragmentares", e, igualmente, dos "nojos, sustos, das repulsões instintivas e experimentadas" (p. 98). A Idade Média fez com que vários cavaleiros,

---

95 Aquilo que tem forma de animal.
96 Aquele que tem os dedos dos pés ligados por membranas.

à semelhança de São Jorge e São Miguel – santos sauróctonos –, lutassem contra dragões, e os levou em peso aos contos de fadas, transmutados em príncipes, como no exemplo de *A Bela Adormecida*.

Tim Burton seguiu essa diretriz, e era a este ponto que eu desejava chegar. Em seu filme *Alice no País das Maravilhas*, o Jaguadarte é o campeão que combate a favor da Rainha Vermelha, e reconhece a espada Vorpal como seu antigo inimigo, dando a entender que algum herói já a havia empunhado.[97] Quando esse filme caminha para o clímax, antes da chegada do monstro, as duas rainhas, a Vermelha e a Branca, se colocam sobre um terreno semelhante a um tabuleiro de xadrez. E é com um grito da Rainha Vermelha que a temida besta é invocada.

Enquanto surge um cenário criado por técnicas de computação, entre árvores secas e tortas, vê-se ao longe a figura do que seria o monstro. Aproximado, podemos enxergá-lo virando-se e abrindo as asas: primeiramente uma; em seguida, a outra; e depois ele urra. Pode-se perceber, nesse momento, que a constituição da criatura é de base sáuria, lembrando de fato o dragão diabólico de narrativas cristãs medievais.

De um salto, o Jaguadarte sai de sua elevação rochosa e se põe a caminho do local onde se encontram os outros personagens. Veem-se outros detalhes de sua recriação: os olhos, seguindo os propostos no texto de Carroll, são vermelhos. Ele tem ainda uma bocarra com grandes presas, e os bigodes são como os de um bagre, descendo-lhe pelos cantos da boca – à semelhança do desenho original de Sir James Tenniel. É nesse instante que "Alice Joana d'Arc", em armadura prateada e empunhando a cobiçada espada Vorpal, assume um lugar que foi sagrado aos cavaleiros da época medieval. O monstro, porém, surpreende ao sair da animalidade absoluta: ele tem o dom da fala e dialoga com Alice, na bem escolhida voz de Christopher Lee. Em seguida, põe para fora a língua bipartida, como a das serpentes. Mas a criatura não falará mais até o término do combate: a heroína corta-lhe a língua com um único lance de sua espada.

---

97 Provavelmente, essa cena se refere ao primeiro conhecimento de Alice em relação à existência do monstro, ao ler a narrativa da batalha entre o herói e o Jaguadarte, ainda no livro de Carroll.

A grande arma do Jaguadarte era o raio violáceo que lançava pela boca – atualização do fogo dos dragões antigos. Ele iria ainda atacar a rival com as patas da frente, que agiam como braços, e também com a cauda, que poderia derrubá-la mortalmente. A textura da pele do Jaguadarte de Tim Burton se parece com o mesmo material rochoso e vulcânico que reveste o terreno do embate. Criatura do fogo e da terra em meio a uma vegetação havia muito ressecada, esse "dragão" acabou por ser dotado de uma capacidade mimética no ambiente.[98]

Sobre um santuário em ruínas, espécie de panteão grego apocalíptico, Alice empunhou a arma contra a fera, em um cenário reconhecidamente burtoniano: neogótico, sombrio, monocromático. É lá que ela procuraria pelo monstro escondido, mas que reapareceria repentinamente entre algumas colunas.

Ao subir pelos degraus do que sobrou da escada em caracol de uma torre sem paredes – escada essa pendente sobre o abismo, que se projetava centenas de metros abaixo –, Alice encontrou seu oponente no topo. Este, uma vez mais, abriu as asas, em contraste com a luz de fundo do céu, em uma cena ao mesmo tempo dantesca, mas previsível, de forte expectativa de triunfo do herói. Aquele ser que parecera outrora uma grande ameaça tornava-se cada vez mais controlado: ele lutava, sabedor, entretanto, de que só a morte poderia lhe trazer alguma redenção.

O desfecho esperado ocorreu quando Alice, montada sobre o pescoço do Jaguadarte, foi por ele lançada aos ares e, então, ao cair, repetiu a temida frase da Rainha Vermelha: "Corte-lhe a cabeça". E, como no poema de Carroll, de um só lance a cabeça do monstro foi separada do corpo, como ocorre em vários mitos em que o herói decepa uma parte importante da monstruosidade.[99]

Enquanto o corpo do Jaguadarte desaparecia no abismo, sua cabeça descia rolando pela escada. Ao parar em frente à Rainha Vermelha, já não

---

98 Em meio à luta, rompe os ares a temida ave Felfel, outra criatura sugerida por Carroll, que, com Tim Burton, ganhou forma e cor. Essa é morta facilmente, com uma pedra que lhe é lançada na cabeça por uma catapulta.
99 Lembro aqui de Medusa, a górgona que petrificava os incautos e foi decapitada por Perseu.

causava pavor – talvez, apenas compaixão. O que foi, em sua origem, um elemento forte e anunciador do estranhamento familiar tornou-se uma história a mais na tradução fílmica. A breve presença do Jaguadarte no filme passou sem impressionar e, de longe, não teve a mesma força que no texto de Carroll.

Afirmo que o Jaguadarte recriado no filme *Alice...* de Tim Burton enfraqueceu a criatura que encontramos no hermético texto original de Carroll ao transformá-la em uma figura palpável, "facilmente visível", próxima a um dragão e um dinossauro. O Jaguadarte é reproduzido e recriado, sobretudo em língua inglesa, nos mais diversos suportes midiáticos, e pode-se mesmo considerá-lo um dos monstros símbolos do indizível e do inominável, pois o que Lewis Carroll engendrou foi uma sugestão esquizofrênica de monstro: ao "jogar" no texto parte de seu corpo e algumas de suas características, caberia ao leitor "completar" as formas, inventando seu próprio Jaguadarte. Esse processo é bem pertinente quando se pensa que boa parte dos monstros, contrariamente, já vem "dada" pela mídia, com caracterizações ancestrais repetidas.

É inevitável que associemos a versão de Tim Burton com aquela ilustração da primeira edição de *Through the looking glass...*, em que um personagem de cabelos compridos luta contra o monstro. E, certamente, houve uma pesquisa em torno dela para a recriação do Jaguadarte fílmico. Em meu entendimento, porém, um ponto específico do filme de Burton foi terem considerado séria demais a luta tão simbólica que se travava no poema de Carroll. O autor inglês tinha criado, no fundo, uma *mockery*, uma brincadeira e uma sátira não apenas linguística, como eu disse, mas também com os costumes e a tradição da poesia épica, sobretudo a medieval. Já o uso que Burton fez do Jabberwocky é, em grande medida, um exemplo de literalização. O medo primevo e familiar, presente no poema de Carroll, não conseguiu ser traduzido ou transcriado de forma intensa pelo diretor de *Alice...*, contrariando, assim, um dos pressupostos da transcriação, segundo Campos, que seria o de traduzir também os elementos do signo de um objeto a outro. No filme, aproveitou-se de um poema, o qual foi levado ao "pé da letra", por assim dizer. Por conseguinte, foram esquecidas as metáforas que existiam no contexto original da obra, e a produção de Burton tornou-se muito mais "pronta para ser vista" – *ready-to-see* – do que instigadora e provocativa.

Do Jaguadarte-dragão, passo a vasculhar outra criatura gigante que faz parte deste bestiário: o monstro do filme *O hospedeiro* (*The host*/*Gwoemul*, Bong Joon-ho, 2006).

Pesquisadores como Franck Henry (2009) viram nesse tipo de monstro descomunal e portador de catástrofes relações muito diretas com as criaturas dinossáuricas do cinema de ficção científica dos anos 1950, e tentaram até mesmo estabelecer equivalências entre ambos. *O hospedeiro*, até então a produção mais lucrativa da história do cinema da Coreia do Sul – filme de linha *trash* que conquistou milhares de admiradores em todo o mundo –, pode ser considerado uma das melhores revisitações do terror B e da temática do gigantismo, do catastrofismo e dos perigos da biossegurança no período analisado por mim. O monstro coreano é um tipo híbrido de lagarto enorme que surge dos esgotos de Seul para se alimentar de humanos. Ele é o resultado de uma mutação causada pelo lixo tóxico derramado no esgoto da cidade e segue a conhecida tradição dos monstros gigantes orientais.

Bem no início da trama, vemos dois cientistas de laboratório em uma base americana militar instalada na Coreia do Sul. O norte-americano pede a seu subordinado que despeje uma substância tóxica no esgoto, o qual escoa até o rio Han, responsável por abastecer boa parte da capital. Daquele momento até a aparição avassaladora do monstro, pouco tempo passará, contrariando a forte tendência ocidental de se criar o terror mediante o suspense e de não revelar imediatamente o que causa estranhamento, a exemplo do diretor Ridley Scott com seu emblemático alienígena. A sensação que temos é que Bong Joon-ho quis engendrar um monstro explícito, que se expunha à luz do dia para destruir vorazmente, sem qualquer receio de se mostrar. Sua presença de forma bem marcante se deu na antológica sequência de cenas de perseguição e devoração de pessoas que passeavam em um parque da cidade, culminando no rapto da filha de um vendedor. Porém, ao contrário do que acontece nas narrativas cinematográficas de *King Kong*, não haverá romantismo nessa relação entre a "bela" e a "fera".

Há mesmo quem reconheça em *O hospedeiro* a influência de outros filmes, como *Tubarão* (*Jaws*, 1975), de Spielberg, e *Godzilla* (*Gojira*, 1954), de Inoshiro Honda, uma vez que o diretor sul-coreano decidiu permanecer na linhagem dos colossos arrebatadores. Seu anfíbio biologicamente verossímil aparece ao espectador nadando, saltando, galopando, devorando, mergulhando, sem nenhum pudor ou constrangimento de ser apanhado. Gerado pelos recursos da produção gráfica, sua primeira aparição se fez quando ele estava dependurado em uma ponte à beira do rio Han na condição de uma criatura gosmenta, despertando a atenção de pessoas que passeavam no parque.

Penso que o sucesso desse monstro se deu porque o filme repetiu a conhecida fórmula de seu subgênero cinematográfico, em que um dos componentes fundamentais do enredo, seguramente, é a representação de uma criatura gigantesca geograficamente localizada, mas porta-voz de uma universalidade extremamente impactante – afinal, muitas culturas têm monstros de proporções fabulosas em sua tradição, como discuti em vários momentos deste trabalho. Somados a isso, os excelentes efeitos especiais valorizaram o antagonista, que ganhou a admiração do público.

Entretanto, a produção de Bong não girou apenas em torno do pavor, mas trouxe um humor satírico de cunho político e ambiental, muitas vezes assumindo praticamente o *nonsense*, somado a um outro elemento importante: uma espécie de melodrama familiar que chegou às raias do pastelão. Os elementos humanos que deram o contrabalanço à produção foram um avô vendedor de miudezas, o pai da garota Hyun-seo – que seria sequestrada pelo monstro – e uma campeã de arco e flecha.

No decorrer do filme, Bong inseriu referências carregadas de conotações políticas em relação à guerra contra o terror estabelecida pelos Estados Unidos, à intervenção americana na Guerra da Coreia, além de alusões às então recentes preocupações em torno do vírus da gripe aviária e da Sars, sigla da síndrome respiratória aguda grave[100]. Em torno do monstro, podem ser percebidas também questões ligadas à paranoia de um contágio viral em massa, das ameaças biológicas e dos danos ambientais causados pelos dejetos químicos e pelo lixo tóxico.

---

100 E o filme se torna ainda mais pertinente após o planeta ter enfrentado a pandemia da covid-19, que se iniciou em 2020 a partir de um primeiro surto na cidade de Wuhan, China, em fins de 2019. Mais uma vez, percebemos em que medida os filmes podem antecipar ou intuir sintomatologias culturais, como se também atuassem como "radar" para o mal-estar civilizacional.

Um ser como o desse filme sul-coreano nos faz refletir sobre as ansieda-des generalizadas em torno de algumas formas de se viver no mundo con-temporâneo, haja vista que, em certa medida, podemos entender o título do filme como alusivo ao desconforto para com certos níveis de "hospitalidade" ligados a algum "visitante" – no caso, uma presença estrangeira. Conside-remos aqui especificamente as intromissões americanas, que não ocorrem apenas no país de Bong Joon-ho. Vale relembrar que, no ano 2000, Albert McFarland, um coveiro militar americano do campo de Yongsan, na Coreia do Sul, ordenou que dois de seus assistentes jogassem cerca de oitenta litros de formaldeído, um produto muito nocivo à saúde humana, no sistema de esgotos que deságua no rio Han, o que causou muitos protestos naquele país.

Seres crepusculares

O termo "seres crepusculares" aponta para os vampiros e lobisomens, quase sempre criaturas rivais nos filmes. Apesar de ter decidido, neste tópico, por uma abordagem que privilegie os vampiros, torna-se necessário mencionar a relevante presença dos homens-lobo no mesmo universo. Portanto, comento inicialmente sobre as contrapartes dos sugadores de sangue.

Pode-se dizer que um lobisomem clássico vem anunciar, em sua repre-sentação, o eu cindido entre o pulsional e a lei: ele é marcado por conflitos in-teriores que parecem não aceitar qualquer reconciliação. Tanto na literatura como no cinema, lobisomens, tradicionalmente, eram masculinos (apesar de uma lobismulher solitária já ter aparecido no primeiro filme conhecido com a temática da licantropia, *The werewolf*, de 1913, dirigido por Henry MacRae, cuja única cópia foi destruída em um incêndio em 1924). Pode-se considerar que foram as produções dos anos 1980 que deram uma nova conformação a esse monstro, abusando de cenas de agressão e violência e, ao mesmo tem-po, criando uma poética que se tornou referencial para outros criadores de histórias com homens-lobos. A aceitação do lobisomem como personagem adolescente na contemporaneidade foi igualmente marcante no cinema e na televisão, a exemplo da série *Teen wolf*, Jeff Davis, 2011).[101] Torna-se tam-

---

101 Também existe uma boa tradição de lobisomens adolescentes no cinema, como em *I was a*

bém inevitável considerar a famosa saga *Anjos da noite*, com suas batalhas entre vampiros e lobisomens.[102] Essa quadrilogia foi reformatadora desses monstros[103] no século XXI.

Ainda alongo a lista de referências contemporâneas com *Dog soldiers – Cães de caça* (*Dog soldiers*, Neil Marshall, 2002), *Amaldiçoados* (*Cursed*, Wes Craven, 2005), *Romasanta – A casa da besta* (*Romasanta*: *The werewolf hunt*, Paco Plaza, 2004), *Skinwalkers – Amaldiçoados* (*Skinwalkers*, James Isaac, 2006), *A fera assassina* (*Big bad wolf*, Lance W. Dreesen, 2006), *Sangue e chocolate* (*Blood and chocolate*, Katja von Garnier, 2007), *O lobisomem*[104] (*The wolfman*, Joe Johnston, 2010) e *A garota da capa vermelha* (*Red riding hood*, Catherine Hardwicke, 2011). Houve ainda a tentativa de se filmar a continuação do *cult Grito de horror*, dos anos 1980, com um resultado bastante fraco: *Gritos de horror – O renascimento* (*The howling – Reborn*, Joe Nimziki, 2011).

Os vampiros, entretanto, é que conseguiram um destaque maior no período estudado por mim. Concordo com Henry (2009), quem lembra que Jean-Louis Leutrat, na obra *Vie des fantômes*, para a coleção Essais dos Cahiers du Cinéma de 1995, associava o aparelho projetor do cinema a um "preencher" (o enrolar) e "esvaziar" (o desenrolar) de duas bobinas, como em um processo de "transfusão". Ainda segundo Henry (2009, p. 10), um vampiro seria o monstro que mais teria inspirado o cinema em sua grande metáfora da transfusão: a transferência do real. Não foi à toa que Drácula acabou por

---

teenage werewolf (Gene Fowler Jr., 1957) e na comédia *O garoto do futuro* (*Teen wolf*, Rod Daniel, 1985), estrelada por Michael J. Fox.

102 Lutas travadas entre grupos rivais de vampiros e lobisomens parecem algo relativamente recente, mas havia algum tipo de intimidade entre as duas formas em muitas histórias. O próprio Drácula, no livro de Bram Stoker, podia se transformar em lobo. E, em 1943, Bela Lugosi trabalhou no filme *The return of the vampire* (Lew Lenders), em que o vampiro tinha um escravo lobisomem (apesar de isso não significar rivalidade em termos de combate).

103 *Anjos da noite* (*Underworld*, Len Wiseman, 2003), com as seguintes continuações, até a escrita deste livro: *Anjos da noite 2: A evolução* (*Underworld: Evolution*, Len Wiseman, 2006), *Anjos da noite 3: A rebelião* (*Underworld: Rise of the Lycans*, Patrick Tatopoulos, 2009), *Anjos da noite 4: O despertar* (*Underworld: Awakening*, Måns Mårlind, Björn Stein, 2012).

104 Trata-se de um *remake* do clássico de 1941, já mencionado por mim neste livro.

ser o personagem sugestivo de um dos primeiros dos grandes filmes fantásticos, o alemão *Nosferatu*, de Murnau, de 1921, como já mencionei.

Dadoun (2000) assinala que uma das características marcantes de um filme de terror (*d'épouvante*) seria a presença de sangue. Ele analisa que – diferentemente do sangue de um filme policial, que seria o índice de um crime, ou daquele de produções sadomasoquistas, que apelaria para a crueza do sofrimento –, teríamos no terror, de forma geral, uma utilização paradoxal do líquido sanguíneo, uma vez que este estaria vinculado a valores positivos e voluptuosos. Afinal de contas, um vampiro bebe sangue para lutar contra a morte absoluta que sempre o ameaça, mas não o faz sem nada oferecer em troca, uma vez que é comum a presença do prazer concedido ao humano que tem seu sangue sugado. O sangue é um tabu nas culturas humanas e podemos salientá-lo como um aspecto bruto do inconsciente orgânico (cf. Dadoun, 2000, p. 162).

Estou ainda com Dadoun quando o pesquisador diz que, se os fantasmas podem ser considerados portadores de uma memória mais ou menos profunda e mesmo longínqua do corpo, o monstro que se nutre de sangue seria o signo de um período pré-embrionário de nosso desenvolvimento. Nos primeiros dias da célula-ovo, é preciso que esta se banhe no sangue uterino e, sem pudores moralistas, o primeiro ato de vida e sobrevivência de um indivíduo se tornaria, dessa forma, um ato de vampirismo e vampirização de um corpo estranho, o materno. Partindo dessa ideia, Dadoun apresentou o que ele chama de axiomas ligados ao vampiro, que enumero a seguir: o vampiro a) assinala para (e também anseia por) uma existência *post-mortem*; b) aponta para o desejo da reversibilidade da juventude; c) vincula-se ao mito da possessão psíquica; d) nega a morte pelo sangue. Dessa maneira, um vampiro não está muito longe do que deseja um ser humano quando este se confronta com os limites que o real – no sentido lacaniano – lhe contrapõe. De fato, a angústia perante as incertezas da vida e a não possibilidade de uma continuação após a morte, para os que assim o creem, impulsiona novas religiões e seitas a cada dia, e uma gama de produtos e procedimentos estéticos e cosméticos promete um suposto retorno a um corpo mais jovem, retardando, nem que seja por puro semblante, as marcas do tempo de vida, negando, de certa forma, a constatação inevitável da morte. O semblante, ensinou-nos

Lacan, servia também para encobrir o real.[105] A possessão psíquica, por sua vez, estaria ligada aos nossos mitos e fantasias de unicidade indivisível com um outro e, ao mesmo tempo, com a volúpia em torno de ser possuído – tornar-se objeto de desejo.

O vampiro, que, no cinema de terror clássico, sempre oferecia formas práticas de ser eliminado – como um tipo de "manual" a ser seguido (estaca fincada no coração e decapitação, por exemplo) –, torna-se um personagem mais e mais fortalecido ou de extermínio mais sutil e complexo no cinema contemporâneo. Dadoun (2000, p. 169) também salientou, em um texto publicado em 1970, que a figura de Drácula nos conduzia à angústia da castração e, ao mesmo tempo, encarnaria o princípio arcaico da mãe má – aquela que esvaziava, em vez de alimentar a prole. A respeito do filme *O sangue de Drácula* (*Taste the blood of Dracula*, Peter Sasdy, 1970), produzido pela Hammer, Dadoun comentou que o vampiro, após seu extermínio, deixou despojos que sinalizavam uma falta essencial: o ser de Drácula se resumia ao seu anel ou à sua capa, por exemplo.

A mitologia do vampiro, que se disseminou na Europa do século XVIII, movida pelas epidemias de peste e pelas pesquisas científicas que se concentravam em torno da periculosidade do corpo cadavérico, ainda intriga pesquisadores pelo rico material que oferece. Lecouteux (2009), por exemplo, trata o vampiro – transgressor das regras da vida natural – como um símbolo da presença da morte em um mundo que faz questão de excluí-la. O vampiro é um monstro que se alimenta basicamente de sangue e transmite seu mal por contágio – mordida-beijo ou sucção –, espécie de herança maldita que pode ou não ser voluntária. Em certa medida, todo beijo é algo que traz muito de humano – os outros animais não se beijam como nós –, enquanto o ato de apenas sugar seria de origem pré-civilizatória. Ou seja: uma mordida-beijo, assim como uma palavra, deixa marca. "O beijo faz de vós um não

---

105 Para Lacan, e sem nenhuma finalidade pejorativa, o semblante seria uma categoria que organiza a vida psíquica para além do que seria apenas uma aparência e, nisso, ele se articularia com a "verdade" ou com uma "aparência verdadeira". Todos vivem um pouco no semblante, devido à falta que a linguagem nos acarreta. Lacan introduziu esse conceito como um operador determinante na teoria da "verdade", na qual se verifica uma estrutura de ficção. O semblante, pois, serve de espelho ao real, propondo um efeito de "aparência" da verdade. Ele não é apenas um "à maneira de", mas uma própria reinterrogação do gozo.

morto", disse também Van Helsing ao doutor Seward no livro *Drácula*, de Bram Stoker (1897).

O vampiro nos ajuda a organizar as relações entre vivos e mortos, uma vez que se trata de uma figura deslizante entre uma condição e outra, sem se afirmar verdadeiramente em nenhuma delas. Ernest Jones, no ensaio "On the nightmare", de 1931, apresenta esse monstro como símbolo de pulsões inconscientes e de nossa defesa psíquica, ao mesmo tempo portador de conteúdos recalcados e narcísicos. Está claro que o vampiro faz de seu vampirizado um objeto. Porém, ao mesmo tempo, pode-se também entender que a relação de vampirização tem muito de pré-narcísico, anunciando algo que se localiza antes da palavra, a qual não apenas pode nomear, mas também separar e desmanchar o uno.[106]

Partindo dos pressupostos que escrevi, teço considerações sobre as formas do vampiro hoje. Ao contrário do que comumente alguns críticos de cinema costumam afirmar, esse monstro não obedece a fluxos específicos na filmografia. Ele sempre esteve presente como tema e personagem de filmes, desde o surgimento do cinema, ora em maior evidência, ora com discrição. Porém, sem qualquer dúvida, os sugadores que fizeram mais sucesso na primeira década do século XXI foram os "belos vampiros", brilhantes, plásticos e artificiais, secundados pelo "belo lobisomem" da Saga Crepúsculo.[107] Evidentemente, o período trouxe outros filmes com esses tipos de personagens, mas que acabaram ofuscados pelo sucesso do "bom mordedor". Faço adiante uma rápida passagem pelos vampiros e lobisomens do cinema deste novo século, e, em seguida, comento alguns filmes que me chamaram a atenção, para finalizar com breves comentários sobre os vampiros "edulcorados".

Em termos de abordagens do vampiro, foram várias as tendências: desde filmes em que são sempre vilões, como a adaptação da HQ de Steven Niles, *30 dias de noite* (*30 days of night*, David Slade, 2007), com uma continuação não tão sedutora intitulada *30 dias de noite 2: Dias sombrios* (*30 days of night: Dark days*, Ben Ketai, 2010), realizada diretamente para o mercado

---

106 Sobre essas questões, cf. Kohn (2012).
107 Baseada nos romances juvenis de Stephenie Meyer, essa saga teve estreia com *Crepúsculo* (*Twilight*, Catherine Hardwicke, 2008), *Lua nova* (*New Moon*, Chris Weitz, 2009), *Eclipse* (David Slade, 2010) e *Amanhecer* partes I e II (*Breaking dawn*, Bill Condon, 2011/2012).

de DVD; passando por *A rainha dos condenados*[108] (*Queen of the damned*, Michael Rymer, 2002), *Anjos da morte* (*The Hamiltons*, Mitchell Altieri, Phil Flores, 2006) e *2019: o ano da extinção* (*Daybreakers*, Peter e Michael Spierig, 2009). Houve igualmente produções que se propuseram a homenagear o *sexplotation* e o humor dos anos 1970, como o curta-metragem *Vampyros Lesbos* (Matthew Saliba, 2008), que referencia o filme homônimo de 1971, dirigido por Jesús Franco, e o fraco *Matadores das vampiras lésbicas* (*Lesbian vampire killers*, Phil Claydon, 2009). A comédia de horror teve um bom representante com o sueco *Frostbite* (*Frostbiten*, Anders Banke, 2006), e o besteirol, com *Gothic vampires from hell* (Ford Austin *et al.*, 2007), feito para o mercado de DVD. Na televisão, os seriados de vampiro fizeram sucesso desde os anos 1990: *Buffy, a caça-vampiros* (*Buffy the vampire slayer*, 1997-2003), *Angel* (1999-2004), *True blood* (2008-2011) e *Vampire diaries* (2009-2011) são alguns títulos. Em 2006, findou-se a trilogia *Blade*,[109] que teve uma série para a TV naquele ano: *Blade: a nova geração* (*Blade: the series*, David S. Goyer Geoff Johns).

O vampiro tem sido, em várias de suas representações mais contemporâneas no cinema, uma espécie de cara-metade do zumbi, *grosso modo*, segundo meu entendimento. Se o zumbi é um morto-vivo desmascarado, escatologicamente exposto, muitos vampiros tendem a ser o seu oposto imageticamente, ou, ao menos, conservar ainda algum aspecto de beleza física, o que seduz a vítima. O vampiro presentifica, de qualquer modo, uma corporeidade que faz dele uma máquina de matar (a exemplo de *30 dias de noite*). Seu aspecto, como dissemos, pode cambiar do esquálido e horrendo (como os sugadores de *Blade* e suas sequências) para a delicadeza e suavidade (o bom moço Edward da saga *Crepúsculo*). Todavia, penso sobre o que um zumbi e um vampiro têm em comum, e fico com Astruc que, refletindo sobre Drácula, o vampiro adâmico de Stoker, afirmou: "O zumbi seria seu herdeiro apático e grotesco, um sub-homem, enquanto ele [o vampiro] seria um super-homem"[110] (Astruc, 2008, p. 153). Como o vampiro, o zumbi tam-

---

108 Outra produção com o famoso vampiro Lestat, de Anne Rice.

109 *Blade, o caçador de vampiros* (*Blade*, Stephen Norrington, 1998), *Blade II* (Guillermo del Toro, 2002), *Blade: Trinity* (David S. Goyer, 2004).

110 *"Le zombie serait son héritier apathique et grotesque, un sous-homme tandis qu'il est un surhomme."*

bém apresenta forte direcionamento oral. Todo esse frenesi devorador evoca a relação sexual: "ao morder, o zumbi engendra um semelhante"[111] (Astruc, 2008, p. 152). E, ainda:

> A primitividade e a relativa servidão do zumbi são, assim, o eco inverso do refinamento e de toda a potência do vampiro . . .. Não é mais preciso pensar que o zumbi é um tipo de vampiro degenerado, o rebento imundo de uma obscura consanguinidade.[112] (p. 153)

Para mim, ambos os monstros, que representam fortemente a pulsão da oralidade, transmitem seu "mal" incorporando parcialmente os vivos.

O curta-metragem de Vincenzo Natali, *Le quartier de la Madeleine* (2006), feito para a antologia *Paris, je t'aime*, ilustra igualmente a conhecida faceta sexualizada em torno desse ser. No enredo, um turista *low cost* se encontra à noite com uma vampira que havia acabado de matar um desconhecido e se oferece a ela ao cortar um dos pulsos. O curta, sem falas, com sonoplastia tétrica, feéricos tons azulados e um vermelho artificial do sangue pastoso e quase palatável, sintetiza bem o aspecto sexual e amoroso que aqui comento: morder e ser mordido.

Considerando a extensa gama de filmes de vampiros e lobisomens que poderiam se adequar a este subcapítulo, o que exigiria, por si só, um trabalho de pesquisa específico, decidi por escolher uma obra sueca[113] de muito boa produção que, entretanto, circulou pouco nos cinemas, e uma obra francesa de marcante fotografia. Trato primeiramente de *Deixa ela entrar* (*Låt den Rätte Komma In*, Tomas Alfredson, 2008), que teve um *remake* americano em 2010 (*Let me in*, Matt Reeves).

Deixa ela entrar foi filmado em *scope* (2,35 :1), e essa opção de enquadramento tornou horizontalizadas e um tanto pesadas as paisagens silenciosas

---

111 *"en mordant, le zombie engendre un semblable."*

112 *"La primitivité et la relative servitude du zombie sont ainsi l'écho inversé du raffinement et de la toute puissance du vampire (...). Il n'en faut pas plus penser que le zombie est une sorte de vampire dégénéré, le rejeton immonde d'une obscure consanguinité."*

113 Ao contrário do que muitos podem pensar, a Escandinávia tem uma longa tradição em torno do sobrenatural e do misticismo que vai além de seus conhecidos trolls.

captadas da noite sueca, o que conferiu certo ar de mistério ao se equilibrar o escuro com a brancura da neve. Esse ambiente marcado notadamente pela cor branca também produziu uma esfera crua, o que casou com o tom psicológico do drama.

O primeiro personagem a aparecer na história é Oskar, um garoto de 12 anos que vive com a mãe em Blackeberg, subúrbio de Estocolmo, no ano de 1982. De pele muito alva, cabelos loiros, personalidade retraída e uma certa tendência ao masoquismo, ele surge nas primeiras cenas em seu quarto observando(-se) pela vidraça, cujo efeito produz no espectador a sensação de imagem duplicada do garoto, como aquela de antigos televisores quando a sintonia não estava perfeita (em inglês, essa duplicação se chama justamente *ghost*, ou seja, "fantasma").[114] Após olhar pela janela, Oskar, usando apenas uma cueca branca, deita-se na cama, envolto na esfera um tanto leitosa, quase espectral, de seu quarto. É assim que a obra de Alfredson, baseada no livro homônimo de John Ajvide, apresenta o magro adolescente, que se parece muito mais com um vampiro ou fantasma do que a nova vizinha (vampira), Eli, que se tornará sua amiga.

O diretor tentou escapar de vários cânones da tradição vampiresca, apesar do título, que remete diretamente à crença de que um desses mortos-vivos só poderia entrar na casa de alguém ao ser convidado – e isso vale para a estranha e silenciosa Eli,[115] capaz de escalar paredes com agilidade e matar com força sobre-humana. Quando Oskar pergunta o que aconteceria se ela entrasse sem um convite na residência de alguém, ela o faz para demonstrar: em breve, seu corpo exuda e lacrimeja sangue. Em seguida, com voz de menino, ela lhe diz: "Sou como você". E, ante qualquer julgamento do amigo sobre as mortes já causadas pela morta-viva nas vizinhanças, Eli pondera que ela faz o que ele gostaria de fazer com os próprios colegas.[116] Ele, porém, o faria por vingança; ela, apenas por necessidade. O diálogo e os olhares de aceitação entre ambos fluem até uma cena posterior, em que Eli dá um beijo com sangue em Oskar. Profundamente marcado por aquela experiência, o personagem,

---

114 O efeito de *ghosting* é também comum na televisão digital.

115 Os vampiros no filme também se incendeiam em contato com o sol, como na cena em que ocorre a combustão de uma mulher sobre uma cama.

116 Oskar era perseguido por vários garotos de sua escola.

envolvido por uma trilha sonora intensa, tranca a porta do quarto ante a verborragia da mãe. Depois, fecha as portas de seus carrinhos rodeados por bonequinhos de smurfs sobre uma prateleira. Por fim, ele se olha no espelho – uma despedida simbólica da infância.

O pedido de Eli para entrar no quarto de Oskar tem algo de mais profundo: ela solicita a entrada na vida de uma outra pessoa, como quem deseja compartilhar afeto e entendimento. Afinal, a fase da adolescência para Eli e Oskar traz solidão e preconceitos em seus dramas juvenis *freak*. Oskar sofria de intenso *bullying* na escola; assim, a violência do mundo real somava-se à presença do sobrenatural: o garoto era atormentado por colegas que apresentavam traços fortes de perversão: chamavam-no de "porco" e faziam-no passar por experiências humilhantes e perigosas.

Há um momento no filme em que Eli informa ao amigo não ser uma mulher: "Se eu não fosse uma garota... gostaria de mim assim mesmo?". *Em Deixa ela entrar*, não se tem, pois, apenas uma vampira, mas um menino um tanto andrógino literalmente castrado. Eli, de fato, é um garoto que se parece tristemente conformado com sua condição anatômica modificada. Seu "tutor" e nutridor – com ardis psicopáticos que deixavam intencionalmente pistas para a polícia após assassinar as pessoas das quais coletaria o sangue – mostrava-se um personagem situado em um lugar não muito bem definido: ele poderia ser uma figura paterna com intenções pedófilas, mas o filme não permite identificar se há práticas sexuais na relação com Eli. E a castração física não fica tão evidente no filme quanto no livro que o antecede, pois a cena que a explicaria foi recusada pelo diretor quando lhe foi apresentado um triste porco como "dublê", ao lado de um açougueiro.

No desenvolver-se da trama, Oskar se apaixona por Eli e fica intrigado com a sexualidade da menina. Ele a observa nua, sem que ela perceba, e vê uma discreta cicatriz na região pubiana. Nesse filme, portanto, o vampiro experiencia uma condição duplamente degredada e clandestina: além de monstro portador de um mal – que, no caso de Eli, parece muito mais uma doença discreta do que uma maldição –, ele é um castrado.

Deixa ela entrar traz personagens que incomodam por suas condições duvidosas. Não foi gratuito, por isso, a escolha de um vampiro como esteio para um drama desse viés. Considero que o filme é representativo de uma noção desse monstro que destoa do que foi produzido massivamente na contemporaneidade – daí meu interesse por essa obra escandinava. Fica notório que a questão do vampirismo cede lugar muitas vezes aos conflitos sociais e existenciais dos protagonistas. Sem dúvida, trata-se também de um filme sobre questões da construção de frágeis masculinidades: o pai de Oskar parece ter um namorado; os colegas de escola, apesar de emanar crueldade, são, no fundo, débeis e inseguros; e os demais homens que se comportam dentro dos padrões masculinos da época em que se passa a história são pouco profundos, quase caricatos, como o professor de educação física.

A produção francesa *Livide*[117] (Alexandre Bustillo e Julien Maury, 2011) segue por outra vertente. Ela se configura como um nefasto conto de fadas adulto – em um sentido mais próximo aos antigos contos. O filme apresenta, como monstro principal, uma velha professora de balé clássico de aparência centenária, que permanece acamada em sua antiga morada nos arredores de um pântano bretão. Em coma, ela respira por meio de um aparelho antigo que se parece com o aparato de um mergulhador, por um lado, e com uma focinheira, por outro. Isso torna o som de sua respiração muito pesada, assombrosa e monótona. A boca, totalmente coberta, causa um desconforto ao espectador, talvez por se adivinhar, nela, uma oralidade agressiva. A aparição dessa funesta personagem, Deborah Jessel, se dá quando a enfermeira Catherine Wilson e sua estagiária, Lucie Klavel,[118] vão lhe prestar assistência domiciliar.

O corpo de Jessel, a princípio comatoso, passa por constantes transfusões de sangue. Sua desfiguração lembra a imagem do Cristo morto de Mantegna. Estar em coma e sobreviver servido por tubos, por si só, já pode apontar um prenúncio de morte e tornar a aparência do corpo ainda mais fragilizada e inerte. Afinal, não se trata aqui de uma bela imagem propiciada pelas benesses dos avanços biotecnológicos, como se percebe em filmes elogiosos à ciência médica, mas, sim, da monstrificação do doente devido a uma medicina remediadora. Aquele ser em coma parece se encontrar entre dois mundos, em um entre-lugar que assusta justamente por predizer o real da morte.

117 "Lívido", em português, ou seja, algo muito pálido, de cor próxima à tez cadavérica.
118 Lucie sofre de heterocromia: cada olho tem uma íris de uma cor o que, no filme, representaria uma alma diferente, capaz de entrar e sair do corpo.

Nesse filme de Alexandre Bustillo e Julien Maury,[119] as figuras femininas[120] foram as preferidas para se narrar a monstruosidade: além da horripilante Jessel, que o espectador descobrirá ser uma vampira, a enfermeira Wilson – de fato, sua ex-aluna e comparsa em coletar sangue de mocinhas para alimentá-la – e Anna, a macabra e feérica filha bailarina, comporão o trio de mulheres que conduzirá a esfera de terror no filme, além das terríveis dançarinas assassinas em tom sépia que se cobrem de véus e mantêm inocente aparência, uma referência muito clara às bailarinas de Degas.

A jovem Lucie, ao ser informada pela Sra. Wilson sobre a existência de um "tesouro" oculto na casa, convidará o namorado, William, e o amigo, Ben, para passar a noite de Halloween vasculhando o lugar. Até então, o enredo poderia se assemelhar a mais um filme previsível de terror para adolescentes. Porém, *Livide* conseguiu mais: ele trouxe uma admirável fotografia e criou ambientes de terror instigantes. Um deles foi uma alcova que servia de quarto de brinquedo para Anna quando menina. Nesse quartinho de bonecas, havia uma mesa de chá com estranhos personagens ao redor: animais empalhados e vestidos, à semelhança de uma fábula invertida à Beatrix Potter. Eram um coelho, um corvo, um peixe feio, espécie de bagre; um lobo de feição feroz, um veado circunspecto. Todo o casarão expõe uma série de animais empalhados por suas paredes e outros locais, consequência do uso de uma horrenda sala de taxidermia. Nela, além de um lustre giratório que produz efeitos de luz e sombra, veem-se muitos vidros com animais mortos, bem como fetos disformes, cabeças decepadas, caveiras. Bonecas de louça também conferem uma composição macabra ao cenário.

Em uma das salas da casa, encontra-se uma figura coberta por um véu espesso, o qual esconde uma bailarina empalhada – o cadáver da filha de Jessel. De fato, aquele era o "tesouro" que os adolescentes procuravam, sem o saber. Sob ela, estava um aparato giratório, como o de uma caixa de música, que a fazia girar quando acionado. No passado, a filha, levada ao extremo do sofrimento da dança pela possessiva e sádica mãe, acabou por morrer. Em suas costas, foi instalado um mecanismo que lhe permitia mover-se como

---

119 Também diretores de *A invasora* (À *l'intérieur*, de 2007).

120 Jean Rollin, Mario Bava e Dario Argento são três diretores que sempre exploraram personagens femininas monstruosas. De certa forma, *Livide* segue essa tradição.

uma bailarina mecânica sobre um pedestal. Há mesmo uma cena em que Anna se assemelha a um daqueles belos bonecos mecanizados que faziam sucesso na Europa nos séculos passados. Deitada, as costas abertas mostram os músculos puxados para os lados, enquanto o engenho é instalado pela mãe, secundada pela enfermeira.

Percebe-se que o feérico ajuda a compor a sombria história, causando outras sensações de estranhamento, como na cena do *flashback*[121] de Anna menina flutuando sobre o jardim ventoso durante o dia, com sua roupa branca de bailarina manchada pelo sangue de uma das colegas que viera a matar.

A mãe vampira, contraponto de Anna, tem de fato uma boca enorme e famélica que se revela quando está sem o aparelho de respiração. Auxiliada pela enfermeira Wilson, em uma das cenas da trágica noite do dia das bruxas, ela introduz uma pupa em uma abertura epidérmica no abdome de Lucie e grampeia suas pálpebras, enquanto outra crisálida semelhante é colocada no pescoço da filha bailarina, imóvel sobre uma poltrona. A pupa, palavra que tem a mesma raiz latina de "boneca",[122] se transforma em borboleta.[123] Quando os dois insetos terminam a metamorfose, se cruzarão pelo ar e trocarão de hospedeira, levando consigo, cada um, a alma que mudará de corpo.

Uma borboleta, em certo aspecto, é capaz de representar a leveza da bailarina, e, por outro, é um ser próximo ao sobrenatural: nada mais sutil para representar o esvoaçar da alma errante, fora do corpo, na concepção romântica. E aqui também recordo as bonecas surrealistas de Bellmer que, como Anna, também tinham engenhos mecânicos e muitas vezes eram colocadas em posições bruscas e pouco anatômicas. No desfecho, Lucie, no corpo de bailarina, se joga de um abismo, mas, em vez da morte fatídica, ela voa. Ante a luz do novo dia, as placas ressequidas que lhe formam parte da epiderme se desmancham: não como uma vampira clássica, que se consome pelo fogo e vira cinzas, porém, mais próxima a uma fada, delicada e doce.

---

121 As cenas que remetem ao passado são interessantemente coloridas e vivas.

122 E, como se trata de um filme francês, lembro que o termo para boneca nesse idioma é *poupée*.

123 Esse é um poético processo biológico em que o pesado corpo vermiforme da lagarta se desfaz para se transformar em uma esguia e ligeira borboleta.

As figurações do vampiro em *Livide* fogem de fato dos cânones e dos lugares-comuns: o sol não lhe causa grandes interferências, apesar de parecer ter uma ação pouco benigna sobre a criatura. As presas tradicionais foram substituídas por uma pontiaguda arcada dentária, e o somatório de vampirismo e canibalismo transformaram a velha professora de balé em uma morta-viva mista entre zumbi e vampiro, cuja origem permanece inexplicada. A conturbada relação de mãe e filha também fica acentuada no filme: Jessel é mais uma daquelas figuras maternas desequilibradas e movidas pela inveja, que se pretende "dona" de seu rebento.

O desfecho deste subcapítulo se dá com alguns comentários sobre o último episódio dos filmes inspirados na obra de Stephenie Meyer. Apesar da "elegância comportamental" que se tentou manter em torno de alguns vampiros da franquia *Crepúsculo*, esses monstros perderam a razão em vários momentos. Por exemplo, no último filme, *Amanhecer, Parte 2* (*The twilight saga – Breaking dawn, Part 2*, Bill Condon, 2012), em seu clímax de vislumbre épico, temos uma série de cenas que reúnem os vampiros Cullen e seus amigos lobisomens contra os perigosos Volturi. Há um excesso de clichês e de estereotipagens quando se retratam os vampiros "colaborativos". De fato, essa foi uma tentativa de se referenciar diversos povos, representados em vampiros que provinham de variadas partes do mundo em auxílio aos Cullen, com o objetivo de testemunhar a favor da menina Renesmee, a qual não seria de fato uma humana e, portanto, não colocaria em perigo a obscura existência dos vampiros no planeta. No encadear de cenas pré-combate, a partir do momento em que a cabeça do pai dos Cullen, Carlisle, é arrancada[124] pelo personagem Aro,[125] a horda que se continha entra em batalha contra os sombrios Volturi, relembrando aspectos discutidos por Freud em sua obra *Totem e tabu*, quando um pai primordial morre e se totemiza em benefício do clã primitivo.[126]

---

124 O espectador fã da saga sente enorme alívio ao descobrir que tudo não passou de um futuro possível, graças à intervenção da personagem Alice junto a Aro. A vampira tinha o dom de mostrar o que podia acontecer mediante as escolhas feitas.

125 Líder de uma espécie de família real dos vampiros, cuja sede está em Volterra, na Itália.

126 Lê-se no "pré-prefácio" da primeira edição: "Mas os principais elementos da contribuição de Freud à antropologia social aparecem, pela primeira vez, nesta obra e mais especialmente no quarto ensaio, que contém a hipótese da horda primeva e da morte do pai

Se o membro de um clã é morto por alguém não pertencente a ele, todo o clã do assassinado se une no pedido de satisfações pelo sangue que foi derramado. O laço totêmico é mais forte que o de família, em nosso sentido. Os dois não coincidem, uma vez que o totem, via de regra, é herdado através da linhagem feminina, sendo possível que a descendência paterna fosse deixada, originalmente, inteiramente fora de consideração. (Freud, 1996, p. 70)

No filme em questão, é no ataque de vampiros e lobos enfurecidos contra um inimigo comum que o pai decapitado sobrevive e se reorganiza. Apesar de todo o romantismo com o qual a saga se revestiu, os momentos de extravasão pulsional e de defesa de fratrias são bastante inquietantes e pertinentes, muitas vezes permanecendo fora do foco de críticos e analistas por estarem encobertos pela fugacidade luminosa do casal protagonista.[127]

Os fantasmas ainda nos divertem

Os fantasmas no cinema do século XXI vieram, em grande parte, do Extremo Oriente. Filmes japoneses, sobretudo, deram às aparições um refinamento tecnológico, o que não foi novidade se pensarmos que o cinema é vocacionado ao fantasmagórico. Desde o século XIX, tem-se pensado sobre os recursos técnicos e tecnológicos como espécies de "médiuns": algumas das primeiras experiências do espiritismo francês em busca da comunicação com os chamados mortos resumiam-se em prender uma caneta a uma pequena cesta e deixá-la sobre um papel. Testemunhas afirmavam que o objeto se movia, e frases formadas eram atribuídas a seres desencarnados. Com o passar do tempo, a invenção de aparatos audiofônicos trouxe uma nova onda

---

primevo, e elabora sua teoria fazendo remontar a isso a origem da quase totalidade das instituições sociais e culturais posteriores" (Freud, 1996, p. 3).

127 "As mais antigas e importantes proibições ligadas aos tabus são as duas leis básicas do totemismo: não matar o animal totêmico e evitar relações sexuais com membros do clã totêmico do sexo oposto" (Freud, 1996, p. 24). De fato, o animal totêmico – o pai canibalizado – age muitas vezes como mensageiro e orientador para o clã. Este, por sua vez, se crê fielmente descendente desse animal poderoso.

de possibilidades comunicacionais com o além, o que recebeu contribuições também com a popularização das filmadoras, das fitas de vídeo, dos aparelhos de videocassete, de onde adveio a popularização da chamada transcomunicação instrumental, surgida em ambientes científicos europeus. Esta veio a ganhar adeptos no Brasil nos anos 1990.

Especificamente em relação à imagem, desde a invenção da fotografia tem-se buscado o registro das chamadas formações ou extrusões ectoplasmáticas. A partir da daguerreotipia, tornaram-se conhecidas imagens intrigantes impressas em chapas, as quais despertaram os mais estapafúrdios comentários, imagens estas que supostamente teriam uma formação involuntária. Elas se imprimiam, por exemplo, sobre um suporte fotográfico quando se pretendia registrar algum evento cotidiano ou uma paisagem. Em épocas em que o domínio da tecnologia ainda era privilégio de poucos, podia-se, com certa facilidade, convencer alguém sobre a captura ou o registro da presença de um fantasma, o que ficou conhecido como "fotografia espírita" – *spirit photography*.

No início do século XX, um dos casos mais famosos de fotografia de seres fantásticos foi o das "fadas" de Cottingley,[128] na Inglaterra, episódio este que chegou mesmo a trazer credulidade a Sir Arthur Conan Doyle, o perspicaz criador do personagem Sherlock Holmes. Em imagens que se disseminaram por todo o mundo, duas primas apareciam ao lado de fadinhas em um jardim. Somente em 1983 foi finalmente revelado que as garotas fixaram fadas feitas em papel no ambiente que seria tomado na pose fotográfica. Seguindo essa tendência de engodo e encantamento, pode-se afirmar que boa parte das "fotografias de fantasmas" contou com a ajuda de um ajudante do fotógrafo envolto em um lençol branco, o qual posava durante alguns segundos em segundo plano. Isso produzia um efeito translúcido ou parcial da imagem, uma vez que as primeiras máquinas fotográficas exigiam uma exposição mais prolongada para um contorno perfeito. Muitos fotografados, estarrecidos, se viram visitados por "seres do além" após verificarem a revelação de uma chapa fotográfica. Com a descoberta do raio X, acreditou-se ser igualmente

---

128 *O encanto das fadas* (*Fairy tale: a true story*, Charles Sturridge, 1997) é um filme que faz referência a este caso.

possível registrar os "pensamentos", ou seja, o que supostamente se passava no interior de um ser humano, ou mesmo as emanações fluídicas ou a "aura" do "espírito encarnado". Isso veio a repercutir notadamente na arte japonesa nensha, como no caso dos estúdios de Tomokichi Fukurai,[129] no início do século XX. Também se tornaram conhecidas fotos tiradas em cemitérios em que névoas e círculos de luz – os chamados "orbes" – eram captados, transformando-se em lendas urbanas. A partir da imagem digital, porém, as possibilidades de fraude são praticamente ilimitadas, e toda possibilidade de crença no fenômeno da fotografia de espíritos, por isso mesmo, se torna cada vez mais subjetiva.

No livro *Totem e tabu*, Freud salienta o medo que os homens sempre tiveram de um possível retorno dos mortos, e talvez nisso residisse a proibição, em várias culturas, de se pronunciar o nome dos entes falecidos. Mesmo pessoas queridas poderiam, após morrerem, se transformar em seres malévolos; isso parcialmente se explicaria por uma certa "inveja dos vivos" (cf. Leite, 1991, pp. 107 ss.).[130] Desde o nascimento do cinema, e até mesmo em seus curiosos antecedentes durante e antes do século XIX, os fantasmas têm sido formas repetitivas e recorrentes na maquinaria tecnológica. Eles formaram um amplo espectro na filmografia fantástica – afinal, o cinema é um suporte que acolhe muito bem o fantasmagórico, como já foi dito. Ainda que contemporaneamente os espíritos possam ser retratados nos filmes em representações tradicionais que se aproximam da literatura gótica e do cinema de terror clássico, percebe-se uma certa perda da etereidade mais extrema a fim de que um fantasma também adquira um corpo com maior consistência. De apenas um ente "sugerido", como muitas vezes acontecia nos enredos, em uma parte

---

129 A franquia *O chamado* envolve um fantasma que lançaria uma maldição por intermédio de uma fita de vídeo, fazendo com que quem a visse morresse após sete dias. O escritor do romance original que deu origem aos filmes, Koji Suzuki, inspirou-se na história de Fukurai e fundamentou alguns dos elementos presentes em sua narrativa em supostos acontecimentos reais. Sadako Yamamura, a fantasma antagonista do filme japonês, é parcialmente baseada em Sadako Takahashi, suposta clarividente que teria trabalhado em parceria com Fukurai.

130 Sabe-se que ainda hoje, no Brasil, em vários cultos de nações de candomblé, há muito cuidado e temor ao lidar com as supostas almas dos mortos – comumente designadas "eguns".

representativa dos filmes dessa temática o fantasma de nossos dias tem se tornado uma figura tão material quanto outros monstros.[131]

O primeiro filme abordado por mim neste escopo é o espanhol *A espinha do diabo* (*El espinazo del diablo*, Guillermo del Toro, 2001), trazendo como personagem um garoto chamado Carlos que é deixado por seu tutor no distante orfanato Santa Luzia, durante a Guerra Civil Espanhola. O filme traz um prólogo interessante, em que se ouve: "O que é um fantasma? Um terrível evento obrigado a repetir-se eternamente? Um instante de dor, talvez. Algo morto, que por um instante ainda parece vivo. Uma emoção congelada no tempo. Como uma fotografia desfocada. Como um inseto preso no âmbar".[132]

Aqui, pode-se inferir vários aspectos instigantes sobre o que vem a significar a representação de um fantasma: ele é definido, na epígrafe citada – que será também o epílogo da obra –, como repetição dolorosa de algo parado no tempo. Assim seria também a grande bomba que, na trama, fora jogada de um avião de guerra e, caída no pátio do colégio interno, não veio a explodir. Fora apenas desarmada, permanecendo em seu local de repouso como uma espécie de objeto fantasmagórico indicial: presa no tempo que a eternizou, imóvel, impedida de cumprir sua função letal. E assombrava quem quer que a olhasse, parecendo sinalizar aos passantes um acontecimento que não vingou. Aquela bomba, pois, atuava como um todo-fantasma *borderline*, apontando sempre para uma estranha inquietação.

Antes de tudo, um fantasma de um morto se afirma como algo que volta, o que ganha em francês um termo muito pertinente: *revenant*, do verbo *revenir*, "retornar". Ele também parece não ter um local definido e, por não gozar de descanso definitivo, surge ou sinaliza sua presença para incomodar, avisar, advertir, cobrar, vingar-se e assombrar. Um fantasma é, portanto, fruto de uma inquietude. No enredo, a própria secura e desolação da região erma em que o orfanato se encontra também colabora para configurar a esfera anunciadora de fantasmas que envolve o filme: a paisagem amarelada,

---

131 *En passant*, mencionamos *Treze fantasmas* (*Thir13en ghosts*, Steve Beck, 2001), *remake* "exagerado" de seu homônimo de 1960 (*13 ghosts*, William Castle).

132 "¿Qué *es un fantasma? Un evento terrible condenado a repetirse una y otra vez. Un instante de dolor, quizá. Algo muerto que parece por momentos vivo aún. Un sentimiento suspendido en el tiempo, como una fotografía borrosa, como un insecto atrapado en ámbar.*"

cortada horizontalmente em algumas cenas pela linha do céu azul, é ventosa e agreste. No centro do pátio, a bomba ereta, fincada no solo, tiquetaqueia a quem se propõe a escutar o que vai dentro de sua armadura.

Entre as personagens está o diretor Casares, que alega ser um homem de ciência e guarda, em seu gabinete, grandes vidros com fetos humanos mergulhados em um líquido cor de âmbar. Um desses fetos tem uma estranha deformidade, considerada pelo povo indício de uma criatura que não deveria ter nascido: a "espinha do diabo". O líquido em que esta se conserva é vulgarmente denominado de "água de limbo" e vendido na cidade próxima ao internato como espécie de estimulante sexual masculino. O feto principal aparece aos olhos do garoto Carlos como figura que assusta: imerso em sua piscina fechada, repousa em um tempo que parece não escoar jamais.

O fantasma do menino afogado Santi, chamado pelos internos de "aquele que geme", tem sua preferência pela noite e pela penumbra dos longos corredores. Contudo, ele também é capaz de aparecer durante a luz do dia, mesmo que por frações de segundos, como o fez em uma porta aberta ao recém-chegado Carlos – o novato que ocupava a mesma cama na qual Santi dormira.

A esfera fantasmagórica criada no ambiente diurno se deu por meio de cores encardidas; já no noturno, pelo tom sombrio azulado e esverdeado. A coloração âmbar presente no vidro dos fetos pode ser encontrada igualmente em vidraças e na água da estranha fossa, espécie de piscina que existe no porão. A não transparência do líquido evoca o pavor do segredo que ele pode conter: naquelas águas, Santi tinha sido afogado por Jacinto, uma espécie de zelador com muitos traços perversos que mantinha um caso em segredo com a professora Carmen, quem usava uma perna protética que lhe parecia um grande estorvo.[133]

Na obra de Guillermo del Toro, o espectador atento nota que o fantasma denuncia o próprio assassinato e, aludindo também a um dos sentidos etimológicos da palavra "monstro", adverte sobre possíveis infortúnios, o que vai de acordo com a tradição em torno das almas que voltam para junto dos

---

133 No contexto fantasmagórico que pontua o filme, o que seria a perna protética senão também um elemento indicial e anunciador de um membro que um dia existira ou poderia ter existido?

vivos. E *A espinha do diabo* é mais um dos filmes da primeira década do século XXI que trouxeram como fantasma principal a figura de uma criança.[134] Nada mais paradoxal, uma vez que um garoto tem a vida toda pela frente. Culturalmente, não se aceita que uma criança morra.

O fantasma do garoto assassinado se anuncia por sons e imagens, pelo derrubar de tesouras, por sussurros que se esvão junto ao vento. Pode ainda desaparecer com um grito. Sua expressão, quando foi visto por Carlos, causava espanto e demonstrava uma revolta contida. Enquanto o menino vivo tivesse medo, o fantasma insistiria em se presentificar mais e mais, até, finalmente, ser encarado e questionado. A aparição solicitava, de fato, uma abordagem direta, como se qualquer esquiva representasse apenas o retardo de uma atitude premente que deveria ser tomada.

Santi veio com a bomba, segundo informou um dos personagens, e, como ela, ele encarnou também um caráter indicial: estava sempre a "apontar" para a nefasta piscina que o matara, em busca de uma vingança; por outro lado, advertia de algo terrível que estava para acontecer. A bomba em que foram atadas algumas fitas coloridas é que "ensinou" a Carlos, após uma indagação feita pelo próprio garoto, como chegar a Santi: uma das fitas se desprendeu e o conduziu ao espectro.

Santi fez uma aparição bem completa: apresentou a cabeça sangrando no exato local em que se chocara contra uma parede, ao tentar fugir de Jacinto, em passado recente. O sangue, porém, jorrava para cima, como se ainda se misturasse ao fluxo da água da fossa em que o corpo fora jogado. O fantasma do menino, por conseguinte, pode ser entendido como uma figura dependente de um presente contínuo: o momento da morte estava eternizado e era a evidência maior de sua tragédia. O corpo de Santi fora amarrado por seu assassino e depois jogado dentro da água turva, cheia de dejetos. O que não se queria ver ficava imerso nas profundezas: os restos liberados pelos humanos do orfanato, na forma de descargas e águas sujas acumuladas. Metaforicamente, Santi era um resto que não se queria ver e aceitar. Por isso é

---

134 Lembremo-nos também da produção japonesa *O grito* (*Ju-On*, Takashi Shimizu, Jap., 2003) e seu *remake O grito* (*The grudge*, direção de Takashi Shimizu e produção de Sam Raimi, Japão/ Alemanha/ Estados Unidos, 2004).

que um fantasma tantas vezes tende a ser uma criatura propensa à histeria ou a desencadear ataques histéricos: para conseguir tal intento, ele teatraliza, cria uma *mise-en-scène* dolorosa que, em *A espinha do diabo*, se evidencia pelo deslizar do corpo espectral pelos corredores do internato, pelos sussurros imprecisamente espalhados pelo ar, ou pelo olho assustador no buraco da fechadura, quando Carlos se esconde dentro de um armário de roupas.

A forma do fantasma do garoto é de natureza ectoplasmática, seguindo um longo percurso de representação desse tipo de personagem na tela do cinema. Ele é propenso a se dissolver, a se desfazer ao toque, a não obedecer às regras de espaço e tempo. Curiosamente, a alma de Santi não entra no armário onde Carlos se refugiou, mas o observa como se aquilo fizesse parte de sua encenação, já que não há impedimentos físicos para um ser capaz de aparecer, desaparecer e atravessar obstáculos.

Os personagens adultos pareciam torturados por frustrações e pela não aceitação de seus próprios limites, formando um quadrado amoroso entre a professora Carmen; o zelador Jacinto, amante desta; a jovem Conchita, namorada de Jacinto; e o diretor do orfanato, Casares, esposo de Carmen. Este último apresentava uma disfunção erétil que era do conhecimento da esposa e de Jacinto. Em busca de solução, Casares, que se pretendia tão científico, ingeria o supersticioso líquido em que repousava o feto de malformação teratológica. E Carmen, em seu dilema, se obrigava a usar a pesada prótese, dentro da qual escondia ouro. Já o perturbado Jacinto insistia em se reconhecer em uma fotografia de sua provável extinta família, apesar de mencionar estar borrado e desfocado (como o é, em geral, historicamente, toda "forma fantasmagórica" representada em películas fotográficas). A foto lhe valia como a marca indelével de um passado do qual pouca coisa restava. Nesse panorama emocional, a bomba, personagem de forte presença, sintetizava as fixações de todos os quatro: afinal, tratava-se de um artefato bélico que não explodira. Cada qual, pois, vivendo em seu próprio âmbar viscoso e opaco de aflições, cultivava os próprios fantasmas. Estes, simbolicamente, se presentificavam nos reflexos dos personagens que se miravam nos vários espelhos parte da mobília em diversas cenas. "Às vezes penso que os fantasmas somos nós" é uma das falas que se ouve no filme, e, provavelmente, uma das mais impactantes quando se considera o que acabo de comentar: o pedaço pesado do passado de cada personagem retorna, encapsulado em um tempo subjetivo, como uma assombração.

Quando se aproxima o final trágico, o espectador percebe o som monótono das músicas de que o falecido Casares gostava saindo de um gramofone – objeto que adquire então uma função fantasmagórica. O espectro será vingado pelo bando de heroicos meninos do internato, os quais armam uma cilada para Jacinto. Este se afoga nas águas da fossa, à semelhança de sua vítima, que lhe aparece em um derradeiro momento nas profundezas daquela espécie de líquido amniótico de um uterino porão. Santi é sua última visita e derradeira visão no âmbar aquoso. Durante a repetição das mesmas frases da abertura do filme, a redundância que todo fantasma costuma significar se afirma na obra de Del Toro: Jacinto será a nova assombração a vagar pelo destroçado orfanato, fazendo companhia à bomba que jamais explodiria. Confirma-se, assim, em *A espinha do diabo*, uma narrativa que tem suas formas monstruosas como fruto do ressentido: verdadeiros *revenants*.

Como a tecnologia e os fantasmas se tornaram muito simbióticos nos enredos cinematográficos, como afirmei, escolhi também abordar o *remake* da produção japonesa *O chamado* (*Ringu* ou *The ring*, Hideo Nakata, 1998). Uma vez que a versão americana é de 2002, ela está mais inserida no período de análise recortado.

Com uma cuidadosa fotografia e uma *mise-en-scène* elegante que ofereceram bons aportes ao filme, *O chamado* (*The ring*, Gore Verbinski, Estados Unidos, 2002) reflete os enredos contemporâneos em torno de lendas urbanas e apresenta a televisão como um receptáculo mediúnico: é ela que opera como intermediária entre um mundo de vivos e mortos cada vez mais confundido. Assim, o aparelho televisivo se constitui em passagem para que o fantasma se materialize no mundo "real", atravessando a própria tela, em uma das cenas mais aterrorizantes do filme e, por que não, do cinema daquela década. Em outro momento, é pela impressão de sua mão no braço da protagonista, à semelhança de uma queimadura, após um pesadelo, que a adolescente morta assinalará sua insistente presença: um duplo negativo que não se apaga.

O chamado, que liderou uma das tendências do cinema fantástico contemporâneo, traz a manifestação dos fantasmas por meio dos suportes tecnológicos, em especial os ligados às mídias digitais (ainda que esse filme, especificamente, marque uma transição do analógico ao digital, posto que a tônica se dá em torno de uma nefasta fita de videocassete que prenuncia a morte de seus espectadores). Ainda que a ficção cinematográfica tematizada no retorno das almas dos mortos acompanhe os avanços tecnológicos (nos anos 1980, por exemplo, um dos grandes *frissons* do público adolescente foi *Poltergeist, o fenômeno* [*Poltergeist*, Tobe Hooper, 1982]), com *O chamado* temos o espanto bem articulado em torno não apenas da televisão, mas também da fita de videocassete, do telefone, da impressora. Isso evidenciava a presença de tecnologias, tanto mais antigas como mais recentes, que trouxeram enormes modificações cultura humana. Da mesma forma, assinalava-se uma concepção do fantástico que não abandonaria estruturas-chave, por um lado, mas traria, por outro, a roupagem do mundo analógico-digital. O duplo, nesse caso, pode ser entendido, também, como reprodução e redundância: a imagem fantasmagórica da menina fantasma na tela da TV em *O chamado* referencia tanto o virtual como o que se denomina real. Isso mostra uma passagem cada vez mais sutil de uma instância a outra, em um misto de diferentes percepções da realidade que parecem fluir para um denominador comum. Ou seja, no mundo inaugurado pela convergência das mídias, a morte pode chegar em sete dias, trazida pela maldição do filme dentro do filme, tornando o espectador uma vítima da imagem, tanto quanto os personagens, uma vez que podemos também nos transformar simbolicamente em duplos. Assistir ao breve filme dentro do filme que anuncia a morte dos protagonistas, enquadrado na tela cinematográfica ou televisiva do espectador, em forte metalinguagem, aproxima-nos da intensidade buscada pela ficção e eleva o pavor. É como se a maldição da menina Samara Morgan se espalhasse por todo o mundo, a cada espectador, anunciando a irreversibilidade do estágio da reprodutibilidade técnica e da virtualização atingido pela humanidade, como se, agora, os fantasmas, de fato, pudessem se divertir às nossas custas.

O tema do filme de Gore Verbinski gira em torno do olhar fatal: lembremo-nos de que Samara, espécie de continuadora da extensa linhagem medusiana, e, assim como a górgona, injustamente amaldiçoada, acaba por matar suas vítimas literalmente por meio de seu olhar perturbador, oculto grande parte do tempo por trás da "máscara" que lhe é formada pela cabeleira jogada para a frente. O olho gorgônio, metaforizado no próprio círculo de *The ring*,[135] cuja pluralidade de significados a tradução em língua portuguesa não conseguiu preservar, traz à tela, em diversos momentos, o horror psicológico sugerido, muito mais do que exibido. O espectador, dessa forma, se vê aos poucos imerso em uma trama que o arrasta para o desconforto de confrontar a perenidade de sua existência em uma temática tabu: saber o dia da morte seria insuportável a qualquer um, e o é para os personagens que assistiram ao filme proibido. Eles sabem que não terão mais do que sete dias de vida, exatamente o tempo que Samara passou dentro de seu poço-prisão, aguardando o fim. E é a fita de vídeo assassina, contendo um vídeo de tendência claramente surrealista, que nos faz rememorar experimentos visuais notáveis, como os de *Un chien andalou*, e, ao mesmo tempo, privilegia o simbolismo em sua montagem abrupta.

Mais do que as sensações bizarras que foram transmitidas na versão nipônica, a produção de Verbinski pretendeu trabalhar com cenas enigmáticas e intrigantes. Dessa forma, as referências ao olhar e ao duplo puderam se fazer intensamente presentes, sem, entretanto, se tornar clichês: o espelho em que Anna Morgan, a mãe de Samara, se olha, e a abertura da cisterna na qual a filha fora jogada, são alguns exemplos disso. Outro aspecto a ser comentado é que o mecanismo para a criação do medo difere em ambas as versões: na primeira, ele se deu pela engenharia dos efeitos sonoros; no *remake*, pela luminosidade sofisticada, quase expressionista, e por trucagens perturbadoras, por exemplo, a ausência de sombra dos personagens em algumas cenas. Os "chuviscos" nas telas de TV sem sintonia do filme, o que advertia o espectador sobre a presença do macabro, tiveram, também, uma função fantasmagórica e aterrorizante, assim como as revelações de fotos que mostravam os rostos borrados e distorcidos das próximas vítimas, algo parecido com os recursos atuais de se cambiar imagens mediante o uso de aplicativos.

O fantasma de Samara não descansa, não dorme e não parece buscar redenção: se, por um lado, ela não fala, remontando aos *revenants* tradicionalmente pouco verbais, por outro, ela se mostra por meio de imagens

---

135 Uma vez que *ring* pode ser tanto o chamado de uma ligação telefônica como a figura do anel.

que pedem decifração. Ainda assim, a garota não tem o desejo de vingança aplacado quando o mistério de seus últimos dias como mortal é enfim descoberto, como sói ocorrer às narrativas do gênero: Samara é, pois, uma *revenant* insistente, que busca colocar muitos outros no círculo nefasto de sua maldição, buscando manifestar-se nesse espelho tardio que se tornou o próprio écran.

É de amplo conhecimento que os fantasmas pertencem a um gênero muito específico no cinema do Japão, onde existem os *Kaiju eiga* (filmes de monstros), os *Yurei eiga* (filmes de *revenants*) e os *Kaidan eiga* (filmes de criaturas do além que apelam a tradições mais antigas, de origem atribuída ao Kabuki).[136] Nos anos 1960, o fantasma começou a desaparecer no cinema japonês, até seu retorno perturbador em 1998, com *O chamado*, o que abriu caminho para a expressão do medo em novos territórios do espanto. Sadako, a menina fantasma de Ringu, é um dos mitos fantásticos pós-modernos mais famosos, com sua cabeleira que esconde o rosto e seu caminhar desarticulado.[137] Ela encarna igualmente o aspecto fóbico de nossa relação com o tecnológico e com as ferramentas de comunicação, disseminando-se como ampla figura de medo a partir de um país muito representativo dos avanços da tecnologia. Pode-se mencionar também, nesse âmbito, filmes como *Kairo*, de Kiyoshi Kurosawa (*Kairo/Pulse*, 2001), em que a internet toma o lugar das casas amaldiçoadas e assombradas; e *Seres estranhos* (*Marebito*, Takashi Shimizu, 2004), que tem a presença mórbida de um *videoclipe*. Ou, ainda: *Audition* (Takashi Miike, 1999), *Freeze me* (Takashi Ishii, 2000), *Uma chamada perdida* (*One missed call*, Takashi Miike, 2003).

Já o filme Água negra (*Dark water*, Hideo Nakata, 2002), ao apresentar a figura de sua personagem fantasma, faz com que nos deparemos com a manifestação sombria de um *revenant* no estilo contemporâneo do horror japonês. Nessa produção, Yoshimi Matsubara é uma mulher divorciada que, para manter a guarda da filha de 6 anos, Ikuko, deve buscar uma moradia fixa. Para isso, acaba alugando um apartamento em um bloco residencial velho e frágil. Esse filme reflete o estilo de Hideo Nakata, que se tornou célebre com

---

136 O violento e espetacular teatro nascido no século XVI.
137 "*Sadako devient de ce territoire de la nuit et de l'abandon que nous portons en nous depuis l'enfance.*"

O chamado. O resultado foi um terror psicológico sem sangue, centrado na delicada relação de uma mãe com sua filha. O drama familiar, porém, assume cada vez mais um plano secundário para que a atmosfera nefasta do sobre-natural ganhe terreno. Tecnicamente, o diretor consegue isso mediante a so-noplastia incômoda, anunciadora da presença fantasmática, e ainda por meio dos silêncios e do cenário lúgubre e úmido filtrado pelos movimentos lentos de câmera. O enquadramento ressalta tons pastéis esverdeados e amarelados. Dessa forma, tem-se em Água negra um filme entristecido pela insistência da chuva que cai sobre Tóquio e também das águas que escorrem tanto pelas ruas quanto dentro do prédio, assim como pelas composições cênicas esver-deadas que o lodo reveste, sinal do tempo que passa.[138] Porém, para a alma aprisionada no rancor, na mágoa e no remorso, que são algumas das justifica-tivas para o fantasma na tradição japonesa, esse tempo se torna uma prisão.

Entre os sentimentos e carências que Mitsuko Kawai – menina-fantasma cuja morte foi causada pela negliência da própria mãe – traz consigo, per-cebe-se a enorme necessidade de expressar-se e solicitar proteção. Errante, Mitsuko passou a reger as águas negras da melancolia: quando viva, ela subiu pela perigosa escada da caixa d'água do prédio em que morava, o mesmo em que Yoshimi e Ikuko iriam residir. Sua mochila vermelha então caiu dentro do reservatório e ela, ao buscar reavê-la, se afogou. Tempos depois, sob o apartamento em que Mitsuko habitou, vieram se alojar as novas inquilinas do soturno edifício: mãe e filha. Estava, pois, instaurada uma espécie de fatal triângulo afetivo.

Yoshimi notaria um trivial vazamento no teto de sua nova morada, o qual se transformaria, pouco a pouco, em uma nefasta mancha amorfa, cada vez maior, a gotejar água incessantemente. A infiltração e o gotejamento são retratados como eventos que transmitem impressões monstruosas, de grande incômodo. As cenas do vazamento são de fato muito aterradoras, sobretudo no momento em que a mãe de Hikuko vai procurar a filha no apartamento vazio imediatamente acima do seu. O diretor Hideo Nakata soube muito bem articular uma situação aparentemente corriqueira da vida condominial de nossos dias e levá-la a uma esfera apavorante: um simples

---

138 Água negra teve também um *remake* americano solicitado a Walter Salles, em 2005.

vazamento de água centraliza parte das tensões do espectador. Yoshimi vai encontrar o apartamento do piso de cima não apenas encharcado, mas vertendo muita água, em uma inundação inexplicável. Enquanto isso, a banheira no apartamento de baixo, onde Ikuko permaneceu sozinha, se encheu com uma água negra. A menina, em vão, procurou fechar a torneira, e, em cena de forte espanto, duas mãos esverdeadas e lodosas saíram de dentro do líquido para tentar afogar a garota.

Além do vazamento que marca com distinção a presença sobrenatural no filme, a mochila vermelha de Mitsuko terá também um papel decisivo na criação da esfera do terror. Por mais que se queira se livrar dela, aquele objeto retorna como se jamais tivesse sido descartado, despertando um estranhamento em Yoshimi e no espectador. É angustiante a repetição não apenas do gotejar, mas igualmente da mochilinha, que não cessa de se fazer perceber, em clara alusão ao *refoulé* freudiano.

O fantasma da garotinha, entretanto, não assusta exclusivamente, mas também desperta compaixão, o que terá seu ápice talvez em uma das mais belas cenas do fantástico cinematográfico contemporâneo: a mãe de Ikuko, dentro do elevador do prédio, crerá estar com a filha ao seu lado, mas, percebendo que não, espanta-se. Quem lhe fazia companhia era a alma da menina morta, a qual será confortada em um abraço. A opção daquela mãe – que se sentia tão culpada por não se fazer presente na vida de Ikuko como talvez desejasse – foi a de partir com Mitsuko, tornando-se também fantasma, a fim de permitir que a filha vivesse tranquilamente.

Entro, dessa forma, igualmente no campo dos mitos da maternidade. É sabido que o cinema já retratou a figura materna e a própria gravidez de forma monstruosa, e um dos exemplos mais notórios é *O bebê de Rosemary*. Na cultura humana, tanto oriental como ocidental, o autosacrifício melodramático de uma mãe em favor do filho sempre foi algo esperado. O materno, por conseguinte, assusta, pois de um lado uma mãe é vista como protetora; de outro, essa mesma proteção pode acarretar desconforto e prejuízos. No filme de Nakata, Yoshimi havia tido uma mãe ausente e tentava não fazer o mesmo com a própria filha. Entretanto, conciliar a vida doméstica com a profissional e com outras questões que lhe demandavam atenção tornou-se um redundante dilema. Yoshimi veio a repetir com a filha a desatenção que sua mãe também tivera para com ela, por exemplo, ao deixar Ikuko sozinha em casa para investigar o apartamento vizinho. Um descuido semelhante por parte da progenitora foi a causa da morte trágica de Mishiko.

Em meio às formas fantasmagóricas que Água negra apresenta, existe a forte simbologia da melancolia feminina, por um lado, e da histeria e da paranoia, por outro, todos esses aspectos da neurose que se presentificava em Yoshimi. No cinema, a histeria nas personagens maternas costuma culminar em debilidade física e mental; já o corpo histérico, por sua vez, transforma-se em um enigma dificílimo de ser decifrado por conta de sua sintomatologia, tornando-se inacessível aos personagens masculinos, geralmente mais obsessivos do que histéricos. Como solução, costuma-se apelar para a morte das anti-heroínas nesse tipo de narrativa cinematográfica. Sabe-se que personagens que atuam fora de papéis sociais e ideológicos esperados são comumente caracterizados pela loucura e pela monstruosidade, como discuti no decorrer deste livro. Lembremo-nos, no âmbito de uma vasta contribuição cinematográfica para esse tema, de obras como *Estranha passageira* (*Now, voyager*, Irving Rapper, 1942), *Alma em suplício* (*Mildred Pierce*, Michael Curtiz, 1945), *Psicose* (*Psycho*, Alfred Hitchcock, 1960), *Marnie, confissão de uma ladra* (*Marnie*, Alfred Hitchcock, 1964) e *Filhos do medo* (*The brood*, David Cronenberg, 1979).

Muitas personagens mulheres em filmes fantásticos ocupam o lugar do "estranho", o que está no rol das profusas referências em torno da complexidade da mulher e de suas representações na imaginação e na arte, como também apresentei nos capítulos anteriores. A morte da mãe de Ikuko, no final do filme, se soma a essa linhagem de representações desafortunadas da histeria da mulher: na expectativa de salvar a filha das artimanhas da garota fantasma – pois a única forma de aplacar a raiva de Mitsuko seria consolá-la em seus desvarios no além –, Yoshimi cai nas armadilhas da repetição do seu sintoma. Ela se torna, também, um fantasma e, por isso, uma mãe ainda mais ausente do que pretendia. Na cena de separação entre Yoshimi e Ikuko, o espanto se esvai para que a ternura ganhe lugar, ainda que permeada pela culpa: a mãe observa a filha carnal chorando, enquanto a abandona ao escolher permanecer com a garotinha fantasma. Yoshimi passará, então, a habitar para sempre o espaço doméstico de seu apartamento, aprisionada em um tempo que parecerá não escoar – o que vem a ser confirmado por uma das últimas cenas, quando Ikuko, dez anos mais tarde, encontra a mãe na antiga residência. Entretanto, o fato de Yoshimi ter agido como mãe da menina fantasma não parece ter solucionado seus sentimentos de abandono para com a própria mãe; ela fechou-se no mesmo ciclo das mulheres que não souberam o que fazer com os papéis que se esperavam delas na vida.

O inferno é aqui: diabadas ao molho pardo

Do fantasma, passo ao último monstro deste bestiário, aquele que há milênios é considerado o mais terrível e concentra a potência máxima da maldade: o Diabo. Méliès já utilizava o demônio como espécie de pai de todas as trucagens, e pode-se afirmar que o cinema surge, poeticamente, como um artifício diabólico, mais assustador ainda porque não só imita, mas consegue chegar além, inventando. Pura *diablerie*, o cinematógrafo produz a ilusão do movimento. É simulacro e *phantasma* (ou seja, "imagem", no sentido atribuído por Santo Agostinho). Não é por acaso que o Diabo habita os redemoinhos de vento e rege todo tipo de *maelstrom*. Antes, porém, de se tornar figura cinematográfica, ele experimentará séculos de metamorfose, passando de espírito habitante dos ares, confundido com a própria luz, aos hibridismos de um animalesco símio, de um ferino leão, de um sexual bode. Diferentemente de um seu comparsa, o vampiro, que ganhou a cena nas artes a partir, sobretudo, da literatura dos séculos XVIII e XIX, o Diabo vai primeiramente residir nas páginas do Antigo Testamento, ainda pouco pronunciado e definido. De maior oponente de Deus nas mais antigas escrituras, ele passará, no Novo Testamento, a símbolo da tentação, da possessão, do fracasso humano. Por ter sido renegado a uma irrevogável queda a partir das vastidões celestiais, Lúcifer se tornará também o ser da revolta, da rebeldia e da vingança.

Entretanto, até o século III, o demônio cristão ainda não tinha se solidificado no imaginário religioso e fixado suas formas mais universalmente conhecidas. Suas modificações se darão aos poucos, até que, na Baixa Idade Média, sua fisionomia ganhará importantes contribuições que vão marcar toda a iconografia demoníaca: cabelos arrepiados, olhos esbugalhados e injetados de frenesi e luxúria, pelos sobre a epiderme, rabo, garras e membranas de morcego no lugar das alvas asas de ave. O chifre do bode expiatório do Levítico, da mesma maneira uma alusão a Dionísio e a similares divindades menores do panteão greco-romano, será um de seus traços indiciais. Porém, sua libertação da hagiografia ainda levaria outros séculos, pois, de fato, o Diabo medieval não era um ente fantástico como o entendemos hoje, mas, sim, uma criatura de consistência teológica, sedutor de clérigos, cavaleiros e donzelas, ora encarnado em belo rapaz, ora em sensual dama. Nos séculos XVIII e XIX, ele habitaria os romances e os contos, e teria o corpo das histéricas, sobretudo as religiosas. Senhor de todas as metamorfoses, o demônio seria associado aos fluidos corporais, a tudo o que se atribuísse ao escatológico, e também à mulher, ao estrangeiro – nesse caso, os representantes de diversas culturas – e ao insólito.

Incendiário, tantas vezes violento e luxurioso, o Diabo tem sido, por séculos, um intermediário por excelência. Ele é capaz de nos conectar ao Outro. Em suma, ele é cópia, reprodução, projeção, emanação, extensão e rede. É o próprio jogo de luz e sombra. Está na tecnologia e no tecnológico. Por isso mesmo, o cinema talvez tenha sido sua maior invenção e seu mais precioso presente à humanidade. E se a França é o país do surgimento dos monstros cinematográficos, Georges Méliès soube muito bem utilizar as traquinagens diabólicas em seus curtas tão popularizados.

De artifício da imaginação, o Diabo também passou a objeto de interesse do saber humano, notadamente da psicanálise: "Se o diabo aparece na pena de Freud como a figura da pulsão de destruição, a psicanálise impõe que não se deva sacrificar, mas sim reconhecer a sua legitimidade" (Leite, 1991, p. 79). Ele, entretanto, continua uma figura utilizada, em muitas religiões e crenças, como estratégia de projeção do mal no outro. Existem imensas massas que ainda hoje aceitam o Diabo como a criatura responsável por proliferar o mal no seio da humanidade e, para exorcizá-lo, ritos extravagantes são propostos. Nesse caso, ele pode até possuir os corpos e as almas, mas, como vem de fora, de alhures, pode ser expurgado. Da mesma forma, parece que a crença em um destino predeterminado pelo divino acarretaria, em parte dos fiéis de propensão mais fanática, a desresponsabilização do sujeito: afinal, este, quando não submetido aos artifícios de Satanás, estaria à mercê das determinações dos santos e anjos, de maneira que tudo o que fizesse seria consequência de maldição ou bênção, muito mais do que de uma escolha pessoal. Curiosamente, esse raciocínio, de origem medieval, ainda se faz presente na complexa contemporaneidade:

> *E, se, para os ocidentais, o demônio é considerado a antítese de Deus, estaria, por isso mesmo, muito próximo d'Ele em sua natureza (...). O diabo, de acordo com a mitologia cristã, seria um anjo decaído, o que o colocaria como originário de Deus. Esta figura, originariamente única, foi posteriormente cindida em duas, com atributos opostos. (Leite, 1991, p. 110)*

São variados os autores que se debruçaram sobre o tema. Para Beaune (2004),

> *o diabo é o fogo e a noite, o desejo e o desespero, um monstro muito avarento de sua singularidade, mas igualmente de suas imagens, que nos assombram com todas as suas forças, mesmo se não temos o diabo no corpo ou se ainda não lhe vendemos a alma.*[139] *(p. 9)*

Ainda para Leite (1991), "no misto de pai e mãe que é o diabo, figura também a medonha imagem da mãe fálica" (p. 112). Ou: "o inferno vomita os mortos para corromper os vivos"[140] (Astruc, 2008, p. 151).[141] "Satã é mons-

---

139 *"le diable est le feu et la nuit, le désir et le désespoir, un monstre très avare de sa singularité mais également de ses images qui nous hantent de toutes leurs forces même si nous n'avons pas le diable au corps ou si nous ne lui avons pas encore vendu notre âme."*
140 *"l'enfer vomit les morts pour éclabousser les vivants."*
141 A obra organizada por Montagne, *Les monstres, du mythe au culte* (2008), aparece dividida em três partes, o que resultou em uma lógica bastante limitadora: monstros humanos, monstros híbridos e monstros inumanos. Dentro de cada categoria, foram encaixados textos de colaboradores. Quanto à organização textual, tem-se, na primeira categoria, os humanos com aparências "enganosas", aparentemente "normais", como as crianças monstruosas, as mulheres monstras, os médicos loucos, os assassinos, os monstros de feiras de excentricidades. Os híbridos já seriam o resultado das misturas do humano com o não humano, criaturas muitas vezes inomináveis e imagináveis, que desconfiariam de nós, evitando-nos, ou, ainda, aterrorizando-nos. Aqui podem ser inseridos os demônios, os fantasmas, os golens, as bruxas, os lobisomens, os vampiros e os zumbis. Já os inumanos seriam tanto os de aparência antropomórfica, como os robôs, os mutantes e os heróis,

truoso por causa de sua compreensão da humanidade, não por conta de sua radical alteridade"[142] (Gillis, 2012, p. 3). O mesmo pesquisador propõe:

> *No final das contas, se nós tivermos de entender como um monstro pode destruir nossa concepção de humanidade, não será por meio da observação de suas características físicas. Em vez disso, será investigando as simpatias intelectuais entre o homem e o monstro que identificaremos sua verdadeira monstruosidade.[143] (Gillis, 2012, p. 4)*

O Diabo igualmente surge como a metaforização de desejos recal-cados: "Demoníaco seria então o que um sujeito não pode aceitar em si mesmo, devido ao recalque" (Leite, 1991, p. 127). E demoníaca, por extensão, seria a cultura. Reporto-me também, por oportuno que me parece para a abordagem que dei ao filme escolhido neste tópico, a uma discussão de Meletínski (1998, p. 204) sobre a noção de demonismo na literatura russa do século XIX, especificamente sobre o trabalho de Tchítchikov em *Almas mortas*:

> *Mas o seu "demonismo" (...) apoia-se naquele caos social e econômico que reina no mundo. (...) A devastação, o absurdo existencial da maioria deles [autores russos oitocentistas] é também uma manifestação do caos. (...) O caos e o vazio geram este demonismo da vida cotidiana.*

Todos esses preâmbulos ajudam a orientar aspectos que analiso no filme escolhido para este tópico. Bom exemplo do *gore cartoon*, em *Arraste-me*

---

quanto os extremamente diferentes, como os alienígenas, o Jabberwocky, o King Kong, a própria Morte. É na segunda categoria que se encontra o belo texto de Frédéric Astruc, *Anthropologie du zombie.*

142 *"it's Milton's characterziation of the uncanny Satan that perseveres in modern popular culture."* E, pouco mais adiante: *"Satan is monstrous because of his understanding of humanity, not because of his radical otherness".*

143 *"Ultimately, if we are to understand how a monster can destroy our conception of humanity, it will not be through observing its physical features. Rather, it is by probing the intellectual sympathies between man and monster that we identify their true monstrosity."*

para o inferno (*Drag me to hell*, Sam Raimi, 2009), o Diabo se faz presente por meio de um enviado seu chamado Lâmia: durante os três primeiros dias em que uma pessoa é amaldiçoada, essa criatura das trevas se apresenta à vítima por meio de tormentos e pesadelos que rememoram conhecidas cenas de filmes ligados a exorcismos, possessões demoníacas e casas mal-assombradas. Os cânones e mesmo os clichês desse subgênero se apresentam, na obra de Raimi, por intermédio de uma sonoplastia e efeitos sonoros fortes e assustadores, enquadrando o filme no âmbito da "espantomania", que foi tão presente nos anos 1980, e da qual o diretor é também herdeiro. Inserir-se no fantástico e ter uma expressão autoral era o resumo do que significava ser um diretor do chamado cinema de "segunda linha" (ou *cinéma bis*) naquela década: John Carpenter, com seu estilo mais acelerado, David Cronenberg, obcecado pelas questões corporais e clínicas; Peter Jackson, amante do *gore* bizarro; Brian Yuzna, fortemente *gore*, e Sam Raimi, com seu *Evil dead*, contendo representações histéricas e criativas em torno do monstruoso. Dessa forma, *Arraste-me para o inferno* poderia ser entendido, considerando-se as características autorais da obra de Raimi, como um *Evil dead IV* tardio, oferecendo a receita de terror bem conhecida: causar medo porque sabemos que não há nenhum perigo de fato e, ao mesmo tempo, permitir que riamos das situações extremas das *gags* apavorantes.

Por todas essas características, acredito que esse filme encerra bem este meu percurso pelas pistas do monstruoso: ele alia um enredo que busca divertir e assustar a uma certa imageria que se tornou referencial e repetitiva em filmes com demônios. Além da notável ambientação sonora, *Arraste-me para o inferno* oferece ao espectador cenas com objetos moventes, figuras sombrias que aparecem em janelas e atrás de portas, e um vento ensurdecedor que levanta folhas secas, assim como moscas que anunciam a presença demoníaca. Os exageros escatológicos aproximam a produção dos filmes de baixo orçamento (apesar de o quesito não se aplicar a essa produção de Raimi): o espectador se depara com representações nauseantes que vão de vermes e sangue até babas e outros dejetos, o que casa bem com a esfera de humor negro e sustos que permeia toda a história.

A temática da banalização dos absurdos e do caótico da vida cotidiana – e aproprio-me, aqui, do termo "demonismo" da citação anterior de Meletínski

– se exprime, à sua maneira, nesse enredo. A protagonista, Christine Brown, é uma analista de crédito financeiro que deseja subir de posto e, para impressionar o chefe, decide por não renovar a hipoteca imobiliária de uma cliente, a senhora Ganish. Esta se mostra como uma cigana cega de um olho, com dentadura completamente estragada e horrendas unhas, a qual vai até Christine implorar um tempo a mais sem ser despejada. Ao ter seu pedido negado, a velha, que pareceu inicialmente muito frágil, mostra-se uma personagem inundada de rancor, a ponto de lançar uma maldição sobre Christine.[144] Assim, pouco a pouco, a vida da moça será cada vez mais perturbada por contratempos de ordem sobrenatural.

A conhecida temática do enfrentamento de um demônio por um ser mortal retorna com Raimi. Porém, enquanto, por exemplo, em *A morte do demônio*, a vítima era libertada após a leitura em voz alta de um trecho de *O livro dos mortos*, aqui, a personagem precisará da ajuda de um quiromante vidente para saber como agir. Após tentar o sacrifício de um animal (desesperada, Christine assassina seu gatinho de estimação) e realizar uma cara "sessão mediúnica" (que fracassou quando um bode branco – para o qual o espírito demoníaco passou ao sair do corpo da médium – não foi morto a tempo), a personagem teria, como última alternativa, transmitir a maldição a outra pessoa. Para isso, ela presentearia quem bem escolhesse com um envelope no qual estaria um suposto botão de casaco que iniciou seu processo de ensandecimento. Sabendo ser possível dar o "presente" também para uma pessoa já morta, a personagem decidiu escavar a cova da cigana (que falecera e, por isso, não tivera tempo de aceitar o pedido de perdão de Christine) e colocar em sua boca o envelope. Essa é uma das cenas de maior impacto no filme, por esbarrar em vários de nossos tabus, como o da morte e o da proximidade física com pessoas falecidas – sobretudo, considerando que já se tratava de um corpo em processo de decomposição –, na solidão de um cemi-tério em noite tempestuosa. A defunta foi apresentada como uma figura insistente, cuja raiva e rancor se expressavam ainda em suas posturas: ela chegou a travar aparentemente uma luta física com Christine, o que se

---

144 Pode-se associar esse filme com *A maldição* (*Thinner*, Tom Holland, 1996), adaptado da obra de Stephen King, em que o personagem Billy Halleck atropela a filha de um cigano, o qual lança sobre ele uma maldição "emagrecedora" que o leva à morte.

mostrou evidente nas hilariantes e assustadoras cenas em que a amaldiçoada tentava se livrar de uma "mordida" da morta – durante o velório –, ou mesmo quando, inundada por chuva e enxurrada, a cova fez com que ambas ficassem muito próximas corporalmente.

A respeito do monstro principal utilizado por Raimi, ele não tem relações muito diretas com o seu homônimo proveniente da mitologia grega, em que Lâmia era uma rainha líbia que se transformara em um demônio devorador de crianças. Por evolução do mito, lâmias passaram a ser também espíritos femininos (espécies de *succubi*) que atacavam viajantes para sugarem seu sangue, revelando-se, assim, ancestrais dos vampiros. A parte inferior do corpo da Lâmia grega passou a ser figurada como viperina – o que ficou bem conhecido a partir do poema "Lamia", de John Keats, publicado em 1819, remontando, aqui, ao tronco melusiano da tradição das mulheres monstrificadas. Por outro lado, Lâmia era igualmente medusiana, pois, na mitologia antiga, Hera a amaldiçoara, transformando-a em um monstro que não conseguiria descansar e, por isso, sempre estaria a ver os filhos que tivera com Zeus e que haviam sido assassinados pela própria ciumenta esposa do deus supremo, do qual Lâmia fora amante. Nos bestiários medievais, a Lâmia era, em geral, apresentada como selvagem e muito malévola, sempre em sua condição antropozoomorfizada, vinculando-se, também, à terrível Lilith, o demônio feminino da tradição judaico-babilônica, outra residente dos infernos. No filme de Raimi, entretanto, o monstro Lâmia se apresentou o tempo todo com formas e atributos masculinos, muito próximo à representação caprina dos diabos medievais. Sua função principal era arrastar as vítimas, ainda vivas, para as profundezas do inferno, após transcorridos três dias de aflições, fossem eles causados por uma maldição, pela evocação de espíritos ou por alguma blasfêmia no túmulo de alguém. Nota-se, no filme, que somente uma atitude verdadeiramente imoral do personagem poderia condená-lo à perdição da alma. O que chama a atenção é a enorme carga de culpabilidade que Christine carrega após se negar a prolongar a hipoteca da cigana. Por um lado, o diretor ironiza uma questão muito recorrente em nossos dias, a qual foi capaz de trazer desgraças para a gerente de banco: seu erro imperdoável foi recusar a habitação a uma velha senhora que estava incapaz de pagar a hipoteca.

As formas que o sobrenatural e o monstruoso assumem nesse filme já são conhecidas do espectador contemporâneo, porém, o efeito sonoro multiplica enormemente os sustos e espantos. Exceto por cenas mais explícitas, como aquela em que Christine é jogada na parede após ser girada no ar por uma força invisível, a chegada do elemento diabólico é sempre notada por "anomalias" na ordem natural das coisas: vasilhames se deslocam, a sombra de um bode sobe as escadas e o contorno de duas patas pode ser visto do outro lado da porta. Em seguida, duas mãos, na forma de sombras, se projetam por meio de braços compridíssimos sob a mesma porta e tentam agarrar Christine. Nas vezes em que o rosto demoníaco se manifesta no filme – seja o da velha cigana, seja o da Lâmia –, isso se faz no cerne de um jogo de sonoridade e susto. Na engenharia de efeitos especiais, foram empregados desde a tela verde do *chroma-key* até bonecos, próteses e recursos de computação gráfica. Pode-se considerar que, dessa maneira, o sobrenatural demonizado se tornou praticamente um personagem à parte, grandioso e quase onipresente, pois seria capaz de se deslocar junto com Christine, povoando seu carro, sua casa, seu quarto, a agência bancária em que trabalhava ou a residência dos pais de seu namorado.

Em *Alarms and discursions*, o escritor inglês G. K. Chesterton apresenta um ensaio publicado em 1910 intitulado "The nightmare", no qual estabelece uma discussão sobre o gênero do horror, a qual cabe neste momento da análise do filme de Sam Raimi:

> *Esta severa condição reside em todos os artistas que abordam o luxo do medo. O terror deve ser fundamentalmente frívolo. A sanidade pode brincar com a insanidade; mas à insanidade não se deve permitir brincar com a sanidade. Deixe esses poetas (...) serem livres para imaginar deidades ultrajantes e paisagens violentas como quiserem. De toda maneira, deixe-os vagar livremente no meio de seus pináculos de ópio e suas perspectivas. Esses enormes deuses, essas altas cidades, porém, são brinquedos; não lhes deve permitir, nem mesmo por um instante, ser qualquer outra coisa. O homem, uma criança gigante, deve brincar com Babilônia e Nínive, com Ísis e com Ashtaroth. Deixe-o de toda maneira sonhar com o Cativeiro no Egito pelo tempo em que for livre dele.*

. . .

Em uma das cartas de Stevenson, existe uma observação caracte-
risticamente bem-humorada sobre a aterradora impressão produ-
zida nele, quando criança, pelas bestas de muitos olhos do Livro
das Revelações: "se aquilo era o céu, como, em nome de Davy Jo-
nes, seria o inferno?". Agora, a verdade é que existe uma magnífi-
ca ideia nesses monstros do Apocalipse. Suponho que seja a ideia
de que os seres realmente mais belos ou mais universais do que nós
somos poderiam parecer-nos aterradores e mesmo confundidos.
Eles poderiam, em especial, parecer ter sentidos ao mesmo tem-
po interconectados e com mais acuidade; uma ideia muito cria-
tivamente invocada na multitude de olhos. Gosto demais destes
monstros que vivem sob o trono. Mas gosto deles abaixo do trono.
É quando um deles perambula pelos desertos e encontra um trono
para si que a crença no mal começa, e cabe (literalmente) ao diabo
pagar – pagar com dançarinas e sacrifício humano.[145]

---

145 *"That is the stern condition laid upon all artists touching this luxury of fear. The terror must*
be fundamentally frivolous. Sanity may play with insanity; but insanity must not be allowed
to play with sanity. Let such poets... be free to imagine what outrageous deities and violent
landscapes they like. By all means let them wander freely amid their opium pinnacles and
perspectives. But these huge gods, these high cities, are toys; they must never for an instant
be allowed to be anything else. Man, a gigantic child, must play with Babylon and Ninevah,
with Isis and with Ashtaroth. By all means let him dream of the Bondage of Egypt, so long as
he is free from it (…). In one of Stevenson's letters there is a characteristically humorous re-
mark about the appalling impression produced on him in childhood by the beasts with many
eyes in the Book of Revelations: 'if that was heaven, what in the name of Davy Jones was hell
like?'. Now in sober truth there is a magnificent idea in these monsters of the Apocalypse. It
is, I suppose, the idea that beings really more beautiful or more universal than we are might
appear to us frightful and even confused. Especially they might seem to have senses at once
more multiplex and more staring; an idea very imaginatively seized upon in the multitude of
eyes. I like those monsters beneath the throne very much. But I like them beneath the throne.
It is when one of them goes wandering in deserts and finds a throne for himself that evil faith
begins, and there is (literally) the devil to pay – to pay in dancing girls and human sacrifice."
Davy Jones seria um "homem do mar", espécie de deidade marinha que se assemelharia ao
diabo em terras equatoriais, por ser capaz de prolongar a vida de um morto ou morto-vivo
(nota minha). Cf. Chesterton (2013).

Portanto, para Chesterton, o horror deveria buscar nos assustar e, ao mesmo tempo, nos fazer rir de nós mesmos, exatamente como mostrado em *Arraste-me para o inferno*, que, com seu pessimismo sarcástico em relação ao cotidiano, nada pode oferecer à protagonista além da danação. Não há, dessa forma, qualquer possibilidade de redenção ou resgate para a personagem Christine, que, antes de ser dragada às profundezas, passará por um calvário de surpresas desagradáveis, preparadas obsessivamente pela imaginação de Raimi. Dentre elas, as já mencionadas substâncias asquerosas que sairão e entrarão pela boca: e não apenas uma mosca, mas também vermes, uma gosma esverdeada e pegajosa, e mesmo um braço até a altura do cotovelo – um exagero escatológico e visceral que já assinalei em outras obras cinematográficas do início do século XXI, sobretudo aquelas vinculadas aos zumbis.

Quando a luz se apaga, onde se esconder?

Os homens sem monstros são as criaturas mais tristes do mundo.

Minhas considerações finais, de maneira contundente, vêm marcadas pela constatação da impossibilidade de se criar qualquer síntese sobre o protogênero fantástico. Ora, os elementos da fantasfera são todos da ordem da cisão, da multiplicação, da metamorfose e dos agrupamentos inesperados. Da mesma forma, apenas a hesitação não é suficiente para marcar a cena fantástica, a qual, de fato, brinca com a verossimilhança e "pactua diabolicamente" com o espectador/leitor. Ficou notório, ainda, que o fantástico se reveste, em cada época, de outros discursos, seja ele o da religião, o da tradição popular, o da ciência. Ele mostra o quanto é relativo o que sempre se chamou de "natureza", "real" ou "realidade", "lei", "patológico", "anormal", em uma cultura em que o estranho familiar nos serve de baliza para percebermos seus importantes sintomas.

Dessa maneira, fui olhar para o cinema e encontrei os sintomas da cultura nas configurações do corpo. Corpo monstruoso, híbrido, muitas vezes desmantelado ou mesmo amorfo e informe; em outras ocasiões, dotado de uma incômoda beleza vampiresca plástica, ou mesmo artificial e asséptica. Esses sintomas foram divididos em dois grandes blocos, como apontei: o sintoma da desintegração do sujeito e o sintoma do desmoronamento da civilização, este último interdependente do primeiro. Com isso, entretanto, não quis simplificar a profundidade das questões que permeiam o contemporâneo. Os monstros são, eles mesmos, sintomas da cultura, com sua capacidade quimérica e metamórfica de muito dizer, de tanto insistir, repetir, redundar, advertir, prevenir e ocultar para mostrar.

Os monstros do cinema do início do século XXI querem sobreviver a todo custo: para tanto, muitos deles – de alienígenas a zumbis – agem como impiedosos ou amorais predadores desprovidos de qualquer ética que não considere a perpetuação da própria espécie ou a continuação de um existir sombrio e pulsional. Pelo menos desde os anos 1960, os monstros cinematográficos perderam a capacidade de se colocar além ou aquém da linha que separa o "bem" e o "mal". De início, criaturas que demarcavam o que era considerado desprezível, feio e horrendo aos olhos, muitos deles atingiram o nível não apenas do deforme, mas igualmente do informe.

Nas experiências que trouxeram a ampla perplexidade do contem-porâneo ao cinema, a mulher foi muito bem escolhida, mais uma vez, tanto como forma quanto como formatadora. De fato, seu corpo foi exibido modificado e modificável, a exemplo do que se verifica na extensa filmo-grafia fantástica que vim a conhecer, corpo este que vem a dizer também do homem e sobre o homem. A mulher – orgânica e historicamente metamórfica e desdobrável – ajudou a compor o angustiante bestiário do contemporâneo por meio de suas representações monstrificadas. E este mesmo profuso bestiário se forma já por várias décadas, tendo como um de seus pontos de partida a mencionada e apologética obra *Les chants de Maldoror*, passando pela fauna saborosa dos surrealistas e pelas hibri-dizações provenientes das artimanhas do cinema digital, em represen-tações que levam considerar um corpo cada vez mais biociborguizado e avatarizado, não só nas telas, mas também no cotidiano da ciência e da tecnologia.

Se desde o surrealismo, pelo menos, o monstro se ornamenta e se multiplica com as formas do corpo da mulher, na caótica produção de signos da contemporaneidade a metamorfose vem certamente ajudar a entender a forma. O corpo da mulher anuncia, pois, que a fabricação de monstros é de fato ilimitada. Exemplo disso é que a esfinge, antes de tudo, um monstro-mulher, se refez simbolicamente na criatura teratológica e toda-devoradora de *Splice* (Vincenzo Natali, 2009).

Na Parte I, comentei sobre as bonecas das fotografias surrealistas de Bellmer. Retorna, agora, Olympia, nesta breve digressão, à medida que se encaminha o desfecho do livro: o autômato que tanto seduzia e incomodava Nathanael tinha dois buracos negros por olhos, assim como nossa brasileira Capitu, que causava incômodo por seus olhos escuros em estranha obliquidade, cavos como as ondas. Como na artimanha de Perseu para enfrentar Medusa, o olhar de lado, oblíquo, enviesado mesmo é o que parece deitar mais luz sobre o inconsciente, posto que uma mirada de frente evocaria o estranho, e, logo, poderia petrificar.[1] O olhar da mulher, imbuído de todos os mistérios que intrigaram os psicanalistas, sempre esteve do outro lado, mirando o espectador. De certa forma, respondendo a um dos subcapítulos deste livro, acredito que o que so(m)bra de um homem seja de fato a mulher, seu sintoma.

Quando me deparei, ao escrever este livro, com a vasta problemática em torno dos desastres socioambientais, dos avanços do bioterrorismo, da ética na biotecnomedicina, fui invariavelmente levado de volta à questão do corpo como objeto matricial de minhas indagações – esse primeiro e, talvez, último receptáculo da vida humana. Por exemplo, os sintomas da cultura se apresentaram, nos filmes analisados, nas mudanças anunciadas pelo biociborgue, pelo androide, pelos objetos e ambientes que começam a dispor dos atributos da inteligência artificial, ou mesmo pelo corpo projetado e projetável em um outro suporte – um avatar. Contudo, ainda que a ciência venha a proporcionar corpos auxiliares aos humanos, haverá sempre um organismo primevo, seja ele gerado e parido, ou simplesmente reproduzido, clonado. O corpo, portanto, é, desde sempre, um ponto de partida.

Percebe-se, dessa forma, ao tratar do cinema fantástico contempo-râneo, o inevitável retorno ao corpo e às suas possíveis significações, o que explica em parte tantas pesquisas encontradas por mim sobre questões corporais. A isso acrescento a necessidade da elaboração de uma "história do corpo", a qual ainda está por melhor se fazer. De fato, as experiências tão negativas em torno

---

1 Sobre esses aspectos, cf. Pereira (2004, pp. 52 ss.) e Moraes (2002, pp. 205 ss.).

do corpo que se deram mediante a crueza da reali-dade do século anterior, devastado por guerras e atrocidades inolvidáveis, trouxeram perplexidade e espanto. E tornei notório, no decorrer dos capí-tulos, o quanto os estudiosos sérios do cinema, da filosofia e da psicanálise conseguiram contribuir para que filmografias que antes seriam consideradas menores ou indignas de análise se tornassem fundamentais para se olhar o mundo contemporâneo e entender melhor seu mal-estar.

Tem-se anunciado, insistentemente, nas formas cinematográficas, o corpo que um dia existira na forma repugnante do cadáver ressurreto, do zumbi, ou, então, a constituição física dos replicantes, robôs e androides construídos com matéria inorgânica – várias vezes a partir de restos e pedaços –, junto a uma organicidade inovadora, que se somou às invenções. Ambas as vertentes – a do zumbi e a do biociborgue – infestaram a cinematografia do início do século XXI para tratarem de um corpo não mais totalmente humano, no âmbito das concepções mais clássicas.

Em suma, pode-se apontar, em grande medida, o cinema contem-porâneo fantástico como um laboratório para se pensar as formas assu-midas pelo corpo em uma cultura já aberta ao pós-humano, pelo menos. Como defendeu tão bem Baecque (cf. 2011, p. 507), os signos naturais vinculados à harmonia foram misturados, embaralhados e devolvidos por este cinema que permitiu um retorno ao corpo primitivo, ao corpo que foi trabalhado pelo primeiro cinema, este último tão irmão das *féeries* e das fantasmagorias dos espetáculos de luz e sombra dos sete-centos e oitocentos, e das visitações aos necrotérios e museus de cera em Paris e Londres. Afinal, as multidões sempre buscaram medo e prazer nas salas fantasmagóricas. Porém, os espectadores do cinema do século XXI parecem imbuídos do gozo provocado pelo medo do próprio corpo perecível e frágil. Assinalam esse item as já mencionadas configurações a respeito dos corpos monstruosos zumbificados, tantas vezes dilacerados, eviscerados, desmontados em estranhas turbas pós-apocalípticas, desmerecedoras de juízo final, contaminando, portanto, os vivos, levando-os irremediavelmente para o lado dos não vivos, fazendo com que experimentem muitos pavores na própria carne – não mais na alma, como quisera a tradição gótica – e, por que não?, saciando a curiosidade a respeito de um devir sem transcendência.

Em contrapartida, esse corpo não destinado ao paraíso recebeu a estranha capacidade de não se exterminar facilmente e, tantas vezes, de não atingir a morte orgânica definitiva. Em numerosas cenas, os zumbis se arrastaram, ainda que resumidos a uma cabeça e a um braço unidos a um torso mal-ajambrado, e insistiram em permanecer. Da mesma forma, muitos ciborgues e robôs se fizeram reconstruir e recompor, evitando o desaparecimento e a extinção.

O mundo contemporâneo, que muitas vezes se pretende "correto" e *clean*, se vê às voltas com um discurso readaptativo solapado pelas biotecnologias que buscam o prolongamento das funções corporais, e pelos regulamentos e leis que se aplicam às minorias e às diversidades humanas. E, por que não, podemos também dizer que somos fantas-máticos, em grande parte cerzidos e formatados pelas imagens. Visa-se, em primeira instância, a tornar o corpo mais aprimorado e, por meio de todo o arsenal tecnológico, atinge-se uma "(...) eliminação paradoxal do estigma corporal, simultaneamente percebido e apagado, lembrado e negado, reconhecido e recalcado" (Courtine, 2011, p. 335). Em cada época, existe, *grosso modo*, o "corpo discriminado da vez" e, provavel-mente, na anoréxica contemporaneidade, isso se aplique sobremaneira ao corpo obeso. Como um certo sentido de construção da subjetividade se faz cada vez mais pela via do corporal, isso se verifica no equilíbrio delicado e tão difícil no que diz respeito aos excessos de cuidados para com a saúde e a alimentação em nossos dias – em busca já patológica pelo corpo perfeito e são, em uma cultura zumbificada por apelos consumistas e falsas promessas de longevidade.

A teratologia, na proposta mecanicista do século XIX, mantinha os indivíduos "diferentes" afastados da sociedade por meio da exclusão, classificando-os como monstros e anormais; hoje, os filmes fantásticos são capazes de trazer o teratológico para o dia a dia do chamado "homem comum". Nesse contexto, está a relativização do teratológico ou os "contra-modelos" que podem ser localizados no momento atual. O monstruoso deixou de ser sobretudo especular para se especializar cada vez mais nas funções de parasita e hospedeiro e, finalmente, ser o próprio devir do humano, como já comentei. Vemos, dessa maneira, que o hibridismo dos monstros que sobrevoam a imaginação do fantástico há milênios também nos atinge naquilo que temos de mais frágil talvez: a ideia sobre nós mesmos.

Três feridas narcísicas foram enunciadas por Freud: a) não sermos mais o centro do sistema solar, tampouco do universo (com Copérnico e o heliocentrismo e, posteriormente, com as melhorias dessa compreensão astronômica); b) sermos descendentes dos primatas e não mais uma centelha divina, de acordo com o darwinismo; e a seguinte, advinda do próprio pai da psicanálise: c) nosso ego não ser senhor sequer em sua própria casa, uma vez que não conhecemos de fato nossos desejos e sequer sabemos o que se passa na maior parte daquilo que nos move – ou seja, o inconsciente. A quarta ferida talvez se enuncie com as mudanças dos estatutos em torno dos animais, graças, sobretudo, aos *animal studies*, por um lado, e por outro, à possibilidade crescente de nos relacionarmos com objetos dotados de atributos que antes eram configuradores apenas da noção de subjetividade de um ser humano.

Desde George Romero, com seu *A noite dos mortos vivos*, que, de certa forma marca a decadência da era dos estúdios Hammer, é possível manter contato com um monstro não mais apenas feio, disforme e malvado, como quis boa parte da tradição cinematográfica até os anos 1970. Meus estudos me mostraram que, além do disforme, depara-se também com o monstro informe. Como escrevi em outros momentos desta obra, o corpo eviscerado e fetichizado trouxe à luz das telas monstros escatológicos que anunciavam um mundo em que o corpo, de fato, entrou em novos paradigmas. Os males que assolam o planeta, criados ou não pela espécie humana, se espalham nos enredos fílmicos por meio de epidemiologias e pandemias, por exemplo, e não mais apenas pela força das invocações mágicas. Corpos supermodificados, melhorados e virtualizados, androides e objetos que agem como se dotados de subjetividade forjam um panorama que encanta, por um lado, e assusta, por outro. Para conter o otimismo, é preciso um peso que sirva de contrabalanço: os monstros moles e descaracterizados, queimados e pustulentos, expõem incessantemente um interior que causa repulsa. Apontam para o insuportável do real. Trazem ao espectador um corpo que não mereceria ser mirado, mas que, nem por isso, deixa de atrair multidões, apesar de enredos tantas vezes ruins. Nessas produções, as formas monstruosas demonstram dilacerações, mordeduras, esfacelamentos e transformações em imagens marcantes que, sem dúvida, registram os sintomas da cultura. Não são apenas zumbis – essas criaturas grotescas provenientes da forma humana –, mas, também, seres proteiformes, de hidridismos complexos, resultantes de manipulações genéticas e do uso da chamada nanotecnologia. Por conseguinte, o corpo monstruoso informe, à deriva, apresenta a devoração do outro como solução para se reconstruir e reconstituir fisiológica e morfologicamente.

Para fins da pesquisa que originou este livro, me apropriei da própria noção de um texto cinematográfico para pensar como "roteirizar" minhas buscas e, ao mesmo tempo, ampliá-las de forma tentacular, intencionalmente à semelhança de um corpo monstruoso. Por isso, chego ao que foi minha intenção: oferecer ao leitor, no decorrer das páginas, uma visão caleidoscópica roteirizada dos temas estudados.

O leitor que acompanhou este trabalho até aqui vai se lembrar de uma de minhas indagações iniciais: como seria, portanto, o bestiário de hoje? Respondo: ele é aquele que se conforma e reforma – em movimentos suaves ou bruscos, mistos, ecléticos e heteróclitos, de forma incessante, por meio de contaminações. O monstro se revela sempremetamórfico, porém, talvez mais ainda, na contemporaneidade, itinerante, tradutório, epidêmico. Traduz-se, replica-se, e igualmente se esquiva e se reprograma o tempo todo no desafio que a morte impõe, expondo, assim, a grande angústia que atravessa a condição humana desde sempre.

Agora, vemos o monstro – o exorcista da angústia mediante a sensação de medo que provoca – desprendido de qualquer noção limitadora em torno do imaginário. Ele, em suma, se mostra como a própria (impossível) erupção do real, um porta-voz da sexualidade e de seu impacto no corpo e na cultura. Por isso mesmo, ele é um tradutor: traduz (-se) estética e sensorialmente (n)o real do corpo, (n)aquilo que não caberá nunca em uma imagem.

Retorno, neste desfecho, às impressões que tive ao analisar as derradeiras cenas de O caçador de trolls: o grande monstro, fragmentado em um monturo de pedras, nem por isso eliminou a angústia basal de seus perseguidores. Ter sido destruído serviu para colocar em evidência sua constituição última: os entulhos, a montanha de restos. É até possível fugir de um monstro, mas negar sua existência é lutar contra nossa própria condição de humanidade. Se alienados de nossa possibilidade de fantasiar, que estéril planeta teríamos adiante. Não há, portanto, por mais paradoxal que pareça, nenhuma garantia de alento ao se banir o monstruoso fantástico.

E se uma pesquisa como esta pode ousar pedir uma síntese, depois de um período considerável de múltiplos desdobramentos em torno de uma temática ampla e de objetos inquietantes, com uma pertinência tão organicamente arraigada ao meu histórico intelectual, talvez eu tenha encontrado o que considerei uma frase basilar. Mais do que isso: assim como o estranho familiar é capaz de arrebatar o sujeito que entra na casa escura, posso dizer que essa construção frasal, à semelhança de uma máxima, me encontrou, e, assustadoramente, tinha tão forte materialidade que quase pôde por mim ser tocada. Apontou-me, assim, claramente, para o sentido e, por que não, para a síntese que eu tanto desejava para a questão das formas do fantástico.

E ei-la:

Os homens sem monstros são as criaturas mais tristes do mundo.

Post-scriptum

O dia em que a Terra parou – tanatopolítica e Antropoceno

O que aconteceu em nível tanto planetário quanto brasileiro, nos anos que sucederam à primeira edição desta obra, confirma o espectro anunciador, e tantas vezes sombrio, que já pairava sobre as formas monstruosas, em ampla gama, tal como eu vinha discutindo desde 2011. O mundo da ficção audiovisual é, de fato, arauto dos sintomas culturais.

Em meu pós-doutorado, realizado de 2015 a 2019 no Brasil e na Espanha, dois significantes se tornaram mestres em minhas pesquisas: tanatopolítica e Antropoceno.

O cinema-catástrofe – presente sobretudo dos anos 1950 em diante, o que coincide sobremaneira com os momentos em que os impactos da nossa espécie sobre o planeta deram vazão às mais severas discussões científicas mundo afora – vem demarcando a irreversibilidade de um novo monstro – dessa vez, real, infelizmente – e que agora sabemos incontornável e indestrutível: o Antropoceno.

Porém, o Antropoceno não condiz apenas com as questões ecossistêmicas e da biota, a chamada "natureza" – esta quase sempre apartada da "cultura" por conta da dicotomia que pareceu tão conveniente desde a Modernidade. Nas enervações antropocênicas, ramifica-se a tanatopolítica.

É sobre esse escopo que venho me debruçando desde 2015, sem jamais abandonar o cinema e a literatura, vastos objetos sempre disponíveis para os recortes que meu eixo como pesquisador me solicita fazer.

Considero a tanatopolítica uma "passagem" da biopolítica foucaultiana para um estado civilizacional ainda mais perverso. A primeira tratava das tecnologias de poder com vistas a "fazer viver" mediante o assujeitamento (cognitivo, moral, legal, social e médico) do sujeito. E uma tal "potencialização da vida" levaria à morte, segundo a visão do filósofo francês. Entretanto, aqui chamo de "passagem" não representa necessariamente um passo adiante à biopolítica, como se houvesse uma evolução retilínea dos procedimentos. Ambas podem conviver. Também nos estudos de tanatopolítica contamos com o cabedal filosófico de Hannah Arendt e Giorgio Agamben, entre outros, com a perspectiva de se buscar uma visão mais especializada a respeito do atual estádio civilizacional.

Chego, pois, ao Animal laborans – aquele que trabalha para produzir –, central nesse panorama. Em meio às demandas por produtividade – uma estratégia do neoliberalismo para que ele próprio continue valendo –, reforçou-se, por exemplo, o negacionismo da pandemia de 2020-2022[1] em muitos dos meios políticos e empresariais, para os quais vidas importariam "apenas" e "se" continuassem a ser a força motriz do capitalismo. A incongruência de tal ciclo se revelou com o evento sanitário magno que teve início em fins de 2019: o que antes da pandemia parecia discurso de vida ("saia para trabalhar a fim de manter seu ganha-pão e, quem sabe, ter uma casa e conseguir criar uma família") se mostrou rapidamente como discurso de morte ("saia para trabalhar enquanto seu patrão se protege"; "exponha-se para que você ganhe a tal imunidade de rebanho"). A isso se acrescenta o fato de, hoje, parte significativa da população trabalhadora viver ainda mais no chamado "precariado", modalidade de subinserção econômica, na qual geralmente jovens adultos escolarizados executam e gestam funções de baixa remuneração e por duração incerta.

---

1 Enquanto este texto estava sendo escrito, o fim da pandemia do covid-19 ainda não havia sido oficialmente decretado pela Organização Mundial da Saúde, a OMS.

No escopo tanatopolítico, os imperativos de morte atuam eliminando os "redundantes" sociais (os pobres e os extremamente pobres), enquanto os "resilientes" (os que puderam e/ou quiseram ficar em casa, no caso da pandemia) ganharam mais probabilidade de sobreviver. O Brasil se tornou rapidamente um triste estudo de caso mundial no que tange à gestão pandêmica movida por pretensões tanatopolíticas.

Todo esse contexto recente, inevitável de ser abordado nesta edição revista e ampliada, salienta o fato de o *streaming* nos auxiliar no estudo das formas emergentes das sintomatologias culturais. Com a pandemia da covid-19, parte da humanidade passou praticamente dois anos ausente das salas de cinema e dos contatos sociais presenciais. Vimo-nos impulsionados ainda mais para as telas disponíveis em nossos lares. Tornamo-nos de vez a sociedade dos pequenos e médios *écrans*. E estudos em todo o mundo demonstram, com rigor científico, os danos causados ao sujeito a partir de exposições diárias à profusão de telas, com especial preocupação quanto às crianças e aos jovens (cf. Desmurget, 2021; Ferraz, 2010, 2015; Flusser, 2008; Le Breton, 2018; Jonas, 2006).

As séries, sempre em avalanches, vêm tocando de maneira vertiginosa nossos medos e angústias contemporâneos. Nesse universo, ainda não abandonamos a horrenda corrente temática dos zumbis – os monstros paradigmáticos deste século –, enquanto continuamos perambulando por labirintos, por territórios movediços, por ilhas paradisíacas – mas ameaçadoras –, por casas e apartamentos que escondem perigos iminentes. Os temas audiovisuais conformam uma rede de referências monstruosas e multiformes que nos perseguem na ficção. Entretanto, a realidade do lado de cá das telas, altamente distópica nos últimos anos em boa parte do planeta, trouxe o estranho familiar como uma espécie de hóspede permanente. Não foi por acaso que Charlie Brooker, criador de *Black mirror*, afirmou, em 2020, que não lançaria a sexta temporada de sua celebrada série por conta de quão sombrio estava o mundo.[2]

---

2 Cf. https://rollingstone.uol.com.br/noticia/criador-de-black-mirror-diz-que-6-temporada-nao-sera-lancada-tao-cedo-e-culpa-o-mundo-real-sombrio-demais/. Acesso em 21/10/2021.

A pandemia promoveu rapidíssimos avanços no conhecimento científico, alterou nossas expressões sociais e afetivas, insuflou inseguranças até então adormecidas e aproximou da humanidade a iminência da morte. Nunca estivemos tão próximos do Real no sentido lacaniano. Nunca foi tão duro evadir-se do insuportável, que nos foi trazido até nossas casas, a todo instante, 24 horas por dia, pelas telas da informação – mas também da desinformação das *fakenews*: a constatação de que a civilização é muitíssimo mais frágil do que supúnhamos.

De forma contundente e dolorosa, percebemo-nos solapados, novamente, em nossas feridas narcísicas. Não esperávamos que um morto-vivo de fato – pois é isso o que, para mim, se traduz em um vírus – colocasse a humanidade em desesperadora dependência da ciência, tão desprezada em nosso país nos últimos anos, enquanto se aguardava uma solução *ex machina*. Houve terreno livre para o avanço dos novos déspotas, ditadores e líderes sociopatas mundo afora, quando expressões pluriformes de neofascismos que já vinham invadindo determinadas nações apropriaram-se de correntes negacionistas e antivacinas, dispondo das *fakenews* como estratégia discursiva e do genocídio como consequência direta e extrema de perversas e hediondas passagens ao ato tanatopolíticas.

Diferentemente de em outras catástrofes, a pandemia do covid-19 nos empurrou para casa, para o convívio com poucos, ou mesmo para a solidão. Mais telas se somaram às nossas vidas: as *lives* foram solução para muitas necessidades. Concomitantemente, as produções audiovisuais começaram a ficcionar esse estado de coisas, mas creio estarmos tão saturados pelas ameaças do Real que precisaremos de tempo para nos distanciarmos do núcleo atroz desse colapso humanitário e então, posteriormente, refletirmos com mais clareza a respeito. Serão anos de pesquisas e debates pela frente.

O vírus – "maquininha" que funciona quando entra em contato com a célula, mas que parece dormitar e até mesmo desvanecer quando não consegue invadir um hospedeiro – trouxe-nos também a urgência de se pensar o coletivo e de se reverem os valores neoliberais. As metáforas virais criadas na cultura durante os anos de pandemia coincidem com aquelas que estabeleci para uma tríade monstruosa no cinema do século XXI, pensada ainda no âmbito de meu pós-doutorado: em um vértice, o morto-vivo; em outro, o ciborgue;

no terceiro, o fantasma tecnológico. E não terá sido exatamente isso esse vírus? Inatingível pela luz, de tão ínfimo o seu tamanho, precisa ser capturado pelos microscópios eletrônicos e, depois, imaginado pelos designers. A forma arredondada e espinhuda, em cores fortes e contrastantes – como uma criatura mutante vinda do espaço sideral em algum filme de alienígena – girava ante o *chroma-key* dos telejornais. Esse vírus encarnou muita coisa de uma só vez: nem orgânico, nem inorgânico, era tanto maquínico quanto espectral. Em termos de forma, ele se tornou uma fantasmagoria que se dava a ver apenas por animações e infografias, ainda que seu impacto brutal e mortífero se mostrasse incontestável pelas vidas levadas e pelas sequelas deixadas.

A tentativa de abordagem e simbolização desse Real circunvizinho – parecíamos ter sido lançados em uma mistura dos enredos de *Melancolia* com *Contágio* – nos impôs jogos de decifração, muitos dos quais inúteis. As materializações do vírus se deram, nas telas, em formas girantes, como aqueles estandartes medievais de dragões que fascinavam as turbas, ou como as estatuárias teratomórficas da Antiguidade, que traziam no granito a maldição esculpida. Olhávamos os desenhos ameaçadores sobre a cabeça dos âncoras dos telejornais enquanto a palavra "urgente" era estampada nas telas dos canais de notícias 24 horas, demonstrando que a emergência do catastrófico tornara-se transtornante rotina. Dormimos certa noite para acordarmos no mundo da chamada "nova normalidade", antitético desde sempre. Por trás dessa expressão rapidamente cunhada pelas mídias, habitava o medo do monstro, do alien que estava lá fora, invisível, ou que já poderia estar dentro, como hospedeiro ardiloso.

Sabíamos que a situação era ruim e iria piorar, e isso nos era lembrado e reforçado o tempo todo por meio de imagens. O próprio fato de canais a cabo terem sido liberados para informar e distrair telespectadores serviu como indício da "anormalidade", da tragédia que se escondia por detrás da aparente generosidade dos provedores: bastava assistirmos algum canal de notícias para sermos assolados por impactantes visões do horror. Nada, no final das contas, nos distraía, pois todos queriam olhar as *facies* da morte. Foi a primazia do escópico. O império das imagens ocasionado pelo vírus com formato de mamona foi o maior e o mais extenso que a humanidade presenciou em prazo tão curto de tempo.

Uma das narrativas sobre a origem do covid-19 – que inicialmente nem nome direito tinha – parecia se reportar a uma espécie de não criatura, uma coisa criptozoológica saída do sangue (do morcego ou do pangolim – cogitava-se um, outro ou ambos) escorrido pelas feiras livres de Wuhan, cidade chinesa da qual muitos sequer tinham ouvido falar até então.

Aqui temos o elemento quioptérico, ao qual dediquei algumas páginas desta obra (cf. O gótico, o grotesco e o quioptérico), que tem sido associado à feitiçaria e ao desconhecido há séculos. Animal totêmico, o quatipuru – o morcego para os índios Huni Kuin do Acre e do Leste da Amazônia peruana – possui o dom de transformar a forma. Por isso, entre aqueles, é tabu devorá-lo (cf. Lagrou, 2020). Em nossa civilização sem direcionamento ecosófico, foi preciso encontrar rapidamente a explicação biológica para o desastre – não apenas sanitário, mas ecológico: uma vez mais, como já vimos em tantos filmes, parece que houve invasão humana no recôndito refúgio de alguma espécie.

Foi assim que o inominável foi adquirindo nomes aos atropelos para que a angústia pudesse ser parcialmente aplacada: no início, "vírus chinês" (com carga xenofóbica, o que causou ondas de preconceito contra povos orientais); depois, coronavírus (mas os coronavírus são variados), "novo coronavírus" (termo em que, por muito tempo, os próprios jornalistas insistiam, ao lado de outra aberração neologística: o chamado "novo normal"), além de covid-19, Sars-Cov-2 e, popularmente, "coronga".

Na mesma trilha do que aconteceu com outras enfermidades infecciosas na história humana, foi preciso um roteiro para conferir narratividade às probabilidades científicas: o estresse de morcegos ou pangolins aprisionados, transportados e confinados para consumo humano poderia ter desencadeado respostas e defesas imunológicas nesses animais. Isso se daria por meio de um vírus latente que então se tornaria manifesto e, posteriormente, contagioso. Em uma tal situação, não se requer muito esforço para uma tragédia em grande escala: basta que fluidos do animal estressado entrem em contato com mucosas ou ferimentos de alguma pessoa para que uma catástrofe epidemiológica ganhe curso.

A experiência marcante com a pandemia de 2020-2022 sinaliza, de vez por todas, que não é mais possível que se continuem validando as velhas dicotomias (natureza × cultura; *nature × nurture*, selvagem × civilizado; animal × humano):

> *Nossa ideia corrente de cultura projeta uma paisagem antropológica povoada de estátuas de mármore, não de murta: museu clássico antes que jardim barroco. Entendemos que toda sociedade tende a perseverar no seu próprio ser, e que a cultura é a forma reflexiva deste ser; pensamos que é necessária uma pressão violenta, maciça, para que ela se deforme e transforme. Mas, sobretudo, cremos que o ser de uma sociedade é seu perseverar: a memória e a tradição são o mármore identitário de que é feita a cultura. Estimamos, por fim, que, uma vez convertidas em outras que si mesmas, as sociedades que perderam a tradição não têm volta. Não há retroceder, a forma anterior foi ferida de morte; o máximo que se pode esperar é a emergência de um simulacro inautêntico de memória, onde a "etnicidade" e a má consciência partilham o espaço da cultura extinta. (Viveiros de Castro, 2002, p. 195)*

Se já tivéssemos estabelecido novos tipos de relações e preferido um caminho civilizacional mais tênue e menos abrupto no que tange à emergência de um tardocapitalismo devorador, estaríamos convivendo melhor uns com os outros e com os múltiplos agentes da biota. Provavelmente, não teríamos experimentado a pandemia ou, se ela tivesse emergido, não teria causado as dores e os traumas que deixou caminho afora.

Epidemiologistas há muito já diziam que não aprendemos o que deveríamos, enquanto civilização, com a pandemia de 1918-1919. Se não houvesse tantos aglomerados urbanos na China – extensas conurbações nascidas do dia para a noite a partir da década de 1960 como arquiteturas duras que se repetem em vários outros países –, a conduta da nova enfermidade poderia ter sido diferente? Nesse sentido, o que ocorre em um determinado lugar poder acontecer em qualquer outro: São Paulo, Rio de Janeiro, Xangai, Londres, Los Angeles, Lagos, Cairo e tantas outras megalópoles são exemplos do insucesso civilizacional no que tange ao planejamento e ao bem-estar coletivo. O tempo todo são invadidos *habitats* preservados de muitas espécies, seja na Mata Atlântica e na Amazônia brasileira, nas Montanhas Rochosas, nos Alpes, nos Apeninos, no Grande Deserto de Vitória, nas planícies da Mongólia... Estamos sempre circunvizinhos à próxima pandemia.

Às megacidades do planeta, que destroem ecossistemas e criam bolsões de populações miseráveis em suas periferias, se somam as facilidades de trocas e intercâmbios de nossos dias: voam, de um continente a outro, microorganismos presos até mesmo às rodas das aeronaves. Navios, trens, caminhões e todos os demais meios de transporte disseminam patógenos.

A civilização atual se tece em redes e em vias de todas as ordens. Enquanto uma aldeia contaminada por um vírus ou bactéria consegue fácil isolamento populacional, uma cidade grande é sempre uma incontrolável propagadora de germes. Em determinados surtos de doenças, grupos humanos pré-históricos provavelmente se estabilizavam após algum tempo devido à imunização de suas pequenas populações aos agentes infecciosos. A escassez de contatos intergrupais impedia o surgimento de epidemias de grande monta. Já o que o mundo experimentou em 2020-2022 foi provavelmente um *zoonotic spillover*, ou seja, um transbordamento zoonótico – fenômeno que ocorre quando um vírus que infecta animais não humanos passa a contaminar pessoas, rompendo-se a barreira entre espécies.

Existe agora uma Terra antes e uma Terra após o covid-19, o que não significa que veremos algum céu ou paraíso. Infelizmente, é todo o contrário: o que venho chamando de "antropocenas" – ou seja, as grandes cenas apresentadas no palco do Antropoceno – nunca foram tão reais: o medo afligiu a todos – ricos e pobres, crentes e incréus, ocidentais e orientais, cientistas e religiosos. Não foi um único povo que teve problemas com o vírus. Foi a espécie humana, que hoje se vê no limiar da quarta Revolução Industrial (cf. Schwab, 2018), nos portais do Antropoceno (cf. Latour, 2002a, 2002b; Messias, 2019; Stengers, 2015; Veiga, 2019; Wallace-Wells, 2019; Welzer, 2010, 2016) e em meio à sexta extinção em massa da biodiversidade na Terra (cf. Kolbert, 2015). E, com as catástrofes sanitárias, também temos as intervenções bélicas que, daqui e dali, aumentam o nível do mal-estar civilizacional.

Distopias e ecocídios sempre foram retratados no cinema: neste meu livro, dediquei um espaço singular a *Melancolia*, mas não podemos nos esquecer de obras como *Distrito 9*, *Elysium*, *Expresso do amanhã*, *Interestelar*, *Aniara*, *Empathy, Inc.*, *Ad Astra*, *Blade runner 2049* e *Parasita*. Também repercutem o mal-estar na cultura séries como *Black mirror*, *Westworld*, *Mr. Robot*, *O conto da aia*, *Biohackers*, *Lovecraft country*, *Raised by wolves*. As listas são enormes. A ficção medeia nossa relação com o futuro.

É curioso pensar que minha provocação quanto à inapreensibilidade do todo na ficção sobre monstros – o que se verifica já no próprio título desta obra – convergiu para um inapreensível real: o vírus, integrante cruel do bestiário que organizo. No final das contas, tanto a realidade quanto a ficção nos mostram que o monstro está conosco, está em nós.

Para tanto, não precisamos de mais nenhuma referência contemporânea: recuemos até o ano de 1890, quando encontraremos o entusiasmado Bram Stoker às voltas com seu romance vampiresco – uma escrita que duraria sete anos. Ainda que ele parecesse querer revelar a pujança do Império Britânico sob os auspícios da modernidade vitoriana, incrementando a narrativa gótica com as luzes londrinas e propondo dois médicos, além de um advogado, um lorde, um texano conservador e uma professora para darem cabo do temido conde Drácula, nem por isso o escritor evitou a sombria disseminação da maldição no mundo moderno. Seu personagem mais famoso contagia. O resultado foi que os personagens humanos, ilustrados e instruídos, usariam de todos os métodos e meios possíveis a seu alcance para exterminarem o monstro. Drácula sempre encarnou a alteridade recusada, aquela da qual o sujeito não quer saber. O morto-vivo que não pode se refletir em alguma superfície traz consigo a praga que infesta mentes e culturas. Ele expressa, com seu modo de estar no mundo estrangeiro, um olhar outro sobre a civilização capitalista. O vampiro, cuja moléstia se transmite pelo sangue, deve ser rechaçado e recalcado, mas ele retorna, insuperável, em várias versões.

Seria Drácula um dos precursores da antropofagia cultural propagada no século XX, já que ele se apropriava dos bens de consumo e também dos desejos da modernidade, ao mesmo tempo que desdenhava a vanglória britânica, potência mundial de seu tempo? Aquele império nos deixou um legado literário e imagético importante em torno dos monstros. Junto a estes, perfizeram-se metamorfoses múltiplas de um ser a outro, de um corpo a outro, de uma tecnologia a outra, ou mesmo a adjunção do tecnológico ao orgânico.

Foi tão breve o século XX!

Ainda hoje, a intensidade do personagem Drácula, que evoca todas as pulsões que palpitam nos orifícios humanos e nas bordas civilizacionais, atravessa gerações: ele não morre, apenas é momentaneamente reprimido; transforma-se em cinzas que podem renascer com o sangue, esse veículo precioso que nos dá a vida, mas, ao mesmo tempo, pode carregar males, enfermidades, contaminações. O sangue é o receptáculo de vírus e bactérias quando estes invadem nosso organismo, sugando-nos a energia vital.

Drácula serve-nos de advertência para o que fracassa em nós, tanto como sujeitos quanto como cultura, e adverte-nos se devemos ou não nos reconciliar com o fracasso, com esse "deixar cair" ... ou se é ainda válido continuar insistindo nos velhos antagonismos e nos dualismos vãos que condicionam a humanidade, em especial nesse preocupante avançar do século XXI.

Continuo a defender que a forma do monstro está na estrutura do humano e nessa frágil rede de ilusões chamada civilização.

Quando falo dos monstros, trato é de nós.

Referências

Bibliográficas

Abel, R. (2004). Os perigos da Pathé ou a americanização dos primórdios do cinema americano. In L. Charney & V. R. Schwartz (Orgs.). *O cinema e a invenção da vida moderna*. São Paulo: Cosac Naify.

Albuquerque, O. (2009). James Cameron. Avatar questiona nossas relações humanas e com o meio ambiente. *Movie*, (2).

Alexandre, S. (2009). A origem. As leituras adolescentes que inspiraram Cameron. *Movie*, (2).

Altmann, E. (2008). Olhares da recepção, a crítica cinematográfica em dois tempos. *Cadernos CRH, 21*(54). Recuperado de https://doi.org/10.1590/S0103-49792008000300013. Acesso em: 17/06/2010.

Altmann, E. (2011). Da "des-organicidade": devires cinematográfico-pictóricos. *Textos da Mostra "O Cinema em Carne Viva"*. Acesso em: 03/06/2011.

Araújo, I. (1995). *Cinema – O mundo em movimento*. São Paulo: Scipione.

Arnold, S. (2011). A comparative analysis of motherhood in the USA and Japanese *Dark Water* films. *Cinema Jura Gentium: Cinema And Globalization*.

Astruc, F. (2008). Anthropologie du zombie. In A. Montagne (Org.). *Les monstres, du mythe au culte*. Colombelles: Corlet Publications.

Aumont, J. (2002). *A imagem*. Campinas: Papirus.

Aumont, J. (2008). *Moderno? Por que o cinema se tornou a mais singular das artes*. Campinas: Papirus.

Aumont, J., & Marie, M. (2001). *Dicionário teórico e crítico de cinema*. Campinas: Papirus.

Azevedo, A. V. de (2004). *Mito e psicanálise*. Rio de Janeiro: Jorge Zahar Editor.

Baecque, A. de (2010). O caso Hitchcock. In *Cinefilia*. São Paulo: Cosac Naify.

Baecque, A. de (2011). Telas, o corpo no cinema. In Alain Corbin *et al.* (Orgs.). *História do corpo* (Vol. 3, As mutações do olhar. O século XX). Petrópolis: Vozes.

Bajarlía, J.-J. (1996). *H. P. Lovecraft – El horror sobrenatural*. Buenos Aires: Editorial Almagesto.

Balcombe, J. (2007). *Pleasurable kindgom, animals and the nature of feeling good*. New York: Macmillan.

Balcombe, J. (2010). *Second nature. The inner lives of animals*. Nova York: Palgrave Macmillan.

Baltrusaitis, J. (1955). *Le Moyen Âge fantastique. Antiquités et exotismes dans l'art gothique*. Paris: Armand Collin.

Baranger, W., *et al.* (1994). *Contribuições ao conceito de objeto em psicanálise*. São Paulo: Casa do Psicólogo.

Barbas, H. (2000). Monstros, o rinoceronte e o elefante, da ficção dos bestiários à realidade testemunhal. In *Portugal, Indien und Deutchsland. Portugal, Índia e Alemanh*a. Separata de Actas do V Encontro Luso-Alemão/ Akten der V. Deutsch Portuguiesischen Arbeitgespräche. Colônia/Lisboa.

Baring-Gould, S. (2008). *O livro dos lobisomens*. São Paulo: Aleph.

Baudelaire, C. ([20--?]). *De l'essence du rire. Et généralement du Comique dans les Arts Plastiques*. Collections Literatura.com. Impresso avulso.

Baudelaire, C. (2006). *Les fleurs du mal*. Paris: Larousse.

Beal, T. (2001). Our monsters, ourselves. *The chronicle of higher education*. Recuperado de http://www.timothybeal.com/explore#/ourmonstersourselves/.

Beaune, J.-C. (Org.) (2004). *La vie et la mort des monstres*. Seyssel: Éditions Champ Vallon.

Beckhöfer-Fialho, A. (2011). Medieval bestiaries and the birth of zoology. *The Antlion Pit*. Recuperado de http://www.antlionpit.com/aura.html.

Bellei, S. L. P. (2000). *Monstros, índios e canibais. Ensaios de crítica literária e cultural*. Florianópolis: Insular.

Bentes, I. (2010). Eu vejo você, antropologia reversa em Avatar, ciber-índios, pós-cinema ou como arrancar um pensamento complexo dos clichês. In I. Bentes & E. Felinto, *Avatar. O futuro do cinema e a ecologia das imagens digitais*. Porto Alegre: Sulina.

Bentes, I. (2011). David Cronenberg e o cinema biotecnológico. *Textos da Mostra "O Cinema em Carne Viva"*.

Bestiaire du Moyen Âge (2005). Exposição realizada pela Biblioteca Nacional da França. Recuperado de http://expositions.bnf.fr/bestiaire/index.htm.

Bettelheim, B. (2003). *A psicanálise dos contos de fada*. São Paulo: Paz e Terra.

Bíblia (1978). *Holy Bible*. Commonly known as the authorized (King James) version. The Gideons International.

Bíblia (1979). *Bíblia Sagrada*. Traduzida em português pelo padre Antônio Pereira Figueiredo. Erechim: Edelbra.

Bíblia (1988). *The Catholic Living Bible*. Paraphrased. Wheaton: Tyndale House Publishers.

Bíblia (2001). *A Bíblia Sagrada. Antigo e o Novo Testamento*. Traduzida em português por João Ferreira de Almeida. 2 ed. rev. e atual. no Brasil. Barueri: Sociedade Bíblica do Brasil.

Birman, J. (2009). *Cadernos sobre o mal. Agressividade, violência e crueldade*. Rio de Janeiro: Civilização Brasileira.

Blanchot, M. (1990). *Lautréamont y Sade*. Cidade do México: Fondo de Cultura Econômica.

Bondeson, J. (2000). *Galeria de curiosidades médicas*. Rio de Janeiro: Record.

Bordwell, D. (1985). *La narración en el cine de ficción*. Buenos Aires: Paidós.

Borges, J. L. (1944). *El Sur. Ciudad Seva*. Recuperado de http://www.ciudadseva.com/texto/el-sur/.

Borges, J. L. (1955). *O escritor argentino e a tradição (fragmentos)* (Fabiele S. De Nardi, trad.). Recuperado de http://www.ufrgs.br/cdrom/borges/borges.pdf.

Borges, J. L. (1985a). "A postulação da realidade". In *Discussão* (pp. 37-43). São Paulo: Difel.

Borges, J. L. (1985b). *Discussão*. São Paulo: Difel.

Borges, J. L. (2005). *El oro de los tigres*. Buenos Aires: La Nación.

Borges, J. L. (2008a). *Discussão*. São Paulo: Companhia das Letras.

Borges, J. L. (2008b). *O livro dos seres imaginários*. São Paulo: Companhia das Letras.

Bourdieu, P. (1999). *A dominação masculina*. Rio de Janeiro: Bertrand Brasil.

Brandão, A. (1995). *A presença dos Irmãos Grimm na literatura infantil e no folclore brasileiro*. São Paulo: Ibrasa.

Brasil (2001). *Medida Provisória 2.228-1 de 6 de setembro de 2001*. Recuperado de http://www.planalto.gov.br/ccivil_03/mpv/2228-1.htm.

Breton, A. (1965). *Arcane 17*. Paris: Union Générale d'Editions.

Breton, A. (1985). *Manifestos do surrealismo*. São Paulo: Brasiliense.

Brooks, M. (2003). *The zombie survival guide. Complete protection from de living dead*. New York: Three Live Press.

Buache, F. (1984). *Le cinéma allemand 1918-1933*. Paris: Hatier.

Buache, F. (1990). *Le cinéma français des années 70*. Paris: Hatier.

Buñuel, L. (2009). *Meu último suspiro*. São Paulo: Cosac Naify.

Burch, N. (1979). *Praxis del Cine*. Madrid: Fundamentos.

Burns, P. (1990-2010). *The history of the discovery of cinematography*. Recuperado de http://www.precinemahistory.net/900.htm.

Burton, T. (1997). *The melancholy death of oyster boy*. Recuperado de http://homepage.eircom.net/~sebulbac/burton/oysterboy.html.

Burton, T. (2010). *O triste fim do pequeno menino ostra*. São Paulo: Girafinha.

Calabrese, O. (1987). Instabilidade e metamorfoses. In *A Idade Neobarroca*. São Paulo: Martins Fontes.

Calles, D. C. (2008). Múltiplas leituras de El Sur, de Jorge Luis Borges. *Letra Magna, Revista Eletrônica de Divulgação Científica em Língua Portuguesa, Linguística e Literatura, 4*(9).

Calvino, Italo (Org.) (2004). *Contos fantásticos do século XIX escolhidos por Italo Calvino*. São Paulo: Companhia das Letras.

Calvino, Italo (Org.) (2009). *Assunto encerrado. Discursos sobre literatura e sociedade*. São Paulo: Companhia das Letras.

Campos, A. (s/d.). Jaguadarte. *Pensador*. Recuperado de http://pensador.uol.com.br/frase/NjYyMzk2.

Campos, H. (1992). *Metalinguagem & outras metas*. São Paulo: Perspectiva.

Cánepa, L. L. (2008). *Medo de quê? Uma história do horror nos filmes brasileiros* (Tese de doutorado em Multimeios, Unicamp, Campinas).

Cánepa, L. L. (2011). O bio-horror de David Cronenberg. *Textos da Mostra "O Cinema em Carne Viva"*.

Capistrano, T. (2011). As entranhas do cinema: abrindo Cronenberg. *Textos da Mostra "O Cinema em Carne Viva"*.

Capistrano, T. (2004). O cinema (des)encarnado: o unheimLynch espectral e a eXtranheZa corporal. In *IV Encontro dos Núcleos de Pesquisa da Intercom*. Recuperado de http://www.portcom.intercom.org.br/pdfs/3640096079304184941447794161636573697.pdf.

Carrière, J.-C. (1994). *A linguagem secreta do cinema*. Rio de Janeiro: Nova Fronteira.

Carroll, L. (1960). *Alice no país das maravilhas* (Monteiro Lobato, trad.). São Paulo: Brasiliense.

Carroll, L. (1980). *Aventuras de Alice no país das maravilhas* (Sebastião Uchôa Leite, trad.). São Paulo: Summus Editorial.

Carroll, L. (2014). Chapter 1: Looking-Glass house. In *Through the looking glass*. Disponível em: http://www.literaturepage.com/read/throughthe-lookingglass-9.html. Acesso em: 13 de julho de 2022.

Carroll, N. (1990). *A filosofia do horror ou paradoxos do coração*. Campinas: Papirus.

Carroll, N. (2004). *Afterword, psychoanalysis and the horror film*. Cambridge: Cambridge University Press.

Cascudo, L. da C. (1972). *Dicionário do folclore brasileiro*. Rio de Janeiro: Ediouro.

Cascudo, L. da C. (1976). *Geografia dos mitos brasileiros*. Rio de Janeiro: Livraria José Olympio Editora.

Cassou-Noguès, P. (2010). *Mon zombie et moi. La philosophie comme fiction*. Paris: Seuil.

Castro, E. V. de. (2006). Uma figura de humano pode estar ocultando uma afecção-jaguar. *Multitudes. Revue Politique, Artistique, Philosophique*, (24). Recuperado de http://multitudes.net/Uma-figura-de-humano-pode-estar. Acesso em: 03/06/2011

Causo, R. de S. (2003). *Ficção científica, fantasia e horror no Brasil – 1875 a 1950*. Belo Horizonte: Editora da UFMG.

Cazotte, J. (2005). *Le Diable amoureux*. La Flèche: Éditions de la Seine.

Cesarotto, O. (1996). *No olho do outro*. São Paulo: Iluminuras.

Charney, L., & Schwartz, V. R. (Orgs.). (2004). *O cinema e a invenção da vida moderna*. São Paulo: Cosac Naify.

Chesterton, G. K. (2013). Alarms and discursions. *Project Gutenberg Australia*. Recuperado de http://gutenberg.net.au/ebooks13/1301161h.html#ch06.

Chibnall, S., & Petley, J. (2002). *British horror cinema*. London: Routledge.

Chicangana-Bayona, Y. A. (2010). Canibais do Brasil: os açougues de Fries, Holbein e Münster (século XVI). *Tempo, 14*(28). Recuperado de https://www.scielo.br/j/tem/a/MXpRmXBYxdprQ6NhBkgKygQ/?lang=pt.

Chnaiderman, M. (1989). *Ensaios de psicanálise e semiótica*. São Paulo: Escuta.

Cinéma Fantastique Français. (2012). *Le cinéma fantastique français. Programme de la Rétrospective à la Cinémathèque française*. Brochura. Recuperado de http://www.cnc.fr/web/fr/dernieres-actualites/-/liste/18/1608759.

Cinetrafic. (s.d.). *Le film d'épouvante-horreur à la française*. Recuperado de https://www.cinetrafic.fr/liste-film/2780/1/le-film-d-epouvante-horreur--a-la-francaise. Acesso em: 15/08/2013.

Cioran, E. (2009). *De la France*. Paris: L'Herne.

Cocco, G. (2009). *Mundo Braz. O devir-mundo do Brasil e o devir-Brasil do mundo*. Rio de Janeiro: Record.

Códex Gigas. (c. 1204-1230). Kungliga biblioteket. Sveriges nationalbibliotek. Recuperado de https://www.kb.se/in-english/the-codex-gigas/history-of-the-codex-gigas.html. Acesso em: 15/08/2013.

Coelho, P. de T. S. P. (1998). O cinema de animação. In *Educação do olhar* (2 vols.). Brasília, Ministério da Educação e do Desporto/Estação das Mídias.

Cohen, D. (1970). *A modern look at monsters*. New York: Tower Publications.

Cohen, M. (2004). A literatura panorâmica e a invenção dos gêneros cotidianos. In Leo Charney & Vanessa R. Schwartz (Orgs.). *O cinema e a invenção da vida moderna*. São Paulo: Cosac Naify.

Coleridge, S. T. (2002). *Biographia Literaria. Project Gutenberg*. Recuperado de http://www.gutenberg.org/cache/epub/6081/pg6081.html.

Corbin, A. *et al.* (2011). *História do Corpo. 3. As mutações do olhar. O século XX*. Petrópolis: Vozes.

Corbin, A. *et al.* (2012a). *História do Corpo. 1. Da Renascença às Luzes*. Petrópolis: Vozes.

Corbin, A. *et al.* (2012b). *História do Corpo. 2. Da Revolução à Grande Guerra.* Petrópolis: Vozes.

Cornwell, J. (2008). *O anjo de Darwin. Uma resposta seráfica a* Deus, um delírio. Rio de Janeiro: Imago.

Correia, C. P. (2002). *Clones humanos. Nossa autobiografia coletiva.* Rio de Janeiro: Rocco.

Corso, M. (2004). *Monstruário, inventário de entidades imaginárias e de mitos brasileiros.* Porto Alegre: Tomo Editorial.

Corso, M., & Corso, D. (2006). *Fadas no divã. Psicanálise nas histórias infantis.* Porto Alegre: Artmed.

Corso, M., & Corso, D. (2011). *A psicanálise na Terra do Nunca. Ensaios sobre a fantasia.* Porto Alegre: Penso.

Costa, F. M. da (org.) (2006). *Os melhores contos fantásticos.* Rio de Janeiro: Nova Fronteira.

Costa, T. (2007). *Psicanálise com crianças.* Rio de Janeiro: Jorge Zahar Editor.

Cottet, S. (1989). "Penso onde não sou, sou onde não penso". In G. Miller Gérard (Org.). *Lacan.* Rio de Janeiro: Jorge Zahar Editor.

Courtine, J.-J. (2001). O desaparecimento dos monstros (Lara de Malimpensa, trad.). In *Seminário Ética e Cultura*, SESC Vila Mariana, São Paulo.

Courtine, J.-J. (2011). O corpo anormal – História e antropologia culturais da deformidade. In A. Corbin *et al.* (Orgs.). *História do corpo 3. As mutações do olhar. O século XX.* Petrópolis: Vozes.

Cozarinsky, E. (2000). *Borges em/ e/ sobre cinema.* São Paulo: Iluminuras.

Curran, B. (1997). *A field guide to Irish fairies.* Belfast: Appletree Press.

Curran, B. (2008). *Vampiros. Um guia sobre as criaturas que espreitam à noite.* São Paulo: Madras.

Dadoun, R. (2000). *Cinéma, Psychanalyse & Politique.* Paris: Séguier.

D'Aarras, J. (1999). *Romance de Melusina ou A História dos Lusignan.* São Paulo: Martins Fontes.

Darnton, R. (2011). *O grande massacre de gatos, e outros episódios da história cultural francesa*. São Paulo: Graal.

Darrieussecq, Marie. (1997). Porcarias. São Paulo: Companhia das Letras.

Deleuze, G. (1983). *Cinema I. A imagem movimento*. São Paulo: Brasiliense.

Deleuze, G. (1997). *Mil Platôs*. v. 4. São Paulo: Editora 34.

Deleuze, G. (1998). Cinema, dúvidas sobre o imaginário. In *Conversações*. São Paulo: Editora 34.

Deleuze, G., & Guattari, F. (2000). *Mil platôs* (vol. 1). São Paulo: Editora 34.

Delmas, L., & Lamy, J.-C. (2008). *Cinéma. La grande histoire du 7ᵉ art*. Paris: Larousse.

Delumeau, J. (2009). *História do medo no Ocidente*. São Paulo: Companhia de Bolso.

Derrida, J. (2011). *O animal que logo sou (a seguir)*. São Paulo: Editora Unesp.

Descartes, R. (1991). *From the letters of 1646 and 1649. The philosophical writings of Descartes*. Cambridge: Cambridge University Press.

Desmurget, M. (2021) *A fábrica de cretinos digitais. Os perigos das telas para nossas crianças*. São Paulo: Vestígio.

Diable et Cinéma (s.d.). *1er site pédagogique sur le diable au cinema*. Recuperado de http://www.diable-cinema.net/. Acesso em: 05/06/2011.

Didi-Huberman, G. (2010). *O que vemos, o que nos olha*. São Paulo: Editora 34.

Didi-Huberman, G. (2011). *Sobrevivência dos vaga-lumes*. Belo Horizonte: Editora UFMG.

Dixon, W. W. (2000). *The second century of cinema. The past and future of the moving image*. Albany: State University of New York.

Dobransky, E. A. (2004). Prefácio. In *Clássicos do sobrenatural*. São Paulo: Iluminuras.

Dória, C. A. (2005). *O lápis muito louco do Rei Branco*. São Paulo: Biruta.

Dossiê Monstros. (2007). *Com Ciência: Revista Eletrônica de Jornalismo Científico, 92.* Unicamp. Recuperado de http://www.comciencia.br/comciencia/handler.php?section=8&edicao=29&tipo=dossie.

Dufour, É. (2006). *Le cinéma d'horreur et ses figures.* Paris: PUF.

Dumas, A. *et al.* (2005). *Histoires de vampires.* La Flèche: Maxi-Livres.

Du Mesnildot, S. (2008). Les métamorphoses de Sadako, Ring et le Kaidan Eiga moderne. In A. Montagne (Org.). *Les monstres, du mythe au culte.* Colombelles: Corlet Publications.

Dunker, C. I. L. (2012). O real e a verdade do sofrimento. *Revista Cult, 174.*

Durand, G. (2002). *As estruturas antropológicas do imaginário.* São Paulo: Martins Fontes.

Eco, U. (1983). *O nome da rosa.* Rio de Janeiro: Nova Fronteira.

Eco, U. (1989a). *Arte e beleza na estética medieval.* Rio de Janeiro: Globo.

Eco, U. (1989b). *Sobre os espelhos e outros ensaios.* Rio de Janeiro: Nova Fronteira.

Eco, U. (2002). *Lector in fabula.* São Paulo: Perspectiva.

Eco, U. (2007). *On ugliness.* London: Harvill Secker.

Eisner, L. H. (2002). *A tela demoníaca. As influências de Max Reinhardt e do Expressionismo.* São Paulo: Paz e Terra.

Exposição Monstros: Memórias da Ciência e da Fantasia (2011, 21 fev.-20 abr.). *Catálogo.* Divisão de obras raras, Fundação Biblioteca Nacional. Recuperado de http://www.bn.br/portal/arquivos/pdf/ObrasRaras_Monstros.pdf. Acesso em: 22/02/2011.

Ferguson, N. (2002). O choque das civilizações ou os mulás enlouqueceram, os Estados Unidos entre o império informal e o formal. In *A Era do Terror – O mundo depois de 11 de setembro.* Rio de Janeiro: Campus.

Fernandes, F. (2011). Você não é você: corpo e identidade nos filmes de David Cronenberg. *Textos da Mostra "O Cinema em Carne Viva".*

Ferraz, M. C. F. (2011). O cinema maquínico de David Cronenberg. *Textos da Mostra "O Cinema em Carne Viva".*

Ferraz, M. C. F. (2010). *Homo deletabilis. Corpo, percepção, esquecimento do século XIX a XXI.* Rio de Janeiro: Garamond.

Ferraz, M. C. F. (2015). *Ruminações, cultura letrada e dispersão hiperconectada.* Rio de Janeiro: Garamond.

Ferreira, W. R. V. (2012a). O filme "REC" e a natureza dos monstros contemporâneos. *Cinema Secreto: Cinegnose.* Recuperado de http://cinegnose. blogspot.com/2012/03/filme-rec-e-natureza-dos-monstros.html.

Ferreira, W. R. V. (2012b). Sintoma e verdade nos zumbis. *Cinema Secreto: Cinegnose,* 10 nov. Recuperado de http://cinegnose.blogspot.com. br/2012/11/sintoma-e-verdade-nos-zumbis.html.

Ferry, L. (2008). *A sabedoria dos mitos gregos. Aprender a viver II.* Rio de Janeiro: Objetiva.

Ferry, L. (2012a). *Aristote. Le bonheur par la sagesse.* Paris: Le Fígaro/Le Point.

Ferry, L. (2012b). *Gilgamesh et Bouddha, sagesses d'Orient. Accepter la mort.* Paris: Le Fígaro/Le Point

Fischer, L. A. (2007). *Literatura brasileira – modos de usar.* Porto Alegre: L&PM.

Florescu, R. (1998). *Em busca de Frankenstein. O monstro de Mary Shelley e seus mitos.* São Paulo: Mercuryo.

Floriano, M. A. H. (2009). Los ecos de la realidad, miedo y paranoia en el cine fantástico estadounidense del siglo XXI. *Revista de Estudios de Comunicación, 14*(26), 231-251. Universidad del País Vasco, Bilbau

Flusser, V., & Bec, L. (2011). *Vampyroteuthis infernalis.* São Paulo: Annablume.

Flusser, V. (2008). *O universo das imagens técnicas. Elogio da superficialidade.* São Paulo: Annablume.

Foire du Trône (2011?). Recuperado de https://www.foiredutrone.com/information. Acesso em: 03/06/2011.

Fonseca, P. C. L. (2009). A nobreza cristológica de animais no bestiário medieval: o exemplo do Leão e do Unicórnio. *Mirabilia. Revista Eletrônica da Antiguidade e Idade Média, 9.* Recuperado de https://www.revistamirabilia.com/sites/default/files/pdfs/2009_07.pdf.

Fonseca, P. C. L. (2011). *Bestiários e discurso de gênero no descobrimento da América e na colonização do Brasil*. Bauru: Edusc.

Forastieri, A. (2009). Além da fronteira final. Doze anos depois de *Titanic*, James Cameron enfrenta o único desafio que lhe resta. *Movie, 2*, 48-50.

Foucault, M. (2010). *Os anormais*. São Paulo: WMF Martins Fontes.

Franz, M.-L. Von (1985). *A sombra e o mal nos contos de fada*. São Paulo: Paulus.

Fraternidade do medo. (s.d.) *I'll see you in my dreams*: o primeiro filme de zumbis portugueses. *Mondo zumbi*. Recuperado de http://mondozumbi. blogspot.com.br/2011/01/ill-see-you-in-my-dreams-o-1-filme-de.html.

Freud, S. (1976a). *Além do princípio do prazer*. Rio de Janeiro: Imago.

Freud, S. (1976b). *Livro 30 – 'Gradiva' de Jensen e Escritores criativos e devaneio*. Rio de Janeiro: Imago.

Freud, S. (1980). *O estranho*. Obras Completas de Sigmund Freud, vol. XVII, Rio de Janeiro: Imago.

Freud, S. (1996/1913–1914). *Edição standard brasileira das obras psicológicas completas de Sigmund Freud*. Rio de Janeiro: Imago.

Freud, S. (2006). *Edição standard brasileira das obras psicológicas completas de Sigmund Freud* (Vol. XVII: Uma neurose infantil e outros trabalhos [1917-1918]). Rio de Janeiro: Imago.

Freud, S. (2010). *Obras completas* (Vol. 14: 1917-1920). São Paulo: Companhia das Letras.

Freud, S. (2011). *O mal-estar na civilização*. São Paulo: Penguin & Companhia das Letras.

Fromm, E. (1966). *A linguagem esquecida. Uma introdução ao entendimento dos sonhos, dos contos de fadas e mitos*. Rio de Janeiro: Zahar.

G.A.M. (2012). J-Horror, terror japonês. *Blue Butterfly*. Recuperado de http:// gisele-andrade-matos.blogspot.com.br/2012/07/j-horror-terror-japones. html.

García Márquez, G. (2003). *Cem anos de solidão*. Rio de Janeiro: O Globo.

García, F., & Batista, A. M. S. (2005). Dos fantásticos ao fantástico: um percurso por teorias do gênero. *Revista Soletras, 10.* Recuperado de https://www.e-publicacoes.uerj.br/index.php/soletras/article/view/4557/3333.

Garcias, G. L. (2002). *De "monstros" e outros seres humanos. Pequena história sobre efeitos congênitos.* Pelotas: Educat.

Gaudreault, A., Jost, F. (2009). *A narrativa cinematográfica.* Brasília: Ed. UnB.

Gautier, T. (1961). Avatar. In J. Penteado (Org.). *Obras-primas do conto fantástico:* São Paulo: Livraria Martins Editora.

Gautier, T. (2005). *La mort amoureuse et autres récits fantastiques.* Paris: Bordas/Serjer.

Gayle, D. (2012). Project Avatar: U.S. military researches ways for soldiers to control robot 'surrogates' using just their minds. *Mail Online.* Recuperado de https://www.dailymail.co.uk/sciencetech/article-2102559/Project-Avatar-U-S-military-researches-ways-soldiers-control-robot--surrogates-using-just-minds.html.

Genette, Gérard (1972). *Figures III.* Paris: Seuil.

Gerbi, A. (1996). *O novo mundo. História de uma polêmica (1750-1900).* São Paulo: Companhia das Letras.

Giesbert, F. O. (Dir.) (2013, set.-out.). La psychanalyse après Freud. Les textes fondamentaux. *Le Point Références, 47.*

Gillis, M. (2012). *The monstrosity and the uncanny in Beowulf and Paradise Lost.* Recuperado de https://ojs.library.dal.ca/verso/article/view/508.

Girard, R. (2008). La violence et le sacré. In A. Montagne (Org.). *Les monstres, du mythe au culte.* Colombelles: Corlet Publications.

Giucci, G. (2011). As engrenagens lubrificadas: Cronenberg, automóveis e corpos superexcitados. *Textos da Mostra "O Cinema em Carne Viva".*

Gonçalves, A. (2011). Integração entre cérebro e máquinas vai influenciar evolução. *Estadão*, Caderno Ciência. Recuperado de http://www.estadao.com.br/noticias/vidae,integracao-entre-cere-bro-e-maquinas-vai-in-fluenciar-evolucao,663729,0.htm.

Gordon, R. (1996). *A assustadora história da medicina.* Rio de Janeiro: Ediouro.

Gottheil, R. (1899). *The Greek Physiologus and its oriental translations.* Chicago: The University of Chicago Press.

Gottlieb, S. (1998). *Hitchcock por Hitchcock.* Rio de Janeiro: Imago.

Graf, A. (2009). *L'art du Diable.* New York: Parkstone International.

Grim, O. R. (2008). *Mythes, monstres et cinéma.* Grenoble: PUG.

Gruzinski, S. (1999). *La pensée métisse.* Paris: Fayard.

Gruzinski, S. (2003). O historiador, o macaco e a centaura: a "história cultural" no novo milênio. *Estudos Avançados, 17*(49). Conferência feita pelo autor no Auditório do Departamento de Antropologia da FFLCHUSP em 15 set. 2002. Recuperado de http://www.scielo.br/pdf/ea/v17n49/18412.pdf.

Gunning, T. (2004). O retrato do corpo humano, a fotografia, os detetives e os primórdios do cinema. In L. Charney & V. R. Schwartz (Orgs.). *O cinema e a invenção da vida moderna.* São Paulo: Cosac Naify.

Gunning, T. (2006). Cinema e História. In I. Xavier (Org.). *O cinema no século.* Rio de Janeiro: Imago.

Hansen, M. B. (2004). Estados Unidos, Paris, Alpes, Krakauer (e Benjamin) sobre o cinema e a modernidade. In L. Charney & V. R. Schwartz (Orgs.). *O cinema e a invenção da vida moderna.* São Paulo: Cosac Naify.

Haraway, D. J. (1991). *Simians, cyborgs, and women. The reinvention of nature.* London: Free Association Books.

Harris, M. (1978). *Vacas, porcos, guerras e bruxas, os enigmas da cultura.* Rio de Janeiro: Civilização Brasileira.

Hauff, W. (1997). *A história da mão decepada.* Porto Alegre: Kuarup.

Held, J. (1980). *O imaginário no poder, as crianças e a literatura fantástica.* São Paulo: Summus Editorial.

Hendershot, C. (2001). *I was a cold war monster. Horror films, eroticism and the cold war imagination.* Bowling Green: Bowling Green State University Popular Press.

Henry, F. (2009). *Le cinéma fantastique.* Paris: Cahiers du Cinéma.

Herculano, A. ([19--?]). A Dama Pé-de-Cabra. In *Lendas e narrativas* (tomo 2). Lisboa: Imprensa Portugal-Brasil.

Herrmann, P. ([197-?]). *A conquista da Oceania e dos Polos*. São Paulo: Boa Leitura Editora.

Hisgail, F. (2009). *Diálogos entre psicanálise e semiótica*. Texto de videoconferência. Recuperado de https://www.marciopeter.com/links2/inter/fani. html. Acesso em: 03/06/2011.

Hitchcock, A., & Truffaut, F. (1993). *Hitchcock/Truffaut, édition définitive*. Paris: Gallimard.

Hitchcock, A., & Truffaut, F. (2004). *Hitchcock/Truffaut, entrevistas, edição definitiva*. São Paulo: Companhia das Letras.

Homer (1999). *The Odyssey*. Mineola: Dover Publications.

Infante, G. C. (1978). *Arcadia todas las noches*. Barcelona: Editorial Seix Barral.

Izzard, J. (2010). *Loups-garous. Du mythe à la fascination*. Bologna: Le Pré aux Clercs.

Japon. (2008). *Vertigo – Esthétique et Histoire du Cinéma, 34*. Nantes, Capricci Éditions.

Jeha, J. (Org.) (2007). *Monstros e monstruosidades na literatura*. Belo Horizonte: Editora UFMG.

Jeha, J., & Nascimento, L. (Orgs.). (2009). *Da fabricação de monstros*. Belo Horizonte: Editora UFMG.

Jonas, H. (2006) *O princípio responsabilidade. Ensaio de uma ética para a civilização tecnológica*. Rio de Janeiro: Contraponto/PUC-Rio.

Jones, G. (2004). *Brincando de matar monstros. Por que as crianças precisam de fantasia, videogames e violência de faz-de-conta*. São Paulo: Conrad.

Jorge, A. L. C. (1988). *O acalanto e o horror*. São Paulo: Escuta.

Juaçaba, H. J. (2011). *A construção do medo no cinema à luz do estranho familiar, uma abordagem semiótica* (Dissertação de mestrado em

Comunicação e Semiótica. São Paulo, Pontifícia Universidade Católica de São Paulo).

Julien, P. (2001). Du symptôme au sinthome: la psychose lacanienne. *La clinique lacanienne, 5,* 63-67. Recuperado de http://www.cairn.info/revue--la-clinique-lacanienne-2001-1-page-63.htm.

Jullier, L. &, Marie, M. (2009). *Lendo as imagens do cinema.* São Paulo: Senac.

Kafka, F. (1965). *Metamorfose.* Rio de Janeiro: BUP.

Kappler, C.-C. (1999). *Monstres, démons et merveilles à la fin du Moyen Âge.* Paris: Payot.

Kardec. A. Fenômeno de bicorporeidade (1989/1858). *Revista Espírita/Revue Spirite, I*(12).

Kardec. A. (1989/1858). Uma nova descoberta fotográfica (1989a, abr.). *Revista Espírita/Revue Spirite, I*(7).

Kardec. A. (1990/1859). As mesas voadoras *Revista Espírita/Revue Spirite, II*(10).

Kardec. A. (1993/1863). Fotografia dos espíritos (1993, dez.). *Revista Espírita/Revue Spirite, VI*(3).

Kardec. A. (1994/1863). As aparições simuladas no teatro. *Revista Espírita/ Revue Spirite, VI*(7).

Kerslake, C. (2006). Insects and incest: from Bergson and Jung to Deleuze. *Multitudes: revue politique, artistique, philosophique, 25.* Recuperado de https://www.multitudes.net/insects-and-incest-from-bergson/.

King, S. (1989). *Dança macabra.* Rio de Janeiro: Francisco Alves.

Kipling, R. (2009). *O elefante infante. The elefanth's child. L'enfant éléphant* (Adriano Messias, trad.). São Paulo: Musa.

Kohn, M. (2012). O vampiro, um não morto ainda vivo. *Ágora, 15*(2). Recuperado de https://www.scielo.br/j/agora/a/nTV4CkGCKT3fBkjyrG-Cm6Sq/?lang=pt.

Kolbert, E. (2015). *A sexta extinção: uma história não natural.* São Paulo: Intrínseca.

Koutsoukos, S. S. M. (2010). *Negros no estúdio fotográfico*. Campinas: Ed. Unicamp.

Krakowski, L. (2011). Sobre médicos, monstros e tecnologias: angústias contemporâneas. *Textos da Mostra "O Cinema em Carne Viva"*.

L'Histoire du Fantastique et de L'Épouvante au Cinéma. Recuperado de http://www.6bears.com/cinemaepouvante1.html. Acesso em: 06/06/2011.

Lacan, J. (1975). *Le seminaire* (Livre XX). *Encore*. Paris: Seuil.

Lacan, J. (1992). *O seminário* (Livro 8: A transferência). Rio de Janeiro: Jorge Zahar Editor.

Lacan, J. (1993). *Televisão*. Rio de Janeiro: Jorge Zahar Editor.

Lacan, J. (1997). *O seminário* (Livro 3: As psicoses). Rio de Janeiro: Jorge Zahar Editor.

Lacan, J. (2005). *O seminário* (Livro 10: A angústia). Rio de Janeiro: Jorge Zahar Editor.

Lacan, J. (2008). *O seminário* (Livro 20: Mais, ainda). Rio de Janeiro: Jorge Zahar Editor.

Lagrou, E. (2020). Nisun: A vingança do povo morcego e o que ele pode nos ensinar sobre o novo coronavírus. *Blog da Biblioteca Virtual do Pensamento Social*. Recuperado de https://blogbvps.wordpress.com/2020/04/13/nisun-a-vinganca-do-povo-morcego-e-o-que-ele-pode-nos-ensinar-sobre-o-novo-corona-virus-por-els-lagrou/.

Lanez, É. (2011). Peut-on encore manger nos amies les bêtes? *Le Point*. Recuperado de http://www.lepoint.fr/societe/peut-on-encore-manger-nos-amies-les-betes-19-05-2011-1335319_23.php.

Latour, B. (2002a). *Onde aterrar? Como se orientar politicamente no Antropoceno*. Rio de Janeiro: Bazar do Tempo.

Latour, B. (2002b). *Diante de Gaia: oito conferências sobre a natureza no Antropoceno*. São Paulo: Ubu.

Lautrámont (1997). *Obra completa, Os cantos de Maldoror/Poesias/Cartas*. São Paulo: Iluminuras.

Les chants de Maldoror. Recuperado de http://www.gutenberg.org/files/12005/12005-h/12005-h.htm#CHANT_QUATRIEME.

Le Breton, D. (2018). *Desaparecer de si. Uma tentação contemporânea.* Petrópolis: Vozes.

Le Goff, J., & Schmitt, J.-C. (2002a). *Dicionário temático do Ocidente Medieval I.* São Paulo: Edusc.

Le Goff, J., & Schmitt, J.-C. (2002b). *Dicionário temático do Ocidente Medieval II.* São Paulo: Edusc.

Leão, J. O. A literatura fantástica e a formação de leitores no século XXI. *Revista Húmus, 1*(3). Recuperado de http://periodicoseletronicos.ufma.br/index.php/revistahumus/article/view/1618.

Lear, E. (2003). *Adeus, ponta do meu nariz.* São Paulo: Hedra.

Lecouteux, C. (2009). *Histoire des vampires, autopsie d'un mythe.* Paris: Imago.

Leite, M. P. de S. (1991). *O deus odioso. Psicanálise e representação do mal. O diabo amoroso/Jacques Cazotte.* São Paulo: Escuta.

Lenne, G. (1970). *El cine "fantástico" y sus mitologías.* Barcelona: Editorial Anagrama.

Les Grands Thèmes du Cinéma Fantastique. Recuperado de https://www.filmsfantastiques.com/thematiques/.

Les Rencontres Cinéma: Midi-Minuit Fantastique Story. (s.d.). Recuperado de http://mediatheques.puteaux.fr/index.php?option=com_content&view=article&id=319&Itemid=79. Acesso em: 01/06/2011.

Leutrat, J.-L. (1995). *Vie des fantômes – Le fantastique au cinéma.* Paris: Cahiers du Cinéma.

Lev, P. (2000). *American films of the 70s. Conflicting visions.* Austin: University of Texas Press.

Lévi-Strauss, C. (1985). A estrutura dos mitos. In *Antropologia Estrutural.* Rio de Janeiro: Tempo Brasileiro.

Lima, L. C. (2003). *O redemunho do horror. As margens do Ocidente.* São Paulo: Planeta.

Lima, M. A. N. *A propósito da neurose obsessiva*. Recuperado de http://www.interseccaopsicanalitica.com.br/art070.htm. Acesso em: 28/02/2013.

Linardi, A. B. (2009). Lautréamont/ Magritte, o voo dos estorninhos. In J. Jeha & L. Nascimento (Orgs.). *Da fabricação de monstros*. Belo Horizonte: Editora UFMG.

Locke, J. (1902). *Some thoughts concerning Education*. Cambridge, Cambridge University Press.

Lotman, I. M. (1996). *La semiosfera*. Madrid: Ediciones Cátedra.

Lovecraft, H. P. (1987). *O horror sobrenatural na literatura*. Rio de Janeiro: Francisco Alves.

Machado, A. (2005). *Pré-cinemas & pós-cinemas*. São Paulo: Papirus.

Maciel, N. (s/d.). *Literatura fantástica no Brasil (esboço histórico)*. Recuperado de http://www.bestiario.com.br/14_arquivos/lit%20fantastica.html. Acesso em: 03/08/2012.

Magalhães, C. (2003). *Os monstros e a questão racial na narrativa modernista brasileira*. Belo Horizonte: Editora UFMG.

Maillard-Chary, C. (1994). *Le bestiaire des surréalistes*. Paris: Presses de la Sorbonne Nouvelle.

Mandressi, R. (2012). Dissecações e anatomia. In A. Corbin *et al.* (Orgs.). *História do Corpo. 1. Da Renascença às Luzes*. Petrópolis: Vozes.

Mannoni, L. (2003). *A grande arte da luz e da sombra, arqueologia do cinema*. São Paulo: Editora Senac/Unesp.

Marinho, C. (2009). *Poéticas do maravilhoso no cinema e na literatura*. Belo Horizonte: PUC Minas/Autêntica.

Marques, H. (2001). *Os deuses e os monstros*. Belo Horizonte: Autêntica/PUC Minas.

MarxLacanZizek (2010-2012). Recuperado de http://marxlacanzizek.wordpress.com/.

Matet, J.-D. (1989). O sintoma é o que muitas pessoas têm de mais real. In G. Miller (Org.). *Lacan*. Rio de Janeiro: Jorge Zahar Editor.

Maupassant, G. de (1962). *Contes choisis*. Paris: Larousse.

Maupassant, G. de (2006). *Le Horla et autres contes fantastiques*. Paris: Hachette.

McNally, R. T., & Florescu, R. (2005). *Em busca de Drácula e outros vampiros*. São Paulo: Mercuryo.

Meletínski, E. M. (1998). *Arquétipos literários*. Cotia: Ateliê Editorial.

Mieletínski, E. M. (1979). Tipologia estrutural e folclore. In B. Schnaiderman. *Semiótica russa*. São Paulo: Perspectiva.

Melo, F. (2011). *Entrevista com o diretor Filipe Melo*. Recuperado de http://gore-boulevard.webnode.com.br/news/entrevista-com-o-diretor-filipe--melo/. Acesso em: 03/06/2011.

Menezes, T. de (2010). Alice no País do 3 D. Tim Burton e Johnny Depp levam sua parceria a uma nova dimensão. *Movie*, (5), 52-255.

Messias, A. (2004). *Histórias mal-assombradas em volta do fogão de lenha*. São Paulo: Biruta.

Messias, A. (2005). *Histórias mal-assombradas do tempo da escravidão*. São Paulo: Biruta.

Messias, A. (2010). *Histórias mal-assombradas de Portugal e Espanha*. São Paulo: Biruta.

Messias, A. (2013). *Histórias mal-assombradas do espaço sideral*. São Paulo: Biruta.

Messias, A. (2019). *Comunicação e Antropoceno: os desafios do humano*. São Paulo: Educ.

Meu Cinema Brasileiro. Recuperado de http://www.meucinemabrasileiro.com.

Midi-Minuit Fantastique: Une Revue de Cinéma Mytique. Recuperado de http://www.rougeprofond.com/LIVRES/RACCORDS/MMF1/AnnonceMMF.pdf. Acesso em: 04/05/2012.

Miguel, A. D. (2006). *A morfologia do horror, construção e percepção na obra lovecraftiana* (dissertação de Mestrado em Linguística. Universidade Estadual de Campinas, Campinas).

Millard, P. (2008). A brief overview of the historical path of automata and the tendency toward human replication and re-formation. *Rhizome*. Recuperado de http://rhizome.org/discuss/view/40327/.

Miller, E. (2003). *A Drácula handbook*. Bucareste: Editura Gerot.

Miller, G. (Org.) (1989). *Lacan*. Rio de Janeiro: Jorge Zahar Editor.

Miller, J.-A. (Org.) (2004). *Ornicar?, 1. De Jacques Lacan a Lewis Carroll*. Rio de Janeiro: Jorge Zahar Editor.

Miller, J. et al. (2002). *Germes, as armas biológicas e a guerra secreta da América*. Rio de Janeiro: Ediouro.

Mira y Lopez, E. (1960). *Os fundamentos da psicanálise*. Rio de Janeiro: Editora Científica.

Moine, R. (2008). *Cinema genre*. Malden, MA: Blackwell.

Monegal, R. (1976, abr.-jun.). Borges: una teoría de la literatura fantástica. *Revista IberoAmericana, XLII*(95). Recuperado de http://revista-ibero-americana.pitt.edu/ojs/index.php/Iberoamericana/article/view/3101.

Montagne, A. (Org.). (2008). *Les monstres, du mythe au culte*. Colombelles: Corlet Publications.

Montaigne, M. de. (s.d). *Ensayos. Libro II. Capítulo XXX. De una criatura monstruosa*. Paris: Casa Editorial Garnier Hermanos, 1912.

Montaigne, M. de. (2000). Chapitre XXX. D'un enfant monstrueux. In *Les Essais (Libre II)*. Recuperado de http://www.dominiopublico.gov.br/download/texto/ph000353.pdf.

Moraes, E. R. (2002). *O corpo impossível. A decomposição da figura humana de Lautréamont a Bataille*. São Paulo: Iluminuras.

Morin, E. (1969). *Cultura de massas no século XX*. Rio de Janeiro: Forense.

Morin, E.(1997). *O cinema ou o homem imaginário*. Lisboa: Relógio d'Água.

Motta, L. T. da (2006, jul.). Profecias galopantes de Hitchcock. *Revista Galáxia, 6*(11).

Motta, L. T. da (2007). *Proust, a violência sutil do riso*. São Paulo: Perspectiva.

Müller, A. (2011). Cinema como negativo (duplo) da psicanálise. *Textos da Mostra "O Cinema em Carne Viva"*.

Murch, W. (2004). *Num piscar de olhos, a edição de filmes sob a ótica de um mestre*. Rio de Janeiro: Jorge Zahar Editor.

Nascimento, E. (2011). Comutações, contatos: cenas de violência segundo David Cronenberg. *Textos da Mostra "O Cinema em Carne Viva"*.

Nasio, J.-D. (1993). *Cinco lições sobre a teoria de Jacques Lacan*. Rio de Janeiro: Jorge Zahar Editor.

Nasio, J.-D. (1997). *O livro da dor e do amor*. Rio de Janeiro: Jorge Zahar Editor.

Nazário, L. (1983). *Da natureza dos monstros*. São Paulo: s/ed.

Nazário, L. (1986). *O medo no cinema*. São Paulo: Colégio Bandeirantes.

Nazário, L. (2007). *Monstros marcianos*. In J. Jeha (Org.). Monstros e monstruosidades na literatura. Belo Horizonte: Editora UFMG.

Nazário, L., & Nascimento, L. (Orgs.). (2004). *Os fazedores de golems*. Belo Horizonte: Editora UFMG.

Neilson, W. A. (Ed.). (1954). *Webster's New International Dictionary of the English Language*. Springfield: G & C. Merriam Company Publishers, 1 vol.

Newitz, A. (2010) A history of zombies in America. *Gizmodo*. Recuperado de http://io9.com/5692719/a-history-of-zombies-in-america.

Nietzsche, F. (2011). *O nascimento da tragédia*. São Paulo: Escala.

Nogueira, C. R. F. (2002). *O Diabo no imaginário cristão*. Bauru: Edusc.

Nöth, W. (1996). *A semiótica no século XX*. São Paulo: Annablume.

Nöth, W. (1998). *Panorama da semiótica*. São Paulo: Annablume.

Nunes, I. F. (2010). Mulheres sobrenaturais no Nobiliário Português – a *Dama Pé de Cabra* e a *Dona Marinha*. *Medievalista, 8*. Recuperado de https://journals.openedition.org/medievalista/462?lang=en.

Oliveira, A. M. de (2003). A nova guerra do Adorável Mundo Novo, EUA × Afeganistão. *Verso e Reverso. Revista da Comunicação, 37*.

Oliveira, A. M. de (2010). Concepções do Jaguadarte em Tim Burton e na Literatura, do *Unheimliche* à apresentação *ready-to-see*. *Caderno do V Advanced Seminar on Peirce's Philosophy and Semiotics, 13ª Jornada Peirceana. Mediação e Representação, 13*(13).

Oliveira, A. M. de (2011a). De *Avatar* à centaura mexicana: o monstro e o monstruoso na produção de sentidos da América quinhentista. In *Anais do 1º Congresso Confibercom* (pp. 1-12). São Paulo: Confibercom/ECA-USP. Recuperado de http://confibercom.org/anais2011/pdf/6.pdf. Acesso em: 03/05/2012.

Oliveira, A. M. de (2011b). Monstros que já não causam pavor: os contramodelos em representações fantásticas pós-2001. In *Anais da 15ª Mostra de Pós-graduação em Letras da Universidade Presbiteriana Mackenzie*: Linguagem e Literatura – Manifestações Culturais. São Paulo, SP.

Oliveira, A. M. de (2011c). Um "novo" cinema e um "novo" corpo: estatutos do teratológico em filmes fantásticos. In *Anais do 3º Encontro Transdisciplinar de História e Comunicação: História Cultural e Semiótica da Cultura* (pp. 17-19). São Paulo: PUC-SP. Recuperado de http://ayltondoamaral.com/downloads/Semiotica.pdf. Acesso em: 03/06/2012.

Oliveira, A. M. de (2012). *Guerra dos Mundos*, da literatura do XIX ao cinema contemporâneo: configurações do monstruoso e do catastrófico. In *Anais da 16ª Mostra de Pós-graduação em Letras da Universidade Presbiteriana Mackenzie* (vol. 1, p. 25). São Paulo, SP.

Oliveira, A. M. de (2013). *I'll see you in my dreams,* o morto-vivo como pesadelo na aldeia portuguesa. In A. C. Pereira & T. Cardoso e Cunha (Orgs.). *Geração invisível, os novos cineastas portugueses.* Covilhã: Labcom Books.

Oliveira, A. M. de (2014). Le monstrueux et le fantastique dans l'étrangeté des Amériques. *Revue Rita/Sorbonne Nouvelle, 7.* Recuperado de http://www.revue-rita.com/regards7/o-monstruoso-e-o-fantastico-na-estranheza-das-americas.html. Acesso em: 15/04/2014.

Oliveira, A. M. de (2011). Atualizações da Mãe-d'Água e da Dama do Pé de Cabra no imaginário do século XXI. *Semeiosis: Semiótica e Transdisciplinaridade em Revista, 2*(2). Recuperado de https://semeiosis.com.br/

issues?issue=5y7NytZm5FXA3JhdkNam&article=hJi1NJwVuWB5osR-0vgHM.

Oliveira, C. C. T. de. (2009). Deleuze: uma ontologia do cinema. *Anagrama: Revista Interdisciplinar da Graduação, 2*(3). Recuperado de https://www.revistas.usp.br/anagrama/article/view/35371.

Omar, A. (2006). Cinema e música. In I. Xavier (Org.). *O cinema no século.* Rio de Janeiro: Imago.

Oricchio, L. Z. (2003). *Cinema de novo. Um balanço crítico da retomada.* São Paulo: Estação Liberdade.

Ortriwano, G. S. (1999). A invasão dos marcianos: a Guerra dos Mundos que o rádio venceu. *Boletim Instituto Gutenberg, 24.* Série Eletrônica. Recuperado de http://www.igutenberg.org/guerra124.html.

Otto, R. (2007). *O sagrado.* Petrópolis: Vozes.

Ovídio (2000). *Metamorfoses.* São Paulo: Hedra.

Paccola, R. A. (2006). *Cinema e imaginário em* A História Sem Fim. Bauru: Edusc.

Papini, G. (1953). *O Diabo. Apontamentos para uma futura diabologia.* Lisboa: Edição Livros do Brasil Lisboa.

Parafita, A. (2000). *O maravilhoso popular. Lendas, contos, mitos.* Lisboa: Plátano Editora.

Pedroso, C. (2001). *Contos populares portugueses.* São Paulo: Landy.

Penteado, J. (Org.). (1961). *Obras-primas do conto fantástico.* São Paulo: Livraria Martins Editora.

Pereira, L. S. (2004). *Um narrador incerto – entre o estranho e o familiar.* Rio de Janeiro: Companhia de Freud Editora.

Pierobon, F. (2012). *Le symptôme Avatar.* Paris: Vrin.

Pignatari, D. (1987). *Semiótica e literatura.* São Paulo: Cultrix.

Pincé, P. Clés du Cinéma Fantastique. *Aspects du cinéma fantastique.* Recuperado de http://crdp.ac-rennes.fr/upload/FCKuserfiles/files/cles_du_cinema_fantastique.pdf. Acesso em: 01/03/2012.

Pinheiro, M. (Org.). (2011). *Hitchcock*. São Paulo: Sesc/Centro Cultural Banco do Brasil.

Platão (2010). *A República*. Lisboa: Calouste Gulbenkian.

Platt, R. (1992). *Les yeux du cinéma*. Paris: Gallimard.

Plaza, J. (1987). *A tradução intersemiótica*. São Paulo: Perspectiva.

Poe, E. A. (1978). *Histórias extraordinárias*. São Paulo: Abril Cultural.

Poe, E. A. (2012). *A filosofia da composição*. São Paulo: 7 Letras.

Poli, M. C. (2007). A Medusa e o gozo: uma leitura da diferença sexual em psicanálise. *Ágora: Estudos em Teoria Psicanalítica, 10*(2). Recuperado de https://www.scielo.br/j/agora/a/sCYKPW6dysz8fsXy6J3QnQB/?lang=pt.

Ponge, F. (2003). *A mimosa*. Brasília: Editora UnB.

Pornon, C. (1959). *Le rêve et le fantastique dans le cinéma français*. Paris: La Nef de Paris Editions.

Prandi, Reginaldo. (2001). *Mitologia dos orixás*. São Paulo: Companhia das Letras.

Prédal, R. (1970). *Le cinéma fantastique*. Paris: Seghers.

Priore, M. Del (1995). Melusinas, sereias e mulheres-serpentes na literatura sacra do século XVII. *Cadernos Pagu, 4*. Florianópolis, Instituto de Estudos de Gênero. Recuperado de https://ieg.ufsc.br/public/storage/articles/October2020/03112009-112911priore.pdf. Acesso em: 05/06/2012.

Priore, M. Del (2000). *Esquecidos por Deus, monstros no mundo europeu e ibero-americano (séculos XVI-XVIII)*. São Paulo: Companhia das Letras.

Propp, V. (1997). *As raízes históricas do conto maravilhoso*. São Paulo: Martins Fontes.

Propp, V. (2010). O motivo do nascimento mágico. *Revista Galáxia, 10*(19).

Quadro a quadro. (s.d.). *Uma viagem pela história do cinema de animação*. Recuperado de http://www.eba.ufmg.br/midiaarte/quadroa-quadro/. Acesso em: 28 mar. 2010.

Regan, S. (2009). *The vampire book*. London: DK.

Remise, J. (1970). *Magie lumineuse, du théâtre d'ombres à la lanterne magique.* Paris: Balland.

Reumont, F. (2004). *Le guide machinerie de la prise de vues, cinéma. Dollies, grues, travelling, steadycam.* Paris: Editions Dujarric.

Rivera, T. (2008). *Cinema, imagem e psicanálise.* Rio de Janeiro: Jorge Zahar Editor.

Robichaud, C. (Org.). (2013). *The walking dead e a Filosofia, espingarda, revólver e razão.* Rio de Janeiro: BestSeller.

Rodrigues, C. T. (2012a). Hugo Cabret se recusa a não sonhar (1). *Correio da Cidadania.* Recuperado de https://www.correiocidadania.com.br/index.php?option=com_content&view=article&id=6961.

Rodrigues, C. T. (2012b). Hugo Cabret se recusa a não sonhar (2). *Correio da Cidadania.* Recuperado de http://www.correiocidadania.com.br/index.php?option=com_content&view=article&id=7036:-submanchete1 70412&catid=60:cassiano-terra-rodrigues&I-temid=130.

Rodríguez, J. V. (2007). *O homem de areia, o estranho e as estruturas do fantástico.* Recuperado de Disponível em: http://www.unicamp.br/iel/site/alunos/publicacoes/textos/h00001.htm. Acesso em: 12/03/2012.

Romano, R. (2003). *Moral e ciência, a monstruosidade no século XVIII.* São Paulo: Editora Senac.

Romer, J.-C. (s.d.). Qu'est ce que le "Fantastique"? *Devil Dead.* Dossier réalisé par Emmanuel Denis. Recuperado de https://www.devildead.com/dossier/21-souvenirs-de-midi-minuit-fantastique/18-qu-est-ce-que-le--fantastique.

Rubião, M. (2010). *Obra completa.* São Paulo: Companhia de Bolso.

Russell, J. (2010). *Zumbis, o livro dos mortos.* São Paulo: Leya Cult.

Russo, N. (2009). Um homem sensível. *Movie,* (2). São Paulo.

Sabadin, C. (2000). *Vocês ainda não ouviram nada. A barulhenta história do cinema mudo.* São Paulo: Lemos Editorial.

Sadaune, S. (2009). *Le fantastique au Moyen Âge.* Rennes: Éditions Ouest-France.

Sadoul, G. (1963). *História do cinema mundial. Das origens a nossos dias* (vol. I). São Paulo: Livraria Martins Editora.

Sadovski, R. (2010). O começo do fim. Morte! Destruição! E sem 3D? Os bastidores de *Harry Potter e as Relíquias da Morte,* primeira parte do clímax da saga. *SET, 23.* São Paulo.

Sagan, Carl. (1997). *O mundo assombrado pelos demônios: a ciência vista como uma vela no escuro.* São Paulo: Companhia das Letras.

Santaella, L. (1966). *Cultura das mídias.* São Paulo: Experimento.

Santaella, L. (1999). As três categorias peircianas e os três registros lacanianos. *Psicologia USP,10*(2), 81-91. São Paulo. Recuperado de https://www.revistas.usp.br/psicousp/article/view/108063. Acesso em: 18/02/2011.

Santaella, L. (2002). *Semiótica aplicada.* São Paulo: Thompson/Pioneira.

Santaella, L. (2003a) *Culturas e artes do pós-humano, da cultura das mídias à cibercultura.* São Paulo: Paulus.

Santaella, L. (2003b). Da cultura das mídias à cibercultura, o advento do pós--humano. *Revista Famecos, 1*(22). Porto Alegre.

Santaella, L. (2004). *Corpo e comunicação: sintoma da cultura.* São Paulo: Paulus.

Santaella, L. (2007). Pós-humano: por quê? *Revista USP,* (74), 126-137. São Paulo. Recuperado de   https://www.revistas.usp.br/revusp/article/view/13607. Acesso em: 28/01/2013.

Santaella, L. (2008). *Corpo e comunicação: sintoma da cultura.* São Paulo: Paulus.

Santaella, L., & Felinto, E. (2012). *O explorador de abismos, Vilém Flusser e o pós-humanismo.* São Paulo: Paulus.

Santiago, S. (1998). A ameaça do lobisomem. *Revista Brasileira de Literatura Comparada, 4*(4), Florianópolis.

Santo Agostinho (2012a). *A cidade de Deus* (vol. I). Petrópolis: Vozes.

Santo Agostinho (2012b). *A cidade de Deus* (vol. II). Petrópolis: Vozes.

Santos, M. T. C. dos (2007). *O cinema em transe, a percepção cinematográfica à luz das metáforas do autômato e dos fenômenos da dissociação* (tese de doutorado em Letras. Universidade do Estado do Rio de Janeiro, Rio de Janeiro).

Schnaiderman, B. (1979). *Semiótica russa*. São Paulo: Perspectiva.

Schneider, S. J. (1999). Monsters as (uncanny) metaphors: Freud, Lakoff, and the representation of monstrosity in cinematic horror. *Other Voices, 1*(3). Recuperado de www.othervoices.org/1.3/sschneider/monsters.php. Acesso em: 16/09/2010.

Schneider, S. J. (Org.). (2004). *Horror film and psychoanalysis, Freud's worst nightmare*. Cambridge: Cambridge University Press.

Schwab, K. (2018). *A quarta revolução industrial*. São Paulo: Edipro.

Schwartz, V. (2004). O espectador cinematográfico antes do aparato do cinema, o gosto do público pela realidade na Paris fim-de-século. In L. Charney & V. Schwartz (Orgs.). *O cinema e a invenção da vida moderna*. São Paulo: Cosac Naify.

Sélection Officielle (2003). *Festival de Cannes 2003*. Paris: Société d'Imprimerie Artistique.

Semiótica Psicanalítica – Clínica da Cultura. Recuperado de http://cogeae. pucsp.br/cogeae/curso/225. Acesso em: 01/02/2012.

Sene, L. S. (2012). As "Porcarias" das metamorfoses: um estudo da transformação homem-animal-homem na narrativa fantástica. *Horizonte Científico, 6*(1). Recuperado de https://seer.ufu.br/index.php/horizonte-cientifico/article/view/8121.

Senra, S. (1997). King Kong, magia e técnica. In *O Último Jornalista*. São Paulo: Estação Liberdade.

Sens Critique. Films de science-fiction français. Recuperado de http://www. senscritique.com/liste/Films_de_science_fiction_francais/28836. Acesso em: 05/04/2013.

Shelley, M., Stoker, B., & Stevenson, R. L. (2001). *Frankenstein. Drácula. O médico e o monstro*. Rio de Janeiro: Ediouro.

Sibilia, P. (2011). O corpo estranho: orgânico, demasiadamente orgânico. *Textos da Mostra "O Cinema em Carne Viva"*. Recuperado de www.carneviva.com/textos.html. Acesso em: 05/04/2013.

Siebers, T. (1989). *Lo fantástico romántico*. Cidade do México, Fondo de Cultura Económica.

Silva, F. M. M. A. P. da (2007). *Da literatura, do corpo e do corpo na literatura, Derrida, Deleuze e monstros do Renascimento* (dissertação de mestrado em Literatura e Poéticas Comparadas. Universidade de Évora, Évora).

Silva, T. T. da (Org.). (2000). *Pedagogia dos monstros, os prazeres e os perigos da confusão de fronteiras*. Belo Horizonte: Autêntica.

Singer, B. (2004). Modernidade, hiperestímulo e o início do sensacionalismo popular. In L. Charney & V. R. Schwartz (Orgs.). *O cinema e a invenção da vida moderna*. São Paulo: Cosac Naify.

Smadja, I. (2004). *Harry Potter, as razões do sucesso*. Rio de Janeiro: Contraponto.

Smith, S. (2003). *J. K. Rowling. Uma biografia do gênio por trás de Harry Potter*. Rio de Janeiro: Sextante.

Soller, C. (1998). *A psicanálise na civilização*. Rio de Janeiro: Contra Capa.

Sontag, S. (2005). *Questão de ênfase*. São Paulo: Companhia das Letras.

Stam, R. (1981). *Espetáculo interrompido. O cinema e a literatura de desmistificação*. São Paulo: Paz e Terra.

Stam, R. (1992a). *Bakhtin. Da teoria literária à cultura de massa*. São Paulo: Ática.

Stam, R. (1992b). *New vocabularies in film semiotics*. London: Routledge.

Stam, R. (2003). *Introdução à teoria do cinema*. São Paulo: Papirus.

Stam, R. (2008). *A literatura através do cinema, realismo, magia e a arte da adaptação*. Belo Horizonte: Ed. UFMG.

Stanzick, N. (2010). *Dans les griffes de la Hammer – La France livrée au cinéma d'épouvante*. Paris: BDL.

Steinbrunner, C., & Goldblatt, B. (1972). *Cinema of the fantastic*. New York: Galahad Books.

Stengers, I. (2015). *No tempo das catástrofes. Como resistir à barbárie que vem*. São Paulo: Cosac Naify.

Suppia, A. L. P. de O. (2007). *Limite de Alerta! Ficção Científica em Atmosfera Rarefeita. Uma introdução ao estudo da FC no cinema brasileiro e em algumas cinematografias off-Hollywood* (tese de doutorado em Multimeios. Campinas, Universidade Estadual de Campinas).

Suppia, A. L. P. de O. (2009). Realismo e cinema de ficção científica: equilíbrio delicado. *Lumina. Revista do Programa de Pós-Graduação da Universidade Federal de Juiz de Fora, 3*(1). Recuperado de https://periodicos.ufjf.br/index.php/lumina/article/view/21054.

Suppia, A. L. P. de O. (2011). A verdade está lá fora: sobre a retórica documentária no cinema fantástico ou de ficção científica. *Revista Fronteiras: Estudos Midiáticos, 13*(1). Unisinos, São Leopoldo. Recuperado de http://revistas.unisinos.br/index.php/fronteiras/article/view/445/136.

Talbot, S., & Chanda, N. (2002). *A era do terror. O mundo depois de 11 de setembro*. Rio de Janeiro: Campus Elsevier.

Tarín, F. J. G. (s.d.). *The curse of the cat people: presencia de "lo siniestro" (breves apuntes)*. Recuperado de http://bocc.ubi.pt/pag/tarin-francisco-curse-cat-people.pdf.

Taunay, A. d'E. (1998). *Monstros e monstrengos do Brasil*. Mary Del Priore (Org.). São Paulo: Companhia das Letras.

Tavares, B. (Org.) (2007). *Freud e o estranho: contos fantásticos do inconsciente*. Rio de Janeiro: Casa da Palavra.

Tchékhov, A. P. (2010). *Um homem extraordinário e outras histórias*. Porto Alegre: L&PM Pocket.

Todorov, T. (1982/1969). *A Gramática do Decameron*. São Paulo: Perspectiva.

Todorov, T. (2004). *Introdução à literatura fantástica*. São Paulo: Perspectiva.

Tolkien, J. R. R. (2002). Beowulf. The monsters and the critics. In *Beowulf – a verse translation. Authoritative text. Contexts. Criticism*. New York: W. W. Norton & Company.

Torelli, E. (2009). De volta para o passado. A tecnologia que te leva para dentro de Pandora é mais velha do que você imagina. *Movie, 2.*

Truffaut, F. (1989). *Os filmes da minha vida.* Rio de Janeiro: Nova Fronteira.

Tucherman, I. (2011). A teratologia de David Cronenberg ou passeando entre monstros e seus criadores: Ésquilo, Goya, Mary Shelley e Cronenberg. *Textos da Mostra "O Cinema em Carne Viva".*

Vax, L. (1960). *L'art et la littérature fantastiques.* Paris: PUF.

Veiga, J. E. da. (2019). *O Antropoceno e a ciência do sistema Terra.* São Paulo: Editora 34.

Verger, P. F., & Carybé. (1997). *Lendas africanas dos orixás.* Salvador: Corrupio.

Vieira, J. L., & Coelho, L. A. (2011). Subjetividade virtual em "nova carne": o fim do tempo, espaço e corpo orgânico no sujeito recriado. *Textos da Mostra "O Cinema em Carne Viva".*

Viveiros de Castro, E. (2002). *A inconstância da alma selvagem e outros ensaios de antropologia.* São Paulo: Cosac Naify.

Volobuef, K., *et al.* (Orgs.). (2012). *Vertentes do fantástico na literatura.* São Paulo: Annablume.

Villaume, C. (2008). Vision médiévale du diable au cinéma. In A. Montagne (Org.). *Les monstres, du mythe au culte.* Colombelles: Corlet Publications.

Wallace-Wells. (2019). D. *A Terra inabitável. Uma história do futuro.* São Paulo: Cia das Letras.

Waltz, R. (1996). *Serial killings: fantômas, feuillade, and the mass-culture genealogy of surrealism. The Velvet light trap: a critical journal of film and television,* (37), 51-57. Recuperado de http://www.fantomas-lives.com/fanto47.htm. Acesso em: 05/12/2012.

Warner, M. (2000). *No go the Bogeyman, scaring, lulling and making mock.* London: Vintage.

Welzer, H. (2010). *Guerras climáticas: por que mataremos e seremos mortos no século 21.* São Paulo: Geração Editorial.

Welzer, H. (2016). *A guerra da água: por que mataremos e seremos mortos no século 21*. São Paulo: Geração Editorial.

Wilhelm, M., & Mathison, D. (2010). *Avatar – os relatórios confidenciais do mundo de Pandora*. São Paulo: Leya.

Williams, R. ([20--?]). *Where the shadows play*. Impresso avulso.

Wood, R. (1979). An introduction to the American horror film. In *American nightmare: essays on the horror film*. Toronto, Festival of Festivals.

Wood, Paul. A. (2011). *O estranho mundo de Tim Burton*. São Paulo: Leya.

Xavier, I. (2005). *O discurso cinematográfico, a opacidade e a transparência*. São Paulo: Paz e Terra.

Xavier, I. (2006). "Introdução". In *O cinema no século*. Rio de Janeiro: Imago.

Žižek, S. (1992). *Eles não sabem o que fazem. O sublime objeto da ideologia*. Rio de Janeiro: Jorge Zahar Editor.

Žižek, S. (1994). *¡Goza tu síntoma! Jacques Lacan dentro y fuera de Hollywood*. Buenos Aires: Nueva Visión.

Žižek, S. (2003). *Bem-vindo ao deserto do real!* São Paulo: Boitempo.

Žižek, S. (2007). *Vous avez dit totalitarisme?* Paris: Éditions Amsterdam.

Žižek, S. (2009). *Lacrimae rerum. Ensaios sobre o cinema moderno*. São Paulo: Boitempo.

Žižek, S. (2010a). *Como ler Lacan*. Rio de Janeiro: Jorge Zahar Editor.

Žižek, S. (2010b). Como Marx inventou o sintoma? In S. *Žižek* (Org.). *Um mapa da ideologia*. Rio de Janeiro: Contraponto.

Žižek, S., & Daly, G. (2006). *Arriscar o impossível: conversas com Žižek*. São Paulo: Martins Fontes.

Filmográficas

Alfredson, T. (Diretor), & Molinder, C. (Produtor). (2008). *Deixa ela entrar* (*Låt den Rätte Komma In*) [DVD, 115 min, color]. Suécia: EFTI.

Anderson, P. W. S. (Diretor), & Eichinger, B. (Produtor). (2002). *Resident evil – O hóspede maldito* (*Resident evil*) [DVD, 100 min, color]. Estados Unidos: Constantin Film Produktion.

Boyle, D. (Diretor), & Macdonald, A. (Produtor). (2002). *Extermínio* (*28 days later*) [DVD, 113 min, color.]. Reino Unido/ Estados Unidos: DNA Films/ British Film Council.

Burton, T. (Diretor), & Zanuck, R. D. (Produtor). (2010). *Alice no País das Maravilhas* (*Alice in Wonderland*) [DVD, 108 min, color.]. Estados Unidos/ Reino Unido: Walt Disney Studios.

Bustillo, A. & Maury, J. (Diretores), & Frédiani, V. (Produtora). (2011). *Livide* [DVD, 88 min, color]. França: SND.

Cameron, J. (Diretor e Produtor) (2009). *Avatar*. [DVD, 171 min, color]. Estados Unidos: 20th Century Fox.

Del Toro, G. (Diretor), & Almodóvar, A. (Produtor). (2001). *A espinha do diabo* (*El espinazo del diablo*) [DVD, 106 min, color.]. Espanha: Canal+ España.

Fresnadillo, J. C. (Diretor), & Lavigne, E. L. (Produtor). (2007). *Extermínio 2* (*28 weeks later*) [DVD, 100 min, color.]. Reino Unido/ Espanha: Figment Films/ Sogecine/ Koan Films.

Jonze, Spike (Diretor), & Hanks, T. (Produtor). (2009). *Onde vivem os monstros* (*Where the wild things are*) [DVD, 101 min, color.]. Estados Unidos: Legendary Pictures.

Joon-ho, B. (Diretor), & Yong-Bae, C. (Produtor). (2006). *O hospedeiro* (*Gwoemul/The host*) [DVD, 119 min, color.]. Coreia do Sul: Chungeorahm Film.

Nakata, H. (Diretor), & Ichise, T. (Produtor). (2002). Água negra (*Honogurai mizu no soko kara/ Dark Water*) [DVD, 101 min]. Japão: Toho Company Ltd.

Natali, V. (Diretor), & Hoban, S. (Produtor). (2009). *Splice* [DVD, 104 min, color.]. Canadá/ França: Dark Castle Entertainment.

Øvredal, A. (Diretor), & Jacobsen, J. M. (Produtor). (2010). *O caçador de trolls* (*Trolljegeren/ The troll hunter*) [DVD, 103 min, color.] Noruega: Filmkameratene A/S.

Raimi, S. (Diretor), & Curtis, G. (Produtor). (2009). *Arraste-me para o inferno* (*Drag me to hell*) [DVD, 99 min, color]. Estados Unidos: Universal Pictures.

Scorsese, M. (Diretor), & King, G. (Produtor). (2011). *A invenção de Hugo Cabret* (*The invention of Hugo Cabret*) [DVD, 127 min, color.]. Estados Unidos: GK Films.

Shyamalan, M. N. (Diretor), & Mercer, S. (Produtor). (2006). *A dama na água* (*Lady in the water*). [DVD, 110 min, color]. Estados Unidos: Legendary Pictures.

Spielberg, S. (Diretor), & Kennedy, K. (Produtor). (2005). *Guerra dos mundos* (*War of the worlds*) [DVD, 116 min, color]. Estados Unidos: Amblin Entertainment.

van Heijningen Jr., M. (Diretor), & Abraham, M. (Produtor). (2011). *A coisa* (*The thing*) [DVD, 103 min, color.] Estados Unidos: Strike Entertainment.

Verbinski, G. (Diretor), & Parkes, W. F. (Produtor). (2002). *O chamado* (*The ring*) [DVD, 115 min, color]. Estados Unidos Paramount – AMZ.

Vivas, M. A. (Diretor), & (Produtor). (2003). *I'll see you in my dreams* [DVD, 20 min, color.]. Roteiro Filipe Melo. Portugal.

Filmografia

Filmes citados

2001, uma odisseia no espaço (*2001: a Space Odyssey*, Stanley Kubrick, 1968)

2019: o ano da extinção (*Daybreakers*, Peter e Michael Spierig, 2009)

30 Dias de Noite (*30 Days of Night*, David Slade, 2007)

30 dias de noite 2: dias sombrios (*30 days of night: dark days*, Ben Ketai, 2010)

A Chinese ghost story (Ching Siu-Tung, 1987)

A tale of two sisters (Jee-woon Kim, 2003)

Abbott e Costello encontram Frankenstein (*Abbott & Costello meet Frankenstein:* Charles Barton, 1948)

Abismo do medo (*The descent*, Neil Marshall, 2005)

Abismo do medo 2 (*The descent – Part 2*, Jon Harris, 2009)

Abominável Dr. Phibes, O (*The abominable Dr. Phibes*, Robert Fuest, 1971)

Ação mutante (*Acción mutante*, Álex de la Iglesia, 1993)

Ad astra (*James Gray, 2019*)

Água negra (*Dark water/ Honogurai mizu no soko kara*, Hideo Nakata, 2002)

Água negra (*Dark water*, Walter Salles, 2005)

Akira (Katsuhiro Otomo, 1987)

Alice in cartoonland (Walt Disney, 1923, 10 desenhos animados)

Alice no País das Maravilhas (*Alice in Wonderland*, Harry Harris, 1985)

Alice no País das Maravilhas (*Alice in Wonderland*, Tim Burton, 2010)

Alien 3 (*Alien 3*, David Fincher, 1992)

Alien, a ressurreição (*Alien resurrection*, Jean-Pierre Jaunet, 1997)

Alien, o oitavo passageiro (*Alien*, Ridley Scott, 1979)

Alien vs. predador (*Alien vs. predator*, Paul W. S. Anderson, 2004)

Aliens, o resgate (*Aliens*, James Cameron, 1986)

Alma em suplício (*Mildred Pierce*, Michael Curtiz, 1945)

Alphaville (Jean-Luc Godard, 1965)

Alucarda (*Alucarda, la hija de las tinieblas*, Juan López Moctezuma, 1978)

Amaldiçoados (*Cursed*, Wes Craven, 2005)

Amanhecer parte I e II (*Breaking dawn*, Bill Condon, 2011/ 2012)

Anaconda (Luis Llosa, 1997)

Aniara (*Pella Kågerman*, Hugo Lilja, 2018)

Aniversário macabro/A última casa à esquerda (*The last house on the left*, Wes Craven, 1972)

Anjos da morte (*The Hamiltons*, Mitchell Altieri, Phil Flores, 2006)

Anjos da noite (*Underworld*, Len Wiseman, 2003)

Anjos da noite 2: A evolução (*Underworld: evolution*, Len Wiseman, 2006)

Anjos da noite 3: A rebelião (*Underworld: rise of the Lycans*, Patrick Tatopoulos, 2009)

Anjos da noite 4: O despertar (*Underworld: awakening*, Måns Mårlind, Björn Stein, 2012)

Apolo 18, a missão proibida (*Apollo 18*, Gonzalo Lopes-Gallego, 2011)

Armagedom (*Armageddon*, Michael Bay, 1998)

Arraste-me para o inferno (Drag me to hell, Sam Raimi, 2009)

Assassinatos da Rua Morgue, Os (*Murders in the Rue Morgue*, Robert Florey, 1932)

Atividade paranormal I (*Paranormal activity*, Oren Peli, 2007)

Atividade paranormal 2 (*Paranormal activity 2*, Tod Williams, 2010)

Audition (Takashi Miike, 1999)

Autour d'une cabine (Charles-Émile Reynaud, 1894)

Avatar (*Avatar*, James Cameron, 2009)

Aventuras de Virgulino, As (Luiz Sá, 1930)

Aventuras do Barão de Munchausen, As (*Les Aventures de baron de Munchhausen*, Georges Méliès, 1911)

Baby blood (Alain Robak, 1990)

Balao, l'homme singe (L'Éclair, 1912)

Banquete de sangue (*Blood Feast*, Hershell Gordon Lewis. 1963)

Barbarella (Roger Vadim, 1968)

Basket case (Frank Henenlotter, 1982)

Bebê de Rosemary, O (*Rosemary's baby*, Roman Polanski, 1968)

Bela e a fera, A (*La belle et la bête*, Jean Cocteau, 1946)

Black Sunday – A máscara de Satã (*Black Sunday/La maschera del Demonio*, Mario Bava, 1960)

Blade, o caçador de vampiros (*Blade*, Stephen Norrington, 1998)

Blade II (*Guillermo del Toro, 2002*)

Blade: Trinity (*David S. Goyer, 2004*)

Blade Runner: o caçador de androides (*Blade Runner*, Ridley Scott, 1982)

Blade Runner 2049 (*Denis Villeneuve, 2019*)

Blade trinity (David S. Goyer, 2004)

Bolha assassina, A (*The Blob*, Chuck Russell, 1988)

Bolha assassina, A (*The Blob*, Irvin Yeaworth, 1958)

Fome Animal (*Braindead*, Peter Jackson, 1992)

Branca de Neve e os sete anões (*Snow White and the seven dwarfs*, David Hand *et al.*, 1937)

Bruxa de Blair, A (*The Blair witch project*, Daniel Myrick e Eduardo Sánchez, 1999)

Cabana do Pai Tomás, A (*Uncle Tom's cabin*, Edwin S. Porter, 1903)

Caçador de Trolls, O (*The Troll hunter*, André Øvredal, 2010)

Calafrios (*Shivers*, David Cronenberg, 1975)

Cannibal holocaust (Ruggero Deodato, 1980)

Capital dos mortos, A (Tiago Belotti, 2008)

Caramujo e o clérigo, O (*La coquille et le clergyman*, Germaine Dulac, 1928)

Carrie, a estranha (*Carrie*, Brian de Palma, 1976)

Carruagem fantasma, A (*Körkarlen*, Victor Sjöström, 1921)

Casa de cera, A (*House of wax*, Jaume Collet-Serra, 2005)

Casa de Frankenstein, A (*House of Frankenstein*, A. Erle C. Kenton, 1944)

Casa na colina, A (*House on haunted hill*, William Castle, 1959)

Cassiopeia (Clóvis Vieira, 1996)

Castelo de Frankenstein, O (*Frankenstein 1970*, Howard W. Koch, 1958)

Chamado, O (*The ring*, Gore Verbinski, 2002)

Chamado, O (*Ringu ou The ring*, Hideo Nakata, 1998)

Charisma (Kiyoshi Kurosawa, 1999)

Cheiro da papaia verde, O (*Mùi đu đủ xanh/ L'odeur de la papaye verte*, Tran Anh Hung, 1993)

Cidadão Kane (*Citizen Kane*, Orson Welles, 1941)

Cidade das crianças perdidas, A (*La cité des enfants perdus*, Jean-Pierre Jeunet e Marc Caro, 1995)

Cinderela (*Cendrillon*, Georges Méliès, 1899)

Cloverfield, o monstro (*Cloverfield*, Matt Reeves, 2008)

Coisa, A (*The thing*, Matthijs van Heijningen Jr., 2011)

Coisa ruim (*Coisa ruim/ Bad blood*, Tiago Guedes e Frederico Serra, 2006)

Conde Drácula, O (*Scars of Dracula*, Roy Ward Baker, 1970)

Conan, o bárbaro (*Conan the Barbarian*, John Milius, 1982)

Conan, o bárbaro (*Conan, the barbarian*, Marcus Nispel, 2011)

Conan, o destruidor (*Conan the destroyer*, Richard Fleisher, 1984)

Conde Drácula, O (*Scars of Dracula*, Roy Ward Baker, 1970)

Conquista do Polo, A (À la conquête du Pôle, 1912)

Contágio (*Contagion*, Steven Soderbergh, 2011)

Contatos de quarto grau (*The fourth kind*, Olatunde Osunsanmi, 2009)

Corvo, O (*The raven*, Lew Landers, 1935)

Crepúsculo (*Twilight*, Catherine Hardwicke, 2008)

Crimes do museu, Os (*Mystery of the wax museum*, Michael Curtiz, 1933)

Crônicas de Nárnia, As: A viagem do peregrino da alvorada (*The Chronicles of Narnia: The Voyage of the Dawn Treader*, Michael Apted, 2010)

Crônicas de Nárnia, As: O leão, A feiticeira e o guarda--roupa (*The chronicles of Narnia: the lion, the witch and the wardrobe*, Andrew Adamson, 2005)

Crônicas de Nárnia, As: Príncipe Caspian (*The Chronicles of Narnia: Prince Caspian*, Andrew Adamson, 2008)

Cure (*Kyua*, Kiyoshi Kurosawa, 1997)

Da Terra à Lua (*Rocketship X-M*, Kurt Newmann, 1950)

Dama na Água, A (*Lady in the Water*, M. Night Shyamalan, 2006)

Dança dos vampiros, A (*The fear-less vampire killers*, Roman Polanski, 1967)

Death bell (*Yoon Hong-seung*, 2008)

Des filles pour um vampire (*L'ultima preda del vampiro*, Piero Regnoli, 1960)

Deixa ela entrar (*Låt den Rätte Komma In*, Tomas Alfredson, 2008)

Deixa ela entrar (*Let me in*, Matt Reeves, 2010)

Delicatessen (Jean-Pierre Jeunet e Marc Caro, 1990)

Dellamorte Dellamore (1994, Michele Soavi)

Demência 13 (*Dementia 13*, Francis Ford Coppola, 1960)

Despertar dos mortos (*Dawn of the dead*, George A. Romero, 1978)

Destino à Lua (*Destination Moon*, Irvin Pichel, 1950)

Dia da besta, O (*El día de la bestia*, Álex de la Iglesia, 1995)

Dia em que a Terra parou, O (*The day the Earth stood still*, Robert Wise, 1951)

Dinossauro e o elo perdido, O (*The dinosaur and the missing link*, Willis O'Brien, 1915)

Distrito 9 (*District 9, Neill Blomkamp, 2009*)

Dog soldiers – Cães de caça (*Dog Soldiers*, Neil Marshall, 2002)

Doppelgänger (Kiyoshi Kurosawa, 2003)

Doze macacos, Os (*Twelve monkeys*, Terry Gilliam, 1995),

Dr. Jekyl e Mr. Hyde (*Dr. Jekyl and Mr. Hyde*, Lucius Henderson, 1912)

Drácula (*Dracula*, Ted Browning, 1931)

Drácula de Bram Stoker (*Bram Stoker's Dracula*, Francis Ford Coppola, 1992)

Drácula, o perfil do diabo (*Dracula has risen from the grave*, Freddie Francis, 1968)

Drácula, o príncipe das trevas (*Dracula, prince of darkness*, Terence Fisher, 1966)

Drácula no mundo da minissaia (*Dracula AD 1972*, Alan Gibson, 1972)

Drakula halála (*The death of Dracula*, Károly Lajthay, 1921)

E.T., o extraterrestre (*E.T., the extra-terrestrial*, Steven Spielberg, 1982)

Eclipse (David Slade, 2010)

Edward mãos de tesoura (*Edward scissorhands*, Tim Burton, 1990)

El apóstol (Quirino Cristiani, 1917)

El beso de la muerte (Alberto Marro, 1916)

El doctor Rojo (Ramón Caralt, 1917)

El hotel eléctrico (Segundo de Chomón, 1906)

Elysium (*Neill Blomkamp, 2013*)

Emissário de outro mundo, O (*Not of this Earth*, Roger Corman, 1957)

Empathy, Inc. (*Yedidya Gorsetman, 2018*)

Encanto das fadas, O (*FairyTale: a true story*, Charles Sturridge, 1997)

Encurralado (*Duel*, Steven Sielberg, 1971)

Enigma de Andrômeda, O (*The Andromeda strain*, Robert Wise, 1971)

Enigma do outro mundo, O (*The Thing*, John Carpenter, 1982)

Era dos mortos (Rodrigo Brandão, 2007)

Eragon (Stefen Fangmeier, 2006)

Eraserhead (David Lynch, 1977)

Escamotage d'une dame au théâtre Robert Houdin (Georges Méliès, 1896)

Espinha do diabo, A (*El espinazo del diablo*, Guillermo del Toro, 2001*)*

Espíritos: a morte está ao seu lado (*Shutter*, Banjong Pisanthanakun, Parkpoom Wongpoom, Tailândia, 2004)

Estranha passageira (*Now, voyager*, Irving Rapper, 1942)

Estudante de Praga, O (*Der Student von Prag*, Stellan Rye, Paul Wegener, 1913)

Estudante de Praga, O (*Der Student von Prag*, Henrik Galeen, 1926)

Estudante de Praga, O (*Der Student von Prag*, Arthur Robison, 1935)

Eu era um Frankenstein adolescente (*I was a teenage Frankenstein*, Herbert L. Strock, 1957)

Eu vi o Diabo (*I saw the Devil*, Jee-woon Kim, 2010)

Eva (Kike Maíllo, 2011)

Exorcista, O (*The Exorcist*, William Friedkin, 1973)

Expresso do amanhã (*Snowpiercer*, Bong Joon-ho, 2013)

Exterminador do futuro, O (*Terminator*, James Cameron, 1984)

Exterminador do Futuro 2, O (*Terminator 2: judgement day*, James Cameron, 1991)

Extermínio (*28 Days Later*, Danny Boyle, 2002)

Extermínio 2 (*28 weeks later*, Juan Carlos Fresnadillo, 2007)

Fantasma da Ópera, *O* (*The phantom of the Opera*, Rupert Julian, 1925)

Fantasma de Frankenstein, O (*The ghost of Frankenstein*, Erle C. Kenton, 1942)

Fantasma do paraíso, O (*Phantom of the paradise*, Brian de Palma, 1974)

Fantasmagorie (Émile Cohl, 1908)

Fantômas (Luis Feuillade, 1913, com episódios em 3 partes e 30 quadros)

Fahrenheit 451 (François Truffaut, 1966)

Fera assassina, A (*Big bad wolf*, Lance W. Dreesen, 2006)

Filha de Drácula, A (*Dracula's daughter*, Lambert Hillyer, 1936)

Filho de Frankenstein, O (*Son of Frankenstein*, Rowland V. Lee, 1939)

Filho de Kong, O (*The son of Kong*, Ernest B. Schoedsack)

Filhos do medo (*The brood*, David Cronenberg, 1979)

Fim dos tempos (*The happening*, Shyamalan, 2008)

Fome de viver (*The hunger*, Tony Scott, 1983)

Força diabólica (*The Tingler*, William Castle, 1959)

Frankenstein (James Whale, 1931)

Frankenstein (Searle Dawley, 1910)

Frankenstein encontra o lobisomem (*Frankenstein meets the Wolf Man*, Roy William Neill, 1943)

Frankenweenie (Tim Burton, 1984)

Freaks (Tod Browning, 1932)

Freddy vs Jason (Ronny Yu, 2003)

Freeze me (Takashi Ishii, 2000)

Frostbite (*Frostbiten*, Anders Banke, 2006)

Fúria de titãs (*Clash of the titans*, Desmond Davis, 1981)

Fúria de titãs (*Clash of the titans*, Louis Leterrier, 2010)

Gabinete do Doutor Caligari, O (*Das Kabinett des Dr. Caligari*, Robert Wiene, 1920)

Garota da capa vermelha, A (*Red riding hood*, Catherine Hardwicke, 2011)

Garoto do futuro, O (*Teen wolf*, Scott Haward, 1985)

Garotos perdidos (*The lost boys*, Joel Schumacher, 1987)

Garotos perdidos 2: a tribo (*Lost boys: the tribe*, P. J. Pesce, 2008)

Garotos perdidos 3 (*Lost boys: the thirst*, Dario Piana, 2010)

Gato preto, O (*The black cat*, Edgar Ulmer, 1934)

Gêmeos: mórbida semelhança (*Dead ringers*, David Cronenberg, 1988)

Gertie, o dinossauro (*Gertie, the dinosaur*, Winsor McCay, 1914)

Godzilla (Roland Emmerich, 1998)

Godzilla/Godzilla, o rei dos monstros (*Godzilla, king of the monsters!*, Terry Morse/Inoshiro Honda, 1956)

Golem, O (*Der Golem*, Henrik Galeen, Paul Wegener, 1915)

Gothic vampires from hell (Ford Austin *et al.*, 2007)

Gremlins (Joe Dante, 1984)

Grito, O (*Ju-On*, Takashi Shimizu, 2003)

Grito, O (*The grudge*, Takashi Shimizu, 2004)

Grito 2, O (*The grudge 2*, Takashi Shimizu, 2006)

Grito de horror (*The howling*, Joe Dante, 1981)

Gritos de horror – O renascimento (*The howling, Reborn*, Joe Nimziki, 2011)

Gritos en el pasillo (Jesús Franco, 1961)

Guerra dos mundos (*The war of the worlds*, Byron Haskin, 1953)

Guerra dos mundos (*War of the worlds*, Steven Spielberg, 2005)

Guerra entre planetas (*This island Earth*, Joseph Newman, 1955)

Guerra nas estrelas: o Império contra-ataca (*Star wars episode V: the empire strikes back*, Irvin Kershner)

Halloween, a noite do terror (*Halloween*, John Carpenter, 1978)

Häxan, a bruxaria através dos tempos (*Häxan*, Benjamin Christensen, 1922)

Hearts of age (Orson Welles; William Vance, 1934).

Hellraiser: renascido do inferno (*Hellraiser*, Clive Barker, 1987)

Hiroshima meu amor (*Hiroshima mon amour*, Alain Resnais, 1959)

Homem dos olhos de raio-X, O (*X*, Roger Corman, 1963)

Homem invisível, O (*The invisible man*, James Whale, 1933)

Homem leopardo, O (*The leopard man*, Jacques Tourneur, 1943)

Homem lobo, O (*Werewolf of London*, Stuart Walker, 1935

Homem que ri, O (*The man who laughs*, Paul Leni, 1928)

Hora do espanto, A (*Fright night*, Craig Gillespie, 2011)

Hora do espanto, A (*Fright night*, Tom Holland, 1985)

Hora do pesadelo, A (*Nightmare on Elm Street*, Wes Craven, 1984)

Horror de Drácula/Vampiro da noite (*Horror of Dracula*, Terence Fisher, 1958)

Horror de Frankenstein (*The horror of Frankenstein*, Jimmy Sangster, 1970)

Horror em Amityville (*The Amityville horror*, Andrew Douglas, 2005)

Horrores do museu negro (*Horrors of the Black Museum*, Arthur Crabtree, 1959)

Hospedeiro, O (*The host/Gwoemul*, Bong Joon-ho, 2006)

House of the Dead, o filme (*House of the Dead*, Uwe Boll, 2003)

House of horror (Benjamin Christensen, 1929)

I was a teenage werewolf (Gene Fowler Jr., 1957)

Iara (Sergio Glenes, 2004)

I'll see you in my dreams (Miguel Ángel Vivas, 2003)

Idade do ouro, A (*L'âge d'or*, Luis Buñuel, 1930)

Ilha, A (*The island*, Michael Bay, 2005)

Ilha das almas selvagens, A (*Island of lost souls*, Erle C. Kenton, 1932)

Ilha do pavor, A (*Attack of the crab monsters*, Roger Corman, 1957)

Iluminado, O (*The Shining*, Stanley Kubrick, 1980)

Imagens do além (*Shutter*, Masayuki Ochiai, 2008)

Impacto profundo (*Deep Impact*, Mimi Leder, 1998)

In the grip of the vampire (diretor desconhecido, 1913)

Incrível homem que encolheu, O (*The incredible shrinking man*, Jack Arnold, 1957)

Independence day (Roland Emmerich, 1996)

Instinto fatal (*Monkey Shines*, George Romero, 1988)

Inteligência artificial (*A.I., Artificial intelligence*, Steven Spielberg, 2001)

Interestelar (*Interestellar*, Christopher Nolan, 2014)

Invasora, A (À *l'intérieur*, Bustillo e Maury, 2007)

Invasores (*The invasion*, Oliver Hirschbiegel, 2007)

Invasores de corpos, Os (*Invasion of the body snatchers*, Philip Kaufman, 1978)

Invasores de corpos, Os – A invasão continua (*Body snatchers*, Abel Ferrara, 1993)

Invasores de Marte, Os (*Invaders from Mars*, William Cameron Menzies, 1953)

Invenção de Hugo Cabret, A (*Hugo*, Martin Scorsese, 2011)

Isto é spinal tap (*This is spinal tap*, Rob Reiner, 1984)

It conquered the world (Roger Corman, 1954)

Le quartier de la Madeleine (Vicenzo Natali, 2006, parte da antologia *Paris, je t'aime*)

Ligação perdida (*Chakushin ari*, Takashi Miike, 2003)

Jasão e os argonautas (*Jason and the argonauts*, Don Chaffey, 1963)

Jogos mortais (*Saw*, James Wan, 2004)

Jogos mortais 7 (*Saw 3D: the final chapter*, Kevin Greutert, 2010)

Jurassic park, Parque dos Dinossauros (*Jurassic Park*, Steven Spielberg, 1993)

Jurassic world, O mundo dos dinossauros (*Jurassic world*, Colin Trevorrow, 2015)

Kairo (Kiyoshi Kurosawa, 2001)

Kakashi (Norio Tsuruta, 2001)

King Kong (Merian C. Cooper e Ernest B. Schoedsack, 1933)

King Kong (John Guillermin, 1976)

King Kong (Peter Jackson, 2005)

King Kong contra Godzilla (*Kingu Kongu Tai Gojira*, Inoshiro Honda, 1962)

Komodo vs Cobra (Jim Wynorski, 2005)

L'arrivée d'un train en gare de La Ciotat (Irmãos Lumière, 1895)

L'avaleur de monstres (Segundo de Chomón, 1909)

L'homme à la tête de caoutchuc (Georges Méliès, 1901)

L'homme-mouche (Georges Méliès, 1902)

La charcuterie méchanique (Irmãos Lumière, 1895)

La fiancée de Dracula (Jean Rollin, 2002)

La nouvelle mission de Judex (Luis Feuillade, 1917, em doze episódios)

La sirène (Luis Feuillade, 1907)

La torre de los siete jorobados (Edgar Neville, 1944)

Ladrão de Bagdá, O (*The thief of Bagdah*, Michael Powell, 1940)

Laranja mecânica (*A clockwork orange*, Stanley Kubrick, 1971)

Le frisson des vampires (*The shiver of the vampires*, Jean Rollin, 1971)

Le manoir du Diable (Georges Méliès, 1886)

Le monstre (Georges Méliès, 1903)

Le Petit Poucet (Luis Feuillade, 1912)

Legião do mal (*La horde*, Yannick Dahan e Benjamin Rocher, 2009)

Lenda de Gösta Berling, A (*Gösta Berlings saga*, Mauritz Stiller, 1924)

Les 400 farces du Diable (Georges Méliès, 1906)

Les vampires (Luis Feuillade, 1915, em dez episódios)

Life of an american fireman (Edwin S. Porter, 1903)

Little Nemo (Winsor McCay, 1908)

Livide (*Livide*, Alexandre Bustillo, Julien Maury, 2011)

Lobos (*Wolfen*, Michael Wadleigh, 1981)

Lobisomem, O (*The wolf man*, George Waggner, 1941)

Lobisomem, O (*The wolfman*, Joe Johnston, 2010)

Lobisomem de Londres, O (*Werewolf of London*, Stuart Walker, 1935)

Loft (Kiyoshi Kurosawa, 2005)

Londres depois da meia-noite (*London after midnight*, Tod Browning, 1927)

Lua Nova (*New Moon*, Chris Weitz, 2009)

Macabre (William Castle, 1958)

Macaco feio, macaco bonito (Luiz Seel e João Stamato, 1923)

Madrid en el año 2000 (Manuel Noriega, 1925)

Madrugada dos mortos (*Dawn of the dead*, Zack Snyder, 2004)

Maldição de Frankenstein, A (*The curse of Frankenstein*, Terence Fisher 1957)

Maldição do lobisomem, A (*The curse of the werewolf*, Terence Fisher, 1961)

Maldição do sangue da pantera, A (*The curse of the cat people*, Gunther Von Frisch/Robert Wise, 1944)

Mangue negro (Rodrigo Aragão, 2010)

Maníacos (*Two thousand maniacs!*, Hershell Gordon Lewis, 1964)

Mar negro (Rodrigo Aragão, 2013)

Marca da pantera, A (*Cat People*, Paul Schrader, 1982)

Marnie, confissão de uma ladra (*Marnie*, Alfred Hitchcock, 1964)

Marte ataca! (*Mars attacks!*, Tim Burton, 1996)

Mãos de Orlac, As (*Orlacs Hände*, Robert Wiene, 1924)

Massacre da serra elétrica, O (*The Texas chain saw massacre*, Marcus Nispel, 2003)

Massacre da serra-elétrica, O (*The Texas chain saw massacre*, Tobe Hooper, 1974)

Matadores da vampiras lésbicas (*Lesbian vampire killers*, Phil Claydon, 2009)

Matrix (Irmãos Wachowski, 1999)

Médico e o monstro, O (*Dr. Jekyll and Mr. Hyde*, John S. Robertson, 1920)

Médico e o monstro, O (*Dr. Jekyll and Mr. Hyde*, Rouben Mamoulian, 1931)

Médico e o monstro, O (*Dr. Jekyll and Mr. Hyde*, Victor Fleming, 1941)

Medo (*A tale of two sisters*, Janghwa, Hongryeon, 2003)

Mee-Shee, o gigante das águas (*Mee-Shee, the water giant*, John Henderson, 2005)

Melancolia (*Melancholia*, Lars von Trier, 2011)

Meow (Marcos Magalhães, 1981)

Metrópolis (*Metropolis*, Fritz Lang, 1926)

Meu monstro de estimação (*The water horse: legend of the deep*, Jay Russell, 2007)

Midi Minuit (Pierre Philippe, 1970)

MIB – Homens de preto (*MIB – Men in Black*, Barry Sonnenfeld, 1997)

Mil e uma noites, As (*Le palais des mille et une nuits*, Georges Méliès, 1905)

Miss muerte (*The diabolical Dr. Z*, Jesús Franco, 1966)

Mister freedom (William Klein, 1969)

Mistério das duas irmãs, O (*The uninvited*, Charles Guard e Thomas Guard, 2009)

Mistérios e paixões (*Naked lunch*, David Cronenberg, 1992)

Monstro caminha entre nós, O (*The creature walks among us*, John Sherwood, 1956)

Monstro da Lagoa Negra, O (*Creature from the Black Lagoon*, Jack Arnold, 1954)

Monstro do Himalaia, O (*The Abominable Snowman*, Val Guest, 1957)

Monstros da cidade submarina (*War-gods of the deep/ The city under the sea*, Jacques Tourneur, 1965)

Monstro do Ártico, O (*The thing from another world*, Christian Nyby, 1951)

Morcego, O (*The bat*, Roland West, 1926)

Morta-viva, A (*I walked with a zombie*, Jacques Tourneur, 1943)

Mortal zombie (Brian Yuzna, 1993)

Mosca, A (*The fly*, David Cronenberg, 1984)

Mosca da cabeça branca, A (*The fly*, Kurt Neumann, 1958)

Mothra (Isoshiro Honda, 1961)

Mulher-lobo de Londres, A (*She-Wolf of London*, Jean Yarbrough, 1946)

Múmia, A (*The mummy*, Karl Freund, 1932)

Mundo perdido, O (*The lost world*, Harry D. Hoyt, 1925)

Mundo Perdido, O: Jurassic Park (*The lost world: Jurassic park*, Steven Spielberg, 1997)

Museu de cera (*House of wax*, André De Toth, 1953

Na mira da morte (*Targets*, Peter Bogdanovich, 1968)

Na solidão da noite (*Dead of night*, Alberto Cavalcanti, Charles Crichton, Basil Dearden, Robert Hamer, 1945)

Nächte des Grauens/Night of Horror (Richard Oswald, Arthur Robison, 1916)

Nasce um monstro (*It's alive*, Josef Rusnak, 2008)

Nasce um monstro (*It's alive!*, Larry Cohen, 1974)

Nascimento de uma nação, O (*The birth of a nation*, D.W. Griffith, 1915)

Nibelungos, Os (*Die Nibelungen*, Fritz Lang, 1924)

No tempo perdido (*On borrowed time*, Harold S. Bucquet, 1939)

Noite dos mortos-vivos, A (*night of the living dead*, Romero, 1968)

Noite dos mortos-vivos, A (*Night of the living dead*, Tom Savini, 1990)

Noiva de Frankenstein, A (*The bride of Frankenstein*, James Whale, 1935)

Nosferatu (*Nosferatu, Eine Symphonie des Grauens*, F. W. Murnau, 1922)

Notre-Dame de Paris (*The hunchback of Notre Dame*, Wallace Worsley, 1923)

Olho, O (*Gin Gwai/ The eye*, Oxide Pang Chun e Danny Pang, China, 2002)

Olho do mal, O (*The eye*, David Moreau e Xavier Palud, 2008)

Outro, O (*Der Andere*, Max Mack, 1913)

Pacto dos lobos, O (*Le pacte des loups*, Christophe Gans, *2001)*

Pânico em alto mar (*Open water, Chris Kentis e Laura Lau, 2003)*

Parasita (*Parasite*, Bong Joon-ho, 2019)

Paris by night of the living dead (Grégory Morin, 2009)

Parque dos Dinossauros (*Jurassic Park*, Steven Spielberg, 1993)

Pássaros, Os (*The birds*, Alfred Hitchcock, 1963)

Pauvre Pierrot (Charles-Émile Reynaud, 1892)

Peeping Tom – A tortura do medo (*Peeping Tom*, de Michael Powell, 1960)

Pequena loja dos horrores, A (*The little shop of horrors*, Roger Corman, 1960)

Pequenas histórias (Helvécio Ratton, 2007)

Perigo em alto mar (*The reef*, Andrew Traucki, 2010)

Piconzé (Ypê Nakashima, 1972)

Pinóquio (*Pinocchio*, Norman Ferguson *et al.*, 1940)

Planeta dos macacos, O (*Planet of the apes*, Franklin J. Schnaffer, 1968)

Planeta dos vampiros, O (*Terrore nello spazio/Planet of the vampires*, Mario Bava, 1965)

Planeta proibido (*Forbidden planet*, Fred M. Wilcox, 1956)

Planeta vermelho ameaçador, O (*The angry red planet/Invasion of Mars*, Ib Melchior, 1959)

Plano 9 do espaço sideral (*Plan 9 from outer space*, Ed Wood, 1959)

Poltergeist, O fenômeno (*Poltergeist*, Tobe Hooper, 1982)

Ponte para Terabítia (*Bridge to Terabithia*, Gabor Csupo, 2007)

Porto dos mortos/Beyond the grave (Davi de Oliveira Pinheiro, 2010)

Predador, O (*Predator*, John McTiernan, 1987)

Predador 2, O – A caça continua (*Predator 2*, Stephen Hopkins, 1990)

Predadoras, As (*Boa vs Python*, David Flores, 2004)

Profecia, A (*The omen*, Richard Donner, 1976)

Psicose (*Psycho*, Alfred Hitchcock, 1960)

Pulp Fiction – Tempo de violência (*Pulp fiction*, Quentin Tarantino, 1994)

Onde vivem os monstros (*Where the wild things are*, Spike Jonze, 2009)

Quadrilha de sádicos (*The hills have eyes*, Wes Craven, 1977)

Quarentena (*Quarantine*, John Erick Dowdle, 2009)

Quatro faces do medo, As (*Kwaidan/Ghost stories*, Masaki Kobayashi, 1964)

Queda da casa de Usher, A (*La chute de la Maison Usher*, Jean Epstein, 1928)

Queda da casa de Usher, A (*House of Usher*, Roger Corman, 1960)

Rainha dos condenados, A (*Queen of the damned*, Michael Rymer, 2002)

Re-Animator (Stuart Gordon, 1985)

REC (Jaume Balagueró e Paco Plaza, 2008)

Rei dos zumbis, O/Superstições diabólicas (*King of Zombies*, Jean Yarbrough, 1941)

Reino das fadas, O (*Le royaume des fées*, Georges Méliès, 1903)

Retrato de Dorian Gray, O (*The picture of Dorian Gray*, Albert Lewin, 1945)

Resident evil 4: Recomeço (*Resident evil: Afterlife*, Paul W. S. Anderson, 2010)

Resident evil 5: Retribuição (*Resident evil 5: Retribution*, Paul W. S. Anderson, 2012)

Resident evil: a Extinção (*Resident evil: Extinction*, Russel Mulcahy, 2007)

Resident evil: Apocalipse (*Resident evil: Apocalypse*, Alexander Witt, 2004)

Resident evil: O hóspede maldito (*Resident evil*, Paul W. S. Anderson, 2002*)*

Retorno de Jedi, O (*Star wars episode VI: Return of the Jedi*, Richard Marquand, 1983)

Revanche do monstro, A (*Revenge of the creature*, Jack Arnold, 1955)

Revolta dos zumbis (*Revolt of the zombies*, Victor Halperin, 1936)

Ringu 0: Bâsudei (*Ring 0: Birthday*, Norio Tsuruta, 2000)

Ritos satânicos de Drácula, Os (*Satanic rites of Dracula*, Alan Gibson, 1973)

Robinson Crusoé em Marte (*Robinson Crusoe on Mars*, Byron Haskin, 1964)

Robocop: o policial do futuro (*Robocop*, Paul Verhoeven, 1987)

Rocky, um lutador (*Rocky*, John G. Avildsen, 1976)

Romasanta – A casa da besta (*Romasanta: the werewolf hunt*, Paco Plaza, 2004)

Sangue de Drácula, O (*Taste the blood of Dracula*, Peter Sasdy, 1970)

Sangue de pantera (*Cat people*, Jacques Tourneur, 1942)

Sangue de um poeta, O (*Sang d'un poète*, Jean Cocteau, 1930)

Sangue e chocolate (*Blood and chocolate*, Katja von Garnier, 2007)

Seance (Kiyoshi Kurosawa, 2000)

Seis mulheres para o assassino (*Sei donne per l'assassino/Blood and black lace*, Mario Bava, 1964)

Senhor dos anéis, O: A sociedade do anel (*The lord of the rings: the fellowship of the ring*, Peter Jackson, Peter Jackson, 2001)

Senhor dos anéis, O: As duas torres (*The lord of the rings: the two towers*, Peter Jackson, 2002)

Senhor dos anéis, O: O retorno do Rei (*The lord of the rings: the return of the King*, Peter Jackson, 2003)

Sepultura para a eternidade (*Quatermass and the pit*, Roy Ward Baker, 1967)

Seres estranhos (*Marebito*, Takashi Shimizu, 2004)

Sétima vítima, A (*The seventh victim*, Mark Robson, 1943)

Seven (David Fincher, 1995)

Sexta-feira 13 (*Friday the 13th*, Sean Cunningham, 1979)

Sexto sentido, O (*The sixth sense*, M. Night Shyamalan, 1999)

Shrek (Andrew Adamson e Vicky Jenson, 2001)

Sibha kham doan sib ed (*Mekhong full moon party*, Jira Maligool, 2002)

Silêncio dos inocentes, O (*The silence of the lambs*, Jonathan Demme, 1991)

Sinfonia amazônica (Anélio Lattini Filho, 1953)

Skinwalkers – Amaldiçoados (*Skinwalkers*, James Isaac, 2006)

Skullduggery (Gordon Douglas, 1970)

Splice (*Splice*, Vincenzo Natali, 2009)

Star Wars – Guerra nas estrelas (*Star wars*, George Lucas, 1977)

Steamboat Willie (Walt Disney Studios, 1928)

Stromboli (*Stromboli, terra di Dio*, 1950)

Suspeitos, Os (*The usual suspects*, Bryan Singer, 1995)

Suspiria (Dario Argento, 1977)

Sweeney Todd, o barbeiro demoníaco da Rua Fleet (*Sweeney Todd, the demon barber of Fleet Street*, Tim Burton, 2007)

Symphonia horroris (Thierry Lopez, 2000)

Tarântula (*Tarantula*, Jack Arnold, 1955)

Terror em Amityville (*The Amityville horror*, Stuart Rosenberg, 1979)

Terror que mata (*The Quatermass Xperiment*, Val Guest, 1955)

The addiction (Abel Ferrara, 1995)

The centaurs (Winsor McCay, 1918-21)

The flesh eaters (Jack Curtis, 1964)

The haunted hotel (Stuart Blackton, 1907)

The thirteenth chair (1929, Tod Browning)

The return of the vampire (Lew Lenders, 1943)

The sinking of the Lusitania (Winsor McCay, 1918)

The vampire (Robert Vignola, 1913)

The vampire of the coast (diretor desconhecido, 1909)

The vampire's trail (T. Hayes Hunter, Robert G. Vignola, 1914)

The village vampire (diretor desconhecido, 1916)

The werewolf (Henry MacRae, 1913)

Too much Johnson (Orson Welles, 1938)

Topper e o casal do outro mundo (*Topper*, Norman Z. McLeod, 1937)

Trash: náusea total (*Bad Taste*, de Peter Jackson, 1988)

Treze fantasmas (*Thir13en ghosts*, Steve Beck, 2001)

Tron: uma odisseia eletrônica (*Tron*, Steven Lisberger, 1982)

Tubarão (*Jaws*, Steven Spielberg, 1975)

Última gargalhada, A (*Der letzte Mann*, W. Murnau, 1924)

Último exorcismo, O (*The last exorcism*, Daniel Stamm, 2010)

Um anjo para Satã (*Un angelo per Satana/ An angel for Satan*, Camillo Mastrocinque, 1966)

Um cão andaluz (*Un chien andalou*, Luis Buñuel, 1928)

Um drink no inferno (*From dusk till down*, Robert Rodríguez, 1995)

Um lobisomem americano em Londres (*An American werewolf in London*, de John Landis, 1981)

Um milhão de anos antes de Cristo (*One million B.C.*, Hal Roach e Hal Roach Jr, 1940)

Um milhão de anos antes de Cristo (*One million years B.C.*, Don Chaffey, 1966)

Uma chamada perdida (*One missed call*, Takashi Miike, 2003)

Uma chamada perdida (*One missed call*, Eric Valette, 2008)

Uma noite alucinante: a morte do demônio (*The evil dead*, Sam Raimi, 1981)

Uma noite alucinante 2 (*Evil dead 2*, Sam Raimi, 1987)

Uma noite alucinante 3 (*Evil dead 3 – Army of darkness*, Sam Raimi, 1992)

Une nuit terrible (Georges Méliès, 1886)

Vampiros de almas/Vampiros da noite (*Invasion of the body snatchers*, Don Siegel, 1956)

Vampiros de John Carpenter (*John Carpenter's vampires*, John Carpenter, 1998)

Vampiros, os mortos (*Vampires, los muertos*, Tommy Lee Wallace, 2002)

Vampyr (Carl Theodor Dreyer, 1932)

Vampyros Lesbos (Jesús Franco, 1971)

Vampyros Lesbos (Matthew Saliba, 2008)

Van Helsing, o caçador de monstros (*Van Helsing*, Stephen Sommers, 2004)

Veio do espaço (*It came from outer space*, Jack Arnold, 1953)

Veludo azul (*Blue velvet*, David Lynch, 1986)

Viagem à Lua (*Voyage dans la lune*, Georges Méliès, 1902)

Viagem de Gulliver a Lilliput, A (*Le voyage de Gulliver à Lilliput et chez les géants*, Georges Méliès, 1902)

Viagem maldita (*The hills have eyes*, Alexandre Aja, 2006)

Videodrome: a síndrome do vídeo (*Videodrome*, David Cronenberg, 1983)

Vincent (Tim Burton, 1982)

Vingador do Futuro, O (*Total recall*, Paul Verhoeven, 1990)

Vingador tóxico, O (*The toxic avenger*, Lloyd Kaufman e Michael Herz, 1984)

Vingança de Homúnculos, A (*Die Rache des Humunculus*, Otto Rippert, 1916)

Vinte mil léguas submarinas (*20.000 lieues sous les mers*, Georges Méliès, 1907)

Virgulino apanha (Luiz Sá, final de década de 1930)

Volta dos mortos-vivos, A (*The return of the living dead*, Dan O'Bannon, 1995

Zaroff, o caçador de vidas (*The most dangerous game*, Ernest B. Schoedsack e Irving Pichel, 1932)

Zelig (Woody Allen, 1983)

Zombio (Petter Baiestorf, 1999)

Zumbi branco (*White zombie*, Victor Halperin e Edward Halperin, 1932)

Séries para cinema ou televisão citadas

Angel (1999-2004)

Biohackers (Christian Ditter, 2020)

Black mirror (Charlie Brooker *et al.*, 2011)

Blade: a nova geração (*Blade: the series*, David S. Goyer Geoff Johns, 2006)

Buffy: a caça-vampiros (1997-2003)

Conto da aia, O (*The handmaid's tale*, Bruce Miller, 2017)

Dead set (Yann Demange, 2008)

Família Addams, A (*The Addams family*, que surgiu em 1964)

Flash Gordon (década de 1930)

Jornada nas estrelas (*Star Trek: the original series*, anos 1960)

Lovecraft country (Misha Green, 2020)

Kaamelott (Alexandre Astier, 2005-2009)

Quinta dimensão, A (*The outer limits*, 1963-1965)

Mr. Robot (*Sam Esmail*, 2015)

Raised by wolves (*Aaron Guzikowski*, 2020)

Revenants (Fabrice Gobert)

Teen wolf (Marty Adelstein, 2011)

The walking dead (Frank Darabont, 2010-2013)

True blood (2008-2011)

Vampire diaries (2009-2011)

Westworld (Jonathan Nolan; Lisa Joy, 2016)

GRÁFICA PAYM
Tel. [11] 4392-3344
paym@graficapaym.com.br